Werner Rau

MOBIL REISEN

SCHOTTLAND
MOBILE TOURING HIGHLIGHTS

Mit Wohnmobil, Van-Camper, Auto und Caravan
unterwegs auf den schönsten Reiserouten

Mit vor Ort ermittelten GPS-Koordinaten

WERNER RAU VERLAG

Idee, Layout, Text, Karten, Stadtpläne und Fotos (falls nicht anders gekennzeichnet): Werner Rau
Titelgestaltung: HitzArtworks, 72667 Schlaitdorf
Titelfoto: Eilean Donan Castle, Ross and Cromarty, Highlands

11. komplett überarbeitete Auflage 2018/2019

Herstellung: Druckerei & Verlag Steinmeier, 86738 Deiningen
Printed in Germany

ISBN   978-3-926145-79-6
Geo Nr. 663 10180

Werner Rau

MOBIL REISEN

SCHOTTLAND

INHALT

Mobil Reisen: SCHOTTLAND – Mobile Touring Highlights

Borders

Praktische und nützliche Informationen von A bis Z

Extra-Infos

Stadtpläne und Karten

EIN KURZPORTRÄT SCHOTTLANDS

Schottland ist Teil des „Vereinigten Königreichs Großbritannien und Nordirland". Es umfasst das nördliche Territorium der rund 1.000 km langen britischen Hauptinsel.

In der schottisch-gälischen Sprache wird Schottland als **Alba** bezeichnet.

Schottland erstreckt sich von den **Cheviot Hills** nördlich des antiken **Hadrianwalls**, bis zur nördlichen Landspitze **Dunnet Head** und schließt die Inseln der **Hebriden, Orkneys** und **Shetlands** mit ein.

Größe des Landes: Schottland umfasst ein Gebiet von insgesamt 77.910 qkm (Großbritannien gesamt rund 244.800 qkm). Enthalten darin sind eine Binnenwasserfläche von 1.690 qkm, sowie die Landfläche der Hebriden mit 2.900 qkm, der Orkneys mit 990 qkm und der Shetlands mit 1.466 qkm.

Insgesamt zählen zu Schottland nicht weniger als 785 Inseln.

Die Gesamtküstenlänge beläuft sich auf rund 3.540 km.

Einwohnerzahl: In Schottland leben rund 5,35 Mio. Menschen, das entspricht einer Bevölkerungsdichte von annähernd 69 Einwohner pro Quadratkilometer (zum Vergleich: Großbritannien 65,1 Mio. Einw.).

Hauptstadt seit 1473 ist **Edinburgh** mit rund 460.000 Einwohnern. Davor war Perth Hauptstadt Schottlands.

Nur Glasgow hat noch mehr Einwohner, nämlich rund 590.000. Die nächstgrößeren Städte sind Aberdeen mit rund 195.000 Einwohnern und Dundee mit rund 147.000 Einwohnern.

Religion: Die „Church of Scotland", eine protestantisch-presbyterianische Religionsgemeinschaft, ist Schottlands Staatskirche. Ihr gehören rund 42% der Gesamtbevölkerung an.

Die kirchliche Gemeinschaft der Presbyterianer hat sich den reformatorischen Grundsätzen Calvins, die in Schottland von John Knox im 16. Jh. mit glühendem Eifer eingeführt wurden, verschrieben.

Wichtigste Unterscheidungsmerkmale zur katholischen Kirche sind u. a. die Ablehnung päpstlicher Weisungen und des Bischoftums.

Presbyterianische Kirchengemeinden verwalten sich selbst. Verwaltungsgremium ist der Gemeindekirchenrat, der sich aus Priestern und Gemeindemitgliedern (Presbyter = griech. für „der Ältere") zusammensetzt.

Zur römisch-katholischen Kirche bekennen sich rund 16 % der Einwohner Schottlands. Andere christliche Glaubensrichtungen 7%, Islamisch 0,8%.

Staats- und Regierungsform: Konstitutionelle Monarchie auf demokratisch-parlamentarischer Grundlage.

Seit 1603 werden Schottland und England, damals beides Königreiche, in Personalunion regiert. Aus dem Zusammenschluss der beiden Reiche (aus Schottland und England war 1707 Großbritannien geworden) und dem Königreich Irland entstand 1801 das Vereinigte Königreich Großbritannien.

Staatsoberhaupt ist der Monarch, seit 6. Februar 1952 H. M. Königin Elizabeth II.

Die Volksvertretung bildet das Zweikammerparlament in London, bestehend aus **Oberhaus** (House of Lords) mit 1.080 Mitgliedern und **Unterhaus** (House of Commons) mit 650 Abgeordneten, in die Schottland seine Repräsentanten entsendet. Chef der britischen Regierung in London ist seit Juli 2016 Premierministerin Theresa May.

Minister für Schottland ist David Mundell.

Regierungschefin in Schottland ist die Erste Ministerin Nicola Sturgeon.

Als Tel des Vereinigten Königreichs ist natürlich auch für Schottland – trotz aller Bestrebungen nach Eigenständigkeit – die Britische Verfassung verbindlich, ein Werk von Rechtsvorschriften und gesellschaftlichen Normen. Die Britische Verfassung ist nicht ein Werk „aus einem Guss", sondern ein im Laufe der Jahrhunderte „gewachsenes" Rechtswerk. Ursprung war die „Magna Charta Libertatum" von 1215. Wichtige Ergänzungen brachten die „Petition of Rights" von 1627 und vor allem auch die „Bill of Rights" von 1689.

Obwohl Schottland innerhalb Großbritanniens bereits einen „Autonomiestatus" erstritten hat, sind seit geraumer Zeit Bestrebungen im Gange, die Union mit England zu verlassen. Dazu gab es Ende 2014 eine Volksabstimmung, bei der eine knappe Mehrheit für den Verbleib im Vereinigten Königreich stimmte.

Nachdem im Juni 2016 fast 52 % der Wähler im Vereinigten Königreich für den Austritt Großbritanniens aus der Europäischen Union („Brexit") gestimmt hatten, sprachen sich schottische Wähler in einem Referendum im September 2016 mit einer großen Mehrheit für einen Verbleib in der Europäischen Union aus.

Verwaltung: Seit der britischen Verwaltungsreform von 1974 gliedert sich Schottland in die **12 Großregionen** *Borders, Dumfries and Galloway, Lothian, Strathclyde, Fife, Central, Tayside, Grampian, Highlands, Western Islands, Orkney Islands und Shetland Islands.* Diese Großregionen wiederum sind unterteilt in Verwaltungsbezirke oder „Grafschaften" (administrativ counties). Eine weitere Unterteilung bilden die Landbezirke (county districts), die schließlich in Landgemeinden (parishes) gegliedert sind.

Wirtschaftliche Schwerpunkte: Lange war die Hochseeefischerei einer der wichtigen wirtschaftlichen Schwerpunkte des Landes. Aber seit etwa den frühen 1970er Jahren wurde das Geschäft mit der Ölförderung in der Nordsee eine der maßgeblichen Säulen der schottischen Wirtschaft. Jahr für Jahr führt das zu fast zweistelligen Milliardenbeträgen an Steuereinnahmen. Allerdings kann Schottland nicht alleine über diese Steuermilliarden verfügen, man muss mit London teilen. Alleine dieser Umstand ist immer wieder ein Argument für die Befürworter einer Aufkündigung der Union mit England.

Nach wie vor zählt auch das Milliardengeschäft mit der Whisyproduktion und der Export von Whisky in alle Welt zu einem wichtigen Wirtschaftsfaktor. Wichtigster Abnehmer sind die USA. Deutschland rangiert in der Rangfolge der Abnehmer von schottischem Whisky am Ende der ersten zehn.

Landschaftsformen: Drei Großlandschaften lassen sich in Schottland erkennen – die **„Southern Uplands",** die **„Central Lowlands"** und die **„Highlands".**

Die teils bewaldeten, sanften Hügellandschaften der **Southern Uplands** umfassen den südlichen Teil Schottlands. Er reicht etwa vom Solway Firth und dem nach Nordosten weiterführenden Landrücken der bis 840 m hohen Cheviot Hills, bis ungefähr zur Höhe einer Linie Ayr-Dunbar.

Wollindustrie (River Tweed), Kohlebergbau und Agrarwirtschaft in den Niederungen sind hier maßgebliche Wirtschaftszweige.

Die **Central Lowlands** umfassen das dichtbesiedelte und stark industrialisierte Gebiet (Bergbau, Maschinenbau, Schwerindustrie) zwischen den beiden weit ins Land reichenden Meeresarme Firth of Clyde und Firth of Forth. Hier liegen die größten Städte Schottlands wie Glasgow, Stirling, Perth, Dundee und die Hauptstadt Edinburgh.

Obwohl sich die Lowlands nur über gut ein Viertel der Landfläche Schottlands erstrecken, leben hier nicht weniger als rund 70% der Einwohner des Landes. Die Lowlands können also durchaus als das wirtschaftliche und gesellschaftliche Zentrum Schottlands bezeichnet werden.

Allerdings sollte der Begriff „Lowlands" nicht zu wörtlich genommen werden. Hügelketten und Bergregionen wie die Campsie Fells, die Sidlaw Hills oder die Ochils Hills sind ebenso zu finden, wie Ebenen, z. B. in Lothian an der Küste des Firth of Forth.

In der Großlandschaft Central Lowlands liegen die Grafschaften Strathclyde, Lothian, Central, Five und Teile von Tayside.

Unter vielen Aspekten ist die nach Norden anschließende Landschaftsregion der **Highlands** ein krasser Gegensatz zu den Central Lowlands. Nur dünn besiedelt und kaum industrialisiert, dafür mit von Heide bedeckten, sanft geformten Hochflächen und langen, meist von Südwest nach Nordost verlaufenden Tälern (Glen More, Glen Coe, Glen Carron etc.) und zahlreichen, sehr reizvoll gelegenen Seen (Lochs), präsentiert sich das schottische Hochland.

In den Highlands findet man Großbritanniens **höchsten Berg**, den 1.344 m (4.408 ft.) hohen **Ben Nevis** bei Fort William.

Auffallende Unterschiede zeigen sich zwischen der Ost- und der Westküste der Highlands. Während die felsige, oft steile Westküste stark gegliedert und zerklüftet ist und von weit ins Landesinnere reichenden, fjordähnlichen Meeresarmen und zahlreichen vorgelagerten Inseln geprägt wird, ist die Ostküste wirtlicher und von gleichmäßigerer Linie.

Die Großlandschaft der Highlands umfasst die Grafschaften Grampian und Highlands und Western Islands. Zur Grafschaft Western Islands gehören die Äußeren und Inneren Hebriden.

Die reiche Vielfalt der Landschaften, Küstenformen und Städtebilder Schottlands tragen nicht zuletzt maßgeblich dazu bei, das Land zu einem überaus attraktiven Reiseziel zu machen.

Nationalflagge: Zwei diagonal gekreuzte weiße Balken auf blauem Grund.

Nationalfeiertag ist der **St. Andrew's Day**, der in Schottland am 30. November gefeiert wird (offizieller Bank Holiday).

KUNST UND GESCHICHTE – IN STICHWORTEN

Ca. 4000 v. Chr. – Aus vorgeschichtlichen Perioden wie der Steinzeit (ca. 4000 – 2000 v. Chr.), der Bronzezeit (ca. 2000 – 900 v. Chr.) und der Eisenzeit (ca. 800 v. Chr. – 400 n. Chr.) sind in Schottland Zeugen in Form von Steinkreisen (*Stones of Stennes* und *Ring of Brogar* auf den Orkneys, *Hill o'Many Stanes* südl. von Wick u.v.a.), Ganggräbern (*Meas Howe* und *Cuween Hill* auf den Orkneys, *Grey Cairns of Camster* bei Wick u. a.) oder Ringwällen und Erdhäusern (*Skara Brea* auf den Orkneys oder *Casa Liath*, Nähe Dunrobin Castle u. a.) vorhanden.

Ca. 600 v. Chr. – In keltischer Zeit (ca. ab 7./6. Jh. v. Chr.) ist der Nordteil der Britischen Inseln, der sich nördlich der Flüsse Forth und Clyde erstreckt, als „Alban" oder **„Alba"** bekannt.

„Scotia" war früher die Bezeichnung für Irland. Erst um das Jahr 1000 wurde der Name für das südwestliche Schottland verwendet.

Den Römern war dieser Teil der damals bekannten Welt unter dem Namen **„Caledonia"** oder „Britannia barbara" geläufig.

55 v. Chr. – Erste kriegerische Invasionen römischer Legionen unter *Julius Cäsar* in die südliche Provinz Britannia.

Um 80 n. Chr. – *Julius Agricola*, römischer Statthalter in der südlichen Provinz Britannia, stößt weiter nach Norden vor und unternimmt erste Eroberungszüge in Schottland.

85 n. Chr. – Agricola wird abberufen. Die Römer verzichten zunächst auf weitere Feldzüge.

122 n. Chr. – Zum Schutz gegen die Einfälle keltischer Caledonier lässt *Kaiser Hadrian* einen mit Wachtürmen und Kastellen bewehrten Wall **(Hadrianswall)** an der Nordgrenze des bereits eroberten südlichen Britannien errichten. Die Wehranlage reicht im Osten von der Mündung des Tyne bis zum Solway Firth im Westen.

142 – *Antonius Pius* lässt nördlich des Hadrian-Walls, zwischen den Mündungen der Flüsse Forth und Clyde, einen weiteren Grenzwall errichten.

208 – 211 – *Kaiser Severus* unternimmt erfolgreiche Feldzüge.

Zu Zeiten Agricolas nannten die Römer die Bewohner Schottlands **„Britonen"**, später unter Hadrian und Severus **„Caledonier"**. Etwa ab dem 4. Jh. wurde die Bezeichnung **„Pikten"** gebraucht. Pikten waren Nachkommen neolithischer Völker und keltischer Einwanderer, die sich im Laufe der Zeit vermischt hatten. Ob sich der Name „Pikten" tatsächlich vom lat. „pictus" (bemalt) ableitet, ist nicht ganz sicher.

Ausgangs 4. Jh. – Die Macht und der Einfluss des Römischen Imperiums beginnt zu sinken.

St. Ninian (ca. 360 – 430), ein in Rom geweihter Bischof, errichtet 397 in Whithorn (Dumfries and Galloway) die erste christliche Mission und seine legendäre „Candida Casa".

Ca. 500 – Aus Irland einwandernde Skoten gründen an Schottlands Westküste von Argyll das *Königreich Dalriada* mit der Hauptstadt Dunadd, in der Nähe des heutigen Crinan Kanals.

563 – Der aus Irland stammende *St. Columba* lässt sich auf der Insel Iona vor der schottischen Westküste nieder und beginnt von dort aus mit der Missionierung Schottlands. Als einer der ersten Stämme werden die Pikten, die ältesten Bewohner Schottlands, von Columba zum Christentum bekehrt.

7. Jh. – Vier große Herrschaftsgebiete sind entstanden: Im Südwesten das „Königreich der Briten von Strathclyde", um ihre Hauptstadt Dun-Briton (Dumbarton); im Westen das „Königreich der Skoten – Dalriada"; im Norden und Nordosten (der heutigen Region Central Lowlands) das „Reich der Pikten" und im Osten (etwa im Gebiet des heutigen County Lothian) das „Reich der Angeln".

Nach der Synode von Whitby (663) lösen sich Teile der schottischen Christengemeinden von der im 5. Jh. vom Hl. Patrick gegründeten irischen Kirche und wenden sich der römischen Kirche und dem Papst zu.

Eines der sehr frühen Zeugnisse hochentwickelter Steinmetzkunst des 7. Jh. ist das reich mit Figuren und Ornamenten geschmückte **Ruthwell Kreuz** mit keltischen und angelsächsischen Stilelementen.

8. Jh. – Normannen aus dem skandinavischen Raum beginnen mit ihren Eroberungszügen in Schottland und auf den Inseln. Im Laufe der Zeit bemächtigen sie sich der Hebriden, der Orkney und der Shetland Inseln.

Zu den eindrucksvollsten Kunstwerken aus der Zeit der Skoten wird das **St. Martins Kreuz** auf der Insel Iona gezählt, ein Ringkreuz, wie sie in Irland noch zahlreich zu sehen sind.

9. Jh. – Unter dem Druck der vordringenden Normannen vereinigen sich 844 unter dem Skoten *Kenneth MacAlpine* Skoten und Pikten zu einem Reich. Der bislang eher machtlose MacAlpine erhält den piktischen Thron („Stone of Scone") und wird König des neuen Reiches „Alba" oder „Alban". König Kenneth MacAlpine macht Scone (bei Perth) zur Hauptstadt seines Reiches.

11. Jh. – Zu Beginn des Jahrhunderts werden das Gebiet der Briten von Strathclyde und das bis dahin unter englischer Oberhoheit stehende Lothian unter *König Malcolm II.* dem Reich der Pikten und Skoten einverleibt. Dieses neue Reich erhält den Namen **„Scotia"** (Schottland).

In den gebirgigen Landesteilen und in den schwer zugänglichen Glens halten die alten keltischen Clans an der gälischen Sprache und lieber an ihren patriarchalischen Stammesverfassungen fest, als sich dem Königsthron zu unterwerfen.

Aus keltischer und anglo-normannischer Zeit sind in Schottland Baudenkmäler in Form von **Rundtürmen** nach irischem Muster an der Kathedrale von Brechin (westlich von Montrose) und in Abernethy (südöstlich von Perth) erhalten.

1034 – 1057 – Nachfolger Malcolm II. auf dem schottischen Thron wird *Duncan*, ein Verwandter Malcolms. Duncan wird 1040 von einem gewissen *Macbeth* ermordet, der daraufhin neuer König von Schottland wird. Macbeth wiederum fällt 1057 in einem blutigen Streit.

William Shakespeare (1564 – 1616), der große englische Dramatiker, verarbeitete die Hintergründe dieser geschichtlichen Episode in seiner Tragödie *„Macbeth"*. Sie wurde 1606 am Hofe Jakobs I. erstmals aufgeführt.

1058 – Duncans Sohn, *Malcolm III.*, genannt „Canmore", wird König von Schottland. Shakespeare lässt Malcolm am Schluss des 5. und letzten Aufzugs in *„Macbeth"* sagen: „Und jetzt zur Krönung lad ich Euch nach Scone." Malcolm III. regiert bis zu seinem Tode 1093.

1066 – Der Normanne *William the Conqueror (Wilhelm der Eroberer)* landet in Hastings an der englischen Südküste und beginnt mit der Eroberung von England.

1068 – *Margaret*, eine Enkelin des englischen *Königs Edward the Confessor (Eduard des Bekenners)*, strandet auf der Flucht vor den normannischen Invasoren an der schottischen Küste in der Nähe von König Malcolms Hof. Ein Jahr später heiratet Malcolm Margaret. Unter dem Einfluss der jungen Königin verlegt Malcolm den Hof nach Edinburgh.

Margaret favorisiert die Katholische Kirche. Nach dem Tode Margarets lässt Malcolm auf dem Burgfelsen von Edinburgh 1093 eine Kapelle errichten, St. Margaret's Chapel. Sie ist heute das älteste erhaltene Bauwerk von Edinburgh Castle.

1098 – Der norwegische *König Magnus* (1093 – 1103) erhält von *König Edgar*, Sohn Malcolms III., die Hebriden zurück.

1124 – 1153 – *David I.*, Sohn Königin Margarets und König Malcolms III., wird König von Schottland. Durch Maßnahmen wie Gründung von Klöstern, Festigung der Kirche und Gründung von Stadtgemeinden (royal burghs) festigt er die Position des Königshauses.

1165 – *William I. The Lion (Wilhelm der Löwe)*, ein Verwandter Davids I., wird schottischer König. Seine Expansionsbestrebungen Richtung England scheitern. William wird 1174 vom englischen König zu einem Vertrag genötigt, der ihm die schottische Krone nur noch als englisches Lehen zugesteht. Dieser Zustand hält bis 1189.

Die Zeit der **Gotik** (der Gotische Stil wird im Englischen auch als „Norman *Stile"* bezeichnet) vom 12. bis ins 15. Jh. findet ihren Ausdruck vor allem in Sakral- und monastischen Bauten. Herausragende Beispiele frühgotischer Kunst sind u. a. die Kathedralen von Glasgow (13. Jh.) oder Elgin, dann die Klosterkirchen von Jedburgh, Dundrennan, Holyrood, Arbroath u. a., und nicht zuletzt die Abteikirche von Melrose aus dem 14. Jh.

Schöne Bauwerke aus der spätgotischen Zeit des 15. Jh. sind u. a. St. Gils in Edinburgh, St. Nicolas in Aberdeen, Rosslyn Chapel u.v.a. Auffallend sind die Turmhauben mancher Kirchen in Form einer mächtigen, durchbrochenen „Krone", wie bei St. Gils in Edinburgh oder Kings College Chapel in Aberdeen.

1214 – 1249 – *Alexander II.* ist schottischer König. Er sucht für seine Feldzüge gegen England Verbündete in Frankreich. Alexander II. unterliegt dem englischen *König Heinrich III.* Abermals Lehensvertrag zwischen England und Schottland.

1249 – 1286 – *Alexander III.* ist schottischer König. 1263 schlägt er die Flotte *König Haakons* von Norwegen in der Schlacht von Largs (Strathclyde). Norwegen gibt daraufhin 1266 die Hebriden an Schottland zurück. Die Orkney und Shetland Inseln dagegen bleiben bis 1468 bzw. 1473 unter norwegischer Hoheit.

1286 – Nach dem Tode Alexanders III. hat das schottische Königshaus keinen Thronfolger. Streitigkeiten um die Thronfolge und das Interregnum von *Margaret von Norwegen* (The Maid of Norway, 1286 – 1290) und von *John Balliol* (1292 – 1296), beendet der englische *König Eduard I.* mit der Unterwerfung Schottlands unter seine Herrschaft.

Die englische Vorherrschaft weckt Kräfte des Widerstandes in Schottland. *William Wallace* (1270 – 1305) eint die Aufständischen und führt sie 1297 bei Stirling zu einem ersten Sieg über englische Truppen. Der Sieg stärkt das Gefühl der nationalen Geschlossenheit vieler Schotten. Wallace wird 1305 in London hingerichtet.

1306 – *Robert I. The Bruce*, Nachkomme eines der „Competitors" (der Thronprätendenten um 1290 zu Zeiten Edward I.) krönt sich in Scone zum König der Schotten. In seinen Unabhängigkeitsbestrebungen gelingt es Robert The Bruce den schottischen Adel zu einigen und sogar den eigenwilligen Lord of the Isles für die schottische Sache zu gewinnen.

1314 – In der historischen **Schlacht bei Bannockburn** (bei Stirling) siegen die Schotten unter Robert The Bruce über die Engländer.

1328 – Die Unabhängigkeit Schottlands wird von England nach der Unterzeichnung des Abkommens von Northampton anerkannt.

1329 – *David II.,* der vierjährige Sohn von Robert The Bruce, wird inthronisiert. Als Gegenkönig setzen die Engländer *Edward Balliol* ein.

Es folgen jahrelange Aufstände und Kriege.

1371 – Mit *Robert II.,* einem Enkel von Robert I. The Bruce, gelangt das **Haus Stewart** (erst ab 1603 wird die Schreibweise „Stuart" eingeführt) auf den Thron. Der Vater von Robert II. war königlicher Reichskämmerer von Schottland (High Steward) und hatte eine Tochter von Robert The Bruce geheiratet.Obwohl von den schottischen Ständen gewählt, bleibt die Königsgewalt Roberts II. gegenüber dem aufständischen Hochadel und den Clans schwach. Kriege in nahezu ununterbrochener Reihe folgen. Dabei schließen sich oft Schottland und Frankreich gegen England zusammen.

15. Jh. – Der schottische Hochadel und die Clans gewinnen an Macht und Einfluss gegenüber der Krone.

Aus der Zeit der **Renaissance** (ca. 15. u. 16. Jh.), den prächtigen Kunstepochen Italiens und Frankreichs, sind in Schottland nur wenige typische Bauwerke in Linlithgow, Stirling und Falkland erhalten.

1410 – Gründung der Universität von St. Andrews.

1424 – Nach 18 Jahren (1406 – 1424) in englischem „Gewahrsam" besteigt *James I. (Jakob I.),* dritter Spross der Stewart Dynastie, den Thron. James I. wird 1437 ermordet.

1437 – 1460 – *James II.* regiert.

1461 – Die keltisch-normannischen **„Lords of the Isles"** (Clanfürsten der Hebriden), die sich seit jeher der Herrschaft der Krone verweigerten und sich selbst als Souverän betrachteten, schließen mit dem englischen König *Edward IV.* den Vertrag von Ardtronish-Westminster, der eine Teilung Schottlands vorsieht.

Heute trägt den Titel „Lord of the Isles" übrigens *Charles, Prince of Wales.*

1468 – *James III.,* seit 1460 König von Schottland, heiratet *Margaret,* Prinzessin von Dänemark. Ihre Mitgift besteht aus dem Versprechen auf eine größere Geldsumme. Als Sicherheit werden die Orkney und Shetland Inseln geboten. Die Mitgift wird nicht eingelöst. So fallen die Orkney und Shetland Inseln 1473 an Schottland.

1476 – James III. zwingt den Lord of the Isles sich der schottischen Krone zu unterwerfen.

1488 – James III. stirbt unter mysteriösen Umständen. Wahrscheinlich wurde er ermordet.

1488 – 1513 – *James IV.,* Sohn von James III., besteigt den Thron. In den Kämpfen zwischen Frankreich und England engagiert sich James IV. für die Sache Frankreichs, schickt Truppen nach England und fällt selbst 1513 in der Schlacht von Flodden. Das schottische Heer wird vernichtend geschlagen.

1513 – 1542 – *König James V.* regiert. James V. ist zweimal verheiratet, jedes Mal mit aus Frankreich stammenden Damen. Der streng katholische James V. gerät in Konflikt mit dem zur gleichen Zeit regierenden *Henry VIII.* von England, der sich aus Ärger über eine verweigerte Scheidung vom Papst und damit von der katholischen Kirche lossagt. James zieht gegen Heinrich zu Felde und wird geschlagen. James V. stirbt 1542 nur wenige Tage nach der Geburt seiner Tochter Mary.

1542 – 1587 – *Maria Stuart, Mary Queen of Scots.*

1560 – Der Calvinist *John Knox* gründet die Presbyterianische Kirche Schottlands. Reformation in Schottland.

1567 – 1625 – *James (Jakob) VI.,* Maria Stuarts Sohn, regiert. Nach dem Tode von Königin Elizabeth I. von England (1603) wird James auch König von England (James I. von England). Englisch-schottische Personalunion („Union of the Crowns").

In der Zeit des 16. und 17. Jh. entstehen viele Herrensitze und Schlösser, besonders in der Grampian Region, in der eigenwilligen Form turmhoher **„Tower Houses"**, wie Crathes, Craigievar, Castle Fraser u. a.

Die Deckenmalerei erlebt einen Höhepunkt. Die Balkendecken einiger Räume in Crathes Castle, Traquaire House, Gladstone's Land in Edinburgh, Falkland u. a. sind wunderschöne Beispiele dafür.

In der Architektur des 17. Jh. treten vor allem zwei Namen hervor: *Sir William Bruce* (1630 – 1710) und *James Smith* (1644 – 1731). Die beiden Architekten entwarfen u. a. Teile des Palasts von Holyroodhouse, Hopetoun House u. a.

Besonders im 17. Jh. fand die Ausschmückung der Zimmerdecken mit kunstvollen Stuckornamenten Eingang in die Dekoration der Salons. Besonders schöne Beispiele findet man in Craigievar, Glamis, The Binns u. a. Auch Sir William Bruce benutzt diese Dekorationsform, um die Salons in Holyroodhouse damit zu schmücken.

1625 – 1649 – *König Charles I.,* Sohn James' VI. und Anne von Dänemark, regiert. Er treibt die Reformation in Schottland voran, für manche Schotten etwas zu schnell. 1637 drückt sich der Unmut darüber durch einen Aufruhr anlässlich der Einführung eines neuen Gebetbuches in der Kathedrale St. Gils in Edinburgh aus.

1638 – Der „National Covenant" (Bund der presbyterianischen Schotten) wendet sich gegen das von Charles I. favorisierte Episkopat. Hinter der Opposition der **„Covenanters"** steckt aber auch die Absicht, dem König die gesetzgeberische Gewalt zu beschneiden und diese dem Parlament zu übertragen. Darüber kommt es zu kriegerischen Auseinandersetzungen.

1649 – Charles I. fällt den Machtkämpfen zwischen Gegnern und Anhängern der Covenanters zum Opfer. Er wird hingerichtet.

1650 – *Oliver Cromwell,* englischer Parlamentsführer, marschiert in Schottland ein. Seine Truppen schlagen die Schotten bei Dunbar. Die militärische Schlagkraft des jungen *Charles II.,* der von den Covenanters als Thronfolger von Charles I. nominiert ist, ist dadurch stark geschwächt.

1660 – *Charles II.* wird zum König proklamiert. Er regiert bis 1685.

1673 – 1748 – *General George Wade,* ein englischer General in Diensten König George I., geht in die schottischen Annalen durch seine Verdienste im Straßenbau ein. Er baut die erste Straße von Dunkeld nach Inverness (etwa heutige A9), später eine Weiterführung von Inverness (damals Fort George) durch das Glen More (oder Great Glen) nach Fort William, sowie eine Querverbindung von Fort Augustus über den Corrieyairack Pass nach Garvamore (heute nur Fußweg, schöne Brücke in Garvamore). Quasi ein Denkmal setzte sich der General mit der „Wade Bridge" über den River Tay in Aberfeldy nordwestlich von Perth. Architekt der Brücke war *William Adam.*

1685 – Nach dem Tode von Charles II. besteigt dessen Bruder *James VII.* (und II. von England) den Thron. Die Intoleranz in Glaubensfragen des katholischen James VII. provoziert die Covenanters. Schließlich sieht sich James VII. gezwungen ins Exil zu gehen.

1689 – Der protestantische *Wilhelm von Oranien,* Schwiegersohn James' VII., besteigt den Thron.

Die **Jakobiten** (Jacobites – nach dem lat. Jacobus für James), Anhänger des emigrierten katholischen Stuart-Königs James VII., formieren sich gegen die protestantischen **Williamiten**. Schlacht von Killiecrankie.

Das Hochland bleibt noch lange die Hochburg der Jakobiten.

1692 – Massaker von Glencoe. Blutfait zwischen Campbells und MacDonalds.

1707 – Die Personalunion („Union of the Crowns") mit England wird in eine Realunion („Union of Parliament") umgewandelt. Ein gemeinsames Parlament, in das die Schotten ihre Vertreter sowohl ins Oberhaus wie ins Unterhaus entsenden, lenkt nun die Geschicke ganz Großbritanniens.

1709 – 1784 – *Dr. Samuel Johnson*, englischer Schriftsteller und Chronist, liefert mit seinen Aufzeichnungen über „A Journey to the Western Isles" (Eine Reise zu den Westlichen Inseln) im August 1773 eine der ersten genaueren Beschreibungen Südschottlands und der Isle of Skye. Besonders interessant ist der Gesichtspunkt, dass Johnson die Reise nur 27 Jahre nach dem Zusammenbruch des Jakobitenaufstands und der Flucht Bonnie Prince Charlies unternahm.

Johnson wurde auf seiner Reise begleitet von *James Boswell* (1740 – 1795), der seine Eindrücke wiederum in „The Journal of a Tour to the Hebrides" niederschrieb.

1715 – Nach dem zweiten großen Aufstand der Jakobiten landet *James Francis Edward Stuart*, „The Old Pretender" – in ihm sehen die Jakobiten ihren neuen König James VIII. – an der Nordostküste bei Peterhead. Aber ihm gelingt es nicht, die Macht der Stuarts zu restaurieren.

1723 – 1790 – *Adam Smith*, schottischer Nationalökonom aus Kircaldy. Seine Theorie war, dass der Reichtum einer Nation durch die Arbeit geschaffen wird. Sein Hauptwerk: „The Wealth of Nations" (Der Wohlstand der Nationen).

1728 – 1792 – *Robert Adam*. In der Georgianischen Epoche des 18. Jh. wird die schottische Baukunst maßgeblich von zwei Architekten beeinflusst, von *William Adam* (1689 – 1748) und seinem Sohn *Robert Adam*. Sie schufen so bekannte Herrensitze wie Hopetoun House, Duff House, House of Dun, Floors Castle etc. Zu den Meisterwerken Robert Adams zählen zweifellos Culzean Castle und vor allem das überaus dezent und harmonisch dekorierte Mellerstain.

1736 – 1819 – *James Watt*. Der Erfinder und Ingenieur wurde am 19. Januar 1736 in Greenock, westlich von Glasgow, geboren. 1765 erfand er die erste belastbare Dampfmaschine. Seiner Ingenieurskunst ist es zu verdanken, dass der Clyde bis Glasgow schiffbar gemacht werden konnte. Diese beiden großen Leistungen Watts trugen wesentlich zum wirtschaftlichen Aufstieg Glasgows und des ganzen British Empire bei.

1745/46 – Der 24 Jahre alte *Charles Edward Stuart*, genannt **„Bonnie Prince Charlie"** (1720 – 1788), landet bei Arisaig an Schottlands Westküste. Bei Glenfinnan sammelt er eine starke Highlandarmee um sich und beginnt mit der Rückeroberung der Stuart-Macht.

Bonnie Prince Charlie erringt mit seinem Heer anfänglich kleine Erfolge gegen die Engländer, wird aber in der legendären **Schlacht von Culloden**, östlich von Inverness, 1746 vernichtend geschlagen. Prince Charles flieht auf die Hebriden. Fünf Monate ist er dort auf der Flucht vor englischen Greiftrupps. In jener Zeit beginnt sich eine glorifizierende Legende um den Prinzen zu ranken. Trotz eines ausgesetzten Kopfgeldes in Höhe von 30.000 Pfund (heutiger Wert rund 1,6 Mio. Euro) wird er nicht verraten. Schließlich gelingt ihm mit Hilfe der nicht minder legendären *Flora MacDonald* die Flucht auf ein französisches Schiff, das ihn außer Landes bringt.

Die Zeit der Stuarts als schottisches Herrscherhaus ist damit ein für allemal zu Ende. Die Schotten müssen ihre Hoffnung auf ein eigenständiges Königreich begraben.

Charles Edward Stuart stirbt nach 42-jährigem Exil in Italien als ein gebrochener, enttäuschter, dem Alkohol verfallener Mann.

Für alle Anhänger des Königshauses, für alle Jakobiten und alle schottisch-national Gesinnten beginnt eine schwere Zeit der Unterdrückung und Verfolgung durch britische Truppen. Selbst Kilt und Dudelsack werden verboten und den Clanchiefs wird ihr altes Gewohnheitsrecht, in ihrem Herrschaftsgebiet Recht zu sprechen, aberkannt.

1757 – 1834 – *Thomas Telford*, Steinmetz und Baumeister aus Westerkirk bei Langholm (Dumfries and Galloway), ist maßgeblich am Bau des „Caledonian Canal" beteiligt. Der Kanal entsteht zwischen 1804 und 1822. Telford stirbt im Alter von 77 Jahren in London. Er ist in der Westminster Abbey begraben.

1759 – 1796 – *Robert Burns*, schottischer „Dichter des einfachen Mannes",

MARY QUEEN OF SCOTS

Maria Stuart, Tochter von James V. und der streng katholischen, aus Frankreich stammenden Marie de Guise, wird am 8. Dezember 1542 auf Schloss Linlithgow geboren.

Die damaligen Jahre waren geprägt von den Bestrebungen Heinrichs VIII. von England, den Protestantismus bis nach Schottland auszuweiten. Eine große Herausforderung für das katholische Haus der Stuarts. Von Anfang an war

Maria ein politischer Faktor in den Reformationsabsichten Heinrichs VIII. Englische Truppen zerstören in jener Zeit viele der Abteien in der Border-Region.

Maria verbringt ihre ersten Jahre auf Stirling Castle. Dort wird sie schon im Alter von nur neun Monaten in der Schlosskapelle Chapel Royal zur Königin von Schottland gekrönt.

1547 schwappt eine erneute Invasionswelle englischer Truppen nach Schottland. Maria muss in Sicherheit gebracht werden, erst in ein Kloster auf der Insel Inchmahome im Lake of Menteith (Trossachs), danach nach Dumbarton. Von dort wird die junge schottische Königin am 7. August 1548 nach Frankreich gebracht, wo sie in katholischer Tradition und in der prunkvollen Umgebung der französischen Renaissance erzogen wird.

1558 wird Maria im Alter von 15 Jahren mit dem dreizehnjährigen französischen Dauphin (Kronprinz) François in der Kathedrale Notre Dame in Paris verheiratet.

Ein Jahr später stirbt der französische König Heinrich II. an den Folgen einer Turnierverletzung. François II. wird König, Maria Königin von Frankreich.

Schon im Dezember 1560 stirbt der junge König François II. Maria Stuart wird im Alter von kaum 18 Jahren Witwe. Sie kehrt nach Schottland zurück, wo sie im August 1561 in Leith eintrifft.

Maria Stuart – eher im Sinne französischer, denn in schottischer Kultur, Tradition und Weltanschauung erzogen, spricht Englisch mit französischem Akzent, ist stark vom Katholizismus geprägt – kommt in ein Schottland, in dem der Protestantismus Fuß fasst, das von patriarchalischen Machtstrukturen durchdrungen ist und an dessen Hof die Eleganz, Kunstfreude und Kultur französischer Schlösser fremd ist. In dieser ihr im Grunde fremden Welt muss Maria Stuart, eine junge Frau von gerade 18 Jahren, die Rolle der Königin übernehmen. In ihrer exponierten Position muss sie sich in bis dahin von Männern geprägten Machtstrukturen zurechtfinden, hat in England in Königin Elizabeth eine starke protestantische Gegenspielerin und muss im eigenen Land gegen den Eiferer und Reformator John Knox ankämpfen. Dennoch beweist Maria Stuart in den ersten Jahren ihrer Regierungszeit – trotz aller im Grunde gegen sie gerichteten Umstände – eine starke und charakterfeste Staatsführung.

Weniger günstig scheinen allerdings die Einflüsse ihrer politischen Berater und wenig charakterfester Freunde auf die junge Königin gewesen zu sein. Mehr und mehr steht ihr Leben und ihr politischer Weg unter einem unglücklichen, ja tragischen Stern.

Aus der Sicht des Außenstehenden muss Marias Heirat mit Henry, Lord Darnley, im Juli 1565 als der erste große Fehler in ihrem Leben bezeichnet werden. Darnley wird einerseits als ein hübscher, ehrgeiziger junger Mann königlichen Geblüts beschrieben, der aber andererseits weich und eitel ist. In ihn muss Maria anfangs völlig vernarrt gewesen sein.

Mit der Zeit wird Darnley eifersüchtig auf den geistreichen, gebildeten Privatsekretär Marias, den Italiener David Rizzio. Am 9. März 1566 wird Rizzio vor den Augen der Königin ermordet (siehe auch Edinburgh – Palast Holyroodhouse).

Darnley gerät durch die Mordaffäre und durch sein Verhalten, privat wie gesellschaftlich, mehr und mehr ins Abseits. Natürlich wendet sich Maria nach der Bluttat an Rizzio zunehmend von Darnley ab und mehr James Hepburn, Earl of Bothwell zu.

An einem Februarmorgen des Jahres 1567 wird Darnley nach einer Explosion in seinem Haus tot aufgefunden. Bis auf den heutigen Tag ist nicht geklärt, ob und wie Maria Stuart in den mysteriösen Tod Darnleys verwickelt war. Sicher für die damalige Öffentlichkeit war allerdings, dass Bothwell die Finger mit im Spiel gehabt hatte. Etwa um den Nebenbuhler und unbequem gewordenen Darnley aus dem Weg zu räumen?

Geradezu schockiert waren die gesellschaftlichen Kreise, von Edinburgh über London bis Rom, als Maria nur drei Monate nach dem Mord an ihrem zweiten Ehemann Darnley, am 15. Mai 1567 den mutmaßlichen Darnley-Mörder Bothwell heiratet – und das auch noch nach dem Ritual der protestantischen Kirche. Nicht nur der Adel ist empört. Die schottische Königin hatte den zweiten tragischen Fehler in ihrem Leben gemacht, und wieder durch eine Heirat.

Maria Stuart und Bothwell werden während ihrer Flitterwochen von aufgebrachten Edelleuten auf Schloss Borthwick aufgestöbert und verfolgt. Bothwell kann fliehen, Maria wird am 15. Juni gefangengenommen und auf Loch Leven Castle inhaftiert. Dort zwingt man sie zu Gunsten ihres kaum ein Jahr alten Sohnes auf die schottische Krone zu verzichten. Ihr Sohn wird auf Stirling Castle als James (Jakob) VI. zum König gekrönt.

Am 2. Mai 1568 gelingt Maria Stuart mit Hilfe des Sohnes des Gefängnisverwalters ihre spektakuläre Flucht von Loch Leven Castle. Die abgedankte schottische Königin wird verfolgt und muss sich schließlich in die Abtei Dundrennan an der Südwestküste zurückziehen. Hier verbringt sie, noch keine 26 Jahre alt, am 15. Mai 1568 die letzte Nacht auf schottischem Boden. Am nächsten Tag besteigt sie im nahen Port Mary ein Schiff und segelt nach Workington in England und in ein fast 20 Jahre dauerndes Exil.

Jahrelang widersetzt sich ihre Cousine, Königin Elizabeth von England, den Forderungen ihrer Minister, die eine Verurteilung und die Hinrichtung der Schottin fordern.

Am 8. Februar 1587 schließlich wird das tragische Schicksal Maria Stuarts durch das Beil des Scharfrichters in Fotheringhay besiegelt.

verarbeitet vor allem Geschichten aus seiner Heimat um Ayr, Alloway und Kirkoswald. Eines seiner bekannten Werke ist die komische Gespensterballade „Tam o'Shanter".

1771 – 1832 – *Sir Walter Scott*, am 15. August 1771 in Edinburgh geboren, war Rechtsanwalt, Richter und Schottlands berühmtester Publizist, Dichter und Schriftsteller seiner Zeit. Neben seinen Veröffentlichungen machte sich Scott einen Namen als vaterlandsliebender Schotte, als er 1822 für die Inszenierung und den Ablauf der öffentlichen Auftritte König George IV. anlässlich dessen Staatsbesuchs in Edinburgh verantwortlich zeichnete. Angeblich soll Scott den König damals davon überzeugt haben, dass die seit 1746, nach der Schlacht von Culloden, verbotenen Tartans wieder erlaubt werden sollten.

Berühmt wurde Scott durch seine Novellen, Balladen und historischen Romane, denen er Geschichten und Gestalten vornehmlich aus der Borders-Region zugrunde legte. Sein erster großer Roman ist *„Waverley"* (1814), den er anfangs noch unter einem Pseudonym veröffentlichte.

Seine Ballade *„Lady of the Lake"*, schon 1810 verfasst, löst eine wahre Reisewelle an den Schauplatz Loch Katrine in den Trossachs aus. Weitere Werke: *„Guy Mannering"* (1815), *„Rob Roy"* (1817), *„The Bride of Lammermoor"* (1819), *„Ivanhoe"* (1820), *„The Two Drovers"* (Die zwei Viehtreiber, 1827), *„Wandering Willies' Tale"* (Die Geschichte des Spielmanns Willie), *„The Lay of the Last Minstrel"* (Lied des letzten Minnesängers, 1805) u.v.a. Sir Walter Scott ist in der Ruine von Dryburgh Abbey begraben.

1795 – 1881 – *Thomas Carlyle*, am 4. Dezember 1785 in Ecclefechan (Dumfries and Galloway) geborener Schriftsteller und Historiker. Werke über Friedrich den Großen, über die Französische Revolution u. a. Gestorben am 4.2.1881 in London.

19. Jh. – Das Ende des 18. und das 19. Jahrhundert sind geprägt von revolutionären Entwicklungen im Bereich der Industrie, die auch in den großen Zentren Schottlands wirksam werden. Äußere Zeichen dafür sind z. B. die Tay-Eisenbahnbrücke, die 1878 eingeweiht wird und ein Jahr später teilweise einstürzt und eine Katastrophe verursacht, weiter die Eisenbahnbrücke über den Forth (1890), der „Caledonian Canal" (1822 fertiggestellt) oder der „Clyde-Forth-Canal". Bergbau- und Schwerindustrie expandieren.

In den Highlands dagegen, die übrigens zur Gewinnung von Holzkohle für die Hochöfen der Hüttenwerke rücksichtslos abgeholzt werden, werden ganze Regionen, Glens und Gemeinden von Norden bis ungefähr auf die Höhe von Perth Ende des 18. Jh. bis weit ins 19. Jh. durch die sog. **„Clearances"** regelrecht entvölkert. Grund der oft mit brutalen Mitteln von den mächtigen Großgrundbesitzer durchgeführten Aktion: Man wollte Platz für eine extensive Schafzucht und Weidewirtschaft schaffen. Die „Clearances" lösen eine Auswanderungswelle aus.

1813 – 1873 – *David Livingstone*, am 29. März 1813 in Blantyre (südöstl. von Glasgow) in der Shuttle Row geboren, stammt aus ärmlichen Verhältnissen, erforscht auf seinen Missionsreisen weite Teile Afrikas und den Sambesi-Fluss, entdeckt dabei die Viktoria-Fälle, den Schirwasee und den Nyassasee. Livingstone gilt lange als verschollen und wird am 10. November 1871 von *Sir Henry Morton Stanley* in einer aufsehenerregenden Aktion aufgefunden („Mr. Livingstone I presume?").

1835 – 1919 – *Andrew Carnegie*, am 25. November 1835 in Dunfermline bei Edinburgh geboren, wandert als armer junger Mann nach Amerika aus, verdient dort als „Stahlkönig" ein Vermögen und macht sich als generöser Förderer, Gönner, Kunstmäzen und Stiftungsgründer einen Namen.

1850 – 1894 – *Robert Louis Stevenson*, geboren am 13. November 1850 in Edinburgh. Eigentlich Rechtsanwalt, wird als Schriftsteller bekannt. Einige seiner bekannten Werke: *„The Treasure Island"* (Die Schatzinsel), *„Dr. Jekyll and Mr. Hyde"*, *„Picturesque Notes on Edinburgh"*

u. a. Stevenson stirbt am 8. Dezember 1894 in Apia auf Samoa.

1860 – 1937 – *Sir James Matthew Barrie*, geboren am 9. Mai 1860 in Kirriemuir, Schriftsteller. Er schuf u. a. *„Peter Pan".*

1914 – 1950 – Am ersten und zweiten Weltkrieg nehmen Regimenter aus Schottland teil. In den Nachkriegsjahren wird die Elektrifizierung durch Wasserkraft forciert. Neue Industriezweige siedeln sich an.

1965 – Erkundung der Erdöl- und Gasvorkommen vor Schottlands Nordseeküste. Reiche Öl- und Gasvorkommen (Förderung seit etwa 1970) sind die Grundlage für einen neuen Wirtschaftszweig in Schottland.

1974 – Verwaltungsreform. Das Land wird in neun neue Regionen mit neuen Namen auf dem Festland und in drei Insel-Regionen (siehe „Kurzporträt Schottlands – Verwaltung") unterteilt. Die Namen der alten Grafschaften (Counties) sind nicht mehr offiziell.

1978 – Schottland erhält (zusammen mit Wales) ein bisschen regionale Autonomie zurück.

1979 – Bei der Volksabstimmung über die vollständige Autonomie Schottlands unterliegen die Befürworter. Sie können die notwendigen 40 Prozent der Stimmen nicht erreichen.

1983 – Am 11. Juni wird *Margaret Thatcher* von der Konservativen Partei Premierministerin.

1987 – Margaret Thatcher wird als Premierministerin wiedergewählt.

1988 – Flugzeugkatastrophe von Lockerby. Am 21. Dezember stürzt bei Lockerby in der Nähe von Dumfries ein amerikanischer Jumbo Jet nach einem Bombenanschlag ab.

1990 – Im November 1990 reicht Margaret Thatcher ihren Rücktritt ein. Neuer Premierminister wird *John Major*.

1995 – Ende Februar 1995 gerät die britische Barings Bank nach Milliardenverlusten in den Konkurs, was einen Sturz des Britischen Pfundes auf ein historisches Tief damals unter DM 2,30 nach sich zog. Auch die europäischen Devisenmärkte gerieten daraufhin unter Druck.

1997 – Am 11. September 1997 findet eine Volksabstimmung über die Fragen statt, ob Schottland ein eigenständiges Regierungsparlament erhalten soll und Steuern erheben darf. Über 70 % der Wahlberechtigten sprechen sich in diesem Referendum für ein eigenes Parlament aus.

1999 – Am 6. Mai 1999 finden die ersten allgemeinen Wahlen seit 300 Jahren zu einem eigenständigen Parlament in Schottland statt.

In Anwesenheit von Königin Elizabeth II., Prinz Philipp und Prinz Charles wird das neue schottische Parlament in Edinburgh am 1. Juli feierlich eröffnet.

2001 – Am 7. Juni Unterhauswahlen, Wiederwahl von Tony Blair.

2003 – Im Alter von 101 Jahren stirbt die in der Bevölkerung sehr beliebte Königinmutter Queen Mum. Zeitlebens war sie Schottland sehr verbunden.

2005 – Am 7. Juli sterben bei einem Bombenterroranschlag auf drei U-Bahn-Züge und einen Bus in London 56 Menschen inklusive der vier Selbstmordattentäter und über 700 Personen werden schwer verletzt.

2007 – Nach drei Amtszeiten in 10 Jahren tritt Tony Blair am 24. Juni 2007 als Premierminister zurück. Sein Nachfolger wird Gordon Brown, der die Regierungsgeschäfte als Premierminister am 27. Juni 2007 übernimmt. Brown war Schatzkanzler während der Amtszeit von Tony Blair.

2010 – David Cameron, Parteivorsitzender der Conservative Party, wird nach den Unterhauswahlen im Mai 2010 von Königin Elisabeth II. zum Premierminster ernannt.

2012 – Vom 25. Juli bis 12. August 2012 fanden in London die Spiele der XXX. Olympiade statt. Es werden 302 Wettbewerbe in 26 Sportarten mit Sportlern aus 204 Ländern veranstaltet.

Königin Elizabeth II. feiert mit 86 Jahren ihr 60. Thronjubiläum.

2013 – Nachwuchs im englischen Königshaus. Am 22. Juli 2013 brachte die Gattin von Prince William, Catherine, Herzogin von Cambridge, zur Freude aller Briten einen Sohn mit Namen George

Alexander Louis zur Welt. Er ist in der Thronfolge an dritter Stelle.

2014 – Das Referendum über die Unabhängigkeit Schottlands vom Vereinigten Königreich brachte dem Initiator Alex Salmond, Erster Minister der schottischen Regionalregierungen, und seinen Mitstreitern keinen Erfolg. Am 18. September wurde mit 55,3% Nein-Stimmen und 44,7% Ja-Stimmen das Referendum abgelehnt. Wahlbeteiligung 84,59%. Von 32 Bezirken gab es nur in 4 eine Mehrheit dafür. Dennoch erzielte man Verbesserungen in Sachen Selbstbestimmung, z. B. erhielten die Schotten Ende des Jahres das Recht, künftig über die Höhe der Einkommenssteuer selbst zu bestimmen.

2015 – Im April wird das zweite Kind von Prince William und Herzogin Catherine in London geboren.

2016 – Königin Elizabeth II. feierte am 21. April ihren 90. Geburtstag.

Am 23. Juni stimmt die Bevölkerung Großbritanniens in einem Volksentscheid über den Verbleib des Landes in der EU ab. Das eigentlich nicht erwartete Ergebnis: Ein Mehrheit von fast 52% spricht sich für den Austritt aus der Europäischen Union aus!

Die Wähler in Schottland votieren in dem Referendum aber nur mit einer Minderheit für den Austritt. Die Mehrheit der Schotten wollte lieber in der EU bleiben. Ähnlich verhielten sich die Wähler in Nordirland.

WIE KOMMT MAN HIN?

Mit dem Auto

Die Anfahrtswege zu den Häfen mit Fährverbindungen nach England sind ausgezeichnet.

Calais z. B., einen der meistbenutzten Häfen mit Verbindungen nach Dover in England und Station der **Pendelzüge** durch den **Eurotunnel** nach Folkestone, erreicht man bequem über Autobahnen. Autobahnen in Frankreich sind gebührenpflichtig.

Auf der Weiterreise von **Dover** nach Schottland ist man gut beraten – falls nicht ein Londonaufenthalt vorgesehen ist – die britische Hauptstadt weiträumig zu umfahren. Die Autobahnen (Motorways) M20/M25 umgehen **London**.

Der direkteste Weg führt im Westen von London weiter über die M40 Richtung **Birmingham**, umgeht Birmingham auf der M6 (Toll/Maut), um schließlich der M6 weiter nordwärts, über **Stoke-on-Trent**, vorbei an Manchester und über **Preston, Lancaster, Penrith** und **Carlisle** nach **Gretna** an der „Grenze" zu Schottland zu folgen, dem Ausgangspunkt des hier geschilderten Reiseweges durch Schottland.

Die gesamte Strecke, z. B. von Frankfurt nach Calais und weiter von Dover nach Gretna, beträgt rund 1.220 km.

Überlegenswerte Anreisevarianten sind die Autofähren ab Zeebrugge oder Rotterdam nach **Hull** (Kingston upon Hull) und ab Amsterdam/Ijmuiden bis **Newcastle.** Zwar ist hier die Seepassage erheblich länger als über den Kanal und entsprechend teurer, wesentlicher Vorteil aber ist, man erspart sich den verkehrsreichen Anreiseweg durch Südengland und an London vorbei! Und man spart Spritkosten.

Ab **Hull** geht es auf der Autobahn M62 Richtung **Leeds,** dann bei **Pontefract** nordwärts zur A1 *(The North)* bei **Scotch Corner**, hier nordwestwärts über die A66 bis **Penrith** und schließlich über die Autobahn M6, vorbei an **Carlisle** nach **Gretna**.

Ab **Newcastle** folgt man der A69 westwärts bis **Brampton** und reist über die A6971 weiter nach **Gretna**.

Campingplätze entlang des Anreiseweges nach Schottland

Hier einige Campingplätze die relativ verkehrsgünstig nahe des Anreiseweges liegen und ggf. als Übernachtungsstopps angefahren werden können:

Gent (Belgien) – **Camping Blaarmeersen [N51° 2' 47" E3° 40' 51"]**, Zuiderlaan 12, Tel. +32 (0)9-26 68 160, https://stad.gent/blaarmeersen/campingblaarmeersen; 1. März – Anf. Nov.; A10/E40 Ausfahrt 13 oder 14, beschildert, ebene Wiesen, ca. 5 ha – 320 Stpl.; gute

Einrichtungen; Laden, Restaurant, Imbiss.

Guînes (Frankreich) – **Castel-Camping De La Bien-Assise [N 50° 51' 58" E1° 51' 26"]**, Tel. +33 (0)3 21 35 20 77; www.camping-la-bien-assise.com; Anf. April – Mitte Sept.; ca. 12 km südlich von Calais; mehrere durch befestigte Wege unterteilte Stellplatzflächen, teils eben; ca. 8 ha – 140 Stpl., davon zahlreiche Dauercamper; Standardausstattung.

Dover/Martin Mill (England) – **Camping Hawthorn Farm [N51° 10' 7.52" E1° 20' 47.75"]**, bei Martin Mill, Tel. +44 (0)1304-85 26 58; https://www.keatfarm.co.uk/camping-dover/hawthorn/; Mitte Feb. – Mitte Dez.; weitläufiges, leicht geneigtes Wiesengelände, teils parzelliert, im vorderen Platzteil gekieste Stellplätze, trotz angrenzender Bahnlinie ansprechend gelegen, ca. 10 ha – 180 Stpl., ordentliche Standard-Sanitärausstattung; Laden, Imbiss.

Maidstone/Bearsted (Kent/England) – **Bearsted Caravan Club Site [N51° 15' 50.65" E0° 36' 12.09"]**, Hollingbourne, Maidstone, Ashford Raod, Tel. +44 (0)16 22-73 00 18; www.pinelodgetouringpark.co.uk; Mitte März – 31. Dez., von der A20 (Ashford – Maidstone) Ausfahrt 8 und von der A20 Richtung Maidstone beschilderter Abzweig; guter Übernachtungsplatz, ca. 3 ha – 66 Stpl., davon 40 befestigt; gute Standardausstattung; Laden, WLAN.

London – Im Stadtgebiet *Greater London*, d. h. City mit Vororten, gibt es mehrere Campingplätze.

Relativ zentrumsnah liegen:

– **Abbey Wood Caravan Club Site [N51° 29' 12.44" E0° 7' 10.23"]**, Federation Rd., Abbey Wood, Tel. +44(0)20 83 11 77 08, www.caravanclub.co.uk; ganzjährig geöffnet; südöstlich des Stadtzentrums, nahe der Woolwich Ferry; am einfachsten erreichbar über die A2 aus Dover, die South Circular Road A205 und ab Woolwich über die A206 Woolwich Road. Laubwald, uneben, leicht abfallend; ca. 3 ha – 160 Stpl.; Standardausstattung. Laden, WLAN. Meist stark frequentiert! Für Wohnmobile Spezialgelände außerhalb des Platzes.

– **Crystal Palace Caravan Club Site [N51° 25' 33" W0° 04' 24"]**, Old Cople Lane, Crystal Palace Parade, Tel. +44 (0)2 87 78 71 55, www.caravanclub.co.uk; geöffnet 1. Jan. – Mitte Dez.; südlich des Stadtkerns im Stadtteil Crystal Palace, beim Crystal Palace National Sports Centre; über A205 South Circular Road; ca. 3 ha – 90 Stpl.; teils befestigte Stellplätze für Wohnmobile (max. Länge 8,5 m); Standardausstattung. Für Wohnmobile Spezialgelände außerhalb des Platzes.

Wer London weiträumig auf der Ringautobahn M25 umfährt, findet im Norden der Stadt (Ausfahrt Nr. 25 von der M25 und weiter über A112 Richtung City) in **Chingford** in der Sewardstone Road den **Lee Valley Campsite [N51° 39' 18" W0° 00' 22"]**, https://www.visitleevalley.org.uk/en/; Tel. +44 (0)2 08 52 95 689, geöffnet März – Dez., 85 Stpl. und in **Edmonton** im Meridian Way den Campingplatz **Lee Valley Leisure Complex [N51° 37' 57" W0° 02' 05"]**, Tel. +44 (0)2 08 80 36 900, ganzjährig geöffnet, 160 Stpl.

Im Westen von London liegt in **Chertsey** relativ verkehrsgünstig der Platz des **Chertsey Camping and Caravaning Club [N 51° 23' 22" W 0° 29' 23"]**, Bridge Road, Tel. +44 (0)1 93 25 62 405, http://www.campingandcaravanningclub.co.uk/campsites/uk/surrey/chertsey/chertsey; ganzjährig geöffnet. Über M25 Ausfahrt 11 und A317, ansprechendes Gelände, ca. 5 ha – 150 Stpl.; gute Ausstattung. WLAN. Für Wohnmobile Spezialgelände außerhalb des Platzes.

Eine weitere Campingmöglichkeit bietet sich in **Penrith** im Lake District an, es ist der **Lowther Holiday Park [N54° 37' 52.73" W2° 44' 4.59"]**, Tel. +44 (0)1 76 88 63 63, www.lowther-holidaypark.co.uk; geöffnet Anf. März bis Mitte Nov., ca. 10 ha – 100 Stpl. Standardausstattung. Laden, Imbiss, Restaurant.

Eurotunnel

Seit 1994 verbindet der Eurotunnel, auch „Le Shuttle" genannt, unter dem Ärmelkanal England mit dem Kontinent. Die Baukosten beliefen sich auf rund 15 Mrd. Euro. Viele Briten bedauerten den Tunnelbau allerdings sehr, bedeutete

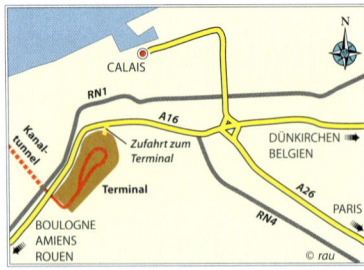

Französischer Terminal des Eurotunnel bei Calais

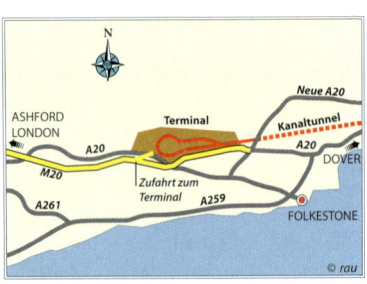

Britischer Terminal des Eurotunnel bei Folkestone

er doch auch das Ende der von ihnen so sehr geschätzten „splendid isolation".

Der rund 50 km lange Tunnel verläuft zwischen 25 und 35 Meter tief unter dem Kanal durch den wasserundurchlässigen Kreidefelsen. Das Tunnelsystem besteht aus drei Röhren, zwei einspurigen Schienentunnels, durch welche die Pendelzüge jeweils in einer Richtung verkehren und einem kleineren Mitteltunnel, der als Versorgungstunnel dient.

Durch den Tunnel verkehren **Pendelzüge** zwischen Calais/Coquelles [**N50° 56' 11.10" E1° 48' 52.06"**] in Frankreich und Folkestone [**N51° 5' 36.88" E1° 7' 10.94"**] in England. **Abfahrten** gibt es ganzjährig täglich rund um die Uhr, etwa im Stundentakt. **Fahrtdauer** 35 Minuten.

Transportiert werden, je nach Zuggattung, Pkw's, Motorräder, Wohnmobile und Reisebusse. Fußgänger, also Passagiere ohne Auto, werden übrigens nicht befördert!

Fahrgäste fahren ihren Wagen selbst in die schallisolierten, klimatisierten und während der Fahrt geschlossenen Doppeldeckerwaggons. Die Passagiere bleiben während der Tunnelfahrt in ihren Fahrzeugen oder können sich auf dem Parkdeck die Beine vertreten.

Infos: Eurotunnel, F-62231 Coquelles, Tel. +33 (0)180-63 03 04.

Eurotunnel Le Shuttle, UK Terminal, Ashford Road, GB-Folkestone CT18 8XX, Tel. +44 (0)8443-35 35 35; www.eurotunnel.com.

Call Centre in Deutschland: Tel. 01805-000-248, Mo - Fr 9.30 - 18 Uhr.

Mit dem Schiff

Nahezu ab jeder großen Hafenstadt an der Nordsee- bzw. Kanalküste bestehen ganzjährig **Autofährverbindungen** mit den wichtigsten britischen Häfen.

Empfehlenswert ist ein Vergleich des Preis- und Leistungsangebots der verschiedenen Schifffahrtslinien. Nicht immer muss der kürzeste Wasserweg auch der preiswerteste Reiseweg sein.

Spätestens eine Stunde vor Abfahrt sollte man sich zur Einschiffung im Hafen einfinden, auch mit reservierter Passage. Manche Fährlinien verlangen, dass man mit dem Auto 90 Minuten vor Abfahrt eincheckt.

Mein Tipp! Verschließen Sie ihr Fahrzeug auf der Fähre sorgfältig, denn es gibt kaum eine Reederei, die für Gepäck im, am oder auf dem Auto haftet. Selbstverständlich sind gasbetriebene Aggregate (z. B. Kühlschrank im Wohnmobil) während der Überfahrt abzuschalten! Der Haupthahn am Gastank ist zu schließen. Die Gasflaschen müssen gut befestigt sein!

Fast alle Reedereien untersagen das Mitführen mit Kraftstoff gefüllter Reservekanister!

Gerade in der betriebsamen Hochsaison werden die Autos auf den Fähren sehr, sehr dicht geparkt. Deshalb, Handbremse gut anziehen (eingelegter Gang alleine genügt nicht), um die Bewegungen des Autos während der Überfahrt so gering wie möglich zu halten.

Fährverbindungen

BELGIEN – GROSSBRITANNIEN

Zeebrugge – Hull
P&O Ferries – www.poferries.de – Ganzjährig, eine Abfahrt (Nachtfahrt) täglich; Fahrtdauer ca. 12 Stunden.

FRANKREICH – GROSSBRITANNIEN

Calais – Dover
DFDS SEAWAYS – www.dfdsseaways.de – Ganzjährig, bis zu 10 Abfahrten täglich, Fahrtdauer ca. 1 Std. 30 Minuten.

Calais – Dover
P&O Ferries – www.poferries.de – Ganzjährig, bis zu 23 Abfahrten täglich; Fahrtdauer ca. 1 Std. 30 Minuten.

Dünkirchen – Dover
DFDS SEAWAYS – www.dfdsseaways.de – Ganzjährig, bis zu 12 Abfahrten täglich; Fahrtdauer ca. 2 Stunden.

Außerdem bestehen Fährverbindungen mit **Britanny Ferries** (http://www.brittany-ferries.co.uk/) von Frankreich zur englischen Südküste zwischen **Cherbourg** und **Portsmouth** oder **Poole**, zwischen **Caen** und **Portsmouth**, zwischen **Cherbourg** und **Poole,** zwischen **St. Malo** und **Portsmouth** und zwischen **Roscoff** und **Plymouth**.

NIEDERLANDE – GROSSBRITANNIEN

Amsterdam/Ijmuiden – Newcastle upon Tyne
DFDS SEAWAYS – www.dfdsseaways.de – Ganzjährig, 1 Abfahrt (Nachtfahrt) täglich, Fahrtdauer ca. 16,5 Stunden.

Hoek van Holland – Harwich
Stena Line – www.stenaline.de – Ganzjährig, bis zu 2 Abfahrten täglich, *„HSS Stena Hollandica"* (Dauer ca. 6,5 Stunden) und *„HSS Stena Britannica"* Nachtfahrt (Dauer ca. 9,5 Stunden).

Rotterdam/Europoort – Hull
P&O Ferries – www.poferries.de – Ganzjährig, eine Abfahrt (Nachtfahrt) täglich; Fahrtdauer ca. 12 Stunden.

NORDIRLAND – SCHOTTLAND

Belfast – Cairnryan
Stena Line – www.stenaline.de – Ganzjährig, bis zu 6 Abfahrten täglich, Fahrtdauer ca. 2 Stunden 20 Minuten.

Larne – Cairnryan
P & O Ferries – www.poferries.com/de/cairnryan-larne – ganzjährig, bis zu 9 Abfahrten täglich, Fahrtdauer ca. 2 Stunden.

Einschiffung in Calais

SCHOTTLAND

DIE TOUREN

„My heart is in the Highlands,
Wherever I go!
Wherever I wander,
Wherever I rove,
The hills of the Highlands
for ever I love."

Robert Burns

Darstellung aus Robert Burns' Geschichte „Tam O'Shanter"

TOUR 1: GRETNA – NEWTON STEWART

Länge der Tour:	Rund 200 km / 125 mls.
Die Route:	Über die A75 bis **Annan** – B724/725 bis **Dumfries** – A710/745 über **New Abbey** und **Dalbeattie** bis **Castle Douglas** – A738/711 bis **Kirkcudbright** –A75 bis **Newton Stewart**.
Reisedauer:	Mindestens ein Tag.
Höhepunkte:	Die romantische Ruine von **Caerlaverock Castle **** – **Stadtspaziergang** durch Dumfries – die Abteiruine **Sweetheart Abbey *** – mit dem Fährmann zum **Threave Castle** – **Wandern im Galloway Forest Park ****.

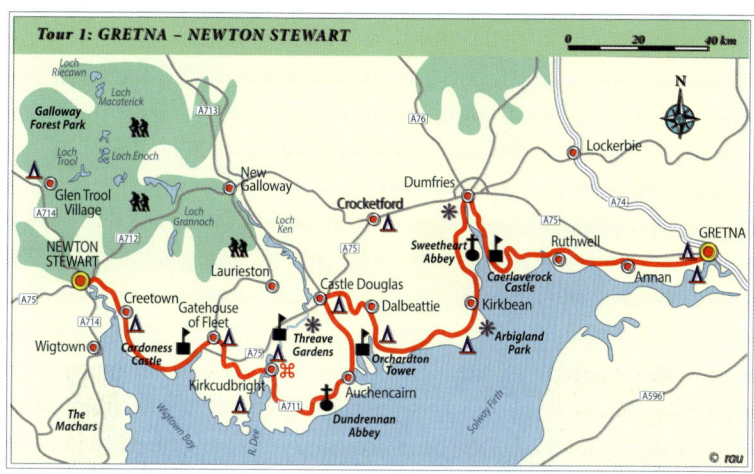

Tour 1: GRETNA – NEWTON STEWART

ROUTE: *Der schnellste Anreiseweg von Süden führt über die Autobahn M6. Man passiert* **Carlisle***, Hauptstadt der nordwestenglischen Grafschaft Cumbria, später den River Esk und verlässt kurz darauf die Autobahn, um nach* **Gretna (Gretna Green)** *die schottische „Grenzstadt" in der Provinz Dumfries and Galloway, zu gelangen.*

Seit altersher verläuft unmittelbar südlich von **Gretna** (auch Gretna Green) am Flüsschen Sark die Grenze zwischen Schottland und England.

Besonders in den politisch wirren Zeiten des 15. und 16. Jahrhunderts, der Zeit der Machtkämpfe um den Thron Englands zwischen den Häusern Tudor und Stuart, war das Grenzland nördlich des River Esk, und damit natürlich auch Gretna Green, ein beliebter Zufluchtsort politisch Andersdenkender.

Später im 19. Jh. war Gretna Green wieder Zufluchtsort. Damals für junge Paare, die es eilig hatten unter die Haube zu kommen. Ein Gesetz aus dem Jahre 1856 erlaubte es, rechtsgültige Eheerklärungen vor nur zwei Zeugen abzugeben, die keine Staatsdiener oder Beamte sein mussten. Voraussetzung war lediglich, dass sich ein Ehepartner mindestens 21 Tage lang in Schottland aufgehalten haben musste.

Dieser Umstand ließ Gretna Green bis zur Aufhebung des Gesetzes 1940 zu

Gretna Information Centre [Parkplatz, WP 001 / N54° 59' 44.98" W3° 3' 27.48"], Unit 38, Gretna Gateway Outlet Village, Glasgow Road, Gretna DG16 5GG, Tel. +44 (0)1461 335 208; www.visitscotland.com/info/services/gretna-information-centre-p332631. *Geöffnet Apr. - Okt. tgl. 10 - 18 Uhr; Nov. - März tgl. 10 - 16.30 Uhr.*

RESTAURANT

Gretna Inn, 121, Annan Road, Tel. +44 (0)1461 337 465; www.gretnainn. co.uk; gemütliches, traditionelles Lokal an der Zufahrt zum Gretna Gateway Outlet Village, die Küche wird für seine bodenständigen Gerichte gelobt, gutes Preis-Leistungsverhältnis. Man bietet einige Gästezimmer an.

HOTELS

Gretna Hall ***, £££, 100 Zi., Gretna Green, Tel. +44 (0)1461 338 257; www.gretnahallhotel.com; Mittelklassehotel, teils in einem historischen Gebäude aus 1710, teils im Neubau, Restaurant, Bar, WLAN. Parkplatz.
Smiths at Gretna Green ****, ££££, 50 Zi., Gretna Green, Tel. +44 (0)1461 337 007; www.smithsgretnagreen.com; Firstclasshotel mit modernem Ambiente und freundlicher Atmosphäre, neben dem berühmten Old Blacksmith's Shop gelegen. Restaurant, Bar, WLAN. Privatparkplatz.

CAMPING

Camping Braids Caravan Park [WP 002 / N54° 59' 46.56" W3° 4' 25.99"], Annan Road, Tel. +44 (0)1461 337 409; www.thebraidscaravanpark.co.uk; Jan. – Dez.; von der A74/M6 (Carlisle – Lockerbie) Ausfahrt Gretna und westwärts weiter zum westlichen Ortsrand an der Straße nach Annan; geneigtes Wiesengelände mit einigen Hartstand-

plätzen; ca. 1,5 ha – 80 Stpl. + Dau., Standardsanitärausstattung. Waschmaschine mit Trockner, **V + E** **für Wohnmobile**.

Kirkpatrick Fleming bei Gretna Green
Camping King Robert the Bruce's Cave Caravan Park [N55° 1' 23.1" W3° 8' 59.2"], Cove Farm, Cove Estate, Tel. +44 (0)1461 800 285; www.brucescave. co.uk; Apr. – Okt.; A74 (M) Ausfahrt 21 und weiter Richtung Kirkpatrick Fleming und der Beschilderung „Bruce's Cave" folgen, über die Bahnlinie zum Platz, ca. 5 km nordwestlich von Gretna gelegen; 3 ha – 15 Stpl. fast vollständig mit Mobilehomes belegtes ebenes Wiesengelände mit hohen Bäumen; einfache Ausstattung, Laden.

einer wahren Fluchtburg für Liebespaare werden, die zu Hause den Segen der Eltern wohl nie erhalten hätten. Ehen wurden damals in Gretna Green vom Wirt, vom Krämer, vom Schmied oder vom Grenzer gleich an der Zollschranke geschlossen. Noch heute ist im **Old Blacksmith's Room** der Amboss zu bestaunen, an dem der alte Hufschmied Rennisson viele hundertmal des Glückes Schmied gewesen sein soll. Im Zeitalter der Nostalgie werden auch heute noch in der alten Dorfschmiede bis zu 4.000 Trauungen jährlich vollzogen. Wie man hört, soll hier im Jahr 1967 auch Joschka Fischer das Jawort zu seiner ersten Ehe gegeben haben.

Das Anwesen der ehemaligen Schmiede ist heute der **Famous Blacksmith's Shop [Parkplatz, WP 003 / N55° 0' 24.48" W3° 3' 45.78"]** *(geöffnet Juni - Sept. tgl. 9 - 18 Uhr; Apr. + Mai tgl. 9 - 17.30 Uhr, Okt. - März tgl. 9 – 17 Uhr; www.gretnagreen.com/visiting)* gleicht

Die legendäre „Eheschmiede" in Gretna

heute allerdings mehr einem Souvenir-supermarkt, als einem historischen Museum. Die hübsche alte Story wird optimal vermarktet.

Abstecher zum Hadrianswall

Bei ausreichend zur Verfügung stehender Zeit lohnt ein Abstecher zum **Hadrianswall**.

Dazu fährt man von Gretna ostwärts über Brampton und Greenhead auf der A6071/A69 Richtung Walwick bis zum Abzweig (Visitor Centre) zum **Steel Rigg Viewpoint [Parkplatz, N55° 0' 10.44" W2° 23' 29.03"]**. Am Steel Rigg Viewpoint (gebührenpflichtiger Parkplatz) beginnt ein Wanderweg, der an dem historischen Wall aus der Römerzeit entlang führt. Die historische Grenzbefestigung mit Wachtürmen (ähnlich dem Limes) wurde um 125 n. Chr. auf Befehl von Kaiser Hadrian angelegt. Der Wall war einmal 120 km lang, bis zu 5 m hoch und endete am Solway Firth an der Ostküste.

ROUTE: *Von Gretna Green über die A75 westwärts und über Annan Richtung* **Dumfries**. *In* **Annan**, *einer hübschen Kleinstadt mit ansehnlichem Ortskern empfiehlt es sich, die A75 zu verlassen und südwestwärts auf die B724 Richtung* **Cummertrees** *abzuzweigen. Nach Cummertries erreicht man die Kreuzung zum Ort* **Ruthwell**.

Der Weg nach **Cummertrees** führt in Küstennähe am Solway Firth entlang und ist mit dem **„Solway Coast Heritage Trail"** identisch. Diese mit einem symbolisierten Ringkreuz markierte Ferienstraße – das Wort „Heritage" beinhaltet übrigens die Bedeutung unserer Begriffe wie Herkunft, Tradition, Geschichte, Kultur – führt auf ruhigen Nebenstraßen an allen sehenswerten Plätzen dieses Landstrichs vorbei.

In dem kleinen Straßendorf **Ruthwell** sollte man zunächst nach rechts (nordwärts, rund 300 m schmale Zufahrtsstraße) zur kleinen **Kirche von Ruthwell [Parkplatz nebenan, N55° 0' 1.20" W3° 24' 27.23"]** abzweigen.

Die große Sehenswürdigkeit in der Kirche ist das **Ruthwell Cross**, ein uraltes Steinkreuz, das zu den wichtigsten Kunstwerken der Frühzeit gezählt wird. Das über 5 m hohe Kreuz stammt aus dem späten 7. oder frühen 8. Jh. Es ist aus dem etwas rötlich schimmernden Sandstein gehauen, wie er hier an der Südküste vorkommt. Seine kunsthistorische Bedeutung verdankt dieses Hoch-

Das Ruthwell Cross

Unweit südlich der Hauptstraße in der Nähe der Kirche kann „Schottlands erste Sparkasse" besichtigt werden. Das kleine **Savings Bank Museum [N54° 59' 34.84" W3° 24' 19.18"]** *(geöffnet Apr. - Sept. Di - Sa 10 - 16 Uhr, Okt. - März Do - Sa 10 - 16 Uhr, Eintritt frei)* ist in einer alten Kate untergebracht, in der Pfarrer Henry Duncan im Jahre 1810 erstmals den „Bankschalter" öffnete.

ROUTE: *Weiterfahrt über den markierten „Solway Coast Heritage Trail" nach* **Bankend** *und dort zum* **Caerlaverock Castle.**

Die stattlichen Reste der um 1270 als wehrhafte Anlage mit mächtigen Rundtürmen, Wällen und Gräben errichtete Burg **Caerlaverock Castle (HS) [Parkplatz, WP 005 / N54° 58' 36.3" W3° 31' 28.3"]**, zählt heute zu den schönsten mittelalterlichen Ruinen Schottlands *(geöffnet Apr. - Sept. tgl. 9.30 - 17.30 Uhr, Okt. - März tgl. 9.30 - 16.30 Uhr; www. visitscotland.com/info/see-do/caerlaverock-castle-p248631).*

Neben dem imposanten, von trutzigen Rundtürmen flankierten Torhaus mit dem Wappen der Grafen von Nithsdale über dem Portal, ist es vor allem die Renaissance – Fassade im Innenhof der als Dreieck angelegten Burg, die den Weg hierher lohnt. Trotz des Ruinencharakters des Baus beeindruckt die Renaissancedekoration aus dem Jahre 1634 den Besucher noch heute. Bis zur Zeit der Renaissance, die in Schottland nur wenig Spuren hinterließ, hatte das Anwesen schon eine recht turbulente Vergangenheit hinter sich.

Die Burganlage war noch keine 60 Jahre einigermaßen vollendet, als 1330 die Burgherren des Maxwell Clans, Lords of Nithsdale, von König Edward I. von England belagert wurden. Das Ende von Caerlaverock Castle aber kam erst dreihundert Jahre später. 1638 mussten die Maxwells nach gut dreimonatiger Belagerung vor den Covenanters (Anhängern der presbyterianischen Kirche) kapitulieren.

Das Marschland um Caerlaverock Castle bis hin zur Küste des Solway Firth

kreuz in erster Linie seinen – an der Basis teilweise schon verwitterten – Steinmetzarbeiten in Form von biblischen Gestalten, Ornamenten und Inschriften, die teilweise Runenzeichen ähneln und von denen man annimmt, sie seien die ersten Schriftzeichen einer frühenglischen Sprache.

Das ursprünglich als „Predigtkreuz" unter freiem Himmel errichtete Kruzifix fiel Mitte des 16. Jh. dem Eifer der Bilderstürmer zum Opfer, war dann lange verschollen und wurde 1887 vom damaligen Gemeindepfarrer Dr. Duncan wiederentdeckt und an seinen heutigen Platz innerhalb der Kirche gebracht.

Die Figurengruppen an der nach Norden gewandten Breitseite des Kreuzes stellen dar: Johannes den Täufer mit dem Lamm, die Verherrlichung Christi, die Heiligen Paulus und Antonius, die Flucht aus Ägypten.

An der Südseite dagegen sind dargestellt ein Bogenschütze, die Heimsuchung, Maria Magdalena wäscht Christus die Füße, Heilung der Blinden, Mariä Verkündigung, die Kreuzigung. An den Schmalseiten des Kreuzes sieht man die oben erwähnten Ornamente und Schriften.

Caerlaverock Castle

ist **Naturschutzgebiet** (Caerlaverock National Nature Reserve), mit selten gewordenen Vogel- und Pflanzenarten, die sich auf die besonderen Bedingungen der Salzmarschen eingestellt haben. Der Zugang zum Naturschutzgebiet ist zwar durchaus erlaubt, sollte aber schon aus Sicherheitsgründen (Gezeiten, Fließsände u. a.) nur nach Rücksprache mit den Wildhütern (Tel. 013 87-77 02 75) erfolgen!

*ROUTE: Weiterfahrt entlang des Unterlaufs und Mündungstrichters des River Nith nordwärts bis **Dumfries**.*

Die 30.000-Einwohner-Stadt **Dumfries** ist Verwaltungshauptort der Grafschaft Dumfries and Galloway.

Kommt man über die B725 aus Richtung Caerlaverock Castle, fährt man von Südosten her in die Stadt ein, kann unmittelbar nach der St. Michaels Kirche, die rechts der Straße auftaucht, rechts in die Brooms Road einbiegen und kommt so nach knapp 200 m zu einem linkerhand gelegenen großen Parkplatz. Südlich davon liegt Burns House, Ausgangspunkt für unseren Stadtrundgang.

Dumfries, lange Zeit größte und wichtigste Stadt im Südwesten Schottlands mit dem etwas überschwängli-

chen Beinamen „Queen of the South", hat u. a. durch den schottischen Dichter Robert Burns von sich reden gemacht. Die letzten fünf Jahre seines Lebens verbrachte der Schriftsteller als hauptamtlicher Zollbeamter in dem netten Städtchen am Fluss Nith, bevor er am 21. Juli 1796 im Alter von nur 37 Jahren starb.

Burns' House (2) [N55° 3' 57.87" W3° 36' 29.07"], Burns Street **[Parkplatz** ca. 300 m entfernt **WP 005 / N55° 4' 2.05" W3° 36' 26.89"]** *(geöffnet Apr. - Sept. Mo - Sa 10 - 17, So 14- 17 Uhr; Okt. - März Di - Sa 10 - 13, 14 - 17 Uhr; www. dumfriesmuseum.demon.co.uk/brnsho. html),* der Wohnsitz des Verfassers kraftvoller Mundartgedichte nach alten Balladen seiner Heimat, kann in der Burns Street besichtigt werden. Robert Burns kam im November 1761 mit seiner Frau Jean Armour von Ellisland Farm nach Dumfries. Ihm war eine Zollinspektorenstelle angeboten worden, nachdem seine Bemühungen als Farmer gescheitert waren und seine zahlreichen ehelichen und unehelichen Kinder einem bitteren Winter entgegensahen. Im Mai 1793 zog die Familie von einer kleinen Dienstwohnung in der heutigen Bank Street in dieses Haus.

Burns lebte und arbeitete hier bis zu seinem Tode 1796. Die kleinen Räu-

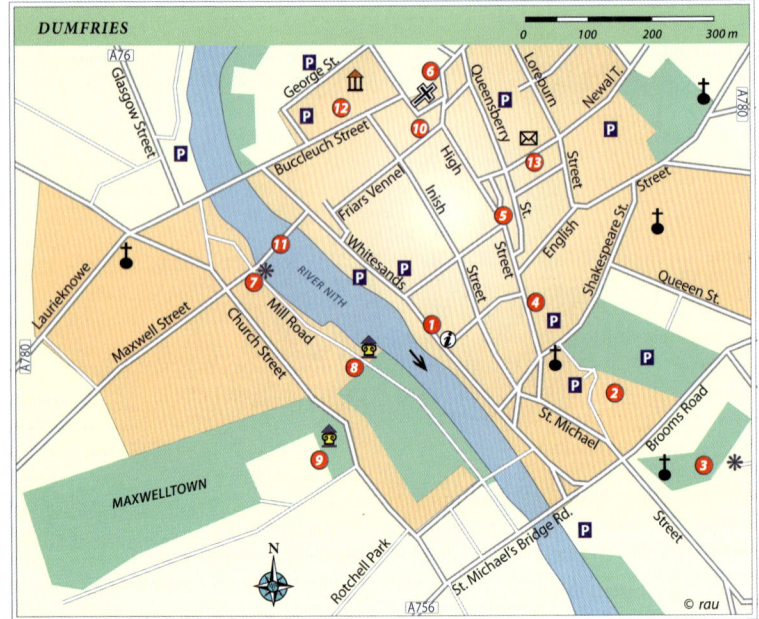

*DUMFRIES – **1** Information – **2** Burns' House – **3** Burns' Grab, St. Michael's Church – **4** Globe Inn – **5** Midsteeple – **6** Greyfriars Church – **7** Old Bridge House – **8** Burns Centre – **9** Dumfries Museum – **10** Burns Statue – **11** Devorgilla Bridge – **12** Town House – **13** Postamt*

me sind mit Erinnerungstücken an den Dichter (Korrespondenz, Schreibtisch und Stuhl etc.) ausgestattet.

Die **Grabstätte (3) [N55° 3' 54.29" W3° 36' 17.70"]** von Burns, ein klassisches Mausoleum, ist auf dem Friedhof der **St. Michaels Kirche**, unweit südöstlich von Burns' House, zu finden.

Gehen Sie von Burns' House nordwärts über die Shakespeare Street zur High Street, die stadteinwärts führt. Folgen Sie der High Street. Schon nach wenigen Metern, noch vor der English Street, kann man rechts zum berühmten **Globe Inn (4) [N55° 4' 3.16" W3° 36' 34.21"]** einbiegen. In dem historischen Gasthaus ist heute noch ein Restaurant eingerichtet.

Das Globe Inn war Robert Burns Lieblingskneipe und Lästerzungen sagen, Burns hätte hier mehr Zeit verbracht als in seiner Amtsstelle oder zu Hause. Zu besichtigen während der üblichen Ausschankzeiten. Erinnerungstücke von Burns sind zu sehen, z. B. sein Stammplatz.

Weiter stadteinwärts erhebt sich unübersehbar mitten auf der High Street der **Midsteeple (5) [N55° 4' 7.53" W3° 36' 38.96"],** das sehenswerte alte Rathaus von Dumfries aus dem Jahre 1707 mit sehr schöner Fassade und Freitreppe.

Das Nordende der High Street wird durch einen kleinen Platz abgeschlossen, auf dem eine Statue von Robert Burns steht, dem wohl bekanntesten Bürger von Dumfries.

An der Nordseite des Platzes sieht man die **Greyfriars Church (6).** Früher stand hier eine Klosterkirche des Franziskanerordens, vor deren Hochaltar Robert Bruce im Jahre 1306 angeblich John Comyn erstochen haben soll.

Nach dem Tode des schottischen Königs Alexander III. 1286 war das schottische Königshaus ohne Thronfolger. Daraufhin setzte der englische König Eduard I. zwangsweise John Comyn, auch „Red Comyn" genannt, als Regenten ein und zwang Schottland so unter seine Herrschaft. Robert Bruce nun soll den „Roten Comyn" aus Rache über dessen Abtrünnigkeit von Schottland ermordet haben. Die Tat wird als erster Schritt zur Wiederherstellung der schottischen Unabhängigkeit bezeichnet, die Robert Bruce mit seinem Sieg von Bannockburn im Jahre 1314 dann auch endgültig erkämpfte.

Nun kann man der Gasse Friars Vennel, von der Burns Statue aus nach Westen folgen und kommt dann zum Fluss Nith, wo die alte **Steinbrücke Devorgilla Bridge (11)** den River Nith mit sechs Bögen stolz überspannt. Dieser Übergang wurde im 13. Jh. erstmals auf Veranlassung von Devorgilla Balliol, der Mitbegründerin des Balliol College in Oxford, geschaffen.

Am Westende der Brücke findet man auf der anderen Flussseite das **Old Bridge House (7) [N55° 4' 4.18" W3° 37' 0.07"],** ein restauriertes, im Stil des 17. Jh. möbliertes Haus.

Nur ein kurzes Wegstück flussabwärts steht in der Mill Road dem Besucher das **Robert Burns Centre (8) [N55° 4' 0.12" W3° 36' 50.30"]** *(geöffnet Apr. - Sept. Mo -Sa 10 - 17 Uhr, So 14 - 17 Uhr, Okt. - März Di - Sa 10 - 13 + 14 -17 Uhr; www.dumfriesmuseum.demon.co.uk/ brnscent.html)* zur Verfügung. Untergebracht in einem alten Mühlengebäude aus dem Jahre 1781, bietet es in einem kleinen Filmtheater eine interessante Tonbildschau über die Stadtgeschichte, außerdem Ausstellungen zu Robert Burns' Leben und Arbeit in Dumfries, einen Buchladen und eine Cafeteria. Eintritt nur fürs Kino.

Ebenfalls auf dieser Seite des River Nith liegt, etwa 500 m weiter südöstlich in der Church Street, Ecke Rotchell Road,

Burns' Mausoleum, Dumfries

am Rande von Maxwelltown, das **Dumfries Museum (9) [N55° 3' 55.12" W3° 36' 51.14"]** *(geöffnet Apr.- Sept. Mo - Sa 10 - 17 Uhr, So 14 - 17 Uhr, Okt. - März Di - Sa 10 - 13 + 14 - 17 Uhr; www.dumfriesmuseum.demon.co.uk).* In einer ehemaligen Windmühle aus dem 18. Jh., die um 1836 als Sternwarte und Observatorium genutzt wurde, ist heute das Regionalmuseum für Dumfries und die Solwayküste untergebracht. Es gibt neben heimatkundlichen, kunsthistorischen und archäologischen Exponaten auch eine **„Camera Obscura"**, ein Riesenteleskop (Eintritt), zu sehen, das bei klarem Wetter erstaunliche Ausblicke erlaubt.

Über Church Street und St. Michael's Bridge gelangt man zurück zum Ausgangspunkt in der Burns Street.

CAMPING

Crocketford
Camping Park of Brandedleys [WP 006 / N55° 2′ 1.40″ W3° 49′ 50.44″],
Tel. +44 (0)15 56 690 250; www.brandedleysholidaypark.com/; Jan. – Dez.; von der A75 (Stranraer – Dumfries) ca. 15 km westlich von Dumfries am südlichen Ortsrand von Crocketford abzweigen und der Beschilderung folgen. Wiesengelände in ansprechender Lage; ca. 6 ha – 40 Stpl. + Dau.; Standard-Sanitärausstattung. Restaurant, Schwimmbad, Waschmaschine mit Trockner, Tennis, 10 Mietcaravans.

Ausflüge ab Dumfries

Lincluden Collegiate Church [N55° 5′ 5.47″ W3° 37′ 14.86″] liegt ca. 1,5 km nördlich Dumfries an der A76. Die Ursprünge der Kirche (heute Ruine) gehen zurück bis ins 12. Jh. Damals war der gotische Bau Teil einer frühen Benediktinerabtei. Später im 15. Jh. war hier eine Lehranstalt untergebracht. Bemerkenswert ist die Ruine heute noch wegen der „Heraldicadornments" (Verzierungen) und wegen des Grabmals von Princess Margaret, Tochter König Robert III.

Ellisland Farm [WP 007 / N55° 8′ 13.32″ W3° 40′ 52.45″] liegt ca. 6,5 mls/10,5 km nördlich Dumfries bei Holywood und ist über die A76 erreichbar (geöffnet Apr. - Sept. tgl. 10 - 13 + 14 - 17, So 14 - 17 Uhr; Okt. - März Di - Sa 10 - 13 + 14 - 17 Uhr; www.ellislandfarm.co.uk).

Im Juni 1788 ließ sich Robert Burns hier nieder und versuchte sich als Farmer. Aber seine neuen Methoden eine Farm zu bewirtschaften, schlugen fehl. 1791 wurde die Farm versteigert, Burns zog mit seiner Familie nach Dumfries.

Wesentlich produktiver war Burns auf Ellisland Farm als Schriftsteller. Sein wohl bekanntestes und bestes Werk, „Tam o'Shanter", entstand dort.

Ellisland Farm kann auf Führungen besichtigt werden, Infos unter Tel. 013-87/74 04 26; www.ellislandfarm.co.uk.

Besuchern stehen neben einer Ausstellung ein Parkplatz, Picknickplatz, WC sowie Spazierwege entlang des Cairn Water zur Verfügung.

Glenkiln Estate – Von Dumfries über die A75 westwärts und nach ca. 16 km nordwärts über Shawhead und links zum Glenkiln Reservoir in schöner hügeliger Umgebung. Mitten in der Landschaft stehen dort **Skulpturen** (auf Privatgelände, nur vom Weg aus zu betrachten!) berühmter Künstler wie Henry Moore („King and Queen"), Rodin u. a.

HAUPTROUTE

ROUTE: Im weiteren Verlauf der **Hauptroute** *verlassen wir Dumfries über die A710 in südlicher Richtung und erreichen nach knapp 8 mls/13 km* **New Abbey***.*

Sehenswert in dem kleinen Ort **New Abbey** ist in erste Linie die legendäre Kirchenruine der **Sweetheart Abbey [Parkplatz, WP 008 / N54° 58′ 49.14″ W3° 37′ 10.09″]** (geöffnet Apr.- Sept. tgl. 9.30 - 17.30; Okt. - März Mo - Mi + Sa - So 9.30 - 16.30 Uhr; www.traveling-savage.com/2014/09/10/lost-love-sweetheart-abbey/).

Die ehemalige Zisterzienser-Abtei wurde 1273 von Devorgilla, Lady of Galloway, zum Gedächtnis an ihren Mann gegründet. Der Kosename der Abtei, „Sweetheart Abbey" (Abtei des Geliebten), bürgerte sich im Volksmund ein, weil die Klostergründerin Devorgilla in ihrem letzten Willen verfügt hatte, das Herz ihres Gemahls John Balliol, das sie während ihrer 16 Jahre dauernden Witwenschaft einbalsamiert bei sich geführt hatte, in ihrem Grab in der Abteikirche mit zu bestatten.

Von der Klosteranlage selbst ist kaum noch etwas erhalten. Umso mehr dafür von der schönen gotischen **Klosterkirche**, die durch den roten Sandstein, aus dem sie errichtet ist, in einem aparten Kontrast zur Umgebung steht. Eindrucksvoll sind noch heute die Fenster und Giebelrosetten. Ursprünglich war

Sweetheart Abbey

die gesamte Anlage von einer mächtigen Steinmauer umgeben. Teile sind noch erhalten.

ROUTE: *Die A710 führt unterhalb der bis 570 m hohen Criffel Berge nach* **Kirkbean**.

Abstecher nach Arbigland

Auf einem kurzen Abstecher zur Küste erreicht man **Arbigland**. In dem kleinen Küstenort wurde *John Paul Jones* (1747 – 1792) geboren, der verwegene Mitbegründer der „American Navy". Vor dieser patriotischen Tat aber führte Jones jahrelang ein abenteuerliches Leben als Sklavenhändler und Söldner, kleines **Museum**.

Ganz in der Nähe des Geburtshauses dieses legendären Seehelden erstrecken sich an einer Sandbucht die ausgedehnten **Arbigland Gardens** mit Wassergärten und Grünanlagen. Leider sind sie nicht mehr zugänglich, da inzwischen in Privatbesitz.

HAUPTROUTE

ROUTE: *Zurück zur Hauptstraße. Kurvenreich und schmal führt die A710 über* **Sandyhill** *mit schö-*

nem Sandstrand (Golfplatz) und **Colvend** *(Clonyard House Hotel **, ££, in herrlichem Park gelegen) nach* **Dalbeattie**. *Unterwegs kann man zu den hübschen, ruhigen Küstenorten* **Rockcliffe** *und* **Kippford** *abzweigen. In Dalbeattie westwärts über die A745 nach* **Castle Douglas**.

Castle Douglas (ca. 3.300 Einw.) ist eine kleine, adrette Marktstadt, die es einst durch Produktion von Baumwollstoffen zu bescheidenem Wohlstand brachte.

Sehr lohnend ist ein Besuch der **Threave House & Gardens [Parkplatz, WP 009 / N54° 55' 29.81" W3° 56' 50.47"]** *(House geöffnet Apr. - Okt. tgl. 10 - 16 Uhr; Gardens geöffnet tgl. 10 - 16 Uhr; www.nts.org.uk/Property/Threave-Garden-and-Estate/)* knapp 2 km südwestlich von Castle Douglas, über die A75 zu erreichen.

Dieser ausgedehnte (15 ha), sehr gepflegte und wunderschöne Park um einen viktorianischen ehemaligen Herrensitz, ist seit 1960 in der Obhut des National Trust for Scotland (NTS), der hier eine Schule für Landschaftsgärtnerei unterhält. Ein Spaziergang unter den uralten Bäumen, vorbei an makellosen Rasenflächen, blühenden Sträuchern, Büschen,

---

PRAKTISCHE HINWEISE – CASTLE DOUGLAS UND KIPPFORD

 Tourist Information Centre [N54° 56' 31.57"   W3° 55' 35.27"], Market Hill Car Park, Market Street, Castle Douglas, Tel. +44 (0) 1556 50 26 11; www.visitsouthernscotland.co.uk/castle-douglas-c84.html. *Geöffnet Ostern – Oktober.*

 HOTELS

The Urr Valley Country House Hotel ***, ££, 17 Zi., Ernespie Road, Tel. +44 (0)1556 502 188; www.urrvalleyhotel.com; etwas außerhalb in einer waldreichen Parklandschaft gelegen, einfacheres Mittelklasse-Landhotel in einem kleinen Park gelegen, gemütliche Kaminbar, Restaurant, WLAN. Privatparkplatz.

 CAMPING

Camping Lochside Caravan & Camping Site [WP 010/ N54° 56' 10.98" W3° 55' 48.52"], Lochside Park, Tel. +44 (0)7824 528 467; www.dumgal.gov.uk/lochsidecs; Ostern – 30. Okt.; am südl. Ortsrand, Nähe A75 (Dumfries – Stranraer); zum See Carlingwark Loch geneigtes Wiesengelände unterhalb der Kirche in ansprechender Lage, teils mit Hartstandplätzen; ca. 2 ha – 130 Stpl.; Standardausstattung. Waschmaschine mit Trockner. **V & E** für Wohnmobile.

Kippford
Camping Kippford Holiday Park [N54° 53' 17.00" W3° 48' 10.56"], Tel. +44 (0)15 56 62 06 36; www.kippfordholidaypark.co.uk; Jan. – Dez.; oberhalb der A710, Nähe Abzweig der Straße nach Kippford (1,5 km); ausgedehntes, hügeliges, felsdurchsetztes Gelände mit Baumbestand; ca. 5 ha – 35 Stpl. + Dau.; Standardausstattung. Laden, Waschmaschine mit Trockner. Mietbungalows, Mietcaravans.

Beeten und Rosenkulturen wird zu fast jeder Jahreszeit zur erlebnisreichen Erholung. Zwischen April und Mai blühen hier z. B. über 200 verschiedene Arten von Narzissen (daffodils).

Am Parkeingang modernes Besucherzentrum mit Cafeteria, Sämerei, Souvenirs, Multivision u. a.

ROUTE: Folgt man der A75 noch einen knappen Kilometer weiter in Richtung **Gatehouse of Fleet**, *erreicht man einen Abzweig zum River Dee.*

Der Weg zum River Dee erreicht ein Gehöft (Parkmöglichkeit). Von dort kann man auf einem kurzen Spaziergang durch je nach Wetterlage etwas morastiges Gelände von ca. 10 Minuten zu einer Bootsanlegestelle gehen, von der ein Fährboot (Fährmann durch Glocke anfordern) zum **Threave Castle** (HS) **[N54° 56' 19.67" W3° 58' 0.81"]** *(geöffnet Apr. - Sept. tgl. 9.30 - 16.30 letzte Abfahrt, 17 Uhr letzte Rückfahrt, Okt. tgl. 9.30 - 15.30 Uhr letzte Abfahrt, 16 Uhr letzte Rückfahrt; Eintritt inkl. Fährboot; www.aboutscot-*

land.com/threave/castle.html) auf einer kleinen Flussinsel übersetzt.

Threave Castle, noch heute eine recht wehrhaft wirkende Ruine, war zwischen 1369 und 1455 Stammsitz der legendären und mächtigen Black Douglases. Errichtet wurde die trutzige, viereckige Turmfestung von Archibald the Grimm, dem dritten Grafen von Galloway. 1455 musste sich Threave Castle als letzte Douglasfestung den Belagerern James II. ergeben. Zerstört wurde die Burg aber erst zweihundert Jahre später, nach einer erneuten Belagerung durch Truppen der Reformationsbewegung.

ROUTE: Abwechslungsreicher als der direkte Weg von Castle Douglas über die A75 nach Südwesten, ist der etwas längere Umweg über die küstennahe Straßen 736 und A711 Richtung **Auchencairn**. *Nach rund 8 km erreicht man den Abzweig von der A711 zum ca. 1,5 km entfernten* **Orchardton Tower**.

Das Turmhaus **Orchardton Tower** (HS) **[N54° 52' 35.65" W3° 50'**

40.57"] stammt aus dem 15. Jh. John Carnys, Laird of Orchardton, hat es sich einst errichten lassen. Der rund 12 m hohe Rundbau, der einzige seiner Art in Schottland, kann bestiegen werden. Zu sehen sind noch die Tonnengewölbe des Kellers, sowie Wohnräume und die Kapelle im ersten Stock. Die nebenan liegenden Mauerreste deuten auf die Behausung der Dienstboten hin.

ROUTE: Weiter über **Auchencairn** *an der gleichnamigen Bucht gelegen, nach* **Dundrennan** *und zur dortigen Abteiruine.*

Dundrennan Abbey (HS) **[Parkplatz, WP 011 / N54° 48' 25.74" W3° 56' 53.89"**] *(geöffnet Apr. - Sept. tgl. 9.30 - 17.30 Uhr, letzter Einlass 30 Minuten vor Schließung; www.visit-scotland.com/info/ see-do/dundrennan-abbey-p247651)* wurde 1142 von Zisterziensern aus Yorkshire unter ihrem Abt Sylvanus gegründet.

Die heute in Ruinen liegende Klosterkirche ist ein schönes Beispiel englischer Gotik (Norman Style) des 12. und 13. Jh., mit klaren schlichten Linien.

Der letzte Abt, Edward Maxwell, beherbergte in den Klostermauern einst Maria Stuart. Am 15. Mai 1568 verbrachte die Königin der Schotten hier ihre letzte Nacht auf heimischem Boden, bevor sie sich im nahen Port Mary nach England einschiffte, um ins Exil zu gehen.

Kirkcudbright (ca. 2.500 Einw.), an der Mündung des River Dee, ist ein reizend gelegenes kleines Hafenstädtchen mit vielen malerischen Winkeln. Besonders im vergangenen Jahrhundert hat sich das Landstädtchen mit seinem Parkhügel im Zentrum nach und nach zu einer Künstler- und Kunsthandwerkerkolonie entwickelt.

Besuchenswert sind:

MacLellan's Castle (HS) **[Parkplatz, WP 013 / N54° 50' 13.36" W4° 3' 1.72"**], Castle Street, *(geöffnet Apr. - Sept. tgl. 9.30 - 17.30 Uhr; www.visitscotland.com/info/see-do/mac-lellans-castle-p299601)* gegenüber des kleinen Stadtparks, stammt aus dem Ende des 16. Jh. Angeblich soll es aus Steinen eines benachbarten Klosters errichtet sein. Mitte des 18. Jh. verfiel die Burg, deren mächtiger Turm und der große Rittersaal (great hall) mit seinem riesigen Kamin heute noch beeindrucken.

Der Erbauer und erste Burgherr, Sir Thomas MacLellan, ist in der kleinen Greyfriars Kirk, gegenüber am Rand des Stadtparks, beigesetzt.

Dundrennan Abbey

PRAKTISCHE HINWEISE – KIRKCUDBRIGHT

Kirkcudbright Visitor Information Centre [N54° 50' 15.90" W4° 3' 2.42"], Harbour Square, Kirkcudbright, Tel. +44 (0)1557 33 04 94; www.visitscotland.com/info/services/kirkcudbright-information-centre-p332641. *Geöffnet Juli + Aug. Mo - Sa 9.30 - 18 Uhr, So 10 - 17 Uhr; Mitte Feb. - März + Ende Okt. - Ende Nov. Mo - Sa 11 - 16 Uhr; Sept. - Okt. Mo - Sa 10 - 17 Uhr, So 11 - 15 Uhr.*

HOTELS

Selkirk Arms *, £££**, 16 Zi., High Street, Tel. +44 (0)1557 330 402; www.selkirkarmshotel.co.uk. Aus dem 18. Jh. stammt das Gebäude, in dem das komfortable Mittelklassehotel eingerichtet ist, gemütliche Atmosphäre, Restaurant, Bar, WLAN. Privatparkplatz.

CAMPING

Camping Silvercraigs Caravan & Camping Park [WP 012 / N54° 50' 5.35" W4° 2' 50.71"], Silvercraigs road, Tel. 01557 332050; www.silvercraigscaravanpark.co.uk/; Anf. Apr. – Ende Okt. Städtischer Campingplatz am südöstlichen Ortsrand; langgestrecktes, welliges, teils stark geneigtes Wiesengelände vor einem Laubwaldrand oberhalb der Stadt; ansprechende Lage mit Blick über die Stadt, aber wenig wirklich ebene Stellflächen; teil befestigte Stellplätze; unterhalb des Platzes in einer Wiesenmulde großer Kinderspielplatz; Fußweg zur Stadt; einfache Standardsanitäraustattung.

Brighouse Bay
Camping Brighouse Bay Holiday Park [N54° 47' 14.94" W4° 7' 45.02"], Tel. +44 (0)15 57 87 02 67; www.gillespie-leisure.co.uk; Mitte Apr. – Ende Okt.; ca. 10 km südwestl. Kirkcudbright über B727 Richtung Borgue, beschildert; ausgedehntes Wiesengelände mit Baumbestand, nahe der Westküste der Kirkcudbright Bay, in ansprechender, relativ ruhiger Lage; ca. 10 ha – 120 Stpl. + 120 Dau.; gute Standard-Sanitärausstattung. Laden, Restaurant, Waschmaschine mit Trockner, Schwimmbad, umfangreiches Freizeitangebot, Fahrradverleih, 18-Loch-Golfplatz. Mietbungalows, Mietcaravans.

Broughton House and Garden (NTS), in der 12 High Street hinter der Burgruine *(Haus geöffnet nur Aug. 14 - 17 Uhr, nur auf Führungen zu besichtigen, Garten nur Aug. 12 - 17 Uhr; www.boughtonhouse.co.uk).* Im Haus des 1933 verstorbenen Künstlers Edward Atkinson Hornel sind heute eine Kunstgalerie und eine stattliche Buchsammlung, darunter Werke von Robert Burns, eingerichtet. Broughton House war lange das Zentrum der hiesigen Künstlerszene.

Am Ende der High Street (Häuser Nr. 14 und Nr. 44 waren ehemals Künstlerdomizile) steht das alte **Gerichts- und Gefängnisgebäude** (Tolbooth) aus dem 16. Jh. und ein **Mercat Cross** aus dem Jahre 1610. Besonders diese beiden Monumente weisen auf die einstige Bedeutung der Stadt hin.

Im Tolboothgebäude ist heute das **Tolbooth Art Centre [N54° 50' 8.17" W4° 3' 19.90"]**, High Street *(geöffnet Mitte Apr. - Sept. Mo - Sa 10 - 16 Uhr, So 13 - 16 Uhr; Okt. - Mitte Apr. Mo - Sa 11 - 16 Uhr; www.visitscotland.com/info/seedo/tolbooth-art-centre-p249601; Eintritt frei),* ein interessantes Kunstmuseum untergebracht, das sich vor allem mit der Zeit beschäftigt, in der Kirkcudbright eine nicht unbedeutende Künstlerkolonie hatte. U. a. große Abteilung mit Werken des Malers und Bildhauers Jessie M. King (1875 – 1949) und anderen Kirkcudbrighter Künstlern. Außerdem moderne Kunst und Kunsthandwerk lokaler Künstler.

The Stewartry Museum, St. Mary's Street *(geöffnet wie Tolbooth Art Centre)*, ist ein interessantes Heimatmuseum mit phantastischer Antiquitätensammlung, sowie Exponaten aus dem Leben des Seefahrers John Paul Jones.

„Stewartry" bezeichnet übrigens einen Kronbesitz, der von einem königlichen Steward (königlicher Haushofmeister) verwaltet wurde.

Technisch Interessierte können das Wasserkraftwerk **Tongland Power Station** gut 3 km nördlich an der A711 besuchen. Führungen und Touren dorthin werden vom Tourist Information Centre in Kirkcudbright arrangiert.

ROUTE: Weiterfahrt über die A755, wieder durch sehr malerisches, hügeliges Weideland mit dazwischen verstreut liegenden hübschen Bauernhäusern, nach **Gatehouse of Fleet**.

Gatehouse of Fleet (ca. 1.000 Einw.) ist ein kleiner, recht ansprechend in waldreicher Umgebung gelegener Ort am Unterlauf des in der Nähe ins Meer mündenden Big Water of Fleet.

In der **Mill on the Fleet [N54° 52′ 56.47″ W4° 11′ 7.84″]**, einer ehemaligen Baumwollspinnerei in 65 der High Street ist heute ein **Stadtmuseum** *(geöffnet Apr. - Okt. tgl. 10 - 17 Uhr, Eintritt frei; www.millonthefleet.co.uk)* untergebracht, das über die Geschichte und die Hintergründe der Textilindustrie informiert. Laden mit Souvenirs und Kunsthandwerk, Cafeteria.

Darüber hinaus bietet das Städtchen **Strände** in der Fleet Bay und **Wanderwege** u. a. im Laurieston Forest.

ROUTE: Nur ein kurzes Stück südwestlich von Gatehouse of Fleet passiert man auf der A75 die rechts der Straße gelegene Ruine des **Cardoness Castle**.

Cardoness Castle (HS) **[N54° 52′ 22.48″ W4° 11′ 49.56″]** *(geöffnet Apr. - Sept. tgl. 9.30 - 16.30 Uhr; www.visitscotland.com/info/see-do/cardonness-castle-p248651)* ist ein wehrhaftes Turmhaus aus dem 15. Jh., als die Burg Sitz der McCullochs of Galloway war. Später residierten hier die Gordons. Noch erhalten sind u. a. der originale Treppenaufgang und Kamine. Schöner Ausblick.

ROUTE: Rund 10 km weiter westlich kann man von der A75 einem beschilderten Abzweig folgen (enger, einspuriger Zufahrtsweg!) und kommt dann zu den neolithischen Ganggräbern **Cairn Holy**.

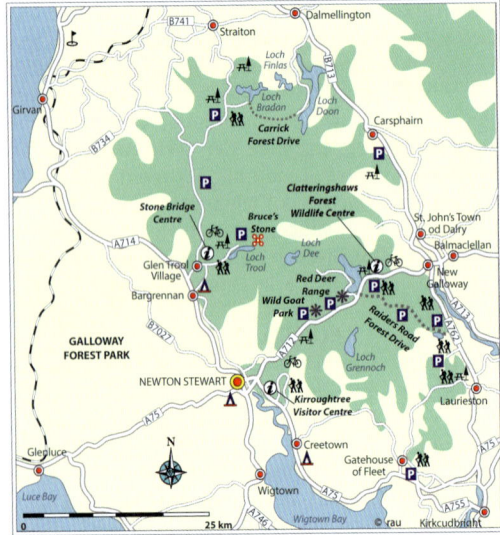

– erreicht man **Creetown** mit dem **Creetown Gem Rock Museum [N54° 54' 10.98" W4° 22' 34.43"]**, Chain Road (*geöffnet Apr. - Sept. tgl. 9.30 - 17.30; Okt. - März Di - So 10 -16 Uhr; www.gemrock.net*), einem besuchenswerten Museum über Mineralien und Edelsteine aus aller Welt.

Schließlich kommt man nach **Newton Stewart**, eine Kleinstadt mit annähernd 3.500 Einwohnern. Dank seiner hübschen Lage am River Cree ist Newton Stewart ein gerne besuchter Ferienort, der sich als Ausgangs-

Auf der Weiterfahrt über die A75 – vorbei am **Carsluith Castle** (HS), einem im 16. Jh. auf L-förmigem Grundriss errichteten, wehrhaften Turmhaus punkt für Ausflüge anbietet, z. B. nach Süden auf die Halbinsel „The Machars" (siehe nächste Etappe), nach Norden in den ausgedehnten **Galloway Forest Park** oder zum **Loch Trool**.

östlich von **Bargrennan**; guter Ausgangspunkt für Wander- oder Radtouren. Langgestrecktes Wiesengelände mit einige befestigte Stellplätze. Mietcaravans. WLAN.

Balminnoch
Camping Three Lochs Holiday Park [N54° 57' 7.70" W4° 42' 0.78"], bei **Balminnoch,** Tel. +44 (0)1671-830 304; www.3lochs.co.uk; März – Okt.; ca. 11 km westlich Newton Stewart beschilderter Abzweig von der A75 und noch 8 km auf einspuriger Straße mit Ausweichstellen. Fast ebenes Wiesengelände.

Ausflug in den Galloway Forest Park

Das seit 1942 unter Naturschutz stehende Gebiet des **Galloway Forest Parks [Visitor Centre, Parkplatz, N55° 4' 29.78" W4° 33' 8.66"]** mit ausgedehnten Wäldern, Hügelketten und Seen, liegt etwa 10 km nördlich von Newton Stewart. Im Norden des Parks erhebt sich der rund 845 m (2.765 feet) hohe **Merrick**, Südschottlands höchster Berg.

Dem Besucher bieten sich im Galloway Forest Park zahlreiche Möglichkeiten auf markierten Wegen zu wandern. So führt z. B. ein Teil des südschottischen Wanderwegesystems „Southern Upland Way" von Bargrennan an der Westseite des Naturschutzgebietes vorbei an den Seen Loch Trool, Loch Dee und Clatteringshaws Loch quer durch den Park nach Dalry bei New Galloway an dessen Ostseite.

Der **Wild Goat Park** an der A712, nordöstlich von Newton Stewart, lässt sich mit dem Auto erreichen. Vom **Parkplatz [N55° 1' 11.32" W4° 21' 43.63"]** führt ein Fußweg hinauf auf einen nahen Hügel. Oben erhebt sich das **Murray's Monument**, eine Gedenksäule an den Sohn eines Schafhirten, der es zu Beginn des 19. Jh. zum Professor an der Universität in Edinburgh brachte.

Besuchenswert auch das **Deer Museum** (Rotwild Museum) am See Clatteringshaws Loch, sowie das unweit nordöstlich an der A712 gelegene **Clatteringshaws Forest Wildlife Centre [Parkplatz, WP 015 / N55° 3' 35.36" W4° 16' 12.24"]** (geöffnet Mitte März - Anf. Juli Do 10.30 - 16.30 Uhr; Anf. Juli - Anf. Sept. Mo 10.30 - 17.30 Uhr; Sept. - Okt. Mo 10.30 - 16.30 Uhr; www.gallowayforestpark.com) Cafeteria, Souvenirs, Spazierwege.

Abstecher zum Loch Trool

ROUTE: Nur ca. 14 mls/22,5 km nördlich von Newton Stewart entfernt – über die A714 Richtung Girvan bis Bargrennan, dann Abzweig ostwärts nach Glen Trool Village [N55° 4' 23.33" W4° 34' 17.14"] – liegt das Ziel eines besonders im Herbst überaus lohnenden Abstechers, der See Loch Trool.

In dieser herrlichen Waldlandschaft laden markierte Wege zu Spaziergängen und Wanderungen ein.

Bei der Glentrool Lodge [N55° 5' 22.46" W4° 29' 59.32"], in wuchernden Rhododendronwäldern gelegen, gabelt sich der Weg. Hält man sich rechts, gelangt man auf schmaler Straße und vorbei am **Glen Trool Visitor Centre [Parkplatz, WP 016 / N55° 4' 29.88" W4° 33' 7.42"]** nach rund 3 km zu einem Parkplatz. Hier endet bislang der Fahrweg. Zu Fuß kann man weitergehen und erreicht gleich darauf **„Bruce's Stone" [N55° 5' 31.82" W4° 29' 1.82"].** An dieser Stelle, so die Überlieferung, soll Robert Bruce im Jahre 1307 eine Auseinandersetzung mit englischen Soldaten dadurch gewonnen haben, dass er auf sie eine Steinlawine losließ. Von diesem Punkt hat man einen prächtigen Blick auf den See Loch Trool.

TOUR 2: NEWTON STEWART – AYR

Länge der Tour: Rund 180 km/112 mls.

Die Route: Über die Straßen A714, A746 und A750 über **Wigtown** und **Whithorn** bis **Isle of Whithorn** – A747 bis **Gleluce** – A75 bis **Stranraer** – Abstecher auf die **Halbinsel Rhinns of Galloway** nach **Portpatrick** – A77 über **Givan** und **Turnberry** bis **Kirkoswald** – Landstraßen über **Maidens** bis **Culzean Castle** – A719 über **Alloway** bis **Ayr**.

Reisedauer: Mindestens ein Tag.

Höhepunkte: Die **Castle Kennedy Gardens** – das sehenswerte **Culzan Castle mit Park **** – **Burns Cottage *** und **Land o'Burns Visitor Centre** in Alloway * – die Taverne **Tam o'Shanter Inn** in Ayr.

Auf der Weiterreise sollte man sich Zeit für einen Umweg um die Halbinsel **„The Machars"** nehmen, die zwischen den Buchten Wigtown Bay im Osten und Luce Bay im Westen in die Irische See ragt.

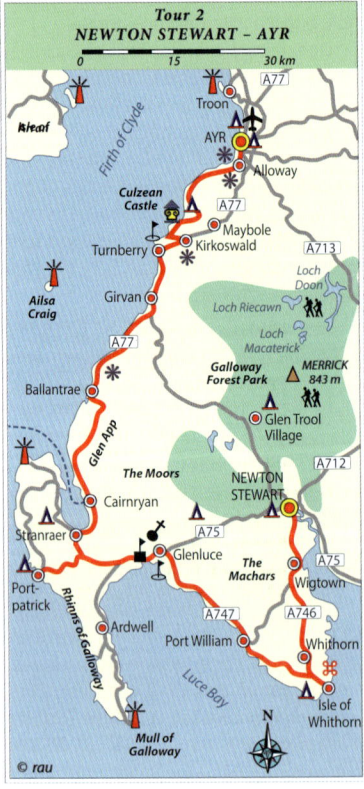

ROUTE: Über die A714 erreicht man das 6 mls/10 km südlich von Newton Stewart gelegene **Wigtown**.

In dem kleinen Landstädtchen **Wigtown** starben 1685 die **„Märtyrer von Wigtown"**. Zwei Frauen, 18 und 63 Jahre alt, Margaret MacLachlan und Margaret Wilson mit Namen und überzeugte Anhänger der Presbyterianischen Kirche und der Covenanters, weigerten sich standhaft, das Episkopat anzuerkennen. Daraufhin wurden sie in der Mündungsbucht des Bladnoch-Flusses an Pfähle gebunden. Die steigende Flut besiegelte das Schicksal der Frauen.

Ein Gedenkstein am Ufer sowie ein Denkmal auf dem Friedhof der Gemeinde erinnert an das Schicksal der „Wigtown martyrs".

In **Bladnoch**, südlich von Wigtown, kann an Werktagen zwischen 10 und 17 Uhr gegen Eintritt die **Bladnoch Distille-**ry **[Visitor Centre, N54° 51' 29.76" W4° 27' 42.29"]**, angeblich die südlichste in Schottland, besichtigt werden. Führungen, Ausstellung, Cafeteria, Souvenirs.

Whithorn, eine kleine Stadt an der Südspitze der Halbinsel, wird gelegentlich auch „die Wiege des Christentums in Schottland" genannt.

Auf dem Gelände der heute in Ruinen liegenden **St. Ninians Priory Church [N54° 44' 1.72" W4° 25' 6.40"]** (Bruce Street nahe Main Street, HS, *geöffnet Apr.- Okt. tgl. 10.30 - 17 Uhr*) aus dem 12. Jh. hatte im Jahre 396 St. Ninian seine legendäre „**Candida Casa"** (oder „White House" – Weißes Haus) gegründet und damit die angeblich erste Steinkirche auf schottischem Boden gebaut.

St. Ninian, ein in Rom geweihter Bischof, rief hier – mehr als 160 Jahre vor dem anderen großen Missionar in Schottland, St. Columba aus Irland, und noch zu Zeiten römischer Legionen auf englischem Boden – die erste christliche Gemeinde nördlich des Hadrianwalls ins Leben. Jahrhunderte lang war die Whithorn Priorei ein bedeutender Pilgerort. Die „Candida Casa", Schottlands

älteste christliche Gedenkstätte, liegt unter den Resten der **Lady Chapel** im östlichen Teil der Prioreiruinen.

Aufmerksamkeit verdient die ebenfalls auf dem Abteigelände stehende alte **Prioreikirche** mit schönem Portal.

In der Bruce Street, ebenfalls südlich unweit der Whithorn Priory, liegt ein **archäologisches Grabungsfeld**. Wissenschaftler sind hier auf den Spuren mittelalterlicher Begräbnisstätten, Resten von Wikingersiedlungen, früher christlicher Bauten und von Gräbern, die teils bis ins 5. Jh. zurückweisen.

In der Nähe der Abtei findet man in 45 - 47 George Street das **Whithorn Story Visitor Centre [N54° 43' 59.11" W4° 24' 56.54"]** *geöffnet Apr. - Okt. tgl. 10.30 - 17 Uhr; www.whithorn.com/whithorn-visitor-centre.html).* Der Museumsbezirk umfasst mehrere Gebäude und Geländebereiche wie das „Discovery Centre", das „Through the Ages Exhibition" oder die „Cathedral Ruins" mit Resten der mittel-

---

Der Hafen von Isle of Whithorn

alterlichen Kathedrale und seltenen, alten Grabsteine und in Stein gehauene Grabkreuze interessant. Cafeteria, Picknickplatz, WC, Parkplatz.

ROUTE: Knapp 4 mls/6,5 km weiter südöstlich von Whithorn liegt an einem malerischen kleinen Hafen der Küstenort **Isle of Whithorn**.

In **Isle of Whithorn** findet man unter anderem an der bescheidenen Hafenpromenade einige einladende Restaurants.

Vom Parkplatz am Ende des Kais führt ein kurzer Fußweg zur felsigen Küste und zur Ruine der sog. **St. Ninians Chapel**. Dieser aus dem 13. Jh. stammende einfache Bau (heute Ruine) wurde lange als St. Ninians „Candida Casa" angesehen (s. o.).

ROUTE: Auf der Weiterreise nach Westen folgt man der A747 Richtung **Port William**. *Nach einigen Kilometern erreicht man einen beschilderten Abzweig Richtung* **St. Ninian's Cave**.

Vom Parkplatz bei einem Gehöft sind es noch rund 2,5 km Fußweg zur Höhle **St. Ninian's Cave [N54° 41' 37.81" W4° 26' 59.29"]** an der Felsküste. In der Höhle sind noch einige in Stein gehauene Kreuze zu erkennen, weitere Spuren des frühen Christentums in Schottland.

ROUTE: Im weiteren Verlauf führt die A747 über **Port William** *nach* **Auchenmalg** *und an der Küste der Luce Bay mit sehr grobem Steinstrand entlang und weiter nach* **Glenluce** *an der A75.*

Zu den eher bescheidenen Sehenswürdigkeiten von **Glenluce** zählt das westlich des Ortes gelegene **Castle of Park.** Dieser eindrucksvolle Herrensitz in der Art eines mächtigen Tower Houses wurde 1590 von Thomas Hay of Park errichtet. Man kann allerdings nur von außen einen Blick auf das Anwesen werfen.

Bemerkenswert ist die rund 3 km nördlich an der Straße nach New Luce gelegene **Glenluce Abbey** (HS) **[Parkplatz, WP 019 / N54° 53' 27.10" W4° 49' 50.99"]** *(geöffnet Apr. - Sept. So - Do 9.30 - 17.30 Uhr, letzter Einlass 30 Minuten vor Schließung; https://www.historicenvironment.scot/visit-a-place/places/glenluce-abbey/).* Von der 1192 von Roland, Earl of Galloway, gegründeten Zisterzienserabtei haben nur Reste die Wirren der Zeit überstanden. Dennoch lassen sich an den recht romantisch im grünen

PRAKTISCHE HINWEISE – STRANRAER

Stranraer Information Centre [naher Parkplatz, WP 020 / N54° 54' 21.30" W5° 1' 37.88"], Burns House, 28 Harbour Street, Stranraer, Tel. +44 (0) 1776 70 25 95; http://www.visitstranraerandtherhins.co.uk/local-information.html#tourist. *Geöffnet Juli + Aug. Mo - Sa 9 - 17 Uhr, So 11 - 15 Uhr; Sept. - März Mo - Sa 10 - 16 Uhr.*

HOTELS

Kirkcolm bei Stranraer
Lighthouse Hotel, **, ££, 10 Zi., Corsewall Point, Tel. +44 (0)1776 85 32 20; www.lighthousehotel.co.uk; Zufahrt von Stranraer A718 bis Kirkcolm und weiter A738 nordwestwärts weiter Richtung Corsewall Point, ca. 16 km; im Leuchtturm aus 1815 wurde kleine Landhotel eingerichtet und besticht durch seine Lage am Leuchtturm am Corsewall Point in abgeschiedener Lage, gutes Restaurant, WLAN. Parkplatz.

Portpatrick
The Portpatrick Hotel ***, ££, 56 Zi., Heugh Road, Tel. +44 (0)1776 81 333; www.coastandcountryhotels.com/our-hotel/the-portpatrick-hotel-portpatrick; in schöner, erhöhter Lage über dem Hafen von Portpatrick, gutes Mittelklassehotel, Restaurant, Gartenterrasse, WLAN, Parkplatz.

CAMPING

Camping Wig Bay Holiday Park [N54° 56' 47.43" W5° 4' 14.69"], Loch Ryan, Tel. +44 (0)1776 853 233; www.wigbayholidaypark.com; ganzjährig; ca. 8 km nördl. Stranraer an der A718 Richtung Kirkcolm. Mobilehomepark mit knapp 20 Stpl. für Tourer.
Camping Aird Donald Caravan Park [WP 021 / N54° 54' 3.62" W5° 0' 22.89"], Off London Road, Tel. +44 (0)1776 702 025; www.aird-donald.co.uk/; ganzjährig; östlich der Stadt an der A75 (Stranraer – Newton Stewart); durch eine Zypressenallee aufgeteiltes, durch begrenztes Wiesenareal, eini-

ge Hartstandplätze; ca. 4 ha – 70 Stpl.; Standardausstattung. Waschmaschine mit Trockner, Internetecke. **V + E für Wohnmobile.**

Portpatrick
Camping Castle Bay Caravan Park [N54° 54' 8.78" W5° 6' 4.69"], Tel. +44 (0)1776 810 462; www.castlebayholidaypark.co.uk; 1. März – 31. Okt.; im südöstlichen Ortsbereich, Nähe Old Mill Restaurant; ca. 4 ha – überwiegend mit Mobilehomes belegt, für Tourer etwa 40 Plätze. Mietcaravans.
Camping Galloway Point Holiday Park [N54° 50' 25.11" W5° 6' 14.04"], Tel. +44 (0)1776 810 561; www.gallowaypoint.com; März – Okt.; südöstlich von Portpatrick; leicht wellige Wiesen, durch Ginsterbüsche unterteilt; ca. 3 ha – 50 Stpl. + zahlr. Dau.; einfache Standard-Sanitärausstattung, Waschmaschine. Mietbungalows. Keine Zelte!

Tal des Water of Luce gelegenen Ruinen des Querschiffs und des Kapitelhauses noch schöne gotische Stilelemente erkennen.

Bei schönem Wetter und ausreichender Zeit (mindestens ein halber Tag sollte dafür zur Verfügung stehen) lohnt der Umweg über die westliche Halbinsel **Rhinns of Galloway** mit der Hafenstadt **Stranraer**. Vor allem der Küstenteil in der **Luce Bay**, z. B. bei **Sandhead**, weist weite **Sandstrände** auf, während die Westküste am North Channel mit **herrlichen Klippenszenerien** beeindruckt.

Einen Besuch lohnt z. B. das **Felskap Mull of Galloway [Parkplatz, WP 022 / N54° 38' 7.20" W4° 51' 37.13"],** Schottlands südlichster Punkt, mit Sicht bei klarem Wetter bis zur nur rund 30 km entfernten nordirischen Küste.

Besuchenswert sind weiter das Kirchdorf **Kirkmaiden**, das versteckte **Port Logan** mit einem sehenswerten **Botanischen Garten [Parkplatz, N54° 44' 30.18" W4° 57' 28.20"]** *(geöffnet 1.März - 15. Nov. tgl. 10 – 17 Uhr; www.rbge.org. uk/the-gardens/logan)* und das Seebad und Hafenstädtchen **Portpatrick**.

Ab **Cairnryan** verkehren ganzjährig mehrmals täglich (Stena Line) **Fähren nach Belfast** in Nordirland, Fahrzeit ca. 2 1/4 Stunden.

Außerdem bietet die Reederei P & O Lines **Fährverbindungen zwischen Cairnryan und Larne** in Nordirland an.

Zwischen Juli und August verkehren einmal wöchentlich Fähren nach **Douglas** auf der Isle of Man, Fahrzeit ca. 4 3/4 Stunden.

ROUTE: Folgt man der A75 von Glenluce direkt nach Stranraer, passiert man etwa auf halbem Wege Castle Kennedy & Gardens.

Die **Castle Kennedy & Gardens [WP 023 / N54° 54' 26.61" W4° 56' 41.73"]** *(geöffnet Apr. - Okt. tgl. 10 - 17 Uhr; www. castlekennedygardens.co.uk)* mit den Ruinen des Castle Kennedy und mit Schloss Lochinch liegen in einem weiten, gepflegten Park.

Schloss Lochinch ist Sitz der Earls of Stair, den Eigentümern des Anwesens und der Ländereien. Das Schloss ist der Öffentlichkeit nicht zugänglich. Die wunderschön zwischen Seen gelegene Parklandschaft mit Alleen, Rasenflächen, seltenen Bäumen, die teilweise aus dem Himalaja stammen, Azaleen, Magnolien und Rhododendronbüschen lohnen aber einen Besuch.

ROUTE: Der weitere Verlauf unserer Route folgt der A77 nach Norden, entlang der Ostküste der Meeresbucht Loch Ryan, Richtung Ayr.

Ab **Ballantrea** führt die Straße A77 immer direkt an der Küste des Firth of Clyde entlang. Und es hat schon seine Richtigkeit, wenn man die Strecke bis hinauf nach Ayr mit zu einer der **schönsten Routen** in ganz Schottland zählt. Immer wieder hat man herrliche Ausblicke auf Klippen und die See.

Noch bevor man Girvan erreicht, sieht man die nur knapp 16 km vorgelagerte **Felseninsel Aisla Craig**, die fast 340 m hoch aus dem Meer ragt und ein beliebter Brut- und Nistplatz von Tölpeln und anderen Seevögeln ist. Aus dem Gestein der Insel Aisla Craig werden die besten Curling-Steine gemacht. Das beliebte Curling-Spiel ist eine Variante des Eisstockschießens.

Man passiert **Girvan** (ca. 7.900 Einw.) an der Bahnlinie Stranraer – Ayr gelegen. Das Städtchen mit langem **Sandstrand,** kleinem Hafen, Beach Pavillon mit Schwimmbad, mehreren Parkanlagen und Golfplatz ist beliebt als Badeort.

Rund 5 mls/8 km weiter nördlich kommt man am Luxus-Golf-Hotel **Trump Turnberry** vorbei, das schön oberhalb des Meeres liegt (Tel. +44 (0)1655 33 10 00; www.turnberryresort. co.uk, 132 Zimmer). Das Hotel, wie seine Meisterschaftsgolfplätze, genießen einen internationalen Ruf.

ROUTE: Wir folgen weiter der A77 bis *Kirkoswald.*

Auf dem Dorffriedhof von **Kirkoswald** liegen *Douglas Graham*, ehemals Bauer auf der Shanter Farm und *John Davidson* begraben. Die beiden „Originale" leben als **Tam o'Shanter** und **Souter Johnnie** in den Werken des Dichters Robert Burns weiter.

Souter Johnnie's Cottage (NTS) **[N55° 19' 49.35" W4° 46' 33.20"]** *(unklare Öffnungszeiten; www.nts.org.uk/Property/Souter-Johnnies-Cottage/)* an der Hauptstraße, die strohgedeckte Kate des Schusters (souter) John Davidson, der hier in der zweiten Hälfte des 18. Jh. lebte, kann besichtigt werden.

Im kleinen Garten hinter dem Haus saß lange Zeit eine in Stein gehauene, fröhlich zechende Gruppe, die Tam o'Shanter, Souter Johnnie, einen Wirt und dessen Frau darstellt. Die Figuren sind zwischenzeitlich in einem niederen alten Wirtschaftsgebäude im Garten von Souter Johnnie's Cottage zu sehen.

Die historischen Figuren aus „Tam o'Shanter" in Kirkoswald sind heute in einem Nebengebäude des Souter Johnnie's Cottage zu sehen

Einen Besuch lohnt evtl. die **Whisky Experience & Shop** in Kirkoswald.

*ROUTE: Auf der Weiterfahrt Richtung **Maybole** kommt man an den recht eindrucksvollen Ruinen der Cluniazenserabtei **Crossraguel Abbey** vorbei.*

Das **Kloster Crossraguel Abbey** war im Jahre 1244 vom Earl of Carrick gegründet worden und bis ins 17. Jh. von Mönchen bewohnt. Im Sommer täglich geöffnet, Eintritt.

Ganz in der Nachbarschaft des Klosters sieht man rechts an der Straße die Ruinen des **Baltersan Towers**.

*ROUTE: In **Maybole** biegen wir links (westwärts) auf die B7023 Richtung **Maidens** ab und stoßen nach rund 2 mls/3 km auf die A719, auf der wir ein Stückchen südwärts zurückfahren bis zur deutlich beschilderten Zufahrt zum **Culzean Castle**.*

Culzean Castle (NTS) **[Parkplatz, WP 024 / N55° 21' 6.41" W4° 47' 16.42"]** *(Country Park geöffnet tgl. 9.30 - Sonnenuntergang, Gärten [Walled Garden] geöffnet tgl. 9.30 - 17 Uhr bzw. Sonnenuntergang, Schloss Apr. - Okt. tgl. 10.30 - 17 Uhr,* *letzter Einlass 1 Stunde vor Schließung; https://www.nts.org.uk/visit/places/culzean)* inmitten eines herrlichen, ausgedehnten Parks mit schönen Gartenanlagen zählt zu den touristischen Hauptattraktionen in Schottland. Ein Besuch lohnt!

Culzean (gesprochen etwa *kalleiin*) **Castle** liegt sehr ansprechend über dem Meer auf dem felsigen Steilufer. *Robert Adam*, Schottlands berühmter Architekt des 18. Jh., erbaute das Schloss zwischen 1777 und 1792 für die Earls of Cassillis. Geschickt integrierte Adam in den Neubau das alte Tower House aus dem 14. Jh., das ehemals dem Kennedy Clan gehört hatte.

Culzean Castle wird als Robert Adam's Meisterwerk bezeichnet, nicht zuletzt deshalb, weil Adam auch für die Innenarchitektur verantwortlich zeichnete.

In der Tat beeindruckend ist das überaus elegant wirkende, **ovale Treppenhaus**. Es reicht über drei Etagen, ist durch Säulen aufgelockert und wird oben von einer hellen Kuppel abgeschlossen.

Wunderschön sind die **Salons**, z. B. der Speisesalon oder der Musiksalon, mit erlesener Möblierung (18. Jh.) und über-

Culzean Castle

aus kunstvoll gestalteten Stuckdecken. Im Schloss gibt es eine kleine Ausstellung über *Dwight D. Eisenhower* (1890 – 1969). Zu seinen Lebzeiten war für den amerikanischen General und 34. US-Präsidenten in Culzean Castle immer eine Zimmerflucht reserviert.

Sehenswert sind außerdem die ausgedehnten **Gärten und Parkanlagen** mit Teichen, Brunnen, einem Kamelienhaus und vielen Spazierwegen.

Beim Schloss findet man auch ein großes **Besucherzentrum** (*geöffnet Apr. - Okt. tgl. 10 - 17.30 Uhr; Jan. - März + Nov. + Dez. Mi - So 11 - 16 Uhr*) mit Restaurant, Souvenirladen, Ausstellungen und Informationstheke. Außerdem befindet sich ganz in der Nähe von Culzean Castleein recht guter Campingplatz (s. u.).

ROUTE: Weiterfahrt über die Küstenstraße A719 nach Norden.

Bei **Knoweside** hat man eine **herrliche Aussicht** über die Culzean Bay bis hinüber zu den Inseln Arran und Kintyre.

Achten Sie nach etwa 5 mls/8 km nördlich von Culzean Castle auf das Straßenschild „**Electric Brea**". Die Straße führt hier in einer leichten Steigung den „**elektrischen Berghang**" hinauf. Mit etwas gutem Willen soll man das Gefühl haben (was dem Autor leider nie gelang!), man fahre bergab, obwohl der Wagen tatsächlich bergauf fährt.

Nur ein kurzes Stück weiter kann man einen Umweg durch das recht hübsch an der Küste gelegene, ehemalige **Fischerdorf Dunure** machen. Im Ort sieht man auf Felsklippen die Ruine einer alten Kennedy-Burg stehen.

ROUTE: Rund 5 mls/8 km weiter verlassen wir die A719 und folgen einer Nebenstraße ostwärts ins nahe **Alloway**.

CAMPING

Camping Culzean Castle Camping & Caravanning Club Site [WP 025 / N55° 21' 12.05" W4° 46' 10.74"], Maybole, Tel. +44 (0)1655 760 627; www.campingandcaravanningclub.co.uk/campsites/uk/ayrshire/maybole/culzeancastle; Apr. – Okt.; Platz des engl. Camping und Caravaning Clubs; an der Zufahrtsstraße zum Schlosspark deutlich beschildert; Wiesengelände, teils eben, teils hügelig, in parkähnlicher Umgebung; von den vorderen Stellplätzen Meerblick, im hinteren Teil einige Hartstandsplätze; ca. 2,5 ha – 90 Stpl.; Standardausstattung. Kiosk, Waschmaschine mit Trockner, Internetecke.

Das Städtchen **Alloway** könnte man auch als das Herz des **„Land o'Burns"** bezeichnen. In diesem Landstrich lebten viele Gestalten, die *Robert Burns*, der „Dichter des einfachen Mannes", in seinen Versen unsterblich machte.

1995 wurden alle Sehenswürdigkeiten in Alloway, die im Zusammenhang mit Burns Burns stehen wie Burns' Cottage, Auld Alloway Kirk, Auld Brig o'Doon und Burns Monument im sog. Burns National Heritage Park zusammengefasst. Informationszentrum des Burns National Heritage Parks ist das Burns National Heritage Park Visitor Centre mit dem **Robert Burns Birthplace Museum [Parkplatz, WP 026 / N55° 25' 41.38" W4° 37' 59.60"]** an der Murdoch's Lone *(geöffnet tgl. 10 - 17 Uhr; http://www.burnsmuseum.org.uk/).* Sehenswert im Museum

Robert Burns

sind die Ausstellungen über Leben und Werk von Robert Burns

Vom Museum aus sind alle Sehenswürdigkeiten, die im Zusammenhang mit Robert Burns stehen zu Fuß erreichbar.

Gehen Sie vom Museum über das Sträßchen Auld Nicks View nach Westen, vorbei am Friedhof und der Kirche. Nach der Kirche stößt man auf die Hauptstraße (B7024). Auf der anderen Straßenseite liegt die **Alloway Auld Kirk [N55° 25' 40.49" W4° 38' 14.08"]**. Auf dem Friedhof ist William Burns begraben, der Vater des Dichters, der auch Burns' Cottage erbaut und dort eine kleine Farm betrieben hatte.

Es war auf nämlichem Friedhof, auf dem Tam o'Shanter (siehe auch unter Kirkoswald) nächtens heimlich die Hexen tanzen sah. Offenbar stand er mit denen auf so vertrautem Fuß, dass er ihnen während des Tanzes anfeuernde Worte zurufen konnte, was schließlich aber zu einer höllischen Verfolgungsjagd führte. Robert Burns lässt in seiner berühmten

Ballade „Tam o'Shanter" den neugierigen Tam, gejagt von einer wilden Schar von Hexen und Kobolden, in kühnem Ritt über die Auld Brig o'Doon (ganz in der Nähe) entfliehen. Dabei musste Tam o'Shanters Pferd Meg seinen Schwanz lassen, an dem sich schon die Hexen festgekrallt hatten.

Interessant und informativ ist die ca. 15-minütige Multivisionsshow **„Tam o'Shanter Experience"** (Eintritt, neben der Auld Kirk), die auf kurzweilige Art alle Lebensstationen von Robert Burns zeigt.

Natürlich gibt es auch ein **Burns Denkmal [N55° 25' 37.27" W4° 38' 13.06"]**. Es liegt unweit südlich der Auld Kirk oberhalb des Flüsschens Doon in einem schönen, gepflegten Garten. Mit seinen kannelierten Säulen erinnert das 1823 errichtete Monument an ein griechisches Rundtempelchen. Man hat von dort einen guten Blick auf die legendäre Steinbrücke **Brig o'Doon**, die in einem mächtigen Bogen die beiden Ufer verbindet.

Gehen Sie über den Poet's Path und vorbei am Mäusedenkmal, oder fahren Sie vom Robert Burns Birthplace Museum über die Hauptstraße (B7024) knapp einen Kilometer nach Norden bis zum Kreisverkehr und dort links in die Greenfield Avenue. Gleich darauf liegt rechts der Besucherparkplatz des **Burns' Cottage and Museum [Parkplatz, WP 027 / N55° 25' 56.56" W4° 38' 6.45"]** *(geöffnet tgl. 11- 17 Uhr, letzter Einlass 16.30 Uhr; www.burnsmuseum.org.uk)* In dem weißgetünchten, strohgedeckten Häuschen wurde Robert Burns am 25. Januar des Jahres 1759 geboren. Hier lebte der spätere Volksdichter bis zu seinem siebten Lebensjahr.

Zu sehen ist eine umfangreiche Sammlung von Erinnerungsstücken

Burns Denkmal, Alloway

an Burns, darunter Briefe, Manuskripte und Drucke, u. a. eine Erstausgabe seiner Werke. Der Lebensweg des Dichters, der ja nicht nur Poet war, sondern seinen Lebensunterhalt auch mit handfester Arbeit als Bauer und Steuerbeamter zu verdienen versuchte, kann hier nachvollzogen werden.

ROUTE: *Weiterreise auf der alten Straße nach **Ayr** (B7024).*

Folgt man der B7024, nimmt man in umgekehrter Richtung fast den gleichen Weg, über den in der blühenden Phantasie alter Geschichten der legendäre **Ritt Tam o'Shanters** geführt haben soll.

Ayr, eine Küstenstadt mit rund 45.000 Einwohnern, gilt seit langem als beliebtes Seebad an der Küste des Firth of Clyde. Allerdings erschließt die lebhafte Stadt an der Mündung des River Ayr mit ihren vielen Einkaufsmöglichkeiten, Parks, zahlreichen Hotels und Restaurants, den offenbar unvermeidlichen „sea-side amusements" und einigen bescheidenen Sehenswürdigkeiten, dem durchreisenden Besucher ihre Reize als Seebad nur recht zögernd.

Auf dem Weg von Alloway in das Zentrum von Ayr passiert man in der Alloway Street eine **Robert Burns Statue** [N55° 27' 29.34" W4° 37' 43.11"] in

einem kleinen Park beim Bahnhof. Auf dem Sockel des Denkmals sind Orte, Namen und Szenen aus Burns' Werken wiedergegeben.

Ein kurzes Stück weiter, in der High Street Nr. 230, steht das Gasthaus **Tam o'Shanter's Inn [N55° 27' 38.96" W4° 37' 43.74"]**. Von dieser alten Taverne, schon zu Burns' Zeiten ein Alehouse mit Brauerei, soll Tam o'Shanter, der die Brauerei gelegentlich mit Malzgerste belieferte, seinen Geisterritt nach Alloway angetreten haben.

Man kann nun am Stadtturm **Wallace Tower [N55° 27' 42.18" W4° 37' 45.86"]** (benannt nach dem schottischen Freiheitskämpfer des 13. Jh. William Wallace) vorbei bis zur Kirk Port gehen. Biegt man dort rechts ein, kommt man zur **Auld Kirk [N55° 27' 46.91" W4° 37' 45.56"]** von 1654, die offiziell aber Church of St. John the Baptist, Kirche Johannes des Täufers, heißt. Robert Burns soll hier getauft worden sein.

Noch weiter östlich trifft man auf zwei alte steinerne **Bogenbrücken** über den Ayr. Niemand anderes als Robert Burns verewigte sie in seinem Gedicht *„The Twa Brigs".*

Schließlich sind in der Nähe des Hafens noch Reste der Festung „Cromwellian Fort" zu besichtigen.

Pferdeenthusiasten wird interessieren, dass Ayr eine im ganzen Land berühmte **Pferderennbahn** hat. Hier wird jedes Jahr im April das „Scottish Grand National" ausgetragen.

Burns' Cottage, Alloway

PRAKTISCHE HINWEISE – AYR

Ayr Information Centre [N55° 27' 49.27" W4° 37' 59.48"], 22 Sandgate, Ayr, Tel. +44 (0)1291 290 300; https://www.visitscotland.com/destinations-maps/ayrshire-arran/. *Geöffnet Apr. - Sept. Mo - Sa 9 - 17 Uhr, So 10 - 17 Uhr; Okt. - März Mo Sa 9 - 17 Uhr.*

HOTELS

Fairfield House Hotel ****, ££££, 44 Zi., 12, Fairfield Road, Tel. +44 (0)1292 267 461; www.fairfieldhotel.co.uk; komfortables Haus der gehobenen Mittelklasse in einem viktorianischen Landhaus, Blick zur Insel Arran, Martin's Bar & Grill-Restaurant, Schwimmbad, Sauna, Dampfbad, WLAN. Parkplatz.
The Ayrshire & Gallloway **, ££, 25 Zi., 1, Killoch Place, Tel. +44 (0)1292 262 626; www.ayrshireandgalloway.co.uk; zweckmäßiges Stadthotel, funktionelle Ausstattung, Bar und Restaurant, WLAN. Parkplatz.

CAMPING

Camping Sundrum Castle Holiday Park [WP 028 / N55° 27' 11.34" W4° 31' 23.99"], Coylton, Tel. +44 (0)844 335 37 58; www.parkdeanholidays. co.uk/scotland-holidays/sundrum-castle/sundrum-castle-holiday-park.htm; 1. Apr. – 31. Okt.; ca. 3 mls/5 km östl. von Ayr von der A70 (Ayr – Cumnock) Richtung Sundrum abzweigen; ausgedehnter Ferien- und Mobilehomepark mit 25 eingeebneten Stellplätze für Wohnmobile und Caravans; ca. 9 ha – 25 Touristen-Stpl. + 200 Dau.; gute Standardausstattung; Laden, Restaurant, Waschmaschine mit Trockner, große Spielhalle („Amusement" spielt auf diesem Platz eine große Rolle), Hallenbad, Minigolf.

Camping Ayr Craigie Gardens Caravan and Motorhome Club Site [WP 029 / N55° 27' 34.13" W4° 36' 56.85"], University Avenue, Tel. +44 (0)1292 26 49 09; https://www.caravanclub.co.uk/club-sites/scotland/south-ayrshire/ayr-craigie-gardens-caravan-club-site/; auch für Nicht-Mitglieder; Mitte März – Anf. Nov.; recht zentrale Lage zwischen River Ayr und Pferderennbahn; ebenes, von hohen Laubbäumen umgebenes Gelände mit 90 befestigten Stellplatzparzellen. Sanitäranlagen, Stromanschlüsse. Keine Zelte!

TOUR 3: AYR – GLASGOW

Länge der Tour: Rund 135 km / 85 mls.

Die Route: Über die Straße A78 und über **Prestwick, Irvine** und **Ardrossan (evtl. Abstecher zur Insel Arran)** bis **Largs** – A760 und A737 bis **Paisley** – M8 bis **Glasgow**.

Reisedauer: Mindestens ein Tag.

Höhepunkte: **Brodick Castle and Country Park *** – das **Paisley Museum** in Paisley.

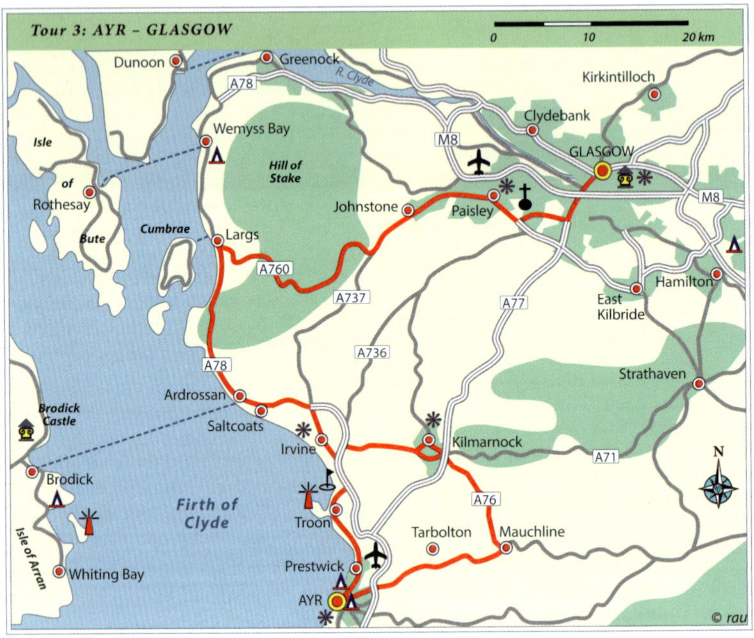

Tour 3: AYR – GLASGOW

[Karte mit Orten: Dunoon, Greenock, R. Clyde, A78, Kirkintilloch, Wemyss Bay, Clydebank, Isle, Hill of Stake, M8, GLASGOW, of Rothesay, Johnstone, Paisley, M8, Bute, Cumbrae, Largs, A760, Hamilton, A737, East Kilbride, A77, A78, A736, Strathaven, Ardrossan, Brodick Castle, Saltcoats, Irvine, Kilmarnock, Brodick, A71, Firth of Clyde, Troon, A76, Isle of Arran, Tarbolton, Mauchline, Whiting Bay, Prestwick, AYR, © rau]

Routenalternative über Kilmarnock

Alternativ zur direkten Route über die küstennahe A78 nordwärts lohnt vor allem für diejenigen, die gerne noch weiter den Spuren Robert Burns' folgen wollen, der kleine Umweg über **Tarbolton, Mauchline** und **Kilmarnock.** Man stößt dann in **Irvine** wieder auf die A78.

*ROUTE: **Tarbolton** liegt etwa 6 mls/9,6 km nordöstlich von Ayr. Man zweigt auf dem Weg nach Mauchline von der B743 auf die Straße B730 und zum Ort ab.*

In **Tarbolton,** einem alten Seidenweberstädtchen, hielt sich Robert Burns oft in dem von ihm 1780 gegründeten **„Bachelors Club" [N55° 30' 47.53" W4° 29' 10.14"]** (NT) auf, einer Art Debattierclub in der Sandgate Street *(geöffnet Apr. - Sept. Fr - Di 13 - 17 Uhr; https://www.nts.org.uk/visit/places/bachelors-club).*

Auch **Mauchline** ist eng mit Burns verbunden. Ganz in der Nähe bewirtschaftete die Familie zwei Farmen, die Farm von Lochlea sieben Jahre lang bis 1784 und Mossgiel danach bis 1788. Burns soll in Mauchline *Jean Armour,* seine spätere Frau, kennengelernt haben, mit der er neun Kinder hatte. Vier der Kinder sind auf dem Friedhof von Mauchline beigesetzt.

Nach ersten literarischen Erfolgen in Edinburgh bezogen Burns und seine Frau Jean 1788 in der Castle Street eine Etage, die heute als **Burns House Museum [N55° 30' 57.73" W4° 22' 47.40"]** dient *(geöffnet tgl. Di - Sa 10.30 - 16 Uhr; www.visitscotland.com/info/see-do/the-burns-house-museum-p256201).*

Gegenüber der Kirche kann man in der Loudoun Street noch die **Poosie Nansie's Tavern [N55° 30' 55.57" W4° 22' 47.44"]** sehen, ein viel frequentiertes Alehouse zu Burns' Zeiten. Einige Charaktere, die hier ein- und ausgingen, machte Burns zu Figuren seiner Gedichte „The Jolly Beggards" oder „The Mauchline Lady".

Kilmarnock, eine Stadt mit rund 50.000 Einwohner und einst Heimat der **Johnny Walker Distillery**, ist für die Region wegen seiner zahlreichen Industrie- und Gewerbebetriebe von erheblicher Bedeutung.

Auch Kilmarnock hat Verbindungen zu Robert Burns. Hier erschien 1786 die Erstausgabe von Burns' Gedichten, die seine Karriere einleitete. Ein **Denkmal** aus rotem Sandstein im **Kay Park** etwas außerhalb erinnert an den beliebten schottischen Poeten.

Weitere **Sehenswürdigkeiten** in Kilmarnock: **Dick Institute [N55° 36' 30.86" W4° 29' 25.30"]**, Elmbank Avenue, Nähe London Road *(geöffnet Di - Sa 11 - 17 Uhr, Eintritt frei).* Dieses **Regionalmuseum** hat interessante geologische, naturgeschichtliche und archäologische Abteilungen, eine Sammlung historischer Waffen und wechselnde Kunstausstellungen schottischer Künstler.

Dean Castle & Country Park [Parkplatz, WP 030 / N55° 37' 14.40" W4° 29' 10.35"] *(geöffnet Apr. - Sept. tgl. 11 - 17 Uhr; Okt. - März Mi - So 10 - 16 Uhr; www.deancastle.com)* liegt unweit der Stadt an der Dean Road. Wehrturm und Schloss stammen aus dem 14. und 15. Jh. Hier residierten einstmals die Familien der Boyds, Lords of Kilmarnock. Ein Besuch lohnt wegen der Sammlungen schöner flämischer Gobelins, seltener Musikinstrumente und historischer Waffen. Ausgedehnte Parkanlagen. Restaurant, Souvenirs, WC, Picknickplatz.

Poosie Nansie's Tavern

HAUPTROUTE

ROUTE: *Der Weg unserer eigentlichen Route führt ab* **Ayr** *auf der gut ausgebauten A78 entlang der Küste nordwärts.*

Nördlich von Ayr reihen sich entlang der Küste des Firth of Clyde bis hinauf nach Gourock die wichtigsten **Seebadeorte** des County Strathclyde. Leider schwindet die Attraktivität vieler dieser Ferienorte mit der wachsenden Zunahme der Industrie an diesem Küstenstrich.

Prestwick (ca. 13.000 Einw.) ist eine alte Stadt, die ihre Spuren bis ins Jahr 983 zurückverfolgen kann und ihre Stadtrechte am 19. Juni 1600 von König James VI. allergnädigst höchstselbst verliehen bekam. Das **Mercat Cross** in der Innenstadt erinnert daran.

Zwar verweist die Stadt immer noch gerne auf ihren langen Sandstrand, wohl um an ihre Bedeutung als Seebad zu erinnern. Längst ist aber nicht mehr der Sommertourismus, als vielmehr der Flughafen *Prestwick International Airport* wichtigste Einnahmequelle, dessen nebelfreie Lage überaus geschätzt wird.

In Golferkreisen dagegen hat Prestwick wegen seines Meisterschaftskurses *„Prestwick Old Course"* hohes Ansehen.

Troon (ca. 12.000 Einw.) liegt nur wenige Meilen weiter nördlich. Strand, Golfplätze und vor allem der erst 1978 eingerichtete Yachthafen sind erwähnenswert.

Um **Irvine** herum breitet sich mehr und mehr Schwerindustrie und chemische Industrie aus, was einem Badebetrieb an diesem Küstenstrich verständlicherweise wenig zuträglich ist.

Zu besichtigen gibt es in Irvine am Hafen in der 6 Gottries Road das **Scottish Maritime Museum [Parkplatz, WP 031 / N55° 36' 34.06" W4° 40' 32.95"]** *(geöffnet tgl. 10 - 17 Uhr; www.scottish-maritimemuseum.org).* Zu sehen sind neben historischen Schiffen alte Werkstätten und ehemalige Wohnquartiere von Hafenarbeitern.

Um **Saltcoats** und **Ardrossan** findet man wieder Sandstrände.

Abstecher zur Insel Arran

Ab **Ardrossan [Hafenparkplatz, N55° 38' 23.11" W4° 49' 30.21"]** verkehren ganzjährig **Autofähren nach Brodick** auf der Insel Arran. Es bestehen täglich bis zu fünf Verbindungen. Die Überfahrt dauert knapp eine Stunde.

Arran, eine der Inseln der Inneren Hebriden, ca. 450 qkm groß und von kaum mehr als 3.500 Einwohnern bewohnt, wird dank ihrer vielfältigen Landschaft gelegentlich auch als „Scotland in Miniature" bezeichnet. Hier findet man – besonders im Nordteil – Berglandschaften mit reizvollen Tälern ebenso wie grüne Ebenen und Sandstrände genauso wie felsige Steilküsten.

Die höchste Erhebung ist der rund 875 m hohe Berg *Goat Fell,* nördlich vom Hafenort Brodick. Um die Nordwestseite des Bergstocks führt von Brodick nach Mid Sannox ein wunderschöner **Wanderweg** durch das Tal **Glen Rosa**.

Beachtung verdienen auf der gerne besuchten Ferieninsel – neben den **prähistorischen Steinmonumenten** (z. B. der Steinkreis bei Machrie [N55° 33' 35.48" W5° 20' 34.27"] nahe der Westküste) – das Hafenstädtchen **Lochranza** im Norden, mit seiner Burgruine aus dem 14. Jh., dem ehemaligen Jagdschloss der schottischen Könige.

Bedeutendste Sehenswürdigkeit ist **Brodick Castle** (NTS) **[Parkplatz, WP 032 / N55° 35' 43.53" W5° 8' 53.62"]** *(Castle geöffnet Mai - Sept. tgl. 11 - 16 Uhr; Apr. + Okt. tgl. 11 - 15 Uhr; Walled Garden geöffnet Apr. - Okt. tgl. 10 - 16.30 Uhr, Nov. - 20. Dez. Sa + So 10 - 15.30 Uhr; Country Park ganzjährig tgl. 9.30 - Sonnenuntergang; https://www.visitscotland.com/info/see-do/brodick-castle-garden-country-park-p248491).* Das Schloss liegt ca. 2,5 km nördlich von Brodick inmitten eines ausgedehnten, sehenswerten Parks. Hier lohnt ein Besuch vor allem während der weithin bekannten Rhododendronblüte zwischen April und Juni.

Brodik Castle, an der Stelle eines Wikingerforts errichtet, stammt zu Teilen aus dem 13. Jh., erhielt sein heutiges Aussehen aber

Bei Lochranza, Insel Arran

vor allem im Jahre 1652 und wurde 1844 erneut erweitert. Brodick war der Sitz der Dukes (Herzöge) of Hamilton, später der Herzogin Mary, Duchess of Montrose.

Sehenswert sind, neben der Halle und den Salons mit kostbarer Möblierung und bemerkenswerter Gemälde- und Porträtgalerie, vor allem die Sammlung wunderschöner Silber- und Porzellangegenstände.

Lohnend ist die Fahrt auf der Küstenstraße rund um die Insel.

Mein Tipp! Tanken Sie in Brodick lieber noch mal voll, Tankstellen unterwegs sind rar.

HAUPTROUTE

*ROUTE: Folgt man auf der Weiterreise auf dem Festland der A78 weiter nach Norden, passiert man das Kernkraftwerk Hunterston an der Küste im Westen und wenig später die Stadt **Largs**.*

Largs (ca. 10.000 Einw.) gilt als vielbesuchter Ferienort an der Clyde-Küste, mit zahlreichen Hotels und Freizeiteinrichtungen.

Largs ist aber auch ein für die Geschichte Schottlands bedeutender Ort. Vor der Küste des Seebades wurde im 13. Jh. eine für das schottische Königreich entscheidende Seeschlacht geschlagen. Unter Alexander III. kämpften die Schotten hier im Jahre 1263 gegen die angreifenden Norweger, die von König Haakon IV. angeführt wurden. Während eines Unwetters wurde die norwegische Flotte allerdings auseinandergetrieben und arg mitgenommen, was den schottischen Sieg ermöglichte. Erst dieser Sieg versetzte die Schotten in die Lage, von den Norwegern die Western Isles einzufordern. Damit endete eine fast 400-jährige Herrschaft der Nordmänner über die Hebriden.

Besichtigen kann man das **Viking Heritage Centre „Vikingar"** [Parkplatz, WP 033 / N55° 48' 3.05" W4° 52' 9.76"], Greenock Road *(geöffnet Apr. - Juni + Sept. - Okt. tgl. 10.30 - 14.30 Uhr; Juli + Aug. Mo - Fr 10.30 - 15.30 Uhr, Sa +*

So 11.30 - 15.30 Uh; www.visitscotland. com/info/see-do/vikingar-p253071) mit dem „Viking Experience - Battle of Largs 1263", das interaktive Ausstellungen und Filme über die Geschichte der Wikinger in Schottland zeigt. Fitness Studio mit Schwimmbad angeschlossen.

Im September findet in Largs das **Viking Festival** statt.

Ab Largs verkehren **Autofähren** zur unweit vorgelagerten Insel **Great Cumbrae Island** mit ihrem Hauptort **Millport**.

Landschaftlich reizvoll und dem Umweg über Gourock eigentlich vorzuziehen, ist die **abkürzende Fahrt von Largs über die A760 ostwärts Richtung Kilbirnie**. Von der Anhöhe aus wird man mit einem weiten Blick zurück auf die vorgelagerten Inseln Great und Little Cumbrae und die dahinter liegende Insel Bute belohnt. Der Weg über Kilbirnie bis **Lochwinnoch** führt durch sehr schöne Berglandschaft mit Stauseen. Von dort gelangt man über **Johnstone** nach **Paisley** an der M8, die ins nahe Glasgow führt.

Abstecher zur Insel Bute

Auch **Wemyss Bay**, Fährhafen **[N55° 52' 32.78" W4° 53' 20.92"]** mit Verbindungen nach **Rothesay** an der Ostküste der **Insel Bute**, verweist auf einen weiten Badestrand.

Größte Sehenswürdigkeit auf der Isle of Bute ist **Mount Stuart [Parkplatz, WP 034 / N55° 47' 27.35" W5° 1' 15.87"]** *(geöffnet März, Apr. + Okt. tgl. 11.30 - 15.30 Uhr; Mai - Sept. tgl. 12 - 16 Uhr; Führungen obligatorisch. Gärten März - Okt. tgl. 10 - 18 Uhr; www.mountstuart.com).* Das prächtige, im neugotischen Stil erbaute Herrenhaus aus viktorianischer Zeit ist der Stammsitz der Marquess of Bute. Das Anwesen, das inmitten eines herrlichen, 124 ha weiten Parks liegt, befindet sich rund 8 km südlich von Rothesay. Visitor Center, Souvenirs, Cafeteria.

HAUPTROUTE

Weiterreise auf dem Festland. Schließlich endet die Küstenregion bei **Gourock**, einem beliebten Damp-

Rothesay, Isle of Bute

ferausflugsziel. **Autofährverbindungen** bestehen ab Gourock nach **Dunoon**. **Passagierfähren** verkehren nach **Kilcreggan** und **Helensburgh.**

Das benachbarte **Greenock** am Südufer des Clyde-Mündungstrichters – einst als Außenhafen von Glasgow gegründet, heute moderner Containerhafen mit Schwerindustrie, Schiffswerften und Computerindustrie besiedelt – hat einige namhafte Männer hervorgebracht. Einer von ihnen war *James Watt* (siehe auch unter „Kunst und Geschichte in Stichworten"), der hier 1736 geboren wurde und 1765 die erste einsatzfähige Dampfmaschine erfand. Außerdem stammen aus der Gegend *Kapitän Kidd* der Freibeuter und der Dichter *John Davidson*.

ROUTE: Ab Greenock ist das nur rund 50 km weiter östlich gelegene **Glasgow** *über die autobahnähnliche A8/M8 rasch zu erreichen. Wer sich für Stoffe und klassische Stoffmuster interessiert, sollte auf dem Weg nach Glasgow einen Stop in* **Paisley** *einlegen.*

Paisley mit rund 90.000 Einwohnern, längst ein urbaner Annex von Glasgow, kann auf eine lange, eigenständige Geschichte zurückblicken. Zahlreiche Baudenkmäler erinnern an die große Zeit von Paisley, das vor allem im 19. Jh. auf eine blühende Textil- und Eisenhüttenindustrie blicken konnte.

Die Gegend um Paisley wird als die „Wiege der Stuart Dynastie" angesehen. Ein im 12. Jh. hier ansässiger Walter Fitzalan erhielt von König David I. (1124 – 1153) das einflussreiche und vererbbare Amt des *High Steward*, des Königlichen Reichshofkämmerers von Schottland. Der 6. High Steward, Walter Steward, heiratete um 1300 Marjory Bruce. Ihr Sohn wurde der erste Stewartkönig Robert II. (siehe auch „Kunst und Geschichte – in Stichworten" das Jahr 1306).

Auch wenn Paisley auf den Durchreisenden auf den ersten Blick nicht eben einen anziehenden Eindruck macht, lohnt ein Abstecher ins Zentrum für alle diejenigen, die an der Entwicklung der schottischen Textilindustrie interessiert sind. Für die berühmten Muster der **„Paisley Shawls"** ist die Stadt weit über ihre Grenzen hinaus bekannt.

Im **Paisley Museum and Art Gallery [N55° 50' 42.01" W4° 25' 50.67"]** in der High Street *(geöffnet ganzjährig Di - Sa 11 - 16 Uhr, So 14 - 17 Uhr; Eintritt frei; www.renfrewshireleisure.com/paisleymuseum/)* im westlichen Stadtbereich ist eine umfangreiche, ganz ausgezeichnete Sammlung von Paisley Shawls, diesen aus Seide und feinster Wolle hergestellten und mit Kaschmirmustern versehenen Schals und Tücher, zu sehen.

Ausgestellt sind außerdem Gemälde schottischer Künstler, sowie Keramiken und naturgeschichtliche Exponate aus der Region. Untergebracht ist das ganze in einem eingeschossigen Bau, den der Architekt John Honeyman 1868 im griechisch-ionischen Stil für den Großindustriellen, Zwirnfabrikanten und Gönner der Stadt, Sir Peter Coats, entworfen und gebaut hat.

Weiter unten an der Straße sieht man links die **Laigh Kirk** (eigentlich Low Parish Church) aus dem Jahre 1738 und ihr gegenüber die **Free Gaelic Church**.

Gleich nach der Free Gaelic Church sollte man einen Abstecher rechts in die Shuttles Street unternehmen und bis zum George Place gehen. Dort können die **Sma' Shot Cottages [N55° 50' 35.16" W4° 25' 33.37"]** *(geöffnet Apr. - Sept. Mi + Sa 12 - 16 Uhr, Fr 13 - 15 Uhr;* Eintritt frei, Spende erwünscht; *www.smashotcottages. co.uk/)* in der 2 Sma' Shot Lane besichtigt werden, typische Weberhäuser aus viktorianischer Zeit, die von der Old Paisley Society restauriert und in interessante Museen umgewandelt wurden. Dort kann man viel über das Lebens- und die Arbeitsumstände der Weber und Textilarbeiter des 19. Jh. erfahren.

Zurück zur New Street. Dort rechts bis zur Causeyside Street, in die wir nach links einbiegen. In der wenig später rechts abbiegenden Straße Forbes Place steht das gleichnamige Lager- und Warenhaus **Forbes Place**. Der dreigeschossige Bau wurde Mitte des 19. Jh. errichtet und diente als Magazin, Zwischenlager für Rohstoffe und als Ausstellungsraum von fertigen Textilprodukten. Vor allem die berühmten Paisley Shawls, die oft in Familienarbeit auf dem Lande hergestellt wurden, wurden hier gesammelt und versandfertig gemacht.

Weiter über die Causeyside Street stadteinwärts gehend, trifft man am Dunn Square auf die Hauptstraße Gauze Street. Hier rechts über den River Cart und nach dem Rathaus mit seinen beiden ungleichen Türmen rechts in die Abbey Close und zur unübersehbaren Paisley Abbey.

Paisley Abbey Church [N55° 50' 41.79" W4° 25' 16.06"] *(geöffnet ganzjährig Mo - Sa 10 - 15.30 Uhr; Führungen Di + Do 14 Uhr, Spende willkommen; www. paisleyabbey.org.uk)* wurde schon 1163 von Walter Fitzalan, High Steward of Scotland

Paisley Abbey Church

und Vorfahre der Stuart Dynastie, für den Cluniazenserorden errichtet, aber 1307 von englischen Truppen Edwards I. bis auf die Grundmauer niedergebrannt. Nach dem glorreichen schottischen Sieg bei Bannockburn 1314 konnte die Abteikirche im Stil der Hochgotik neu errichtet werden.

Nach Demontagen während der Reformationszeit erhielt die Kirche nach Umbauten im Jahre 1853, die sich wegen Geldknappheit aber bis 1928 hinzogen, ihre heutige Form. Erst 1980 wurde die Holzdecke im Kirchenschiff durch eine Stuckdecke ersetzt. Trotz aller baulichen Eingriffe ist Paisley Abbey das bedeutendste Baudenkmal in der Stadt geblieben.

In der Abteikirche befinden sich die **Grabmäler** von Prinzessin Marjory Bruce und König Robert II. Sehenswert sind die **Bleiglasfenster**, die dem Weggefährten und Zeitgenossen St. Columbas geweihte **St. Mirin Chapel** im südlichen Querschiff, das recht verwitterte (was Wunder, es stammt aus dem 10. Jh.!), fast 4 m hohe keltische Hochkreuz **„The Barochan Cross"**, das schöne gotische **Westportal** und schließlich der **Kreuzgang**.

An die Südostseite der Kirche schließt der **Place of Paisley** an. „Place" ist hier als volkstümliche Abkürzung für das Wort „Palace" zu verstehen. Der Bau ist das einzige was vom Wohn- und Wirtschaftskomplex des einstigen Cluniazenserklosters übriggeblieben ist.

ROUTE: *Weiterreise über die M8 nach* **Glasgow***.*

TOUR 4: GLASGOW

Reisedauer: Mindestens ein Tag, besser zwei Tage.

Höhepunkte: Die **Burrell Collection ***** – die **Kathedrale ***** – **Huntrian Museum and Art Gallery **** – **Kelvingrove Art Galery and Museum **** – **Glasgow Science Centre **** – **Transportmuseum ****

Glasgow am River Clyde, ca. 590.000 Einwohner, zweitgrößte Stadt Großbritanniens, Hauptstadt des Regierungsbezirks Strathclyde, größte und bevölkerungsreichste Stadt und bedeutendster Seehafen Schottlands, ist das Industriezentrum des Landes schlechthin. Hier sind namhafte Schiffswerften ebenso angesiedelt, wie Kohle-, Stahl-, Textil- oder chemische Industrie.

Aber schon die Auflistung dieser Schwerindustriezweige lässt erahnen, dass Glasgow besonders in den vergangenen Jahrzehnten nicht nur zu den Gewinnern zählen konnte. Denn gerade Kohle, Stahl und Textil sind heute nicht mehr unter den stürmischen Wachstumsbranchen.

Trotz des starken industriellen Gepräges hat sich Glasgow erstaunlich viele grüne Inseln in Form von ausgedehnten Parks bewahrt. Die Bedeutung des Namens „Glasgow", was auf altgälisch soviel heißen soll wie „Dear Green Place" (geliebter grüner Platz), trifft auf gewisse Regionen heute noch zu. Die Stadtverwaltung gibt die Zahl der Parks mit „über 70" an.

Glasgows Stadtgeschichte

Die Geschichte der Stadt reicht weit ins 6. Jh. zurück. Damals errichtete der **Heilige Mungo**, der Schutzpatron Glasgows, an der Stelle, an der die heutige Kathedrale steht, an einem kleinen, fischreichen Bach (die Stadt führt Fische im Wappen, die darauf Bezug nehmen) eine einfache Holzkirche, die König David I. im 12. Jh. durch einen Steinbau ersetzen ließ. Es entstand ein Bau, der zu den schönsten Beispielen frühgotischer Architektur in Schottland gezählt wird. Um diese neue Kathedrale entwickelte sich nun nach und nach die Stadt Glasgow.

1451 – die Stadtgemeinde war inzwischen auf rund 3.000 Einwohner angewachsen – wird die Universität gegründet.

Durch die gesellschafts- wie kirchenpolitisch turbulenten Jahre des 17. Jh. ging Glasgow relativ unangefochten. So überstand die Kathedrale als eines von nur zwei sakralen Bauwerken des Landes unbeschadet alle Wirren der Zeit.

Wirtschaftlich kam der ganz große Aufschwung für die Stadt im 18. Jh. Glasgow erlangte in der zweiten Hälfte jenes Jahrhunderts eine immense Bedeutung als **Metropole des Tabakhandels**. Vor allem mit den englischen Kolonien im jungen Amerika, allen voran Virginia, bestanden enge Handelsbeziehungen.

Für den Handel wurden schnelle Schiffe gebraucht, was positive Auswirkungen auf die Werftindustrie hatte. An die 400 Tabakclipper waren Ende des 18. Jh. in Glasgow registriert.

Die mächtigen **„Tabacco Lords"** gaben damals wirtschafts-, gesellschafts- und sozialpolitisch uneingeschränkt den Ton am River Clyde an.

Ausgangs des 18. Jh. war Trongate, heute eher eine unattraktive Gegend, die Nobeladresse in Glasgow schlechthin. Alles was Geld, Rang und Namen hatte wohnte dort.

Die große Zeit der „Tabacco Lords" endete nach 1776. Der amerikanische Unabhängigkeitskrieg führte zur Loslösung der Kolonien vom Mutterland England. Die meisten Tabakbarone verloren ihre Plantagen in der Neuen Welt. Als Stein gewordene Erinnerung an die große Zeit des Tabakhandels sind der Bau der Stirling Library, früher „The Royal Exchange", oder das „Trades House" zu betrachten. Trades House ist noch heute festlicher Treffpunkt der traditionellen Glasgower Gildegesellschaft.

Rasant ging die Entwicklung der Stadt im 19. Jh. weiter. Um 1800 zählte Glasgow rund 75.000 Einwohner. Am Ende des Jahrhunderts sollten es weit als zehnmal mehr sein!

Das **viktorianische Zeitalter** mit seiner industriellen Blüte brachte eine sehr wohlhabende Oberschicht hervor, der aber eine unverhältnismäßig größere Zahl einer fast mittellosen Arbeiterschaft gegenüberstand. Mit dieser Diskrepanz, diesem sozialen Explosivstoff, hatte Glasgow seit der sog. industriellen Revolution zu kämpfen. Und Elendsviertel kennt man in Glasgow nicht erst in unseren Tagen.

Der Ingenieur James Watt, 1736 im benachbarten Greenock geboren, hatte nicht nur die erste belastbare Dampfmaschine erfunden, die die Grundlage für die industriellen Revolution werden sollte, sondern er hatte auch Pläne erarbeitet, den River Clyde bis Glasgow schiffbar zu machen.

Diese Voraussetzungen, zusammen mit dem Unternehmergeist des Glasgower Geldadels des viktorianischen Zeitalters und den reichlich verfügbaren, billigen Arbeitskräften, machten Glasgow bald zu einer der größten Werft-, Hütten- und Stahlregionen in ganz Europa.

Die Einwohnerzahl explodierte (mit allen sozialen Konsequenzen) und „Clyde" oder „Clyde side" war im 19. Jh. nicht nur ein Flussname, sondern ein Synonym für einen prosperierenden, überaus leistungsstarken Industriestandort.

Seit 1711 werden am Clyde Schiffe gebaut. Meilensteine in diesem Industriezweig wurden hier gesetzt. Die legendäre „Comet", das erste seetüchtige Dampfschiff, wurde am Clyde gebaut. Weitere Impulse brachte 1839 die Gründung der namhaften Reederei Cunard Line in Glasgow. Einige der größten je gebauten Ozeanriesen wurden von Cunard in Auftrag gegeben und in den Werften am Clyde auf Kiel gelegt, so die „Queen Mary" (heute Hotel- und Museumsschiff in Los Angeles), die „Queen Elizabeth" und die „Queen Elizabeth II – QE II".

Springburn im Norden der Stadt, heute ein Stadtteil wie viele, war lange der Standort der zweitgrößten Dampflokomotivenfabrik der Welt. Keine einzige der Weltfirmen hat den Wandel der Zeit überstanden.

Die sozialen Schattenseiten der Stadt traten spätestens seit der Mitte 20. Jahrhunderts überdeutlich zutage. Etwa Ende der 60er Jahre setzte eine durch Bauspekulation in der Innenstadt provozierte Abwanderung der ärmeren Bewohner in neu errichtete Trabantenstädte im Osten Glasgows ein. In der gesichtslosen Anonymität der neuen Vorstädte aber entwickelten sich eher Slums als funktionierende Vorortgemeinden. Der Vandalismus blühte. Wer konnte, zog weg aus Glasgow. Die Einwohnerzahl der zweitgrößten und bedeutendsten Stadt Großbritanniens sank von rund 1,2 Millionen auf unter 800.000. Die Innenstadt verödete langsam und die sog. New Towns vor den Toren der Stadt verkamen. Was Wunder, dass Glasgow bald das Image einer nicht unbedingt besuchenswerten Stadt hatte.

Heute liegen den Stadtplanern die heruntergekommenen Stadtviertel wie Tollcross, Dalmarnock oder Bridgeton – Resultate einer fast schon menschenverachtenden Planung – wie Geschwüre im Magen.

Berühmt berüchtigt als asoziales, gewalttätiges Pflaster sind die Glasgower Gorbals, die mit ihrer Kriminalitätsrate von vielen mit den Slums in Harlem oder der New Yorker Lower Eastside früherer Tage verglichen werden. Ein neues, humanes Sanierungskonzept wird seit einigen Jahren realisiert und soll aus den Slums bewohnbare Viertel machen.

Der Glanz der viktorianischen Epoche, als Glasgow eine pulsierende Stadt der Großkaufleute, Reeder und Industriellen war, ist zwar dahin. Große wirtschaftliche Schwierigkeiten spätestens seit der Öl- und Stahlkrise, einhergehend mit Problemen auf dem sozialen Sektor, ließen Glasgow zu einer mausgrauen Großstadt herabsinken. Und lange war Glasgow wirklich nur ein Stop für Geschäftsreisende.

Aber abgesehen davon hatte es Glasgow schon immer schwer, „touristisch interessant" zu werden. Seit Theodor Fontane, der 1860 Schottland bereiste und offenbar recht froh war, in Glasgow nur umsteigen und nicht übernachten zu müssen, kämpft Glasgow mit dem Image einer abgewrackten, ja hässlichen Stadt. Und sicher war und ist es nicht ganz einfach, als Besucher Gefallen an Glasgow zu finden.

Aber wagen Sie es, nehmen Sie sich die Zeit und fahren Sie hinein ins Zentrum, zum George Square, zur Kathedrale, zur Burrell Collection etc., oder machen Sie sich auf die Suche nach den (wenn auch wenigen) Spuren des brillanten Glasgower Jugendstildesigners *Charles Rennie Mackintosh.*

Seit einiger Zeit wird auch der touristische Besucher für seine Visite wieder belohnt. Glasgow bemüht sich erfolgreich, den Ruf einer verräucherten Industriestadt abzustreifen und ist auf dem besten Wege, eine der europäischen Kulturmetropolen zu werden. Nicht ganz umsonst war die Stadt für das Jahr 1990 zur „Cultural Capital of Europe" (Kulturhauptstadt Europas 1990) gekürt worden. Und wenn nicht alles trügt, deuten die Bemühungen auf dem Gebiet der Stadtsanierung darauf hin, dass die Glaswegians zusammen mit ihren Verwaltungsbehörden den Spruch im Stadtwappen wieder ernst nehmen – „Let Glasgow flourish".

Tipps zur Stadtbesichtigung

Glasgows Sehenswürdigkeiten liegen relativ weit auseinander. Es lässt sich kaum umgehen, öffentliche Verkehrsmittel oder den eigenen Wagen zu benutzen. Weder das eine noch das andere wirft größere Probleme auf. Das **öffentliche Nahverkehrssystem** der

Stadt ist durch ein dichtes Busnetz und durch eine **U-Bahnline** gut ausgebaut; http://www.spt.co.uk/subway/tickets/. *The Underground*, Glasgows U-Bahn, hat bislang zwei Linien, die ringförmig durch das Stadtgebiet führen, eine Linie im Uhrzeigersinn, die andere in entgegengesetzter Richtung. Eine Rundfahrt dauert 24 Minuten. Und wenn Sie lange genug sitzen bleiben, kommen Sie bestimmt wieder zu der Station zurück, an der Sie eingestiegen sind. Die Wagen der vergleichsweise kleinen Bahn sind bunt bemalt, was Glasgows Underground den Spitznamen „Clockwork Orange" einbrachte.

Die U-Bahn verkehrt Montag bis Samstag von 6.30 Uhr bis 23.40 Uhr und am Sonntag von 10 Uhr bis 18.12 Uhr. Ein Ticket kostete zuletzt £1.65, ein Ganztagsticket für unbegrenzte Fahrten £ 4,-.

Bei den großen Museen wie Burrell Collection Riverside Museum oder Pollok House and Gardens sind Parkplätze eingerichtet.

Bei der Erkundung der Innenstadt rund um den George Square (2) ist man allerdings zu Fuß schneller unterwegs. **Parkplätze** an Parkuhren und in Parkhäusern sind vorhanden, aber während der Geschäftszeiten natürlich stark frequentiert. N55°51'55.55" W4°18'15.60"

Relativ zentrumsnahe, größere Parkmöglichkeiten findet man östlich der High Street in der Blackfriars Road, **Blackfriars Car Park [N55° 51' 29.54" W4° 14' 21.04"]**, am Kelvingrove Art Gallery & Museum **[WP 035 / N55° 52' 6.19" W4° 17' 20.93"]**, am Riverside Museum **[N55° 51' 55.55" W4° 18' 15.60"]** und an der King Street **[N55° 51' 20.05" W4° 14' 49.71"]** (Änderungen möglich!); *www.cityparkingglasgow.co.uk.*

Eleganter löst man das Parkplatzproblem, wenn man in einem zentralen Stadthotel (siehe Hotels) übernachtet und den Hotelparkplatz in Anspruch nehmen kann.

Wer viel mit den öffentlichen Verkehrsmitteln fahren will, bekommt detaillierte Auskünfte, Streckenpläne und

Preise, z. B. über die recht preiswerten „Roundabout-Netzkarten", die ein oder mehrere Tage gelten und unbegrenzte Fahrten mit Regionalzügen und mit der U-Bahn gestatten, zu haben bei SPT The Travel Centre, Buchanan Bus Station, Killermont Street, Glasgow, Tel. +44 (0)141 33 33 708, *geöffnet Mo - Sa 6.30 - 22.30 Uhr, So 7 - 22.30 Uhr*; oder online bei www.spt.co.uk.

Scotguide bietet diverse **Stadtrundfahrten** an, die in kurzen Abständen am zentralen George Square starten und von Stadtführern begleitet werden. Karten für die Stadtrundfahrten gelten den ganzen Tag und Sie können so oft Sie wollen aussteigen, Besichtigungen unternehmen und später wieder zusteigen und die Rundfahrt fortsetzen.

Infos über Stadtrundfahrten gibt's u. a. bei *City Sightseeing Glasgow Scotguide Tours*, St. George's Building, 153 Queen Street, Glasgow, Tel. +44 (0)141 20 40 444; www.citysightseeingglasgow.co.uk.

Sehenswertes in Glasgow

Zu den bedeutendsten **Sehenswürdigkeiten** in Glasgow zählen – neben der viktorianischen „Merchant City" im Zentrum – **Kathedrale, Burrell Collection, Hunterian Museum and Art Gallery, Kelvingrove Art Gallery and Museum** und **Riverside Museum**. Wenn möglich, sollte man mindestens zwei Tage für die Besichtigungen vorsehen.

Spaziergang rund um den George Square

Der rechteckige, leider nicht mehr begrünte, sondern geteerte **George Square (2) [N55° 51' 40.28" W4° 15' 4.90"]** kann als das Zentrum der Glasgower Innenstadt, der viktorianischen **„Merchant City"** oder „New Town", betrachtet werden.

Mit der Anlage des Platzes wurde Ende des 18. Jh. begonnen, als es den Kaufleuten in den Straßenzeilen um die High Street und um Glasgow Cross (Mercat Cross – 12) zu eng und die Stadt nach Westen erweitert wurde. Sein heutiges Aussehen erhielt der Platz Mitte des 19. Jh. vor allem durch die repräsentativen Bauten wie das **Rathaus (3)**, das **Hauptpostamt (6)** oder das **Merchants House (5)**, die den Platz umgeben. Die Tradition der zahlreichen Hotels, die das Gesicht des Platzes früher prägten, führt heute nur noch das Millennium Hotel neben dem Bahnhof Queen Street Station an der Nordseite des George Square fort.

Die Statue auf der über 25 m hohen Säule mitten auf dem Platz stellt nicht

Glasgows zentraler George Square, im Hintergrund die City Chambers

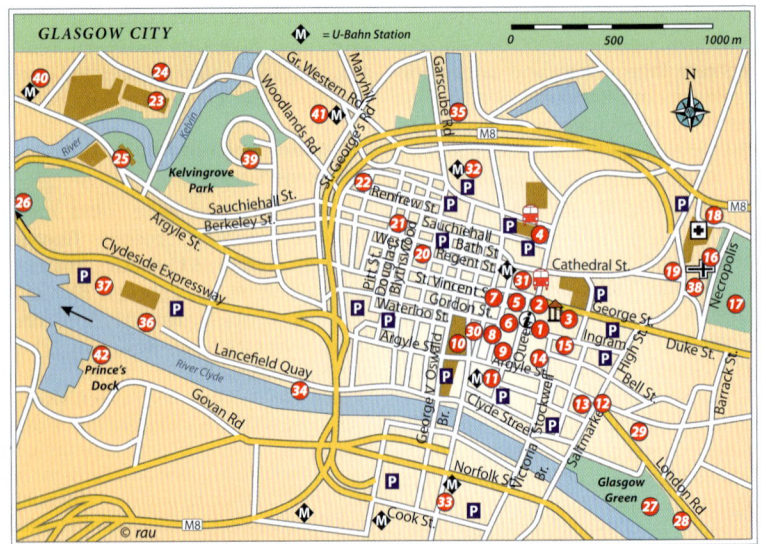

GLASGOW CITY – *1* Information – *2* George Square – *3* City Chambers – *4* Buchanan Street Station – *5* Merchants House – *6* Hauptpostamt – *7* Glasgow Stock Exchange – *8* Royal Exchange, Gallery of Modern Art – *9* Princes Square Mall – *10* Central Station – *11* St. Enoch Station Mall – *12* Mercat Cross – *13* Tolbooth Steeple – *14* Trades House – *15* Hutchesons' Hall – *16* Glasgow Cathedral – *17* Necropolis – *18* Royal Infirmary – *19* Provand's Lordship – *20* Willow Tea Room – *21* Glasgow School of Art – *22* The Tenement House – *23* Hunterian Museum – *24* Hunterian Art Gallery – *25* Art Gallery + Museum Kelvingrove – *26* zum Riverside Museum – *27* People's Palace – *28* Templeton's Carpet Factory – *29* The „Barras" Market – *30* The Lighthouse – *31* Queen Street Station – *32* Cowcaddens Station – *33* Bridge Street Station – *34* Abfahrt Schaufelraddampfer „Waverley" – *35* Beginn des Forth and Clyde Canal – *36* Clyde Auditorium „Armadillo" – *37* Scottish Exhibition and Conference Centre – *38* St. Mungo Museum of Religious Life and Art – *39* Jugendherberge – *40* Kelvinhall Station – *41* St. George's Cross Station – *42* Glasgow Science Centre

etwa König George oder Königin Victoria dar, wie man leicht vermuten könnte, sondern den schottischen Dichterfürsten Sir Walter Scott. Noch elf weitere Denkmäler von Königin Victoria, Prince Albert und namhafter Schotten wie James Watt, Robert Burns, William Gladstone, Lord Clyde, Thomas Graham, Thomas Campbell, James Oswald, Sir Robert Peel oder Sir John Moore, umgeben den Platz.

Dominiert wird der George Square vom mächtigen, grauen Bau der **City Chambers (3) [N55° 51' 39.85" W4° 14' 56.42"]** an seiner Ostseite. Das Rathaus entstand nach einem Entwurf des Architekten William Young in den 70er Jahren des vorigen Jahrhunderts im Stil der italienischen Renaissance und dokumentiert eindrucksvoll die Stellung, die Glasgow in jener Zeit innerhalb des British Empire beanspruchte und auch innehatte. Offiziell eingeweiht wurde das Gebäude am 22. August 1888 von Königin Victoria, die damals anlässlich der Eröffnung einer internationalen Ausstellung im Kelvingrove Park in Glasgow weilte.

Geradezu prächtig ist das Innere ausgestattet. Imposant ist alleine schon das marmorne **Treppenhaus**, das zu reich dekorierten Sälen wie dem **Bankettsaal** führt.

Das Rathaus ist geöffnet ganzjährig Mo - Fr 8.30 - 17 Uhr. Man kann an kostenlosen Führungen teilnehmen. Start ab Halle Haupteingang, montags bis freitags 10.30 und 14.30 Uhr, Dauer 45 Minuten; https://www.glasgow.gov.uk/index.aspx?articleid=19136.

An der Westseite wird der George Square durch den gewaltigen Bau der Bank of Scotland (1869) und das nördlich anschließende **Merchants House (5)** abgeschlossen. Das Merchants House stammt ebenfalls aus der zweiten Hälfte des 19. Jh. und beherbergt nach wie vor die Handelskammer der Stadt. Auf dem Turm an der Ecke George Street und Queen Street ist ein vergoldetes Segelschiff zu erkennen, Symbol und Erinnerung an die mächtigen Handelshäuser Glasgows im 19. Jh.

Am Merchants House vorbei gehen wir die West George Street einen Block nach Westen bis zur Fußgängerzone der Buchanan Street, der wir nach links (südwärts) folgen.

An der gegenüberliegenden Straßenseite sieht man **St. George's Tron Church**, ein Werk des Baumeisters William Stark aus den Anfängen des 19. Jh.

Aufmerksamkeit erregt die Fassade des daneben liegenden Gebäudes der **Glasgow Stock Exchange (7),** der Börse. Die Zeichnungen für die Arkaden und Bögen im sog. venezianisch-gotischen Stil stammen aus der Feder des Architekten John Burnet. Er erbaute die Glasgower Börse zwischen 1875 und 1877.

Folgen Sie der Buchanan Street nach Süden. Besonders die Gebäudezeile an der Westseite der Straße galt einmal als eines der schönsten Fassadenensembles aus dem 19. Jh. in Großbritannien.

In die nächste Querstraße sollte man links (ostwärts) einbiegen. Man kommt dann zum Royal Exchange Square. Hier fällt das prächtige Gebäude in prächtigem neoklassizistischen Stil auf, das sich der Tabakmogul William Cunningham im 18. Jh. erbauen ließ. Es war lange Zeit Sitz der Börse **The Royal Exchange (8)**, dem wichtigen Wirtschaftszentrum über einhundert Jahre. Danach wurde es als Bibliothek **(Stirling's Library)** genutzt und 1996 umgestaltet, um in vier Sälen die **Gallery of Modern Art GoMA (8)**

[N55° 51' 36.16" W4° 15' 6.89"] aufzunehmen (geöffnet Mo - Do 10 - 17 Uhr, Fr + So11 - 17 Uhr, Sa 10 - 17 Uhr; www.glasgowlife.org.uk/museums/Pages/home.aspx). Die Gemäldesammlung besteht aus wechselnden Ausstellungen zeitgenössischer Kunst aus Schottland, Europa und Übersee.

Im Gebäude der Gallery of Modern Art ist das **Glasgow Tourist Information Centre (1) [N55° 51' 36.16" W4° 15' 6.89"]** untergebracht.

Gehen Sie noch ein kurzes Stück in die nach Osten führende Ingram Street. Von dort überblickt man gut die säulengeschmückte Ostfassade der Royal Exchange, die einen ansprechenden Abschluss der Ingram Street bildet.

Vor 200 Jahren war hier die Stadt längst zu Ende und die Villa der Cunninghams, die sich damals hier befand, lag mitten im Grünen. Nach Plänen der Architekten David Hamilton und James Smith entstand unter Einbeziehung des Cunninghamanwesens um 1827 die heutige Royal Exchange. Das Gebäude dient nun als Bibliothek und ist der Öffentlichkeit zugänglich. Sehenswerte Säulenhalle und kunstvoll dekorierte Decken.

Man kann nun zurück zur Buchanan Street oder über die Queen Street weiter südwärts gehen. Empfehlenswerter ist der Weg über Buchanan Street. Man passiert dabei nämlich den Eingang zur neu gestalteten, im Jugendstil gehaltenen **Princes Square Mall (9),** einem überdachten, mehrstöckigen Einkaufszentrum mit allerlei Geschäften, Bistros und Restaurants. Durchaus sehenswert.

Wenig später stößt die Buchanan Street auf die Argyle Street. Weiter links (westlich) liegt der Bahnhof **Central Station (10).**

Eine weitere Attraktion Glasgows findet man in der zwischen Central Station und Buchanan Street verlaufenden Mitchell Street. Im Haus Nr. 11 befindet sich **The Lighthouse (30) [N55° 51' 35.42" W4° 15' 19.81"]** (geöffnet Mo - Sa 10.30 - 17 Uhr, So 12 - 17 Uhr; www.thelighthouse.co.uk). Der sog. Leuchtturm beherbergt ein ständiges Informationszentrum zu Charles Rennie Mackintosh, Ausstellungsräume, eine Aussichtsplattform und ein Café.

St. Enoch Station (11) [N55° 51' 26.23" W4° 15' 18.44"] ist ein weiteres Beispiel für den Wandel der Stadt. 1876 baute die Eisenbahngesellschaft Glasgow and Southwestern Railways hier einen großen Bahnhof. 1879 kam ein entsprechend großer Hotelbau dazu. 1904 wurde die Bahnhofsanlage noch erweitert und auf den Bahnsteigen wurde einstmals das erste elektrische Licht in der ganzen Stadt installiert.

Nach dem Zweiten Weltkrieg dann begann langsam der Niedergang und 1966 wurde der Bahnhof, 1974 das Hotel geschlossen und vier Jahre später der gesamte Komplex abgerissen. Viele sagen auch, Abriss wäre bis in die siebziger Jahre die beliebteste Methode in Glasgow gewesen, die Stadt zu sanieren. Auf dem Gelände der alten St. Enoch Station (heute wichtige U-Bahn Station) ist nun eine riesige **Einkaufsmall** mit Sportzentrum samt Kunsteisbahn entstanden, die vom angeblich größten Glasdach des Landes überdeckt wird.

Man kann die **Argyle Street** weiter ostwärts gehen (lebhafte Fußgängerzone, eine andere wichtige Einkaufsstraße mit namhaften Geschäften ist die verkehrsberuhigte **Buchanan Street** am Ende der überdachten Juweliermeile **Argyll Arcade**) und trifft nach der Argyle Station auf die nordwärts Richtung George Square führende Glassford Street.

Geht man aber weiter nach Osten, kommt man in die **Trongate**, der einstigen Nobelwohngegend der Tobacco Lords, und ins alte Zentrum von Glasgow am **Glasgow Cross**. Daran, dass hier bis etwa zum Ende des 18. Jh. der Mittelpunkt der Stadt war, erinnern das Marktkreuz **Mercat Cross (12)** und der Turm des alten Stadt- und Rathauses **Tolbooth Steeple (13) [N55° 51' 24.60" W4° 14' 36.77"]**.

Auf dem Weg über die Glassford Street Richtung George Square passiert man das linkerhand gelegene **Trades House (14)**. Robert Adam hat es zwischen 1791 und 1794 erbaut. Der große Saal im Trades House bietet nach wie vor den festlichen Rahmen für das alljährliche Galadinner der Glasgower Gildegesellschaft.

Man überquert die Ingram Street. Hält man sich rechts, erreicht man die John Street und kann dort **Hutchesons' Hall (15)** besichtigen. Das Gebäude wurde von David Hamilton entworfen und zwischen 1802 und 1805 errichtet. Mit seinem schlanken, hohen Uhrenturm gilt es als eines der elegantesten Stadthäuser in Glasgows Merchant City. Die Statuen in den Nischen in der Frontfassade stellen die beiden Gründer des Hutchesons' Hospital, George und Thomas Hutcheson, dar. Heute ist in dem Gebäude u. a. das Büro des National Trust for Scotland (NTS) mit Besucherzentrum eingerichtet.

Über die Cochrane Street gelangt man zurück zum George Square.

Spaziergang rund um den Cathedral Square

Vom George Square zum Ende der Cathedral Street zur **Glasgow Cathedral (16) (HS) [N55° 51' 44.08" W4° 14' 10.50"]**, *(geöffnet Apr. - Sept. Mo - Fr 9.30 - 17.30, Sa 9.30 - 17.30 Uhr, So 13 - 17 Uhr; Okt. - März bis 16.30 Uhr; www.glasgow-cathedral.org.uk).* Busse zur Kathedrale verkehren ab Central Station, Argyle Street, Hope Street und George Square.

Vor der Kathedrale findet man das **St. Mungo Museum of Religious Life and Art** (HS) *(geöffnet Di - Sa 10 - 17, So 11 - 17 Uhr; www.glasgowlife.org.uk/museums/st-mungos/Pages/default.aspx)*, das sich mit den Religionen der Menschheit befasst. Kunstausstellung, Cafeteria, Buch- und Souvenirladen.

Der Überlieferung nach war es **St. Mungo**, der Schutzpatron Glasgows, der hier im 7. Jh. das erste Gotteshaus errichtete. Der Grundstein zu der Kirche, aus der die heutige Kathedrale hervorging, wurde in Anwesenheit von König David I. im Jahre 1136 gelegt. Allerdings brannte dieser Bau schon bald wieder ab und 1197 wurde mit dem Wiederaufbau begonnen.

Die Kathedrale, die wir heute besich-

Glasgows Kathedrale am Cathedral Square

tigen können, wurde unter Bischof William de Bondington (1233 – 1258) begonnen und unter Erzbischof Blacader (1483 – 1508) vollendet.

Entstanden war ein Bau im frühgotischen Stil, der zu den schönsten seiner Art in ganz Schottland zählt. Zudem ist Glasgow Cathedral der einzige Sakralbau neben der Kathedrale in Kirkwall, der vollständig erhalten ist und die Bilderstürmerei der Reformationszeit nahezu unbeschadet überstanden hat.

Neben dem hohen Kirchenschiff mit schönen Bleiglasfenstern und dem überaus bemerkenswerten Chor ist es vor allem die sog. **Lower Church** (Unterkirche), die die Kathedrale zu einem der reinsten gotischen Kirchenbauwerke erhebt. Über einen breiten Treppenabgang gelangt man in einen wahren Wald von Säulen, zwischen denen sich im mystischen Halbdunkel das **Grabmal des Heiligen Mungo** verbirgt. Im Jahre 603 wurde er hier beigesetzt. Das Grabmal war besonders im Mittelalter ein vielbesuchter Wallfahrtsort. Und per päpstlichem Dekret von 1451 war eine Pilgerfahrt zum Grab des Heiligen Mungo gleichrangig mit einer Wallfahrt nach Rom.

Ganz in der Nähe des Grabmals sieht man den St. Kentigern Wandteppich.

Beachtung verdient weiter das süd-

liche Seitenschiff Blacader Aisle. Es wurde als letzter Anbau im 15. Jh. unter Erzbischof Blacader hinzugefügt und stellt lediglich den Unterbau einer mehrgeschossig geplanten, allerdings unvollendeten, Seitenkapelle dar. Das Seitenschiff soll die Stelle markieren, an der im 5. Jh. St. Ninian einen Begräbnisplatz eingerichtet haben soll.

Steht genügend Zeit zur Verfügung, sollte man der **Necropolis (17) [N55° 51' 43.81" W4° 14' 0.07"]** auf einem Hügel östlich der Kathedrale einen Besuch abstatten. Die Begräbnisstätte ist durch die monumentalen Grabstätten, Krypten, Grüfte und Denkmäler ein recht interessantes Stück Glasgower Geschichte. Auf der Anhöhe thront John Knox auf einer hohen Säule. Von der Anhöhe hat man einen guten Blick auf die Kathedrale.

Rechts, bzw. nördlich der Kathedrale, da wo früher die befestigte Residenz der Bischöfe stand, erkennt man den Gebäudekomplex des Krankenhauses **Royal Infirmary (18)**. Das Hospital erlangte Mitte des 19. Jh. eine gewisse wissenschaftliche Bedeutung, als es hier dem Chirurgen Joseph Listner 1867 gelang, mittels Karbolsäure erste Erfolge auf dem Gebiet der antiseptischen Wundbehandlung zu erringen. Westlich der Kathedra-

Provand's Lordship

1868 in Glasgow geboren. Als Architekt wurde er mit seinem Aufsehen erregenden Entwurf für den Neubau der Kunstakademie bekannt. Mackintosh, der wie kaum ein anderer Künstler den Jugendstil beeinflusste, hatte Zeit seines Lebens wenig Erfolg, am allerwenigsten in seiner Heimatstadt. 1928 starb er völlig verarmt. Heute werden Mackintosh-Objekte, z. B. seine Stühle mit den unverkennbar markanten Silhouetten und ihren hohen Lehnen, in den Kunsthäusern zu Höchstpreisen gehandelt.

Der **Willow Tea Room (20) [N55° 51' 54.43" W4° 15' 39.88"]** in der Sauchiehall Street Nr. 217 ist einer jener stilvollen Entwürfe Mackintoshs. Der Designer hatte für das 1904 erbaute und damals sehr renommierte Teehaus alles entworfen, angefangen von den Bauplänen über die Inneneinrichtung bis hin zum Besteck und Geschirr. Die Glasgower Gesellschaft pflegte hier in perfekt durchgestyltem Jugendstilambiente ihren Tee zu nehmen. Das Haus wurde vor einiger Zeit renoviert und heute kann man im 2. Stock wieder Tee trinken (*montags bis samstags 9 bis 17.30 Uhr, sonntags 10.30 bis 17.30 Uhr, letzte Bestellung 1 Stunde vor Schließung; www.willowtearooms.co.uk*), allerdings nicht mehr in ganz so authentischer Jugendstilumgebung wie 1904.

Nicht allzu weit nordwestlich vom Willow Tearoom entfernt findet man in der Renfrew Street Nr. 167 Mackintoshs erstes Meisterstück, das Gebäude der **Glasgow School of Art (21) [N55° 51' 58.32" W4° 15' 49.20"]** (*geöffnet tgl. 10 - 17 Uhr, Eintritt frei; Führungen; www.gsa. ac.uk*).

le, Ecke Cathedral Street und der breiten Castle Street, steht **Provand's Lordship (19) [N55° 51' 44.50" W4° 14' 12.86"]**, ein Stadthaus aus dem 15. Jh., das heute in der Silhouette der Stadt fast untergeht, neben der Kathedrale aber das älteste erhaltene mittelalterliche Haus in Glasgow ist. Es dient heute als Museum (*geöffnet Di - Sa 10 - 17 Uhr, So 11 - 17 Uhr; www.glasgowlife.org.uk/museums/provands-lordship/Pages/default.aspx*).

Glasgows Westen

Auf dem Weg in den Westteil der Stadt zu den Museen am Kelvingrove Park, kann man Station in der Sauchiehall Street machen. Das Viertel weist einige interessante **Jugendstilhäuser** auf, die von *Charles Rennie Mackintosh* stammen.

Mackintosh, herausragender Jugendstilarchitekt und Designer, wurde

Mackintosh war 28 Jahre alt, als er 1896 mit dem Entwurf der Kunstakademie den ausgeschriebenen Architektenwettbewerb nach überaus kontroverser Diskussion gewann. Mit dem Bau wurde ein Jahr später begonnen, der dann 1899 vollendet und 1907 erweitert wurde.

The Tenement House (22) (NTS) **[N55° 52' 5.15" W4° 16' 6.14"]** *(geöffnet Apr. - Juni + Sept. - Okt. tgl. 13- 17 Uhr; Juli + Aug. Mo - Sa 11 - 17 Uhr, So 13 - 17 Uhr, letzter Einlass 30 Minuten vor Schließung; www.nts.org.uk/visit/places/tenement-house)*, weiter nordwestlich, in der Buccleuch Street 145, lohnt ebenfalls einen Besuch. In dem Mietshaus aus dem vorvergangenen Jahrhundert, heute in der Obhut des National Trust for Scotland (NTS), kann eine komplett eingerichtete Wohnung besichtigt werden, die einen interessanten Einblick in die Lebensumstände einer bürgerlichen Familie im viktorianischen Glasgow gibt.

Weiter westlich, an der Nordseite des Kelvingrove Parks, liegen auf dem Gelände der Glasgow University beiderseits der University Avenue zwei der bedeutendsten Museen der Stadt – das **Hunterian Museum (23) [N55° 52' 19.97" W4° 17' 21.04"]** im Hauptgebäude der Universität (südl. der University Avenue) und die **Hunterian Art Gallery (24)** nördlich der University Avenue *(beide geöffnet Di - Sa 10 - 17 Uhr, So 11 - 16 Uhr; Eintritt frei; www.gla.ac.uk/hunterian)*.

Zu erreichen sind die Museen mit der U-Bahn, Haltestellen Kelvinhall oder Hillhead, oder mit Bussen der Linien 4 und 4A bis University Avenue.

Im **Hunterian Museum (23)**, Glasgows ältestem und Schottlands erstem öffentlichen Museum, bereits 1807 eröffnet, findet man archäologische, geologische und ethnographische Ausstellungen, sowie die weit über Schottland hinaus bekannte Münz- und Kunstsammlung von William Hunter.

William Hunter lebte von 1718 bis 1783, war um 1730 Student an der Glasgower Universität und erlangte nach seiner Studienzeit als Arzt und Medizinprofessor in London großes Ansehen. Hunter war offenbar nicht nur in seinem Beruf, sondern auch als leidenschaftlicher Sammler erfolgreich. Seine überaus umfangreiche Sammlung, die er später der Universität vermachte, umfasst nicht nur die schon erwähnte numismatische Sammlung, sondern auch Gemälde, Drucke, Bücher und Manuskripte, Mineralien und Fossilien, Exponate aus dem Kulturkreis der Südseevölker u. v. a.

Eine Ausstellung in der Eingangshalle informiert über den Werdegang der Glasgower Universität, die 1451 gegründet wurde und die viertälteste Lehranstalt in Großbritannien ist. Hier ist in der neu eingerichteten **Coin Gallery** auch Hunters weltberühmtes „Coin Cabinet" zu bewundern. Zu den Prachtstücken der kostbaren Sammlung zählen schottische Goldmünzen aus dem 14. und 16. Jh.

Die **Main Hall** ist geologischen und archäologischen Abteilungen gewidmet. Zu sehen sind u. a. ein in Glasgow gefundener Meteorit, die 325 Millionen Jahre alte Versteinerung eines Fisches (Bearsden shark), Exponate aus Ägypten, aus dem Mittelmeerraum, aus Polynesien und aus indianischen Kulturen, sowie Funde aus der Zeit der Römer in Schottland, darunter ein in der Form eines Triumphbogens gearbeiteter Meilenstein aus dem Antonius Wall.

In der **Hunterian Art Gallery (24)**, untergebracht in einem neuzeitlichen Gebäude, zählen neben Werken alter Meister (Rubens, Rembrandt, Dürer u. a.), die Portraitgemälde englischer Künstler wie Ramsay und Reynolds, und vor allem die Arbeiten (Gemälde, Keramiken, Möbel) des Amerikaners James McNeill Whistler zu den bedeutendsten Ausstellungsstücken, was nicht von der Sammlung schottischer Maler (McTaggert, Guthrie, Fergusson u. a.) des 19. und 20. Jh. ablenken sollte. Außerdem gibt es eine sehenswerte Ausstellung interessanter Plastiken.

Ein anderer Höhepunkt des Museums ist das sog. **Mackintosh House**. Dieser Gebäudeflügel ist Charles Rennie Mackintoshs Wohnhaus in Glasgow nachempfunden. Das Originalhaus existiert nicht mehr. Zu sehen ist eine unvergleichliche Sammlung von Zeichnungen, Skizzen, Designstudien u. a. von Mackintosh und seiner Frau Margaret Macdonald. *(Mackintosh House ist geöffnet Di - Sa 10 - 17 Uhr, So 11 - 16 Uhr).*

An der Südseite des Kelvingrove Parks liegt unmittelbar an der Argyle Street **Kelvingrove Art Gallery and Museum (25) [Parkplatz, WP 035 / N55° 52′ 6.19″ W4° 17′ 20.93″]** *(geöffnet Mo - Do + Sa 10 - 17 Uhr, Fr + So 11 - 17 Uhr; www.visitscotland.com/info/see-do/kelvingrove-art-gallery-and-museum-p246571).* Zu sehen sind hier neben Fossilien, einer Vogelkollektion sowie Silber-, Keramik-, Porzellan- und Waffensammlungen eine der umfangreichsten Gemäldeausstellungen Großbritanniens im Obergeschoss des 1902 eröffneten Museumsgebäudes. Vor allem holländische und flämische Meister (Rembrandt, Rubens, Bruegel u. v. a.), französische Impressionisten (Monet, Renoir, Van Gogh, Cézanne, Gauguin u. a.), sowie spätere Maler (u. a. Picasso) sind zu sehen. Ebenso sind Arbeiten englischer Künstler wie Ramsey oder McTaggart u. v. a. zu bewundern.

Das neue **Riverside Museum (26) [Parkplatz, WP 036 / N55° 51′ 55.42″ W4° 18′ 15.66″]**, 100 Pointhouse Place *(geöffnet Mo - Sa 10 - 17 Uhr, So 11 - 17 Uhr; www.glasgowlife.org.uk/museums/riverside),* ist 2011 am River Clyde entstanden.

Glasgows Transportmuseum, untergebracht in einem spektakulär modernen Gebäude am River Clyde, gibt einen ganz ausgezeichneten Überblick über die Entwicklung des Verkehrs- und Transportwesens in Glasgow zu Wasser, zu Land und in der Luft. Neben einer faszinierenden Sammlung von Schiffsmodellen sieht man eine Autosammlung, eine überaus interessante Ausstellung von Eisenbahnen, Straßenbahnen und Bussen, Motorrädern, Feuerwehrautos etc., außerdem die Rekonstruktion einer alten U-Bahn-Station und eine typische Straßenzeile aus der Innenstadt Glasgows um 1938. Über 3.000 Exponate, Filme, Touch-Screen-Panels, Ausstellungen

zu Glasgows langer Tradition als Schiffbaustadt u. v. m.

Der historische Windjammer „Glenlee" wurde in sechsjähriger Arbeit restauriert und hat nun hier als Museumsschiff festgemacht. Es ist das einzige von nur noch 5 existierenden Schiffen dieser Art, die in Glasgow 1896 vom Stapel liefen.

The Burrell Collection [Parkplatz, WP 037 / N55° 49′ 47.67″ W4° 18′ 29.95″] *(wegen Umbauarbeiten bis voraussichtlich 2020 zeitweise geschlossen! www.glasgowlife.org.uk/museums/burrell-collection. Busse 34, 57 und 57A ab Glasgow City Centre bis Station Pollokshaws Road),* ein weiteres, sehr besuchenswertes Glasgower Museum, liegt etwas außerhalb des Stadtzentrums mitten im ausgedehnten, gepflegten Pollok Country Park, im Süden Glasgows. Man kann zwar mit Bussen bis zur Pollokshaws Road fahren, hat von dort aber noch einen Fußweg von etwa 25 Minuten bis zum Museum vor sich, wenn der Bus vom Parkeingang an der Pollokshaws Road zum Museum gerade nicht verkehrt. Bei schönem Wetter lohnt der Spaziergang durch den fast 150 ha großen Park alleine schon den Weg hierher. Wer mit dem Auto kommt, findet ausreichend Parkplatz vor dem Museum.

The Burrell Collection, die immense Kunstsammlung des Glasgower Reeders *William Burrell*, ist in einem modernen, sehr ansprechend gestalteten Museumsgebäude untergebracht. Das Museum wurde am 21. Oktober 1983 von Königin Elizabeth II. feierlich eröffnet.

Sir William Burrell (1861 – 1958), wohlhabender Glasgower Schiffseigner, konnte sich schon um die Jahrhundertwende von seinen Geschäften zurückziehen und sich ganz seiner Leidenschaft widmen. Im Laufe seines Lebens hatte er weit über 8.000 Kunstobjekte erworben, die aus nahezu allen Epochen und Weltteilen stammen und Kunstgeschichte aus vier Jahrtausenden dokumentieren. Burrells Landsitz Hutton Castle bei Berwick-on-Tweed war überfüllt mit Antiquitäten. Speisezimmer, Halle und Empfangssalon von Hutton Castle wurden im Museum rekonstruiert.

Sir William und Lady Constance Burrell vermachten ihre riesige Kunstsammlung 1944 der Stadt Glasgow, verbanden aber mit der Schenkung einige Auflagen. So sollte der Ort, an dem die Objekte ausgestellt werden, sich auf keinen Fall in der verräucherten Innenstadt, sondern außerhalb im Grünen befinden. Sir William dürfte mit der Standortwahl im Pollok Country Park wohl zufrieden gewesen sein.

Im Museum sind die Ausstellungsstücke in vier Hauptgruppen zusammengefasst.

Nach der großen Eingangshalle betritt man durch ein wunderschönes altes Sandsteinportal die Abteilung der **„Alten Kulturen und Zivilisationen"**. Zu sehen sind hier assyrische Reliefs, Skulpturen und Kunstgegenstände aus Ägypten, altgriechische Keramiken, Glasgegenstände aus der Römerzeit, u. a.

Vorbei am „Drawing Room", dem kostbar möblierten Empfangssalon von Burrells Hutton Castle, gelangt man in Abteilungen mit **orientalischer und mittelalterlich-europäischer Kunst.** Zu sehen sind Porzellan- Jade- und Bronzesammlungen aus China, kostbare japanische Drucke, Teppiche aus dem mittleren Osten, des weiteren sakrale Kunst aus dem mittelalterlichen Europa, Wandteppiche und Gobelins, kostbare Möbelstücke, Tafelsilber, Keramik u. v. a.

Die Sektion wird abgeschlossen durch drei Räume, die mit **Kunstgegenständen aus elisabethanischer Zeit,** aus der Zeit der Gotik und dem 17. bzw. 18. Jh. ausgestattet sind.

Danach gelangt man in eine **Gemäldegalerie** mit Werken vom 15. Jh. bis in unsere Zeit. Ein Selbstporträt Rembrandts, Bellinis „Jungfrau Maria mit Kind" und Arbeiten von Degas zählen zu den Kostbarkeiten dort. In der langen Halle an der Südseite des Museums sind **Wandteppiche und Bleiglasfenster** zu sehen. Schließlich bleiben noch die Halle und der Speisesalon aus Hutton Castle zu besichtigen. Da nicht alle 8.000 Stücke der Burrell Sammlung auf einmal gezeigt werden können, werden die einzelnen Exponate im Laufe der Zeit immer wieder ausgewechselt.

Im Museumsgebäude sind außerdem untergebracht ein Buch- und Souvenirladen, ein Restaurant, Studienzimmer, Vorführraum, wechselnde Ausstellungen. Die Anordnung der Ausstellungen kann sich nach Beendigung der Umbauarbeiten ändern!

Im Südwestteil des Pollok Country Parks liegt **Pollok House and Garden** (NTS) **[Parkplatz, WP 038 / N55° 49' 42.36" W4° 19' 10.98"]** (geöffnet tgl. 10 - 17 Uhr, letzter Einlass 30 Minuten vor Schließung; www.nts.org.uk/visit/places/pollok-house), ein herrschaftlicher Wohnsitz aus dem 18. Jh. Auf Kenner und Liebhaber wartet hier eine erlesene Gemäldesammlung (Sir William Stirling Maxwell Collection) vor allem spanischer Meister wie El Greco, Goya und anderer sehr namhafter europäischer Maler.

Weitere Sehenswürdigkeiten in Glasgow

Glasgow Green, ein ausgedehnter Park am Clyde im Südostteil der Stadt. Bei ausreichend zur Verfügung stehender Zeit lohnt ein Besuch in dem weiten alten Stadtpark mit Brunnen und Standbildern allemal, solange er noch nicht geplanten Straßenbaumaßnahmen zum Opfer gefallen ist.

Im Park befindet sich **People's Palace & Winter Gardens (27) [N55° 51' 3.69" W4° 14' 8.51"]** (geöffnet Mo - Sa 10 - 17 Uhr, So 11 - 17 Uhr; www.visitscotland.com/info/see-do/peoples-palace-winter-gardens-p246651), ein Wintergarten und Stadtmuseum mit interessanten Dokumenten über politische, soziale, Frauenrechts- oder Alkoholgegnerbewegungen in Glasgow.

Wer an der bewegten Industriegeschichte Glasgows interessiert ist, sollte sich den Bau der ehemaligen **Templeton's Carpet Factory (28)** (Teppichfabrik, nur von außen zu besichtigen) in der Templeton Street am Ostrand des Parks Glasgow Green ansehen. Die Fassade mit Bögen, Spitzbogenfenstern und Ornamenten aus farbigen, glasierten Ziegeln ist dem Dogenpalast in Venedig nachempfunden.

Nördlich von Glasgow Green, zwischen London Road und Gallowgate im Viertel um Kent und Moncur Streets, kann man **The Barras (29) [N55° 51' 14.89" W4° 14' 11.56"],** einen kleinene Wochenendmarkt mit über hundertjähriger Tradition besuchen *(Sa + So 10 – 17 Uhr; www.theglasgowbarras.com)*. Ein buntes Gemisch bilden nicht nur die angebotenen Waren der Händler, sondern oft die Marktbesucher selbst.

Glasgows neuestes Wahrzeichen ist das vom Architekten Norman Foster entworfene **Clyde Auditorium [N55° 51' 33.71" W4° 17' 12.34"]** an der Carlton Terrace am River Clyde. Im Volksmund hat der Bau schon seinen Namen weg und wird wegen seiner charakteristischen Form „Armadillo" (Gürteltier) genannt.

Das **Glasgow Science Centre & Tower & IMAX (42) [Parkplatz, WP 039 / N55° 51' 24.08" W4° 17' 36.15"]**, 50 Pacific Quay *(geöffnet Science Mall Apr. - Okt. tgl. 10 - 17 Uhr, Nov. - März Mi - Fr 10 - 15 Uhr, Sa + So 10 - 17 Uhr. IMAX-Theatre auch abends geöffnet; Tel. +44 (0)871 20 02 000; www.glasgowsciencecentre.org)* ist ein Museum zum Anfassen. Auf unterhaltsame Weise werden hier Phänomene und Schwererklärbares aus Wissenschaft und Technologie demonstriert und erklärt. Über 300 Exponate geben allen Altersklassen interessante interaktive Erklärungen. Der **Glasgow Tower**, 122 m hoch, ist weltweit der einzige sich an der Basis um 360° drehende Aussichtsturm. **IMAX-Theatre.**

PRAKTISCHE HINWEISE – GLASGOW

Glasgow Tourist Information Centre [N55° 51' 45.26" W4° 15' 12.06"], 156a/158, Buchanan Street, in der Glasgow Gallery of Moderne Art, Glasgow G1 2LL, Tel. +44 (0)845 859 10 06; www.visitscotland.com/info/services/glasgow-information-centre-p332751. *Geöffnet Juli + Aug. Mo Sa 9 - 19 Uhr, So 10 - 17 Uhr; übrige Zeit tgl. 9 - 17/18 Uhr.*

Strathclyde Partnership for Transport [N55° 51' 42.86" W4° 15' 6.56"], Consort House, 12, West George Street, Glasgow G2 1HN, Tel. +44 (0)141 332 68 11; www.spt.co.uk; Auskünfte über Transportmittel, Preise und Fahrpläne. *Geöffnet Mo - Do 8.30 - 16.45 Uhr, Fr 8.30 - 16 Uhr.*

RESTAURANTS

Two Fat Ladies at the Buttery, 652-654, Argyle St., Tel. +44 (0)141 221 81 88; www.twofatladiesrestaurant.com; recht stilvolles Ambiente, gepflegter Service, wirkt etwas steif und „viktorianisch", aber gute Küche, man lobt die Wild- und Fischgerichte, auch vegetarische Menüs, mittlere bis obere Preislage, Tischreservierung ist dringend empfohlen.

Drum and Monkey, 91-93, St. Vincent Street, Tel. +44 (0)141 221 66 36; www. nicholsonspubs.co.uk/thedrumandmonkeystvincentstreetglasgow. Eine sehr populäre Bar mit Bistro in traditionellem, englischem Stil mit Stuckdecken und Marmorsäulen, die Palette reicht vom Sandwich über Snacks bis zum gestandenen Menü, mittlere Preislage.

78 St. Vincent, 78, St. Vincent St., Tel. +44 (0)141 248 78 78; www.glasgowguide.co.uk/restaurant-glasgow-78-st-vincent-street.html; eingerichtet im Gebäude der ehemaligen Deutschen Botschaft, etwas überladen wirkendes Interieur, aber recht gute Küche zu erschwinglichen Preisen.

Horseshoe Bar, 17 - 21, Drury St., Tel. +44 (0)141 248 63 68; www.thehorseshoebarglasgow.co.uk; eines der traditionsreichsten Pubs in der Stadt mit der „längsten Bar der Welt", in der Lounge im Obergeschoss kann man auch essen.

Rab Ha's, 83, Hutcheson Street, Tel. +44 (0)141 572 04 00; rabhas.co.uk/. Das Restaurant ist benannt nach Robert Hall, der Mitte des 19. Jh. als „Rab Ha" in die Geschichte der Stadt als Landstreicher und Vielfrass einging. Das Pub-Restaurant in der Merchant City beschreibt seine Geschichte und ist wegen seiner guten Küche beliebt bei Touristen wie Geschäftsleuten. Montags und dienstags geschlossen. Man bietet 4 Gästezimmer an.

Oder schauen Sie mal in folgenden Pubs vorbei: **Dows Bar** in der 9-11 Dundas Street, Tel. +44 (0)141 332 79 35; www.dowsbar.co.uk, gelegentlich Live Music und Karaoke oder im **Times Square** am 46-48, St. Enoch Square, Tel. +44 (0)141 221 65 79; www.times-square-scotland.co.uk.

The Willow Tea Rooms, 217 Sauchiehall Street, Tel. +44 (0)141 332 05 21; www.willowtearooms.co.uk. Cafeteria im ersten Stock eines Geschäftshauses. Haus und Innendekor samt Möbel des originalen The Willow Tea Room waren einst vom Jugendstildesigner Charles Rennie Mackintosh gestaltet worden. Auch wenn heute nicht mehr ganz original, ist das Lokal ein einladender Stopp auf einem Stadtrundgang

Ein zweites Lokal „The Willow Tea Rooms" mit demselben Cafe-Restaurant-Charakter wurde in der Buchanan Street eröffnet. Beide Lokale sind täglich nur von 9 bis 17.30 Uhr, sonntags 11 - 17.30 Uhr geöffnet, letzte Bestellungen bis 16.30 Uhr.

HOTELS

Argyll ***, ££, 38 Zi., 973, Sauchiehall Street, Tel. +44 (0)141 337 33 13; www.argyllhotelglasgow.co.uk; Mittelklassehotel ca. 1,6 km westlich westlich der Innenstadt am Kelvingrove Park, in Gehnähe zu den Museen, Restaurant, Bar, WLAN. Parkplatz. Relativ preiswert.

Cathedral House **, £££, 7 Zi., 28 - 32, Cathedral Sq., Tel. +44 (0)141 552 35 19; www.cathedralhousehotel.co.uk; in der Nähe der St. Mungo Kathedrale wurde in einem Stadthaus mit Türmchen aus dem 19. Jh. das kleine, aber feine Mittelklassehotel eingerichtet mit modern gestaltetem Ambiente, Restaurant, Bar, WLAN. Parkmöglichkeit.

Glasgow Pond Hotel *** [N55° 53' 3.14" W4° 18' 42.27"], £££, 137 Zi., Great Western Road, West Glasgow, Tel. +44 (0)141 334 81 61; www.glasgow-pondhotel.com; komfortables Mittelklassehotel auf der A82 Richtung Dumbarton zu erreichen, ca. 10 km westlich außerhalb der Stadt mit Busverbindung zum Zentrum, zeitgemäße, funktionelle Ausstattung, Restaurant, Bar, WLAN. Parkplätze.

CAMPING

Stepps bei Glasgow

Camping Craigendmuir Caravan & Camping at Red Deer Village Holiday Park [WP 042 / N55° 53' 4.36" W4° 8' 33.62"], Clay House Road, Stepps, Tel. +44 (0)141 779 41 59; www.reddeervillageholidaypark.co.uk/; Jan. – Dez.; im Vorort **Stepps** ca. 10 km nordöstlich von Glasgow gelegen, über die M80 (Glasgow – Sitrling) Ausfahrt 11 und weiter Richtung Stepps, hier rechts ab in die Loch Road bis zum Red Deer Village Complex, innerhalb weiter bis zum Camping Craigendmuir; die Wiese für Tourer mit Hartstandplätzen ist Teil einer großen Mobilehome-Siedlung; 2 ha – 45 Stpl.; einfache Standard-Sanitärausstattung. Waschmaschine mit Trockner, Chemikalausguss, WLAN. 10 Minuten Fußweg zum Bahnhof Stepps zum Vorortzug nach Glasgow.

Bothwell bei Glasgow

Camping Strathclyde Country Park Caravan Club Site [WP 043 / N55° 48' 13.82" W4° 2' 47.09"], Bothwellhough Road, Tel. +44 (0)1698 853 300; www.caravanclub.co.uk; Jan. – Dez.; Zufahrt über M74 (Glasgow – Larkhall) Ausfahrt 5 zur A725 und der Beschilderung „Strathclyde Country Park" folgen; Wiesengelände im städtischen Park; ca. 8 ha – 140 Stpl.; einfache Standard-Sanitärausstattung. Waschmaschine mit Trockner, Interneteicke, **V & E für Wohnmobile**. Gehnähe zum Bahnhof Bellshill, Vorortzug nach Glasgow.

Ausflüge ab Glasgow

Bootstour auf dem River Clyde (34) mit modernen Ausflugsschiffen. Im Juli und August ab Broomielaw-Anlegestelle. Ganz- und Halbtagsausflüge; www.clydecruises.com.

Das **David Livingstone Centre**, **[Parkplatz, WP 040 / N55° 48' 4.32" W4° 5' 2.29"]**, eine nationale Gedenkstätte, liegt südöstlich von Glasgow, nahe der A725, zwischen Bothwell und **Blantyre** in der Station Road 165 *(wegen Renovierung des Hauses vorübergehend geschlossen, der Park ist zugänglich; www.david-livingstone-trust.org/).*

Das Museum, teils in afrikanischen Hütten nachempfundenen Pavillons, teils in einem ehemaligen Mietshaus untergebracht, erinnert an den Arzt, Missionar und Afrikaforscher Livingstone.

David Livingstone wurde 1813 in der Shuttle Row in Blantyre geboren. Mit 10 Jahren arbeitete er in Baumwollspinnereien, später nahm er seine Ersparnisse und ließ sich am Anderson College in Glasgow als Medizinstudent einschreiben, nahm Unterricht in Theologie, lernte Griechisch und bildete sich danach im Charing Cross Hospital in London weiter. Dort trat er der London Missionary Society bei, in deren Auftrag Livingstone im Dezember 1840 nach Kapstadt segelte. Von dort reiste er zur Missionsstation Bechuanaland von Robert Moffat weiter. Bald heiratete Livingstone Moffats Tochter Mary.

Neben seiner Lehr- und Missionstätigkeit erkundete Livingstone auf langen Reisen das Innere Afrikas, durchquerte die Kalahari Wüste, entdeckte den Ngami See, fand die Quellflüsse des Kongo, folgte dem Sambesi flussabwärts bis zur Mündung und entdeckte auf dem Wege die Viktoria Fälle. Auf weiteren Erkundungsreisen entdeckte er den Nyasa See.

Livingstone galt in England lange als verschollen. Sir Henry Morton Stanley, ein britischer Afrikareisender, machte sich auf den Weg, Livingstone in Afrika zu suchen. Er fand den Missionar und Entdecker tatsächlich im Jahre 1871 bei Ujiji. Der Überlieferung nach soll die Begrüßung der Beiden recht kühl, zurückhaltend und förmlich, ziemlich britisch also, vor sich gegangen sein („Doctor Livingstone, I presume"). Zwei Jahre später, am 1. Mai 1873, starb David Livingstone bei dem Versuch, die Quellen des Nil zu finden.

In **Uddingston**, rund 11 km südöstlich von Glasgow gelegen, findet man **Bothwell Castle [Parkplatz, WP 041 / N55° 48' 36.43" W4° 5' 36.22"]**, eine stattliche Ruine aus dem 13. Jh. am River Clyde, Castle Avenue *(geöffnet Apr. - Sept. tgl. 9.30 - 17.30 Uhr; Okt. - März Mo - Mi, Sa + So 9.30 - 16.30 Uhr; www.visitscotland.com/info/see-do/bothwell-castle-p248351).*

Nahe des Chatelherault Country Park liegt das **Hamilton Mausoleum [N55° 46' 59.34" W4° 1' 58.46"],** *(Führungen am ersten und dritten Sonntag jeden Monats nur nach Voranmeldung Tel. 01698 45 23 82; www.visitscotland.com/info/see-do/hamilton-mausoleum-p253721).* Alexander, 10. Herzog von Hamilton, hatte sich das Grabmal Mitte des 18. Jahrhunderts erbauen lassen. Es ist die größte Familiengruft in Großbritannien mit einer Kuppelhöhe von 37 Metern, einer für Messen nie genutzten Kapelle und dem mit 15 Sekunden längsten Echo aller europäischen Gebäude.

Über die M74 ca. 20 ml/32 km südöstlich von Glasgow zu erreichen, liegt das Weltkulturerbe **New Lanark World Heritage Site [N55° 39' 48.23" W3° 46' 51.09"]** *(Visitor Centre geöffnet Apr. - Okt. tgl. 10 - 17 Uhr; Nov. - März tgl. 10 - 16 Uhr; www.newlanark.org/visitorcentre/).* Auf dem Gelände einer Baumwollspinnerei aus dem 18. Jh. wurde ein Freilichtmuseum errichtet, das mit einigen rekonstruierten Werkstätten sehr lebendig an die Geschichte von New Lanark und an alte Handwerke erinnert. Das besuchenswerte **Visitor Centre** wurde preisgekrönt. Seit einiger Zeit steht das Museum unter dem Schutz der UNESCO.

TOUR 5: EDINBURGH

Reisedauer: Zwei, besser drei Tage.

Höhepunkte: Die Burg **Edinburgh Castle *** ** mit **Schottlands Kronjuwelen *** ** – Spaziergang über die **Royal Mile *** ** – **St. Giles Cathedral ** ** – das **Schloss Holyroodhouse *** ** – Schottlands **Nationalgalerie *** ** – Edinburghs georginische **New Town * ** – Blick vom **Calton Hill *** ** – das **Royal Museum** und das **Museum of Scotland *** ** – **Blick vom Scott Monument** an der Princes Street zur Altstadt mit Burg * – die alten **Pubs am Grassmarket**.

Edinburgh mit rund 450.000 Einwohnern, seit 1452 die Hauptstadt Schottlands und längst eine international renommierte Festspielstadt, ist heute die administrative und kulturelle Metropole des Landes schlechthin.

Manche Stadtchronisten ließen sich gar zu der Aussage hinreißen, Edinburgh sei ein „modernes Athen". Als Akropolisersatz sei der Felsen mit Edinburgh Castle anzusehen und der Hafen von Leith sei das „nordische Piräus". Etwas weit hergeholt dieser Vergleich und mit dem höllischen Verkehr in Athen kommt der in Edinburgh noch lange nicht mit. Autoabgase, vor allem aber der Rauch aus den zahllosen Schornsteinen Edinburghs haben die Gebäude der Stadt arg verräuchert. Nicht ganz umsonst ist Edinburgh im Volksmund auch als „Auld Reekie", die alte Verräucherte, bekannt.

Der Stadtname *Edinburgh* stammt übrigens von König Edwin. Er eroberte im 7. Jh. *Dunedin*, was soviel wie „die Stadt am Felshang" bedeutet, wie Edinburgh bis dahin hieß, und benannte die Festung um in „*Edwinsburg*". Daraus wurde später „Edinburgh".

Edinburghs Stadtgeschichte

Die Entstehung der Stadt, ihre Entwicklung und Geschichte ist eng mit Edinburgh Castle verbunden.

Spätestens im 5. Jh., wahrscheinlich aber schon viel früher, war der heutige Burgfelsen von Pikten besiedelt. Irgend-

eine größere Bedeutung hatte der Ort aber lange nicht. Nicht einmal die Römer hatten von dem strategisch sicher nicht uninteressanten Berg besondere Notiz genommen.

In das Gesichtsfeld der schottischen Geschichte rückte Edinburgh erst, als König Malcolm Canmore und Königin Margaret im 11. Jh. den Hof von Dunfermline nach Edinburgh verlegten. Ihr Sohn, David I., gründete 1128 unterhalb des Hügels Arthur's Seat die Abtei Holyrood. Entlang des Weges zwischen Burg und Abtei (Royal Mile) begann sich die Stadt zu entwickeln.

König Robert the Bruce verlieh Edinburgh 1329 den Status einer Royal Burgh, einer königlichen Stadtgemeinde, was u. a. das Markt- und Steuerrecht beinhaltete und den Aufschwung der Stadt unterstützte.

Gut hundert Jahre später, als im 15. Jh. König James IV. den Grundstein zum Schloss Holyroodhouse legt, ist Edinburgh längst eine der wichtigen Städte des Landes und Sitz der Stuartdynastie.

Während der Reformationszeit Mitte des 16. Jh. – damals hatte die Häuserzeile der Royal Mile nahezu schon ihre heutigen Ausmaße – und nach der Rückkehr Maria Stuarts aus Frankreich, stand Edinburgh wieder im Mittelpunkt der Geschichte des Landes. Die Gegensätze der Protestanten um John Knox und die der römisch-katholischen Kirche, repräsentiert durch das schottische Königshaus, trafen hier aufeinander.

Über den Dächern von Edinburgh

Nach der „Union of the Crowns" 1603 verlegte König James VI./James I. von England (Maria Stuarts Sohn, der 1566 in einem kleinen Raum auf Edinburgh Castle das Licht der Welt erblickt hatte) den Hof nach London. Edinburgh verlor an Reputation, gewann andererseits – zumindest zeitweise – aber ein Stück seines inneren Friedens wieder.

Mitte des 17. Jh. war Edinburgh Schauplatz der Auseinandersetzungen zwischen den Mitgliedern des National Covenant und Anhängern des von König Charles I. favorisierten Episkopats, der Gemeinschaft der Bischöfe. Während der Einführung eines neuen Gebetbuches kam es in diesem Zusammenhang in der Kathedrale St. Giles 1637 zum Aufruhr. Truppen der Covenanters besetzten Edinburgh Castle.

1650 marschierte Cromwell in Schottland ein und besetzte Edinburgh. Viele Gebäude wurden niedergebrannt, Holyroodhouse durch Feuer beschädigt und die Burg in ein Heerlager umgewandelt.

Die Jakobitenaufstände im 18. Jh. machten auch vor Edinburgh nicht halt. In einem letzten Aufbäumen des schottischen Königtums versuchte Prince Charles Edward Stuart, bekannt als Bonnie Prince Charlie, 1745 Edinburgh Castle zurückzuerobern. Es gelang nicht.

Prince Charles hielt noch einmal Hof in Holyroodhouse, feierte dort überschwänglich seine anfänglichen Siege. Aber mit der Niederlage bei Culloden 1746 war die Sache der königstreuen Schotten endgültig verloren.

Stadtgeschichtlich begann für Edinburgh 1767 eine neue Zeit. Man beschloss, eine „New Town" zu gründen, um die völlig übervölkerte Altstadt zwischen Castle und Holyrood Palace zu entlasten.

Fast bis zum Beginn des 18. Jh. bestand Edinburgh aus nicht viel mehr als aus einem Straßenzug, der historischen „Royal Mile" (Lawnmarket, High Street und Canongate), mit einer Anzahl abzweigender, verwinkelter Seitengassen und Hausdurchlässen, den sog. „closes" oder „wynds". Diese heute noch stattliche Häuserzeile verläuft auf einem Geländerücken vom Burgfelsen des Edinburgh Castle rund eine Meile weit hinab bis zum königlichen Palast von Holyroodhouse.

Um die wachsende Bevölkerungszahl um die Wende zum 18. Jh. unterzubringen, wurden die Häuser an der Royal Mile schon früh eng aneinander und immer höher gebaut. Man liest von Stadthäusern, die damals schon acht, zehn, ja zwölf Stockwerke hoch gewesen sein sollen. Oft wurde einfach aufgestockt, ohne die Fundamente entsprechend anzupassen. Die sanitären Einrichtungen müssen katastrophal gewesen sein. Offene Abwasserkanäle flossen durch die Straßen. Hauseinstürze aufgrund der oft völlig überlasteten Bausubstanz waren keine Seltenheit.

Oberhalb der Paisley Close (Nähe John Knox Haus) erinnert ein in Stein gehauener Knabenkopf an eines der Einsturzdesaster, das aber für den Jungen letztlich noch glimpflich ausging. Die Inschrift „Heave awa, chaps, I'm not dead yet" erinnert an die Rufe eines Jungen, der Tage nach Beendigung der Bergungsarbeiten aus den Haustrümmern befreit werden konnte.

Mitte des 18. Jh. dann – die Jakobitenaufstände waren zu Ende und damit auch die Abneigung, sich am weniger geschützten Rande der Stadt anzusiedeln – tauchten erste Pläne auf, Edinburgh zu erweitern.

Mit dem Bau der Old North Bridge wurde 1763 das Gelände nördlich des Burgfelsens erschlossen. Die Brücke verband die High Street mit dem tiefer liegenden Gelände am See Nor' Loch (heute Grünanlage Princes Street Gardens), dessen Ufer von Schlachtern, Gerbern und ähnlichen Gewerben bevölkert war. Eine nicht gerade saubere und einladende Gegend zu jener Zeit.

Nach einem Architektenwettbewerb 1767 erhielt der bis dahin völlig unbekannte James Craig, ein 25 Jahre alter Baumeister, den Auftrag, das Projekt **„New Town"** zu realisieren. Vorgabe war, aufgrund eines rechtwinkligen Straßenrasters eine Residenzstadt mit breiten Boulevards, Plätzen, Kirchen und repräsentativen Bauten mit genau vorgegebener Bauhöhe zu errichten.

Die George Street (ob nach König George oder nach Lord George Drummond, dem damaligen Stadtoberhaupt, benannt, ist nicht eindeutig klar) zwischen den Plätzen St. Andrew Square und Charlotte Square (nach Königin Charlotte) sollte Zentrum der Neustadt werden. Die nördliche Parallelstraße wurde Queen Street getauft und die südliche sollte eigentlich St. Giles Street

heißen. Nun gab es aber im London der damaligen Zeit ebenfalls eine St. Giles Street, die allerdings zu den zwielichtigen Adressen Londons zählte. Also blieb man in Edinburgh bei den „Royals" und nannte die südliche Parallelstraße Princes Street, heute die Haupt- und Einkaufsstraße von Edinburgh.

Später wurde durch die steile Straßenrampe „The Mound" eine weitere Anbindung der New Town an die Royal Mile geschaffen. Der Erdaushub vom Bau der Neustadt war dabei willkommenes Baumaterial.

Schließlich legte man den wenig attraktiven und einer Kloake eher ähnlichen See Nor' Loch trocken, füllte ihn auf und begrünte ihn. Der neu geschaffene Park war aber lange nur privilegierten „Key Holders" zugänglich. Die Absicht war, wohlhabenden und eleganten Bürgern jederzeit einen Spaziergang in Ruhe und Frieden zu gewährleisten, ohne Gefahr zu laufen, unpassenden Personen zu begegnen, wie aus einer amtlichen Verfügung jener Zeit hervorgeht: „Genteel folk might walk at all times with freedom and without risk of meeting improper persons".

Später wurde die mitten ins Stadtzentrum führende Senke des ehemaligen Sees genutzt, durch kluge Trassenführung und Tunnelbauten die Bahnlinie ohne große Beeinträchtigung des Stadtbildes mitten in die City zu führen.

Trotz bester Voraussetzungen angesichts moderner Infrastruktur mussten Prämien ausgelobt werden, um erste Bauträger für die New Town zu gewinnen. Zwanzig Pfund waren ausgesetzt (Mitte des 18. Jh. offenbar eine attraktiver Anreiz) für denjenigen, der als erster in der Neustadt bauen wollte. Die Stadtchronik verzeichnet einen John Young, der am Thistle Court Nähe St. Andrew Square den ersten Grundstein legte. Und an der Princes Street konnten noch 1796 Geschäftsleute nur durch Steuernachlässe zur Ansiedlung bewegt werden.

James Craig übrigens, der Baumeister, der 1767 Edinburghs Neustadt konzipiert hatte, starb im Alter von 51 Jahren arm und vergessen.

In kaum einer anderen Stadt Schottlands lässt sich ein so komplettes Georgianisches Stadtviertel besichtigen, wie in Edinburghs New Town.

Hinter den strengen Steinfassaden mit den typischen Haustüren und Untergeschossen lebten namhafte Bürger der Stadt oder erblickten hier das Licht der Welt. Alexander Graham Bell, der Erfinder des Telefonapparates, wurde zum Beispiel am Charlotte Square geboren. Sir Walter Scott, der Literat, lebte in der Castle Street, der Maler Henry Raeburn oder der Naturwissenschaftler Simpson (Chloroform) arbeiteten in Edinburghs Neustadt.

Heute sind in den meisten Häusern der New Town Büros, Kanzleien, Ministerien oder Firmensitze untergebracht, die nicht zu besichtigen sind.

Lediglich Haus Nummer 5 und Haus Nummer 7 am von Robert Adam entworfenen Charlotte Square können besichtigt werden. Haus Nummer 5, in dem der National Trust for Scotland seinen Hauptsitz hat, wurde originalgetreu restauriert und vermittelt einen guten Eindruck von einem Stadtwohnsitz im Edinburgh des 18. Jh.

Dem Besucher präsentiert sich Edinburgh, die **schottische Festspielhochburg**, also als eine Stadt mit zwei Gesichtern, der erwähnten, klar gegliederten **New Town** und der verwinkelten **Altstadt**, deren Straßen und enge Gassen sich willkürlich um den Burgberg gruppieren. Beide Stadtteile werden durch Edinburghs Prachtstraße, die Princes Street, von einander getrennt. Nördlich dieser Straße mit Hotels und Geschäften liegt die Neustadt, südlich davon erstreckt sich die historische Altstadt mit den wichtigsten Sehenswürdigkeiten Edinburghs rund um die Royal Mile.

Tipps zur Stadtbesichtigung

Stadtbesichtigungen unternimmt man auch in Edinburgh am besten zu Fuß und mit öffentlichen Verkehrsmitteln.

Parkplatzprobleme in der Innenstadt machen eine Sightseeing-Tour mit dem eigenen Auto nicht zur reinsten Freude. Einen Parkplatz am Straßenrand, z. B. am Charlotte Square, am St. Andrew Square, in der George Street oder gar in der Royal Mile, zu finden ist reine Glücks- bzw. Geduldssache. Und Parken in der Innenstadt ist zeitlich stark beschränkt, was auf den Parkscheinautomaten vermerkt ist! Parkgebühren in der Innenstadt belaufen sich auf bis zu £ 4,- je Stunde. Zu den wenigen zentrumsnahen, öffentli-

Edinburghs Princes Street, im Hintergrund Monumente auf dem Calton Hill

chen, gebührenpflichtigen, etwas be- engten und immer sehr stark frequen- tierten **Parkplätzen,** die auch mit höhe- ren Fahrzeugen zugänglich sind und von denen aus man die Stadtmitte zu Fuß er- reicht, findet man z. B. hinter dem Pala- ce of Holyroodhouse **[WP 044 / N55° 57' 4.10" W3° 10' 10.75"]** am The Queens Drive oder hinter Bahnhof Waverley Stati- on **[N55° 57' 6.50" W3° 11' 11.20"]**. Än- derungen sind möglich!

Achten Sie bei der Parkplatzsuche in der Stadt auf doppelte gelbe Linien am Straßenrand. Sie signalisieren ein Park- verbot!

Der **innerstädtische Busverkehr** wird hauptsächlich von der Gesellschaft *Lothian Region Transport (LTR)* bedient. *Eastern Scottish* ist ein weiteres Busun- ternehmen mit städtischem Linienver- kehr.

Wer viel mit Stadtbussen unterwegs sein wird, sollte sich nach dem **„Edin- burgh Pass"** erkundigen. Er ist für un- terschiedliche Gültigkeitsdauern zwi- schen ein und drei Tagen zu haben, er- laubt kostenlosen bzw. ermäßigten Ein- tritt zu 30 Sehenswürdigkeiten und bie- tet weitere Preisvorteile bei Stadtrund- fahrten, in einigen Restaurants.

Wer nur begrenzte Zeit zur Verfü- gung hat oder einen ersten Überblick gewinnen will, ist auf einer **Stadtrund- fahrt** gut aufgehoben. Stadtrundfahr- ten beginnen an der Waverley Bridge, starten in der Hauptsaison alle 15 Minu- ten und dauern zwischen ein und vier Stunden.

Edinburgh Bus Tours bieten z. B. Stadt- rundfahrten mit Doppeldeckerbussen mit offenem Topdeck an. Die Busse ver- kehren im Sommer ab Waverley Bridge zwischen 9.30 und 19.45 Juli + Aug., sonst 18 Uhr laufend alle 20 Minuten. Die Tickets gelten einen Tag. Die Bus- se fahren alle wichtigen Sehenswürdig- keiten in der Altstadt, entlang der Roy- al Mile und in der georgianischen New Town an. Man kann beliebig oft aus- und wieder zusteigen; www.edinburghtour. com/tours/edinburgh-tour.

Wer lieber zu Fuß unterwegs ist, kann sich – von stadtkundigen Führern be- gleitetet – auf sog. **„Walking Tours"** die Stadt zeigen lassen oder auf nächtlichen **„Horror Walks", „Whitchery Walks"** oder **„Ghost Tours"** das Gruseln lernen.

Altstadt und Royal Mile

Unser erster **Stadtspaziergang** führt zu den großen Sehenswürdigkeiten Edinburghs rechts und links der **Royal Mile** zwischen **Burgberg** und **Holyrood**

Blick zum Edinburgh Castle, rechts das Scott Monument

Palace. Für die Tour sollte man mindestens einen ganzen Tag vorsehen. Werden die eine oder andere Sehenswürdigkeiten eingehender besichtigt und Museen besucht, sollte zumindest ein weiterer Tag eingeplant werden.

Zweckmäßig ist es, den Stadtrundgang am **Tourist Information Centre (1) [N55° 57' 9.47" W3° 11' 26.58"]**, 3 Princes Street, an der Waverley Bridge zu beginnen, Tel. +44 (0)131 473 3868. Dort kann man sich mit einem genauen Stadtplan und mit den neuesten Öffnungszeiten und Eintrittspreisen, Busfahrplänen und Veranstaltungskalendern versorgen.

Scott Monument

Vom Tourist Information Centre (1) gehen wir die **Princes Street** nach Westen.

Nach kurzer Zeit erreicht man das linkerhand am Rand der Grünanlage Princes Street Gardens gelegene markante **Scott Monument (2) [N55° 57' 8.79" W3° 11' 35.87"]**. Das zu Ehren des Schriftstellers Sir Walter Scott errichtete Denkmal wurde 1844 enthüllt. Es gleicht einer gotischen Turmspitze, die das Bild der Innenstadt mit beherrscht.

Scott muss im Lande und in der Stadt überaus beliebt gewesen sein, nimmt man einmal die stattlichen Ausmaße des Denkmals als Gradmesser. Das 67 m hohe Monument enthält eine Marmorstatue Scotts, der sitzend mit seinem Hund Maida dargestellt ist. Die 64 Figuren in den Nischen ringsum stellen Gestalten aus Scotts Romanen und Erzählungen dar. Man kann das Denkmal besteigen. Von mehreren Plattformen (zur höchsten sind es 287 Stufen) genießt man schöne Ausblicke auf die Stadt.

Auf der anderen Straßenseite der Princes Street sieht man elegante Geschäfte und renommierte Kaufhäuser wie Marks & Spencer oder das renommierte **House of Fraser in Edinburgh Jenners,** das älteste, 1838 gegründete und lange Zeit einzige noch unabhängige Kaufhaus der Welt wie es heißt, das sich gerne mit Harrod's in London vergleicht. Seit 2014 allerdings ist der chinesische Multi Sanpower mit 89 Prozent Mehrheit Haupteigentümer und das Kaufhaus wurde in House of Fraser umbenannt. Neben hochwertigen Waren findet man im Jenners aber auch gute Restaurants;*www.houseoffraser.co.uk/ edinburgh-jenners-department-store.*

Ein kurzes Wegstück weiter westlich stößt man auf die zur Altstadt hinaufführende Straße **The Mound**. Auf dem Platz davor sind zwei bedeutende Museen Edinburghs zu finden.

Unmittelbar an der Princes Street liegt die **Royal Scottish Academy [N55° 57' 7.09" W3° 11' 47.33"]**, ein 1826 von William Playfair errichteter Bau. Die Akademie veranstaltet jedes Jahr von Ende April bis Juli eine Kunstausstellung und eine Sonderausstellung mit wechselnden Themen zur Festspielzeit im August.

Der Bau hinter dem Akademiegebäude, ebenfalls von William Playfair im klassisch-griechischen Stil errichtet, beherbergt **The National Gallery of Scotland (3) [N55° 57' 3.01" W3° 11' 45.82"]**, The Mound, (*geöffnet tgl. 10 - 17 Uhr, Do 10 - 19 Uhr; Eintritt frei; www.nationalgalleries.org*). In dem sehr besuchenswerten Kunstmuseum, Schottlands Nationalgalerie, sind Gemälde aus der Zeit des 16. Jh. bis etwa 1900 zu sehen. Werke alter italienischer Meister (u. a. Raffaels Ma-

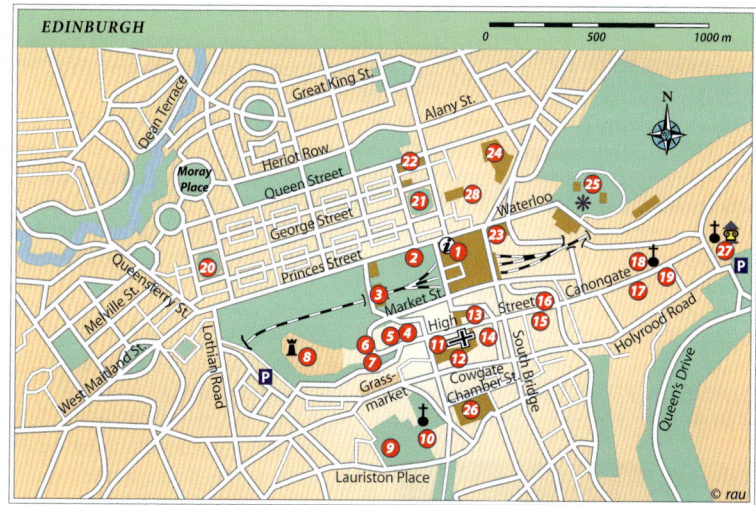

EDINBURGH, CITY – **1** Information – **2** Scott Monument – **3** National Gallery of Scotland – **4** Lady Stair's House – **5** Gladstone's Land – **6** Outlook Tower + Camera Obscura – **7** The Scotch Whisky Experience – **8** Edinburgh Castle – **9** George Heriot's School – **10** Greyfriars Kirk – **11** St. Giles Cathedral – **12** Parliament House – **13** City Chambers – **14** New Assemblies Hall – **15** Museum of Childhood – **16** John Knox House – **17** Morey House – **18** Canongate Tolbooth – **19** Huntley House – **20** Charlotte Square – **21** St. Andrew Square – **22** National Portrait Gallery – **23** Post Office – **24** St. James Centre – **25** Calton Hill – **26** Royal Museum und Natl.Mus. of Scotland – **27** Holyrood Abbey, Holyroodhouse Palace – **28** Dundas House

donnenbilder, Tizian, Bassano, Tintoretto) sind ebenso ausgestellt wie Arbeiten berühmter spanischer (u. a. El Greco, Goya, Vélazquez) oder flämischer und holländischer Maler (u. a. Peter Paul Rubens, Rembrandt, Van Dyck, Vermeer) oder französischer und anderer Impressionisten (u. a. van Gogh, Monet, Renoir, Gauguin). Breiter Raum wird schottischen Künstlern eingeräumt. Zu ihnen zählen z. B. Allan Ramsey, Raeburn, Hamilton, oder McTaggert, Hornel und Guthrie von der Glasgow School, um nur einige zu nennen.

Über The Mound und North Bank Street gehen wir hinauf in die Altstadt zur Straße Lawnmarket.

Die ineinander übergehenden Straßenzüge **Castlehill, Lawnmarket, High Street** und **Canongate** führen vom Edinburgh Castle hinunter zum Palace of Holyroodhouse. Zusammen bilden sie die vielzitierte **„Royal Mile"**, die Königliche Meile (detaillierter Plan siehe weiter

hinten). Sie ist sozusagen das Rückgrat des alten Edinburgh. Ihre Häuser rechts und links haben fast alle eine lange Geschichte. Es waren einst die Wohnsitze der reichen und einflussreichen Bürger der Stadt und ihre oft recht bewegte Vergangenheit bildete den Stoff für manchen Roman. Heute reihen sich entlang der Royal Mile die „Muss-Sehenswürdigkeiten" Edinburghs.

Busse der Linien 1 und 6 verkehren auf der Royal Mile zwischen Edinburgh Castle und Holyroodhouse. Zahlreiche andere Linien tangieren zwar auch die Royal Mile, bedienen auf ihrer Route aber nur Teilstücke dort.

Noch bevor man Lawnmarket erreicht, kann man, etwa in Höhe der Market Street, von der North Bank Street über Treppen hinauf zum **Lady Stair's House (4)** gehen. Sir William Gray of Pittendrum, ein stadtbekannter, wohlhabender Kaufmann, ließ sich das Haus 1622 bauen. Im frühen 18. Jh. kam das Anwesen in den Besitz der Gräfin von Stair. Seitdem ist es als Lady Stair's House bekannt.

Das Haus beherbergt heute das **Writer's Museum** *(Mi - Sa 10 - 17 Uhr, So 12 - 17 Uhr)*, eine Ausstellung über die drei großen schottischen Dichter und Schriftsteller, Robert Burns, Sir Walter Scott und Robert Louis Stevenson. Einige Szenen in Scotts Roman „My Aunt Margaret's Mirror" (Meiner Tante Margaretes Spiegel) spielen hier in Lady Stair's House.

Wir gehen am **Lawnmarket** bergwärts. Nach knapp 100 m achte man rechterhand auf das schmale Haus

Kneipenschild „The Jolly Judge"

mit den beiden Arkadenbögen – **Gladstone's Land (5) [N55° 56' 57.58" W3° 11' 37.15"].** Gladstone's Land, heute in der Obhut des National Trust for Scotland (NTS), gilt als eines der schönsten Beispiele eines typischen Mietshauses im alten Stadtteil Edinburghs. Thomas Gladstone, ein Kaufmann aus der Stadt, ließ sich den sechsgeschossigen Bau – für damalige Verhältnisse ein Hochhaus – 1620 errichten, in einer Zeit also, in der das alte Edinburgh schon

langsam begann aus allen Nähten zu platzen. Man sieht es dem Haus an, dass damals jeder Quadratmeter Boden als Baugrund genutzt wurde.

Sehenswert sind in dem schön restaurierten Gebäude neben alten Möbeln und Einrichtungsgegenständen vor allem die Wandmalereien und besonders die bemalten **Holzdecken** *(geöffnet Apr. - Ende Dez. 10 - 17 Uhr. Letzter Einlass 30 Min. vor Schließung; www.nts.org.uk/property/gladstones-land/).*

Nur wenige Schritte neben Gladstone's Land findet man das einladende Pub **Jolly Judge.**

Auf der anderen Straßenseite, gegenüber von Gladstone's Land, lohnt es in den schön restaurierten Hinterhof **Riddle's Close** und den Innenhof MacMorran's Close zu schauen. Im Haus des Richters MacMorran, der 1595 bei einem Aufstand an der Royal High School ums Leben kam, wurden ausgangs des 16. Jh. gelegentlich auch königliche Bankette abgehalten.

Im weiteren Verlauf bergwärts ändert die Straße ihren Namen und heißt nun nicht mehr Lawnmarket, sondern **Castlehill**. Fast am Ende der Straße, schon kurz vor dem Zugang zum Schlossvorplatz Esplanade, liegt rechterhand der Aussichtsturm **„Outlook Tower" (6)** mit der sog. **„Camera Obscura"** *(geöffnet Apr. - Juni + Sept. - Okt. tgl. 9.30 - 20 Uhr; Juli + Aug. tgl. 9 - 22 Uhr; Nov. - März 10 - 19 Uhr; www.camera-obscura.co.uk).* Außerdem gibt es eine interessante Holographie- und Fotoausstellung zu sehen. Zumindest bei schönem Wetter lohnt der Weg auf den Turm (Aufzug). Denn von der Dachterrasse hat man einen schönen weiten Blick über die Stadt.

Die „Camera Obscura" ist nichts anderes als ein allerdings schon vor einhundert Jahren installiertes, schwenkbares Riesenperiskop, das das anvisierte Gesichtsfeld der Stadt auf eine konkave Halbschale in einem verdunkelten Raum projiziert. Eine besondere Art der Betrachtung der Stadt, begleitet von den Kommentaren eines Interpreten.

Schräg gegenüber des Aussichtsturms kann man das ebenfalls in der

Straße 354 Castlehill gelegene **The Scotch Whisky Experience (7) [N55° 56' 55.97" W3° 11' 44.32"]** besichtigen *(geöffnet tgl. 10 - 17.30 Uhr, Juni - Aug. tgl. 10 - 18 Uhr, letzte Tour 17.30 Uhr; Tel. +44 (0)131 22 00 441, www.scotchwhiskyexperience.co.uk).* Anhand von Schaubilder wird die oft recht turbulente Geschichte des Schottischen Whisky anschaulich gezeigt. Erklärungen, auch in Deutsch, über Whiskyherstellung, audiovisuelle Show. Whisky-Bar. Restaurant, Souvenirladen. Besichtigungsdauer rund eine Stunde.

Über Castlehill, dem obersten Teil der legendären Royal Mile, erreichen wir die **Esplanade (A)**, den Vorplatz von Edinburgh Castle, auf dem noch bis Anfang des 18. Jh. Hexen verbrannt wurden. Die Esplanade ist alljährlich von Ende August bis Mitte September Schauplatz des **berühmten „Military Tattoo"**, eines mit Prunk zelebrierten Großen-Zapfenstreich-Schauspiels. Näheres unter „Edinburgh International Festival".

Edinburgh Castle

Edinburgh Castle (8, HS) [N55° 56' 54.85" W3° 11' 55.23"] *(geöffnet 1. Apr.* *- 30. Sept. tgl. 9.30 - 18 Uhr; 31. Okt. - 31. März tgl. 9.30 - 17 Uhr, letzter Einlass 1 Stunde vor Schließung; www.edinburgh-castle.scot/).*

Von der **Esplanade (A)** gelangen wir über eine Brücke und durch das erste Burgtor **Gatehouse (B)** in die mächtigen Befestigungsanlagen, die das höher gelegene Schloss umgeben. Vor dem imposanten Gatehouse, das erst in viktorianischer Zeit erbaut wurde, stehen die Statuen zweier bedeutender schottischer Helden, Robert Bruce und William Wallace.

Seit schier undenklichen Zeiten ist der die Umgebung und das Stadtbild Edinburghs beherrschende, an drei Seiten steil abfallende Burgfelsen mit Festungsanlagen versehen. Von den ersten Piktensiedlungen hier und von Edwin, dem König von North-Umbria, der der Stadt letztendlich ihren Namen gab und die Burg im 7. Jh. einnahm, wurde eingangs schon berichtet. Königsresidenz wurde der Burgfelsen aber erst ausgangs des 11. Jh., als Königin Margaret und König Malcolm III. Canmore und ihre Söhne von Dunfermline hierher kamen.

1296 eroberte Edward I. die Burg. Seine Truppen konnten die Festung 18 Jah-

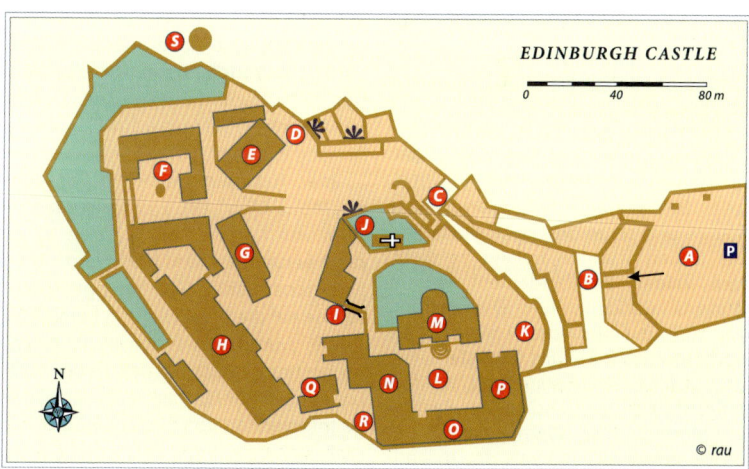

EDINBURGH CASTLE (8) – **A** Esplanade – **B** Gatehouse, Burgtor – **C** Portcullis Gate – **D** Mill's Mount Battery – **E** Castle Gift Shop – **F** Hospital Buildings – **G** Governor's House – **H** New Barracks – **I** Foog's Gate – **J** St. Margaret's Chapel – **K** Half Moon Battery – **L** Crown Square – **M** Scottish War Memorial – **N** Royal Scots Reg. Museum – **O** Great Hall – **P** Old Palace – **Q** Military Prison – **R** French Prison und „Mons Meg" – **S** Brunnenhaus Turm

Das Gatehouse, Haupttor zum Edinburgh Castle

re lang halten, dann wurde sie von Robert the Bruce erstürmt. Von 1337 bis 1341 war der strategisch wichtige Burgberg von den Truppen Edwards III. besetzt. Von der Festungsanlage aus jener Zeit ist nur sehr wenig erhalten geblieben. Zu turbulent waren die Zeiten, zu oft wurde die Burg zerstört, zu oft musste sie ihre Herren wechseln, von den Schotten zu den Engländern und wieder zurück, Jahrhunderte hindurch.

1573 versuchte die Besatzung von Edinburgh Castle, angeführt von Sir William Kirkcaldy of Grange, einer stürmischen Belagerung standzuhalten. Aber Grange und seine der Sache Maria Stuarts treuen Truppen gelang es nicht, dem wilden Bombardement Regent Mortons standzuhalten. Die Festung war sturmreif geschossen worden. Da wo heute das Portcullis Gate steht, befand sich vor der Belagerung der feste Constable Tower und auf der Bastion Half Moon Battery, oberhalb vom Gatehouse, erhob sich damals der mächtige David's Tower, gegen den selbst die Truppen König Heinrich IV. vergeblich angerannt waren.

Cromwell nahm Edinburgh Castle 1650 ein und 1745 blieb es Prinz Charles Edward Stuart während seiner Belage-

rung versagt, Edinburgh Castle, lange Sitz der Stuart Dynastie, zurückzuerobern.

Auf dem Weg durch die gewaltige, düstere Burganlage passiert man als nächstes das **Portcullis-Tor (C)** mit dem Wappen Regent Mortons. Das Tor liegt unterhalb des Argyll-Turms. Der hat seinen Namen vom Marquis of Argyll, der hier jahrelang bis zu seiner Hinrichtung 1661 gefangengehalten worden war.

Man geht weiter aufwärts, passiert die Bastionen **Argyle Battery** und **Mill's Mount Battery (D)** gleich neben dem großen Souvenirladen (E). Von den Bastionen genießt man einen weiten Blick über Edinburgh nach Norden, zur Princes Street und zur New Town. Auf der Mill's Mount Battery steht eine Kanone, die „one o'clock gun" (heute ein leichtes Geschütz), mit der mitunter noch heute um 13 Uhr der traditionelle „one o'clock salute" geschossen wird.

Man passiert **Governors's House (G)** und den Block der **New Barracks (H)**, Garnisonsgebäude des Royal Regiments und betritt dann durch das **Foog's Gate (I)** die innere, eigentliche Burganlage.

Bevor man in den inneren Burghof eintritt, kann man um das Gebäude des Royal Scots Regimental Museum herum gehen und rechts das alte **Militärgefängnis (Q)** anschauen oder die Kemenaten des **French Prison (R)** aufsuchen. Der Name stammt aus der Zeit, als hier französische Gefangene aus Napoleons Armeen einsaßen.

Hier hat nun auch die legendäre **„Mons Meg" (R)**, ein wahres Monstrum von Kanone, ihren letzten Ruheplatz gefunden. Mons Meg wurde 1455 (wahrscheinlich in Galloway) gegossen, schoss auf die Belagerer von Edinburgh Castle, wurde von Cromwell ehrfürchtig bestaunt, später in den Tower nach London entführt, kam auf hartnäckige Intervention von Sir Walter Scott zurück nach Edinburgh, nun schon ein „altes Mädchen", nur noch gut zum Salutschießen. Und selbst das gab ihr schließlich den Rest.

In einem der Räume des French Prison wird ein Film über die Schlossgeschichte gezeigt.

Zurück zum **Foog's Gate (I)** und zur **inneren Burganlage**. Linkerhand, an der höchsten Stelle des Castle Rock, steht **St. Margaret's Chapel (J),** das älteste erhaltene Bauwerk nicht nur in der Burganlage, sondern in ganz Edinburgh. Die schlichte Kapelle soll vor rund 900 Jahren unter der Federführung von Malcolm Canmore entstanden sein. Geweiht ist sie der später heilig gesprochenen Queen Margaret, Malcolm Canmores Gattin, die zu ihren Lebzeiten die römische Liturgie in Schottland eingeführt haben soll. Die kleine Kapelle zählt zu den ältesten Sakralbauten in Schottland und ist trotz der Wirren der Zeit und einiger nicht immer gelungener Umbauten, im wesentlichen im ursprünglich romanischen Baustil erhalten. Hier soll Königin Margaret ihre letzte Messe gehört haben, bevor sie am 16. November 1093 auf Edinburgh Castle starb.

Auch von den Festungsmauern hinter St. Margaret's Chapel hat man einen weiten Blick auf die Stadt.

Das eigentliche Zentrum von Edinburgh Castle aber ist der **Crown Square (L).** Der viereckige Palasthof ist an allen vier Seiten von hohen Gebäuden eingefasst, die zum Teil aus dem 15. Jh. stammen.

An der Nordseite des Platzes erhebt sich der Bau des **Scottish National War Memorial (M),** eine pompöse Kriegergedächtnisstätte, 1920 von Robert Lorimer errichtet. Es gibt dort eine *Gallery of Honour* (Ehrengalerie) mit Erinnerungsgegenständen wie Waffen, Uniformen, Fahnen und Orden schottischer Regimenter. Auf einem Ehrenaltar wird in einer Silberschatulle die „Roll of Honour" aufbewahrt. Diese Ehrenrolle enthält die Namen von über 100.000 Gefallenen.

Im Westflügel des Palastblocks, der den Crown Square an den restlichen drei Seiten umgibt, ist das **Royal Scots Regimental Military Museum (N)** untergebracht. Uniformen, Medaillen und Orden, Dokumente, Waffen, Standarten und Fahnen und andere Militaria von Infanterie, Kavallerie und Marine sind dort zu sehen.

Der breite Südflügel, gegenüber dem National War Memorial, beher-bergt die **Great Hall (O),** auch „Old Parliament Hall" oder „Banqueting Hall" genannt. James IV. ließ den Flügel, der frühere Bauten ersetzte, errichten, um Platz für einen standesgemäßen Bankett- und Festsaal zu schaffen.

Der lange, hohe Saal mit einer bemerkenswerten Decke war im Jahre 1440 Schauplatz des mysteriösen „Black Dinner". Dem nach königlichen Ämtern schielenden 6. Earl of Douglas und seinem Bruder wurden im Beisein von Jakob II. auf einem silbernen Tablett ein schwarzer Bullenkopf serviert, Hinweis auf ihre bevorstehende Hinrichtung.

Viele Jahre später tagten in der Great Hall die ersten schottischen Parlamente.

Der Ostflügel schließlich, der eigentliche **Palast (P),** war den königlichen Gemächern vorbehalten. Hier kann im Südostteil des Flügels der kleine, hoch über der Altstadt gelegene, holzgetäfelte Raum besichtigt werden, in dem Maria Stuart am 19. Juli 1566 ihren Sohn und späteren König James (Jakob) VI. von Schottland (James I. von England) zur Welt brachte.

Über einen separaten Zugang vom Crown Square aus gelangt man in den **Crown Room** im Palastflügel. Die Insignien und Kronjuwelen der schottischen Könige, „Honours of Scotland", werden hier aufbewahrt und können besichtigt werden. Zu sehen sind u. a. die schottische Krone mit einem Goldreif, besetzt mit Perlen, Diamanten und diversen anderen Juwelen, dann das Szepter, das Papst Alexander VI. im Jahre 1494 König James IV. überreichen ließ und schließlich das Schwert, das 1507 angefertigt worden war und das ebenfalls als ein päpstliches Geschenk an das schottische Königshaus kam.

Turbulent wie die Geschichte des schottischen Königshauses ist die Geschichte der schottischen Kronjuwelen (Regalia of Scotland). Nach der Union mit England im Jahre 1707, das schottische Parlament hatte das letzte mal getagt, war Schottland von London auferlegt worden, dass die Kroninsignien zwar in Edinburgh weiter aufbewahrt werden, aber nie mehr zur Verwendung kommen dürften. Tatsächlich wurden die Regalien in einer festen Kiste verpackt, auf Edinburgh Castle verwahrt – und gerieten in Vergessenheit.

Erst einhundertzehn Jahre später, als das Schottentum eine gewisse Renaissance erlebte, erinnerte man sich auch der hehren Symbole des schottischen Königshauses. Aber niemand konnte sich an deren Verbleib erinnern. Sir Walter Scott gelang es schließlich, von König George IV. die Erlaubnis zu erhalten, aufgrund von Stadtchroniken auf Edinburgh Castle nach den Throninsignien suchen zu dürfen, mit Erfolg, wie man heute noch staunend sehen kann.

Umweg über Grassmarket und Greyfriars Kirk

Nach der Burgbesichtigung gehen wir über die **Esplanade (A)** zurück zur Straße Castlehill am Beginn der Royal Mile.

Es bietet sich nun an, einen Umweg über Grassmarket zu machen. Dazu wenden wir uns unmittelbar nach der Esplanade rechts (südwärts) und gehen die Treppengasse Castle Wynd hinunter, queren die Straße Johnston Terrace (gebührenpflichtige Straßenparkplätze) und weiter hinunter bis zum Grassmarket.

Grassmarket war der lebhafte Marktplatz des alten Edinburgh, nachdem die Stadt 1477 von König James III. das Marktrecht erneuert bekommen hatte. Von etwa 1600 an stand hier über 100 Jahre lang auch der Galgen. Ein in den Boden eingelassenes Kreuz erinnert heute an die Stelle und an die vielen Covenanters, die um ihres Glaubens willen dort im 17. Jh. vom Leben zum Tode befördert wurden. Der Name des Pubs „The Last Drop Tavern" (Zum Letzten Tropfen) erinnert auf andere Weise an die Richtstätte.

Andere bekannte, heute noch besuchenswerte alte Kneipen hier sind „White Hart Inn" [N55° 56' 50.78" W3° 11' 48.12"] (Zum Weißen Hirschen, mit Restaurant), in dem Burns gelegentlich verkehrt sein soll und das immer noch für sein gutes Ale bekannt ist oder „The Beehive Inn" (Zum Bienenkorb), das einst für seine Hahnenkämpfe berüchtigt war.

Grassmarket und die Gassen, Durchgänge und Nebenstraßen ringsum waren einst das „Arbeitsfeld" des makaberen Mörderduos Burke und Hare. Die beiden, die sich auch noch als Leichenfledderer betätigten, vorsorgten mit ihren Opfern so ganz nebenbei die anatomische Abteilung der Universität von Edinburgh.

Markant, die Fassaden an der Victoria Street Richtung Grassmarket

Greyfriars Bobby's Bar und Denkmal

Am Westende von Grassmarket erinnert der Name der weiterführenden Straße West Port daran, dass hier früher am Westtor die Stadt zu Ende war. Dort kann man links in die Vennel einbiegen und sieht nach wenigen Metern auf der linken Seite Reste der alten Stadtmauer **„Flodden Wall"**. Die Stadtmauer wurde 1513 nach der Niederlage in der Schlacht von Flodden in panischer Eile errichtet.

Geht man weiter zur Straße Lauriston Place und dort abermals links, erreicht man den Zugang zur **George Heriot's School (9).** Der im Renaissancestil vom Baumeister William Wallace Mitte des 17. Jh. errichtete, bemerkenswerte und architektonisch interessante Schulbau wurde vom wohlhabenden Goldschmied und Hoflieferanten James' VI., George Heriot, gestiftet und als Privatschule für begabte, aber mittellose Waisen bestimmt. George Heriot war im Edinburgh seiner Zeit als „Jingling Georgie" bekannt, eine Gestalt, die auch in Sir Walter Scotts Novelle „Fortunes of Nigel" auftaucht.

Macht man den eben erwähnten Umweg vom Grassmarket zur George Heriot's School, geht man weiter ostwärts bis Forrest Road und dort weiter stadteinwärts (nordwärts) bis zur Candlemaker Row und George IV Bridge.

Vom Ostende des Grassmarket kann man entweder – vorbei an der Experimentalbühne des „The Traverse Theatre Club" – über die Victoria Street oder über die Candlemaker Row zur George IV Bridge gehen.

In der Candlemaker Row liegen rechterhand **Kirche und Friedhof Greyfriars (10) [N55° 56' 48.17" W3° 11' 29.56"].** Greyfriars Kirk war 1638 der historische erste Versammlungsort des National Covenant, dem Bund des protestantischen Adels und Bürgertums und der Widerständler gegen das Episkopat. Hier wurde die legendäre, verklausulierte Protestnote der Covenanters an König Charles I., der das Episkopat und die bischöfliche Kirchenverfassung favorisierte, unterschrieben. Auf dem Friedhof sind viele bekannte Persönlichkeiten Edinburghs begraben. James Craig, der Planer der New Town fand hier ebenso seine letzte Ruhestätte wie Schottlands großer Architekt William Adam, oder Sir Walter Scotts Vater. Ein Mahnmal auf dem Friedhof erinnert an die 1.200 Covenanters, die 1679 fünf Monate lang auf dem Friedhof gefangen gehalten wurden.

Genau an der Straßenecke, an der die Candlemaker Row in die George IV Bridge einmündet, steht das Denkmal eines Hundes, eines Skye-Terriers, der unter dem Namen **„Greyfriars Bobby"** bekannt ist (gleichnamiges Pub gegenüber). Nach dem Tode seines Herrchens 1858 wachte der treue Hund noch 14 Jahre lang an dessen Grab auf dem Friedhof der nahen Greyfriars Kirk.

The Royal Mile

Der weitere Verlauf unseres Stadtspaziergangs führt über die Straße George IV Bridge nordwärts zur Royal Mile. Auf dem Wege dahin sieht man an der Ostseite der George IV Bridge den Bau der Nationalbibliothek **Scottish National Library [N55° 56' 54.72" W3° 11' 31.49"]** *(geöffnet Mo, Di, Do, Fr 9.30 - 20.30 Uhr, Mi 10 - 20.30 Uhr, Sa 9.30 - 13 Uhr; www.nls.uk/using-the-library/)*, in

Deacan Brodie's Tavern

der nicht weniger als 4 Mio. Bücher und Druckwerke aufbewahrt werden. Die wechselnden Ausstellungen dort sind jedermann zugänglich.

Ein sehr nettes, einladendes Kaffeehaus in der Straße George IV. Bridge nur ein paar Häuser nach der General Library ist „The Elephant House".

An der **High Street**, dem Mittelabschnitt der Royal Mile, wenden wir uns rechts (ostwärts).

Beachten Sie vorher noch das Gasthaus **Deacon Brodie's Tavern (29)** gegenüber auf der anderen Straßenseite, Ecke Lawnmarket und Bank Street. *William „Deacon" Brodie* lebte vor gut 200 Jahren und führte ein zwielichtiges Doppelleben. Allgemein galt er als achtbarer Bürger, zählte zu den Stadthonoratioren, der sich tagsüber nach Kräften bemühte u. a. den Galgen zu verbessern und alle Gesetzesbrecher ihrer gerechten Strafe zuzuführen. Doch des Nachts war Deacon Brodie lange unerkannt Boss einer berüchtigten Räuberbande. Bis 1788 konnte er diesen Lebenswandel führen, dann wurde er auf frischer Untat ertappt und gehängt – am Galgen, an dessen Verbesserung er mitgewirkt hatte.

Ein Sohn der Stadt, der Schriftsteller Robert Louis Stevenson („Die Schatzinsel", 1883) verarbeitete die Geschichte Brodies in seinem Roman „Dr. Jekyll and Mr. Hyde".

Rechts an der High Street erhebt sich die **High Kirk of St. Giles (11)**, auch als **St. Giles Cathedral [N55° 56' 58.60" W3° 11' 29.54"]** bezeichnet *(geöffnet Mai - Sept. Mo - Fr 9 - 19 Uhr, Sa 9 - 17 Uhr, So 13 - 17 Uhr und zu Gottesdiensten; Okt. - Apr. Mo - Sa 9 - 17 Uhr, So 13 - 17 Uhr; www.stgilescathedral.org.uk)*.

Schon seit der Mitte des 9. Jh. ist diese Stelle Kirchplatz. Die Ursprünge des gegenwärtigen Kirchenbaus können zwar bis ins 12. Jh. zurückverfolgt werden. Erhalten sind aus jener Zeit aber nur noch vier Säulen im Zentrum des Schiffs, die von einer normannischen Kapelle stammen.

Der gotische Bau den wir heute sehen, wurde im 14. Jh. begonnen und im 15. Jh. vollendet. Seitdem erlebte er manchen An- und Umbau. Auch zweckentfremdet genutzt wurde das Gotteshaus im Laufe seiner Geschichte. Im 17. Jh. musste es zusätzlich einen Polizeiposten und ein Gefängnis beherbergen. Zu Beginn des 19. Jh. unterzog man den Komplex einer umfassenden Renovierung und Säuberung, der dem Erscheinungsbild des Bauwerks aber nicht in allen Bereichen nutzte.

Historische Stunden erlebte St. Giles vor allem in der Zeit des Eiferers und Reformators John Knox im 16. Jh., dann 1603 nach der „Union of the Crowns", als James VI./I. den Hof nach London verlegte und dann erst wieder 1822 anlässlich der ersten Staatsvisite eines englischen Monarchen seit langem, als George IV. Edinburgh besuchte. Heute erlebt St. Giles allerhöchste Beachtung, wenn Königin Elizabeth II. bei ihren Aufenthalten in Holyroodhouse den Gottesdiensten hier beiwohnt.

Erst 1910 wurde an der Südostecke die von Robert Lorimer entworfene **Thistle Chapel** angebaut. Der im hochgotischen Stil errichtete und für schottische Verhältnisse fast schon überschwänglich dekorierte Anbau dient als Ordenskapelle des „Most Ancient and Most Noble Order of the Thistle". James VII./II. gründete 1687 diesen ältesten und äußerst exklusiven schottischen Orden. Manche Quellen berichten, dass James VII. damals mit der Ordensgründung einen schon im 15. Jh. von James III. ins Leben gerufenen Ritterorden wiederbeleben wollte.

Niemand geringerer als der jeweils regierende britische Monarch selbst, in unseren Tagen also H. M. Königin Elizabeth II., steht diesem hohen Orden vor, der aus höchstens 17 Mitgliedern, den Knights of the Thistle (K. T.), besteht.

Das Innere der Kirche, die oft noch als Kathedrale bezeichnet wird, was nicht mehr stimmt, denn St. Giles war nur zwischen 1633 und 1688 Bischofsitz und damit Kathedrale, hat durch unglückliche Restaurierungen in ihrer schlichten Schönheit gelitten.

Eine Statue des Kirchenpatrons St. Giles (Hl. Ägidius) werden Sie in der Kirche übrigens vergeblich suchen. Die Statue wurde während der Reformationswirren aus der Kirche entführt und bei den heutigen Princes Street Gardens in den damals noch nicht zugeschütteten See Nor' Loch geschmissen.

Wenn Sie die Kirche vom Westportal am Parliament Square her betreten, können Sie gleich links ein schönes Glasfenster bewundern. Gehen Sie durch die linke (nördliche) Albany Aisle, ein Seitenschiff mit hohen gotischen Bögen, in den Kirchenraum. Bald sehen sie die Bronzestatue des schottischen Reformators und Geistlichen von St. Giles, John Knox, der im 16. Jh. in Edinburgh wirkte, wetterte und predigte und ein unerbittlicher, unnachgiebiger, ja fanatischer Gegenspieler Maria Stuarts war.

St. Giles, High Kirk of Edinburgh, wurde mit der Zeit ein „pantheon of Scottish heroes and worthies" und beherbergt heute Gräber und Denkmäler bedeutender Schotten.

John Knox sind wir schon begegnet. Wenige Schritte weiter an der nördlich Längswand sieht man in der Seitenkapelle St. Eloi's Chapel das Denkmal des Marquess of Argyll, eines streitbaren Covenanter, Anhänger der Reformation und Gegenspieler des Marquess of Montrose.

Danach ist am ehemaligen Nordportal ein bemerkenswertes Fenster zu bewundern. Noch ein Stückchen weiter findet man in einem Nebenraum einen Buch- und Souvenirladen.

Man kann nun quer durch das Kirchenschiff zur Orgel an der Südseite des Kirchenraumes gehen. In der Nische rechts der Orgel sieht man das Marmordenkmal James Stewarts, des Earl of Moray. Er lebte in der zweiten Hälfte des 16. Jh., war ein Halbbruder Maria Stuarts und wurde 1570 in Linlithgow ermordet. Das Fenster in der Nische zeigt u. a. den predigenden John Knox.

Am Ende des nach rechts (westwärts) führenden Seitenschiffs Moray Aisle erkennt man ein Denkmal des Schriftstellers Robert Louis Stevenson, der 1894 nur 44-jährig starb.

Die Seitenkapelle links der Orgel ist als Chepman Aisle bekannt, benannt nach einem berühmten Druckermeister, der um 1500 die Druckkunst in Schottland einführte.

In dieser Seitenkapelle findet man das Grabmal des Marquess of Montrose, des großen Gegenspielers des schon erwähnten Marquess of Argyll. Mont-

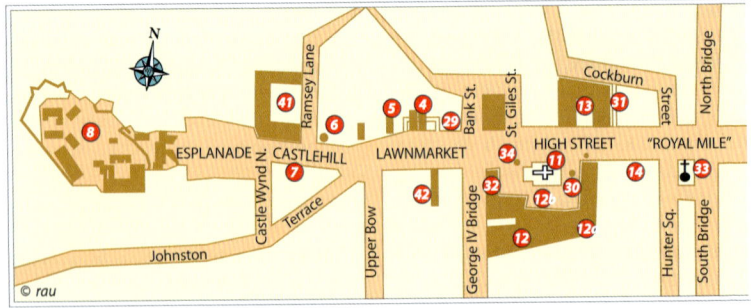

© rau

THE ROYAL MILE – (1 – 3 siehe Stadtplan Edinburgh City, weiter vorne) – 4 Lady Stair's House – 5 Gladstone's Land – 6 Outlook Tower – 7 The Scotch Whisky Experience – 8 Edinburgh Castle – (9 – 10 siehe Stadtplan Edinburgh City, weiter vorne) – 11 St. Giles Cathedral – 12 Parliament House – 12a High Court – 12b Statue of King Charles II. – 13 City Chambers – 14 New Assemblies Hall – 15 Museum of Childhood – 16 John Knox House – 17 Moray House – 18 Canongate Tolbooth – 19 Huntley House – (20 – 26 siehe Stadtplan Edinburgh City, weiter vorne) – 27 The Palace of Holyroodhouse –

rose, ehemals Königstreuer, dann aber scheinbar überzeugter Covenanter, wurde 1650 am Grassmarket gehängt, sicher nicht zuletzt auf Betreiben des Marquess of Argyll hin. Zehn Jahre später wurde Montrose rehabilitiert und in St. Giles beigesetzt. Dies wiederum bedeutete das Todesurteil für Argyll, der nach langer Gefangenschaft in Edinburgh Castle kurz darauf am Mercat Cross neben der Kirche 1661 enthauptet wurde.

Schließlich gelangt man wieder zur bereits erwähnten Thistle Chapel an der Südostecke des Kirchenbaus von St. Giles. Daneben liegt ein weiterer Aus- bzw. Eingang.

Gehen Sie nach rechts über den Parliament Square um die Kirche herum. Dabei sehen Sie an der Ostseite der Kirche eine Replik des alten **Mercat Cross (30)**. Das unter Verwendung von alten Fragmenten 1885 res-taurierte Marktkreuz Edinburghs war lange wichtiger Versammlungsplatz, Ort der Proklamation königlicher Dekrete und Richtstätte. Es heißt, dass das alte Mercat Cross während eines Aufstandes 1745 zerstört worden sein soll, als Jakobiten (Anhänger der katholischen Stuart-Könige) von hier aus James Francis Edward Stuart, genannt „The Old Pretender" (Thronbewerber) als James VIII. zum König ausrufen wollten.

Der freie Platz südlich hinter der Kirche war einst Teil des Friedhofs von St. Giles. Ein Reiterstandbild stellt Charles II. (12b), den Erbauer des eigentlichen Palace of Holyroodhouse, hoch zu Ross dar und eine Bronzetafel mit der Inschrift „I.K. 1572" markiert die Stelle des Grabes von John Knox.

Der Gebäudekomplex mit der neoklassizistischen Fassade hinter St. Giles Cathedral ist das **Parliament House (12)** *(geöffnet Mo - Fr 10 - 16 Uhr. Audio-Tour 50 Min)*.

In dem im 17. Jh. während der Regentschaft König Charles I. errichtete Gebäude tagte das schottische Parlament von 1639 bis zur Realunion 1707. Heute ist es Sitz des Obersten Gerichtshofs von Schottland. Zu besichtigen ist die **Parliament Hall**, die besonders wegen ihrer Balkendecke beachtet wird. Porträts von Henry Raeburn.

Es dauerte fast 300 Jahre bis die Schotten wieder über ein eigenes Parlament abstimmen durften. Für das neue schottische Parlament, das am 1. Juli 1999 in Anwesenheit von Königin Elizabeth II. feierlich eröffnet wurde, entstand am Ostende der Royal Mile, nicht weit von Holyroodhouse entfernt, ein ganz neuer Gebäudekomplex.

Auf der Straße vor dem West Parliament Square, zwischen Westportal von

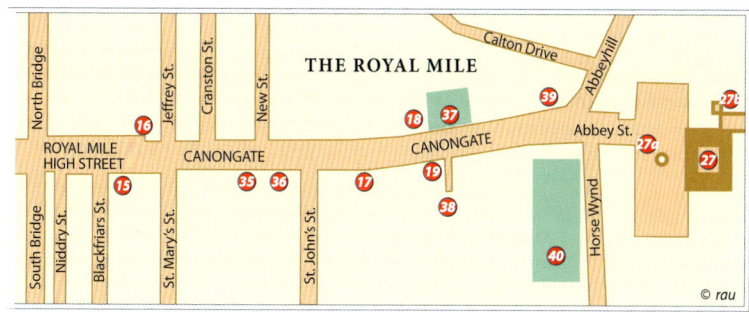

(Fortsetzung der Legende s. gegenüber!) – **27a** *Holyrood Abbey* – **27b** *The Fountain* – *(28 Dundas House, siehe Stadtplan Edinburgh City, weiter vorne)* – **29** *Deacon Brodies Tavern* – **30** *The Mercat Cross, Parliament Square* – **31** *Anchor Close* – **32** *The City Council Chambers* – **33** *Tron Kirk, Hunter Square* – **34** *The Heart of Midlothian* – **35** *Chessels Court* – **36** *Old Playhouse Close* – **37** *Canongate Kirk and Kirkyard* – **38** *Acheson House* – **39** *White Horse Close* – **40** *Dynamic Earth, Neues Parlament* – **41** *Ramsey Lodge* – **42** *Brodie's Close*

St. Giles und dem Gebäude der Lothian Regionalverwaltung, markiert ein in das Pflaster eingelassenes Herz **(34)** den Ort des früheren Tolbooth, des alten Gerichtsgebäudes und Stadtgefängnisses. Im Zuge einer Stadtsanierung mit dem Ziel, Platz für bessere Straßenverhältnisse zu schaffen, wurde dieser Bau 1817 abgerissen. Der Platz, von dem sonst kein Mensch Notiz genommen hätte, wurde durch Scotts Roman **„The Heart of Midlothian"** in ganz Schottland bekannt.

Bevor Sie der Royal Mile weiter nach Osten folgen, sollten Sie noch einen Blick auf den markanten Turm von St. Giles werfen. Bemerkenswert ist der nicht sonderlich hohe Turm vor allem wegen seines „crown spire", seiner aus acht Bogenelementen geformten Turmspitze. Es gibt nur noch wenige dieser für gotische Bauten in Schottland früher häufig verwendeten Turmabschlüsse. Ähnliches sieht man nur noch in Aberdeen auf dem Kirchturm des King's College.

Gegenüber von St. Giles, an der Nordseite von High Street, sieht man den Gebäudekomplex der **City Chambers (13)**, Rathaus und städtisches Verwaltungszentrum von Edinburgh.

Unmittelbar östlich der City Chambers verläuft die Gasse **Anchor Close (31)**. Hier befand sich in früherer Zeit die Druckerei Smellie, ein historischer Ort, denn hier wurde die erste Edinburgher Ausgabe von Burns' Gedichten und die erste Ausgabe der Encyclopaedia Britannica gedruckt.

Sir Walter Scott bewohnte eine Zeitlang ein Appartement in der früheren **New Assemblies Hall (14)**, einem Gebäude in der High Street rechts nach der St. Giles Kathedrale.

Folgt man der Royal Mile weiter nach Osten, passiert man die rechterhand gelegene **Tron Kirk (33)**. Sie stammt aus dem Jahre 1663 und musste nach einem Brand 1824 restauriert werden. In der Nähe der Tron Kirk findet man **College Wynd**. Sir Walter Scott wurde hier geboren, bevor seine Familie kurz darauf in die New Town an den heutigen George Square zog.

Man überquert die Straße South Bridge und gelangt nach etwa 200 m zum **Museum of Childhood (15)** [N55° 57' 1.54" W3° 11' 7.72"] rechts *(geöffnet Mo + Do - So 10 - 17 Uhr; www.edinburghmuseums.org.uk/venues/Museum-of-Childhood)*. Das Museum verfügt über interessante und in ihrer Art seltene Sammlungen von Spielzeug verschiedener Epochen, mit Puppen, Puppenstuben, Kostümen, alten Spielzeugeisenbahnen u. a.

Das etwas vorspringende Haus gegenüber, an der Nordseite der High

Street Nr. 43-45, ist als **John Knox's House (16) [N55° 57' 1.92" W3° 11' 6.50"]** bekannt (*geöffnet Mo - Sa 10 - 18 Uhr, Juli + Aug. auch So 12 - 18 Uhr; http:// www.tracscotland.org/scottish-storytel- ling-centre/john-knox-house-step-inside- history*). Dieses schöne alte Stadthaus mit Holzgalerien stammt ungefähr aus dem Jahre 1490 und zählt zu den ältes- ten Wohngebäuden in Edinburgh. Bei umfassenden Restaurierungsarbeiten wurden jüngst die originale Naturstein-

John Knox`s House

fassade und im Inneren alte Kamine und bemalte Decken freigelegt.

Es ist sehr wahrscheinlich, wenn auch nicht eindeutig verbürgt, dass hier John Knox, Schottlands großer Reformator, Calvinist und Gründer der Presbyteria- nischen Kirche von 1566 bis zu seinem Tode 1572 wohnte.

Der Erbauer des Hauses, der Gold- schmied und Hoflieferant Maria Stuarts, John Mossman, ließ seinen Wahlspruch „Luf God abufe al, and thi nychbour as thiself" (Liebe Gott über alles und dei- nen Nachbarn wie dich selbst) in einen der Geschossbalken gravieren.

Neben den Räumlichkeiten wird dem Besucher ein 10-minütiger Video-

film gezeigt, der sich mit Lebensstatio- nen John Knox' in Genf, wo er lange ein aufmerksamer Schüler Calvins war, und in Schottland befasst.

Den restlichen Abschnitt der Royal Mile bildet die Straße **Canongate**, früher Canongait, was soviel wie Domherren- weg oder Domherrenstraße bedeutet.

Das heute völlig in die Stadt integ- rierte Viertel beiderseits der Canongate, das sich bis hinunter zum Palace of Holy- roodhouse zieht, war früher bis zu seiner Eingemeindung im Jahre 1856 eine ei- genständige Stadtgemeinde. Den west- lichen Zugang bildete das Tor Nether- bow Port, das etwa dort stand, wo die Jeffrey Street auf die Royal Mile stößt. Das Stadttor wurde 1764 abgerissen.

Weiter östlich liegen an der rechten (südlichen) Straßenseite der Canonga- te einige interessante Innenhöfe, Durch- gänge und Häuser:

Chessels Court (35) ist ein schön re- konstruiertes Gebäudeensemble an ei- nem Innenhof. Hier lag früher die Bank, bei deren Raubüberfall Deacon Brodie 1788 endlich gefasst werden konnte.

Wenige Schritte weiter liegt **Old Playhouse Close (36)**. Hier stand von 1747 bis 1769 ein Theater.

Theateraufführungen waren zu je- ner Zeit einerseits überaus beliebt, an- dererseits wurden sie von der Reforma- tionskirche überhaupt nicht gerne gese- hen. Man behalf sich damit, dass offiziell ein Konzert angekündigt war, in dessen Pausen dann eben Theaterstücke ge- spielt wurden.

Gleich daneben findet man **Mo- rey House (17)**, das heute eine Lehrer- bildungsanstalt beherbergt. Das Haus stammt aus dem frühen 17. Jh. Cromwell beschlagnahmte es 1648 und 1650 soll Argyll von einem Balkon aus der Verhaf- tung und Abführung zum Galgen seines politischen Gegners Montrose zugese- hen haben (siehe auch St. Giles Kathed- rale). Historisch nicht verbürgt ist, dass in Morey House 1707 der Unionsvertrag „Act of Union" mit England unterschrie- ben worden sein soll.

Etwas weiter unten fällt auf der an- deren Straßenseite ein graues, turmbewehrtes Gebäude mit einem vorspringenden Uhrenerker und einer Freitreppe auf. Dies ist **Canongate Tolbooth (18)** *(geöffnet Mo - Sa 10 - 17 Uhr, in der Festspielzeit auch So 12 - 17 Uhr; www.edinburghmuseums.org.uk/Venues/The-People-s-Story)*. Das 1591 erbaute, ehemalige Rathaus und Gerichtsgebäude der einst eigenständigen Gemeinde Canongate diente später auch als Gefängnis. Eine Zelle, in der Deacon Brodie eingesessen haben soll, ist für Touristenaugen hergerichtet.

Heute ist im Tolbooth **„The People's Story Museum"** untergebracht, ein Museum, das Aspekte im Leben des „gewöhnlichen Bürgers" in Edinburgh in der Zeit des 18. Jh. zeigt.

Nebenan steht die Gemeindekirche von Canongate, **Canongate Church (37)**. Die Kirche wurde 1688 auf Anordnung König James VII./II. errichtet, als Entschädigung für die Domherren, denen bis dahin Holyrood Abbey gehörte. James VII./II. hatte aus der Abtei den Stammsitz des Distelordens gemacht und das Domkapitel ausquartiert. An der südlichen Giebelfront sieht man das Wappen König James VII./II. und ein Hirschgeweih mit Kreuz, ein Hinweis auf Holyrood Abbey und deren Entstehungslegende.

Auf dem Friedhof liegen *Adam Smith*, der Wirtschaftswissenschaftler und Autor von „The Wealth of Nations" (Wohlstand der Nationen), der Dichter und Burns-Bewunderer *Robert Fergusson* und *Clarinda McLehose*, eine Freundin von Robert Burns während seines Aufenthalts in Edinburgh 1788, begraben.

Huntley House (19) [N55° 57' 5.24" W3° 10' 46.16"] liegt gegenüber auf der anderen Straßenseite. Dieses restaurierte Stadthaus stammt aus dem Jahre 1570 und wurde später mit Mitgliedern der Huntley-Familie in Verbindung gebracht. 1636 soll hier George, der erste Marquess of Huntley, abgestiegen sein. Heute ist in Huntley House das **Museum of Edinburgh** untergebracht, das über die Entwicklung Edinburghs durch die Jahrhunderte Auskunft gibt *(geöffnet Mo + Do - Sa 10 - 17 Uhr, So 12 - 17 Uhr,*

Eintritt frei, Spenden willkommen; www.edinburghmuseums.org.uk/venues/). Es besitzt u. a. eine interessante Sammlung von Edinburgher Silber und Glas und schottische Töpferwaren.

Nebenan führt eine Gasse zum **Acheson House (38)** von 1633 mit schönem Innenhof. Heute ist hier das Scottish Craft Centre (Kunsthandwerk) eingerichtet.

Auf dem letzten Wegstück der Royal Mile zum Palace of Holyroodhouse

Canongate Tolbooth

lohnt ein Blick in die links etwas abseits der Canongate liegende **White Horse Close (39)**. Dieses Gebäudeensemble ist eine schön restaurierte Gruppe von typischen Stadthäusern aus dem 17. Jh., wie sie abseits der Hauptstraße gebaut wurden. Vom **White Horse Inn**, dessen Name an Königin Maria Stuarts Reitpferd erinnert, fuhren früher die Kutschen nach London ab.

Fast am Ende der Royal Mile entstand an deren Südseite der neue **schottische Parlamentskomplex (40)**. Die Fertigstellung war für das Jahr 2001 vorgesehen. Eröffnet wurde es jedoch mit 3 Jahren Verspätung und mit zehnmal höheren Baukosten als geplant.

Lange abgeschlossen dagegen sind die Bauarbeiten an **Dynamic Earth (40) [N55° 57′ 4.05″ W3° 10′ 30.45″]**, einer neuen Sehenswürdigkeit unter einer riesigen, futuristischen Zeltdachkonstruktion südlich hinter dem neuen Parlamentskomplex und ganz in der Nähe von Holyroodhouse. Zu sehen gibt es hier die Sir Michael Hopkins Ausstellung „Dynamic Earth" über die Entstehung der Erde.

Palace of Holyroodhouse

Am östlichen Ende der Royal Mile, am südöstlichen Rand der City von Edinburgh, liegt angesichts des 251 m hohen Hügels Arthur's Seat eines der namhaftesten schottischen Schlösser – **The Palace of Holyroodhouse (27) [N55° 57′ 9.13″ W3° 10′ 23.93″]** *(geöffnet Apr. - 31. Okt. tgl. 9.30 - 18 Uhr; Nov. - März tgl. 9.30 - 16.30 Uhr, Besichtigung entweder mit Audio-Tour (auch in Deutsch) oder auf einer Führung, Dauer 1 Stunde. Letzter Einlass 1,5 Stunden bzw. 1 Stunde 15 Minuten vor Schließung; Kombiticket für Schloss und ,Queen's Gallery' (s. u.); www. royalcollection.org.uk/visit/palace-of-holyroodhouse).* Der Palast ist offizielle Residenz von Königin Elizabeth II., wenn sie in Schottland weilt. Dieser Umstand führt gelegentlich (mitunter im Juni) dazu, dass Holyroodhouse über einige Wochen für Besucher geschlossen ist. Eine Besichtigung ist dann nur von außen möglich.

Anfänglich stand hier lediglich die **Abbey of the Holyrood (27a, Heiligkreuz Abtei, HS)**, eine Gründung König David I. aus dem Jahre 1128. König David I., jüngster Sohn Königin Margarets und König Malcolm Canmores, wünschte, dass die dem Augustinerorden gestiftete Abtei dem Heiligen Kreuz geweiht wurde, zu Ehren eines Ebenholzkrucifixes, das einen Splitter des Kreuzes Jesu (und angeblich auch eine Reliquie des Heiligen Giles) enthielt. Dieses wie es hieß wundertätige Kreuz war kostbarster Besitz seiner später heilig gesprochenen Mutter Margaret.

Die andere Version über die Entstehung des Abteinamens hängt mit der Legende des Heiligen Hubertus zusammen, wurde aber von den klugen Mönchen der Abtei erst im 14. Jh. verbreitet. Das erwähnte wundertätige Ebenholzkreuz war zum Schutzsymbol der Schotten geworden und begleitete als Talisman alle Kriegszüge, bis es auf einen Feldzug, den König David II. anführte, 1346 dem Feind in die Hände fiel.

Um das Gesicht des Königshauses zu wahren, wurde die Legende des Heiligen Hubertus zu Hilfe genommen. Nun hieß es, dass König David I. am 14. September 1128 – die Sonntagsruhe missachtend – nach der Frühmesse zur Jagd geritten sei. Sein Pferd scheute vor einem plötzlich an einer Quelle auftauchenden weißen Hirsch. Der König stürzte, der Hirsch attackierte mit seinem Geweih die Beine Davids. Da erschien ein leuchtendes Kreuz zwischen dem Gehörn, der König ergriff es und wehrte damit erfolgreich weitere Angriffe des Hirsches ab. König David brachte das wundersame Kreuz nach Edinburgh Castle, wo ihm in der darauffolgenden Nacht eine Stimme befahl, ein geweihtes Haus für das Kreuz zu bauen, eben Holyrood Abbey.

Die Abtei zu Holyrood wurde mit zunehmender Bedeutung des Königshauses häufig Ziel von Angriffen. 1322 plünderten Truppen König Edwards II. das Kloster, 1544 und 1547 waren es abermals englische Heere, später dann Anhänger der Reformation, die Holy-rood Abbey zerstörten und verwüsteten.

König James II. (im deutschen Sprachgebrauch Jakob II.) wurde in der Abtei geboren, gekrönt, getraut und begraben. Seine Krönung im Jahre 1437 war die erste seit König MacAlpin, die nicht in Scone, dem bis dahin traditionellen Krönungsort der schottischen Könige, stattfand. 1469 krönte James III. hier seine Königin Margarete von Dänemark. Ihr Sohn James IV. schließlich legte den Grundstein zum Palace of Holyroodhouse. Und am 17. Mai 1590 wurde James' VI. Frau, Anne von Dänemark, in Holyrood Abbey zur Königin gesalbt.

1633 wurde die Abteikirche, ein bemerkenswertes gotisches Bauwerk, zur schottischen Krönung König Charles

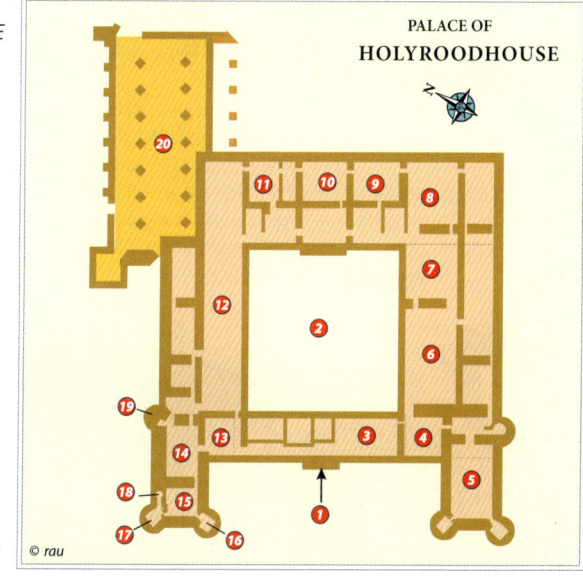

PALACE OF HOLYROODHOUSE
1 Palasteingang
2 Innenhof
3 Königlicher Speisesaal
4 große Treppe
5 Westsalon
6 Thronsaal
7 Abendsalon
8 Morgensalon
9 Vorzimmer des Königs
10 Schlafgemach des Königs
11 Kabinett des Königs
12 Galerie
13 Vestibül der Königin
14 Vorzimmer der Königin (auch im Obergeschoss) **15** Schlafgemach der Königin (im Obergeschoss: Geheimzimmer der Königin) – **16** Südkabinett (im Obergeschoss:Südl. Privatzimmer) – **17** Nordkabinett (im Obergeschoss: Nördl. Privatzimmer) – **18** Hintertreppe – **19** im Obergeschoss: Große Spießkammer – **20** Ruine der Klosterkirche Holyrood

I. renoviert und König James VII./II. ernannte Holyrood zur Königlichen Kapelle des Distelordens. Aber trotz aller Wirren und Bilderstürmereien während der Reformation, eine Ruine war die Klosterkirche noch nicht. Erst als 1768 das zehn Jahre zuvor mit schweren Steinplatten neu eingedeckte Kirchendach nach einem Sturm einstürzte, verwandelte sich Holyrood Abbey in eine Ruine.

Im Jahre 1501 beauftragte König James IV. den Baumeister Walter Merlioun damit, das Gästehaus der Abtei zu einer königlichen Residenz zu erweitern. Damals entstanden die beiden Türme des heutigen Nordwestflügels, in dem sich die alten königlichen Gemächer befinden, in denen auch **Maria Stuart** lebte (siehe auch Seite 16 „Mary, Queen of Scots").

1633 sah Holyrood wieder die Krönung eines schottischen Königs, Charles I., der aber mit seiner Religionspolitik Schottland mehr entzweite als einte und am 30. Januar 1649 dann auch tatsächlich hingerichtet wurde. Fünf Tage spä-

ter wurde am Mercat Cross von St. Giles der Prinz von Wales von den Covenanters zum neuen König Charles II. von Schottland ausgerufen.

Cromwellsche Truppen besetzten daraufhin Edinburgh. Holyroodhouse wird ein Heerlager und am 13. November 1650 brannten Teile des Schlosses und der königlichen Gemächer ab.

Erst 21 Jahre später, im Jahre 1671, erteilte Charles II., der selbst Holyroodhouse nie betrat, an den Architekten Sir William Bruce den Auftrag, einen neuen Palast unter Einbeziehung der vorhandenen Bausubstanz zu konzipieren. Ab 1672 entstand daraufhin unter Mitwirkung des Baumeisters Robert Mylne der Schlossbau, den wir heute sehen. Die Innenausstattung besorgten der holländische Maler Jakob de Witt und sein Landsmann, der Bildhauer Jan van Santvoort, sowie die Stukkateure Halbert und Dunsterfield aus England und Thomas Alborn aus Schottland.

Charles II. ließ in der großen Galerie eine Porträtsammlung schottischer Kö-

Alte Residenz der Königin der Schotten
Maria Stuart und Holyroodhouse

Eng verbunden ist Holyroodhouse mit dem Schicksal **Maria Stuarts**. Hierher kehrte die junge Witwe am 19. August 1561 aus Frankreich zurück (siehe auch unter „Kunst und Geschichte – in Stichworten). Hier lebte sie sechs Jahre lang als Königin der Schotten und heiratete am 29. Juli 1565 ihren Vetter Henry Stuart, Lord Darnley. Hier traf oder besser stieß sie mit John Knox zusammen, gegen dessen erbitterten Hass und gnadenloses Eiferertum sie nur Tränen setz-

ten konnte, wie überliefert ist. Und hier geschah die spektakuläre und grauenhafte Mordtat an ihrem Sekretär Rizzio.

Lord Darnley wird als charakterschwacher, anmaßender, oft übel gelaunter, verschwenderischer Zeitgenosse geschildert, der von den immer weniger werdenden Freunden leicht zu beeinflussen gewesen sein muss und dem offenbar weniger an der Verbindung mit Maria Stuart als Frau, als vielmehr an der Aussicht auf die Krone, auf Macht und Reichtum lag (empfehlenswert: Stefan Zweigs Biographie über Maria Stuart). Offenbar war Darnley eingeflüstert worden, dass nach der Geburt eines Sohnes seine Chancen, neben Maria auf den Thron gehoben zu werden, gleich Null wären.

Maria Stuarts Gemächer lagen im zweiten Geschoss des Nordwestturms, darunter lagen die Räumlichkeiten Darnleys. Beide Etagen waren durch eine geheime Treppe verbunden.

Am 9. März 1566 saß Maria, die im sechsten Monat schwanger war, mit Gästen in ihrem Speisezimmer. Einer der Gäste war ihr geschätzter Sekretär David Rizzio, ein galanter, gebildeter und musisch begabter junger Mann aus Italien, der das volle Vertrauen der Königin genoss. Der Rest des Abends sollte mit Musik und Kartenspiel verbracht werden.

Doch noch während des Abendessens erschien plötzlich Lord Darnley über die Geheimtreppe im Speisezimmer, hinter ihm ein rasender, bewaffneter Patrick Lord Ruthven und weitere Spießgesellen. Ruthven begann mit wüsten Beschimpfungen und Beleidigungen, die sich unzweideutig auf das Verhältnis der Königin zu ihrem Privatsekretär bezogen, auf Maria einzudringen. Sie verbat Ruthven das Wort und forderte Darnley auf, für das Ende des Disputs zu sorgen. Aber Darnley tat nichts dergleichen, ob aus Angst oder aus kalter Berechnung bleibt Spekulation. Statt dessen wurde die Königin nun mit Waffen bedroht und der junge Rizzio, der sich an Maria klammerte und um sein Leben flehte, aus dem Speisezimmer, durch das Schlafzimmer und das Audienzzimmer zur Haupttreppe gezerrt und dort mit über fünfzig Messerstichen niedergemacht.

Viele Chronisten sehen in dieser Wahnsinnstat keineswegs ein Eifersuchts-drama, sondern gehen davon aus, dass durch den Schock bei Maria eine Fehl-geburt provoziert werden sollte, die beim Stand der Medizinwissenschaft zu je-ner Zeit sehr wahrscheinlich den Tod der Mutter bedeutet hätte. War der Mord an Rizzio also ein versteckter Mordversuch an der Königin von Schottland?

Am 19. Juni 1566 schenkte Maria Stuart auf Edinburgh Castle ihrem ersten und einzigen Sohn das Leben, dem Thronfolger, Sicherer der Stuartdynastie und späteren König James VI. und James I. von England.

Nach der Geburt des Sohnes verlor Lord Darnley immer mehr Freunde, sein gesellschaftliches Ansehen schwand noch mehr, er wurde krank und verfiel in Depressionen. Obwohl Maria Darnley die Beihilfe am Rizziomord nie verzieh, wahrte sie die Form und besuchte ihn sogar in Kirk o'Field, wo er sich von einer Krankheit erholte. So geschah es auch am 9. Februar 1567. In der Nacht darauf, die Königin weilte bei einer Hochzeitsfeierlichkeit ihres Kammerdieners, wur-de das Haus in Kirk o'Field (nahe der heutigen Chambers Street bei der Univer-sität) in die Luft gesprengt. Lord Darnley fand man erdrosselt, aber ohne An-zeichen von Einwirkungen der Explosion, in einem benachbarten Garten. Als Täter wurde James Hepburn, vierter Earl of Bothwell, vermutet, den Maria Stu-art schon drei Monate nach dem Sprengstoffanschlag zu ihrem dritten Gemahl machte.

Am 24. Juli 1567 wurde die schottische Königin zur Abdankung gezwungen und ihr Sohn James nur wenige Tage darauf zum neuen König gekrönt.

Das Verhalten von Maria Stuarts Sohn, James' VI., der in den Geschichts-büchern auch als „weisester Narr der Christenheit" geführt wird, während ih-rer zwanzigjährigen Gefangenschaft in England ist bemerkenswert defensiv. Es sind keine Bemühungen bekannt, durch die James die Lage seiner Mutter verbessert hätte. Muss man James als Opportunisten bezeichnen, der sich die Aussichten auf den englischen Thron nicht verscherzen wollte?

Nach dem Tode der immer ledig gewesenen Königin Elizabeth I. wurde 1603 Maria Stuarts Sohn James VI. in Westminster zum König von England ge-krönt. Nun war er James VI. von Schottland und James I. von England. Nach der Verlegung des Königshofes von Edinburgh nach London, wurde aus Holyrood-house eine verwaiste Residenz.

nige anfertigen. Dazu wurde der Maler Jakob de Witt verpflichtet, der innerhalb von zwei Jahren (1684 – 1686) für 120 Pfund im Jahr immerhin 110 Portraits fa-brizierte. Vor allem die Ähnlichkeit der älteren Monarchen lassen die Vermu-tung aufkommen, dass de Witt hier die künstlerische Freiheit etwas überstra-pazierte und wohl aus Mangel an histo-rischen Vorlagen schon mal selbst Mo-dell saß.

Große Feste wurden im Palace of Holyroodhouse noch einmal gefeiert, als Prinz Charles Edward Stuart, vie-len Schotten besser bekannt als „Bon-nie Prince Charlie", unter dem Jubel der Bevölkerung hierher kam, um die Sache des schottischen Königshauses noch einmal zu retten. Vom 17. September bis 31. Oktober 1745 hielt der Prinz hier Hof und feierte seine anfänglichen Siege mit rauschenden Bällen. Am 16. April 1746 kam dann das schreckliche Ende in der Schlacht von Culloden. Der Prinz floh über die Hebriden nach Italien.

Erst 1822 sah Holyroodhouse wieder etwas vom Glanz eines königlichen Ho-fes, als König George IV. Schottland und Edinburgh einen Besuch abstattete.

Zwanzig Jahre später kam Königin Victoria erstmals nach Holyroodhouse. Seitdem ist der Palast wieder königliche Residenz. Und jedes Jahr halten sich auch heute noch Königin Elizabeth II. oder Mitglieder der Königlichen Familie bei offiziellen Besuchen in Schottland im Palace of Holyroodhouse auf.

Es lohnt sich sehr, eine Besichtigungstour, für die man ca. 2 Stunden Zeit benötigt, durch das Schloss zu unternehmen. Sehenswert sind die Staatsgemächer, die Porträtgalerie mit den Konterfeis von 110 schottischen Königen, französische und flämische Gobelins, die Möblierung im Stil des 18. Jh. und die Stuckdekoration der Decken. Und natürlich sind auch die Gemächer Maria Stuarts zu sehen und die im Audienzsaal im Boden eingelassene Messingplatte, die die Stelle markiert, an der David Rizzio ermordet wurde.

In einem Teil des Schlosses wurde die sehr sehenswerte Kunstausstellung **Queen's Gallery** eingerichtet. Die Kunstausstellung eröffnete Ihre Majestät Königin Elizabeth II. am 29.11.2002 höchstselbst. Die Galerie zeigt wechselnde Ausstellungen der Royal Collection.

Aufmerksamkeit verdient auch der wunderschön gearbeitete Brunnen **The Fountain (27b)** im Schlosshof, eine Kopie des Brunnens von Linlithgow, der für Königin Victoria angefertigt worden war.

Bei ausreichender Zeit und schönem Wetter lohnt ein Spaziergang auf den Vulkanhügel **Arthur's Seat**. Die Mühe des Aufstiegs zum 251 m hohen Gipfel wird mit einer prächtigen Rundumsicht belohnt.

Spaziergang durch Edinburghs georgianische New Town

Über die Geschichte der **New Town**, die hauptsächlich zwischen 1767 und 1830 entstand und heute zu den am besten und vollkommensten erhaltenen Stadtbilder im georgianischen Stil zählt, wurde am Beginn dieses Kapitels über Edinburgh schon berichtet.

Am besten beginnt man den Streifzug am **Charlotte Square (20)** [N55° 57' 6.90" W3° 12' 23.91"]. Um dorthin zu gelangen, kann man bis zum Westende der Princes Street gehen, sieht dort

links das renommierte Fünf-Sterne-Hotel *Waldorf Astoria Edinburgh The Caledonian* und erreicht über die nach Norden führende Hope Street den ausgedehnten Charlotte Square, dessen von Robert Adam gezeichneten Häuserfassaden sich um einen kleinen Park mit Grünanlage gruppieren.

Im Haus Nr. 7 an der Nordseite des Platzes, dem sog. **„Georgian House"** **[N55° 57' 8.35" W3° 12' 30.33"]**, hat heute der National Trust for Scotland (NTS) seinen Hauptsitz. Das im georgianischen Stil des 18. Jh. eingerichtete Haus kann besichtigt werden *(geöffnet Ende März - 31. Okt. tgl. 10 - 17 Uhr, Nov. - Mitte Dez. 10 - 16 Uhr; www.nts.org.uk/visit/places/georgian-house)*.

An der Westseite des Platzes fällt die grüne Kuppel der 1811 erbauten ehemaligen **Kirche St. George** auf. Sie enthält heute ein Archiv mit ständiger Ausstellung historischer Dokumente, darunter die „Declaration of Arbroath" von 1320.

Etwas weiter südlich des Charlotte Square, in der South Charlotte Street, stand das Geburtshaus von Graham Bell, dem Erfinder des Telefonapparates.

Man geht die breite George Street nach Osten bis zum Andrew Square und macht je nach Laune Abstecher in die südliche Parallelstraße Rose Street (einige gute Restaurants wie *The Get Stuffed Steak Restaurant* in Nr. 192 oder *Abbotsford Restaurant* in Nr. 3). Die ganze Nordseite der George Street wurde von Robert Adam gestaltet.

Die erste Querstraße ist die **Castle Street**. Im Haus Nr. 39 hatte **Sir Walter Scott** von 1802 bis zu seinem finanziellen Zusammenbruch im Jahre 1826 seine Stadtwohnung. Viele seiner poetischen Werke entstanden dort.

Man kommt zur Querstraße Frederick Street. Folgt man ihr nach Norden über Queen Street hinaus, erreicht man **Heriot Row**. Hier lebte in Nr. 17 zwischen 1857 und 1879 der Schriftsteller **Robert Louis Stevenson**.

Den **St. Andrew Square (21)** **[N55° 57' 17.19" W3° 11' 36.51"]** ziert die Säule des 46 m hohen Melville Monuments, zu Ehren Henry Dundas, Viscount

Robert Louis Stevenson
Der Mann, der die Schatzinsel „entdeckte"

Stevenson wurde am 13. November 1850 in 8 Howard Place in der nördlichen Neustadt geboren. Sein Vater und sein Großvater waren bedeutende Leuchtturmkonstrukteure. Als Junge war Stevenson immer etwas kränklich und verbrachte viele Jahre seiner Jugend in Colinton und Swanston in den Pentland Hills südlich der Stadt. Später erwarb er an der Edinburgher Universität einen Rechtsanwaltstitel, begann aber kurz darauf seine Karriere als Schriftsteller.

Zu vielen seiner Romane wurde Stevenson durch Gestalten und Ereignisse seiner Heimat angeregt. Seine Abenteuergeschichte „The Treasure Island" (Die Schatzinsel) wurde 1883 weltberühmt. Der Roman „Dr. Jekyll and Mr. Hyde" entstand 1886 nach der skandalösen Affäre von 1788 um Deacon Brodie. Teile seines Romans „Kidnapped" spielen im Hawes Inn in South Queensferry. Von dort, dem Gasthaus, in dem Stevenson einen guten Teil des Romans schrieb, wird die Romanfigur David Balfour entführt. Seine unfreiwillige Reise geht über Mull, Lismore und Port Appin nach Ballachulish, wo im Roman der Mord an Red Fox passiert.

Viele Orte an der Küste von Lothian wie Bas Rock oder Gullane oder auch Inveraray werden in „Catriona" beschrieben. Außerdem schrieb Stevenson „An Inland Voyage" (Eine Reise landeinwärts), „Edinburgh picturesque notes" (Malerische Bemerkungen über Edinburgh) u. a. Robert Louis Stevenson starb am 3. Dezember 1894 auf Samoa.

Melville. Das prächtige Stadthaus **Dundas House (28)**, das sich Sir Laurence Dundas 1772 an der Ostseite des Platzes errichten ließ, wurde später Zentrale der Royal Bank of Scotland.

Nördlich des St. Andrew Square findet man in der 1 Queen Street die **Scottish National Portrait Gallery (22) [N55° 57' 20.20" W3° 11' 37.56"]** (geöffnet tgl. 10 - 17 Uhr; www.nationalgalleries.org/portraitgallery). Portraits fast aller namhafter schottischer Größen sind hier zu finden, beginnend in der Zeit des 16. Jh. bis heute. Gemälde von Häuptern königlichen Geblüts hängen neben denen von Wissenschaftlern, Staatsmännern, historischen Gestalten, Schriftstellern oder Künstlern. Natürlich sind Portraits von Maria Stuart vorhanden, aber auch solche von Prince Charles Edward Stuart oder Flora MacDonald, Sir Walter Scott oder Robert Burns, um nur einige wenige zu nennen.

Vom St. Andrew Square kann man südostwärts durch die West Register Street weitergehen Richtung Princes Street. Achten Sie dabei auf das Café Royal and Oyster Bar (17 West Register Street) an der Straßenbiegung, ein renommiertes Pub und Restaurant, das für seine Fischgerichte bekannt ist.

Etwas weiter, schon fast an der Princes Street, steht das **Register House**, ein Bau aus dem 18. Jh. nach Plänen von Robert Adam errichtet. In dem hier untergebrachten Nationalarchiv wird u. a. der Unionsvertrag „Treaty of Union" von 1707 aufbewahrt. Vor dem Gebäude sieht man eine Statue des Duke of Wellington.

Gegenüber, beiderseits der nach Süden in die Altstadt führenden North Bridge, liegen das renovierte Luxushotel The Balmoral Edinburgh und gegenüber das **Hauptpostamt (23)**.

Wenig weiter nördlich findet man an der stadtauswärts führenden Leith Street Nr. 107 das Einkaufszentrum **St. James Centre (24) [N55° 57' 20.20" W3° 11' 37.56"]**.

Man kann nun weiter ostwärts über Waterloo Place, der Fortsetzung der

Princes Street, über einen Treppenweg hinauf zum **Calton Hill (25)** gehen. Etwas weiter östlich führt ein Fahrweg auf die Anhöhe.

Von der etwa 100 m hohen Erhebung, die mit ihrem griechischen Tempelfragment eine eigenwillige Stadtsilhouette bildet und sicher nicht zuletzt dazu beitrug, dass Edinburgh gelegentlich als „modernes Athen" bezeichnet wurde, genießt man besonders bei klarem Wetter einen prächtigen Blick über die Princes Street zur New Town und zum Edinburgh Castle.

Oben findet man eine ganze Ansammlung von Denkmälern. Da fallen die 12 griechischen Säulen des **National Monument** ins Auge. Dieser um 1824 letztendlich aus Geldmangel unfertig gebliebene Versuch, nach Plänen von Playfair das Parthenon von Athen zu kopieren, ist heute eine Gedächtnisstätte an die in den Napoleonischen Kriegen gefallenen Schotten.

Der etwas über 30 m hohe runde Turm südlich davon ist das **Nelson Monument [N55° 57' 15.00" W3° 10' 57.31"]** und Admiral Horatio Viscount Nelson, dem Helden von Trafalgar, gewidmet. Man kann das zwischen 1807 und 1817 errichtete Monument besteigen (*geöffnet tgl. a. So 10 - 16 Uhr, im Sommer bis 19 Uhr; www.edinburghmuseums.org.uk/Venues/Nelson-Monument*). Stufen (es sind weit über hundert) führen zu einer Aussichtsplattform, von der aus ein unvergleichlicher Panoramablick möglich ist.

Die Mauern nördlich vom Turm gehören zum ehemaligen Observatorium aus dem 18. Jh., das damals nach Plänen von James Craig erbaut worden war. Und das nach griechischer Manier gestaltete Rundtempelchen westlich vom Nelson Monument zeichnete Edinburghs großer Stadtarchitekt des 19. Jh., William Playfair. Es erinnert an den Philosophieprofessor Dugald Stewart.

Weitere Sehenswürdigkeiten

Die beiden nachstehend beschriebenen Museen in der Chambers Street, **Royal Museum** und **National Museum of Scotland**, wurden zusammengefasst und als neues, erweitertes **National Museums of Scotland** wiedereröffnet.

Royal Museum (26) [N55° 56' 50.05" W3° 11' 25.41"], Chambers Street (*geöffnet tgl. 10 - 17 Uhr; Eintritt frei; www.nms.ac.uk/national-museum-of-scotland/*). – Dieses Museum mit seinem neuen, modernen Gebäudeteil liegt neben der Alten Universität. Es ist in einem interessanten Bauwerk mit venezianischer Renaissancefassade untergebracht. Eröffnet wurde das nach Plänen des englischen Architekten Captain Francis Fowke errichtete Museum im Jahre 1866 von Prince Alfred, Duke of Edinburgh.

In den auf mehrere Stockwerke verteilten Ausstellungsräumen sieht man, z. B. im Westflügel des Erdgeschosses u. a. Maschinen und Geräte, die über die industrielle Entwicklung und das Transportwesen Schottlands Aufschluss geben. Darunter sind Dampfmaschinen von James Watt, erste Dampflokomotiven, ein riesiges Wasserrad, Motoren, Modelle aus den Anfängen des Flugzeugbaus etc.

Eine andere Abteilung befasst sich mit dem Seehandel, mit der Fischerei. Die Modelle der historischen Segler „D'Bataviase Eeuw", „Great Michael" oder „Cutty Sark" gehören zu den wertvollsten Exponaten dieser Art im Museum. Im Ostflügel des Erdgeschosses kann man eine große Ausstellung von Vögeln und exotischen Tieren bewundern.

Im ersten Stock findet man Mineralien, Skulpturen und sakrale Kunstwerke aus dem Mittelalter, Exponate aus dem alten Ägypten, ein Modell über die Entstehungsgeschichte des Bell Rock Lighthouse von Robert Stevenson, historische Trachten, eine Münz- und Silbersammlung u. a.

Und im zweiten Stock schließlich sind Mineralien und Edelsteine, Fossilien, Ausstellungsstücke asiatischer und afrikanischer Kulturen, aber auch eine umfangreiche Glas- und Porzellansammlung zu sehen.

Neben dem Royal Museum findet man, ebenfalls in der Chambers Street, in einem modernen Neubau **National**

Museum of Scotland (26) [N55° 56' 50.03" W3° 11' 27.36"] *(geöffnet tgl. 10 - 17 Uhr, Eintritt frei; www.nms.ac.uk/national-museum-of-scotland/)*, das neue Nationalmuseum Schottlands. In zeitgemäßer Form wird dem Besucher anhand von über 10.000 Exponaten und Ausstellungsstücken die außergewöhnliche Geschichte des Landes und seiner Bewohner präsentiert.

Die umfangreiche archäologische Abteilung z. B. führt den Besucher durch die Entwicklungs- und Kulturgeschichte Schottlands von der Frühzeit über die Kultur der Pikten, die Zeit der Römer, später der Wikinger in Schottland bis hin zu der Zeit der Aufstände und Schlachten im 17. und 18. Jh. bis zum heutigen Tag.

Die Reihe der Ausstellungen beginnt im Untergeschoss (Level 0) mit Informationen über Frühgeschichte **„Early People"** und führt weiter über die Abteilung **„The Kingdom of the Scots"** u. a. im Erdgeschoss (Level 1) und im Stockwerk darüber.

Es folgt **„Scotland Transformed"** mit Ausstellungen über Schottlands Geschichte von der Zeit der Union der Parlamente Schottlands und Englands bis zum Industriezeitalter (Level 3).

Danach gelangt man zur Ausstellung **„Industry and Empire"** (Level 4 und 5, Restaurant und **Verbindungsgang zum Royal Museum**) und endet schließlich bei den Abteilungen **„Science and Industry"**, **„Natural World"** und **„World Culture"** (Level 6).

Die Informationen der einzelnen Abteilungen werden durch Multimedia Präsentationen ergänzt und einzelne Ausstellungsobjekte noch eingehender vorgestellt. Schöner Stadtblick von der Dachterrasse. Turmrestaurant, Museum Shop, Führungen.

Dean Village [Dean Village Entrance, N55° 57' 6.85" W3° 13' 5.00"] liegt im Westen der New Town am Flüsschen Water of Leith. In dem ehemaligen Müllerviertel findet man in Gassen am Water of Leith noch einige Stadtansichten, die in einem freundlichen Gegensatz zur strengen Formalität der New Town stehen. Suchen Sie z. B. die Bell's Brea, die von der Hauptstraße Queensferry Street abzweigt und über eine hübsche alte Bogenbrücke führt. Es gibt Spazierwege entlang des Water of Leith.

Man kann den Abstecher nach Dean Village mit einem Besuch der **Scottish National Gallery of Modern Art [Parkplatz, WP 045 / N55° 57' 3.74" W3° 13' 43.26"]** *(geöffnet tgl. 10 - 17 Uhr; www.nationalgalleries.org)* in der 75 Belford Road unweit südwestlich von Dean Village verbinden. Die Schottische Nationalgalerie der Modernen Kunst wurde 1960 eröffnet. Einen Schwerpunkt der umfangreichen Ausstellung bilden Gemälde, Skulpturen und graphische Arbeiten von Künstlern des 20. Jh. aus Europa und Amerika.

Zu sehen sind in den Ausstellungsräumen Werke von Arp, Bonnard, Ernst, Matisse, Miro, Nolde, Picasso u. a., während im Freigelände Plastiken z. B. von Henry Moore, Jacob Epstein u. a. zu bewundern sind.

Knapp 2 km nördlich des Stadtzentrums, zu erreichen über Broughton Street, liegt der sehr besuchenswerte **Royal Botanic Garden [N55° 57' 51.82" W3° 12' 46.21"]** *(geöffnet März - Sept. 10 - 18 Uhr, Feb. + Okt. tgl. 10 - 17, Nov. - Jan. 10 - 16 Uhr; www.rbge.org.uk/the-gardens/edinburgh/)*. Bekannt ist der Botanische Garten vor allem wegen seiner einmaligen Rhododendronsammlung, seines Steingartens und seiner prächtigen Gewächshäuser voller exotischer Pflanzen.

Der **Edinburgh Zoo [Parkplatz, WP 046 / N55° 56' 34.09" W3° 16' 6.09"]** *(geöffnet Apr. - Sept. tgl. 9 - 18 Uhr; Okt. + März 10 - 17 Uhr; Nov. - Feb. 10 - 16 Uhr; www.edinburghzoo.org.uk)* liegt rund 6 km westlich der Stadt an der Corstorphine Road (A8). Beliebtes Spektakel ist die tägliche Pinguin Parade, für die der Zoo weit über die Stadt hinaus bekannt ist.

Craigmillar Castle (HS) **[Parkplatz, WP 047 / N55° 55' 34.09" W3° 8' 18.37"]** *(geöffnet Apr. - Sept. tgl. 9.30 - 17.30 Uhr; Okt. - März Mo - Mi + Sa + So 10 - 16 Uhr, letzter Einlass 30 Min. vor*

Schließung; www.historicenvironment. scot/visit-a-place/places/craigmillar-castle/), ca. 5 km südöstlich vom Stadtzentrum, etwas östlich abseits der Old Dalkeith Road (A68) gelegen, ist bei längerem Aufenthalt in Edinburgh ein weiteres lohnendes Besichtigungsziel. Die angegebenen Öffnungszeiten unterliegen Änderungen!

Zu sehen sind ein von Festungsmauern umgebener mächtiger Wohnturm aus dem 14. Jh. und Reste einer Residenz (Great Hall mit großem Kamin) aus dem 16. und 17. Jh. Große Teile der Burg fielen 1544 einem Brandanschlag zum Opfer.

Maria Stuart hielt sich häufig in Craigmillar Castle auf. Hier suchte sie nach dem Mord an Rizzio zunächst Zuflucht und es heißt auch, dass auf Craigmillar Castle die Fäden gesponnen wurden, die schließlich zum Anschlag auf Lord Darnley führten.

Für den speziell Interessierten werden außerdem von Interesse sein:

Das **National Museum of Rural Life** ehemals **Scottish Agricultural Museum** in **Ingliston** (www.scotland.com/museums/scottish-agricultural-museum/), ist westlich der Stadt über Queensferry Road (A90) und die A8 Richtung Flughafen zu erreichen (Weiterbestand an dieser Lokation fraglich). Das mehrfach mit Preisen ausgezeichnete Museum befasst sich mit der Agrikultur, mit landwirtschaftlichen Geräten, Anbaumethoden und den sozialen und gesellschaftlichen Aspekten des Bauerntums in Schottland.

Lauriston Castle [Parkplatz, WP 048 / N55° 58' 8.40" W3° 16' 42.37"], 2 Cramond Road South (obligatorische Führungen Mo, Di Mi um 14 Uhr, Sa + so um 14 Uhr und 15 Uhr; Gärten tgl. 8 - 17 Uhr, Eintritt in die Gärten frei; https://www.edinburghmuseums.org.uk/venue/lauriston-castle) rund 6 km nordwestlich des Stadtzentrums, nördlich der Queensferry Road (A90).

Sir Archibald Napier ließ sich im 16. Jh. hier einen befestigten Landsitz bauen, der aber im Laufe der Jahrhunderte mehrfach Umbauten erfuhr bis das heutige Schloss entstand. John Law, Schriftsteller und Finanzier in Frankreich, lebte hier im 18. Jh. Ein Besuch lohnt wegen der kostbaren Möblierung und der Gemäldesammlung. Schöner Park.

Edinburgh Festivals

Das **Edinburgh International Festival** (www.eif.co.uk) wurde erstmals 1947 durchgeführt. Damals hatte man die Absicht, die besten Theaterkompanien, Produktionen, Schauspieler, Sänger und Regisseure aus aller Welt in die schottische Hauptstadt zu holen und Edinburgh drei Wochen lang zu einem kulturellen Mittelpunkt zu machen. Seit dieser Zeit ist Edinburgh von Ende August bis Anfang/Mitte September ein internationaler Treffpunkt für Künstler, Interpreten und Theatergruppen, für Freunde der Oper, des Tanzes, des Konzerts, der Kammermusik, des Schauspiels und der Poesie.

Anhänger der Pantomime, der Straßenmusik oder avantgardistischer Kunstformen kommen auf den **„The Fringe"** genannten Festspielprogrammteilen während des **Edinburgh International Filmfestival** auf ihre Kosten.

Großer Beliebtheit erfreut sich seit 1950 jedes Jahr aufs neue das während der Festspielzeit im August stattfindende **„Royal Military Tattoo"** (www.edintattoo.co.uk). Die Darbietung dieses mit Musik und Folklore untermalten Aufmarsches zu einem „Großen Zapfenstreich" auf dem Esplanadeplatz, mit Edinburgh Castle als Kulisse, zieht dann jeden Abend an die 9.000 Besucher an. Traditionell präsentieren sich auf dem Military Tattoo Dudelsackkapellen schottischer Regimenter, Musikkorps und ausländische Militärkapellen.

Der Name „Tattoo" stammt übrigens keineswegs aus dem Englischen, sondern laut Definition des Tattoo Office aus dem Holländischen. Früher wurde den Soldaten, die in den Kneipen der Stadt zechten, abends durch Trommeln angekündigt, nun in ihre Quartiere zurückzukehren. Für die Wirte war es die Aufforderung „Zapfen streichen" bzw. „Tap to" (Zapfen zu). Die einfachen Trommelwirbel wurden im Laufe der Jahrhunderte zu einem prächtigen Zeremoniell mit bunten Paradeuniformen, Aufmärschen und viel Musik.

Tickets kann man bestellen bei https://www.edintattoo.co.uk/tickets oder telefonisch unter +44 [0] 131 225 1188.

Unbedingt anzuraten ist eine rechtzeitige Reservierung von Hotelzimmern bei Besuchen der Stadt während der Festspielzeit und des Military Tattoo!

PRAKTISCHE HINWEISE – EDINBURGH

Edinburgh Information Centre [N55° 57' 9.47" W3° 11' 26.58"], 3 Princes Street, Edinburgh EH2 2QP, Tel. +44 (0)8452 255 121, 0131 473 3868; www.visitscotland.com/info/services/edinburgh-information-centre-p234441. *Geöffnet Jan. - Anf. Juni + Mitte Sept. - Ende Dez. Mo - Sa 9 - 17 Uhr, So 10 - 17 Uhr; Juni Mo - Sa 9 - 18 Uhr, So 10 - 18 Uhr; 1. Juli - 8. Sept. Mo - Sa 9 - 19 Uhr, So 10 - 19 Uhr.*

Edinburgh International Festival, The Hub, Castlehill, Edinburgh EH1 2NE, Tel. +44 (0)131 473 20 00; https://www.eif.co.uk/.

Military Tattoo Office, 32 Market St., Edinburgh EH1 1QB, Tel. +44 (0)131 225 11 88; www.edintattoo.co.uk.

The National Trust for Scotland (NTS), Hermiston Quay, 5 Cultins Road, Edinburgh EH11 4DF, Tel. +44 (0)131 458 03 03; www.nts.org.uk.

Ambulanz, Polizei, Feuerwehr: 999. Für Notrufe unter 999 ist kein Münzeinwurf bei Münzfernsprechern notwendig.

Festivals, Veranstaltungen

TradFest Folk Festival Edinburgh, Ende April für 12 Tage; www.tracscotland.org/festivals/tradfest.

Edinburgh International Film Festival, Mitte - Ende Juni; www.edfilmfest.org.uk.

Royal Edinburgh Military Tattoo, 2.-4. Woche im August; www.edintattoo.co.uk.

Edinburgh Jazz and Blues Festival, 3. Juliwoche; www.edinburghjazzfestival.com.

RESTAURANTS

The Abbotsford, 3-5 Rose St., Tel. +44 (0)131 225 52 76; www.theabbotsford.com; gute Küche im Restaurant „Above" sowie in der „Island Bar" im Untergeschoss, ein sehr schönes, viel besuchtes Pub.

Beehive Inn, 18-20 Grassmarket,Tel. +44 (0)131 225 71 71; www.taylor-walker.co.uk/pub/beehive-inn-lothian/s9884/; eine der ältesten Kneipen der Stadt und schon vor gut 400 Jahren als Kutschenstation aufgesucht, zum Essen sollte man das **Restaurant** im Obergeschoss aufsuchen, mittlere Preislage. Richtig lebendig wird es im Beehive Inn aber erst zu vorgerückter Stunde.

Jackson's, 209, High Street, Tel. +44 (0)1311 225 17 93; in der Altstadt, rustikales Ambiente, serviert werden Gerichte vom Fisch, Lamm u. a. und man sollte die schottische Nationalspeise „Haggis" probieren, es soll sich hier lohnen. Außerdem wird eine Getränkeliste mit weit über 50 Whiskysorten angeboten, gehobene Preislage.

La Lanterna, 83, Hanover St., Tel. +44 131 226 30 90; https://www.lalanternaedinburgh.com/; guter „Italiener", Pasta, Spaghetti u. Co. zu erschwinglichen Preisen, in der New Town unweit Princes Street.

Merchants, 17, Merchant St., Tel. +44 131 225 40 09; www.merchantsrestaurant.co.uk; recht einladendes Lokal in der Altstadt etwa zwischen George IV Bridge und Grassmarket. Gute Küche, mittlere bis gehobene Preislage, zu den Spezialitäten zählen Lamb Chops mit Mintsauce, Kalbfleisch in Dill oder Rinderroulade mit Backpflaumen und Avocadomousse. Sonntags geschlossen.

HOTELS

Albany Ballantrae ****, £££, 43 Zi., 39-47 Albany St., Tel. +44 131 556 03 97; www.ballantrae-albanyhotel.co.uk; angenehmes Haus in der New Town, noch in Gehnähe zur Innenstadt, WLAN, Parkplatz.

Hilton Edinburgh Carlton ****, ££££, 189 Zi., 19 North Bridge, Tel. +44 (0)131 472 30 00; http://www3.hilton.com/en/hotels/united-kingdom/hilton-edinburgh-carlton-EDICAHI/index.html; zentral gelegenes Stadthotel zwischen Princes Street und Grassmarket, Restaurant, Bar, Schwimmbad, Fitnesseinrichtungen, Restaurant. WLAN. Parkmöglichkeit.

Radisson Blu Edinburgh Hotel ****, £££££, 238 Zi., 80 High St., The Royal Mile, Tel. +44 (0)131 557 97 97; www.radissonblu.co.uk/hotel-edinburgh; Firstclass Hotel der gehobenen Preisklasse, zentraler kann man in der historischen Altstadt kaum wohnen, modernes Haus, außen im alten Stil der Stadthäuser an der Royal Mile gehalten, Restaurant, Pianobar, Schwimmbad, WLAN. Parkmöglichkeit.

Crowne Plaza Royal Terrace ****, ££££, 107 Zi., 18 Royal Terrace, Tel. +44 (0)131 557 32 22; www.ihg.com/crowneplaza/hotels/us/en/edinburgh/edite/hoteldetail; gepflegtes Haus in der New Town hinter dem Calton Hill, obere Preislage, Hotelgarten, Restaurant, WLAN, Parkplatz.

Edinburgh Capital Hotel ***, ££, 111 Zi., 187 Clermiston Rd., Tel. +44 (0)131 535 99 88; www.edinburghcapitalhotel.co.uk; ordentliches Mittelklassehotel, etwas außerhalb ca. 12 km westlich des Zentrums nahe der A90, Restaurant, Bar, Sauna, Schwimmbad, Fitnesscenter, WLAN, Parkplatz.

CAMPING

Camping Mortonhall Caravan & Camping Park [WP 049 / N55° 54' 11.36" W3° 10' 48.48"], 701 Frogston Road East; Tel. +44 (0)131 664 15 33; www.meadowhead.co.uk/mortonhallHome.aspx; Jan. – Dez.; ca. 10 km südl. des Stadtzentrums, von der Südumgehung A720 an der Kreuzung mit A702 stadteinwärts zur Frogston Road; gepflegtes Wiesengelände in Parklandschaft, teils eben, teils leicht geneigt, einige Hartstandplätze; in der Ferienzeit sehr stark frequentiert, mit entsprechenden Auswirkungen auf die Sanitäreinrichtungen! Ca. 8 ha – 250 Stpl.; Standard-Sanitärausstattung; Laden, Waschmaschine mit Trockner, rustikales Pub „The Stable" und Restaurant im ehem. Gutshof. Mietbungalows und Mietcaravans. WLAN, Internetecke. **V & E für Wohnmobile**. Haltestelle der Buslinie zum Stadtzentrum in Gehnähe.

Camping Edinburgh Caravan Club Site [WP 050 / N55° 58' 39.83" W3° 15' 54.70"], 35-37 Marine Drive, Tel. +44 (0)131 312 68 74; www.caravanclub.co.uk/club-sites/scotland/edinburgh/edinburgh-caravan-club-site/; Jan. – Dez.; Platz des Caravan Clubs (non members welcome), ca. 7 km nordwestlich Edinburgh, Zufahrt ab A90 (South Queensferry – Edinburgh) Queensferry Road, Nähe Lauriston Castle und Firth of Forth; fast ebene, gepflegtes Gelände mit befestigten Platzstraßen und Stellplätzen; ca. 5 ha – 160 Stpl.; Standard-Sanitärausstattung. Waschmaschine mit Trockner, WLAN. **V & E für Wohnmobile**. Haltestelle der Buslinie zum Stadtzentrum in Gehnähe.

Musselburgh bei Edinburgh

Camping Drum Mohr Holiday Park [WP 051 / N55° 56' 58.59" W3° 0' 26.84"], Levenhall, Tel. +444 (0)131 665 68 67; www.drummohr.org; Jan. – Dez.; von Musselburgh ca. 1 km auf der A199 (Musselburgh – Haddington) ostwärts, dann auf die Küstenstraße B1348 abzweigen, beschildert; gepflegtes fast ebenes Wiesengelände, durch Platzstraße aufgeteilt, mit Hartstandplätzen. Neben einem Golfplatz. Standard-Sanitärausstattung. Laden, Waschmaschine mit Trockner, Internetecke. Mietcaravans und hübsche Mietbungalows im skandinavischen Stil. **V & E für Wohnmobile**.

TOUR 6: EAST LOTHIAN RUNDFAHRT

Länge der Tour: Rund 180 km /112,5 mls, ohne Abstecher.

Die Route: Über die Straße A900 bis **Leith** – A198 über **Aberlady** und **North Berwick** bis **Tyninghame** – A1/A1087 bis **Dunbar** – A1 bis **Haddington** – A6093 und B 6367 bis **Crichton** – A7 bis **Dalkeith** – A76 bis **Edinburgh**.

Reisedauer: Mindestens ein Tag.

Höhepunkte: Die königliche Yacht „HMY Britannia" ** – das **Dirleton Castle** * – die Lage von **Tantallon Castle** ** – **Museum of Flight** – **Crichton Castle** * – eine Übernachtung im **Borthwick Castle Hotel**.

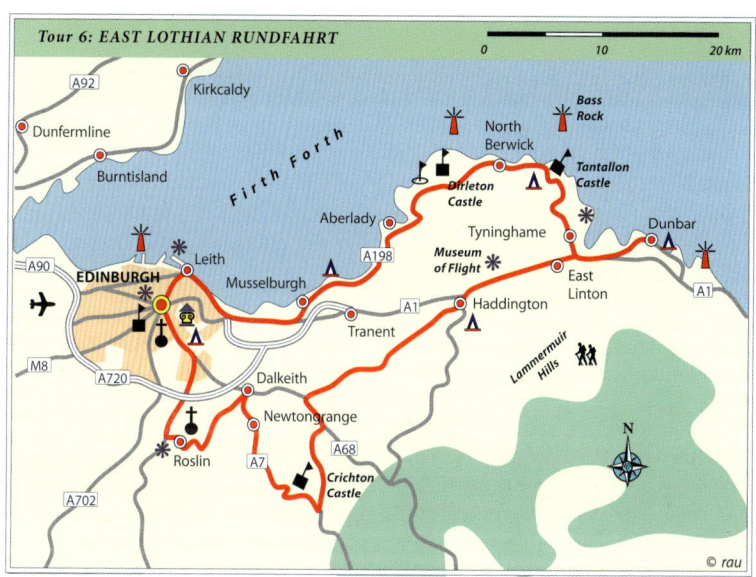

Tour 6: EAST LOTHIAN RUNDFAHRT

Dieser Abstecher führt über Leith an die Küste östlich von Edinburgh in die Region East Lothian.

*ROUTE: Zunächst ab Edinburgh Zentrum über die A900 (Leith Way) nach Nordosten ins knapp 4 km entfernte **Leith**.*

Im **Hafen von Leith** hat 1999 die königliche Yacht **„HMY Britannia" [Parkplatz, WP 052 / N55° 58' 54.22" W3° 10' 30.23"]** an ihrem traditionellen Liegeplatz „Royal Berth" für den Rest ihrer

Tage festgemacht und dient nun als Museumsschiff *(geöffnet Apr. - Sept. tgl. 9.30 - 16.30 Uhr, Jan. - März + Nov. 10 - 15.30 Uhr; Okt. 9.30 - 16 Uhr; www.royalyachtbritannia.co.uk).*

Die königliche Yacht „Britannia", am 16. April 1953 auf der Werft John Brown's Shipyard in Clydebank von Stapel gelaufen, hat im Laufe ihrer über 40-jährigen Dienstzeit alle Weltmeere befahren und bis 1998 nicht weniger als 700 offizielle Reisen unternommen. Besucher, die auf der Yacht sehen können, wie die

Die königliche Yacht „Britannia"

Royals hier lebten und Staatsgäste empfingen, oder wo einstmals Prinz Charles und Prinzessin Diana logierten, beginnen mit ihrem Besichtigungsprogramm zunächst im modernen **Visitor Centre**. Dort ist die „Royal Barge" zu sehen, mit der Königin Elizabeth II. und der Herzog von Edinburgh an Land gebracht wurden.

Zu sehen gibt es neben der Brücke, den Quartieren der Crew und dem Maschinenraum natürlich auch die königlichen Gemächer, darunter „The Queen's Sitting Room", „The Sun Lounge" und den Speisesaal „The Dining Room". Sehr beliebt bei Besuchern ist das Restaurant „The Royal Deck Tea Room". Dauer des Rundgangs ca. 1 ½ Stunden, samt Filmvorführung ca. 2 Stunden.

Mein Tipp! Man kann sich lange Wartezeiten ersparen, wenn man Eintrittskarten telefonisch unter der Tel. +44 (0)1 31-55 55 566 (tgl. 9 – 17 Uhr) vorreserviert.

Bei Interesse an Stoffen mit dem schottischen Karomuster sollten Sie einen Besuch bei **ScotClans,** ehemals Scottland's Clan Tartan Centre, 7 Sandport Place, im Zentrum von **Leith** einplanen **[Parkplatz, N55° 58' 32.51" W3° 10' 23.02"]**. Anhand von Ausstellungen kann man die verzweigten Spuren und Wege verschiedener Tartanmuster verfolgen.

ROUTE der East-Lothian Rundfahrt: Ab **Leith** *auf der küstennahen A198 über* **North Berwick**, **Tantallon Castle** *und* **John Muir Country Park** *bis* **Dunbar** *und über die A1 zurück bis Haddington. Weiter auf Landstraßen über Crichton, Gorbridge und Newtongrange – evtl. mit einem Abstecher nach* **Roslin** *(siehe Route 22, Blair Atholl – Peebles) – zurück nach* **Edinburgh***.*

Über **Musselburgh** (*Camping siehe unter Edinburgh*) und **Prestonpans** erreicht man zunächst **Cockenzie and Port Seton**, einen Industrieort und Fischereihafen mit Kraftwerkstation, und fährt dann an der Gosford Bucht mit **Stränden** (zahlreiche Parkplätze) bis **Aberlady**.

Aberlady an der gleichnamigen Bucht war schon im 12. Jh. ein wichtiger Hafen. Heute ist der hübsche Küstenort mit sehenswerten Straßenzeilen ein beliebter Standort für Golfer.

Von Aberlady zieht sich eine schöne Küstenlandschaft nach Nordosten. Es bietet sich Gelegenheit landeinwärts

Kilts und Karos
Auf den Spuren der schottischen Clans

Welch Sippe Kind er ist, erkennt jeder gestandene Schotte am **Tartan** seines Gegenübers. Tartan, auf gälisch „breacan" (kariert), das ist der buntkarierte Wollstoff mit dem berühmten Schottenmuster, der in den Highlands heute noch hergestellt wird.

Ursprünglich war der Tartan ein großes Stück Stoff (plaid), das zusammengelegt wie eine Schärpe über die Schulter geworfen getragen wurde und bei schlechtem Wetter oder bei Kälte als Umhang und des Nachts als Unterlage, Kopfkissen oder Decke benutzt wurde. Nach dem Jakobitenaufstand wurde der Tartan, das Wahrzeichen der Clans, geächtet.

Die eher romantischen Beschreibungen Sir Walter Scotts des schottischen Hochlandes und seiner Clans mystifizierte die Bedeutung der Tartans sehr, was den Leuten des 19. Jh. zwar gefiel, aber das Wirrwarr über die Deutung der Karomuster nur noch vergrößerte. Und wenn Sie heute in einem Geschäft einen solchermaßen bunt karierten Wollstoff kaufen, so wird Ihnen der Verkäufer sicher sagen, das ist der Tartan der Kennedys oder der MacDonalds, der MacNabs oder der MacGregors. Ob das aber stimmt? Selbst königliche Würdenträger sollen auf solche unrichtigen Aussagen schon hereingefallen sein. Heute sind nicht weniger als rund 1.600 verschiedene Tartanmuster bekannt. Nur noch Ahnenforscher kennen sich in den Streifen, Karos und Farbkombinationen wirklich aus.

Sicher bis auf den heutigen Tag ist jedoch, dass aus dem buntkarierten Wollstoff der **Kilt**, das heiße Röckchen der Schotten, geschneidert wird. Und hier sollen Sie nun endlich die Antwort auf die bange Frage „Was trägt der Schotte drunter?" erhalten. Manche sagen ja, nichts, aber den Beweis hat noch keiner angetreten. Früher jedenfalls, so ist zu erfahren, trug man unterm Kilt lange Strümpfe oder Strumpfhosen, die „trews". Heute sind die Strumpfhosen etwas kürzer geworden und haben sich zu schottischen Hot-Pants zurückentwickelt, die allgemein als „tartan-shorts" bekannt sind. Der gepflegte Schotte achtet dabei natürlich auf Farben, die zum Kilt passen.

Wenn Sie sich im zeitlosen Chic eines originalen Schottenrocks kleiden wollen, müssen Sie für die gut 7 m (8 yards) Stoff samt Näharbeiten mindestens 200 Pfund Sterling auf den Tisch des Schneiders legen. Aber es ist eben eine Kunst, den Tartanstoff so geschickt zu falten, dass der Charakter des Karomusters erhalten bleibt.

Aber mit einem Kilt alleine ist es nicht getan. Kiltnadel, die den Rock seitlich zusammenhält, breiter Gürtel mit lederner Tasche (sporran), möglichst verziert mit Silberbeschlägen, Pelzbesatz und Pferdehaarquasten, Kniestrümpfe (hose) und Schuhe (brognes), das traditionelle Messer (skean dhu), im rechten Kniestrumpf zu tragen und eine Tweed-Jacke (Argyll Jacket), vorzugsweise schwarz, gehören zum kompletten Outfit. Und dafür kommen schnell weitere 200 Pfund Sterling zusammen.

zum **Myreton Motor Museum [WP 053 / N56° 0' 16.14" W2° 49' 28.49"]** (interessante Oldtimer, Motorräder, Fahrräder, Militärfahrzeuge aus dem 2. Weltkrieg u. a.; abzuzweigen *(geöffnet Apr. - Okt. tgl. 10 - 16 Uhr, übrige Zeit tgl. a. Mi 10.30 - 16.30 Uhr; www.myretonmotormuseum.co.uk).*

Kurz darauf kommt man durch **Gullane**, das Kenner seiner Golfplätze, besonders des traditionsreichen Meisterschaftskurses *Muirfield Course* wegen, und Badegäste der nahen **Sandstrände** wegen schätzen. Gullanes Golfclub wurde schon 1744 gegründet und sein ehrwürdiger Golfplatz soll angeblich der älteste der Welt sein. Beliebt ist der **Strand Yellowcraigs** mit Blick zu den vorgelagerten Inseln.

In **Dirleton**, nur wenige Meilen weiter Richtung North Berwick, liegen auf einer felsigen Erhöhung die Ruinen von **Dirleton Castle (HS) [Parkplatz, WP 054 / N56° 2' 42.79" W2° 46' 51.89"]** mitten in einem ausgedehnten, gepflegten Park des kleinen, aber recht anziehenden Ortes *(geöffnet Apr. - Sept. tgl. 9.30 - 17.30 Uhr; Okt. - März tgl. 9.30 - 16; www.visitscotland.com/info/see-do/dirleton-castle-p248611).*

Die Burg war Sitz der De Vauxs im 13. Jh., der Halyburtons im 14. und 15. Jh. und der Ruthvens im 16. Jh. Dirleton Castle war immer eine starke Festung. 1297 stand man dort fast mühelos eine Belagerung durch Truppen König Eduard I. durch. 1650 allerdings wurde die Burg nach einem Ansturm von Commonwealthtruppen unter General Monck geschleift und liegt seither in Ruinen.

Die ältesten Teile am Südende der Anlage sind Rundtürme mit gewaltigen Mauern links vom Eingang und der Zugbrücke. Sie stammen aus dem frühen 13. Jh. und umgeben einen kleinen Innenhof (Inner Close). Der große Rundturm, in dem sich einst die herrschaftlichen Gemächer befanden (großer Kamin), zählt zu den ältesten Donjons (befestigte Wohntürme) in Schottland. Die Gebäudeteile, die den kleinen Innenhof nach Norden abschließen, stammen aus dem 16. Jh. und wurden von den damaligen Burgherren, den Ruthvens, hinzugefügt.

Der gesamte Nordostflügel rechts vom Zugang entstand im 14. und 15. Jh. unter den Halyburtons. Dort waren u. a. Wach- und Wirtschaftsräume und am Nordende die Kapelle untergebracht. Auch eine Quelle befand sich dort neben der Bäckerei. Über den Wirtschaftsräumen lag der große Festsaal (great hall).

North Berwick, ein beliebtes Seebad mit weiten **Sandstränden,** Golfplätzen, Yachthafen und einem attraktiven **Freibad,** wird oft in Verbindung mit dem Schriftsteller Robert Louis Stevenson genannt, der sich hier und im Umfeld der Stadt häufig aufhielt.

Für Interessierte lohnt ein Besuch im **North Berwick Museum [N56° 3' 30.34" W2° 42' 53.06"]** in der School Road. Archäologie und Naturgeschichte sind Schwerpunkte im Museum. Außerdem gibt es eine interessante Sammlung über heimische Seevögel, die z. B. die vorgelagerten Inseln bevölkern.

Zumindest bei schönem Wetter sollte man einen Abstecher zum nur knapp 2 km südlich von North Berwick gelegenen Aussichtsberg **North Berwick Law** nicht versäumen. Von dem ca. 190 m hohen Vulkankegel mit Aussichtsturm genießt man einen einzigartigen Rundblick weit ins Inland bis zu den Lammermuir Hills, über die Stadt zum Bass Rock und über den Firth of Forth nach Norden zur Küste von Fife und an klaren Tagen

PRAKTISCHE HINWEISE – NORTH BERWICK

North Berwick Information Point [N56° 3' 30.70"   W2° 42' 54.72"], School Road, The Old School, North Berwick Library EH39 4HJ, Tel. +44 (0)1620 89 21 97; www.north-berwick.co.uk. *Geöffnet Apr. – Dez. Mo, Di, Fr 9 - 17 Uhr, Mi 10 - 17 Uhr, Do 9 - 19 Uhr, Sa 9.30 - 16 Uhr.*

HOTELS

The Macdonald Marine Hotel & Spa ****, ££££, 83 Zi., Cromwell Road, Tel. +44 (0)844 879 91 30; www.macdonaldhotels.co.uk/marine/. Das traditionsreiche, komfortable Firstclasshotel stammt aus dem 19. Jh. und besticht durch seine schöne Lage am Firth of Forth mit Meerblick, ausgezeichnetem Restaurant, Wellnessbereich mit Schwimmbad, Hydropool und Fitnessraum, WLAN, Parkplatz.

CAMPING

Camping North Berwick Tantallon Caravan & Camping Park [WP 055 / N56° 3' 20.25" W2° 41' 25.75 "], Tantallon Road, Tel. +44 (0)1620 893 348; www.meadowhead.co.uk/TantallonHome.aspx; 1. Apr. – 31. Okt.; östlich des Ortes Richtung Tantallon Castle, Zufahrt von der A198; sandiges Wiesengelände; ca. 8 ha – 120 Stpl. + Dau.; Standard-Sanitärausstattung. Kiosk, Waschmaschine mit Trockner, WLAN, Mietcaravans und Mietbungalows. **V & E für Wohnmobile**.

sogar bis zu den Grampian Mountains.

Rund 5 km nordöstlich von North Berwick ragt etwa 110 m hoch ein Felskegel vulkanischen Ursprungs aus den Wassern des Firth of Forth, der **Bass Rock**. Der Leuchtturmfelsen, einst Eremitenklause, dann Gefängnisinsel und Festungsberg, ist heute ein wichtiges Schutzgebiet für Seevögel. Jedes Jahr nisten und brüten hier noch Tausende von Papageientauchern, Kormoranen, Basstölpeln, Eiderenten, Dreizehenmöwen und verschiedene Wildgansarten etc.

Ab North Berwick Hafen werden Bootsausflüge zum Bass Rock angeboten.

Drei Meilen (ca. 5 km) weiter östlich von North Berwick liegt imposant am felsigen Steilufer hoch über dem Meer die rötlich schimmernde Ruine von **Tantallon Castle** (HS) **[Parkplatz, WP 056 / N56°3'17.25" W2°39'8.85"]** (*geöffnet Apr. - Sept. tgl. 9.30 - 17.30 Uhr; Okt. - März tgl. 10 - 16 Uhr, letzter Einlass 30 Minuten vor Schließung; www.visitscotland.com/info/see-do/tantallon-castle-p248601*). Die Burg wurde im 14. Jh. errichtet, war lange im Besitz der legendären Grafen von Douglas und galt als uneinnehmbar. Den Besucher beeindruckt die Burg noch heute durch ihre gewaltigen Festungsmauern und durch die grandiose Lage.

Auf dem Weg Richtung Dunbar kommt man durch **Whitekirk**. Erwähnung verdient die **St. Mary's Kirche** mit gotischem Turm. Sie wurde im 15. Jh. aus rotem Sandstein errichtet und war ehemals wegen ihrer wundertätiger Quelle ein viel besuchtes Wallfahrtsziel.

Man passiert den hübschen kleinen Ort **Tyninghame** und erreicht wenige Meilen vor Dunbar den **John Muir Country Park**.

John Muir wurde 1838 in Dunbar geboren. Mit seinen Eltern wanderte der 11 Jahre alte John nach den Vereinigten Staaten aus, wo er sich einen Namen als Naturforscher und Naturschützer machte. John Muir war Mitinitiator des amerikanischen, heute weltweit beispielhaften Nationalparksystems. Dem engagierten Einsatz dieses Mannes ist es zu verdanken, dass z. B. die amerikanischen Redwoods und die gigantischen Mammutbäume der Sequoias nicht den Sägemühlen zum Opfer fielen, sondern noch heute eine der großen Attraktion im amerikanischen Westen darstellen (Muir Woods, Sequoia National Park, Yosemite National Park u. a.). John Muir starb 1914.

In der High Street Nr. 128 in **Dunbar** ist das Haus, in dem John Muir 1838

PRAKTISCHE HINWEISE – DUNBAR

Tourist Information Centre [N56° 0' 11.43" W2° 31' 0.39"], 143A, High Street, Dunbar EH42 1ES, Tel. +44 (0)1368 863 353; www.dunbar.org.uk.

HOTELS

Bayswell Park Hotel **, ££, 14 Zi., 16, Bayswell Park, Tel. +44 (0)1368 862 225; www.bayswellparkhotel.com; einfacheres Mittelklassehotel, ansprechend über der Felsküste gelegen, Restaurant mit Meerblick, Bar, WLAN. Parkplatz. **The Pine Marten** *, ££, 27 Zi., Spott Road, Tel. +44 (0)1368 860 013; www.pinemartenpubdunbar.co.uk; einfaches Landhotel, ca. 2 km südlich des Ortszentrums an der A1 gelegen, Restaurant, Pub, WLAN. Parkplatz.

CAMPING

Camping Dunbar Camping & Caravanning Club Site [WP 057 / N55° 59' 31.60" W2° 28' 57.78"], Oxwellmains, Tel. +44 (0)1368 866 881; www.campingandcaravanningclub.co.uk/campsites/uk/eastlothian/dunbar/dunbar; 1. Apr. – 25. Okt.; Zufahrt von Dunbar Richtung Broxburn, beschildert; Wiesengelände an der Küste, der denkmalgeschützte Turm Sloe Biggin Tower steht auf dem Campinggelände; ca. 1 ha – 50 Stpl., einfache Standardsanitärausstattung. **Camping Belhaven Bay Caravan & Camping Park [WP 058 / N55° 59' 45.76" W2° 32' 42.36"]**, Belhaven, Edinburgh Road, Tel. +44 (0)1368 865 956; www.meadowhead.co.uk/belhavenHome.aspx; Anf. März – Ende Nov.; ca. 1 km westlich des Ortes, Zufahrt beschildert; Wiesengelände, ca. 2 ha – 30 Stpl., einfache Standardsanitärausstattung. Geprägt von Mobilehomes.

geboren wurde, zum **Museum John Muir's Birthplace [N56° 0' 10.60" W2° 30' 59.77"]** gemacht worden (geöffnet Apr. - Sept. Mo - Sa 10 - 17 Uhr, So 13 - 17 Uhr; Okt. - März Mo + Di geschlossen; Eintritt frei, Spenden willkommen; www.jmbt. org.uk).

ROUTE: Weiter ab Dunbar über die A1 westwärts Richtung Edinburgh.

Bei **East Linton** kann in der Preston Road die **Preston Mill** (NTS) **[N55° 59' 29.33" W2° 39' 13.27"]** besichtigt werden (geöffnet Mai - Sept. Do - Mo 12.30 - 17 Uhr; www.visitscotland.com/info/ see-do/preston-mill-phantassie-doocot-p255601). Die älteste in ganz Schottland erhaltene Wassermühle stammt aus dem 16. Jh. und arbeitete bis 1957.

In der Nähe (kurzer Spaziergang von ca. 5 Min.) liegt **Phantassie Dovecot** (Dovecot = Taubenschlag) in dem bis zu 500 Tauben nisten konnten.

Wer sich für Flugzeuge, besonders für britische Kampfflugzeuge aus dem 2. Weltkrieg interessiert, fährt von East Linton über die B1377 nordwärts zum **Na-tional Museum of Flight** auf dem ehemaligen East Fortune RAF Airfield **[N55° 59' 43.59" W2° 43' 1.56"]** (geöffnet Apr. - Okt. tgl. 10 - 17 Uhr; Nov. - März Sa + So 10 - 16 Uhr; https://www.nms.ac.uk/national-museum-of-flight/?item_id=).

Sehr reizvolle Landschaften kann man erleben, wenn man einen Umweg südwärts in die Ausläufer der **Lammermuir Hills** unternimmt. Verstreut in dem hügeligen Farmland liegen hübsche kleine Dörfer wie Stenton, Garvald oder Gifford.

Folgt man der A1 von East Linton westwärts, passiert man **Hailes Castle** (HS) **[N55° 58' 21.88" W2° 40' 54.23"]**, eine gewaltige Burgruine aus dem 13. Jh. mit einer sehenswerten Kapelle aus dem 16. Jh. Maria Stuart und Bothwell kamen hier auf ihrer Flucht von Borthwick Castle 1567 kurz unter.

Haddington, eine Kleinstadt am Flüsschen Tyne, war dank seiner zentralen Lage mitten im agrarstarken East Lothian eh und je ein bedeutender Marktflecken, der dann im 18. Jh. als wichtiger Umschlagplatz für die landwirtschaftlichen Produkte der Region einen wirtschaftlichen Höhepunkt erlebte. Ein Spaziergang durch die High Street mit ihren sehenswerten Hausfassaden, zur Nungate Bridge über den Tyne und zur weiter südlich gelegenen St. Mary's Kirche aus dem 12. Jh., die aber im 19. Jh. eingreifende Umbauten erfuhr, lohnt.

Umweg über Crichton

Wer auf den Spuren Maria Stuarts wandeln möchte, sollte ab Haddington nicht den direkten Weg nach Edinburgh wählen, sondern lieber einen südlichen Umweg über die A6093 und über **Crichton, Borthwick, Gorebridge** nach **Newtongrange** machen.

Crichton liegt nur rund 4 km südlich von **Pathhead** (A68). Sehenswert ist **Crichton Castle** (HS) **[N55° 50' 35.84" W2° 59' 27.47"]** *(geöffnet Apr. - Sept. tgl. 9.30 - 17.30 Uhr, letzter Einlass 17 Uhr; https://www.historicenvironment.scot/visit-a-place/places/crichton-castle/)*, ein einstmals stattliches Schloss, dessen Ruinen mit ihren bemerkenswerten, diamantenähnlich facettierten, auf Bogenreihen ruhenden Fassaden den Besucher noch heute beeindrucken. Diesen Fassadenschmuck findet man nirgendwo sonst in Schottland.

James Hepburn, 4. Earl of Bothwell, Maria Stuarts dritter Ehemann, hatte das Schloss ausgangs des 16. Jh. nach italienischen Vorbildern umbauen lassen. Maria, Königin der Schotten, nahm hier an den Hochzeitsfeierlichkeit von Bothwells Schwester, Lady Janet Hepburn, mit Marias Bruder, Lord John, teil.

Nicht weit von Crichton Castle entfernt, findet man **Borthwick Castle [N55° 49' 32.85" W3° 0' 35.68"]**, das ebenfalls in schöner, teils bewaldeter Hügellandschaft liegt. Die mit ihren beiden Türmen recht trutzig wirkende Burg stammt im wesentlichen aus dem 15. Jh. Maria Stuart verbrachte hier, wenn man so will, die „Flitterwochen" mit ihrem dritten Gatten, James Bothwell.

Die Heirat mit Bothwell schon bald nach der Ermordung Darnleys, ihrem

zweiten Gemahl, war vor allem von den politischen Gegnern der schottischen Königin vehement verurteilt worden. Das Glück der beiden Neuvermählten war denn auch trügerisch und nur von kurzer Dauer.

Die aufgebrachten Lords belagerten Borthwick Castle kurzerhand. In letzter Minute gelang Bothwell und der schottischen Königin, die sich als Mann verkleidet hatte, die Flucht.

Aber nicht lange war Maria Stuart nun auf freiem Fuß. Sie wurde gefangengenommen und auf Loch Leven Castle inhaftiert. Dort zwang man sie zu Gunsten ihres kaum ein Jahr alten Sohnes James auf die schottische Krone zu verzichten. Bothwell stirbt Jahre später siech und krank in einem Gefängnis in Dänemark.

Mein Tipp! Sie können in den historischen Mauern von Borthwick Castle übernachten und quasi hautnah auf den Spuren der berühmten Königin der Schotten wandeln. In der Burg ist das gepflegte **Borthwick Castle Hotel** mit 10 komfortablen, allerdings nicht eben billigen Zimmern eingerichtet *(Tel. +44 (0)1875 82 05 14; www.borthwickcastle.com, geöffnet Mitte März bis Ende Dez.*

In **Newtongrange** schließlich gibt es das **National Mining Museum Scotland [N55° 51' 36.96" W3° 3' 56.44"]** zu besichtigen *(geöffnet Apr. - Okt. tgl. 10 - 17 Uhr; Nov. - März 10 - 16 Uhr, letzter Einlasss 15.30 bzw. 14.30 Uhr; https://nationalminingmuseum.com/)*. Das Museum ist in den Gebäuden eines ehemaligen Kohlebergwerks untergebracht und vermittelt einen umfassenden Eindruck von den Umständen und oft erbärmlichen Arbeitsbedingungen, unter denen die Kumpel ehemals Kohle zu fördern hatten.

Newtongrange war noch um die Wende zum 20. Jh. eine der größten Minensiedlungen in Schottland. Und der Minengesellschaft gehörte hier damals alles, die Häuser, die Wohnungen, die Geschäfte und natürlich auch die Pubs.

TOUR 7: EDINBURGH – STIRLING

Länge der Tour: Rund 65 km /40,6 mls.

Die Route: Über die A90 bis **South Queensferry** – Landstraßen über **Hopetoun House** nach **Linlithgow** – A706 nach **Bo' Ness** – A904/905 nach **Airth** – A9 nach **Stirling**

Reisedauer: Mindestens ein Tag, besser zwei oder mehr Tage.

Höhepunkte: Die Kunstsammlung im Landsitz **Dalmeny House** * – die **Forth Brücken** – das Schloss **Hopetoun House** ** – das Herrenhaus **The Binns** * – **Blackness Castle** – Maria Starts Geburtshaus **Linlithgow Palace** ** – die alte Stuartrsidenz **Stirling Castle** ** – Panoramablick vom **Wallace Monument** **.

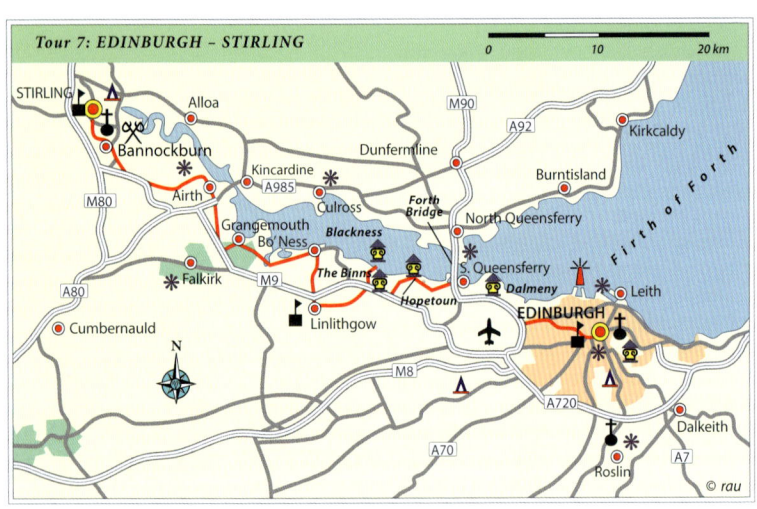

Mein Tipp! Die folgende Etappe ist relativ kurz, aber überaus reich an historischen Sehenswürdigkeiten. Sie alle an einem Reisetag besichtigen zu wollen, wäre dem Reiseerlebnis nicht sehr zuträglich.

Da aber Stirling und die Strecke zwischen Stirling und Edinburgh auf dem Rückweg (Tour 22, Blair Atholl – Peebles) nochmals passiert werden, bietet sich Gelegenheit, das eine oder andere auch später noch zu besichtigen!

Und wer auf die vorausgegangene Rundfahrt durch East Lothian (Tour 6) verzichtet hat, kann einen Besuch der königlichen Jacht „Britannia" in Leith

auch noch auf der Weiterreise nach Stirling einplanen.

*ROUTE: Wir verlassen Edinburgh über die Queensferry Road (A90) in nordwestlicher Richtung. Man kann nach dem Vorort **Cramond** (uriges, über 400 Jahre altes Gasthaus **Cramond Inn**) die Schnellstraße A90 verlassen und schon hier auf die B924 Richtung **South Queensferry** abzweigen. Auf diese Weise passiert man die Zufahrt zu **Dalmeny House**.*

Dalmeny House [Parkplatz, WP 059 / N55° 59' 13.22" W3° 20' 1.90"]

(geöffnet Juni + Juli So, Mo, Di + Mi, Führungen obligatorisch um 14.15 und 15.30 Uhr; www.dalmeny.co.uk), seit 300 Jahren Sitz der Familie Primrose, Earls of Rosebery, wurde 1815 nach Plänen von William Wilkins im Stil der Tudor-Gotik erbaut. Ein Besuch dieses prächtigen Landsitzes lohnt in erster Linie der kostbaren Kunstsammlungen und wertvollen Inneneinrichtungen wegen.

Archibald Primrose, 5th Earl of Rosebery und Premierminister von 1894 bis 1895, heiratete 1878 Hannah, Tochter des Barons Meyer de Rothschild. Durch die Heirat kam ein großer Teil der sog. **Rothschild Collection** nach Dalmeny House. Hierzu zählen u. a. eine erlesene Porzellansammlung und wunderschöne französische Möbel aus dem 18. Jh.

Außerdem ist das Anwesen für seine **Rosebery Collection** bekannt. Diese Kunstsammlung umfasst Porträts schottischer Persönlichkeiten des 17. Jh., Gemälde und Tapisserien aus dem 18. Jh., (viele wurden nach Vorlagen von Goya gefertigt), sowie Erinnerungstücke an die lange, erfolgreiche Pferdezucht der Earls of Rosebery.

Der 5. Earl of Rosebery war nicht nur Kunstsammler, sondern auch ein namhafter Historiker, der sich besonders mit dem Leben und Werk Napoleons befasste. Im **Napoleon Room** sind Gemälde und Einrichtungsgegenstände aus der Kaiserzeit Napoleons, aber auch Tisch und Stuhl, die der verbannte Napoleon in Longwood auf St. Helena benutzte, ausgestellt. Außerdem sieht man Gegenstände des Dukes of Wellington, der Napoleon in der Schlacht von Waterloo die entscheidende Niederlage beibrachte.

Zum Anwesen gehören herrliche **Parkanlagen**.

An der nahen Küste verläuft der rund 7 km lange **Weg „Shore Walk"**, der von Cramond Ferry bis South Queensferry führt. Vom Landvorsprung **Hound Point** am Shore Walk hat man einen ausgezeichneten Blick auf die Brücken über den Firth of Forth.

*ROUTE: Nur wenige Meilen westlich von Dalmeny House liegt **South Queensferry** am Südufer des Firth of Forth.*

Die Brücken über den Firth of Forth, die mächtige Eisenbahnbrücke im Vordergrund

Schon im 11. Jh., zu Zeiten Königin Margarets, war in **South Queensferry** ein wichtiger Fährstützpunkt über den Firth of Forth eingerichtet. Daraus leitet sich der Ortsname South Queensferry ab. Im 19. Jh. übernahmen dann Dampfschiffe den Fährdienst.

Mit der Einführung des Eisenbahnverkehrs auf den Britischen Inseln überquerte hier ab Mitte des 19. Jh. eine der allerersten Eisenbahnfähren der Welt den Forth, die zunächst allerdings nur für Güterzüge zugelassen war. Passagiere wurden weiterhin mit separaten Fähren übergesetzt.

Weltweites Aufsehen erregte 1890 die Vollendung der mächtigen Stahlkonstruktion einer **Eisenbahnbrücke** über den Firth of Forth. Diese Brücke beeindruckt noch heute. Ende des 19. Jh. war sie eine herausragende Ingenieurleistung. Eines der technischen Probleme, die es zu meistern galt, bestand z. B. darin, dass zu erwarten war, dass sich die Stahlkonstruktion an heißen Sommertagen durch Sonneneinstrahlung um rund einen Meter in ihrer Länge ausdehnen würde.

Und man darf nicht vergessen, dass die öffentliche Meinung über den Bau dieser Brücke damals noch stark unter dem Eindruck der Katastrophe von 1879 stand, als die Eisenbahnbrücke über den Tay eingestürzt war. Dennoch konnte nach einer Bauzeit von sieben Jahren, in der rund 50.000 Tonnen Stahl verarbeitet und weit über drei Millionen Pfund-Sterling ausgegeben worden waren, die rund 2,4 km lange Eisenbahnbrücke über den Forth eingeweiht werden.

Der Fährverkehr für Passagiere und Autos musste allerdings noch bis 1964 aufrechterhalten werden. Königin Elizabeth II. machte damals die letzte Überfahrt mit einer Fähre über den Firth of Forth anlässlich der Einweihung der **Straßenbrücke** über die Meerenge.

South Queensferry hatte nun – etwas weiter nördlich der weithin sichtbaren Eisenbahnbrücke – ein zweites, markantes Baudenkmal. Sechs Jahre dauerte die Bauzeit für die elegante, knapp 2 km lange Hängebrücke (mautpflichtig, Aussichtsterrasse), die fast siebenmal soviel kostete wie seinerzeit die Eisenbahnbrücke (rund 21 Mio. Pfund-Sterling).

Interessant sind in der einst lebhaften Handelsstadt **South Queensferry** die Main Street und am östlichen Ende der Esplanade der **Hawes Inn [N55° 59' 25.65" W3° 23' 4.99"]**. Der alte Gasthof, der schon im 17. Jh. bekannt war, ist einer der Schauplätze in Stevensons Roman „Kidnapped".

Ab South Queensferry werden **Bootsausflüge zur Insel Inchcolm** angeboten, die nordöstlich unweit des Nordufers des Firth of Forth liegt. Der Ausflug dorthin lohnt wegen der mittelalterlichen Augustinerabtei auf der Insel. **Inchcolm Abbey** (HS) *(geöffnet 1. Apr. - 30. Sept. tgl. 9.30 - 17.30 Uhr; Okt. tgl. 10 - 16 Uhr; www.historicenvironment. scot/visit-a-place/places/inchcolm-abbey/)* entstand vornehmlich im 13. Jh.

König Alexander I. hatte die Einsiedler von Inchcolm Island aus Dankbarkeit für seine glückliche Rettung aus Seenot im Jahre 1123 mit größeren Zuwendungen bedacht und dem Eremiteninselchen damit einen gewissen Ruf verschafft.

Später siedelten sich auf Inchcolm Augustinermönche an, die dann die Klosteranlage errichteten. Besondere Erwähnung verdienen das oktogonale Kapitelhaus aus dem 13. Jh. und der Kreuzgang aus dem 14. Jh. des insgesamt gut erhaltenen Klosters.

Trotz der ausgedehnten Werftanlagen und der petrochemischen Industrie- und Lagereinrichtungen am Firth of Forth sind auf Inchcolm Island gelegentlich noch Seehunde und Kormorane zu sehen.

ROUTE: Eine schmale Küstenstraße führt von South Queensferry westwärts zum etwa 3 km entfernten Anwesen von **Hopetoun House**. *Von Edinburgh ist Hopetoun House rund 18 km entfernt.*

Das von ausgedehnten Parks umgebene Anwesen von **Hopetoun House [Parkplatz, WP 060 / N55° 59' 40.52" W3° 27' 29.77"]** *(geöffnet 1. Apr. - 30. Sept. tgl. 10.30 - 17 Uhr, letzter Einlass eine Stunde vor Schließung; www.hopetoun. co.uk)* am Firth of Forth ist seit jeher Sitz der Grafen von Hopetoun und späteren Marquesses of Linlithgow. Die Hopetouns sind Nachkommen John de Hopes, eines Gefolgsmanns (retinue) der aus Frankreich stammenden Magdalena de Valois, der Gemahlin König James' V. von Schottland.

1628 wurde Sir Thomas Hope zum ersten Baronet (etwa Freiherr) ernannt. Durch die Heirat von Sir Thomas' Sohn, James, mit Anne Foulis, kam die Familie in den Besitz ertragreicher Bleiminen in den Leadhills.

1678 erwarb John Hope die Ländereien Abercorn am Südufer des Firth of Forth und nannte es „Hopetoun" nach einem Ort bei den Bleiminen in den Leadhills. John Hopes Sohn Charles schließlich wurde 1703 im Alter von 22 Jahren zum 1st Earl of Hopetoun (1. Graf von Hopetoun) ernannt. Einfluss auf die Politik des British Commonwealth erlangte die Familie erstmals durch John, den 7. Earl. Er hatte von 1900 bis 1902 das Amt des Generalgouverneurs von Australien inne. Für seine Dienste und Verdienste wurde er zum 1st Marquess of Linlithgow ernannt. Sein Nachfolger, der 2. Marquess, war von 1936 bis 1943 Vizekönig und Gouverneur von Indien.

Heute ist die Familie nicht mehr Eigentümer des Besitzes. Das Anwesen wurde 1974 in die Stiftung „The Hopetoun House Preservation Trust" eingebracht.

Die ersten Pläne für Hopetoun House zeichnete Ende des 17. Jh. der Baumeister Sir William Bruce. Sie wurden zwischen 1699 und 1703 realisiert. Sir Charles, 1st Earl of Hopetoun, beauftragte 1721 William Adam, Schottlands großen Architekten des 18. Jh., mit umfassenden Um- und Erweiterungsbauten an Hopetoun House.

Der Besucher betritt Hopetoun House vom weit geschwungenen, von Seitenflügeln flankierten Vorhof her, durch das Portal im zentralen Hauptflügel und befindet sich in der von William Adam gestalteten **Empfangshalle.**

Gehen Sie zunächst geradeaus nach hinten durch. Sie gelangen in den alten, von Sir William Bruce konzipierten Gebäudeteil. Links liegt **The Bruce Bedchamber** mit einem prächtigen Baldachinbett. Es ist verziert mit rotem Damast und vergoldetem Schnitzwerk und wurde Mitte des 18. Jh. von Matthias Lock in London angefertigt.

Ein kleine Tür führt in den **Charter Room,** eigentlich ein Tresorraum mit feuerhemmenden Eisentüren und eisernen Fensterläden, in dem wichtige Verträge, Urkunden und Familiendokumente aufbewahrt werden. Der mittlere Raum, von dem aus eine Treppe in den Park führt, ist **The Garden Room.** Der Raum ist noch mit seiner originalen Eichentäfelung versehen. Über dem Kamin das Porträt von Sir Watson Gordon, dem 4. Earl of Hopetoun, in der Uniform der Royal Company of Archers, der Leibwache des Königs.

Es schließen sich **The Libraries** an, zwei deckenhoch kiefergetäfelte Räume, welche die umfangreiche Bibliothek des Hauses beherbergen. Sie umfasst mehr als 6.000, teilweise kostbare Bände, die größtenteils aus dem Besitz der Annandales stammen und mit der Einheirat der Schwester des 1st Marquess of Annandale, Lady Henrietta Johnstone, nach Hopetoun House kamen.

Gehen Sie nun über den Aufgang im zentralen, achteckigen, getäfelten und mit Schnitzwerk versehenen Treppenhaus hinauf in die **West Wainscot Rooms.** Die Gemälde an den Wänden des Treppenaufgangs schuf 1967 der schottische Maler William McLaren. In den Wainscot Rooms verdienen vor allem die im 17. Jh. in Antwerpen gefertigten Wandteppiche Beachtung. Dargestellt sind allegorische Motive der Monate und der Jahreszeiten.

Anschließend besichtigt man die von Adam geschaffenen Räume und **Salons im Erdgeschoss** des Seitenflügels nördlich der Eingangshalle.

Zunächst gelangt man in den **Yellow Drawing Room**. Er bildet quasi den Auftakt zur Flucht der sog. **State Apartments**. Es schließt sich **The Red Drawing Room** an.

Hier beeindruckt vor allem die reich mit Stuckornamenten verzierte Decke.

Wie schon im Yellow Drawing Room findet man auch im Red Drawing Room zahlreiche Porträts und Gemälde sowie einzelne kostbare Möbelstücke. Zu den Kostbarkeiten zählen z. B. das Gemälde „Canale Grande in Venedig" von Cannaletto, die „Vier Manaldini Brüder" von Passerotti oder die wunderbar gearbeiteten Spiegel und Tischchen von James Cullen, einem weniger bekannten, aber nicht minder kunstfertigen Zeitgenossen Chippendales.

Der **State Dining Room** schließt die Reihe der State Apartments ab. König George IV. speiste hier am Donnerstag, dem 29. August 1822, anlässlich seines knapp zweistündigen Aufenthalts in Hopetoun House.

In einer Zimmerflucht im Obergeschoss ist ein **Museum** eingerichtet. Ausgestellt sind u. a. Garderoben und Kostüme, seltene interessante Dokumente, z. B. über die Entwicklung des Fährverkehrs und den Brückenbau über den Firth of Forth. Bei schönem Wetter lohnt der Aufstieg zur **Dachterrasse**. Blick über die Parkanlagen bis zum Forth.

Außerdem: Restaurant, Waldlehrpfad, Gehege mit Rotwild und den seltenen schwarzen, vierhörnigen St. Kilda Schafen, sowie Ausstellung.

ROUTE: Man kann Hopetoun House nach Westen verlassen und erreicht so ohne Umwege die Landstraße A904, von der aus man bald darauf Gelegenheit hat zum nicht weit von der Straße entfernten Gut The Binns abzuzweigen.

The House of the Binns (NTS) **[Parkplatz, WP 061 / N55° 59' 27.07" W3° 31' 27.09"]** *(geöffnet Haus: 3. Juni - 30. Sept. Sa - Mi 14 - 17 Uhr, letzte Führung 16.15 Uhr. Park: tgl. 10 - 19.30 Uhr; https://www.nts.org.uk/visit/places/house-of-binns)* liegt etwas erhöht und landschaftlich recht reizvoll, ist seit 1944 in der Obhut des NTS und kann besichtigt werden.

Das herrschaftliche Anwesen aus dem 17. Jh. war lange Sitz der alteingesessenen schottischen Familie Dalyell. Eine der herausragenden und schillernsten Figuren in der Geschichte der Dalyells war zweifellos General Thomas Dalyell (1615 – 1685), der in der schottischen Geschichte als *General Tam* auftaucht. Der General, überzeugter Royalist, kämpfte Zeit seines Lebens für die Restaurierung des schottischen Königtums, saß dafür eine Zeitlang im Tower zu London ein, musste später nach Russland fliehen, wo er in Diensten des Zaren stand, um 1681 nach Schottland zurückzukehren und in The House of the Binns das legendäre Regiment der *Royal Scots Greys* zu rekrutieren.

Baugeschichtlich ist The Binns wegen seines Übergangsstils vom befestigten Herrensitz zum geräumigen Landschlösschen interessant. Zu den Sehenswürdigkeiten im Inneren zählen in erster Linie die **Stuckdekorationen** an den Decken der Repräsentationsräume.

ROUTE: Ganz in der Nähe von The Binns zweigt von der Straße A904 ein Sträßchen zur Küste am Firth of Forth ab. Dort findet man Blackness Castle.

Die Burg **Blackness Castle** (HS) **[Parkplatz, WP 062 / N56° 0' 19.55" W3° 31' 1.17"]** *(geöffnet Apr. - Sept. tgl. 9.30 - 17.30 Uhr; Okt. - März Mo - Mi, Sa + So 10 - 16 Uhr, letzter Einlass 30 Minuten vor Schließung; www.visitscotland.com/info/see-do/blackness-castle-p248561)* stammt aus dem 15. Jh. und war lange ein wichtiges Bollwerk an den Küsten des schottischen Königreichs. Die Burg ist fast vollständig erhalten geblieben. Vor einigen Jahren wurden hier Außenaufnahmen zu dem Film „Hamlet" mit Mel Gibson gedreht.

ROUTE: Der weitere Verlauf unserer Route führt nun über die Autobahn M9 hinweg südwestwärts ins nahegelegene Städtchen Linlithgow.

Linlithgow, heute eine Kleinstadt mit rund 9.000 Einwohnern, erhielt schon während der Regierungszeit König Davids I. im 12. Jh. den Status einer „Royal Burgh", der Markt- und Handelsprivilegien einbrachte.

Lange profitierte die Stadt von den Handelsströmen zwischen Stirling und Edinburgh, verlor nach der Union mit England aber seinen Einfluss als Marktstadt und Handelszentrum.

Der Bau des Union Canals 1822 und die Anbindung an das Eisenbahnnetz brachten einen erneuten Aufschwung, der aber durch die rasante Industrialisierung im Raum Glasgow und die Hinwendung zum Seehandel über den Atlantik nicht von Dauer war.

Höchstens die High Street wird, etwa zwischen Postamt und West Port House, bescheidenes Interesse erwecken. Beachtenswert sind lediglich einige Häuser, die aus dem 16. bzw. 17. Jh. stammen. Zu ihnen zählen die **Hamilton Lands** gegenüber dem Postamt oder das **Rathaus** (Touristeninformationsbüro, Parkplatz westlich davon) am alten **Marktplatz „The Cross" [N55° 58' 37.70" W3° 36' 1.86"]**. Das alte Marktkreuz ist verschwunden. Die Mitte des Platzes schmückt heute eine Nachbildung (1807) des alten, achteckigen Stadtbrunnens „The Cross Well".

Im **Annet House**, 143 High Street, einem ehemaligen Kaufmannshaus aus dem 18. Jh., informiert **The Linlithgow Story**, ein kleines **Heimatmuseum** *(geöffnet Apr. - Okt. Mo - Sa 10 - 17, So 13 - 16 Uhr)* über die Geschichte der Stadt und ihre Bewohner.

Gehen Sie links vom Rathaus die schmale Kirkgate aufwärts, vorbei an der rechterhand gelegenen **St. Michael's Kirche** aus dem 15. Jh. weiter zum **Linlithgow Palace**, der eigentlichen Sehenswürdigkeit von Linlithgow. Ein Besuch lohnt!

Linlithgow Palace (HS) **[Parkplatz „The Vennel Car Park", WP 063 / N55° 58' 38.23" W3° 36' 5.32"]** *(geöffnet Apr. - Sept. tgl. 9.30 - 17.30 Uhr; Okt. - März tgl. 10 - 16 Uhr, letzter Einlass 45 Min. vor Schließung; https://www.historicenvironment.scot/visit-a-place/places/linlithgow-palace/)* liegt schön erhöht über den Ufern des Sees Loch Linlithgow und beeindruckt den Besucher selbst noch als Ruine.

Man betritt das historische Gemäuer durch ein mächtiges **Burgtor**. Die vier Wappenmedaillons in den Kassetten über dem von zwei achteckigen Türmen flankierten Tor stehen (von links nach rechts) für „The Order of the Garter" (Hosenbandorden, höchster englischer Orden), „The Order of the Thistle" (Distelorden, höchster schottischer Orden), „The Order of the Fleece" (Orden vom Goldenen Vlies, burgundisch-habsburgisch-spanischer Orden) und „The Order of St. Michael" (Michaelsorden).

Schon im 12. Jh. hatte sich König David von Schottland hier einen Landsitz errichten lassen, der allerdings in den ersten Jahren des 14. Jh. an die Engländer fiel, die von hier aus ihre Belagerung von Stirling Castle leiteten. Erst durch die List eines Bauern gelang es den Schotten im Sommer des Jahres 1313, Linlithgow zurückzugewinnen.

König James I. begann 1425 an der Stelle des Landsitzes, der ein Jahr zuvor in Flammen aufgegangen war, ein Schloss zu errichten. Dreihundert Jahre lang sollte Linlithgow Palace Residenz vieler schottischer Könige sein.

König James IV. und seine Gemahlin Margaret Tudor bevorzugten Linlithgow Palace als Königsresidenz. Unter dem Regime dieses jagdfreudigen, aber auch

Linlithgow und Linlithgow Palace

kunstsinnigen Monarchen erfuhr das Schloss umfangreiche Um- und Erweiterungsbauten. Aber noch immer war der Bau im Norden zur Seeseite hin offen.

James IV. fiel 1513 in der Schlacht von Flodden, einer der bitteren Tragödien des schottischen Königreichs.

Im April 1512 wurde auf Linlithgow der zukünftige König James V. geboren. James V. liebte wie sein Vater Linlithgow Palace. Und unter seiner Federführung wurde der vierflüglige Komplex mit seinem rechteckigen Innenhof, so wie wir ihn heute sehen, schließlich fertiggestellt. Durch die Einfügung des Nordflügels wurde die Symmetrie des Bauwerks erst komplett.

Zu Zeiten James' V. entstand auch „The King's Fountain", ein wunderschöner **Renaissancebrunnen**, der sich mitten im mit kleinen Steinen gepflasterten Innenhof fast sechs Meter hoch erhob. Der achteckige Brunnen mit reichem Figuren- und Ornamentschmuck, oben abgeschlossen mit einer auf vier zierlichen Säulen ruhenden Krone, zählte zu den schönsten seiner Art in Schottland. Der Brunnen, den man heute sieht, ist eine 1930 nach Originalplänen gefertigte Rekonstruktion.

Und als die aus Frankreich stammende Marie de Guise, Gemahlin König James' V., für die elegante Schlösser sicher nichts ungewöhnliches waren, erstmals nach Linlithgow kam, soll sie den Palast als „the most princely home I have ever looked upon" bezeichnet haben.

Am 8. Dezember 1542 erblickte **Maria Stuart** in Linlithgow Palace das Licht der Welt. Maria Stuart wurde nur wenige Tage bevor ihr Vater James V. in Falkland Palace starb, geboren.

Lediglich die ersten sieben Monate ihres Lebens verbrachte Maria Stuart, Thronfolgerin und spätere Königin der Schotten, auf Linlithgow. Danach verlegte ihre Mutter die Residenz, vor allem aus Sicherheitsgründen, nach Stirling. Später als Königin hielt sich Maria Stuart nur noch zu kurzen Rasten im Schloss von Linlithgow auf. Mit der Regentschaft James VI., der Union mit England und der Verlegung des Königshofes nach London, geriet Linlithgow Palace rasch in Vergessenheit und begann zu verfallen. Im September 1607 stürzte das Dach des Nordflügels ein. Der Earl of Linlithgow berichtete damals an den König: „... the north quarter of your Majesties' Palice of Linlythgow is fallin, rufe and all,...". Erst 11 Jahre später wurde der Schaden repariert.

Das Ende kam 1746. Truppen des Duke of Cumberland hatten sich in der Nacht vom 31. Januar zum 1. Februar in dem schon weitgehend verfallenen Schloss einquartiert. Nach ihrem Abzug führte ein nicht gelöschtes Feuer zur Katastrophe, der der gesamte Palast zum Opfer fiel.

Heutige Besucher betreten die Schlossgebäude durch das von Türmen flankierte **Portal im Südflügel**. Dieser südliche Gebäudeteil ist während der Regentschaft James IV. um 1500 entstanden und von James V. etwas verändert worden. Rechts der Torpassage die ehemaligen Räume der Wache, im Geschoss darüber eine Halle und die Schlosskapelle.

Man kommt in den **Innenhof**, in dessen Mitte sich oben beschriebener **Brunnen** erhebt. Gegenüber die **Renaissancefassade des Nordflügels**, der unter James VI. restauriert wurde. Links der **Westflügel** mit den **Königlichen Gemächern** in den Obergeschossen.

Durch den **Ostflügel** rechts betrat man während der Zeit James IV. den Schlosshof und die sich über die ganze Länge des Flügels erstreckende „Great Hall". Über dem ehemaligen **Ostportal** erkennt man drei Nischen. Angeblich enthielt die mittlere die Statue des Papstes, die rechte die eines Arbeiters und die linke die eines Ritters. Drei Engel schweben über den Nischen.

Unter dem **Nordportal** befand sich das Verließ.

Man sollte zumindest einen Rundgang durch die oberen Hallen und Gemächer machen, die man über einen der vier Treppentürme in den Ecken erreicht.

Wenn Sie über den Schlosshof zum Treppenaufgang in der Nordostecke gehen, kommen Sie hinauf zur Küche und zur anschließenden „**Great Hall**". Der hohe Saal war Schauplatz der königlichen Feste und Bankette. Die südliche Stirnseite wird von einem gewaltigen Kamin (restauriert) mit schön gearbeitetem Sims eingenommen. Die Kaminhaube ruht auf vier kunstvoll bearbeiteten kurzen Säulen. An dieser Seite der Halle war traditionsgemäß der Platz des Königspaares.

Ein Durchlass rechts vom Kamin führt, vorbei am südöstlichen Eckturm, in die **Schlosskapelle**. Gleich links befand sich ehemals der Altar. An der Südseite fünf hohe Fenster, einst mit Bleiglasfenstern versehen. Dazwischen standen Statuen.

Über einen zum Innenhof hin offenen Gang erreicht man die im Westen angrenzende **Halle,** die wohl als Quar-

PRAKTISCHE HINWEISE – LINLITHGOW

Tourist Information Centre [N55° 58' 33.50" W3° 36' 3.19"], County Buildings, High Street, Linlithgow EH49 7EZ, Tel. +44 (0)1506 77 53 20; www.linlithgow.com.

HOTELS

Belsyde Country House ****, ££, 3 Zi., Tel. +44 (0)1506 842 098; www.belsydehouse.co.uk; kleines Landhotel-Garni in schöner Lage, das in einem Landgut aus dem 18. Jh. eingerichtet wurde und über sehr schöne Räumlichkeiten und Garten und Lounge verfügt. Parkplatz.
West Port *, ££, 9 Zi., 18-20 West Port, Tel. +44 (0)1506 847 456; www.westporthotel.co.uk; kleines Stadthotel mit funktioneller Ausstattung, Restaurant und Pub. Parkplatz.

CAMPING

Camping Linwater Caravan Park [WP 064 / N55° 54' 42.56" W3° 26' 6.23"], West Clifton, Clifton Road, Tel. +44 (0)131-333 33 26; www.linwater.co.uk; 15. März – 31. Okt.; in West Clifton bei East Calder; Zufahrt von der M9 (Falkirk – Edinburgh) Ausfahrt 1 (Newbridge Junction), weiter B7030 südwärts Richtung Wilkieston, beschilderter Abzweig; ebenes, gepflegtes, von Hecken umgebenes Wiesengelände hinter einer Farm, etwas erhöht und ansprechend gelegen, in Hörweite der Autobahn und des Flughafens; ca. 2 ha – 50 Stpl.; zeitgemäße Standard-Sanitärausstattung.
Camping Beecraigs Caravan & Camping Site [N55° 57' 14.12" W3° 35' 47.88"], Beecraigs Country Park, Tel. +44 (0)1506 844 516; www.beecraigs.com; Jan. – Dez.; Richtung Beecraigs Country Park; Campinggelegenheit im Country Park; ca. 28 Stpl.; einfache Standard-Sanitärausstattung.

tier der Leibgarde benutzt wurde, denn es schließen sich im Westflügel gleich „The King's Hall" und die **Staats- und Königsgemächer** an – „The Presence Chamber" mit einem bemerkenswerten Fenster zum Innenhof, „The King's Bed Chamber" sowie die königlichen Privatkapellen „King's Oratory" und „Queen's Oratory". Im Nordflügel soll Maria Stuart das Licht der Welt erblickt haben.

Man kann über den Treppenturm in der Nordwestecke hinaufsteigen zu „**Queen Margaret's Bower**", einem kleinen überwölbten Turmzimmer. Hier soll Königin Margaret auf die Rückkehr ihres Gemahls James IV. gewartet und schließlich die Nachricht von seinem Tod in der Schlacht von Flodden erhalten haben.

Versäumen Sie nicht, einen Spaziergang um das Schloss zu machen, einmal um sein Lage zu bewundern, zum anderen um zumindest die östliche Außenfassade mit dem ehemaligen Schlossportal zu betrachten.

*ROUTE: Von Linlithgow über die A706 nordwärts nach **Bo' Ness**.*

Am alten Bahnhof von **Bo' Ness** entstand ein Veteranenbahnen-Zentrum mit **Eisenbahnmuseum [Parkplatz, N56° 1' 2.88" W3° 35' 59.99"]**.

*ROUTE: Über die A904 westwärts. Wir passieren **Grangemouth**, eine nicht sonderlich einladende Industriegegend mit Raffinerien und Hafen (Abstecher über Falkirk zum Falkirk Wheel) und nehmen die Straße nordwärts nach **Airth**.*

Abstecher zum Falkirk Wheel

Westlich von Falkirk bei **Bonnybridge** findet man das sehr interessante sog. **Falkirk Wheel [Parkplatz, WP 065 / N55° 59' 57.62" W3° 50' 20.59"]** *(geöffnet Mitte März - Okt. tgl. 10 - 17.30 Uhr; übrige Zeit Mi - So 11 - 16 Uhr; www.thefalkirkwheel.co.uk)*. Es ist das weltweit einzige rotierende Schiffshebewerk, das den

Das Schiffshebewerk Falkirk Wheel

sertrog erinnernde Schleusenkammer ein, die – ähnlich einem überdimensionalen Riesenrad – langsam rotierend angehoben wird und den Schiffen ober- bzw. unterhalb der Geländestufe die Weiterfahrt ermöglicht. Besucher können einen solchen ‚Bootslift' miterleben.

HAUPTROUTE

ROUTE: Nördlich von Airth verlassen wir die A905, folgen der B9124 nach Westen, stoßen auf die A9, folgen ihr Richtung Stirling und sind wenig später in **Bannockburn**.

Schon kurz nach dem Abzweig auf die B9124 kommt man zur rechterhand abzweigenden Zufahrt zum kuriosen **Pineapple [Parkmöglichkeit, N56° 4' 34.07" W3° 47' 4.66"]** im **Dunmore Park**. Hier wurde in einem ehemaligen Ziergarten die Turmhaube eines Gewächshauses 1761 als rund 15 m hohe Ananas ausgebildet. Der Erbauer dieser verblüffenden Architekturlaune blieb unbekannt.

Auf dem **Schlachtfeld von Bannockburn [Parkplatz, Heritage Centre, WP 066 / N56° 5' 32.68" W3° 56' 2.11"]** *(Besucherzentrum geöffnet März - Okt. tgl. 10 - 17.30 Uhr; Nov. - Feb. tgl. 10 - 17 Uhr, letzter Einlass 90 Min vor Schlie-*

Wasserweg des Union Canals wieder mit dem des Forth and Clyde Canals verbindet. Die einstigen zeitraubenden 11 Schleusen wurden damit ersetzt und so ein Niveauunterschied von stattlichen 35 Metern zwischen Union Canal und Forth and Clyde Canal überwunden.

Die Schiffe fahren in eine Art bewegliche, an einen gigantisch großen Was-

The Pineapple

Robert The Bruce Denkmal in Bannockburn

ßung; Gelände geöffnet tgl. von Sonnen-auf- bis Sonnenuntergang; www.battleof-bannockburn.com) errangen die Schotten im Juni 1314 unter König Robert The Bruce einen entscheidenden Sieg über die zahlenmäßig überlegenen Truppen des englischen Königs Edward II. Es soll die einzige bedeutende Schlacht der Schotten gewesen sein, die sie gegen die Engländer jemals siegreich beenden konnten. Dieser denkwürdige Sieg also befreite die Schotten für viele Jahre von der Vorherrschaft aus London und sicherte dem schottischen Königshaus auf lange Zeit seine Souveränität. Für die Schotten ist Bannockburn noch heute eine ihrer wichtigsten historischen Stätten.

Dem Besucher steht das **Heritage Centre**, ein modernes Informationszentrum (NTS) zur Verfügung, mit einer Ausstellung über das Königreich der Schotten („The Kingdom of the Scots"), regelmäßiger, 10-minütiger Mulötivisionsschau über die Ereignisse von 1314. Cafeteria, Souvenirladen und Infostand.

In unmittelbarer Nähe des Besucherzentrums wurde an der Stelle, von der aus Robert The Bruce vor der Schlacht die anrückenden englischen Truppen beobachtet haben soll, ein Reiterstand-bild des schottischen Nationalhelden errichtet. Ihre Majestät Königin Elizabeth II. hat das Denkmal 1964 enthüllt. Von der erhöht gelegenen Stelle kann man bis zum Stirling Castle blicken.

Stirling, eine Stadt mit rund 30.000 Einwohnern, alt und geschichtsträchtig, ist eine Stadt mit wahrhaft bewegter Vergangenheit.

Heute, wie in den Tagen von Robert The Bruce oder Maria Stuart, beherrscht die mächtige, seit der Restaurierung äußerlich nicht mehr ganz so düstere Burg Stadtbild und Landschaft. Das historische Gemäuer thront auf einem gewaltigen Felsrücken, der von Westen her gesehen fast senkrecht aus dem Grün der Wiesen aufragt.

In Schottland heißt es, die Geschichte des Landes ruhe auf zwei Felsen, dem von Stirling und dem von Edinburgh. Tatsächlich haben beide Burgberge eine verblüffende Ähnlichkeit.

Stirling war immer ein fester Mittelpunkt Schottlands und vor allem in den frühen Jahren des Königreichs ein verlässliches Bollwerk, bereit allen Gefahren, die aus den unruhigen Highlands drohen könnten, zu trotzen.

Die überaus günstige strategische Lage von Stirling Castle, von dem aus

117

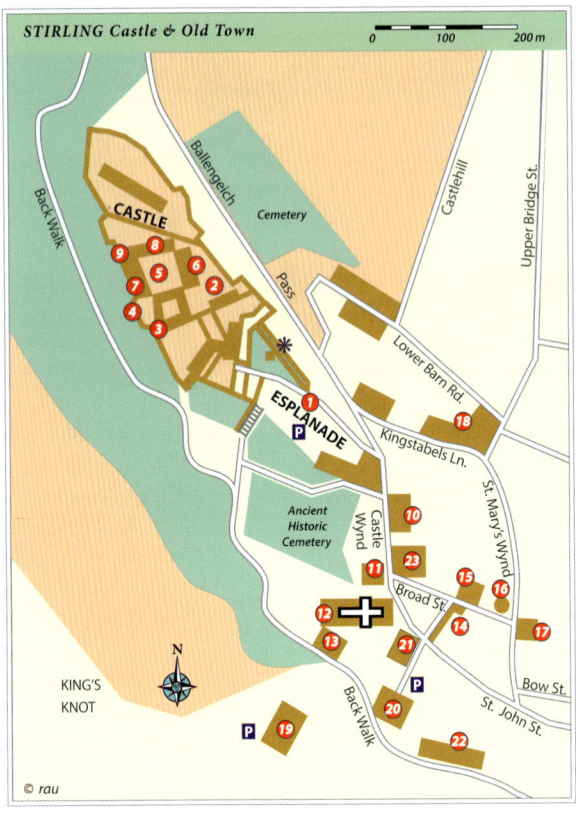

STIRLING Castle & Old Town

STIRLING CASTLE & OLD TOWN

1 Castle Esplanade
2 Lower Square
3 Palast und Royal Apartments
4 Aussichtsterrasse Lady's Hole
5 Upper Square
6 Great Hall
7 Regimentsmus.
8 Chapel Royal
9 Douglas Room
10 Argyll's Lodging
11 Mar's Wark
12 Kirche Holy Rude
13 Guild Hall, Cowane's Hospital
14 Tolbooth
15 Norrie's House
16 Mercat Cross
17 Darnley Coffee House
18 John Cowane's House
19 Smith Art Gallery and Museum
20 Old Town Jail
21 Bothwell House
22 Erskine Mary Kirk
23 Mar Place House

der Zugang zu den Highlands ebenso leicht kontrolliert werden konnte wie die Mündung des River Forth und die dortigen Flussübergänge, brachte es mit sich, dass Stirling ein viel umkämpfter Ort war. Nicht von ungefähr fanden einige der bedeutendsten Schlachten um die Herrschaft in Schottland, nämlich die von Stirling Bridge 1297 und die von Bannockburn 1314, vor den Toren Stirlings statt. In diesen Schlachten taten sich die beiden legendären Nationalhelden des Landes hervor, William Wallace bei Stirling Bridge und Robert The Bruce bei Bannockburn. Für beide wurden monumentale Denkmäler in der Nähe der Stadt errichtet.

Stirling Castle (HS) **[Parkplatz, WP 067 / N56° 7' 22.45" W3° 56' 44.27"]** war schon im 12. Jh., zu Zeiten König Alexander I., Sitz der Könige von Schottland. Auch der Name „Stirling" muss da-

mals schon geläufig gewesen sein, denn die von Alexander I. geprägten Silbermünzen wurden nach der Königsresidenz einfach „Stirlings" genannt.

Nach einer rund zehn Jahre währenden Besetzung durch die Engländer kam Stirling Castle nach der Schlacht von Bannockburn wieder in schottische Hände und wurde mit dem ersten Stuartkönig Robert II. ständige Königsresidenz der Stuarts.

König James III., 1451 in Stirling Castle geboren, verstärkte die Festungsanlagen der Burg und begann mit dem Bau der Great Hall. Unter James IV. wird Stirling Castle weiter ausgebaut. Nach seinem Tode in der Schlacht von Flodden, bringt James' Gemahlin Margaret ihren Sohn von Linlithgow nach Stirling, wo der Knabe im September 1513 zum König James V. gekrönt wird. James V. vollendete – ganz im Sinne seines sehr der Renaissance zugeneigten Vaters – die

Die mächtigen Befestigungsanlagen von Stirling Castle

Arbeiten an Stirling Castle. Noch heute gelten die Fassaden des Palasts als schönstes Beispiel der Renaissancearchitektur in Schottland.

Wenige Monate nach ihrer Geburt in Linlithgow, wurde Maria Stuart aus Sicherheitsgründen nach Stirling gebracht und am 9. September 1543 in der Chapel Royal des Schlosses im Alter von nur neun Monaten zur Königin von Schottland gekrönt.

Maria, wie auch ihr Sohn, der spätere James VI. von Schottland und I. von England, verbrachten viele Jahre ihrer Kindheit auf Stirling Castle. Der letzte in der 1594 eigens zu diesem Zweck umgebauten Chapel Royal getaufte Stuart war Henry, Sohn König James' VI./I.

Nach der „Union of the Crowns" und der Verlegung des Hofes nach London während der Regentschaft James' VI./I., wurde die ehemals bedeutende Stuartresidenz mehr oder weniger dem Verfall preisgegeben. Während der Verwendung als Kaserne in den späteren Jahren wurde viel am Interieur des Schlosses zerstört.

Heute konnte diesem Baudenkmal, einem der bedeutendsten Schottlands, nach jahrelangen, umfassenden Restaurierungsarbeiten wieder etwas vom Glanz aus der Zeit James' V. zurückgegeben werden.

Zur **Besichtigung von Stirling Castle** (HS) kann man über die Broad Street und über die recht enge weiterführende Straße Castle Wynd bis hinauf zum **Parkplatz** (begrenzte Anzahl, evtl. Wartezeiten, gebührenpflichtig) an der **Esplanade (1)** vor den Toren der Burg fahren *(Burg geöffnet 1. Apr. - 30. Sept. tgl. 9.30 - 18 Uhr; 1. Okt. - 31. März tgl. 9.30 - 17 Uhr, letzter Einlass 45 Min. vor Schließung; www.stirlingcastle.gov.uk). Tickets können bei www.stirlingcastle.gov.uk online bestellt werden, erspart evtl. Wartezeiten.*

Vom Vorplatz Esplanade, auf dem ein Denkmal von Robert the Bruce steht, hat man einen ausgezeichneten Blick auf die Stadt bis hinüber zu den bewaldeten Höhen mit dem Wallace Monument.

Man betritt Stirling Castle von der Esplanade her durch Befestigungsanlagen und drei mächtige Tore und kommt schließlich zum ersten Innenhof **Lower Square (2)**. Rechterhand liegt die Bastion **Grand Battery,** von der aus man einen schönen Blick auf die Stadt hat.

Geradeaus erhebt sich die **Great Hall (6)**. Links sieht man die Fassade des **Palasts (3),** in dem sich die königlichen Gemächer befanden.

Gehen Sie zunächst links durch den Gewölbegang bis zur Freiterrasse **Lady's Hole (4)**. Hier fällt der Burgfelsen steil ab und man hat einen weiten Blick über das flache Grasland. Anlässlich eines der Feste, die James IV. auf Stirling Castle gerne gab, überraschte ein Pater namens John Damian die Gäste damit, dass er, angetan mit aus Federn selbst gebastelten Flügeln, von der Terrasse in die Tiefe sprang und das Schauspiel sogar überlebte.

Unten, in einiger Entfernung, erkennt man eine gestufte, grasbewachsene, viereckige Erhebung. Sie ist als **King's Knot** bekannt und war Teil der königlichen Gärten, die sich James IV. hatte anlegen lassen.

Über einen Treppenaufgang gelangt man in den um 1496 von James IV. begonnenen und 1540 unter König James V. fertiggestellten **Palast (3)** und zu den **Royal Apartments.** Leider sind so gut wie keine originalen Einrichtungsgegenstände mehr erhalten. Aufmerksamkeit verdienen allerdings die sog. „Stirling Heads", holzgeschnitzte Porträts von Königen, Königinnen, Adligen, biblischen und römischen Gestalten. Diese runden Medaillons waren einst an der Decke der King's Presence Chamber angebracht. Sehenswert auch die nördliche und östliche Fassade mit Stilelementen der Renaissance und erstaunlichem Figurenschmuck.

Auch die gegenüberliegende **Great Hall (6)**, die während der Regierungszeit von James III. (1460 – 1488) entstand und damals als eine der schönsten Festhallen an den Höfen Europas galt, litt stark unter der Verwendung als Kaserne. Die gotische Great Hall mit ihrer bemerkenswerten Deckenkonstruktion und einer Galerie, die bei Festlichkeiten Sängern und Musikanten vorbehalten war, wurde umfassend restauriert.

Die Westfassade der Great Hall begrenzt den eigentlichen Schlosshof, den viereckigen und leicht geneigten **Upper Square (5),** an den auch die Nordfassade des Palasts grenzt. Im Westflügel, der der Great Hall gegenüberliegt, kann das **Regimentsmuseum (7)** der Argyll and Sutherland Highlanders besichtigt werden. Wertvolle Silbersammlung.

Die Nordseite des Upper Square wird von der **Chapel Royal (8)** eingenommen, die anlässlich der Taufe Henrys,

Sohn James' VI. und späteren Prince of Wales, 1594 errichtet worden ist.

Links vom Durchgang neben der Chapel Royal liegt der **Douglas Room (9).** 1452 wurden hier die dem König aus der Hand zu gleiten drohenden Fäden der Macht mit ein paar Messerstichen wieder ins Lot gebracht. Leidtragende waren William, Earl of Douglas, und Konsorten, die in diesem Raum wegen angeblicher Verschwörung gegen den Thron von König James II. und seinen Gefolgsleuten erdolcht wurden.

Bei ausreichend zur Verfügung stehender Zeit, sollte man von der Esplanade vor dem Schloss über die Straße Castle Wynd hinunter zur Broad Street gehen.

Etwa auf halbem Wege steht linkerhand **Argyll's Lodging (10)** *(Besichtigung nur nach Voranmeldung über Stirling Castle).* Dieses elegante Stadthaus weist vor allem an den Fassaden des Innenhofs Anleihen an Stilelemente der Renaissance auf. Sir William Alexander, Earl of Stirling und Gründer der kanadischen Provinz Nova Scotia (Neu Schottland), ließ es sich um 1631 erbauen. Das Haus wurde stilgerecht restauriert und ist heute ein gutes Beispiel dafür, in welchem Umfeld die Honoratioren und das noble Bürgertum im 17 Jh. in Stirling lebten.

Ein kurzes Stück weiter, am Beginn der Broad Street, sieht man rechts das 1570 begonnene und nie ganz vollendete **Mar's Wark (11).** Das ehemalige Stadthaus der Earls of Mar, ein weniger gelungenes Beispiel schottischer Renaissance-Architektur, wurde während der Jakobitenaufstände 1746 zerstört.

Nebenan erhebt sich die **Church of the Holy Rude (12)** aus dem 14. Jh. mit Rundsäulen im Kirchenschiff. 1567 wurde hier der erst wenige Monate alte James VI. zum König gekrönt.

Links hinter der Kirche liegt die **Guild Hall (13).** Das im 17. Jh. vom Parlamentarier John Cowane gestiftete Hospital diente später als Zunfthaus. Über dem Eingang sieht man eine kleine Figur, die John Cowane darstellt. Der Legende nach soll der immer in der Silvesternacht wieder recht lebendig werden und mit den Leuten durch die nächtlichen Straßen spazieren.

Man kann nun an der Kirche vorbei in die St. John Street gehen. Das Haus rechts (Nr. 39) ist als **Bothwell House (21)** bekannt (auch Bothwell Hall, nicht zu besichtigen!).

Biegt man in die nächste Gasse Jail Wynd links ein, kommt man zur Broad Street, dem alten Zentrum von Stirling. Man sieht das **Marktkreuz (16)** etwas weiter unten. Das Eckhaus rechts ist das zu Beginn des 18. Jh. von Sir William Bruce errichtete **Tolbooth (14),** das alte Gerichtsgebäude und Gefängnis der Stadt.

Am Ende der Broad Street auf der anderen Straßenseite, schon am Beginn der St. Mary's Wynd, die links abbiegt, findet man das **Darnley Coffee House (17).** Lord Darnley soll sich hier 1567 während der Krönung seines und Maria Stuarts Sohn James VI. aufgehalten haben. Dies erscheint aber unwahrscheinlich, da Darnley schon im Februar des Jahres in Edinburgh ermordet worden war.

Weitere Sehenswürdigkeiten ausserhalb von Stirling

Östlich von Stirling liegen am River Forth die Reste der 1147 gegründeten Augustinerabtei **Cambuskenneth Abbey (HS) [N56° 7' 24.82" W3° 55' 7.73"]** *(geöffnet Apr. - Sept. tgl. 9.30 - 17.30 Uhr; www.undiscoveredscotland. co.uk/stirling/cambuskenneth/),* eine ehemals unter dem Schutz des Königshauses stehende, einflussreiche Abtei. Vom restaurierten Turm hat man einen guten Blick auf die Stadt und ihre Umgebung. In der Klosterkirche liegen James III. und seine Gemahlin Margaret von Dänemark begraben.

Nördlich der Stadt erhebt sich auf der bewaldeten Anhöhe Abbey Craig das weithin sichtbare **National Wallace Monument [Parkplatz, WP 068 / N56° 8' 25.24" W3° 55' 7.96"]** *(geöffnet Apr. - Juni + Sept. - Okt. tgl. 10 - 17 Uhr; Juli + Aug. tgl. 10 - 18 Uhr; übrige Zeit 10.30 - 16 Uhr, letzter Einlass 45 Minuten vor Schließung; www.nationalwallacemonument. com).* Vom Parkplatz führt ein Fußweg (ca. 10 Minuten Gehzeit) hinauf zu dem monumentalen, über 70 m hohe Turm, der zwischen 1861 und 1869 zum Gedenken an den schottischen Nationalhelden Sir William Wallace errichtet wurde. Wallace konnte 1297 in der Schlacht an der Old Stirling Bridge einen entscheidenden Sieg über die englischen Besatzungstruppen erringen, wurde

Blick vom Stirling Castle zum Wallace Monument

1305 in London aber hingerichtet. Die Geschichte des schottischen Volkshelden Wallace war Thema des Films „Braveheart" mit Mel Gibson in der Hauptrolle als William Wallace. Andere Szenen des Films wurden in Glencoe und in Glen Nevis gedreht.

Zu sehen gibt es Informationen über Fauna, Flora und über die Geschichte des Forth Tales sowie Ausstellungen zu Leben und Zeit Sir William Wallaces und über die Schlacht an der Stirling Bridge. Besichtigen kann darüber hinaus den Raum mit dem **Wallace Sword**, die **Hall of Arms** mit mittelalterlichen Waffen und schließlich die **„Hall of Heroes"** mit Büsten berühmter Schotten.

Treppen führen zu einer Aussichtsplattform auf dem Turm. Lohn für die Mühe des Aufstiegs ist ein prächtiger Panoramablick.

PRAKTISCHE HINWEISE – STIRLING

Visit Scotland Stirling Information Centre [N56° 7' 13.31"   W3° 56' 36.28"], Old Town Jail, St. John Street, Stirling FK8 1EA, Tel . +44 (0)1786 47 50 19; www.destinationstirling.com. *Geöffnet tgl. 10 - 17 Uhr.*

RESTAURANT

Hermann's, 58, Broad Street, Tel. +44 (0)1786 450 632; www.hermanns-restaurant.co.uk; angenehmes Lokal in der Altstadt nahe Stirling Castle gelegen, der österreichische Küchenchef kreiert Speisen seines Heimatlandes, aber auch die der schottischen Küche.

HOTELS

The Golden Lion ***, £££, 67 Zi., 8-10, King St., Tel. +44 (0)1786 475 351; www.thegoldenlionstirling.com; alteingesessenes Stadthotel, zentral gelegen, Restaurant. Parkplatz.
Stirling Highland Hotel ****, ££££, 96 Zi., Spittal St., Tel. +44 (0)1786 272 727; https://www.thecairncollection.co.uk/hotels/the-stirling-highland/; obere Preisklasse, traditionsreiches Haus mit viel „alter Pracht", gegründet 1854, gemütlich altmodisch, Restaurant, Piano Bar, Fitnessbereich mit Sauna, Whirlpool, Dampfbad, Pool. WLAN. Parkplatz.
The Lost Guest House B&B (ehemals The Terraces Hotel), 28 Zi., 4, Melville Terrace, Tel. +44 (0)1786 43 03 49; www.terraceshotel.co.uk; mittlere Preislage, zentral gelegen und Parkmöglichkeiten, gut geeignet für Auto-Touristen, Restaurant. WLAN.

CAMPING

Camping Witches Craig Caravan Park [WP 069 / N56° 8' 52.36" W3° 53' 53.81"], Blairlogie, Tel. +44 (0)1786 474 947; www.witchescraig.co.uk; 1. Apr. – 31. Okt.; von Stirling auf der A91 ca. 5 km Richtung St. Andrews; ansprechender, fast ebener Wiesenplatz mit einigen befestigten Stellplätzen, am Fuße eines schönen Bergzuges; ca.

2 ha – 80 Stpl., Standard-Sanitärausstattung. Waschmaschine mit Trockner. **V & E** für Wohnmobile.

TOUR 8: STIRLING – TROSSACHS – PERTH

Länge der Tour: Rund 200 km / 125 mls.

Die Route: Über die Straße A84 und über **Doune** bis **Callander** – **Trossachs-Rundfahrt** über A821/81 – A84 bis **Lochearnhead** – A85 über **Crieff** bis **Perth.**

Reisedauer: Mindestens ein Tag.

Höhepunkte: Die Landschaft um **Loch Katrine **** – Wandern in den **Trossachs **** – **Loch Earn** – **Scone Palace **.**

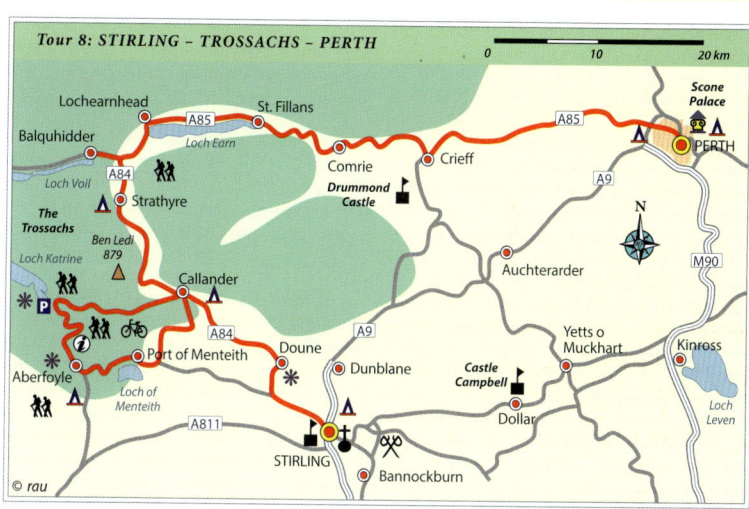

Tour 8: STIRLING – TROSSACHS – PERTH

© rau

ROUTE: *Wir verlassen Stirling über die A84 in nordwestlicher Richtung. Nach rund 6 mls/10 km passiert man den Abzweig zum **Blair Drummond Safari Park**, einem Freigehege mit exotischen Tieren. Knapp 3 km weiter liegt **Doune**.*

Doune, eine kleine Marktstadt am River Teith, war früher sehr bekannt für die hervorragenden Pistolen, die hier gefertigt wurden.

Über die alte Brücke im Ort erzählt man sich, dass sie der Hofschneider König James' IV. 1535 in Auftrag gegeben haben soll, nachdem ihm der Fährmann wiederholt das Übersetzen verweigert hatte.

Die besondere Sehenswürdigkeit in Doune aber ist **Doune Castle** (HS)

[Parkplatz, WP 070 / N56° 11' 9.01" W4° 3' 1.53"] *(geöffnet Apr. - Sept. tgl. 9.30 - 17.30 Uhr; Okt. - März tgl. 10 - 16 Uhr, letzter Einlass 30 Minuten vor Schließung; https://www.historicenvironment.scot/visit-a-place/places/doune-castle/)*, das am Ortsrand liegt und über einen sehr schmalen Zufahrtsweg zu erreichen ist.

Ausgangs des 14. Jh. begannen die Herzöge von Albany mit dem Bau von Doune Castle und wählten als Standort die Flussniederung zwischen den Flüsschen Burn Ardoch und dem River Teith. Der Bau mit seinen gewaltigen Mauern und dem trutzigen Torhaus gelang so gut, dass er mit zu den schönsten Burgen Schottlands gezählt wird.

Im 16. Jh. kam Doune Castle an die Earls of Moray, einer Seitenlinie des Stu-

artclans. Einer der bekanntesten Schlossherren war James Stuart, genannt „Bonnie Earl of Moray", der 1592 allerdings ermordet wurde. Ein Dichter schrieb: „.... Ye
Highlands and ye Lowlands, / where hae
ye been, / They've slain the Earl of Moray
/ and laid him on the green ...".

Callander, 21 km weiter nordwestlich an der A84 gelegen, ist ein guter Ausgangspunkt für Ausflüge in die
Trossachs. Callander wird gerne in Verbindung gebracht mit dem abenteuerli-
che Leben des zwielichtigen Helden der
Trossachs, *„Rob Roy"* MacGregor.

Kleine Trossachs-Rundfahrt
Bei ausreichend zur Verfügung stehender Zeit und bei Vorlieben für schöne, romantische Landschaften, lohnt
nun ein Umweg durch die Berge der
Trossachs und zum Loch Katrine.

Mit **„Trossachs"**, einem gälischen
Namen für „raues, dorniges, beschwer-
liches Land", wird die Landschaft westlich von Callander bezeichnet. Die weiten, bewaldeten Hügelketten und Berge werden von Tälern und Seen durchzogen. In alten Tagen eine recht unwirt-
liche, ja gefürchtete Gegend, sind die
Trossachs für den heutigen Besucher
eine überaus einladende Landschaft, die
zweifellos mit zu den romantischsten
auf den Britischen Inseln zählt und viele
Möglichkeiten zu Wanderungen, Boots-
ausflügen oder Radtouren bietet.

Ein ausgedehntes **Radwegenetz,**
das unter Einbeziehung von ausgedien-
ten Bahndämmen, alten Treidelpfaden,
weniger befahrenen Landstraßen und
Forstwegen Radtouren von Glasgow
über den See Loch Lomond (Fähre) bis
Callander und weiter nordwärts bis Killin ermöglicht, ist schon zum größten
Teil ausgeschildert. Neueste Details be-
sorgt man sich bei den Tourist Information Centres.

Ausgangs des 18. Jh. wird berichtet, dass die Trossachs nur von wähleri-

schen, etwas extravaganten Reisenden aufgesucht würden – „the Trossachs are often visited by persons of taste". Zu diesen Leuten mit Format und Geschmack zählte wohl auch eine Mrs. Murray of Kensington, die schon 1798 eine Art Reiseführer über diese damals noch recht wilde Gegend schrieb. Dennoch, die Trossachs blieben ein Geheimtipp für abenteuerlustige Travellers aus den besseren Kreisen.

Das änderte sich allerdings fast über Nacht, nachdem *Sir Walter Scott* sein Herz für die Trossachs entdeckt und die Gegend in seinem romantischen Versroman „*Lady of the Lake*" als märchenhafte Landschaft beschrieben hatte – „... So wonderous wild the whole might seem / The scenery of a fairy dream ...". Gemeint war mit dem Märchentraum einer Landschaft der See Loch Katrine und mit dem Fräulein vom See (Lady of the Lake) hatte Scott wohl Ellen Douglas im Sinn. Die kleine Insel im See, auf der die schöne Ellen gelebt haben soll, heißt noch heute „Ellen's Isle".

Scott schrieb den Roman „*Lady of the Lake*" im Jahre 1810. Das schwülstige, liebliche Stück traf genau den Geschmack der damaligen Zeit, wurde ein Bestseller erster Güte und er war der Auslöser für einen wahren Touristen-Run in die damals auf Besuchermassen völlig unvorbereitete Region. Es muss zu haarsträubenden Zuständen und Situationen gekommen sein. In alten Reisetagebüchern ist zu lesen, dass sich die damaligen Touristen um die wenigen Betten in den kaum vorhandenen Herbergen prügelten und froh über ein Strohlager waren.

Offenbar die Realität mit dem Inhalt von Scotts Verszeilen wie „Where shall he find in foreign land / So lone a lake, so sweet a strand" verwechselnd, stürmten und stürmen bis auf den heutigen Tag Massen von Besuchern in die Hügel- und Seenlandschaft. Allerdings war die Meinung über die „Dame vom See" nicht nur enthusiastisch. Scotts Tochter Sophie sagte über das Werk: „Ich habe es nicht gelesen. Papa sagt, es gibt nichts schlimmeres für junge Leute, als schlechte Gedichte zu lesen".

Dennoch, während der ruhigeren Nebensaison, wenn die relativ schmalen Sträßchen in den Trossachs noch nicht von Touristenbussen beherrscht werden, kann eine Tour durch dieses schöne Stückchen Schottland immer noch ein erholsames Erlebnis sein.

Eine schillernde Figur früherer Tage und eng mit der Landschaft der Tross-

A lovely day ladies, isn't it!, am Loch Earn

achs verbunden war *Robert MacGregor*, bei den Leuten damals besser bekannt als **„Rob Roy".** Rob Roy, Volksheld, Freigeist, Viehdieb und Kämpfer für die Unterprivilegierten, beraubte die Reichen und beschenkte die Armen, ein Rächer der Enterbten, ein Robin Hood in Schottland.

Natürlich ließ sich der literarisch sehr produktive Sir Walter Scott einen solchen Stoff nicht entgehen und machte den Kosenamen und die Taten MacGregors in seiner Novelle „Rob Roy" unsterblich.

Autotour durch die Trossachs

Eine **Autotour durch die Trossachs** könnte so aussehen: Man verlässt Callander via A84 zunächst Richtung **Crianlarich** und zweigt aber bereits nach 2 km westwärts ab auf die A821. Es folgt eine schöne Fahrt am Nordufer des langgestreckten Sees **Loch Venachar** entlang.

In **Brig o'Turk** (Wildschweinbrücke, Turk ist ein altes gälisches Wort für Wildschwein) passiert man den **The Byre Inn** (gutes Restaurant, Wildspezialitäten; 3 Zimmer; Tel. +44 (0)1877 37 62 92; www.byreinn.co.uk).

Es folgt eine kurvenreiche Fahrt am hinter Bäumen versteckten **Loch Achray** entlang.

Vorbei am schön im Schlossstil völlig neu renovierten **Trossachs Hotel** erreicht man bald darauf den Abzweig zum **Trossachs Pier** am nahen See **Loch Katrine.** Hier gibt es einen gebührenpflichtigen Parkplatz, das Gasthaus „Captain's Rest", Souvenirläden und die Bootsanlegestelle des Nostalgiedampfers „Sir Walter Scott".

Der schmale, rund 16 km lange und an den breitesten Stellen kaum 3 km breite See **Loch Katrine** liegt wunderschön eingebettet zwischen bewaldeten Höhenzügen. Am See führt ein gepflegter Wanderweg entlang.

Loch Katrine ist übrigens seit 1859 ein wichtiges Wasserreservoir für Glasgow. Um die Wasserversorgung der Stadt sicherzustellen, musste der Wasserspiegel des Sees um ca. 6 m angehoben werden. Dieser Maßnahme fiel ein legendärer Strand zum Opfer, der „Silver Strand". Er spielt in Scotts Roman *Lady of the Lake"* eine Rolle.

Recht bequem lässt sich die Seenlandschaft auf einer **Bootsfahrt** mit dem historischen Dampfschiff **„Sir Walter Scott"** betrachten. Das Schiff verkehrt Ende März bis Ende Oktober ab 10.30 Uhr mehrmals täglich bis 17 Uhr ab **Trossachs Pier [Parkplatz, WP 073 / N56° 13' 59.93" W4° 25' 43.24"]** nach

Das historische Dampfschiff „S. S. Sir Walter Scott" verkehrt auf dem See Loch Katrine

Stronachlachar. Fahrtdauer 45 Minuten. Rückfahrt von dort ab 11.30 Uhr mehrmals täglich (Tel. +44 (0)1877 37 63 15/6; www.lochkatrine.com).

Wer eine längere Wanderung nicht scheut, verlässt in Stronachlachar (auch über die Straße B829 von Aberfoyle aus mit dem Auto zu erreichen) das Schiff und wandert um den Nordwestausläufer des Sees herum und an seinem Nordufer die rund 15 km zurück zum Trossachs Pier.

*TROSSACHSTOUR: Auf der Weiterreise kehrt man vom See Loch Katrine zurück zur Straße A821 und setzt die Rundfahrt Richtung **Aberfoyle** fort.*

Auf dem Weg nach Aberfoyle hat man schöne Ausblicke über den Loch Achray bis zu den Höhen des dahinter aufragenden Ben Ledi (879 m). Später erreicht man eine Parkbucht für nur wenige Autos am Straßenrand unterhalb eines **„Viewpoints"**. Von dort führt ein schmaler, schlechter Fußweg von knapp 5 Minuten auf eine Anhöhe, von der aus bei klarem Wetter herrliche weite Ausblicke auf die Berge und Seen der Trossachs möglich sind.

Ein kurzes Stück weiter zweigt links die Einfahrt zum **„Three Lochs Forest Drive"** ab. Die unbefestigte Einbahnstraße, ein staubiger Forstweg, ist für Gespanne gesperrt. Nach einer 7-Meilen-Fahrt erreicht man 30 Minuten später wieder die Hauptstraße. Spektakuläres gibt es unterwegs (mehrere Parkplätze) nicht zu sehen. Der Weg lohnt wohl nur für den, der wandern (mehrere ausgeschilderte Trails unterschiedlicher Länge und Schwierigkeitsgrade), ein Picknick (der Picknickplatz „Lochan Reoidhte ist gebührenpflichtig) oder eine Radtour einschieben will.

Kurz vor Aberfoyle bietet sich Gelegenheit zum nahen **The Lodge Visitor Centre [Parkplatz, WP 075 / N56° 10' 57.68" W4° 23' 15.21"]** abzuzweigen. U. a. Ausstellungen über Flora und Fauna der Region und des ausgedehnten Queen Elizabeth Forest Park, 6-minütige Multivisionsschau mit herrlichen Landschaftsaufnahmen sowie Cafeteria, Toiletten, Souvenirs, Picknickplatz, Kinder-

Aberfoyle Information Centre [Parkplatz, WP 076 / N56° 10' 41.15" W4° 22' 57.96"], Main Street, Aberfoyle FK83UQ, Tel. +44 (0)1877 38 12 21; www.visitscotland.com/info/services/aberfoyle-information-centre-p234571. *Geöffnet Apr. – Okt. tgl. 10 - 17 Uhr; Nov. – März tgl. 10 - 16 Uhr.*

HOTELS

The Forth Inn **, ££, 6 Zi., Main Street, Tel. +44 (0)1877 382 382; www.forth-inn.com/; im Zentrum gelegenes preisgünstiges Haus, einfache Ausstattung, Pub. Parkplatz.

Rob Roy Motel **, ££, 99 Zi., Lochard Road, Tel. +44 (0)1877 382 245; www.robroyhotel.co.uk; komfortables Haus außerhalb im Queen Elizabeth Park, ansprechend und relativ ruhig gelegen, Restaurant, WLAN. Parkplatz.

CAMPING

Camping Trossachs Holiday Park [074 / N56° 8' 24.87" W4° 21' 18,42"], Tel. +44 (0)1877 382 614; www.trossachsholidays.co.uk; 1. März – 31. Okt.; ca. 3 km südlich Aberfoyle Abzweig von der A81, beschildert; Wiesenhang in schöner Lage, gepflegt, teils befestigte Stellplätze, der Platz wird geprägt von Mobilehomes und Mietbungalows; ca.

18 ha – 45 Stpl. für Touristen + zahlr. Dau.; Standard-Sanitärausstattung, Laden, Waschmaschine mit Trockner, WLAN. Mietcaravans. **V & E für Wohnmobile,** befahrbar.

Camping Cobleland Campsite (WP 077 / N56° 9′ 32.33″ W4° 22′ 1.08″]
(Camping In The Forest); Ende März – Ende Okt.; südlich von Aberfoyle, Zufahrt von der A81; Wiesengelände mit Wiesen in Lichtungen, am River Forth im Loch Ard Forest (Teil des Queen Elizabeth Forest Parks; ca. 126 Stpl., einige Hartstandplätze; einfache Sanitärausstattung. Angelmöglichkeit, lange Waldwanderwege.

klettergarten „Go Ape". Der Queen Elizabeth Forest Park erstreckt sich östlich des Loch Lommond fast bis nach Callander und umfasst auch das Gebiet der Trossachs. Das Städtchen Aberfoyle und das nahe The Lodge Visitor Centre an der Südostseite des Queen Elizabeth Forest Park sind wichtige Zugangs- und Informationspunkte. Die Parkplätze um den kleinen See „The Pond" beim Visitor Centre sind allerdings alle gebührenpflichtig!

TROSSACHSTOUR: In Aberfoyle (Scottish Wool Centre, Parkplatz N56° 10′ 38.63″ W4° 22′ 51.45″), ein im Sommer von Touristen belebter, kleiner Ort, nehmen wir die A81 Richtung Callander.

Die sehr schöne Strecke nach Callander führt vorbei am **Loch of Menteith**. Im See liegt die Klosterinsel **Inchmahome**. In der dortigen Augustiner Abtei aus dem 13. Jh. fand 1547 die junge Maria Stuart Zuflucht, bevor sie nach Frankreich gebracht wurde, wo sie dann dem Dauphin Françoise angetraut wurde.

Von **Port of Menteith** südwärts Richtung Arnprior fahrend, erreicht man kurz darauf einen Abzweig zu einem **Parkplatz [N56° 10′ 50.18″ W4° 17′ 2.08″]** am See. Von dort aus kann man sich mit einem Boot zur Klosterinsel übersetzen lassen. Mit der weißen Tafel am Anlegesteg macht man sich dem Fährmann bemerkbar.

HAUPTROUTE

*ROUTE: Der weitere Verlauf unserer Hauptroute führt ab Callander über die A84 nach Nordwesten über den landschaftlich recht eindrucksvollen **Pass of Leny** und über **Strathyre** zunächst bis **Lochearnhead**.*

Auf der weiteren, sehr reizvollen Wegstrecke passiert man zunächst den schmalen, langen **Loch Lubnaig**, kommt durch **Strathyre** und wenig später nach **Kingshouse**.

Man kann in Kingshouse westwärts auf eine schmale Straße abzweigen, die an den Seen Loch Voil und Loch Doine vorbei bis nach **Inverlochlarig** (11,5 mls/18,5 km) führt. In Inverlochlarig starb im Dezember 1734 „Rob Roy" MacGregor. Seine letzte Ruhestätte fand er (wie auch seine Frau Helen und seine zwei Söhne) auf dem Friedhof von **Balquhidder**. Man passiert den Ort auf dem Wege nach Inverlochlarig.

ROUTE: In Lochearnhead (Wassersportzentrum, Hotels) Abzweig ostwärts auf die A85 Richtung Crieff und zunächst am See Loch Earn entlang nach St. Fillans und weiter über Comrie (Hotels; Twenty Shilling Wood Caravan Park, Apr. – Okt., keine Zelte!) und Crieff bis Perth.

Sehr hübsch liegt **St. Fillans** am Ostende des Sees. Die Kleinstadt **Crieff** mit knapp sechstausend Einwohnern war

CAMPING – STRATHYRE
Camping Immervoulin Caravan & Camping Park [WP 078 / N56° 19′ 3.47″ W4° 19′ 46.29″], Tel. +44 (0)1877 384 285; www.immervoulin.com; Anf. März – Mitte Okt.; ca. 14 km nördlich von Callander und ca. 800 Meter südlich von Strathyre, an der A84 (Callander – Lochearnhead); Wiesengelände in schöner Lage am Loch Lubnaig; ca. 3 ha – 70 Stpl. + Dau.; einfache Standard-Sanitärausstattung.

Am Loch Lubnaig, Trossachs

früher, als sie noch den Namen *Drummond* trug, ein wichtiger Viehmarkt am Rande der Highlands. Nach der Zerstörung durch aufständische Königstreue im Jahre 1715, entwickelte sich Crieff dank seiner recht ansprechenden Lage und vielfältiger Ausflugsmöglichkeiten zu einer gerne besuchten Sommerfrische.

Wer nach Souvenirs Ausschau hält, wird wahrscheinlich im sog. **Crieff Visitor Centre [N56° 21' 47.88" W3° 51' 4.83"]** einem Geschenkeladen für Kunsthandwerk in der Muthill Road fündig. Ganz in der Nähe gibt es einen „Christmas Shop".

Knapp 1 km nördlich von Crieff kann – je nach Interessenlage – ein Besuch im **„The Famous Grouse Experience"** genannten Visitor Centre der **Glenturret Distillery [Parkplatz, N56° 23' 21.39" W3°51' 13.88"]** lohnen *(geöffnet tgl. 10 - 18 Uhr, Nov. - Feb. bis 17 Uhr, letzter Einlass 90 Minuten vor Schließung; www.thefamousgrouse.com)* besichtigt werden. Das

PRAKTISCHE HINWEISE – CRIEFF

Crieff Information Centre [N56° 22' 21.69" W3° 50' 21.72"], High Street, Tel. +44 (0)1764 65 25 78; www.visitscotland.com/info/towns-villages/crieff-p244511; www.crieffandstrathearn.co.uk. *Geöffnet Apr. - Aug. Mo - Sa 10 - 17 Uhr, So 10.30 - 15.30 Uhr; Sept. - März tgl. 10 - 16 Uhr.*

Feste, Folklore
Crieff Highland Gathering mit weit über die Region hinaus bekannten **Highland Games**, 3. Sonntag im August; www.crieffhighlandgathering.com.

HOTELS

Crieff Hydro ****, ££££, 210 Zi., Strathearn House, Ferntower Road, Tel. +44 (0)1764 651 670; www.crieffhydro.com; eines der führenden Ferienhotels der Region mit vielfältigen Freizeiteinrichtungen, teuer, Restaurant, Bar, 2 Pools, Fitnesseinrichtungen, Golf- und Tennisplatz, Fahrradverleih, WLAN. Parkplatz. **The Murray Park *****, £££, 21 Zi., Connaught Terrace, Tel. +44 (0)1764 658 000; www.murraypark.com; östlich des Zentrums gelegenes Firstclasshotel, Restaurant, Parkplatz.

The Achray House Hotel & Lodges, ***, ££, 8 Zi., On Loch Earn, St. Fillians, Tel. +44 (0)560 368 4252; www.achrayhouse.com; das hübsche Landhotel liegt ca. 15 km westlich von Crieff sehr schön am Loch Earn, Restaurant, Bar, Terrasse, WLAN, Parkplatz.

Haus nimmt für sich in Anspruch, Schottlands älteste Highland Malt Destillerie zu sein. Führungen, Multivision, Museum, sehr gutes Restaurant, Probierbar.

Drummond Castle [Parkplatz, WP 079 / N56° 20' 25.06" W3° 52' 26.36"] *(nur die Gärten sind für Besucher geöffnet: Mai, Sept. + Okt. tgl. 13 - 18 Uhr; Juni - Aug. tgl. 11 -16 Uhr, letzter Einlass 1 Std. vor Schließung; www.drummondcastle-gardens.co.uk)* liegt ca. 4 km südlich von Crieff. Attraktiv sind besonders die schön angelegten Gärten der Burg. Die Burg selbst kann nicht besichtigt werden.

Liebhaber schöner Landschaften sollten nicht versäumen, in **Gilmerton** einen Abstecher über die A822 nordwärts durch das reizvolle **Sma' Glen** zu machen, etwa bis **Amulree [N56° 30' 36.42" W3° 47' 17.45"]** (ca. 13 mls/21 km).

ROUTE: Rund 18 mls/19 km östlich von Crieff liegt **Perth**.

Perth, das „Tor zum Hochland" oder „The Fair Town", die angenehme Stadt, wie Perth mit seinen ca. 42.000 Einwohnern auch genannt wurde, liegt an den Ufern des River Tay. Der Fluss gilt als eines der besten Lachsgewässer in Schottland. Schon von den Römern wurde dieser Ort am Beginn des langen Mündungstrichters des River Tay als günstig gelegener Binnenhafen geschätzt.

Im 12. Jh., als Perth noch St. Johnstoun hieß, wurde die Stadt zur „Royal Burgh" erhoben und war bald auf dem besten Wege – sicher nicht zuletzt wegen des nahen Krönungsortes Scone – Schottlands Hauptstadt zu werden.

Zahlreiche Klöster entstanden, die aber alle in der Reformationszeit gründlich zerstört wurden. Letzter Anstoß für die Zerstörungswut in der Bevölkerung, die sich bald auf das ganze Land ausbreiten sollte, war die aufwiegelnde Rede, die John Knox hier im Jahre 1559 hielt.

Einen Bruch auf dem Wege zur Metropole des schottischen Königreichs gab es, als König James I. im Februar 1437 hier ermordet wurde. An den Schauplatz der Tat, eine Dominikanerkirche in der Blackfriars Street, erinnert heute nur noch eine Gedenktafel.

Ein anderes, recht zwielichtiges Ereignis in der schottischen Geschichte, bei dem mit dem Dolch Politik gemacht wurde, ist als „The Gowrie Conspiracy" bekannt geworden. Das Gowrie House, das ehemals an der Queen's Bridge an der Stelle des heutigen Sheriff Court stand, soll im Jahre 1600 Schauplatz der Ermordung der Ruthven Brüder, Earls of Gowrie, durch Gefolgsleute König James VI. gewesen sein. Den Ruthvens war eine Konspiration gegen den König angelastet worden.

Es wird aber auch berichtet, die Mordtat sei vielmehr ein Racheakt des Königs an den Ruthvens gewesen. 1582 nämlich war der damals 16 Jahre alte James VI. nach **Huntingtower Castle** (HS) **[N56° 24' 33.68" W3° 29' 19.16"]** *(geöffnet 1. Apr. - 30. Sept. tgl. 9.30 - 17.30 Uhr; Okt. 10 - 16 Uhr;1. Nov. - 31. März tgl. a. Do + Fr 10 - 16 Uhr; letzter Einlass 30 Minuten vor Schließung; www.visitscotland. com/info/see-do/huntingtower-castle-p248421),* dem Stammsitz der Earls of Gowrie (ca. 5 km nordwestlich von Perth) gelockt, gekidnappt und dort von Edelleuten 10 Monate lang festgehalten worden (Raid of Ruthven). Der Earl of Gowrie gedachte mit diesem Coup die Macht in Schottland ergreifen zu können. Allerdings gelang dem jungen König unter dem Vorwand zur Jagd zu gehen, doch noch rechtzeitig die Flucht.

Geht man in Perth von der Queen's Bridge ein kurzes Stück stadteinwärts, trifft man auf die **St. John's Kirche [N56° 23' 44.80" W3° 25' 39.30"]**. Die Kirche, von der Perth seinen früheren Stadtnamen „St. Johnstoun" ableitete, wurde zwar schon im 12. Jh. gegründet,

In Perth am River Tay

vierhundert Jahre später aber im gotischen Stil neu errichtet.

Im nördlichen Stadtbereich, nicht weit von der Perth Bridge entfernt, liegen **Museum and Art Gallery [N56° 23' 53.78" W3° 25' 42.70"]** von Perth (naturgeschichtliche Ausstellungen, Glas- und Silbersammlungen, Werke schottischer Maler des 19. Jh.).

Am westlich benachbarten Charlotte Place steht das **Fair Maid's House [N56° 23' 53.65" W3° 25' 47.57"]**. Hier soll *Cathrine Glover* gewohnt haben, die im 14. Jh. aus den Kämpfen zwischen den Clans Quehle und Chattam auf dem Gelände des heutigen Parks North Inch als Heldin hervorgegangen sein soll. Sir Walter Scott verewigte die Heroin in seinem Werk „The Fair Maid of Perth".

Weitere Sehenswürdigkeiten in der an touristischen Attraktionen eher armen Stadt, sind das **Black Watch Castle & Regimental Museum [N56° 24' 12.35" W3° 26' 11.82"]** am nördlichen Stadtrand und der Rundbau der ehemaligen **Water Works** neben der Eisenbahnbrücke über den Tay im süd. Stadtbereich .

Scone Palace [Parkplatz, WP 080 / N56° 25' 19.06" W3° 26' 9.62"], Sitz der Earls of Mansfield und eines der mit am kostbarsten eingerichteten Schlösser Schottlands, liegt nur knapp 3 km nordöstlich von Perth am Ostufer des River Tay *(Palast und Gärten geöffnet Mai - Sept. tgl. 9.30 - 17.30 Uhr; Apr. + Okt. 10 - 16.30 Uhr, letzter Einlass 30 Min. vor Schließung. Gärten schließen ganzjährig um 17.45 Uhr; https://scone-palace. co.uk/)*.

Scone (gesprochen etwa wie ‚skuun') und der gleich neben dem Schloss liegende Moot Hill sind überaus bedeutende Plätze in Schottlands Geschichte, die Wiege des schottischen Königreichs, wenn man so will.

Die enge Verbindung von Königshaus und Kirche, untermauert durch die Gründung des ersten Augustinerklosters in Schottland unter König Alexander I. zu Beginn des 12. Jh., wurde Scone nicht nur ein Mittelpunkt weltlicher, sondern auch kirchlicher Macht. Lange dienten das Kloster und das Palais des Abts als königliche Residenz.

Nicht weniger als zehnmal kamen zwischen 1284 und 1401 in Scone gesetzgeberische und Parlamentsversammlungen zusammen.

Auf dem Moot Hill (auch Boot Hill) neben dem Schloss, ehemals keltische Richtstätte, dann Standort des mysteriösen Stone of Scone, heute mit einer Ka-

131

Der legendäre „Stone of Scone"

Stein des Anstoßes in der englisch-schottischen Krönungsgeschichte und Mittelpunkt der bewegten Vergangenheit von Scone ist der legendäre **„Stone of Scone"** oder auch „Stone of Destiny". Über 500 Jahre lang wurde er in Scone aufbewahrt. Und seit mehr als tausend Jahren dient er als Krönungssitz von Königen. Heute liegt der Stein unter dem Krönungsstuhl in Westminster Abbey. Königin Elizabeth II. wurde 1953 als bislang letzter britischer Monarch auf dem Stone of Scone gekrönt.

Die Legende – natürlich gibt es mehrere Versionen – berichtet vom „Kissen Jacobs", aber auch vom Altarstein eines längst vergangenen Kults, als der der Stein gedient haben soll. Ziemlich sicher ist, dass der wie eine Reliquie verehrte „Stone of Scone" schon piktischen Königen als Thronsitz diente, der durch den piktisch-schottischen König Kenneth MacAlpine im Jahre 838 schließlich von Dunstaffnage nach Scone kam.

Alle schottischen Könige, von Macbeth und Malcolm über Robert The Bruce bis James VI. und Charles II., wurden in Scone gekrönt, auch wenn der Stein schon 1296 vom englischen Edward I. nach seinem Sieg über die Schotten, von Scone nach Westminster Abbey verschleppt worden war. Nur einmal noch verschwand der historische, mit Emotionen belastete Stein aus Westminster Abbey, als ihn wahrscheinlich schottische Separatisten 1950 für ein halbes Jahr entführten.

pelle aus dem 19. Jh. versehen, wurden die Lairds, Clanchiefs und Noblen des Reiches zusammengerufen, um dem König ihren Treueid zu leisten. Da es nun aber ein ungeschriebenes Gesetz war, dass diese Fürsten nur auf dem Boden ihrer Heimat schwören durften, kamen sie in mit Erde gefüllten Stiefeln, die sie nach dem Schwur dann auf den Hügel entleerten. Von dieser Geschichte leitet sich der Name „Boot Hill" ab.

Aufgebrachte Volksmengen, durch die von John Knox im Juni 1559 in Perth gehaltenen Predigten aufgewiegelt, zerstörten die Augustinerabtei von Scone und andere Klöster um Perth gründlich. Die Bedeutung des alten schottischen Machtzentrums sank, eingeleitet eigentlich schon mit der Entführung des Stone of Scone durch Edward I., endgültig auf den Nullpunkt.

Die Reste der alten *Royal City* mit den Klosterruinen und den beträchtlichen Ländereien kamen nun an die mächtige Familie Gowrie. Wegen ihrer undurchsichtigen Rolle, die sie in der gegen den König gerichteten und schließlich blutig beendeten Gowrie Konspiration (siehe unter Perth) spielten, wurde der Besitz dem Gowrie Clan entzogen und der Murray Familie zugeschlagen. Sir David Murray hatte sich während der Gowrie Konspiration entscheidend für König James VI. eingesetzt. Sir David wurde zum 1st Lord Scone und Viscount Stormont ernannt, späteren Nachkommen der Familie der Titel Earls of Mansfield verliehen.

Das Schloss von Scone, das der Besucher heute vorfindet, wurde vom 3rd Earl of Mansfield in Auftrag gegeben und vom Baumeister William Atkinson zwischen 1802 und 1808 im neugotischen Stil errichtet.

Eine Besichtigung (ca. 1 Std.) von Scone Palace lohnt sehr. In den zahlreichen prächtig ausgestatteten Räumen sind u. a. zu sehen eine Reihe überaus kostbarer französischer Möbelstücke, darunter ein für Königin Marie Antoinette gefertigtes Schreibtischchen im Drawing Room.

Man sieht Gemälde, Porträts (u. a. im **Ante Room** Sir David Murray, First Lord Scone, dargestellt als königlicher Kelchträger James' VI.), dann im noblen **Drawing Room** beiderseits des Kamins monumentale Porträts von Allan Ramsay, die König George III. und Königin Charlotte darstellen, sowie am Ende des Raumes zwischen den Fenstern ein Bildnis William Murrays, First Earl of Mansfield, gemalt von Reynolds, und schließlich erlesene Sammlungen von Elfenbeinschnitzereien im **Dining Room** und Porzellan in der ehemaligen **Bibliothek**.

Eine Seltenheit kann in der Halle **The Long Gallery** bestaunt werden, nämlich von Vernis Martin in Frankreich für den Hof König Ludwig XV. geschaffene, sog. *„objets d'art"*, überaus kunstvoll mit Silberbeschlägen geschmückte Vasen und Kannen, gefertigt aus Papiermaché.

Dem Besucher stehen außerdem zur Verfügung ein ausgedehnter **Park** mit schönem Baumbestand, Kinderspielplatz, Picknickplatz, ein naher Campingplatz, Restaurant und Souvenirladen.

PRAKTISCHE HINWEISE – PERTH, SCONE

 Perth Information Centre [N56° 23' 48.56" W3° 25' 39.50"], 45 High Street, Perth PH1 5TJ, Tel. +44 (0)1738 450 600; www.visit-scotland.com/info/services/perth-icentre-p2344311. Geöffnet 1. Apr. - 1. Juli + 27. Aug. - 28. Okt. Mo - Sa 9.30 - 17 Uhr, So 10 - 16 Uhr; 2. Juli - 26. Aug. Mo - Sa 9.30 - 17.30 Uhr, So 10 - 16.30 Uhr; 29. Okt. - 31. März Mo - Sa 9.30 - 16.30 Uhr, So 11 - 16 Uhr.

 ### HOTELS

Parklands ****, £££, 15 Zi., 2, St. Leonard's Bank, Tel. +44 (0)1738 622 451; https://www.hotel.de/de/parklands-hotel/hotel-342261/; kleines, gepflegtes Mittelklassehotel, in einem Park gelegen, gehobene Preislage, das Haus ist bekannt für seine beiden guten Restaurants, Bar, Gartenterrasse, WLAN. Parkplatz.
Best Western Queens ***, £££, 51 Zi., 105, Leonard St., Tel. +44 (0)1738 442 222; www.queensperth.co.uk; komfortables Mittelklassehotel, Fitnesseinrichtungen, Schwimmbad, Sauna, Dampfbad, Whirlpool, Restaurant, Bar, WLAN, Parkplatz.
Mercure Perth Hotel ***, £££, 76 Zi., West Mill St., Tel. +44 (0)844 815 9105; www.mercureperth.co.uk; das Mittelklassehotel wurde in einer Wassermühle aus dem 15. Jh. eingerichtet, zentrale Lage, Restaurant, Bar, WLAN, Parkplatz.

CAMPING

 **Scone**

 **Camping Scone Palace Camping & Caravan Club Site [WP 081 / N56° 25' 46.74" W3° 26' 40.64"],** Tel. +44 (0)1738 552 323; www.campingandcaravanningclub.co.uk/campsites/uk//rayside/scone/scone; 1. März – 31. Dez.; über A93, ca. 3,5 km nördl. Perth, vorbei am Scone Palace, unscheinbare Einfahrt unmittelbar nach dem Hotel The Lodge Perth Racecourse; mehrere ebene Wiesenstücke durch hohe Laubbäume umgeben, teils Hartstandplätze; ca. 5,5 ha – 120 Stpl.; Standard-Sanitärausstattung. Waschmaschine mit Trockner, WLAN. **V & E** für Wohnmobile.

 **Camping Noah's Ark Caravan Park [WP 082 / N56° 23' 49.70" W3° 29' 27.55"],** Tel. +44 (0)1738 580 661; www. http://noahsark-caravanpark.co.uk/; 1. Jan. – 31. Dez.; am Westrand von Perth jenseits der A), Zufahrt über Cireff Road, Newhouse Road und Old Gallows Road; ausgedehntes Wiesengelände mit einigen Hartstandplätzen, durch geteerte Platzwege und einige wenige niedere Hecken unterteilt; ca. 3 ha – 120 Stpl.; Standard-Sanitärausstattung. Spiele- und Freizeitzentrum.

TOUR 9: PERTH – ST. ANDREWS

Länge der Tour: Rund 200 km /125 mls.

Die Route: Über die Straße A9 bis **Auchterarder** – A823 bis **Yetts o Muckhart** – A91 bis **Dollar** – A977 bis **Kincardine** – A985/944 bis **Dunfermline** – M90 bis **Kinross** – A911 bis **Glenrothes** – A92 und A912 bis **Falkland** und zurück bis **Glenrothes** – A911 bis **Lower Largo** – A917 über **St. Monans, Anstruther** und **Crail** bis **St. Andrews.**

Reisedauer: Mindestens ein Tag.

Höhepunkte: Die Ruine von **Castle Campbell** – das historische Stadtbild von **Culross** * – **Dunfermlines Abteikirche** ** – die histrische Stuartresidenz **Falkland Palace** ** – das reizvolle Hafenstädtchen **Crail** * – Kathedrale und Castle in **St. Adrews** *.

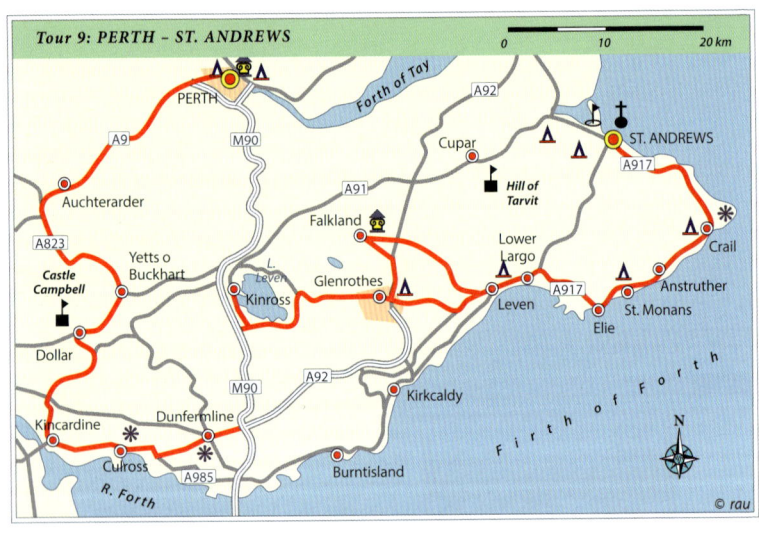

Tour 9: PERTH – ST. ANDREWS

Die folgende Etappe führt durch die **Grafschaft Fife** und durch die von den Meeresarmen Firth of Forth und Firth of Tay begrenzte **Halbinsel East Neuk**.

Abkürzende Routenalternative

Die Gesamtroute lässt sich wesentlich abkürzen – allerdings unter Auslassung von interessanten Sehenswürdigkeiten wie Falkland Palace oder St. Andrews – wenn man ab Perth über die A85 direkt nach Dundee fährt. Ab dort kann man, in der nächsten Etappe 10, St. Andrews – Aberdeen, wieder in die beschriebene Route „einsteigen".

HAUPTROUTE

ROUTE: Folgt man dem vorgeschlagenen Weg der Hauptroute durch Fife, nimmt man ab Perth die A9 in südwestlicher Richtung und verlässt die Schnellstraße nach rund 16 mls/26 km hinter **Auchterarder** *an der Ausfahrt der A823.*

Ganz in der Nähe von Auchterarder, liegt eines der renommiertesten Golfhotels auf den Britischen Inseln, das ebenso luxuriöse wie sündhaft teure *Gleneagles Hotel* mit mehreren vorzüglichen Golfplätzen.

Eine architektonische Sehenswürdigkeit liegt wenige Meilen westlich von Auchterarder. Folgt man der A824 ein kurzes Stück Richtung **Braco** und dann der A823 nordwärts Richtung **Muthill**, kommt man zur **Tullibardine Chapel** (Schlüssel im benachbarten Farmhaus, falls verschlossen). Diese schöne gotische Kirche, die aus dem 15. Jh. fast unverändert erhalten ist, beeindruckt zum einen durch den roten Sandstein aus dem sie errichtet ist, zum anderen durch ihre hübsche, abgelegene Lage.

ROUTE: Unser weiterer Reiseweg führt von Auchterarder zunächst ein kurzes Stück auf der A9 südwestwärts Richtung Stirling. Aber schon wenig später folgen wir der A823 nach Süden über **Yetts o Muckhart** *Richtung* **Dunfermline**.

Die Fahrt nach Süden führt hinein in das **Glen Eagles Hochtal**, weiter durch einen baumlosen Landstrich und über einen von kahlen Bergflanken gesäumten Bergrücken in das **Glen Devon**.

Die Landschaft wird lieblicher und der weitere Weg über die **Ochil Hills** (Ochil Hills Woodland Park) wird zu einer landschaftlich reizvollen Fahrt.

In **Yetts o Muckhart** bietet sich ein Abstecher westwärts nach **Dollar** (4 mls/6,5 km) und zum **Castle Campbell** (HS) **[Parkplatz, N56° 10' 30.75" W3° 40' 18.88"]** an *(geöffnet Apr. - Sept. tgl. 9.30 - 17.30 Uhr; Okt. - März Sa - Mi 10 - 16 Uhr, letzter Einlass 30 Minuten vor Schließung; www.historicenvironment.scot/visit-a-place/places/castle-campbell/).* **Achtung!** Für Wohnmobile mit einer Breite über zwei Meter ist die steile, vor allem aber sehr schmale Auffahrt zum oberen Parkplatz nicht zu empfehlen!

Die Burgruine liegt knapp 2 km nördlich von Dollar (ab Parkplatz noch 5 Min. Fußweg) wunderschön und abgeschieden in den Hügeln der Ochil Hills. Sie war einst Sitz des Campbell Clans und der Earls of Argyll. John Knox soll hier 1556 gepredigt haben.

ROUTE: Weiterreise ab Yetts o Muckhart südwärts nach **Kincardine** *und dort über die A985 ostwärts nach* **Culross**.

Culross, die alte Handelsstadt am Nord-ufer des Firth of Forth, von dem es immer hieß, „lieber nur ein Gutsherr am Norduferr des Forth, als Graf im Norden des Highlands", sah seine besten Tage im 16. Jh. Damals bestanden enge Handelsverbindungen u. a. nach Holland und ins Baltikum. Ausgeführt wurde vor allem Kohle und Salz.

Eigenartigerweise wurde Culross nicht von der industriellen Revolution des 19. Jh. erfasst, die ja der Region südlich des Forth ihren Stempel aufdrückte. Das Stadtbild blieb weitgehend unverändert und dank des Engagements des National Trust for Scotland, der den historischen Wert der alten Häuser und Straßen erkannte, ist Culross heute ein seltenes und sehenswertes baugeschichtliches Beispiel aus der Zeit zwischen dem 16. und 18. Jh.

Bedeutendste Sehenswürdigkeit ist **The Palace** (NTS) **[Parkplatz, WP 083 / N56° 3' 17.44" W3° 38' 7.54"]** *(geöffnet Anf. Apr. - 30. Juni + 1. Sept. - 31. Okt. tgl. 10 - 16 Uhr; 1. Juli - 31. Aug. tgl. 11 - 17 Uhr, letzter Einlass 45 Min. vor Schließung; www.nts.org.uk/visit/places/culross),* ein herrschaftlicher Wohnsitz, ein Stadtschloss, das sich der wohlhabende Kaufmann und Kohleminenbesitzer Sir George Bruce ausgangs des 16. Jh. hatte errichten lassen. Das Anwesen war damals das erste seiner Art nördlich der Borders. Es bildete den Mittelpunkt des Ortes, lag also nicht, wie damals üblich, von Ländereien umgeben außerhalb von Ansiedlungen.

Die Bezeichnung „Palace" ist weniger im Sinne von Palast, als vielmehr im Sinne des englischen Wortes „place" zu verstehen. Im englischen Sprachgebrauch wurden früher elegante Stadthäuser gelegentlich als „place" bezeichnet.

Sehenswertes Culross, im Hintergrund „The Palace"

Von besonderem Interesse im Inneren sind in erster Linie die **bemalten Holzdecken**, aber auch die Wand- und Bodenkacheln in einigen Räumen. Die Fliesen, wie auch ein Teil der roten Backsteine, aus denen The Palace errichtet wurde, kamen als Schiffsballast in leeren Kohlefrachtern aus Holland nach Culross.

Weiter rechts vom Palace sieht man das Eckgebäude des **Tolbooth** mit einem Turm aus dem 18. Jh. Daneben führt die nach alter Manier gepflasterte Straße Back Causeway ins Ortszentrum. Achten Sie auf die leichte Erhöhung der Pflasterung in der Straßenmitte. Diese „crown o'the causie" war den Stadthonoratioren und der vornehmeren Bürgerschaft vorbehalten. Der einfache Mann hatte auf die damals meist mit Unrat angefüllten Straße auszuweichen.

Man erreicht den kleinen Marktplatz mit dem **Mercat Cross [N56° 3' 20.26" W3° 37' 41.86"]**. Rechts, an der Südwestseite des Platzes, sieht man das **älteste Haus** der Stadt. Links, an der Nordseite, reiht sich eine schön renovierte **alte Häuserzeile** die Tanhouse Brea hinauf. Das erste Haus dort ist als **The Study** (Apr. - Sept. 13.30 - 17 Uhr) bekannt. Es stammt aus dem frühen 17. Jh. und soll als Studio und Arbeitsatelier des Bischofs von Dunblane gedient haben. Schöne bemalte Decken und Wandtäfelung.

Das Haus daneben wird als das „Sea Captain's House" bezeichnet.

Man kann weiter bergan gehen und kommt dann, nach etwa 400 m, zu den Resten der **Culross Abbey [N56° 3' 29.84" W3° 37' 33.17"]**, einem ehemaligen Zisterzienserkloster aus dem 12./13. Jh.

Im nördlichen Querschiff der Gemeindekirche daneben, kann man eine Grabtafel aus Alabaster sehen, die Gedenktafel an Sir George Bruce of Carnock und seine Familie. Sir George hatte sich durch seine Erfindung zur Entwässerung von Grubenschächten, die den Kohleabbau unter dem Fluss Forth erst ermöglichte, große Verdienste erworben.

Auf dem Weg zurück geht man am Mercat Cross links vorbei in den Wee Causeway. Beachtung verdienen dort das ehemalige Seemannsheim **„Ark"** und das Damenstift **„Nunnery"** aus dem 17. Jh.

ROUTE: *Weiter ab Culross ostwärts über die A994 nach* **Dunfermline**.

Dunfermline ist eine Stadt mit großer Vergangenheit. Bis weit in das 11. Jh. hinein war Dunfermline Residenz von

König Malcolm III. Canmore und Hauptstadt Schottlands. Malcolm III. heiratete 1070 Prinzessin Margaret. Die strenggläubige Katholikin förderte die Sache der Katholischen Kirche, veranlasste aber bald die Verlegung des Hofes nach Edinburgh.

Einer ihrer Nachkommen, König David I., gründete im 12. Jh. auf den Mauern der noch von König Malcolm und Königin Margaret angelegten Dreifaltigkeitskirche, eine Benediktinerabtei, die zu Beginn des 14. Jh. von Edward I. zerstört, von Robert The Bruce aber wieder restauriert wurde.

Bis zur „Union of the Crowns" und der damit zusammenhängenden Verlegung des Hofes nach London, blieb Dunfermline dem schottischen Königshaus verbunden. Mehrere Prinzen erblickten in Dunfermline das Licht der Welt, darunter der spätere Charles I. Er regierte zwischen 1625 und 1649 und war (nach James VI./I.) einer der beiden Herrscher aus dem Hause Stuart, die Könige von Schottland und England waren.

Ein anderer, zwar nicht königlicher, deshalb aber nicht minder berühmter Sohn der Stadt ist *Andrew Carnegie*, ein einflussreicher Mann des ausgehenden 19. und beginnenden 20. Jh., der weniger über politische, als vielmehr über finanzielle Macht verfügte.

Carnegie kam am 25. November 1835 in einem kleinen Weberhäuschen in der Moodie Street Nummer 4 zur Welt. Zusammen mit seinen Eltern wanderte Andrew Carnegie im Alter von 13 Jahren nach Amerika aus und machte dort eine schon legendäre Millionärskarriere – vom Botenjungen über den Eisenbahnarbeiter zum reichsten Stahlmagnaten in den USA.

Der millionenschwere Kunstmäzen und Förderer konnte es sich leisten, seiner Geburtsstadt den Park Pittencrieff Glen samt altem Herrenhaus aus dem 17. Jh., ein Schwimmbad, eine Bücherei, eine Schule und anderes zu stiften. Insgesamt sollen die Gaben des dankbaren Sohnes an seine Geburtsstadt mehr als 70 Mio. Pfund Sterling betragen haben.

Das nur äußerlich unscheinbare Cottage in der Moodie Street dient heute als **Andrew Carnegie Birthplace Museum[Parkplatz, WP 084 / N56° 4' 3.61" W3° 27' 40.74"]** *(geöffnet März - Nov. Mo - Sa 10 - 17 Uhr, So 14 -17 Uhr; www.carnegiebirthplace.com).*

Sehenswert in Dunfermline ist die **Abbey Church of Holy Trinity** (Abteikirche zur Heiligen Dreifaltigkeit) **[Parkplatz, WP 085 / N56° 4' 9.12" W3° 27' 42.32"]** *(geöffnet Apr. - Sept. tgl. 9.30 - 17.30 Uhr; Okt. - März Mo - Mi + Sa + So 9.30 - 16.30 Uhr, letzter Einlass 30 Min. vor Schließung; www.dunfermlineabbey.co.uk).* Sie ist der Rest der einst größten Benediktinerabtei Schottlands, neben der von Arbroath. Zu Beginn des 12. Jh. wurde sie von David I. und dem Abt von Canterbury gegründet. Das romanisch-gotische Kirchenschiff gilt als eines der schönsten im Lande.

In der Abteikirche sind sieben schottische Könige begraben, darunter Robert The Bruce. Sein Grab, während der Reformation demoliert, wird durch eine Bronzetafel markiert. Das Herz von Robert The Bruce soll aber in Melrose Abbey beigesetzt sein.

Die sterblichen Reste der später heilig gesprochenen Königin Margaret, die ebenfalls in der Abteikirche ihre letzte Ruhestätte fand, wurden in der wir-

Die historische Abteikirche in Dunfermline

ren Zeit der Reformation nur durch die Weitsicht von Marie de Guise, der Mutter Maria Stuarts, vor dem Vandalismus der Knox'schen Eiferer bewahrt. Sie ließ den Leichnam rechtzeitig nach Frankreich bringen.

Später im 16. Jh. wurden Teile der Klosteranlage in einen königlichen Palast verwandelt. Charles I. und seine Schwester Elizabeth, die spätere Königin von Böhmen (die „Winterkönigin"), wurden dort geboren.

Einige Meilen südlich von Dunfermline kann in **North Queensferry**, Forthside Terrace, einem alten Fährhafen und nach dem Bau der großen Firth-Brücken fast vergessen, das sehr sehenswerte Meeresaquarium **Deep Sea World [Parkplatz, WP 086 / N56° 0′ 29.64″ W3° 23′ 28.37″]** am Firth of Forth besichtigt werden *(geöffnet Mo - Fr 10 - 17 Uhr, Sa + So 10 - 18 Uhr, letzter Einlass 60 Min. vor Schließung; www.deepseaworld. com).* Der Besucher kann durch Glastunnels durch die großen Aquarien spazieren und die Meeresfauna und -flora aus der Sicht des Tauchers betrachten. Außerdem gibt es einen „Amazonasdschungel" und diverse andere Attraktionen. Allerdings ist der Eintritt mit zuletzt über sechs Pfund nicht eben billig.

*ROUTE: Für die Weiterfahrt von Dunfermline nach Glenrothes bieten sich zwei Möglichkeiten an – einmal der Weg über die Küstenstraße A921 und über **Kirkaldy**, zum andern über die autobahnähnliche M90 Richtung **Kinross***

*und am Südufer des **Loch Leven** entlang nach **Glenrothes**.*

In **Kinross** gibt es **Kinross House and Garden [N56° 12′ 6.71″ W3° 24′ 39.11″]** zu sehen. Das Haus wurde von Sir William Bruce im späten 17. Jh. im italienischen Renaissancestil errichtet. Ein schöner Landschaftsgarten schließt sich an. Nur von außen zu besichtigen.

Auf einer Insel im Loch Leven liegt **Leven Castle**. Die Burg, auf der Maria Stuart Mitte des 15. Jh. in „Schutzhaft" untergebracht war, ist ab Kinross mit Booten zu erreichen.

Nicht versäumen sollte man, ab **Glenrothes** einen Abstecher nordwärts nach Falkland Palace zu machen, wo auch Maria Stuart gelegentlich weilte.

Falkland Palace (NTS) **[WP 087 / N56° 15′ 12.43″ W3° 12′ 25.18″]** *(geöffnet 1. März - 31. Okt. Mo - Sa 10 - 17 Uhr, So 12 - 17 Uhr, letzter Einlass 16.30 Uhr; www. nts.org.uk/visit/places/falkland-palace),* erst Sitz der Macduffs, Earls of Fife, später Residenz der Herzöge von Albany, kam nach dem Sturz der Albanys während der Regentschaft König James I. zu Beginn des 15. Jh. an die schottische Krone und somit an das Haus Stuart. Das damals von ausgedehnten Eichenwäldern umgebene Anwesen wurde bald zu einem sehr beliebten Jagdschloss der Stuartkönige. Aber erst James IV. und Königin Margaret machten Falkland durch den Anbau des Südflügels zu einem stattlichen Schloss.

In jener Zeit war es nicht nur in Schottland üblich, dass der königliche

Falkland Palace

Hof mit all seinen Bediensteten nicht ständig auf einem Schloss verweilte. Es gab mehrere Residenzen, die in Abständen bewohnt wurden, z. B. Linlithgow, Stirling, Edinburgh, Falkland, Holyroodhouse u. a. Der Grund lag weniger in der Wanderfreude der Herrscher, sondern hatte vielmehr handfeste, praktische Gründe. So zahlten die Landpächter ihren Pachtzins in aller Regel in Naturalien, die zum nächsten Schloss geliefert und dort eingelagert wurden. Diese Vorräte mussten also verbraucht werden bevor sie verdarben.

Andere Gründe für die Verlegung des Hofes in eine andere Residenz waren nicht selten hygienischer Natur. Denn nach gewisser Zeit verbreiteten die „Sanitäranlagen" einen penetranten Geruch, wurden die Zustände gesundheitsgefährdend, so dass sich der König gezwungen sah, mit seinem gesamten Hofstaat umzuziehen.

Während der Zeit James IV. wurde ein beträchtlicher Teil des Eichenbestandes in den damals noch weitläufigen Wäldern um Falkland abgeholzt. Man brauchte Baumaterial für eines der größten Kriegsschiffe seiner Zeit, die „Great Michael". Alleine mit der Größe dieses Schiffes wollte man Heinrich VIII. so beeindrucken, dass er nicht auf den Ge-

danken an eine Invasion nach Schottland kommen sollte.

James V. schließlich engagierte um 1536 französische Steinmetze, die der Hoffassade des Südflügels von Falkland Palace einen Renaissanceschmuck verliehen, der schon fast an den Prunk von Loire-Schlösser erinnert. Dagegen gleicht die Straßenfassade dieses Flügels eher der einer biederen Burg.

Lange konnte sich James V. seines prächtigen Jagdschlosses aber nicht erfreuen. Im Dezember 1542 starb er hier im Alter von nur 30 Jahren an „gebrochenem Herzen", wie es heißt. James hatte im selben Jahr seine beiden Söhne und seine Armee verloren, die sich in Solway Moss schmählich den Engländern ergeben hatte.

Auf dem Totenbett erfuhr James V. von der Geburt seiner Tochter Mary, der späteren Königin der Schotten. Seine Antwort auf die Nachricht über das freudige Ereignis soll gewesen sein: „It cam' wi' a lass, and will gang wi' a lass" (etwa: Es kam mit einem Mädchen und es vergeht mit einem Mädchen). Gemeint war sicher die schottische Krone. Und was da einst kam, war in James' V. Vorstellung wohl Marjory, Tochter von König Robert The Bruce. Durch deren Heirat mit dem königlichen Reichskämmerer Walter Stewart kam der schottische Thron an die Stuarts.

Einer der letzten Stuartkönige die Falkland aufsuchten, war Charles I. Er ernannte einen seiner tapferen Gefolgsleute, Sir Henry Cary, zum Viscount Falkland. Und nach eben diesem Viscount Falkland ist ein weit entfernter Besitz des British Empire benannt, der der englischen Regierung vor Jahren erhebliche Probleme bereitete, die Falkland Inseln.

Man betritt Falkland Palace – heute in der Obhut des National Trust for Scotland – von der High Street her durch das von zwei mächtigen Rundtürmen flankierte Torhaus im Südflügel und geht in das zweite Geschoss. Dort sieht man den **Keeper's Bedroom** mit schöner Holzdecke und einem prächtigen, geschnitzten Baldachinbett, das James VI. gehört haben soll. Angrenzend liegt der **Dressing Room**. Diese beiden Räume, wie auch der darunter im 1. Geschoss liegende **Drawing Room**, wurden erst ausgangs des 19. Jh. vom Marquess of Bute wieder restauriert und bewohnbar gemacht. Viele der Möbelstücke und Wandbehänge kamen durch Michael Crichton Stuart und seine Familie hierher, die diese Räume nach dem zweiten Weltkrieg bewohnten. Die hochlehnigen Stühle und das Tischchen unter dem Porträt Maria Stuarts im „Drawing Room" stammen aus der Zeit Charles II. Über dem Kamin ein Gemälde mit Konterfeis von James V. und Marie de Guise-Lorraine, den Eltern Maria Stuarts, sowie Porträts von James VI., Charles II., Katharina von Bragança u. a.

Vom „Drawing Room" geht man in die angrenzende **Chapel Royal** aus der Zeit James' V. Bemerkenswert sind hier die schöne Decke und an den Wänden die flämischen Gobelins aus dem 17. Jh. mit Motiven aus der biblischen Geschichte um Joseph und Benjamin.

Durch einen Korridor an der Nordseite der Kapelle, die sog. **Tapestry Gallery**, mit Gobelins aus dem 17. Jh., die im wesentlichen Jagdszenen darstellen, gelangt man zu einer Wendeltreppe. Sie führt hinauf zur **Old Library,** einem fast

gemütlichen Raum, der um 1950 als Arbeitsraum des damaligen Schlossherren diente.

Man geht über die Wendeltreppe zurück und hinunter ins Erdgeschoss. Darunter befindet sich die alte Backstube aus dem 16. Jh.

Über die Freiterrasse kommt man zum Ostflügel, der 1654 ausbrannte und von dem nur noch die Fassaden stehen.

In einem erst in den fünfziger Jahren errichteten Anbau sind zwei sog. Staatsgemächer eingerichtet, der **King's Room** mit dem „Golden Bed of Brahan" und dem darüberliegenden, erst 1987 fertiggestellten **Queen's Room** mit eichengetäfeltem Deckengewölbe und einem Baldachinbett aus dem vergangenen Jahrhundert.

Anschließend können **Park und Gärten** besichtigt werden. Von besonderem Interesse ist dort der von Wänden umgebene **Royal Tennis Court,** den sich James V. 1539 anlegen ließ. Er zählt heute zu den ältesten seiner seltenen Art in ganz Großbritannien und wird noch benutzt. Im Gegensatz zum heutigen „lawn tennis", wie es z. B. in Wimbledon gespielt wird, ist das alte „court tennis" oder „royal tennis", wie es hier praktiziert wurde, von den Regeln her wesentlich schwieriger. Die Bälle waren schwerer, etwas kleiner und aus massivem Material und die Schläger im ganzen auch kleiner.

Ein Spaziergang durch den hübschen **Ort Falkland** lohnt durchaus. Vor allem in der High Street sieht man alte, ehemals strohgedeckte Häuser. Viele waren einst von Höflingen und Schlossbediensteten bewohnt.

Gleich gegenüber von Falkland Palace stehen zwei schöne Beispiele. Linkerhand sieht man **Moncrieff House,** das einzige noch strohgedeckte Haus im Ort. Es stammt wie die meisten anderen alten Häuser in Falk-land aus dem frühen 17. Jh. Im Querbalken über der Tür, dem sog. „marriage lintel", sind die Initialen des Erbauers Nicol Moncrieff, königlicher Stallmeister, und seiner Braut eingraviert.

CAMPING

Glenrothes
**Camping Balbirnie Park Caravan Club Site [WP 088 / N56° 12' 13.35"
W3° 8' 24.79"]**, Markinch, Tel. +44 (0)1592 759 130; www.caravanclub.co.uk/
club-sites/scotland/fife/balbirnie-park-caravan-club-site/; 20. März – Ende
Okt.; von A92 nördlich von Glenrothes auf die B9130 Richtung Markinch
und Balbirnie Park abzweigen, beschildert; geneigtes Waldgelände, teils mit
Hartstandplätzen; 3 ha – 90 Stpl.; Standard-Sanitärausstattung.

Lundin Links/Lower Largo
**Camping Woodland Gardens Caravan & Camping Site [WP 089 / N56°
13' 21.74" W2° 56' 27.56"]**, Blindwell Rd., Tel. +44 (0)1333 360 319; www.
woodland-gardnes.co.uk; 1. Apr. – 31. Okt.; am östlichen Ortsrand von Lundin Links, kleiner Platz abseits der A915, beschildert; ca. 0,5 ha – 20 Stpl. für
Touristen; Mietcaravans.

Unmittelbar daneben steht das B & B Haus „The Hunting Lodge" aus dem Jahre 1607, im vorvergangenen Jahrhundert restauriert.

*ROUTE: Der weitere Verlauf unserer Route führt zurück nach **Glenrothes** und von dort ostwärts über **Leven** nach **Lower Largo**.*

Lower Largo präsentiert sich dem Besucher als kleines Fischer- und Hafenstädtchen an der weiten Sandbucht Largo Bay.

In der Nische einer Hauswand erinnert ein Denkmal an einen gewissen *Alexander Selkirk*, der hier ausgangs des 17. Jh. geboren worden war und später die Weltmeere befuhr. Zwischen 1704 und 1709 allerdings war der Seemann fünf Jahre lang auf dem einsamen Eiland Juan Fernandez ausgesetzt.

Dieser Alexander Selkirk und sein Abenteuer sollen den Stoff für *Daniel Defoes* berühmten Roman **„Robinson Crusoe"** geliefert haben. Wer hätte es gedacht, Robinson Crusoe war Schotte!

*ROUTE: Man kann den Reiseweg abkürzen und ab Lower Largo über die A915 direkt nach **St. Andrews** fahren. Dabei passiert man etwa auf halbem Wege den Abzweig zum „Peat Inn" [N56° 16' 42.07" W2° 53' 3.24"], einem der bekanntesten Gasthäuser (8 Zimmer, Tel. +44 (0)1334 84 02 06; www.thepeatinn.co.uk) in Schottland mit einem viel gelobten, aber nicht ge-*

rade billigen Restaurant (So u. Mo Ruhetage).

*Bei ausreichend zur Verfügung stehender Zeit und natürlich bei schönem Wetter, sollte aber der kleine Umweg entlang der Küste der Halbinsel East Neuk vorgezogen werden. Auf der Küstenroute passiert man einige reizvolle kleine Hafenstädtchen, wie z. B. **Elie** und **Earlsferry**.*

Earlsferry mit seinem langen, breiten **Sandstrand** soll seinen Namen vom Earl of Macduff haben, der hier auf der Flucht vor König Macbeth eine Fähre kaperte.

In **Elie** findet man unweit vom Hafen den sog. **„Lady's Tower"**, eine Art Strand- oder Badehäuschen, das sich angeblich im 18. Jh. Lady Janet Anstruther hatte errichten lassen. Es heißt, dass die stadtbekannte Schöne ihren Diener mit einer Glocke durch die Straßen schickte, um die Bewohner davor zu warnen den Strand zu betreten, während sie ihr Bad nahm.

St. Monans, ehemals ein betriebsamer Fischerhafen, hat eine alte **Kirche** aus dem 13. Jh. am Hafen und in **Pittenweem** wurden einige hübsche Fischerhäuser am Hafen vom NTS restauriert.

Wie man liest, leitet sich der Ortsname „Pittenweem" ab von „pit", einem alten schottischen Wort für Farm und vom gälischen Wort „uamh", was Höhle bedeutet. Tatsächlich findet man unweit vom Ortszentrum eine Höhle, die **„St. Fillan's Cave"**. Sie soll im 7 Jh. eine Zufluchtsstätte früher Missionare gewesen sein, zu denen auch der Heilige Fillan zählte,.

Weiter landeinwärts liegt **Kellie Castle [Parkplatz, N56° 14' 5.86" W2° 46' 35.42"]**, ein schönes Schloss aus dem 16. und 17. Jh. (Stuckarbeiten, bemalte Täfelungen), das zusammen mit seinen Gärten besichtigt werden kann.

Das Hafenstädtchen **Anstruther** wartet mit dem **Scottish Fisheries Museum [Parkplatz, WP 090 / N56° 13' 18.02" W2° 41' 49.08"]** auf *(geöffnet Apr. - Sept. Mo - Sa 10 - 17.30 Uhr, So 11 - 17 Uhr; Okt. - März Mo - Sa 10 - 16.30 Uhr, So 12 - 16.30 Uhr, letzter Einlass 1 Stunde vor Schließung; www.scotfishmuseum. org/)*. Das 1969 eingerichtete Museum gibt Einblick in die lange Fischereitradition der Stadt. Das Museum ist in einem historischen Gebäudeensemble am Hafen untergebracht, das sich um einen Innenhof gruppiert und teilweise aus dem 16. Jh. stammt. Im Hafen sind Museumsschiffe zu besichtigen, darunter das ausgediente Feuerschiff „North Carr", das ehemals vor gefährlichen Klippen am Kap Fife Ness warnte.

Im Sommer werden Bootsausflüge zur 8 km vorgelagerten Insel **Isle of May** angeboten. Die kleine Insel, heute Vogelschutzgebiet, war früher Sitz einer Benediktinerabtei. Die Mönche verehrten u. a. den Heiligen Adrian, der hier im Jahre 870 bei seinen Missionsbemühungen ermordet worden war. Außerdem gibt es Reste eines alten Leuchtfeuers aus dem Jahre 1636 zu sehen.

Eines der hübschesten, zumindest aber bekanntesten und meistfotografierten Hafenstädtchen an der Küste von East Neuk ist **Crail**, mit einer „Oberstadt" mit Marktplatz, Tolbooth, **Museum [N56° 15' 38.79" W2° 37' 34.41"]** und interessanten alten Häusern und einer „Unterstadt". Hier am kleinen, geschützten Hafen war das wirkliche Zentrum von Crail.

ROUTE: Ab Crail über die B940 Richtung Peat Inn. Nach knapp 5 km Abzweig zum „Secret Bunker".

Auf dem Gelände einer Farm wurde in den Tagen des „Kalten Krieges" in ca. 30 Meter Tiefe der **„Secret Bunker" [Parkplatz, WP 091 / N56° 16' 14.38" W2° 41' 52.07"]** *(geöffnet März - Okt. tgl. 10 - 18 Uhr, letzter Einlass 1 Stunde vor Schließung; www.secretbunker.co.uk)* die schottische Kommandozentrale im Falle eines Atomkrieges angelegt, das über 40 Jahre bestgehütete Geheimnis Schottlands. Heute können die labyrinthartigen Räumlichkeiten besichtigt werden und der Besucher erfährt mittels Videofilmen und vielen anderen Ausstellungsstücken alles über die britische Atomabwehr zu Zeiten des Kalten Krieges.

Das malerische Hafenstädtchen Crail

PRAKTISCHE HINWEISE – CRAIL

Crail Information Point [N56° 15' 39.38" W2° 37' 32.95"], Museum & Heritage Centre, 62 - 64 Marketgate, Crail, Tel. +44 (0)1333 45 08 69; www.crailmuseum.org.uk. *Geöffnet Ostern – Sept. Mo - Sa 11 - 16 Uhr, So 13 - 16 Uhr.*

HOTELS

Balcomie Links **, ££, 14 Zi., Balcomie Rd., Tel. +44 (0)1333 450 237; www.balcomie.co.uk; einfaches Mittelklassehotel, etwas außerhalb, Restaurant, Bar. Privatparkplatz.

CAMPING

Camping Sauchope Links Caravan Park [WP 092 / N56° 15' 41.72" W2° 36' 47.29"], Warsea Road, Tel. +44 (0)1333 450 460; www.largoleisure.co.uk/holiday-parks/sauchope-links-park/; Mitte März – Ende Okt.; über A917, ca. 1,5 km östl. von Crail, in schöner Küstenlage; ca. 5 ha – einige Stpl. für Touristen; überwiegend von Dauercampern, Mobilehomes und Mietbunglows belegt, Schwimmbad, Mietcaravans. Keine Zelte.

ROUTE: 13 km weiter nordwestlich liegt **St. Andrews**.

St. Andrews, die altehrwürdige Universitäts- und Bischofsstadt Schottlands und Mekka aller Anhänger des Golfsports, liegt an der St. Andrews Bay.

Größere, allerdings immer stark frequentierte **Parkplätze** findet man hinter dem **British Golf Museum [WP 093 / N56° 20' 40.34" W2° 48' 6.41"],** Golf Place, sowie an der **West Sands Road [N56° 20' 44.84" W2° 48' 25.19"],** zwischen Strand und Himalayas Putting Green, am Nordwestrand der Stadt.

Die Entstehungsgeschichte von St. Andrews geht zurück bis ins 12. Jh. Am Ostende der heutigen Stadt, nahe der Ruinen der Kathedrale, wurde 1127 im Auftrag König David I. auf dem Gebiet einer Augustiner-Priorei der Grundstein zur **St. Regulus Kirche** (auch St. Rule Kirche) gelegt. Sie sollte eine würdige Stätte für die Reliquien des Heiligen Andreas, dem Schutzpatron Schottlands, werden. Im 4. Jh. waren die sterblichen Res-

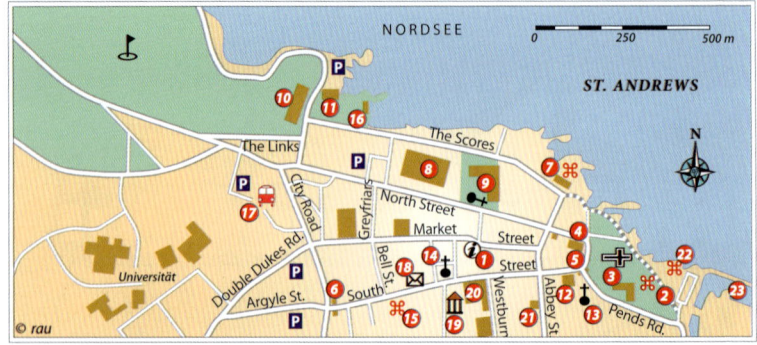

ST. ANDREWS – *1* Information – *2* St. Regulus Church – *3* Kathedrale + Museum – *4*
Deans Court – *5* „The Pends" – *6* West Port – *7* St. Andrews Castle – *8* Universitätsbiblio-
thek – *9* St. Salvator's College – *10* Royal and Ancient Golf Club – *11* British Golf
Museum – *12* Queen Mary's House – *13* St. Leonard's Church – *14* Holy Trinity Church –
15 Blackfriars Chapel Ruine – *16* St. Andrews Aquarium – *17* Busbahnhof – *18* Postamt
– *19* Town Hall – *20* St. Mary's College – *21* Byre Theatre – *22* St. Mary of the Rock – *23*
Hafen und Pier

te des Apostels Andreas, so die Legende, durch einen griechischen Mönch namens Regulus nach Schottland gekommen. Der viereckige, über dreißig Meter
hohe **Turm der St. Regulus Kirche (St.
Regulus Tower)** beherrscht noch heute
die nordöstliche Stadtsilhouette.

Rasch wurde der geweihte Ort zu einer vielbesuchten Wallfahrtsstätte und
schon wenige Jahre später wurde 1160
unter dem Abt von Kelso daneben mit
dem Bau der **Kathedrale** (HS) **[N56° 20'
21.29" W2° 47' 15.33"]** (Ruine der alten
St. Andrews Cathedral am Nordostrand
der Stadt an The Pends) begonnen.

Die Wirren der Zeit und der Kampf
um die Unabhängigkeit Schottlands
brachten es mit sich, dass der Bau erst
1318 unter Bischof William Lamberton
fertiggestellt und in Anwesenheit König
Robert The Bruce feierlich eingeweiht
werden konnte.

Entstanden war die längste und größte Kathedrale in ganz Britannien, abgesehen von der Kathedrale in Norwich. In
dem gewaltigen Kirchenschiff, in dessen
Mitte eine Quelle sprudelte, konnten die
Pilger an nicht weniger als 31 Altären ihre
Andacht verrichten.

Während der Reformation wurde die
Kathedrale vollständig zerstört, das Mobiliar gestohlen, die Altäre zertrümmert,

die Bücher der Priorei verbrannt. Die Reden von John Knox hatten ihre Wirkung
nicht verfehlt.

Aber selbst die eindrucksvollen Ruinen vermitteln dem Besucher noch heute einen Eindruck von den gewaltigen
Ausmaßen des Kirchenbaus.

In der Südseite des Ruinenareals ist
ein **Museum [N56° 20' 21.83" W2° 47'
15.39"]** *(Kathedrale und Museum geöffnet 1. Apr. - 30. Sept. tgl. 9.30 - 17.30 Uhr; 1.
Okt. - 31. März tgl. 9.30 - 16 Uhr, letzter Einlass 30 Min. vor Schließung; www.histori-
cenvironment.scot/visit-a-place/places/
st-andrews-cathedral/)* eingerichtet, in
dem u. a. Reste der Kirche St. Mary of the
Rock zu sehen sind, die im 7. Jh. vor der
Mauer östlich der Kathedrale stand.

Gegenüber dem Westtor zur Kathedrale liegt **Deans Court** aus dem 16. Jh.,
ehemals Sitz des Erzdiakons von St. Andrews.

Südlich davon, am Beginn der South
Street, sieht man ein großes Torhaus, bekannt als **„The Pends" [N56° 20' 22.89"
W2° 47' 20.99"],** den einstigen offiziellen Zugang zur Priorei von St. Andrews.
Das Tor ist Teil der im 16. Jh. angelegten
Wehrmauer, die noch zum größten Teil
erhalten ist und das gesamte Gelände
der Augustiner-Priorei umgibt. Ein weiteres Stadttor liegt am westlichen Ende

Noch als Ruine eindrucksvoll, St. Andrews' ehemalige Kathedrale

der South Street. Dieses **„West Port"** stammt aus dem 16. Jh. und war lange der Hauptzugang zum alten St. Andrews.

Etwa zur gleichen Zeit wie die Kathedrale entstand um 1200 unter Bischof Roger auf einem Felsvorsprung an der Küste weiter nördlich die als **„The Castle"** (HS) **[Visitor's Centre, N56° 20' 31.00" W2° 47' 28.14"]** *(geöffnet 1. Apr. - 30. Sept. tgl. 9.30 - 17.30 Uhr; 1. Okt. - 31. März tgl. 9.30 - 16 Uhr, letzter Einlass 30 Min. vor Schließung; www.historicenvironment.scot/visit-a-place/places/st-andrews-castle/)* bekannte, befestigte Residenz der Erzbischöfe von St. Andrews. König James III. soll hier geboren worden sein.

Der Einfluss der Erzbischöfe auf das Königshaus und ihre Beziehungen zur Krone ließ den Klerus von St. Andrews zu einem Machtfaktor im Reich und zu einem Bollwerk gegen die Reformation werden. Viele Anhänger der Reformation wurden in der Burg gefangen gehalten.

Einer der schrecklichen Höhepunkte der Auseinandersetzungen zwischen Katholiken und Protestanten war die Verbrennung von George Wishart vor den Toren der Burg am 1. Mai 1546, die auf Anordnung des verhassten Kardinals David Beaton geschah. Drei Wochen später eroberten Reformationsanhänger die Burg, ermordeten Kardinal Beaton und hängten seinen Leichnam an der Burgmauer auf.

Fast ein Jahr konnten die Reformer die Burg halten. John Knox besuchte die Renegaten des Öfteren und trieb von hier aus seinen Kampf gegen das Papsttum voran. Erst als die französische Flotte dem schottischen Königshaus, damals stellvertretend für ihre minderjährige Tochter und Thronfolgerin Maria durch Marie de Guise repräsentiert, zu Hilfe kam und St. Andrews Castle bombardierte, gaben die Besatzer auf. Viele, darunter auch John Knox, wurden auf Galeeren verbannt.

Nach diesem Zwischenfall verlor die Burg ihren Stellenwert in der schottischen Geschichte, je mehr sich die Reformation durchsetzte. James VI. vermachte das Anwesen im Jahre 1606 dem Earl of Dunbar. Fünfzig Jahre später wurde der ehemals noble und mächtige Bischofsitz fast vollständig abgerissen und mit den so gewonnenen Steinen der Hafen erweitert.

Als Besonderheiten von St. Andrews Castle sind die „Mines" (Stollen) und das Verlies „Bottle Dungeon" zu erwähnen. Die Stollen waren während der Belagerung 1546/47 angelegt worden und sollen bis in die Stadt geführt haben. Zugang am viereckigen Turm.

An der Nordwestseite der Burganlage sieht man die Ruinen des sog. „Sea Tower". Unter ihm liegt das früher in der Bevölkerung berüchtigte und gefürchtete Verlies **„Bottle Dungeon"**, eine etwa 8 m tiefe, aus dem gewachsenen Felsen gehauene Höhle. In dieses finstere Loch sollen die Gegner der Krone oder der Kirche im wahrsten Sinne des Wortes hinabgeworfen worden sein.

Der Weg von der Kathedrale zum Castle über die Uferpromenade und an der Felsküste entlang, ist übrigens ein schöner **Spazierweg**.

Mit der Gründung der **Universität**, der ältesten Lehrstätte in Schottland, durch Bischof Henry Wardlaw im Jahre 1410, war St. Andrews endgültig zu einer der bedeutendsten Städte des Landes geworden.

Bald erreichte die Lehranstalt einen ganz ausgezeichneten Ruf im Lande und fast alle führenden Köpfe im Schottland des 16. Jh. kamen von der Universität St. Andrews. Vor allem das St. Leonard's College tat sich damals als reformatorische Lehranstalt hervor.

Nach der Union mit England 1707 sank das Ansehen der Universität. Oxford oder Cambridge waren eher gefragt.

Aber nach der Zusammenlegung der Colleges von St. Salvator und St. Leonard zum United College im Jahre 1747 erlebte die Universität einen neuen Aufschwung. Heute sind an der Universität von St. Andrews in den Fakultäten Kunst, Naturwissenschaften und Theologie rund 3.500 Studenten immatrikuliert.

Im **Museum of the University of St. Andrews (MUSA) [N56° 20' 33.91" W2° 47' 38.82"]** (geöffnet 1. Apr. - 31. Okt. Mo - Sa 10 - 17 Uhr, So 12 - 16 Uhr, 1. Nov. - 31. März Do - So 12 - 16 Uhr; Eintritt frei; www.st-andrews.ac.uk/musa/), 7a The Scores, kann man eine interessante Sammlung an Lehrmaterial und Lernmaterial aus sechs Jahrhunderten sehen.

Für viele Leute aber ist St. Andrews nicht Universitätsstadt oder historischer Bischofssitz, für sie besteht St. Andrews aus nichts anderem als aus **Golfplätzen** und zwar aus den ältesten und wichtigsten Grüns der gesamten Golferwelt.

Gleich vier Kurse stehen jedermann (zumindest nach den Statuten), der in der Lage ist einen Schläger zu führen, gegen Gebühr zur Verfügung – **The Jubilee Course, The Eden Course, The New Course** und die Golf-legende **The Old Course.**

Der „heilige Rasen" The Old Course ist genau 6.545 Yards lang, traditionell mit einem Sonntagsspielverbot belegt und Stammplatz des noblen, 1754 gegründeten „Royal & Ancient Golf Club". Mitglieder dieses Clubs legten einst die allgemein gültigen Golfregeln fest, z. B. wie schwer der Ball sein darf, wie tief das Loch sein muss, oder mit wie vielen Schlägern maximal ein Turnier bestritten werden darf. Zwei der größten Namen in der Golfgeschichte, so wurde der Autor belehrt, sind *Tom Morris* und *Bobby Jones*. Das 18. bzw. 10. Loch des Old Course tragen ihre Namen.

Das Golfspiel, oder vielmehr das Spiel mit Ball und Stock, abgeschaut von Schafhirten, die zum Zeitvertreib mit dem Hirtenstab nach Steinchen schlugen, war schon im 15. Jh. so beliebt und verbreitet, dass sich König James II. 1457 veranlasst sah, das Spiel (zusammen mit Fußball übrigens) per Gesetz zu verbieten. Man befürchtete, die jungen Männer würden von den Waffenübungen als Bogenschützen und vom Kirchgang abgehalten.

Alles über die Geschichte des Golfspiels in Großbritannien, vom Mittelalter bis heute, erfahren Sie im **British Golf Museum [Parkplatz, WP 094 / N56° 20' 40.34" W2° 48' 6.41"]** (geöffnet tgl. 10 - 16 Uhr; www.britishgolfmuseum.co.uk). Das Museum liegt am Golf Place, gegenüber dem Royal & Ancient Golf Club.

Weitere Sehenswürdigkeiten in St. Andrews, die alle an der South Street liegen:

„Queen Mary's House" und die nebenan liegende **„St. Leonard's Church" [N56° 20' 13.18" W2° 48' 33.39"]**, ursprünglicher Sitz des alten St. Leonard's College, am Ostende der Straße.

Dann, Ecke Church Street, sieht man die **„Holy Trinity Church" [N56° 20' 22.06" W2° 47' 44.76"]**. Sie stammt aus dem 15. Jh. Das Eckhaus gegenüber der Kirche, mit seiner schönen Fassade kennt man als das **„Citizen House"**.

Auf der anderen Straßenseite sieht man den Gebäudeblock des **„St. Mary's College"**. Es war eines der ersten Colleges nach der Universitätsgründung.

Schließlich zählen noch die Ruinen der **Blackfriars Chapel [N56° 20'** 20.29" W2° 47' 52.98"]**, Reste einer Dominikaner Abtei aus dem 15. Jh., zu den historischen Baudenkmälern von St. Andrews.

Im **St. Andrews Aquarium [N56° 20' 37.12" W2° 48' 0.05"]**, The Scores, West Sands, ganz in der Nähe des British Golf Museum, sind in diverse Meerwasserbassins u. a. Seelöwen, Pinguinen etc. zu sehen *(geöffnet tgl. 10 - 17; www. standrewsaquarium.co.uk/)*.

PRAKTISCHE HINWEISE – ST. ANDREWS

St. Andrews Information Centre [N56° 20' 24.72" W2° 47' 40.34"], 70 Market Street, St. Andrews KY16 9NU, Tel. +44 (0)1334 47 20 21; www.visit-standrews.com/. *Geöffnet 5. Apr. - 30. Juni + Sept. - Okt. Mo - Sa 9.15 - 17 Uhr, So 10 - 17 Uhr; 30. Juni - 31. Juli Mo - Sa 9.15 - 18 Uhr, So 10 - 17 Uhr.*

RESTAURANT

The Grange Inn at St. Andrews, Grange Rd., Tel. +44 (0)1334 472 670; www. thegrangeinn.com; hübscher alter Gasthof im Süden, auf einer Anhöhe über der Stadt gelegen, schöner Stadtblick von zwei der drei Speiseräume, gute Küche, gepflegte Weinliste, mittlere Preislage. Montags geschlossen.

HOTELS

The Albany Hotel *,** £££££, 22 Zi., 56-58 North Street, Tel. +44 (0)1334 477 737; www.albanyhotelstandrews.co.uk; gutes Mittelklassehotel in einem ehemaligen georgianisches Gebäude in zentraler Lage, Bar. WLAN.
Best Western Scores *,** £££££, 20 Zi., 76 The Scores, Tel. +44 (0)1334 472 451; www.bw-scoreshotel.co.uk; in bester Lage nahe des ehrwürdigen St. Andrews Old Course Golfplatzes, teuer, 2 Restaurants, Bar, Fahrradverleih, Gartenterrasse, WLAN. Parkplatz.

CAMPING

Camping Craigtoun Meadows Holiday Park [WP 095 / N56° 19' 29.66" W2° 50' 17.20"], Mount Melville, Tel. +44 (0)1334 475 959; www.craigtoun-meadows.co.uk; 15. März – 31. Okt.; ca. 2 km westl. St. Andrews, über B939 Richtung Craigtoun; leicht geneigtes, ausgedehntes, gepflegtes Wiesengelände mit Baumbestand, beiderseits einer Mobilehomesiedlung; ca. 6 ha – 54 Stpl. für Touristen, auch befestigte Stellplätze + zahlreiche Dau.; Standard-Sanitärausstattung; Restaurant, Waschmaschine, Trockner, WLAN, Tennis. Mietcaravans. **V & E für Wohnmobile.**

Camping Cairnsmill Caravan Park [WP 096 / N56° 19' 20.67" W2° 48' 50.18"], Largo Road, Tel. +44 (0)1334 473 604; www.cairnsmill.co.uk; 1. Apr. - 31. Okt.; 1,6 km südwestlich von St. Andrews an der A915 (St. Andrews – Lundin Links); schattenloses Wiesengelände, von Mobilehomes geprägt; ca. 4 ha - ca. 60 Stpl.; Standard-Sanitärausstattung. Bar, Schwimmbad, Sauna, Waschmaschine mit Trockner.
Mein Tipp! Als Alternative zu den oft stark frequentierten Plätzen bei St. Andrews bietet sich der gut ausgestattete Platz **Woodlands Caravan Park [WP 098 / N56° 30' 21.18" W2° 43' 5.81"]** in **Carnoustie** an, der allerdings 23 mls/37 km weiter nordöstlich und rund 16 km östlich von Dundee liegt (siehe Tour 10 unter „Praktische Hinweise – Dundee").

TOUR 10: ST. ANDREWS – ABERDEEN

Länge der Tour:	Rund 200 km /125 mls.
Die Route:	Über die Straße A91/A914 bis **Dundee** – A90 über **Forfar** bis **Brechin** – Landstraßen und B974 bis **Banchory** – A957 bis **Stonehaven** – A90 bis **Aberdeen** – Alternative: A93 von Banchory direkt nach Aberdeen.
Reisedauer:	Mindestens ein Tag.
Höhepunkte:	Das Museumsschiff **„Discovery"** * – **Glamis Castle** ** – die **Ziergärten** ** von Edzell – die romantisch gelegene Ruine von **Dunnottar Castle** ** – **Crathes Castle** ** – **Aberdeen Kathedrale Wappendecke** *.

*ROUTE: Von St. Andrews über die A91 zunächst westwärts und über **Guardbridge** und die mautpflichtige Brücke über den Firth of Forth nach **Dundee**.*

Dundee, die viertgrößte Stadt Schottlands (ca. 148.000 Einwohner) mit bedeutendem Hafen und seit 1967 Universitätsstadt, spielt als Industrie- und Handelsstadt eine wichtige Rolle im Wirtschaftsleben des Landes. Früher hieß es, Dundee baue seinen Wohlstand auf den drei „J's", die für „Jute", „Jam" (Konfitüre) und „Journalism" stünden. Bis zum Beginn des letzten Jahrhunderts hatte Dundee auch eine große Walfangflotte.

Zu den relativ wenigen Sehenswürdigkeiten zählt **Caird Hall** mit ihren dorischen Säulen, am zentralen City Square. Das Verwaltungsgebäude erinnert an die Zeit, als Dundee administrativer Hauptsitz der Tayside Region war. Am City Square findet man auch das Touristen Information Centre.

Geht man vom City Square die Reform Street nach Norden, stößt man auf den Albert Square. Hier kann Dundees

Dundee, Discovery Point

wichtigstes Museum, **McManus Galleries [N56° 27' 44.90" W2° 58' 15.2"]**, besichtigt werden *(geöffnet Mo - Sa 10 - 17 Uhr, So 12.30 - 16.30 Uhr, letzter Einlass 15 Min. vor Schließung; www.mcmanus.co.uk).* In den unteren Räumen sieht man Ausstellungen zur Stadtgeschichte, in der „Albert Hall" mit schönen Bleiglasfenstern archäologische Exponate und Antiquitäten und im Obergeschoss schließlich die Gemäldegalerie mit Werken schottischer und englischer Meister, außerdem Silber-, Glas- und Keramiksammlungen.

Der Kunstgalerie angeschlossen ist das **City Museum**, das Stadtmuseum von Dundee. Zu sehen gibt es hier Funde aus prähistorischer Zeit, ein sog. „Ringditch-House" aus der Eisenzeit, behauene Steine aus der piktischen Kultur, aber auch Ausstellungen über die neuere industrielle Geschichte der Region. Eines der Themen dazu ist das spektakuläre Tay Bridge Unglück von 1879.

Unweit des Albert Square findet man in der Barrack Street, einer Abzweigung der Meadowside, das **Barrackstreet Museum** mit umfangreichen naturgeschichtlichen Sammlungen.

In den Hafenbecken der Victoria Docks östlich der Durchgangsstraße Riverside Drive ist mit dem **Discovery Point [Parkplatz, WP 097 / N56° 27' 22.71" W2° 58' 9.72"]** ein neues Ausstellungsgelände mit Besucherzentrum entstanden. Zu sehen gibt es das interessante **Museumsschiff „Discovery"** *(geöffnet Apr. - Okt. Mo - Sa 10 - 18 Uhr, So 11 - 18 Uhr; Nov. - März Mo - Sa 10 - 17 Uhr, So 11 - 17 Uhr, letzter Einlass 1 Std. vor Schließung; www.rrsdiscovery.com)* .

Die **RRS „Discovery"** (Royal Research Ship) war 1901 in Dundee gebaut worden. Der Zweimaster diente dem Polarforscher Captain *Robert Scott* auf seiner Südpolexpedition als Forschungsschiff. Zwei Winter lang lag das Schiff damals in der Antarktis vom Eis umklammert, bis es endlich freigesprengt werden konnte und nach Großbritannien zurückkehrte. Heute dient das Schiff als Museum mit speziellen Ausstellungen über die Erforschung der Antarktis.

Die Fregatte **„Unicorn" [N56° 27' 41.1" W2° 57' 29.2"]** dagegen, die heute am Victoria Dock liegt, wurde 1824 in Chatham von Stapel gelassen *(geöffnet Apr. - Okt. tgl. 10 - 17 Uhr; Nov. - März Do - So 12 - 16 Uhr, letzter Einlass 30 Min. vor Schließling; www.frigateunicorn.org).* Sie soll das drittälteste noch schwimmende Schiff der Welt sein. Das Schlachtschiff mit seinen 46 Kanonen war einst der Stolz der Royal Navy.

Westlich des Stadtzentrums findet man in der West Henderson's Wynd die

PRAKTISCHE HINWEISE – DUNDEE

Dundee Information Centre [N56° 27' 37.75" W2° 58' 12.07"], 16 City Square, Dundee DD1 3BG, Tel. +44 (0) 1382 52 75 27; www.visitscotland.com/info/services/dundee-information-centre-p332371. *Geöffnet ganzjährig Mo - Sa 9.30 - 17 Uhr.*

HOTEL

Best Western Invercarse ***, £££, 44 Zi., 371 Perth Rd., Tel. +44 (0)1382 66 92 31; www.bw-invercarsehotel.co.uk; nähe Stadtzentrum und Discovery, Restaurant, Bar, WLAN, Privatparkplatz.

CAMPING

Carnoustie
Camping Woodlands Caravan Park [WP 098 / N56° 30' 21.18" W2° 43' 5.81"], Newton Road, Tel. +44 (0)1241 85 44 30; www.woodlandscaravan-park.net; 1. März – Ende Okt.; von Dundee A92 rund 16 km nordostwärts (Dundee – Arbroath) und auf der A930 zum Ort, am nördlichen Ortsrand von Carnoustie gelegen; ebenes, sehr gepflegtes, parkähnliches Gelände neben Sportanlagen; ca. 2 ha – 43 Stpl.; gute Standardsanitärausstattung, Waschmaschine mit Trockner, WLAN, **V & E** für Wohnmobile.

Verdant Works [N56° 27' 41.5" W2° 59' 0.2"] *(geöffnet Apr. - Okt. Mo - Sa 10 - 18 Uhr, So 11 - 18 Uhr; Nov. - März Mi - Sa 10.30 - 16.30 Uhr, So 11 - 16.30 Uhr, letzter Einass 1 Stunde vor Schließung; www.verdantworks.com).* Dieses Museum gibt Einblick in die Geschichte von Industrie und Handel in Dundee, aber auch in die von Maschinenlärm erfüllte Arbeitswelt der Textilarbeiter. Eine der Ausstellungen befasst sich mit dem Jutehandel, der in Dundee lange eine bedeutende Rolle spielte.

*ROUTE: Ab Dundee folgt man der A90 nach Norden, um nach ca. 5 mls/8 km westwärts der A928 und der Beschilderung Richtung **Glamis Castle** zu folgen. Der Weg dorthin führt über die reizvolle Anhöhe des Lumely Den.*

Glamis Castle (man spricht das „i" in Glamis nicht) macht schon auf der Anfahrt über die lange Allee durch den weiten Park auf den Besucher einen nachhaltigen Eindruck [**Parkplatz WP 099 / N56° 37' 15.97" W3° 0' 09.18"**] *(geöffnet Apr. - Okt. tgl. 10 - 17.30 Uhr, letzte Führung 16.30 Uhr; www.glamis-castle.co.uk).* Vor allem der mächtig aufstrebende zentrale Trakt mit seinen vielen Erkern, Türmchen und Kaminen fesselt

den Blick .

Glamis Castle ist im Lande vor allem wegen seiner langen Verbindung mit dem englischen Königshaus bekannt. Ihre Majestät, die Königinmutter und Tochter des 14. Earl of Strathmore, verbrachte ihre Kindheit auf dem Schloss. 1930 wurde hier Princess Margaret geboren.

Seit 1372 ist das Schloss im Besitz der gleichen Familie, der 1606 von James VI./I. der Adelstitel Earls of Strathmore verliehen wurde.

Schon weit vor dem 14. Jh. stand hier ein Jagdschloss, dessen Lehnsherr im 11. Jh. Macbeth war. Glamis Castle soll Schauplatz des Mordes an König Duncan durch Macbeth gewesen sein, der Tragödie, auf der William Shakespeares Drama „*Macbeth*" beruht. Ein Raum im alten Teil des Schlosses trägt den Namen „Duncan's Hall", ob aufgrund der Bluttat oder erst seit Shakespeares Dichtung (1606) ist allerdings nicht überliefert.

Unter Robert II. kam Glamis Castle, bis dahin königlicher Besitz, an Sir John Lyon, dem Vorfahren der Lords Glamis und Stammvater der Strathmore Dynastie.

Während der Regierungszeit König James' V. (1513 – 1542) fiel die Familie wegen ihrer Verbindungen mit dem Douglas Clan am schottischen Hof in

Glamis Castle

Ungnade. Der damalige 6. Lord Glamis hatte eine Douglas geheiratet, die nach dem Tode des Lords auf Betreiben James V. als Hexe verbrannt wurde. Seitdem hat Glamis Castle, wie es sich für ein richtiges schottisches Schloss gehört, sein Gespenst. Der ruhelose Geist von Lady Glamis spukt nächtens als „Grey Lady" durch die Verliese und Gemächer, wie man erfährt.

Eine andere Geschichte besagt, dass das romantische Schloss mit einer mysteriösen Geheimkammer versehen sei, deren Geheimnis aber immer nur drei Personen gleichzeitig kennen würden.

Es ist überaus lohnend, sich einer Führung durch Glamis Castle (Dauer etwa 45 Minuten) anzuschließen. Die gezeigten Räume, darunter der **Dining Room**, der **Drawing Room**, die **Royal Apartments**, **Duncan's Hall** u. a., sind mit schönen Stuckdecken, erlesenen Möbeln, Gemälden, Porträts und Kunstgegenständen ausgestattet.

Außerdem sind die **Garten- und Parkanlagen** sehenswert.

Eine **Campingmöglichkeit** findet man bei **Roundyhill,** *Drumshademuir Caravan Park, ganzjährig; www.drumshademuir.com [N56° 38' 42.89" W3° 0' 45.87"]*, etwa auf halbem Wege zwischen Glamis und Kirriemuir.

Bei ausreichend zur Verfügung stehender Zeit, sollte ein Abstecher nach **Meigle**, ca. 11 km westl. von Glamis, eingeplant werden. Im dortigen **Meigle Pictish Stones Museum** (HS) **[N56° 35' 14.4" W3° 9' 44.0"]** *(geöffnet Apr. - Sept. tgl. 9.30 - 17.30 Uhr; Okt. tgl. 10 - 16 Uhr, letzter Einlass 30 Min. vor Schließung; www.historicenvironment.scot/visit-a-place/places/meigle-sculptured-stone-museum/)* sind seltene Zeugnisse aus der frühchristlichen, keltischen und piktischen Zeit Schottlands in Form von Steinskulpturen zu sehen.

*ROUTE: Weiter ab Glamis nordostwärts nach **Forfar** (Forfar Lochside Caravan Club, Mitte Feb. - Okt., im Forfar Country Park; www.caravanclub.co.uk). In Forfar stößt man auf die A90. Ihr folgen wir in nordöstlicher Richtung.*

Wer Interesse an frühgeschichtlichen Dingen hat, sollte nach gut 5 mls/8 km ostwärts auf die Landstraße nach **Aberlenmo** abzweigen. Auf dem Kirchhof des Ortes steht ein seltener **Bildstein [N56° 41' 21.38" W2° 46' 53.07"]** aus der Zeit um das 8. Jahrhundert, der mit piktischen Zeichen und Symbolen versehen ist. Drei weitere historische Steine dieser Art stehen an der Straße B9134.

Man folgt der Landstraße B9134 nach Nordosten. Nach einer landschaftlich sehr schönen Fahrt hinab ins **Esk Tal** kommt man nach **Brechin** am Flüsschen South Esk.

Sehenswert ist in der alten Bischofsstadt Brechin der **Round Tower** neben der Kathedrale [**Parkplatz, WP 100 / N56° 43' 53.2" W2° 39' 40.1"**]. Dieser Rundturm stammt aus dem 10. Jh. und ist eines der beiden noch verbliebenen Exemplare seiner Art in ganz Schottland. Der andere Rundturm steht in Abernethy. Ähnlich denen in Irland wurden die Roundtowers für Aussichtsposten und als Zufluchtsstätten benutzt. Fast zwei Meter liegt der schmale Eingang über dem Boden. Der schlanke Turm in Brechin ist über 26 m hoch und hat an der Basis einen lichten Durchmesser von knapp 2,5 m.

Unweit östlich von Brechin liegt an der A935 Richtung Melrose das **House of Dun and Garden** (NTS) [**N56° 43' 48.91" W2° 32' 34.81"**] (Haus: geöffnet Apr. - Sept. Sa - Mi 10.30 - 16 Uhr, letzter Einlass 10. Min. vor Schließung. Park: geöffnet ganzjährig tgl. 9 - Sonnenuntergang; www.nts.org.uk/visit/places/house-of-dun), ein sehr sehenswertes Schloss im georgianischen Stil. Das herrschaftliche Haus stammt aus der Zeit um 1730 und ist nach Entwürfen von William Adam errichtet. Im Inneren sind die Wände reich mit Stuckornamenten geschmückt, die von Joseph Enzer stammen. Weberwerkstatt, Restaurant, Souvenirladen, Miniatur-Theater und schöne **viktorianische Gärten** sowie Waldpark mit Spazierwegen.

ROUTE: 6 mls/10 km nördlich von Brechin und rund 19 mls/30 km nordöstlich von Forfar liegt nördlich der Fernstraße A90 der Ort Edzell.

Grund für den Umweg über **Edzell** ist **Edzell Castle and Walled Garden „The Pleasance"** (HS) [**Parkplatz, WP 101 / N56° 48' 42.45" W2° 40' 47.92"**] (geöffnet Apr. - Sept. tgl. 9.30 - 17.30 Uhr; Okt. tgl. 10 - 16 Uhr, letzter Einlass 30 Min. vor Schließung; www.historicenvironment.

scot/visit-a-place/places/edzell-castle-and-garden/), eine wunderschöne **Ziergartenanlage** aus dem frühen 17. Jh., die zu den bemerkenswertesten in ganz Schottland gezählt wird (Glenesk Caravan Park s. u.).

Wanderfreunde sollten einen Abstecher ins Glen Esk ins Auge fassen.

Das Tal führt nach Nordwesten hinein in die Südausläufer der Grampian Mountains. Unterwegs passiert man das **Glenesk Folk Museum** [**Parkplatz, N56° 53' 55.76" W2° 48' 31.0"**] bis die Straße nach 16 mls/26 km in **Auchronie** endet. Von dort führen **Wanderwege** nach Westen zum **Loch Lee** und nach Norden über den 939 m hohen Mount Keen bis **Ballater** im Dee Tal.

ROUTE: Bei knapper Zeit fährt man zurück zur A90 und über diese Fernverbindungsstraße direkt nach Stonehaven. Alternativ dazu bietet sich die Strecke über die küstennahe A92 an.

Viel reizvoller aber ist ab Edzell der Weg über den hübschen Ort Fettercairn, weiter über die Landstraße B974 und den 454 m hohen Cairn o'Mount im Drumtochty Forest nach Strachan und Banchory. Von dort gelangt man über Crathes Castle (Beschreibung siehe weiter hinten) und die A957 südostwärts nach Stonehaven an der Küste.

Südlich von **Stonehaven** liegt **Dunnottar Castle** [**Parkplatz, WP 102 / N56° 56' 42.53" W2° 12' 2.66"**] (geöffnet 1. Apr. - 30. Sept. tgl. 9 - 17.30 Uhr; Okt. - März tgl. 10 - 16 Uhr, letzter Einlass 30 Minuten vor Schließung; www.dunnottarcastle.co.uk). Diese großartige Ruine ist schon alleine wegen ihrer fast romantisch zu nennenden Lage auf einem steilen Felsen hoch über der See sehenswert.

Sir William Keith, Großmarschall von Schottland, ließ im ausgehenden 14. Jh. die mächtige Festung „Dunotir" errichten.

Bald wurde die Burg auf der exponierten, fast unzugänglichen und von drei Seiten vom Meer umgebenen Halbinsel der unumstrittene Sitz der Earls

Imposant und romantisch gelegen - Dunnottar Castle

Marishal of Scotland, den Bewahrern der Reichsinsignien.

Tatsächlich wurden die schottischen Kronjuwelen zusammen mit Geheimdokumenten König Charles' II. und anderen Kostbarkeiten des Königshauses während der Kriege im 17. Jh. auf Dunnottar Castle insgeheim aufbewahrt. In einer Chronik von W. D. Simpson heißt es: „...besydes the Crown and Scepter, there are all the King's rich hangings and bedds, plate and other furniture to so good vallew, that if all were in Amsterdam, it would yeeld 20.000 £ Stirling...".

Durch eine acht Monate dauernde Belagerung wollte Cromwell 1652 die Herausgabe des Kronschatzes erzwingen. Aber schon vor der Kapitulation des Kommandanten von Dunnottar waren die Dokumente in Sicherheit gebracht und die Reichsinsignien nach Kinneff, ca. 11 km weiter südlich, geschmuggelt

worden. Dort hielt man sie in der Kirche unter der Kanzel versteckt.

Im Sommer 1685 wurden nach den missglückten Aufständen des Dukes of Argyll 167 Covenanters, Männer, Frauen und Kinder, im berüchtigten Verlies „Whigs Vault" von Dunnottar Castle fast zwei Monate lang in drangvoller Enge unter barbarischen Umständen gefangen gehalten. Nur wenige der Gefangenen überlebten.

Vor noch nicht allzu langer Zeit dienten die Gemäuer von Dunnottar Castle als Kulisse für einige Außenaufnahmen zu dem Film „Hamlet" mit Mel Gibson.

ROUTE: Ab Stonehaven über die A957 nach Nordwesten. Nach 14 mls/22 km trifft man auf die A93. Ein kurzes Stück westwärts der Einmündung in Richtung Banchory liegt **Crathes Castle**.

PRAKTISCHE HINWEISE – STONEHAVEN

Stonehaven Visitor Information Centre [N56° 57' 53.21" W2° 12' 29.73"], 66 Allardice Street, Stonehaven, Tel. +44 (0)1569 76 28 06; www.stonehaven-guide.net. *Geöffnet Ostern bis Okt. Mo - Sa 10 - 17 Uhr.*

HOTEL
The Ship Inn *,** ££££, 11 Zi., 5 Shorehead, Tel. +44 (0)1569 76 26 17; www.shipinnstonehaven.com; kleines Mittelklassehotel in einem Gebäude aus dem Jahr 1771 am Hafen von Stonehaven, mit Restaurant und Pub, WLAN, Parkplatz.

CAMPING

Stonehaven

**Camping Queen Elizabeth Caravan Park Club Site, [WP 103 / N56° 58' 12.64"
W2° 12' 12.98"]** Tel. +44 (0)1569 76 00 88; https://www.caravanclub.co.uk/club-
sites/scotland/aberdeenshire/stonehaven-queen-elizabeth-park-caravan-club-
site/; März – Dez.; am nördlichen Ortsrand von Stonehaven; ebenes Wiesengelände mit Hartstandplätzen, über die Straße zum Meer; ca. 2,5 ha – 77 Touristen-
Stellplätze in einem Mobilehomepark. Standard-Sanitärausstattung.

Edzell

Camping Glenesk Caravan Park [WP 104 / N56° 50' 27.6" W2° 39' 53.90"],
Burn Estate, Tel. +44 (0)1356 64 85 65; www.gleneskcaravanpark.co.uk; Apr. –
Okt.; ca. 2,5 km nördlich von Edzell, nach der Gannocky Bridge an der B966
gelegen; Laubwaldgelände an einem Weiher, einige Hartstandplätze; ca. 3
ha – 50 Stpl.; Standard-Sanitärausstattung. **V & E für Wohnmobile.**

**Crathes Castle and Garden [Park-
platz, WP 105 / N57° 3' 44.1" W2° 26'
20.6"]**, *(Schloss: geöffnet Apr. - Okt. tgl.
10.30 - 17 Uhr; Jan. - März + Nov. - Dez. Sa
+ So 10.30 - 16 Uhr, letzter Einlass 1 Stunde
vor Schließung. Gärten: tgl. 9 Uhr - 17 Uhr;
www.nts.org.uk/visit/places/crathes-cast-
le)*, heute in der Obhut des NTS, war seit
dem 16. Jh. Sitz der Burnards, später Bur-
netts, einer angelsächsischen Familie,
die sich schon in der Zeit Davids I. Mitte
des 12. Jh. im südlichen Schottland nie-
dergelassen hatte. Alexander Burnard,
ein Gefolgsmann von Robert The Bruce,
wurde für seine Dienste mit Ländereien
der Baronie Banchory entlohnt und zum
Aufseher der Königlichen Jagdgründe
von Drum ernannt. Zum Zeichen dieser Würde erhielt Alexander Burnard
von Robert The Bruce das Elfenbeinhorn
„Horn of Leys". Es ist auf Crathes Castle
zu besichtigen.

Mit dem Bau von Crathes Castle wurde Mitte des 16. Jh. unter Alexander Bur-
nett, dem 9. Laird, begonnen. Aber erst
vierzig Jahre später waren die Arbeiten beendet. Entstanden war eines der
schönsten Landschlösser und Turmhäuser in Schottland, wie sie für diese Region typisch sind.

Das **Turmhaus** mit gut 2 m dicken
Grundmauern hat einen L-förmigen
Grundriss und besteht im wesentlichen
aus vier Stockwerken, die über Wendel-
treppen zugänglich sind.

In den unteren Gewölben, deren ein-
ziger Zugang mit Eichentür und Gitter-
tor (yett) gesichert war, befinden sich
Küche, Wachraum und Gesindestuben.
Darüber liegt die **„High Hall"**, der eigentliche Repräsentationsraum des
Schlosses mit dem „Horn of Leys" über
dem Kamin.

Im zweiten Obergeschoss findet
man die Gemächer der Schlossherren, **„Laird's Room"** und **„Laird's Bedroom"**, **„Green Lady's Room"** (nach
dem ominösen Schlossgeist benannt,
letztmals angeblich 1980 gesehen) und
„Nine Nobles Room".

Das oberste Stockwerk, das Dachge-
schoss sozusagen, wird von der **„Gallery"** und dem **„Turret Room"** eingenommen. Alle Räume sind mit kostbaren alten Möbeln ausgestattet, die an sich
schon eine Sehenswürdigkeit sind.

Von ganz besonderem Interesse aber
sind die bemalten **Balkendecken** im
„Green Lady's Room" und im „Room of
the Nine Nobles". Sie sind zwei der wenigen noch erhaltenen (restaurierten) Beispiele der Deckenmalerei des 16. Jh. Auf
einer Grundlage aus einer Mixtur aus Kalk
und dem Sud von Tierhäuten wurden die
Konturen der Muster und Figuren vorge-
zeichnet und dann farbig ergänzt.

Die neun Edelmänner (nobles), nach
denen der Raum benannt ist, sind drei
Gestalten aus der Antike, Alexander der
Große, Julius Caesar und Hektor, drei
Könige aus dem alten Testament, Da-
vid, Joshua und Judas Maccabeus und
schließlich drei gekrönte Häupter des
Mittelalters, König Arthur, der Kreuzrit-
ter Godfrey von Bouillon und Karl der
Große.

Crathes Castle ist auch bekannt für seine wunderschönen **Gartenanlagen**. Dem Besucher stehen außerdem Spazierwege durch den Schlosspark, ein Picknickplatz, ein Restaurant und ein Besucherzentrum zur Verfügung.

ROUTE: Der weitere Verlauf unserer Route führt über die A93 ostwärts nach **Aberdeen**, *das etwa 17 mls/27 km weiter nordöstlich liegt.*

Unterwegs kann man zum **Drum Castle, Garden & Estate** (NTS) **[Parkplatz, WP 106 / N57° 5' 42.93" W2° 20' 23.12"]** abzweigen *(Schloss: geöffnet Juni - Aug. tgl. 11 - 16 Uhr; Apr. - Mai + Sept. - Okt. Do - Mo 11 - 16 Uhr; Jan. - März + Nov. - Dez. Sa + So 11 - 16 Uhr. Gärten: geöffnet Apr. - Okt. tgl. 11 - 16 Uhr; www.nts.org.uk/visit/places/drum-castle).* Drum Castle stammt im Wesentlichen aus dem frühen 17. Jh., hat aber einen Wehrturm aus dem 13. Jh. erhalten. Der Herrensitz ist seit alters her Residenz der Irvines. Der Ursprung dieser alten schottischen Familie geht zurück auf William de Irwyn, königlicher Waffenträger von Robert The Bruce.

Aberdeen (ca. 250.000 Einw.) an der Mündung des River Dee gelegen und heute einer der wichtigen Handels- und Industriestandplätze Schottlands, ist die größte Hafenstadt an der Ostküste des Landes.

Aberdeen entstand im 12. und 13. Jh. aus zwei eigenständigen Gemeinden, die sich einerseits um einen Bischofssitz im Norden und andererseits um den Hafen an der Deemündung entwickelten.

Das Bild des heutigen Stadtzentrums um Union, Market und King Streets entstand erst in den Anfängen des 19. Jh. unter der Leitung des Architekten *Archibald Simpson*. Wichtigstes Baumaterial für die vielen öffentlichen Gebäude war Granit, der das Erscheinungsbild der Innenstadt maßgeblich prägt, Aberdeen den Beinamen „Granitstadt" einbrachte und die Stadt immer etwas grau und nicht sonderlich anziehend erscheinen lässt.

Lange waren das Fischereigewerbe und der Schiffsbau – in Aberdeen entstanden einige der schnellsten Teeclipper – die wichtigsten Industriezweige. Die wirtschaftlichen Schwerpunkte verschoben sich aber maßgeblich mit der Entdeckung der Öl- und Gasvorkommen in der Nordsee um 1970. Aberdeen wurde zur „Offshore"-Hauptstadt Europas. Zwar fließt über den Hafen von Aberdeen kein Öl, dafür ist es die wichtigste Basis für alle Explorationsfirmen bei der Versorgung ihrer Bohrinseln in der Nordsee.

Einen größeren, zentrumsnahen **Parkplatz [Union Square Car Park WP 107 / N57° 8' 36.00" W2° 5' 36.03"]** findet man in Hafennähe unweit östlich des Bahnhofs beim großen Einkaufszentrum am Union Square (Market Street).

Die wichtigsten Sehenswürdigkeiten im Stadtzentrum findet man in der Nähe der von grauen Mauern flankierten Hauptstraße **Union Street**. An ihrem Ostende markiert das **Mercat Cross (2) [N57° 8' 53.79" W2° 5' 33.27"]** das alte Stadtzentrum.

Über die Union Street nach Südwesten, vorbei am **Tolbooth Museum** (*Gefängnismuseum, geöffnet Mo - Sa 10 - 17 Uhr, So - 12 - 15 Uhr; http://www.aagm. co.uk/Visit/TheTolboothMuseum/ttm-overview.aspx*) gehend, fällt der Turm des **Old Town House (3)**, des alten Rathauses auf. Dort sollte man die Broad Street nach Westen bis zum **Marischal College (4) [N57° 8' 56.18" W2° 5' 50.09"]** rechterhand gehen. Die Granitfassade im neugotischen Stil ist beeindruckend. An Werktagen kann das **Marischal Museum** im College besichtigen, das über die Kulturgeschichte der Region informiert.

Geht man auf die Südwestseite des gegenüberliegenden Marischal Sqauaare, kommt man zum **Provost Skene's House (5) [N57° 8' 56.18" W2° 5' 50.09"]** in 45 Flourmill Lane. Dieses elegante Stadthaus ließ sich der Kaufmann und Bürgermeister (Provost) von Aberdeen, Sir George Skene, im 17. Jh. bauen. Eine Besichtigung des Hauses lohnt vor allem wegen der Deckenmalereien in der Hauskapelle.

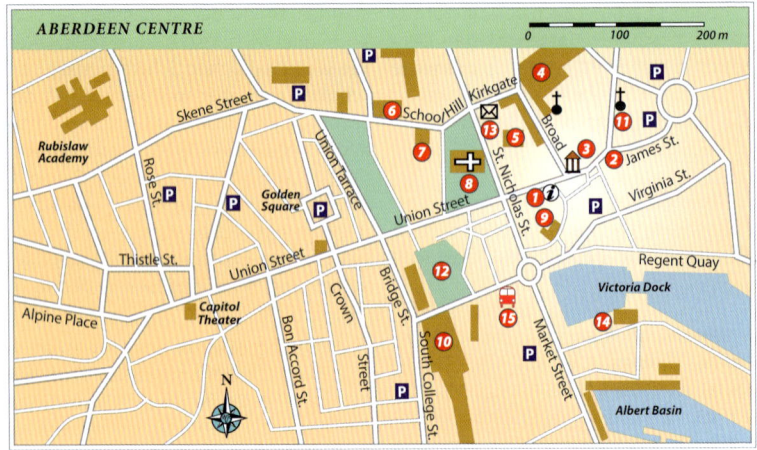

*ABERDEEN – **1** Information – **2** Mercat Cross – **3** Old Town House – **4** Marischal College – **5** Provost Skene's House – **6** Aberdeen Art Gallery – **7** James Dun's House – **8** Kirk of St. Nicholas – **9** Provost Ross's House und Aberdeen Maritime Museum – **10** Railway Station – **11** St. Andrew's Cathedral – **12** Trinity Centre – **13** Postamt – **14** Ferry Terminal – **15** Bus Terminal*

Danach geht man zurück bis zur Querstraße Upperkirkgate und dort nach links über die weiterführenden Straße Schoolhill bis zur **Aberdeen Art Gallery (6) [N57° 8' 52.23" W2° 6' 9.80"]** *(geöffnet Di - Sa 10 - 17 Uhr, So 14 - 17 Uhr; www.aagm.co.uk/Visit/Aberdeen-ArtGallery/aag-overview.aspx)*. Neben einer interessanten Sammlung von Plastiken und Skulpturen so namhafter Künstler wie Moore, Rodin oder Degas sind Werke bekannter schottischer Maler, darunter William McTaggert, Ramsay, Raeburn zu sehen.

Auf dem Weg über Schoolhill zurück, passiert man das rechterhand gelegene **James Dun's House (7)**. Das Haus des ersten Grundschulmeisters Dun von Aberdeen dient heute als kleines Museum mit wechselnden Ausstellungen.

Ein kurzes Stück weiter sieht man rechts die **St. Nicholas Kirk (8) [N57° 8' 50.91" W2° 6' 0.65"]**. Die mittelalterliche Stadtkirche wurde in der Reformationszeit in zwei Kirchen unterteilt.

Über die Back Wynd an der Westseite der St. Nicholas Kirche zurück bis zur Hauptstraße Union Street und links (ostwärts) Richtung Mercat Cross. Am **Tourist Information Centre (1) [N57° 8'** 51.09" W2° 5' 42.38"] biegen wir in die Shiprow ein und gehen bis zum Provost Ross's House.

Das **Provost Ross's House (9) [N57° 8' 47.07" W2° 5' 41.26"]** aus dem Jahre 1593 gilt als eines der ältesten Häuser Aberdeens. Es liegt in der Shiprow Nr. 56, südlich vom Rathaus.

Gleich neben dem Provost Ross's House ist das **Maritime Museum** untergebracht *(geöffnet Di - Sa 10 - 17 Uhr, So 12 - 15 Uhr; www.aagm.co.uk)*. Das Seefahrtmuseum befasst sich mit der langen Tradition als Fischereihafen, als Werft schneller Clipper und neuerdings als Versorgungsbasis der Ölbohrinseln in der Nordsee. Interessante Multimediashow.

Old Aberdeen liegt nördlich des Stadtzentrums und westlich der King Street (A92).

Besonders sehenswert dort ist – neben der **King's College Chapel** mit ihrer gotischen Turmkrone – vor allem die **St. Machar's Kathedrale [N57° 10' 11.49" W2° 6' 11.79"]** *(geöffnet Apr. - Okt. tgl. 9.30 - 16.30 Uhr; Nov. - März 10 - 16 Uhr; www.stmachar.com)*. St. Machar, ein gotischer Granitbau aus dem 14. und 15. Jh., trägt den Namen des heiliggesprochenen keltischen Missionars *St.*

Machar, der im 6. Jh. von der Insel Iona nach Schottland gekommen war.

Einmalig in der schottischen Kirchenbaugeschichte ist die **„heraldische Decke"** des Kirchenraums. Die Holzdecke ist bedeckt mit 48 Wappen, die in drei langen Reihen angeordnet sind. Die Wappen stehen stellvertretend für die Mächtigen im Europa des frühen 16. Jh.

Die mittlere Reihe, beginnend an der Ostseite, zeigt die heraldischen Embleme der damaligen Kirchenfürsten, angefangen mit dem Wappen des damals amtierenden Papstes Leo X., ihm folgen die der Erzbischöfe von Schottland.

Die nördliche Reihe beginnt mit dem Wappen Karls V. von Spanien, Kaiser des Heiligen Römischen Reiches, gefolgt von den Wappen von Königen und Fürsten des Kontinents.

Die südliche Reihe schließlich zeigt Schilder des schottischen Adels, angefangen mit dem von König James V, dann dem der Heiligen Margarete und diverser Adelsgeschlechter.

Beachtung verdienen ebenfalls die Bleiglasfenster, die hauptsächlich zu Beginn unseres Jahrhunderts und in viktorianischer Zeit entstanden.

Schließlich zählt zu den Sehenswürdigkeiten der Stadt Aberdeen der **Duthie Park [N57° 7' 57.13" W2° 6' 9.80"]**, Polmuir Avenue, im südlichen Stadtbereich, mit einem sehenswerten **Wintergarten**, sowie das **Satrosphere Science Centre [N57° 9' 11.10" W2° 5' 3.62"]**, 179 Constitution Street, ein Wissenschaftsmuseum vor allem für Schulen und Jugendliche, mit Planetarium *(geöffnet Mo, Mi, Do + Fr 10 - 16 Uhr, Die 10 - 15 Uhr, Sa + So 10 - 17 Uhr; www. satrosphere.net; The Tramsheds Coffee House).*

PRAKTISCHE HINWEISE – ABERDEEN

Aberdeen Information Centre [N57° 8' 51.09" W2° 5' 42.38"], 23 Union Street, +44 (0)1224 26 91 80; www.visitscotland.com/info/services/aberdeen-icentre-p332241. *Geöffnet Jan. - Juni + Sept. - Dez. Mo - Sa 9.30 - 17 Uhr, So 11 - 16 Uhr; Juli - Aug. Mo - Sa 9 - 18.30 Uhr, So 10 - 16 Uhr.*

RESTAURANT

Granite Park, 8 Golden Square, Tel +44 (0)1224 47 80 04; www.granitepark. co.uk; zentrale Lage, alteingesessenes, renommiertes Lokal, gute Küche, zahlreiche Fischgerichte, mittlere Preislage.

HOTELS

Atholl ****, £££, 34 Zi., 54 Kings Gate, Tel. +44 (0)1224 32 35 05; www.atholl-aberdeen.co.uk; gutes Mittelklassehotel im Westen der Stadt, moderate Preise, Restaurant, Parkplatz.
Mercure Aberdeen Caledonian ****, ££££, 80 Zi., 10-14 Union Tarrace, Tel. +44 (0)1224 64 02 33; Firstclasshotel in zentraler Lage, Restaurants, Cafeteria. Parkplatz.

CAMPING

Maryculter/Aberdeen
Camping Deeside Holiday Park [WP 108 / N57° 5' 27.58" W2° 14' 22.37"], Tel. +44 (0)1224 73 38 60; www.holiday-parks.co.uk/locations/deeside; Jan. – Dez.; 12 km südwestl. von Aberdeen, zu erreichen über die B9077 (South Deeside Road), am Ortsrand von Maryculter gelegen; gepflegte, ebene Wiesen von Laubbäumen umgeben, am Rande eines Mobilehomeparks, am River Dee; ca. 4 ha – ca. 20 Touristen-Stpl. + zahlr. Dau; Standardsanitärausstattung. Restaurant „Old Mill Inn" in etwa 300 m Entfernung.

TOUR 11: ABERDEEN – INVERNESS

Länge der Tour: Rund 240 km /150 mls.

Alternativroute: Über die Straße A96 bis **Inverurie** – Abstecher über die B9001 zum **Loanhead Stone Circle** – B9170 und A920 über **Oldmeldrum** bis **Pitmedden** – B999 und B9005 über **Methlick** bis **Ellon** – A90 über **Peterhead** bis **Fraseburgh** – B9031 über **Pennan**.

Die Hauptroute: Über die Straße A944 und über **Dunecht** (Abstecher zum **Castle Fraser**) bis **Alford** – Umweg über **Craigievar Casle**, **Towie** und **Kildrummy Castle** bis **Mossat** – A97 bis **Huntly** – A96 über **Keith** und **Fochabers** bis **Elgin** und weiter über **Forres** und **Nairn** bis **Inverness.**

Reisedauer: Mindestens ein Tag, besser zwei Tage.

Höhepunkte auf der Alternativroute: Das imposante **Fyvie Castle*** – **Pitmedden Gardens *** – der Herrensitz **Haddo House *** – die **reizvolle Küstenlandschaft *** zwischen Fraserburgh und Banff – **Duff House** bei Banff.

Höhepunkte auf der Hauptroute: **Castle Fraser** – das sehenswerte Tower House **Craigievar Castle **** – die mittelalterlichen Ruinen von **Kildrummy Castle **** – die **Kathedrale von Elgin **** – das historische **Cawdor Castle *** – **Fort George**.

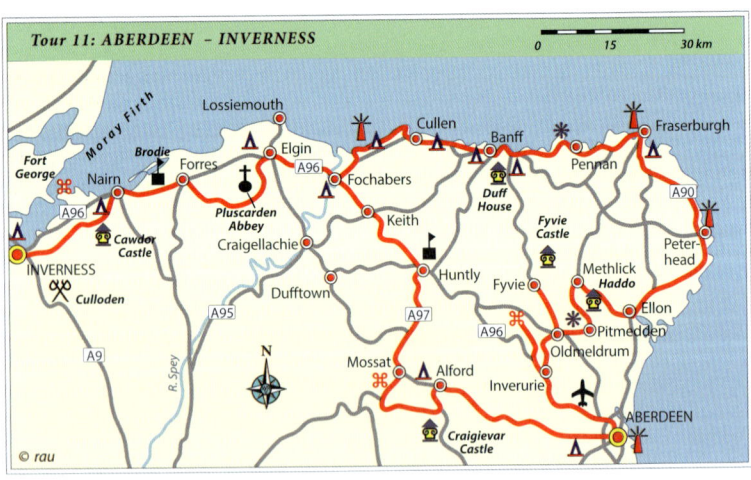

Die Hauptroute dieser Etappe führt an den Nordostausläufern der **Grampian Mountains** entlang, quer durch die Region Grampian nach Westen zum tief ins Land schneidenden Meeresarm Moray Firth.

Alternativ dazu bietet sich der – allerdings weitere – küstennahe Weg über **Peterhead, Fraserburgh** und **Cullen** an. In **Fochabers** im Spey-Tal stößt man dann wieder auf unsere Hauptroute.

Alternativroute über Fraserburgh

*ALTERNATIVROUTE: Entscheidet man sich für die **Alternativroute**, verlässt man Aberdeen über die A96 nach Nordwesten und erreicht nach ca. 17 mls/27 km **Inverurie**. Dort fährt man noch rund 5 mls/8 km weiter über die B9001 nordwärts bis zum **Loanhead Stone Circle**.*

Ca. 8 km nordwestlich von Inverurie kann man von der B9001 Richtung **Daviot** abzweigen. Ein kurzes Stück östlich der Landstraße B9001 im Dorf **Daviot** findet man den **Loanhead of Daviot Stone Circle [N57° 20′ 54.94″ W2° 25′ 19.90″]**, eine der größten Ansammlung von frühgeschichtlichen Steinkreisen. Wissenschaftler gehen davon aus, dass es sich hier um eine bronzezeitliche Begräbnisstätte handelt.

Nach Südwesten hat man einen schönen Blick auf den 528 m hohen *Bennachie* in den Grampian Mountains.

*ALTERNATIVROUTE: Man fährt zurück bis **Inverurie** und dort nordwärts nach **Oldmeldrum** (B9170). 10 mls/16 km nordwestlich von Oldmeldurm liegt **Fyvie Castle**, das man über dei A947 erreicht.*

Fyvie Castle (NTS) **[Parkplatz, WP 109 / N57° 26′ 31.90″ W2° 23′ 28.86″]** *(geöffnet Schloss: Apr. - Mai + Sept. + Okt. Sa- Mi 12 - 17 Uhr; Juni - Aug. tgl. 11 - 17 Uhr, letzter Einlass 16.15 Uhr. Gärten: tgl. 9 Uhr - Sonnenuntergang; www.nts.org.uk/ visit/places/fyvie-castle)* ist ein wirklich imposantes Schloss, dessen Ursprünge bis ins 13. Jh. zurückgehen. Das äußere Bild wird geprägt von fünf Türmen, die die Namen der fünf Familien tragen, die ehemals auf Fyvie wohnten – die Prestons (13. Jh.), die Meldroms (15. Jh.), die Setons (16. Jh.), die Gordons und ausgangs des 19. Jh. und schließlich die Familie Forbes-Leith. Seit 1984 ist Fyvie Castle im Besitz des National Trust for Scotland (NTS).

Von besonderem Interesse im Inneren des Schlosses sind die **Stuckdecken** und **Wandtäfelungen** im sog. „**Morning Room**" aus dem 17. Jh., weiter eine Sammlung historischer **Waffen** und **Wandbehänge** aus dem 16. Jh., dann vor allem die große **Treppe**, ein seltenes Beispiel in Schottland und natürlich die kostbare **Porträtsammlung** mit Werken von Raeburn, Gainsborough, Ramsay u. a.

Zum Schloss gehört ein ausgedehnter **Park** und der See Fyvie Loch (Spazierwege).

*ALTERNATIVROUTE: Ab Oldmeldrum folgt man der A920 ostwärts bis **Pitmedden**, rund 14 mls/22,5 km nördlich von Aberdeen gelegen.*

Etwas westlich außerhalb von **Pitmedden** liegt der sehenswerte **Pitmedden Garden** (NTS) **[N57° 20′ 36.37″ W2° 11′ 30.15″]** *(geöffnet Mai - Sept. tgl. 10 - 16.30 Uhr; www.nts.org.uk/Property/ Pitmedden-Garden/)*, ein im 17. Jh. von Sir Alexander Seton angelegter Park mit Ziergärten, Brunnen und Pavillons. Die herrlichen Gartenanlagen, die vor allem während der Blütezeit im Juli und August eine Augenweide sind, kamen 1952 in die Obhut des National Trust for Scotland (NTS), der den größten Teil der Gärten nach alten Plänen wiederherstellte. Durch das insgesamt 40 ha große Anwesen mit Wäldern und Agrarflächen führen Spazierwege. Außerdem gibt es ein **Museum of Farming Life** zu sehen.

*ALTERNATIVROUTE: Von Pitmedden über die B999 nordwärts. Nach wenigen Meilen kann man links (westwärts) zur unweit gelegenen Ruine des **Tolquhon Castle** abzweigen.*

Das im 15. Jh. in der Art eines Tower Houses errichtete und im 16. Jh. von William Forbes erweiterte **Tolquhon Castle** (HS) **[Parkplatz, WP 110 / N57° 20′ 57.27″ W2° 12′ 52.50″]** *(geöffnet Apr. - Sept. tgl. 9.30 - 17.30 Uhr, letzter Einlass 30 Minuten vor Schließung; www.historicenvironment.scot/visit-a-place/places/tolquhon-castle/)* war Sitz der Familie Forbes und bis Mitte des 19. Jh. bewohnt. Das Grabmonument von William Forbes und seiner Gemahlin findet man auf dem Friedhof des nahen Dorfes **Tarves**.

ALTERNATIVROUTE: Weiter über Tarves nordwärts nach Methlick und dort südostwärts zum Herrensitz Haddo House.

Haddo House (NTS) **[Parkplatz, WP 111 / N57° 24' 1.00" W2° 13' 23.05"]** *(geöffnet Haus: Apr. - Juni + Sept. - Okt. tgl. 12 - 15 Uhr; Juli + Aug. tgl. 11 - 16 Uhr, Fütrungen obligatorisch. Gärten ganzjährig täglich; www.nts.org.uk/visit/places/haddo-house).* Auf den Mauern des „House of Kellie", dem alten Stammsitz des Gordon Clans, ließ William Gordon of Methlick, 2. Earl of Aberdeen, 1731 diese herrschaftliche Residenz nach Plänen von William Adam erbauen. Die Innenausstattung des Anwesens stammt vor allem aus dem späten 19. Jh., als John, 7. Earl und 1. Marquess of Aberdeen und seine Gemahlin Gräfin Isabel, eine umfassende Umgestaltung von Haddo House im sog. *Adam Revival Style* veranlassten.

Eine der herausragenden Gestalten des Gordon Clans war *George Hamilton Gordon*, der 4. Earl. Er hatte von 1852 an drei Jahre lang das Amt des britischen Premierministers inne. Erinnerungsstücke an den Politiker sieht man im Ante-Room. Die guten Beziehungen zum Hofe Königin Victorias führten 1857 zur Visite der Königin in Haddo House (Queen's Bedroom). Das Anwesen wird heute vom National Trust for Scotland (NTS) verwaltet und ist außerdem Sitz einer Theater- und Chorgesellschaft.

ALTERNATIVROUTE: Weiterreise über Ellon und die A90 zur Küste bei Peterhead und weiter nach Norden bis Fraserburgh.

Auf dem Wege nach **Peterhead** passiert man die **Klippen „Bullers of Buchan" [N57° 25' 56.79" W1° 49' 23.42"]** an der steilen Felsküste zwischen Cruden Bay (Sandstrände) und Boddam.

Peterhead (ca. 17.000 Einw.) mit seinem geschützten Hafen, ist Basis einer Fischereiflotte und Versorgungsstützpunkt der Off-Shore-Industrie.

Fraserburgh, benannt nach dem ersten Erbauer seines Hafens, Sir Alexander Fraser, hat sich wie Peterhead ganz der Hochseefischerei verschrieben. Neben dem alten Leuchtturm aus dem 16. Jh. am Kap Kinnaird Head dürften höchstens noch die Strände von Fraserburgh von Interesse für den Besucher sein.

Scottisch Lighthouse Museum

CAMPING

Fraserburgh
Camping Esplanade Caravan Park [WP 112 / N57° 41' 12.0" W2° 0' 4.71"], The Esplanade, South Harbour Road, Tel. +44 (0)1346 37 91 62; https://fraserburghcampsite.wixsite.com/fraserburgh-campsite; Apr. – Okt.; von der A92 nordwärts Richtung Scottish Lighthouse Museum; Platz der einfachsten Art auf Wiesengelände am Hafen; ca. 1 ha – 25 Stpl.; einfache Standardsanitärausstattung.

Besichtigen kann man am Kinnairds Head das **Scottish Lighthouse Museum [Parkplatz, N57° 41' 51.22" W2° 0' 22.65"]**, das einzige seiner Art in Schottland (*geöffnet Apr. - Okt. Mo - Sa 10 - 17 Uhr, So 12 - 17 Uhr; Nov. - März tgl. 11 - 16 Uhr; www.lighthousemuseum.org.uk*). Das Museum illustriert mit seinen Exponaten zum einen die Geschichte der schottischen Ingenieursfamilie Stevenson, die zwei Generationen lang fast alle wichtigen Leuchttürme an Schottlands Küsten plante und erbaute und zum anderen dokumentiert es den überaus interessanten Werdegang des schottischen Leuchtturmwesens und die Entwicklung der Leuchtfeuertechnik. 30-minütige Führungen durch den Leuchtturm.

Nebenan liegt das **Fraserburgh Heritage Centre**, ein informatives Heimatmuseum.

*ALTERNATIVROUTE: Auf dem Weg von Fraserburgh westwärts, sollte man auf der Strecke bis **Banff** die küstennahe B9031, die allerdings teilweise starke Steigungen aufweist, der zugegebenermaßen etwas schnelleren A98 vorziehen.*

Einer der Gründe für den Umweg von Aberdeen über Fraserburgh nach Inverness ist z. B. die Strecke zwischen Fraserburgh und Banff. Die **Küstenlandschaft** westlich von Fraserburgh ist wirklich sehr reizvoll! Besonders die Region um **Troup Head** zwischen Gardenstown und Pennan ist wunderschön. Gewaltige Felswände ragen über hundert Meter aus der dunklen See auf.

Eng zwischen Meer und Steilküste duckt sich der kleine Küstenort **Pennan [N57° 40' 43.02" W2° 15' 32.28"]**, der übrigens Schauplatz einiger Szenen des

Crovie

CAMPING

Macduff
Camping Myrus Holiday Park [WP 113 / N57° 39' 2.04" W2° 28' 33.91"], Myrus Crossroads, Tel. +44 (0)1261 81 28 45; www.myrusholidaypark.co.uk; 1. Apr. – 31. Okt.; in Macduff auf die A947 ca. 2 km Richtung Turriff, beschildert; ebene Wiesen, teils mit Hartstandplätzen mit hohen Bäumen; ca. 1,5 ha – 23 Stpl. + zahlr. Dau.; Standardsanitärausstattung.

Portsoy
Camping Portsoy Links Caravan Park, [WP 114 / N57° 40' 57.19" W2° 41' 8.23"], Saint Combs Road, Tel. +44 (0)1261 84 26 95; www.portsoylinks.co.uk; Anf. Apr. – Ende Okt.; ca. 11 km westlich Banff in Portsoy beschilderter Abzweig; ebene gepflegte Wiese an einer Bucht in schöner Lage unterhalb des Ortes; ca. 1,5 ha – 40 Stpl. + zahlr. Dau.; Standardsanitärausstattung.

Buckie
Camping Strathlene Caravan Park [N57° 41' 17.28" W2° 55' 44.72"], Great Eastern Road, Tel. +44 (0)1224 69 66 79; Apr. – Okt.; an der A942 am östlichen Ortsrand an der Spey Bay gelegen; Wiesengelände, über die Straße zum Strand; 1 ha – 26 Stpl.; einfache Standardsanitärausstattung.

Films „Local Hero" von Bill Forsyth war. Es lohnt sich, ins Dorf hinabzufahren (**Achtung:** 14 % Gefälle, schmale Straße, keine Caravangespanne!).

Nicht minder sehenswert ist das Dorf **Crovie**, das man von einem Aussichtspunkt mit Parkplatz **[N57° 40' 41.61" W2° 19' 24.06"]** an der Zufahrtsstraße von weitem gut sehen kann. Die Abfahrt zum Dorf mit 17 % Gefälle ist nur für Bewohner freigegeben und wäre für Gespanne nicht möglich!

In **Macduff** kann das in Hafennähe gelegene **Macduff Marine Aquarium [Parkplatz, N57° 40' 19.88" W2° 29' 34.74"]**, 11 High Shore, besichtigt werden. Es gilt als tiefstes Schauaquarium in Schottland *(geöffnet Apr. - Okt. Mo - Fr 10 - 17 Uhr, Sa + So 11 - 17 Uhr; Nov. - März Sa - Mi 11 - 16 Uhr, letzter Einlass 45 Minuten vor Schließung; www.macduff-aquarium.org.uk).*

Banff mit knapp 4.000 Einwohnern ist ein kleines Hafenstädtchen an der

Duff House, Banff

PRAKTISCHE HINWEISE – BANFF

HOTEL

Banff Springs ****, £££, 36 Zi., Golden Knowes Rd., Tel. +44 (0)1261 81 28 81; www.thebanffsprings.co.uk. Mittelklassehotel, über dem Moray Firth gelegen, mit Restaurant, Bar, WLAN. Parkplatz.

CAMPING

Camping Banff Links Caravan Park [WP 115 / N57° 40′ 12.00″ W2° 33′ 11.95″], Links Road, Tel. +44 (0)1261 81 22 28; www.banfflinkscaravanpark. co.uk; 1. Apr. – Ende Okt.; ca. 2 km westl., über A98 zur Küstenstraße B9139 bei Inverboyndie; zum Meer geneigte Wiesen; ca. 1,5 ha – 38 Stpl. + zahlr. Dau.; Standardsanitärausstattung; Laden, WLAN, Mietcaravans.

Mündung des River Deveron. Dank seines Strandes wird es auch gerne als Badeort aufgesucht. Einige schöne **Bürgerhäuser** aus dem 18. Jh., z. B. in der High Street, erinnern an die Zeit, als Banff ein beliebter Wohnsitz des Landadels war.

Besonders das südlich der Stadt mitten in einem weitläufigen Park gelegene **Duff House** (HS) **[Parkplatz, WP 116 / N57° 39′ 33.73″ W2° 31′ 21.19″]** ist bemerkenswert (geöffnet Apr. - Okt. tgl. 11 - 17 Uhr; Nov. - März Do - So 11 - 16 Uhr; www.historicenvironment.scot/visit-a-place/places/duff-house/). Diesen prächtigen Landsitz ließ sich der erste Earl of Fife Mitte des 18. Jh. nach Plänen von William Adam errichten. Der Bau ist unvollendet, beeindruckt aber durch seine Barockfassade, die zu den schönsten ihrer Art im sog. „Georgian Baroque" gezählt wird. Das Haus beherbergt heute eine sehenswerte **Kunstgalerie** mit wechselnden Ausstellungen.

Auch die Küste westlich von Banff ist sehr reizvoll. Es lohnt sich, hier die der Küste am nächsten gelegene Straße zu nehmen, z. B. die B9139 vorbei an den Ruinen von Boyne Castle nach **Portsoy**. Der hübsche Ort drängt sich um zwei kleine Hafenbecken und ist bekannt für sein marmorähnliches Gestein.

Cullen, die kleine Küstenstadt an der gleichnamigen Bucht, ist nicht nur für seine Fischsuppe „Cullen Skink" bekannt, sondern auch für seine beiden Stadtteile, *Seatown* mit dem Fischereihafen unten und die zum Binnenland

orientierte *Upper Town* mit dem Marktplatz oben.

Wer sich für sakrale Kunst interessiert, sollte sich die **Cullen Auld Kirk** etwas abseits des Marktplatzes ansehen.

ALTERNATIVROUTE: Hinter Cullen empfiehlt es sich wieder meerwärts abzubiegen und auf der A942/990 über **Portknockie, Findochty, Buckie und Portgordon** *nach* **Fochabers** *zu fahren.*

Auf diesem Weg entlang der **Spey Bay**, die wegen ihrer langen **Sandstrände** eine immer beliebtere Baderegion wird, genießt man herrliche Ausblicke über den Moray Firth bis hinüber zu den Hügeln von Sutherland.

In **Fochabers** trifft man wieder auf unsere Hauptroute von Aberdeen nach Inverness.

Tourenabkürzung: Wer z. B. aus Zeitgründen nicht der gesamten hier beschriebenen Route durch Schottland folgen will, fährt von Fochabers über die A96 nach Keith, dort weiter nach Dufftown und steigt dort wieder in die Tour 20 (Wick – Grantown-on-Spey) ein.

HAUPTROUTE

ROUTE: Die Hauptroute dieser Etappe führt von Aberdeen über die A944 nach Westen Richtung **Alford**. *Nach rund 12 mls/19 km biegen wir in* **Dunecht** *nach Norden ab zum* **Castle Fraser**.

Mit dem Bau von **Castle Fraser** (NTS) **[Parkplatz, WP 117 / N57° 12′**

Castle Fraser

Scotland (NTS) gestiftet, der es seither betreut. Park, Picknickplätze, Teestube.

ROUTE: *Zurück zur Hauptstraße A944 und weiter nach Alford.*

Alford ist ein kleiner Marktflecken mit zwei interessanten Museen: **Grampian Transport Museum [Parkplatz, WP 118 / N57° 13' 56.66" W2° 42' 1.59"]** *(geöffnet Apr. - Sept. tgl. 10 - 17 Uhr; Okt. tgl. 10 - 16 Uhr; www.gtm.org. uk)*, Montgarrie Road, mit einer umfangreichen Sammlung an Fahrzeugen aller Art, von der Kutsche übers Fahrrad und Motorrad bis zur Dampfmaschine und zum Auto.

Nebenan liegt das **Alford Valley Railway Museum** *(geöffnet Apr. - Juni + Sept. Mo - Fr 12.30 - 16 Uhr; Juli + Aug. tgl. 12.30 - 16 Uhr)*, untergebracht im alten Bahnhof der Alford Valley Bahn. Heute Ausflugs-Veteranenbahn mit Dampfloks.

Lohnender Umweg

Nordwestlich von Alford zweigt die A980 zum rund 9 km südlich gelegenen **Craigievar Castle** ab.

Der Landsitz **Craigievar Castle** (NTS) **[Parkplatz, WP 119 / N57° 10' 35.80" W2° 43' 0.24"]** *(geöffnet: Schloss Apr. - Juni + Sept. Fr - Di 10.30 Uhr - 17 Uhr; Juli - Sept. tgl. 10.30 - 17 Uhr, Führungen obligatorisch, letzte Führung, letzter Einlass 16.00 Uhr; Gärten tgl. 11 - 17.30 Uhr; www. nts.org.uk/visit/places/craigievar)* ist eines der schönsten und sehenswertesten Beispiele der sog. Tower Houses. Turmhäuser waren vor allem im 17. Jh. beim Adel und wohlhabenden Bürgertum in Mode. Sie verkörperten damals besonders in der Grampian Region den bevorzugten Stil, Herrensitze und Landschlösser zu bauen.

19.41" W2° 27' 37.91"] *(geöffnet Apr. - Jun. + Sept. - Okt. Mi - So 11 - 16 Uhr; Juli + Aug. tgl. 10- 16Uhr; www.nts.org.uk/visit/places/castle-fraser)*, Sitz des Fraser Clans über mehr als vierhundert Jahre, wurde in der zweiten Hälfte des 16. Jh. unter Michael Fraser, dem 6. Laird, begonnen. Zwei namhafte Architekten der Grampian Region, Bel und Leiper, waren daran beteiligt, bis das Tower House mit den angrenzenden Wirtschaftsgebäude um den mit einem Torhaus abgeschlossenen Innenhof, 1636 nach fast 60-jähriger Bauzeit vollendet werden konnte.

Castle Fraser gehört in die Reihe der für die Grampian Region so typischen Tower Houses, ähnlich denen von Crathes oder Craigievar. Trotz seiner Größe ist es dank seines verspielten Obergeschosses, seinem Rundturm und den Anbauten mit ihren Stufengiebeln besonders von außen eines der eindrucksvollsten seiner Art. 1976 wurde das gesamte Anwesen dem National Trust for

Kahl und schmucklos schießen die unteren Etagen aus dem Boden, wehrhaft und trutzig anzusehen. Aber oben dann entfaltet sich der Einfallsreichtum des Architekten in verspielten Türmchen, Erkern und Balustraden. Man könnte auf den Gedanken kommen, dass der Bauherr in den unteren Stockwerken die Notwendigkeit einer eventuellen Verteidigung gesichert sehen wollte, oben aber dem vergleichsweise verspielten Stil der Renaissance nachgab.

William Forbes, ein wohlhabender Aberdeener Kaufmann, der mit Holzimporten aus dem Baltikum seinen „bonny penny", also ein Vermögen, gemacht hatte, kaufte Craigievar Castle im Jahre 1610 und vollendete es nach seinen Vorstellungen. Forbes, auch als *Willie the Merchant* oder *Danzig Willie* bekannt, konnte nach 10-jähriger Bauzeit sein Schloss 1626 beziehen. Es heißt, Danzig Willie betrat sein neues Anwesen durch die einzige kleine Tür im Erdgeschoss und verließ es durch ein Fenster im Obergeschoss. Forbes starb nämlich schon ein Jahr später und we-

Craigievar Castle

gen der überaus engen Treppen in den oberen Geschossen, sah man sich gezwungen, den Sarg mit dem Verstorbenen durch eines der Fenster abzuseilen.

Bis 1963 war Craigievar Castle von Nachkommen der Forbes Familie bewohnt, dann wurde es dem National

---

CAMPING

Alford

Camping Haughton House Holiday Park [WP 120 / N57° 14' 26.65" W2° 41' 33.30"], Montgarrie Road, Tel. +44 (0)1975 56 21 07; www.haughtonhouse.co.uk; Anf. Apr. – Ende Okt.; Abzweig von der A944 in die Montgarrie Road, am nördlichen Ortsrand, beschilderte Zufahrt am Alldays Shop; ansprechendes, parkähnliches Gelände mit lichtem hohen Baumbestand, relativ ruhig gelegen; ca. 7 ha – 130 Stpl.; Standardsanitärausstattung. Waschmaschine, Trockner. **V & E für Wohnmobile.**

Kildrummy bei Alford

Camping Kildrummy Inn [N57° 14' 28.30" W2° 53' 34.57"], Alford, Tel. +44 (0)1975 - 57 12 27; www.kildrummyinn.co.uk; Jan. – Dez.; von Alford auf der A944 westwärts bis zum Abzweig auf die A97 Richtung Kildrummy und noch ca. 1,5 km; kleiner Wiesenplatz beim Kildrummy Inn mit Platz für 5 Wohnmobile oder Caravans. Stromanschluss und Entsorgungseinrichtung für Chemikaltoiletten. Empfehlenswerte Küche im Inn.

Trust for Scotland (NTS) vermacht. Craigievar Castle ist nicht nur wegen seiner abgeschiedenen landschaftlichen Lage und seines äußeren Erscheinungsbildes, das an ein märchenhaftes Lustschloss erinnert, sehenswert, sondern auch wegen seiner seit der Fertigstellung im 17. Jh. so gut wie unveränderten Innenausstattung besuchenswert. Die meisten der Räume der vier Stockwerke sind mit schönen Stuckdecken und geschnitzten Wandvertäfelungen versehen.

Eine Geheimtreppe, oder wohl besser die Privattreppe des Schlossherrn, der sicher gelegentlich von Hausgästen ungesehen zwischen dem „Long Room" im vierten Stock und der „Great Hall" verkehrte, verbindet das Obergeschoss mit der ersten Etage.

ROUTE: Anstatt nun wieder zurück zur A944 bei Bridge of Alford zu fahren, sollte man von **Muir of Fowlis** *westwärts nach* **Towie** *und* **Glenkindie** *und von dort nordwärts nach* **Mossat** *an der A944 weiterreisen.*

Auf dem Weg nach Mossat passiert man **Kildrummy Castle** (HS) **[Parkplatz, WP 121 / N57° 13' 59.41" W2° 54' 9.59"]** *(geöffnet Apr. - Sept. tgl. 9.30 - 17.30 Uhr; Okt. tgl. 10 - 16 Uhr; https:// www.historicenvironment.scot/visit-a-place/places/kildrummy-castle/),* eine der größten schottischen Burganlagen aus dem 13. Jh. mit bewegter Vergangenheit. Die grimmig wirkenden, mittelalterlichen, oft belagerten Mauern waren der Sitz der Earls of Mar, bis sie nach dem Jakobitenaufstand 1715 zerstört wurden. Ebenfalls sehenswert sind die **Kildrummy Castle Gardens**.

ROUTE: Weiterfahrt über die Straße A97 nordwärts nach **Huntly**.

Auf dem Weg nach Huntly kommt man am Abzweig (B9002) zur **Leith Hall [N57° 21' 22.71" W2° 45' 58.49"]**(NTS) *(geöffnet Apr. - Juni + Sept. Sa + So 11 - 16 Uhr; Juli + Aug. Do - So 11 - 16 Uhr. Gärten ganzjährig tgl. 9.30 - Sonnenuntergang; www.nts.org.uk/visit/places/leith-hall)*

vorbei, seit 1650 für lange Zeit Sitz der Leith-Hay Familie. Die herrlichen **Gärten** des Anwesens sind für Besucher das ganze Jahr über bis Sonnenuntergang zugänglich.

Huntly, eine lebhafte Marktstadt in der Landschaft Strathbogie am River Deveron, war lange der Residenzstadt des mächtigen Gordon Clans, einer katholischen Familie und Erzgegner der Reformation.

Am Rande des Ortes in der Castle Street findet man die imposante Ruine von **Huntly Castle** (HS) **[Parkplatz, WP 122 / N57° 27' 15.90" W2° 46' 57.78"]** *(geöffnet Apr. - Sept. tgl. 9.30 - 17.30; Okt. Sa - Mi 10 - 16 Uhr; Nov. - März tgl. a Do + Fr 10 - 16 Uhr; www.historicenvironment. scot/visit-a-place/places/huntly-castle/).* Das Anwesen ist Stammsitz der Gordons, Marquesses of Huntly und späteren Dukes of Gordon.

Huntly Castle wurde auf den Mauern der mittelalterlichen Burg Strathbogie errichtet, 1452 vom Earl of Moray niedergebrannt, nach weiteren Zwischenfällen Mitte des 16. Jh. neu errichtet, abermals in die Luft gesprengt und im 17. Jh. schließlich in seiner heute noch erkennbaren Form umgebaut. Alleine dieser knapp gefasste Zeitrahmen lässt schon erkennen, dass die Gordons nicht nur Freunde in Schottland hatten. Bemerkenswert die Erkerfenster, der Wappenschmuck und die schön gearbeiteten Kamine.

ROUTE: Der restliche Verlauf unserer Route folgt ab Huntly der **A96** *über* **Keith, Fochabers, Elgin** *und* **Forres** *bis nach* **Nairn** *(Nairn Fishertown Museum) an der Küste des Moray Firth und schließlich bis nach* **Inverness**.

In **Keith** kann in der Seafield Avenue die namhafte Maltwhisky Destille (u. a. *Chivas Regal* blended Scotch Whisky) **Strathisla Distillery [Parkplatz, WP 123 / N57° 32' 49.99" W2° 57' 14.10"]** *(Führungen durch die Produktionsstätten Mitte März - Mitte Nov. Mo - Sa 9.30 -17 Uhr, So 12 - 17 Uhr, Führungen alle 30 Minuten; Jan. - März Mo - Fr Führungen um*

10 + 14 Uhr; www.chivas.com/de-de/the-story) besichtigt werden, bevor man über Fochabers weiter nach Elgin fährt.

Fochabers liegt heute am Rande eines ausgedehnten Forstes. Als der Ort gegründet wurde, erstreckten sich hier im Spey Tal weite Sümpfe. Der Duke of Gordon ließ das ganze Gebiet trockenlegen, was ihn in die Annalen der Stadt als „Gudeman o' the Bog", den guten Mann vom Sumpf, eingehen ließ.

In einer ehemaligen Kirche in der High Street ist heute das Heimatmuseum **Fochabers Folk Museum & Heritage Centre [N57° 36' 47.07" W3° 5' 37.41"]** eingerichtet *(geöffnet Mai - Sept. Di - Fr 11 - 16 Uhr, Sa + So 14 - 16 Uhr; http://www.morayconnections.com/fochabers-folk-museum-and-heritage-centre/).*

Besichtigt werden kann auch **Baxters Highland Village**, ein Besucherzentrum mit Museum, angeschlossenem Tante-Emma-Laden, Spey-Restaurant, audiovisuelle Schau und Fabrikverkauf, bei den Produktionsstätten der Firma *Baxters*, eine im Lande bekannte Marke für Konfitüren und Dosensuppen.

Elgin (ca. 20.500 Einw.), Verwaltungsort der alten Grafschaft Moray, liegt in den reizvollen Niederungen des River Lossie.

Sehenswert ist vor allem die prächtige Ruine der **Kathedrale** (HS) **(2)** [N57°

39' 2.22" W3° 18' 22.99"] *(geöffnet Apr. - Sept. tgl. 9.30 - 17.30 Uhr; Okt. - März tgl. 9.30 - 16 Uhr; Kombiticket mit Spynie Palace; www.historicenvironment.scot/visit-a-place/places/elgin-cathedral/)* im Osten der Stadt. Man zählt sie zu den schönsten Kirchenruinen Schottlands, deren erhabene Fragmente noch erkennen lassen, dass das Gotteshaus vor seiner Zerstörung nicht von ungefähr den Beinamen „Lantern of the North" (Leuchte des Nordens) trug. Die schöne Westfassade mit den beiden majestätischen Turmresten könnte sogar mit der Kathedrale von Melrose konkurrieren.

1224 wurde mit dem Bau begonnen. Kaum fertiggestellt, wurde die Kirche 1270 durch ein Feuer stark in Mitleidenschaft gezogen, aber rasch wieder restauriert und sogar erweitert.

Ausgangs des 14. Jh. ruinierten Übergriffe auf Elgin unter Alexander Stewart, dem „Wolf of Badenoch", einem illegitimen Spross König Robert II., die Kathedrale abermals. Das endgültige Ende kam für den Kirchenbau – wie für so viele Gotteshäuser Schottlands – während und nach der Reformation.

Die entweihte Stätte verfiel, diente als „Steinbruch" für andere Gebäude. Wertvolle Materialien wie das Blei auf den Dächern wurden abmontiert. Schließlich stürzte 1711 der zentrale Turm über der Vierung ein und zerstörte den Bau end-

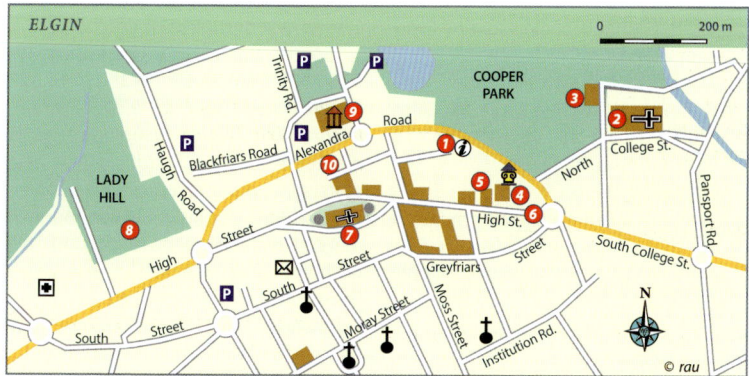

ELGIN – 1 Touristeninformation, Elgin Library – 2 Cathedral – Bishop's House –4 Elgin Museum – 5 Barco's Banking House – 6 Lillte Cross – 7 St. Giles Kirk und Muckle Cross – 8 Lady Hill – 9 Elgin Town Hall – 10 St. Giles Shopping Centre

Immer noch ein imposanter Anblick – Elgins Kathedralenruine

gültig. Zwar ist das Kirchenschiff so gut wie nicht mehr vorhanden, dafür sind die beiden Querschiffe noch erkennbar.

Beachtung verdient auch die Ostfassade mit zwei Reihen schlanker Bogenfenster und der kreisrunden Öffnung darüber, die einst eine filigrane Rosette enthielt. An der Nordseite steht das achteckige Kapitelhaus (13. und 15. Jh.) mit schönem Maßwerk.

In der Stadt selbst gibt es das **Elgin Museum (4)** [N57° 38' 55.61" W3° 18' 36.08"] in der High Street Nr. 1 zu besichtigen *(geöffnet Mai - Okt. Mo - Fr 10 - 17 Uhr, Sa 11 - 16 Uhr; www.elginmuseum. org.uk)* Es besitzt u. a. eine schöne Fossiliensammlung.

Weiter stadteinwärts findet man mitten in der High Street die **St. Giles' Kirche (7)** [N57° 38' 55.10" W3° 18' 54.68"] aus dem 19. Jh.

Einige der Häuser in der High Street, z. B. **Braco's Banking House** am Ostende der High Street, oder Nr. 45, Nr. 50 u. a. weiter westlich, sind sehenswerte Beispiele für Arkadenhäuser, wie sie im 17. Jh. von wohlhabenden Kaufleuten gebaut wurden.

Fast am Westende der High Street sieht man rechts den Hügel **Lady Hill (8)** [N57° 38' 52.16" W3° 19' 18.38"]. Er markiert den Standort einer längst

verschwundenen mittelalterlichen Burg. Das Denkmal auf dem Hügel erinnert an den letzten Herzog von Gordon, der 1839 starb.

Und wenn Sie sich schon immer gerne einen echten, feinen Cashmere Pullover zulegen wollten, sollten Sie mal im gut beschilderten **Johnston's Cashmere Mill**, Newmill Road [**Parkplatz, N57° 38' 6.74" W3° 18' 1.98"**] vorbeischauen, einer namhaften Adresse für feine, in Schottland gefertigte Cashmereware. Die 1865 gegründete Wollweberei bietet Besuchern auch ein **Visitor Centre** *(geöffnet Mo - Sa 9 - 17.30 Uhr, So 11 - 17 Uhr; www.johnstoncashmere.com).*

Spynie Palace (HS) [**Parkplatz, WP 124 / N57° 40' 32.63" W3° 17' 46.32"**] *(geöffnet Apr. - Sept. tgl. 9.30 -17.30 Uhr; Okt tgl. 10 - 16 Uhr, Kombiticket mit Elgin Cathedral; www.historicenvironment. scot/visit-a-place/places/spynie-palace/),* die Residenz der Bischöfe von Moray in der Zeit zwischen dem 14. Jh. und 1686 ist heute eine sehr schön restaurierte **Burgruine**, die die einstige Macht der ehemaligen Schlossherren erahnen lässt.

ROUTE: Für die Weiterfahrt sollte man nicht die etwas eintönige, dafür allerdings schnellere A96 nehmen, sondern lieber im westlichen Stadtge-

PRAKTISCHE HINWEISE – ELGIN

Elgin Tourist Information Centre [N57° 39' 2.50" W3° 18' 43.49"], Elgin Library, Elgin IV30 1EG, Tel. +44 (0)1343 56 26 08. *Geöffnet ganzjährig Mo - Sa 10 - 20 Uhr, So 11 - 16 Uhr.*

HOTELS

The Mansefield Hotel **,** ££££, 41 Zi., Mayne Road, Tel. +44 (0)1343 54 08 83; www.themansfield.com; komfortables Mittelklassehotel in zentraler Lage, Restaurant, Bar, WLAN. Parkplatz.

The Mansion House & Country Club *,** ££££, 23 Zi., The Haugh, Tel. +44 (0)1343 54 88 11; www.mansionhousehotel.co.uk; komfortables Hotel der gehobenen Mittelklasse, in einem stattlichen Herrensitz am River Lossie, Restaurant, Schwimmbad, Sauna, Fitnesseinrichtungen.

CAMPING

Lossiemouth bei Elgin

Camping Silver Sands Leisure Park [WP 125 / N57° 43' 16.02" W3° 20' 5.86"], Covesea West Beach, Tel. +44 (0)1343 81 52 05; www. silver-sands.co.uk; Apr. - Okt.; von Elgin auf der A941 nordwärts Richtung Lossiemouth, hier ca. 1,5 km auf der B9040 Richtung Hopeman, beschilderte Zufahrt; ebenes, schatten-loses Wiesengelände mit geschotterten Stell-flächen hinter einer ausgedehnten Mobilehomesiedlung, am Lossiemouth-Leuchtturm; 5 ha – 130 Stpl. + zahlr. Dau.; gute Standardsanitärausstattung. Supermarkt, Amusement Centre, Imbiss, Waschmaschine, Trockner. Mietcaravans.

Hopeman/Elgin

Camping West Beach Caravan Park [N57° 42' 32.04" W3° 26' 16.00"], West Beach, Tel. +44 (0)13 43-83 08 80; http://westbeachcaravanpark.co.uk/; Anf. März – Ende Okt.; über die B9012 11 km nordwestl. von Elgin zu erreichen, neben dem Hafen von **Hopeman** gelegen, ebene, baumlose Wiesen am Moray Firth; ca. 2 ha – 50 Stpl. + Dau; Waschmaschine, Trockner, Chemikalausguss.

Fochabers

Camping Burnside Caravan Park [N57° 36' 23.31" W3° 5' 13.38"], Keith Road, Tel. +44 (0)1343 82 05 11; www.burnside7et.co.uk; 1. März – 1. Okt.; am südl. Stadtrand; in einem Taleinschnitt unterhalb der lauten Straße A96, am städt. Hallenbad; ca. 4 ha – 30 Stpl. + Dau.; Standardsanitärausstattung. Waschmaschine, Trockner, Schwimmbad, Sauna. **V & E für Wohnmobile.**

biet von Elgin zunächst auf die B9010 Richtung **Dallas** *abzweigen, aber schon nach der Bahnüberquerung der rechts abbiegenden Landstraße geradeaus folgen. Sie führt zwischen Wald und dem Flüsschen Black Burn zur* **Pluscarden Abbey** *und stößt später wieder auf die B9010, der wir dann nach* **Forres** *an der A96 folgen.*

Pluscarden Abbey [N57° 36' 2.21" W3° 26' 16.25"] *(geöffnet tgl. 4.30 - 20.30*

Uhr, Eintritt frei, Spenden willkommen; www.pluscardenabbey.org). Schon im 13. Jh. war in diesem abgeschiedenen Landesteil ein Kloster gegründet worden, das Ende des 14. Jh. vom berüchtigten „Wolf of Badenoch", der auch in Elgin gewütet hatte, niedergebrannt wurde. Mitte des 15. Jh. nahmen sich Benediktinermön-che der Abtei an, bis um 1560 als eine der Folgen der Reformation jegliches monastische Leben in Schottland unterdrückt wurde. Die Klosteranlage verfiel.

Erst 1948, vierhundert Jahre später, kehrte eine Gruppe von Benediktinern nach Pluscarden zurück und beschäftigte sich mit der Wiederaufnahme des Klosterbetriebs und der Restaurierung des Anwesens. Die frühgotische Abteikirche kann besichtigt werden.

Die große Sehenswürdigkeit von **Forres**, einer der Schauplätze des Dramas „Macbeth", ist der **Sueno's Stone [N57°36' 57.30" W3° 35' 49.71"].** Man findet diese fast eintausend Jahre alte Steinsäule, deren Herkunft und Bedeutung noch völlig ungeklärt ist, am Stadtrand. Die Besonderheit des etwa 6 m hohen, obeliskenartigen Gebildes aus Sandstein, sind Runenzeichen, Tier- und Kriegerfiguren. Vermutungen gehen dahin, dass der Stein ein Mahnmal an eine Schlacht zwischen Pikten und Wikingern sein könnte.

Das **Falconer Museum [N57° 36' 35.82" W3° 36' 44.59"]** in der Tolbooth Street in Forres befasst sich mit Heimatkundlichem.

Bei schönem Wetter ist es zweifellos reizvoll, von Forres hinaus an die Küste westlich der **Findhorn Bay** zu den großen **Sanddünen** zu fahren. Sie reichten einst weit ins Landesinnere und waren nur durch großflächige Waldanpflanzungen (Culbin Forrest) zu stoppen. Schöne **Strände**.

Für die Weiterfahrt stehen zwei Möglichkeiten zur Wahl.

Man kann über die direkte A96 westwärts Richtung **Nairn** fahren. Dabei passiert man **Brodie Castle** (NTS) **[Parkplatz, WP 126 / N57° 35' 50.90" W3° 42' 22.85"]** (geöffnet Schloss März - Okt. tgl. 10 - 17 Uhr; Gärten ganzjährig tgl. 9 - 18 Uhr; www.nts.org.uk/visit/places/brodie-castle/). Das Schloss, seit 800 Jahren im Besitz der Brodie-Familie, stammt in seinen wesentlichen Teilen aus dem 16. Jh., wurde aber im 17. und zuletzt im 19. Jh. umgebaut. Sehenswert im Inneren sind das französische **Mobiliar**, sowie die **Porzellan- und Gemäldesammlungen**.

Weiterfahrt dann von Nairn südwärts nach **Cawdor**.

Ein Umweg dagegen ist die Fahrt von Forres über die A940 landeinwärts. Hinter **Pressley** hält man sich rechts und erreicht auf der B9007 **Randolph's Leap.**

Der Fluss Findhorn hat sich hier seinen Weg zum Meer tief durch das Gestein gegraben und so eine herrliche Landschaftsszenerie geformt. Es bieten sich Möglichkeiten zu Wanderungen am Fluss entlang an. Der lachs- und forellenreiche Findhorn River gilt als Eldorado für Wildwasserkanuten.

In **Ferness** stößt man auf die A939, der wir ein Stück nordwestwärts Richtung Nairn folgen. Dabei passiert man den **Ardclach Bell Tower**, einen alten Glockenturm aus dem 17. Jh. und zweigt schließlich westwärts ab nach **Cawdor**.

Einen Besuch allemal wert ist **Cawdor Castle [Parkplatz, N57° 31' 20.57" W3° 55' 29.00"]** (geöffnet Mai - Anf. Okt. tgl. 10 - 17.30 Uhr, letzter Einlass 30 Min. vor Schließung; www.cawdorcastle.com) mit einer der letzten Zugbrücken in Schottland.

Ausgangs des 14. Jh. soll der zentrale Festungsturm des Schlosses vom damaligen Thane of Cawdor errichtet worden sein. Später kamen Befestigungen hinzu und im 16. Jh. wurden weitere Gebäude angefügt. Seit 600 Jahren ist das Schloss Sitz der Thanes of Cawdor, heute Earls of Cawdor.

Cawdor Castle wird in enge Beziehung zu Shakespeares „Macbeth" gebracht. Macbeth war einer der frühen Thanes of Cawdor. Und angeblich soll das Schloss Schauplatz des Mordes an Duncan gewesen sein. Aber diese Geschichte muss sich Cawdor mit Glamis Castle teilen.

In den Schlossräumen sind neben kostbaren Möbeln und Porträts vor allem schöne **Wandteppiche** aus Flandern, Brugge und Antwerpen sehenswert.

Das ganze Anwesen ist von herrlichen **Gärten und Parkanlagen** umgeben, durch die wunderschöne Spazierwege führen.

Den Besuchern stehen Restaurant, Snackbar, Picknickplätze und ein 9-Loch Golfplatz zur Verfügung.

*ROUTE: Auf der Weiterfahrt nehmen wir einige Meilen westlich von Cawdor, an der Kreuzung in **Clephanton**, die links abzweigende B9006. Auf diesem Wege passiert man den Abzweig zu den unweit der Straße gelegenen bronzezeitlichen Steinkreisen und Hünengräbern **Clava Cairns** und kommt schließlich zum historischen **Culloden Moor**.*

Im **Culloden Moor** wurde am 16. April 1746 in einer vernichtenden Schlacht, in der in weniger als einer Stunde weit über 1.500 Schotten fielen, das Schicksal des Hauses Stuart und damit die Geschicke des schottischen Throns besiegelt.

Prinz Charles Edward Stuart, der nur 25-jährige Kronprätendent, vielen besser bekannt als „Bonnie Prince Charlie", erlitt hier seine endgültige Niederlage, die gleichbedeutend war mit dem Aus für die Sache der aufständischen königstreuen, katholischen Jakobiten.

Die Truppen des siegreichen und von protestantischen Schotten unterstützten Engländers Duke of Cumberland müssen unter den erbärmlich ausgerüsteten, dilettantisch geführten und auch zahlenmäßig unterlegenen Highlandern so gewütet haben, dass der Herzog mit dem Beinamen „Butcher Cumberland" (Schlächter Cumberland) aus der Schlacht hervorging.

Prinz Charles Edward konnte mit knapper Not fliehen, wurde monatelang durch die Highlands und schließlich durch die Insel Skye gejagt und konnte sich von dort nach Frankreich absetzen.

Der NTS hat auf dem historischen Schlachtfeld das **Culloden Battlefield Visitors Bureau [Parkplatz; WP 126 / N57° 28' 39.74" W4° 5' 27.59"]** eingerichtet *(Visitor Centre geöffnet Anf. Jan. - Ende Feb. + Nov. - 23. Dez. tgl. 10 - 16 Uhr; . März 31. Mai + 1. Sept. - 31. Okt. tgl. 9 - 18 Uhr; Juni - Aug. tgl. 9 - 18 Uhr. Historisches Schlachtfeld immer zugänglich; www.nts. org.uk/culloden/)*. Das Besucherzentrum gibt in vielfacher Weise Auskünfte über

Zugang zu Fort George

den Verlauf der Schlacht und deren geschichtliche Hintergründe. Es bietet ein Restaurant und Shop.

Obwohl nach der Schlacht von Culloden die Highland Clans und deren Chiefs weit davon entfernt waren, erneut gegen die Engländer zu opponieren, war man in London keineswegs beruhigt. Als äußeres Zeichen für diese Unsicherheit könnte man **Fort George** ansehen (HS) **[Parkplatz, WP 127 / N57° 34' 59.19" W4° 3' 52.13"]** *(geöffnet Apr. - Sept. tgl. 9.30 - 17.30 Uhr; Okt. - März tgl. 10 - 16 Uhr, letzter Einlass 45 Minuten vor Schließung; www.historicenvironment.scot/visit-a-place/places/fort-george/)*. Diese gewaltige Verteidigungsanlage wurde zwischen 1748 und 1769 an einem strategisch günstigen Landvorsprung an der Küste errichtet, von der aus die Einfahrt in den Moray Firth und damit der Zugang nach Inverness und in das wichtige Great Glen kontrolliert werden konnte.

Alleine die schiere Größe des Forts mit seinen gewaltigen Befestigungsanlagen und vorspringenden Bastionen ist beeindruckend. Zu besichtigen gibt es außerdem das **Regimental Museum of the Queen's Own Highlanders.**

Inverness (ca. 46.000 Einw.) am Nordostende des Great Glen und an der Mündung des River Ness in den Moray Firth gelegen, ist Hauptstadt und Verwaltungszentrum der nördlichsten Provinz Schottlands, den Highlands.

Die Geschichte der Stadt geht weit in die vorchristliche Zeit zurück. Schon in jener frühen Zeit war Inverness Residenz- und Hauptstadt eines piktischen Königreichs.

Im 11. Jh. hatte König Duncan eine Residenz in der schon damals strategisch wichtigen Stadt. Und dieser exponierte Standort, von dem aus sich der Zugang zum quer durch das ganz Land verlaufenden, verkehrspolitisch wichtigen Great Glen kontrollieren ließ, war auch lange die Achillesferse der Stadt, die bis ins 18. Jh. hinein immer wieder angegriffen, belagert, zerstört wurde.

Einer der letzten Zwischenfälle war die Sprengung der Burg von Inverness durch Anhänger Prinz Charles Edward Stuarts 1745, im Jahr vor der Schlacht von Culloden.

Das Inverness, das man heute besucht, ist eine Stadt des 20. Jahrhunderts, mit modernen Bauten, Industrie- und Gewerbeanlagen, viel Verkehr und im Sommer mit vor Touristen überquellenden Straßen.

Als Folge ihrer turbulenten Vergangenheit, sind in der Stadt keine historischen Sehenswürdigkeiten von Rang erhalten. Erwähnung verdienen aber:

Town House [N57° 28' 36.07" W4° 13' 28.18"], High Street. – In dem Ende des 19. Jh. im gotischen Stil erbauten Town House mit der *Council Chamber* (Ratssaal) fand 1921 die erste Kabinettsitzung der britischen Regierung außerhalb Londons statt. Unter den Kabinettsmitgliedern, die Irland betreffende Fragen zu beraten hatten, befand sich auch der damalige Staatssekretär und spätere britische Premierminister Sir Winston Churchill.

Inverness Castle liegt unweit des Town House auf dem Castle Hill erhöht

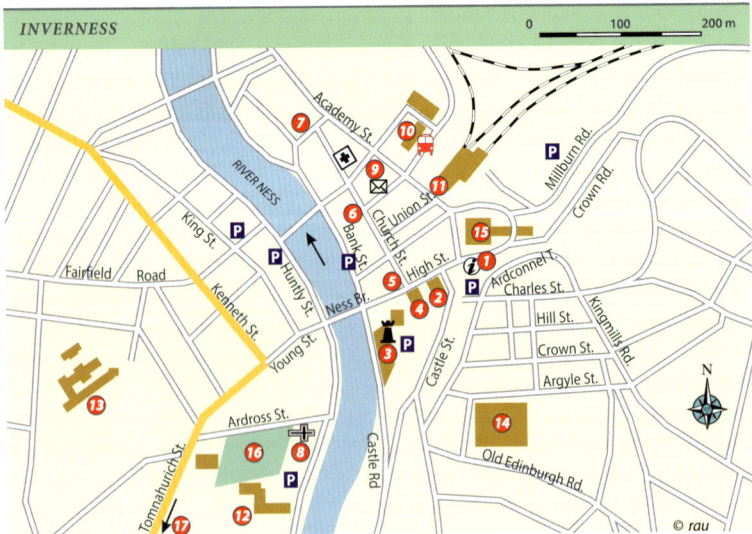

INVERNESS – **1** *Touristeninformation* – **2** *Town House* – **3** *Inverness Castle* – **4** *Museum and Art Gallery* – **5** *The Steeple* – **6** *Abertarff House* – **7** *Old High Church* – **8** *St. Andrew's Cathedral* – **9** *Postamt* – **10** *Busbahnhof* – **11** *Bahnhof* – **12** *Eden Court Theatre Complex* – **13** *High School* – **14** *HM Prison* – **15** *Eastgate Shopping Centre* – **16** *Northern Meeting Park* – **17** *zum Campingplatz*

Inverness Castle mit Flora MacDonald Denkmal

über dem River Ness. Dieses Schloss stammt aus der Mitte des 19. Jh. Alle vorherigen Festungen waren zerstört worden.

Die alte Burg Macbeth's stand etwas weiter südlich auf dem Crown Hill. Sie war der dritte Ort, neben Glamis und Cawdor, der für sich in Anspruch nahm, Schauplatz der Ermordung König Duncans durch Macbeth im Jahre 1039 gewesen zu sein. Irgendetwas muss wohl an diesem Anspruch sein, denn im 11. Jh. wurde die Burg vom Rächer König Duncans, Malcolm Canmore, bis auf den Grund geschleift.

Spätere Burgen, angefangen mit der Festung König Davids im 12. Jh. wurden auf dem heutigen Castle Hill errichtet.

Inverness Castle beherbergt heute den Gerichtshof (Sheriff Court) und Verwaltungseinrichtungen und ist nur im Juli und August zu besichtigen.

Auf dem Platz n der Südseite des Schlosses sieht man die Statue einer jungen Frau, die in die Ferne blickt. Das Denkmal erinnert an *Flora MacDonald*, das couragierte Mädchen, das Prinz Edward Stuart nach der Schlacht von Culloden zur Flucht von der Insel Skye verhalf.

In den Ausstellungen von **Inverness Museum & Art Gallery [N57° 28' 37.12" W4° 13' 31.41"],** Castle Wynd *(geöffnet Apr. - Okt. Di - Sa 10 - 17 Uhr; Nov. - März Di - Do 12 - 16, Fr + Sa 11 - 16 Uhr; www.highlifehighland.com/inverness-museum-and-art-gallery/)* bilden die Kulturhinterlassenschaften der Pikten, Ausstellungen über den Bau des Caledonian Canals durch Thomas Telford sowie über den Straßenbau in den Highlands unter General Wade Schwerpunkte. Außerdem werden eine Silbersammlung und – Stolz des Museums – ein Paar kunstvoll gearbeitete Pistolen aus den berühmten Werkstätten von Doune gezeigt.

Gegenüber vom Museum sieht man den alten **Tolbooth Steeple,** den Turm des ehemaligen Gerichtsgebäudes aus dem Jahre 1791, der Spuren eines früheren Erdbebens aufweist.

Abertarff House liegt in der Church Street. Das restaurierte Haus aus dem 16. Jh. beherbergt heute u. a. einen Laden des National Trust for Scotland.

Ausflüge ab Inverness

Mit zu den schönsten Ausflügen, die man von Inverness aus unternehmen kann, gehören **Bootstouren auf dem**

Caledonian Canal bis zum berüchtigten Loch Ness und zum Urquhart Castle, Infos im Touristenbüro.

Zahlreiche Unternehmen bieten **Halb- und Ganztagestouren per Bus** ins Glen Mor, zum Loch Ness und zum Urquhart Castle und in die Umgebung von Inverness an.

PRAKTISCHE HINWEISE – INVERNESS

Inverness Information Centre [N57° 28' 36.95" W4° 13' 28.72"], 6 High Street, Inverness IV2 3BJ, Tel. +44 (0)1463 25 24 01; www.visitscotland.com/info/services/inverness-information-centre-p333031. *Geöffnet Sept. - März Mo - Sa 9 - 17 Uhr, So 10 - 50 Uhr; Apr. - Aug. tgl. 9 - 18.30 Uhr.*

HOTELS

Craigmonie Hotel ***, ££££, 40 Zi., 9 Annfield Rd., Tel. +44 (0)1463 23 16 49; www.craigmoniehotelinverness.co.uk; in einem Herrenhaus aus 1880 eingerichtetes gutes Mittelklassehotel in der Nähe des Stadtzentrums, Restaurant, Schwimmbad, Fitnesseinrichtungen, Sauna. Privatparkplatz.
Glen Mhor Hotel ***, ££££, 85 Zi., 8-15 Ness Bank, Tel. +44 (0)1463 23 43 08; www.theinvernesshotel.co.uk; etwas außerhalb am River Ness gelegen, Restaurant, Bar, WLAN. Parkplatz.

CAMPING

Camping Bught Caravan Park [WP 128 / N57° 27' 52.59" W4° 14' 15.71"], Bught Lane, Tel. +44 (0)1463 23 69 20; www.invernesscaravanpark.com; Ostern – 1. Okt.; städtische Anlage, südl. der Stadt, Abzweig von der A82 Richtung Fort William, Beschilderung „Inverness Aquadome + Sports Centre" beachten; großes, ebenes, eingezäuntes Wiesengelände mit einigen Bäumen; ca. 2 ha – 60 Stpl.; Standardsanitärausstattung; Laden, Waschmaschine, Trockner, WLAN im Rezeptionsbereich.
Camping Torvean Caravan Park [WP 129 / N57° 27' 54.29" W4° 14' 42.09"], Glenurquhart Road, Tel. +44 (0)1463 22 05 82; www.torvean.com; Apr. – Mitte Okt.; südl. Inverness von der A82 Richtung Fort William Einfahrt bei der Kanalbrücke und bei einem Caravanhändler; ebenes Wiesenrund; ca. 2 ha – 45 Stpl.; Standardsanitärausstattung. Waschmaschine, Trockner. Mietcaravans. **V & E für Wohnmobile.** Keine Zelte!

Camping Bunchrew Caravan Park [WP 130 / N57° 28' 53.44" W4° 18' 24.33"], Tel. +44 (0)1463 23 78 02; www.bunchrew-caravanpark.co.uk; Ende März – Mitte Nov.; zu erreichen über A862 westwärts Richtung Beauly, ca. 5 km westl. Inverness; fast ebenes Wiesengelände am Meeresarm Beauly Firth, in sehr ansprechender Lage; ca. 8 ha – 125 Stpl. + Dau.; Standardsanitärausstattung; Laden, Mietcaravans. **V & E für Wohnmobile.**

Daviot East
Camping Auchnahillin Holiday Park [WP 131 / N57° 25' 14.00" W4° 5' 54.51"], Tel. +44 (0)1463 77 22 86; www.auchnahillin.co.uk; Anf. Apr. – Ende Okt.; 8 km südlich Inverness von der A9 zur B9154 Richtung Moy abzweigen, beschilderte Zufahrt; ebenes Wiesengelände; ca. 5 ha – 25 Stpl. + Dau.; Standardsanitärausstattung.

TOUR 12: INVERNESS – FORT WILLIAM

Länge der Tour: Rund 140 km / 87,5 mls.

Die Route: Über die Straße A82 und über **Drumnadrochit**, **Fort Augustus** und **Spean Bridge** bis **Fort William**.

Reisedauer: Mindestens ein halber Tag.

Höhepunkte: Die landschaftlich reizvolle Fahrt entlang des **Loch Ness** – die „Bilderbuchruine" des **Urquhart Castle** – die **Schlesen in Fort Augustus** – eine Bergwanderung auf den **Ben Nevis ****.

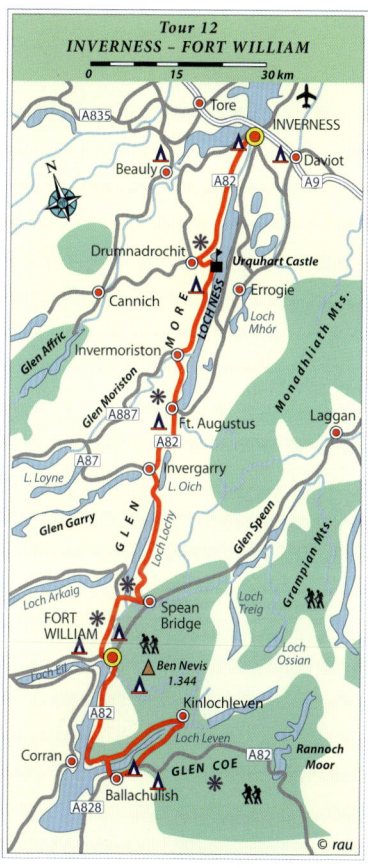

Tour 12
INVERNESS – FORT WILLIAM

Die Straße führt hinein in das **Glen Mor**, auch *Glen Albyn* oder *Great Glen of Scotland*, das größte Tal des Landes.

Eine gigantische Spalte, Ergebnis einer Landverwerfung vor Urzeiten, teilt in einem gewaltigen diagonalen Schnitt den größten Teil der Highlands vom übrigen Schottland. Drei langgestreckte Seen füllen das Tal zu zwei Dritteln aus, **Loch Ness**, **Loch Oich** und **Loch Lochy**.

Nach rund 11 km Fahrt erreicht man das Nordende des legendären Sees **Loch Ness**. Das schmale, langgestreckte Gewässer ist fast 39 km lang, bis zu 1,6 km breit und über 300 m tief.

Ja, und ob Sie es nun glauben oder nicht, in den dunklen Tiefen des Sees haust ein gewaltiges Ungeheuer! Über fünfzig Leute wollen die Seeschlange schon gesehen haben. Allerdings variieren die Angaben über die Größe des Untiers. Zwischen 9 und 15 m lang soll es sein.

Um alle ungläubigen Stimmen ein für allemal zum Schweigen zu bringen, wurde das dünnhalsige, fünfhöckrige Reptil vor einigen Jahren sogar gefilmt.

Vor allem aber muss das Tierchen ein Herz für die Zeitungsverleger seiner Heimat haben, denn just in der in Zeitungskreisen als „Saure-Gurken-Zeit" bekannten Sommerperiode pflegt „Nessie" ab und zu aufzutauchen, um dann fremdenverkehrsfördernd durch die Zei-

ROUTE: Weiterreise ab Inverness über die A82 nach Südwesten, durch das Glen Mor, vorbei am legendären Loch Ness und über Fort Augustus bis Fort William.

Das „Ungeheuer" von Loch Ness

tungsspalten zu geistern. Ganz wichtiger Tipp: Am Loch Ness grundsätzlich immer Kamera bereithalten! Es könnte ja sein, ...

In **Drumnadrochit** gibt es für alle Fans von „Nessie", dem Ungeheuer, sogar ein **„The Loch Ness Centre & Exhibition" [Parkplatz, WP 132 / N57° 20' 14.32" W4° 28' 41.31"]** *(geöffnet Ostern - Juni + Sept. - Okt. tgl. 9.30 - 17 Uhr; Juli + Aug. tgl. 9.30 - 18 Uhr; Nov. - Ostern tgl. 10 - 15.30 Uhr; www.lochness.com)*. Aber so stolz der Name dieses Hightech Panoptikums, eine Ausstellung mit technisch aufwendiger Multimedia- und Lasershow rund um das Phänomen „Ungeheuer von Loch Ness" auch sein mag, den eindeutigen Aufschluss über den Verbleib des Monsters bleibt man auch hier schuldig.

Lange Zeit sprach kein Mensch vom „Monster von Loch Ness". Erst als 1933 die Straße am See entlang gebaut wurde, fand die alte Geschichte vom Ungeheuer Verbreitung. Damals soll Nessie zum ersten Mal gesichtet worden sein.

Urquhart Castle am Loch Ness

Plötzlich bezeugten alle möglichen als glaubwürdig bezeichnete Menschen das Auftauchen eines „furchteinflößenden Wesens". In den 60er Jahren ging man der Sache schließlich mit wissenschaftlichen Methoden und modernen Apparaturen, wie Sonar-Geräten, Fernsehkameras und Unterseebooten, nach. Gefunden hat man nichts. Jedenfalls kein Ungeheuer.

Abstecher ins Glen Affric

Bei ausreichend zur Verfügung stehender Zeit sollte ein Abstecher nach Westen in die zauberhaften Täler **Glen Urquhart** und **Glen Affric** unternommen werden. Interessierte können im Glen Urquhart einen Umweg zum **Corrimony Cairn** (frühgeschichtliche Siedlungsreste) unternehmen.

Im Glen Affric bieten sich schöne **Wanderwege** an, z. B. von Fasnakyle entlang dem Nordwestufer des *Loch Beinn a'Mheadhoin* zur **Affric Lodge**. Der Weg kann nach entsprechender Vorbereitung und mit passender Ausrüstung ausgedehnt werden bis zur Westküste am Loch Duich.

HAUPTROUTE

Ab **Lewiston**, einem Dorf an der A82 keine 2 km südlich von Drumnadrochit,

führt ein **Wanderweg** südwestwärts durch das Glen Coiltie hinauf zu den **Divach Falls**. Die etwa 35 m hohen Wasserfälle zählen mit zu den höchsten in den Highlands.

Die Ruine von **Urquhart Castle** (HS) **[Parkplatz, WP 134 / N57° 19' 29.72" W4° 26' 42.46"]** (geöffnet Apr. - Sept. tgl. 9.30 - 18 Uhr; Okt. tgl. 9.30 - 17 Uhr; Nov. - März tgl. 9.30 - 16.30 Uhr, letzter Einlass 45 Minuten vor Schließung; www.historicenvironment.scot/visit-a-place/places/urquhart-castle/) liegt recht malerisch auf einem Landvorsprung am diesseitigen (westlichen) Ufer des Loch Ness.

An diesem Punkt, von dem aus sich das Great Glen und der Zugang durch das Glen Urquhart in die Highlands ausgezeichnet kontrollieren ließ, stand schon im 12. Jh., zu Zeiten Wilhelm des Löwen, eine Festung. Die ganze bewegte Geschichte Schottlands ging auch an dem abgelegenen Urquhart Castle nicht spurlos vorbei. Robert The Bruce nahm es 1308 ein und schenkte es Sir Thomas Randolph, dem Earl of Moray.

Vor allem im 15. Jh. wurde die Burg umfassend befestigt, um die Macdonalds, Lords of the Isles, von Übergriffen abzuhalten. 1509 kam Urquhart Castle an John Grant of Freuchie, Lord of Urquhart. Vierzig Jahre später zerstörten die Macdonalds das Anwesen vollständig. Noch einmal bauten es die Grants auf, um erleben zu müssen, dass die Burg 1691 gesprengt wurde, um sie den Jacobiten als Stützpunkt zu entziehen.

Ein **Besucherzentrum** (Cafeteria, Toiletten, Panoramafenster, Ausstellungen, Parkplatz) erzählt die Geschichte der historischen Burg. Ganzjährig geöffnet.

Knapp 2 km südlich von Urquhart Castle erinnert das Steindenkmal **Cobb Memorial** an *John Cobb*, der 1952 bei dem Versuch, auf dem See den Geschwindigkeitsweltrekord für Wasserfahrzeuge zu brechen, ums Leben kam. Die gälische Inschrift bedeutet soviel wie „Ehre den Tapferen und Bescheidenen".

Alternative Routenabkürzung

12 mls/19 km weiter passiert man bei **Invermoriston** den Abzweig der A887, der landschaftlich reizvollen Querverbindung durch die Täler **Glen Moriston** und **Glen Shiel** an die Westküste und zur Insel Skye.

Folgt man dieser abkürzenden **Alternativroute**, kann man in Kyle of Lochalsh entweder mit der Tour 15, Isle of Skye Rundfahrt (siehe dort) oder mit der Tour 17, Kyle of Lochalsh – Durness, wieder in die Hauptroute einsteigen.

Man kann die erwähnte Abkürzung auch ab dem weiter unten erwähnten Invergarry (A87) unternehmen.

HAUPTROUTE

*ROUTE: Über die A82 (starker Schwerlastverkehr und nicht sehr breite Straße) Richtung Fort William und weiter nach **Fort Augustus**.*

Fort Augustus liegt am südwestlichen Ende des Loch Ness und am Beginn eines längeren Teilabschnitts des Caledonian Kanals. Der Ort entstand 1715 und wurde nach William Augustus, Herzog von Cumberland, dem Sieger in der Schlacht von Culloden, benannt.

Interessant ist die Drehbrücke über den Kanal und die fünf **Schleusenstufen [Parkplatz, N57° 8' 40.41" W4° 40' 51.10"]**, in denen Schiffe vom Niveau des Loch Ness auf das des Caledonian Kanals gehoben werden.

Das **Caledonian Canal Visitor Centre [N57° 8' 42.87" W4° 40' 51.49"]** *(geöffnet Apr. - Okt. 10 - 17.30 Uhr, Mittagspause von 13.30 - 14 Uhr, Eintritt frei; www.scottishcanals.co.uk/canals/caledonian-canal/)* am Nordufer des Caledonian Canals bei der Schleusentreppe erzählt die Geschichte des Baus des Caledonian Canals und seines Erbauers Thomas Telford.

Ab Fort Augustus können **Bootsausflüge** mit der „Caledonian Queen" unternommen werden.

HAUPTROUTE

ROUTE: Unserer Hauptroute folgt weiter der A82 nach Südwesten.

Ein 8 km langes Stück des Caledonian Kanals, der abseits der A82 verläuft, stellt die Verbindung zwischen Loch Ness bei Fort Augustus und Loch Oich her.

Der Caledonian Canal, eine Meisterleistung des 19. Jh.

Der Gedanke, die Seen Loch Ness, Loch Oich und Loch Lochy mittels eines Kanals zu verbinden und so zwischen dem fjordartigen Meeresarm Loch Linnhe im Südwesten und dem Moray Firth im Nordosten eine Wasserstraße quer durch Schottland herzustellen, wurde schon vor Generationen erwogen.

James Watt schließlich bekam den Auftrag, das Terrain zu vermessen und 1803 begann *Thomas Telford* mit dem Aufsehen erregenden Bau des **Caledonian Canal**. Nach 19 Jahren Bauzeit war der Wasserweg fertiggestellt und ersparte nun – vor allem den Fischern, aber natürlich auch den Handelsschifffahrt – auf dem Weg von der Nordsee in den Atlantik die nicht selten stürmischen Passagen durch den Pentland Firth südlich der Orkney Inseln und um das gefürchtete Cape Wrath.

Nicht weniger als 29 Schleusen sorgen für den nötigen Niveauausgleich auf dem 60 Meilen (96,5 km) langen Wasserweg, der allerdings nur zu einem Drittel künstlich hergestellt werden musste. Auf dem überwiegenden Rest der Strecke konnte man sich der Seen Lochy, Oig und Ness bedienen. Der größte Höhenunterschied muss am Westende des Kanals, bei Banavie, bewältigt werden. Die acht Hebewerke dort, die sog. „Neptune's Staircase", sind eine Touristenattraktion.

Die Baukosten für den Kanal betrugen rund 1,25 Millionen Pfund Sterling. Damals, als nichts so sicher war wie die Bank von England, bekam man für ein britisches Pfund noch mehr als 20 Goldmark, eine stattliche Summe im Vergleich der beiden Währungen heute.

Auf der Weiterfahrt von Fort Augustus nach Südwesten überquert die Straße den Kanal am Nordende des **Loch Oich** auf der schönen alten „Bridge of Oich" und folgt dem Westufer des sehr engen und nur 6,5 km langen Sees nach **Invergarry** an der landschaftlich schönen Einmündung des **Glen Garry** in das **Great Glen**.

Das heute in Ruinen liegende **Invergarry Castle** am Westufer des Loch Oich war einst Sitz der Macdonald Clanchiefs. Bonnie Prince Charlie soll hier vor der tragischen Schlacht von Culloden 1746 übernachtet haben. Der Duke of Cumberland brannte die Burg nach dem siegreichen Feldzug gegen den Prinzen nieder.

Es folgt ein 2 km langer Kanalabschnitt. An den Schleusen **Laggan Locks [N57° 1' 33.12" W4° 49' 30.44"]** werden die Schiffe um über 4 m auf den Wasserspiegel des Loch Lochy gesenkt.

Auf der Weiterfahrt am Ostufer des Loch Lochy blickt man hinüber zu den bewaldeten Höhen des **Ben Tee** und

passiert hübsch am See gelegene Hotels.

Die Landschaft ändert sich. Die bewaldeten Hänge weichen einer Moorlandschaft und den baumlosen Ausläufern des Ben Nevis.

Kurz vor **Spean Bridge** erreicht man das auf einer Anhöhe gelegene Kriegerdenkmal **Commando Memorial [Parkplatz, WP 136 / N56° 53' 53.54" W4° 56' 40.98"],** das 1942 von Winston Churchill initiiert wurde zum Andenken an Britischen Elitetruppen, die zur Verteidigung gegen Hitler's Armee hier im Achnacarry Commando Training Depot rekrutiert wurden. Das Kriegerdenkmal wurde 1952 durch die Queen Mother feierlich enthüllt. Vom Denkmal hat man einen schönen Blick ins Land und nach Süden bis zum Ben Nevis.

Am Commando Memorial gabelt sich die Straße. Abwechslungsreicher ist der Weg nach Fort William über die schmale, aber landschaftlich sehr reizvolle B8004 (teils einspurige „single track road") nach **Gairlochy** und am Westufer des letzten

Abschnitts des Caledonian Kanals entlang nach **Banavie**.

Zwei Schleusen bei Gairlochy sind notwendig, um den Höhenunterschied zwischen dem Loch Lochy und dem Niveau des Kanals auszugleichen.

Die Fahrt am Kanal entlang ist herrlich und führt durch eine abwechslungsreiche Landschaft. Immer wieder bietet sich eine schöne Sicht auf den 1.344 m hohen Ben Nevis im Osten.

Nahe der Zusammenführung der Straßen A830 und B8004 bei Banavie erreicht der Caledonian Kanal den Meeresarm Loch Linnhe. Hier sind acht, als **„Neptune's Staircase"** (Neptuns Treppe) **[N56° 50' 46.01" W5° 5' 48.94"]** bekannte Schleusen notwendig, um das rund 28 m tiefer liegende Meeresniveau zu erreichen.

Fort William (ca. 9.700 Einw.), zwischen Loch Linnhe und den Westausläufern des Ben Nevis gelegen, verdankt seinen Namen einem Fort, das ehemals den Zugang zum Great Gelen kontrollierte, später dem Bau der Eisenbahn weichen musste und heute nur noch im Stadtnamen weiterbesteht.

Die verkehrsgünstige Lage von Fort William, Knotenpunkt von Bahn, Straße und Schiffsverkehr, machte die Stadt zu einem viel besuchten Touristenort und Ausgangspunkt für Touren in die nähere und weiter Umgebung. Ben Nevis, Great Glen und Caledonian Canal, Glen Coe, die Inneren Hebriden und die Westküste liegen in unmittelbarer Nähe.

Die Popularität des Ortes bringt es allerdings auch mit sich, dass in den Sommermonaten die Belastungsgrenze der touristischen Infrastruktur (Hotels, Camping, Verkehr) nicht selten überschritten wird.

Am Rande des verkehrsberuhigten Ortszentrums sind gebührenpflichtige Parkplätze zu finden.

Nennenswerte Sehenswürdigkeiten im Ort gibt es nicht, außer dem **West Highland Museum** am Cameron Square **[N56° 49' 3.60" W5° 6' 39.63"]** *(geöffnet Jan. - Apr. + Okt. - Dez. Mo - Sa 10 - 16 Uhr; Mai - Sept. Mo - Sa 10 - 17 Uhr; Juli + Aug. So 11 - 15 Uhr; www.westhighland-museum.org.uk)* mit Ausstellungen über die Geschichte des Forts, des Caledonian Kanals, über den Ben Nevis, Naturgeschichte etc.

Falls Sie sich den Museumsbesuch auf einen Regentag aufheben wollen, sind die Chancen, das Museum zu sehen, gut. Fort William liegt nämlich in einem niederschlagsreichen Landesteil (durchschnittlich 508 cm Niederschlag jährlich).

Fort William und Ben Nevis

PRAKTISCHE HINWEISE – FORT WILLIAM

Fort William Information Centre [N56° 49' 6.17" W5° 6' 37.71"], 15 High Street, Fort William PH33 6DH, Tel. +44 (0)1397 70 18 01; www.visitscotland.com/info/services/fort-william-information-Centre-p333001. *Geöffnet Juli + Aug. Mo - Sa 9 - 18.30 Uhr; Sept. - Juni Mo - Sa 9 - 17 Uhr, So 10 - 16 Uhr.*

RESTAURANT

Crannog Scottish Seafoods, Town Pier, Tel. +44 (0)1397 70 55 89; www.crannog.net; gutes Fischlokal am Loch Linnhe, erschwingliche Preise.

HOTELS

Alexandra Hotel ***, £££, 93 Zi., The Parade, Tel. +44 (0)1397 70 22 41; https://strathmorehotels-thealexandra.com/; eines der besten Hotels am Platz, Restaurant, Bar, Fahrradverleih, WLAN, Parkplatz.
Innseagan House ***, ££, 20 Zi., Achintore Road, Tel. +44 (0)1397 70 08 41; ca. 2 km außerhalb des Zentrums, Blick zum Loch Linnhe, Restaurant, Bar, Lounge, WLAN, Parkplatz.

CAMPING

Camping Glen Nevis Caravan & Camping Park [WP 137 / N56° 48' 14.88" W5° 4' 24.81"], Tel. +44 (0)1397 70 21 91; www.glen-nevis.co.uk; 15. März - 31. Okt.; im nördl. Stadtbereich von der A82 Beschilderung Richtung Glen Nevis, noch ca. 3,5 km; vielfach durch Bewuchs unterteilte, teils etwas geneigte Wiesen am Fuße des Ben Nevis in ansprechender Lage; ca. 7 ha – 290 Stpl.; Komfortausstattung; Laden, Imbiss in Saison, Waschmaschine, Trockner, WLAN, Internetecke. Mietcaravans und -bungalows; **V & E für Wohnmobile.**

Camaghael

Camping Lochy Holiday Park, [WP 138 / N56° 50' 26.60" W5° 4' 30.07"], Camaghael, Tel. +44 (0)1397 70 34 46; www.lochy-holiday-park.co.uk; Mitte März – Ende Okt.; von A82 auf A830 Richtung Corpach abzweigen und Campingbeschilderung folgen; ebene Wiese mit Laubbäumen am River Lochy, teils mit Hartstellplätzen; 4 ha - 80 Stpl.; Standardsanitärausstattung. Laden, Waschmaschine, Trockner; **V & E für Wohnmobile.**

Corpach

Camping Linnhe Lochside Holidays [WP 139 / N56° 50' 49.96" W5° 9' 40.83"], Tel. +44 (0)1397 77 23 76; www.linnhe-lochside-holidays.co.uk; Jan. – Ende Okt. + Weihnachten – Silvester; über A830 Richtung Mallaig, in Corpach ca. 5 km westlich Ft. William; gepflegte, terrassierte Anlage in ansprechender Lage oberhalb des Loch Eil, nummerierte, befestigte Stellplätze auf der hinteren, oberen Terrasse für Touristen; ca. 6 ha – 70 Stpl.; Standardsanitärausstattung; Laden, Waschmaschine, Trockner, Internetecke. Mietcaravans und Mietbungalows. **V & E für Wohnmobile**.

In **Corpach [Parkplatz, N56° 50' 35.86" W5° 7' 23.26"]** an der A830 in der Nähe von Fort William, kann man die Mineralienausstellung **Treasures of the Earth [N56° 50' 38.33" W5° 7' 33.07"]** besuchen *(geöffnet März - Juni + Sept. + Okt. tgl. 10 - 17 Uhr; Juli + Aug. tgl. 9.30 - 18 Uhr; Nov. - Dez. + Feb. tgl. 10 - 16 Uhr; treasuresoftheearth.co.uk/).* Das Museum, untergebracht in einer ehemaligen Kirche, präsentiert eine umfangreiche Sammlung seltener Steine und Fossilien. Zu den Glanzstücken zählt z. B. ein ungeschliffener, rund 13 kg schwerer Smaragd.

Ausflüge ab Fort William

Bahnfahrt nach Arisaig

Eine erholsame Abwechslung ist eine **Bahnfahrt** von **Fort William** nach **Arisaig** oder weiter bis **Mallaig**. Nicht nur, dass man hier noch das Fahrerlebnis mit einer Dampfeisenbahn genießen kann, die Strecke führt außerdem durch eine der schönsten Landschaften in Schottland.

Bergwanderung zum Ben Nevis

Ein vor allem bei passendem Wetter sehr lohnender Ausflug führt auf den **Ben Nevis,** der mit einer Höhe von 1.344 m der höchste Berg auf den Britischen Inseln ist (https://www.nevisrange.co.uk/).

Die Bergwanderung ist eine anstrengende Tagestour über einen markierten Weg zum Gipfel. Für den Aufstieg sind etwa vier bis fünf Stunden, für den Abstieg gut drei Stunden nötig.

Der Gipfel des Ben Nevis ist oft in Wolken gehüllt und schneebedeckt. Außerdem sollte man immer auf Wetterumschwünge vorbereitet sein. Die ungewissen Wetterverhältnisse sind es in erster Linie, weniger die Schwierigkeit des Aufstiegs (der Ben Nevis wurde ja schon in den Anfängen der Automobilgeschichte mit dem Auto bezwungen!), die es ratsam erscheinen lassen, eine Tour auf den Ben Nevis nicht auf die leichte Schulter zu nehmen. Gute Ausrüstung, wetterfeste Kleidung und festes Schuhwerk sind unerlässlich!

Der Ausgangspunkt für die Bergtour ist das Tal **Glen Nevis,** ca. 4 km südöstlich von Fort William. Man kann den Aufstieg am großer **Parkplatz [WP 140 / N56° 48' 38.87" W5° 4' 38.35"]** mit Infostelle und Toiletten am Westufer des River Nevis (gegenüber von Achintee House) beginnen und von hier über den „Ben Navis Mountain Path" zum Gipfel gehen.

Wenn gerade keine Wolkenhaube den Gipfel verhüllt, bietet sich von oben eine großartige Rundumsicht, die an klaren Tagen bis 100 Meilen weit reichen kann. Auf dem Gipfel stehen die Mauern eines ehemaligen Observatoriums.

Leider hat sich im Lauf der Zeit etlicher Müll angesammelt, der von Freiwilligen jedes Jahr versucht wird, zu beseitigen. Dabei findet man sonderliche Dinge, ja sogar ein halb vermodertes Klavier, das man bei Aufräumarbeiten unter Steinen und Felsbrocken fand. Es wurde 1986 von Möbelträgern hier heraufgeschleppt. Man wollte damit ins Guinnessbuch der Rekorde kommen.

Einfacher geht's mit der **Kabinenseilbahn Nevis Range Mountain Gondola [Parkplatz, WP 141 / N56° 51' 6.89" W5° 0' 2.48"]**, die den Besucher in knapp 15 Minuten auf 655 m zum Snowgoose Restaurant nahe des **Aonach Mor** (1.221 m) bringt. Ab dort kann man stundenlang **wandern** oder **Mountainbike fahren**; www.nevisrange.co.uk.

Wanderung durch das Glen Nevis

Nicht ganz so anstrengend, aber zweifellos ebenso reizvoll, ist eine Wanderung das **Glen Nevis Tal** hinauf, etwa bis zur **Staoineag Hütte** südwestlich des Sees **Loch Treig**. Man kann die Tour ausdehnen und nach Nordwesten bis **Spean Bridge** weitergehen und von dort per Bus oder Bahn nach Fort William zurückkehren (Mehrtagestour).

Man kann aber auch vom Südende des Loch Treig weiter nach Südosten bis zur Bahnstation **Corrour Station** gehen, von dort aus den **Loch Ossian** umwandern und per Bahn nach Fort William zurückkehren. Detaillierte Auskünfte sollte das Tourist Information Centre in Fort William bereithalten.

Im Glen Nevis wurden einige Szenen für den Film „Rob Roy" gedreht. Liam Neeson spielte die Hauptrolle in der Geschichte über Rob Roy McGregor, den legendären schottischen Volkshelden des 18. Jh.

Fahrt um den See Loch Leven

Sehr empfehlenswert ist bei ausreichend zur Verfügung stehender Zeit und vor allem bei schönem Wetter eine Fahrt von North Ballachulish an der A82 rund 19 km/12 mls südlich von Fort William nach Osten und um den langgestreckten See Loch Leven bis **Kinlochleven [N56° 42' 48.11" W4° 57' 47.18"]** (Aluminiumfabrik, aber schöne Berglandschaft) und zurück bis Glencoe Village (Invercoe C & C Park, ganzjährig, ebene Wiese am Loch Leven, Beschreibung weiter hinten).

TOUR 13: FORT WILLIAM – LOCHGILPHEAD – OBAN

Länge der Tour: Rund 250 km /156 mls.

Die Route: Über die Straße A82 und über **Ballachulish**, durch das **Glen Coe** und über **Crianlarich** bis **Tarbet** – A83 über **Inveraray** bis **Lochgilphead** – A816 über **Arduaine** bis **Oban**.

Reisedauer: Mindestens ein Tag, plus ein separater Tag für die Insel Mull Rundfahrt.

Höhepunkte: Das landschaftlich reizvolle **Glen Coe** ** – Wandern am **Loch Lomond** ** – der Stammsitz des Campbell Clans **Inveraray Castle** * – Abstecher auf die **Inseln Mull und Iona**.

ROUTE: Der weitere Verlauf unserer Route führt von Fort William auf der A82 nach Südwesten, am Ostufer des Loch Linnhe entlang, vorbei an der Meerenge von **Corran** *(Autofäh-* re, siehe nächste Etappe), nach **Onich** *(sehr schöne Bucht, Hotels),* **Ballachulish** *(Hotels)* und schließlich nach **Glencoe Village**.

In **Glencoe Village** kann das **Glencoe and North Lorn Folk Museum [N56° 40' 58.24" W5° 6' 2.96"]** *(geöffnet Apr. - Okt. Mo - Sa 10 - 16.30 Uhr, letzter Einlass 30 Min. vor Schließung; www.glencoemuseum.com)* besichtigt werden. Das Heimatmuseum ist in einer Gruppe strohgedeckter Häuser untergebracht. U. a. sind Relikte aus der Jakobitenzeit und von lokalen Clans, eine Waffensammlung, aber auch Puppenhäuser und alte landwirtschaftliche Gerätschaften zu sehen.

Glencoe Village liegt am Eingang des Tales **Glen Coe**, einem herrlichen Tal mit Hochgebirgscharakter, das über den Glencoe-Pass die Grampian Mountains überwindet und so eine wichtige Verbindung zwischen den Highlands und Islands und der industriereicheren Gegend der Lowlands um Glasgow bildet. Die ganze Region rechts und links des Tales ist ein Paradies für Wanderer, Berg-

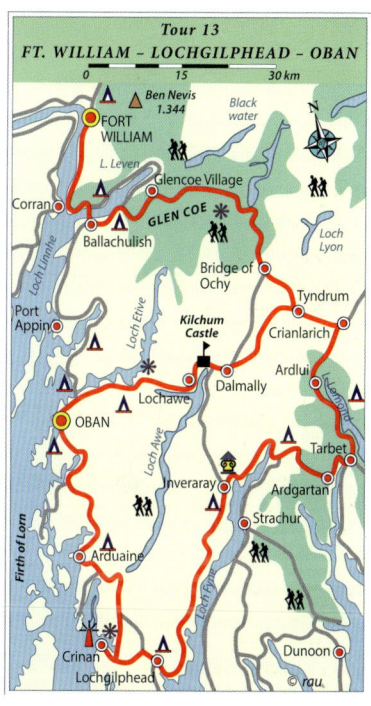

Tour 13
FT. WILLIAM – LOCHGILPHEAD – OBAN
0   15   30 km

steiger und Wintersportler. Das Tal Glen Coe war aber auch Schauplatz eines der infamsten Verbrechen im alten Schottland, das als „*The Massacre of Glen Coe*" in die Geschichte des Landes einging (siehe Kasten Seite 185).

Auf der Fahrt hinein in das Glen Coe kommt man am rechts der Straße gelegene **Glen Coe Visitor Centre** vorbei **[Parkplatz, WP 142 / N56° 40' 17.67" W5° 4' 56.68"]** *(geöffnet März - Okt. tgl. 9.30 - 17.30 Uhr; Nov. - Dez. Do - So 10 - 16*

Im Glen Coe

PRAKTISCHE HINWEISE - BALLACHULISH / GLENCOE

 Ballachulish Visitor Centre and Tourist Information [Parkplatz, WP 143 / N56° 40' 42.35" W5° 7' 46.35"], Park Road, Ballachulish, Tel. +44 (0)1855 81 18 66; www.glencoetourism.co.uk. *Geöffnet tgl. 9 - 17 Uhr.*

HOTEL

 The Ballachulish Hotel ***, £££, 25 Zi., Tel. +44 (0)1764 65 18 42; www.ballachulish-hotel.co.uk/; schönes und angenehmes Firstclasshotel am Loch Linnhe gelegen, Restaurant, Bar, WLAN. Parkplatz.

CAMPING

 Glencoe Village
Camping Invercoe Caravan & Camping Park [WP 144 / N56° 41' 11.11" W5° 6' 19.52"], Tel. +44 (0)1855 81 12 10; www.invercoe.co.uk; 1. Jan. – 31. Dez.; von der A82 Richtung Crianlarich zur B863 (Glencoe Village – Kinlochleven) abzweigen, noch ca. 1 km zum Platz; Wiesengelände in schöner Landschaft zwischen Straße B863 und dem See Loch Leven; ca. 2 ha – 60 Stpl.; Standardsanitärausstattung; Kiosk, Waschmaschine, Trockner, WLAN, Internetecke. Badestrand. Mietbungalows. **V & E für Wohnmobile**.

Glencoe
Camping Glencoe Camping & Caravanning Club Site [WP 145 / N56° 40' 21.90" W5° 4' 58.43"], Tel. +44 (0)1855 81 13 97; www.campingandcaravanningclub.co.uk/campsites/uk/argyll/ballachulish/glencoe; 1. Apr. – 26. Okt.; von der A82 Richtung Crianlarich ca. 2,5 km östl. von Glencoe Village zum Glencoe Visitor Centre rechts abzweigen; Wiesenrund in schöner Landschaft, ca. 3 ha – 100 Stpl.; Standardsanitärausstattung. Waschmaschine, Trockner. **V & E für Wohnmobile**.

Kinlochleven
Camping Caolasnacon Caravan & Camping Park [WP 146 / N56° 42' 9.00" W5° 2' 28.73"], Tel. +44 (0)1855 83 12 79; www.kinlochlevencaravans.com; Anf. Apr. – 31. Okt.; Zufahrt über die B863, ca. 5 km westl. des Ortes (Glencoe Village – Kinlochleven); durch einen Bach geteiltes Wiesengelände am Südufer des Loch Leven; ca. 5 ha – 50 Stpl. + Dau.; Standardausstattung.

Die Tragödie im Glen Coe

Nach der endgültigen Niederlage der Truppen von König James VI. von Schottland und I. von England, forderte der Sieger und Nachfolger auf dem Thron, König Wilhelm III. von Oranien, von den Chiefs aller Highland Clans einen ultimativen Treueid, der bis zum 1. Januar 1692 geleistet sein musste. Maclan, Chief der MacDonalds of Glencoe, zögerte zwar bis zuletzt mit dem Schwur, kam aber rechtzeitig nach Fort William, um den Eid abzulegen. Maclan wurde aber nach Inveraray verwiesen, wo er am 6. Januar schließlich den Treueid schwor.

In der trügerischen Hoffnung, dass seine Clanfamilien nun unbehelligt bleiben würden, empfingen Maclan und eine größere Gruppe des MacDonald Clans im Februar 1692 arglos eine über 100 Mann starke Truppe der Campbells of Glenlyon, die in königlichen Diensten stand. Was die MacDonalds nicht ahnen konnten war, dass die Campbells hier waren, um einen grauenhaften Mordauftrag, unterzeichnet vom Minister für Schottland, Sir John Dalrymple, und sogar von König William III. selbst, auszuführen.

Fast zwei Wochen nahmen die Campbells unverfroren die Gastfreundschaft der MacDonalds, der „verfluchten Sippe, der schlimmsten des ganzen Hochlandes", wie Dalrymple meinte, gerne in Anspruch. Sie saßen in den eisigen Winternächten an deren Feuer, aßen ihre Vorräte und tranken ihren Whisky, um dann am frühen Morgen des 13. Februar 1692 über die ahnungslosen Kinder, Frauen und Männer herzufallen. 40 MacDonalds, darunter auch Maclan, wurden niedergemacht. Angeblich konnten 150 MacDonalds fliehen, aber viele kamen im Schneesturm im winterlich eisigen Glen Coe um.

Morde unter Clans, auch politische Morde, waren im Schottland der damaligen Zeit nicht gerade ungewöhnlich. Worüber die Öffentlichkeit damals empört war und worüber mancher Highlander vielleicht noch heute fassungslos ist, war der Umstand, dass das ungeschriebene Gesetz der Gastfreundschaft und das heimtückische erschlichene Vertrauen so schändlich zu einer feigen Mordtat missbraucht worden war.

Ganz in der Nähe der alten Bridge of Coe erinnert ein Denkmal an das Massaker von Glen Coe.

Uhr; letzter Einlass 45 Minuten vor Schließung; www.nts.org.uk/visit/places/glencoe). Zu sehen sind Ausstellungen und Dokumentationen über Fauna und Flora des Glens und Informationen über die diversen Wanderrouten der Umgebung. Picknickplatz. Cafeteria. Dahinter liegt Glencoe Camping & Caravanning Club Site.

Von der Anhöhe, markiert durch den 1.022 m hohen Bergkegel Buachaille Etive Mór, hat man einen Blick zurück ins Tal.

Auf der Weiterfahrt passiert man hinter dem Kingshouse Hotel die Station des Sessellifts auf den 1.108 m hohen **Meall à Bhuiridh** (auch White Corries), der im Sommer gerne von Drachenfliegern, im Winter von Skifahrern aufgesucht wird.

Später durchquert man das abgeschiedene, seendurchsetzte, baumlose **Rannoch Moor** und gelangt nach einer sehr reizvollen Fahrt schließlich über **Bridge of Orchy** hinab zur A85 bei **Tyndrum**, insgesamt 67 km südöstlich von Fort William.

Abkürzende Routenalternative

ROUTE: Eine abkürzende Routenalternative ist ab Tyndrum der direkte Weg nach Oban. Man verlässt Tyndrum über die A85 in westlicher Richtung und erreicht über Dalmally, Lochawe, Taynuilt und Connel nach ca. 55 km/35 mls Oban.

Auf diesem Weg nach Oban erlebt man eine schöne Fahrt durch das bewaldete **Glen Lochy**. Man passiert **Dalmally** und erreicht das Nordende des **Loch Awe** (www.loch-awe.com), der sich nach Südwesten fast bis an die Küste erstreckt. Der See ist ganze 40 km lang und somit der längste der schottischen Binnenseen. Er erstreckt sich mitten in der alten Grafschaft von Argyll, von alters her der Stammsitz des Campbell Clans.

Überaus romantisch liegt auf einem Landvorsprung unweit der Straße beim Ort **Lochawe** am Ufer des gleichnamigen Sees **Kilchurn Castle** (HS) **[Parkplatz, WP 147 / N56° 24' 25.60" W5° 1' 5.32"]** *(geöffnet Apr. - Sept. tgl. 9.30 - 17.30 Uhr; Okt. tgl. 10 - 16 Uhr; www.historicenvironment.scot/visit-a-place/places/kilchurn-castle; längerer Fußweg vom Parkplatz).*

Sir Colin Campbell of Glenorchy errichtete hier 1440 einen Wehrturm. Zum Ende des 17. Jh. hin wurde die Burg von Ian, 1st Earl of Breadalbane, nach Norden und Süden wesentlich erweitert. Die Wappen des Earls und seiner Frau sind noch über dem Burgtor zu sehen. Die Burg war Sitz der Breadalbanes bis 1740. Während der Jakobitenaufstände zwischen 1745 und 1746 war Kilchurn Castle von englischen Truppen besetzt. Danach war das Anwesen dem Verfall

preisgegeben. Die Ruine kann von außen besichtigt werden.

Mein Tipp! Den besten Blick auf die Ruine hat man von der Straße A819 vom Ostufer des Sees aus.

Später passiert man auf der A85 am Fuße des 1.026 m hohen Ben Cruachan westlich von Lochawe das Wasserkraftwerk **Cruachan Pumped Storage Power Station** mit Besucherzentrum **[Visitors Centre, N56° 23' 40.24" W5° 6' 58.30"]** *(geöffnet Apr. - Okt. tgl. 9.30 - 16 Uhr; Nov. - März 10 - 15 Uhr; Führungen obligatorisch, Dauer 30 Min.; www.visitcruachan.co.uk).* Gigantische Stollen und Hallen wurden in den Berg gesprengt, um den Maschinen, Turbinen und Wasserreservoiren Platz zu bieten. Durch einen technischen Kniff können die Turbinen als Pumpen genutzt werden, die Wasser aus dem Loch Awe in die höhergelegenen Wasserkavernen pumpen, die dann wiederum die Turbinen mit Wasser zum Stromerzeugen versorgen.

Man fährt weiter über den Pass of Brander nach Westen.

7 km vor **Taynuilt** findet man links der Straße hinter einer Tankstelle den Campingplatz Loch Awe Holiday Park [N56° 25' 3.33" W5° 11' 25.81"], ein weites Wiesenrund in ländlicher Um-

Loch Lomond, im Hintergrund der Ben Lomond

gebung, fast bis an den River Awe reichend. In der Nähe liegt die schöne alte Brücke Bridge of Awe.

Nur wenige Meilen nördlich von Taynuilt findet man am Ufer des Loch Etive **Bonawe Historic Iron Furnace** (HS) **[N56° 26' 14.46" W5° 13' 49.26"]**, eine im 18. Jh. eingerichtete, mit Holzkohle betriebene Eisenhütte. Enge Zufahrt (*geöffnet Apr. - Sept. tgl. 9.30 - 17.30 Uhr, letzter Einlass 30 Min. vor Schließung; www.historicenvironment.scot/visit-a-place/places/bonawe-historic-iron-furnace/*).

Oban (Details siehe weiter hinten) liegt gut 20 km weiter westlich.

HAUPTROUTE

ROUTE: *Der nicht minder abwechslungsreiche Weg unserer* ***Hauptroute*** *führt ab* ***Tyndrum*** *nach Süden und folgt der A82 über* ***Crianlarich*** *bis* ***Tarbet*** *am* ***Loch Lomond***.

Loch Lomond Exkursionen

Ab **Crianlarich** (Camping Glen Dochart Holiday Park bei Luib im Glen Dochart; März - Okt.; www.glendochart-caravanpark.co.uk) führt die gut ausgebaute A82 hinein ins Glen Falloch.

In **Ardlui** schließlich erreicht man den schmalen, langgezogenen See **Loch Lomond**, dem die Straße am Westufer folgt.

Vom **Inveruglas Visitor Centre [Parkplatz, WP 151 / N56° 15' 6.02" W4° 42' 32.45"]** (*geöffnet Mo - Fr 9 - 15 Uhr, Sa + So 9 - 17 Uhr; www.lochlomond-trossachs.org/plan-your-visit/visitor-centres/*), am Westufer des Loch Lomond, verkehren Personenfähren zum gegenüberliegenden **Hotel Inversnaid** am Endpunkt der Straße B829 nach Stronachlachar am Loch Katrine. Das Ostufer des Loch Lomond zählt schon zur Landschaftsregion der Trossachs.

Inversnaid bietet sich als guter **Ausgangspunkt für Wanderungen** im **Queen Elizabeth Forest Park** an. In Inversnaid beginnen diverse Wanderwege, u. a. der **West Highland Way.**

Außerdem genießt man von der Ostseite des Loch Lomond einen prächtigen Blick auf die Bergkette im Westen.

Von Nord nach Süd (rechts nach links) erkennt man den 943 m hohen Ben Vorlich, den 916 m hohen Ben Vane, den dominierenden 1.001 m hohen Beinn Ime und den 881 m hohen Coppler.

Tarbet mit seinem ehrwürdigen **Tarbet Hotel** an der Kreuzung mit der A83, ein kleiner Ort am Beginn des hübschen Tales, das sich nach Südwesten bis nach Arrochar erstreckt, ist ein guter Ausgangspunkt für Ausflüge, z. B. für Bootstouren auf dem Loch Lomond.

Mit einer Länge von gut 33 km und einer Breite bis zu 8 km ist der **Loch Lomond** einer der größten Binnenseen des Landes und gilt landläufig als schönster See Schottlands.

Zweifellos ist der Loch Lomond eines der beliebtesten Urlaubsziele im Lande. Auf den Straßen am See, in den Hotels, auf den Campingplätzen und in den Touristenorten kann im Juli und August oft eine drangvolle Enge herrschen.

Sir Walter Scott, der schottische Romancier des 19. Jh., schwelgt in seiner 1817 erschienenen Novelle „Rob Roy" über den Loch Lomond: „Ganz gewiss ein prächtiger See, der sich vieler Inseln rühmen kann. Der See bietet einen überraschend schönen und köstlichen Anblick der Natur."

Inchmurrin, die größte der rund 30 Inseln im Loch Lomond, liegt im Südteil des Gewässers. An der Südspitze der Insel findet man die Ruinen der historischen Lennox Festung.

Als bester Ausgangspunkt für die Erkundung des Sees und seiner Umgebung bietet sich **Balloch** am Südende des Sees an.

Im **Loch Lomond Sea Life Centre [N56° 0' 19.94" W4° 35' 27.32"]** (*geöffnet tgl. 10 - 17 Uhr, letzter Einlass 1 Stunde vor Schließung; www.visitsealife.com/loch-lomond/*) kann man Fauna und Flora der Gewässer dieser Region bestaunen.

Mein Tipp! Die beste Möglichkeit, den See Loch Lomond und die herrlichen Uferlandschaften auf bequeme Art zu sehen, ist – da der See nicht vollständig mit dem Auto zu umfahren ist – ein **Bootsausflug** mit der „Countess Fiona"

PRAKTISCHE HINWEISE – BALLOCH / LOCH LOMOND

 Balloch Information Centre [N56° 0' 11.54" W4° 34' 59.98"], The Old Station Building, Balloch Road, Balloch, Tel. +44 (0)75 35 33; www.visitscotland.com/info/services/balloch-information-centre-p332391. *Geöffnet Juli + Aug. tgl. 9.30 - 18 Uhr; Sept. tgl. 9.30 - 17.30 Uhr; Okt. - Juni tgl. 10 - 17 Uhr.*

HOTELS

 The Waterhouse Hotel **,** £££, 7 Zi., The Square, 34 Balloch Road, Tel. +44 (0)1389 75 21 20; www.waterhouseinn.co.uk; Restaurant, Bar. Parkplatz.
The Balloch House *,** ££, 14 Zi., Balloch Road, Tel. +44 (0)1389 75 25 79; www.vintageinn.co.uk/tehballochhouselochlomond/; Restaurant. Parkplatz.

CAMPING

Balloch
Camping Lomond Woods Holiday Park [WP 148 / N56° 0' 5.75" W4° 35' 33.12"], Old Luss Road, Tel. +44 (0)1389 75 50 00; www.holiday-parks.co.uk/locations/loch-lomond; Jan. – Dez.; von der A82 zur A811 zum Ort, beschildert; Wiesen mit Baumbestand, von einem Wasserlauf durchzogen, recht ansprechend gelegen, auch Hartstandplätze; ca. 5 ha – 50 Stpl. + Dau.; gute Standardsanitärausstattung; Kiosk, Waschmaschine, Trockner, WLAN. Mietcaravans und Mietbungalows. **V & E für Wohnmobile.**

Balmaha
Camping Milarrochy Bay Camping & Caravan Club Site [WP 149 / N56° 6' 0.32" W4° 33' 41.45"], Milarrochy Bay, Tel. +44 (0)1360 87 02 36; 1. Apr. – 26. Okt.; in Drymen von der B811 nach Balmaha abzweigen und Beschilderung folgen, letztes Zufahrtsstück mit 15 % Steigung; ebenes Wiesengelände am Loch Lomond, von Bäumen und Büschen unterteilt; ca. 3 ha – 130 Stpl.; Standardsanitärausstattung; Waschmaschine, Trockner, teils WLAN, Internet-ecke. Bootsslip. **V & E für Wohnmobile.**

Cashel/Rowardennan
Camping Cashel Caravan & Camping Site [WP 150 / N56° 6' 44.57" W4° 34' 53.68"], Tel. +44 (0)1360 87 02 34; www.campingandcaravanningclub.co.uk/campsites/dunbartonshire/rowardennan/cashel; 1. März – 26. Okt.; 5 km nördl. Balmaha an der B837; ausgedehnte Waldwiesen am Ostufer des Loch Lomond; 6 ha – 200 Stpl.; Standardsanitärausstattung; Laden, Café, Waschmaschine, Trockner.

oder dem modernen Katamaran „Lady of the Loch". Die Kreuzfahrt ab **Balloch Pier [Parkplatz, WP 152 / N56° 0' 27.34" W4° 35' 22.88"]** über Balmaha, Luss, Rowardennan und Tarbet nach Inversnaid und zurück nach Balloch dauert je nach Saison zwischen vier und sechs Stunden.

Die Straßen B811/B837 (einspurige Single Track Roads) am Ostufer des Loch Lomond, von Balloch über Drymen und Balmaha, endet in **Rowardennan** am Parkplatz. Von dort bietet sich die beste Gelegenheit, den knapp 1.000 m hohen **Ben Lomond**, höchste Erhebung im **Queen Elizabeth Forest Park**, zu besteigen. Etwa drei Stunden sind für einen Weg notwendig. Lohn der Anstrengung sind herrliche Ausblicke.

Am Ostufer des Loch Lomond bieten sich vielfältige **Wandermöglichkeiten**.

HAUPTROUTE

*ROUTE: Auf dem Weg an die schottische Westküste verlassen wir in **Tarbet** die stark befahrene A82, folgen der A83 nach Westen, über **Arrochar** am Loch Long, bis **Ardgartan** und gelangen über den früher schwierigen, heute längst entschärften Bergsattel „Rest and be Thankful" nach **Inveraray** und schließlich nach **Lochgilphead**.*

Inveraray liegt am Nordwestufer des fjordartigen Meeresarms Loch Fyne. Der kleine Ort mit einer schönen weißen Häuserfront am Wasser, hat kaum mehr als 400 Einwohner und wurde erst im 18. Jh. planmäßig angelegt.

Seit jeher ist Inveraray die Hochburg des Campbell Clans. Aus der einflussreichen Familie gingen Königliche Haushofmeister (ein erbliches Amt, das mit dem 1. Herzog von Argyll 1457 in die Familie kam), Feldmarschälle im britischen Heer, oberste Richter, wie der 3. Herzog von Argyll, oder Politiker wie der 8. Herzog und Geheimsiegelbewahrer hervor.

Wie einflussreich der Clan war und wohl auch noch ist, veranschaulicht die Tatsache, dass Mitte des 18. Jh. das Dorf Inveraray verlegt wurde, um Platz für ein neues Schloss des Dukes of Argyll und MacCailein Mór, Chief of Clan Campbell, zu schaffen.

Der **Bell Tower [N56° 13' 48.80" W5° 4' 27.94"]** *(geöffnet Aanf. Juli - Mitte Sept. Mo - Fr 10.30 - 16.30 Uhr; www.inveraraybelltower.co.uk)*, ein viereckiger, rund 42 m hoher Glockenturm aus Granitstein, von den Campbells als Clan-Denkmal errichtet, überragt den Ort. Die 10 Glocken tragen die Namen von schottischen Schutzheiligen. Die dritte Glocke ist nach dem Heiligen Mund benannt, dem Schutzpatron des Campbell Clans. Der Turm kann bestiegen werden. Glockenspiel.

Zu besichtigen ist In Inveraray außerdem in der Main Street das hinter dem Gerichtsgebäude gelegene **Inveraray Jail [N56°13' 48.07" W5° 4' 20.80"]**, das heute als Museum über den Strafvollzug in den vergangenen Jahrhunderten dient *(geöffnet Apr. - Okt. tgl. 9.30 - 18 Uhr; Nov. - März 10 - 17 Uhr, letzter Einlass 1 Std. vor Schließung; www.inverarayjail.com)*.

Sehr sehenswert ist **Inveraray Castle [Parkplatz, WP 153 / N56° 14' 15.99" 5° 4' 28.68"]**, Stammsitz des Clans Campbell und der Dukes of Argyll *(geöffnet Apr. - Okt. tgl. 10 - 17.45 Uhr, letzter Einlass 17 Uhr; www.inveraray-castle. com)*. Mit dem Bau des Schlosses wurde 1743 unter Archibald, 3rd Duke of Argyll, nach Plänen von Roger Morris begonnen. Später waren Mitglieder aus der bekannten Architektenfamilie der Adams am Bau beteiligt. Aber erst über fünfzig Jahre später konnte Robert Mylne nach Angaben des 5. Herzogs mit der Dekoration der Salons die Arbeiten abschließen.

Das Schloss ist prächtig möbliert und mit kostbaren Kunstgegenständen ausgestattet. Besonders hervorzuheben sind die aufwendigen Stuckornamente nach dem Kunstgeschmack des 18. Jh. an den Decken und Wänden im Speisesaal und im Wohnsalon. Außerdem hängen im Wohnsalon seltene französische Gobelins, die Mitte des 18. Jh. in Beauvais entstanden sind.

Im Keller ist die Küche des Hauses zu besichtigen, die bis in die 1950iger Jahre in Betrieb war.

Das obere Stockwerk brannte 1975 aus, ist aber längst restauriert. Dank einer überwältigenden Spendenaktion aller Mitglieder des Campbell Clans auf der ganzen Welt konnte der ursprüngliche Zustand rasch wieder hergestellt werden.

Gegenwärtiger Hausherr ist seit 2001 Torquhil Ian, 13th Duke of Argyll. Er führt außerdem noch folgende Titel: Marquis of Kintyre, Marquis of Lorne, Earl of Campbell, Viscount of Lochow, Lord von Inveraray, Mull, Morven und Tiree und schließlich MacCailein Mór, Clanchief der Campbells.

PRAKTISCHE HINWEISE – INVERARAY

 Inveraray Information Centre [N56° 13' 52.85" W5° 4' 19.89"], Front Street, Inveraray, PA32 8UY, Tel. +44 (0)1499 30 20 63; www.visit-inveraray. co.uk; www.visitscotland.com/info/services/inveraray-information-centre-p332481. *Geöffnet Juni - Aug. tgl. 9 - 17.30 Uhr; Sept. - Okt. tgl. 10 - 17 Uhr; Nov. - Mai tgl. 10 - 16 Uhr.*

HOTEL

Loch Fyne Hotel & Spa ***, £££, 71 Zi., Shore Street, Tel. +44 (0)1499 30 29 80; www.crerarhotels.com/loch-fyne-hotel-spa; komfortables Mittelklassehotel, etwas außerhalb gelegen, Restaurant, Bar, Schwimmbad, Sauna, Wellnesscenter, Shirlpool, WLAN. Parkplatz.

CAMPING

Camping Argyll Caravan Park [WP 154 / N56° 12' 4.11" W5° 6' 22.23"], Tel. +44 (0)1499 30 22 85; www.argyllcaravanpark.com; 1. Apr. – 31. Okt.; über A83, ca. 4 km südl. Inveraray; von Bäumen umgebenes Wiesenstück am Loch Fyne am entgegengesetzten Ende eines ausgedehnten Mobilehomeparks; ca. 20 ha – 50 Stpl. + überwiegend Dau.; Standardsanitärausstattung; Laden, Restaurant, Waschmaschine, Trockner, Bootsslip. Mietcaravans.  **V & E für Wohnmobile**.

Rund 10 km südwestlich von Inveraray passiert man das nahe der A83 gelegene **Auchindrain Township Museum [N56° 10' 45.32" W5° 10' 36.10"]** (geöffnet Apr. - Okt. tgl. 10 - 17 Uhr, letzter Einlass 1 Std. vor Schließung; www.auchindrain.org.uk). Mehrere alte, für die Region typische Häuser einer Ansiedlung wurden in ein interessantes Freilichtmuseum umgewandelt. Man sieht Farmhäuser, die teilweise noch strohgedeckt sind, Scheunen, Katen, die vielfach noch original möbliert und eingerichtet sind. Dem Besucher steht ein Visitor Center mit vielfältigen Informationen zur Verfügung.

Wer ein Faible für englische Gärten hat, sollte, vor allem im Sommer, einen Besuch der **Crarae Gardens** (NTS) **[N56° 7' 31.30" W5° 14' 34.41"]** (geöffnet Apr. - Aug. tgl. 10 - 17 Uhr; Sept. Do - Mo 10 - 16 Uhr; www.nts.org.uk/visit/places/crarae-garden), 16 km südwestlich von Inveraray gelegen, nicht versäumen.

Lochgilphead an einer Seitenbucht des Loch Fyne gelegen, ist der östliche Endpunkt des **Crinan Kanals**. Der Wasserweg mit 15 Schleusen zwischen Loch Fyne und Sound of Jura durchschneidet die Halbinsel Kintyre und erspart der Schifffahrt – früher in erster Linie der Fischereiflotte, heute mehr den Freizeitkapitänen – den weiten Umweg um das Kap **Mull of Kintyre**. Dort unten, irgendwo am Ende der Halbinsel, hat die Poplegende Beatle Paul McCartney einen Bauernhof. Ob er dort seinen Folkhit „Mull of Kintyre – Oh mist rolling in from the sea. My desire is always to be here, oh Mull of Kintyre..." geschrieben hat?

ROUTE: Ab Lochgilphead folgen wir der A816 nach Norden Richtung Oban. In Cairnbaan, nur 4 km weiter, empfiehlt sich ein Abstecher auf der B841 nach Crinan. Zumindest das letzte Wegstück, die zwei Meilen von Bellanoch

PRAKTISCHE HINWEISE – LOCHGILPHEAD

Tourist Information for the Heart of Argyll [N56° 2' 10.56" W5° 25' 55.83"], The Square Peg, Colchester Square, Lochgilphead, PA31 8LH, Tel. +44 (0)7919 36 04 85; www.heartofargyll.com.

HOTEL

Empire Travel Lodge ***, £, 9 Zi., Union Street, Tel. +44 (0)1546 60 23 81; www.empirelodge.co.uk; zentral gelegen, Restaurant, WLAN. Parkplatz.

CAMPING

Camping Lochgilphead Caravan Park [N56° 2' 14.98" W5° 26' 13.95"], Bank Park, Tel. +44(0)1546 60 20 03; www.lochgilpheadcaravanpark.co.uk; Apr. – Okt.; Nähe Kreuzung A83/A816 am Südwestrand des Ortes; ca. 3 ha – 40 Stpl. + Dau.; Standardsanitärausstattung; Waschmaschine, Trockner, WLAN. Mietcaravans.

nach Crinan, scheinen aber für auslastende Wohnmobile und große Gespanne nicht geeignet. Auch sind in Crinan die Platzverhältnisse etwas beengt.

Der kleine Fischereihafen **Crinan** liegt sehr schön an einer geschützten Bucht am Endpunkt des 1801 eröffneten Crinan Kanals mit der betriebsamen Schleuse Nr. 15. Direkt an der Schleuse und am Hafen liegt das renommierte *Crinan Hotel* **** (22 Zimmer, Restaurant, teuer, Tel. +44 (0)1546 83 02 61; www.crinanhotel.com) mit seinem ganz ausgezeichneten, für seine Fischspezialitäten weithin bekannten Restaurant.

In **Bellanoch** kann man über die schmale Drehbrücke (max. 2 Tonnen!) über den Crinan Kanal oder zurück bis Cairnbaan und dort über die A816 nordwärts weiterfahren.

Nördlich von **Bridgend** zweigt die Zufahrt zur Ruine von **Dunadd Fort** ab. Auf dem kleinen Hügel, der sich aus der Ebene erhebt, lag einst (5. bis 8. Jh.) das Zentrum des keltischen Königreiches *Dalriada*, sozusagen die Wiege des späteren Königreiches Schottland.

In **Kilmartin** ist ein kleines, sehenswertes **Kilmartin House Museum of Ancient Culture** eingerichtet [**Parkplatz, WP 154 / N56° 8' 0.18" W5° 29' 10.61"**] *(geöffnet März - Okt. tgl. 10 - 17.30 Uhr; Nov. + Dez. 11 - 16 Uhr; www.kilmartin.org)*, das sich der reichsten prähistorischen Landschaft in Schottland mit Funden und Ausstellungsstücken, die über 5000 Jahre alt sein sollen, widmet.

Auf dem Friedhof und in der Kirche von Kilmartin kann man seltene, schön gearbeitete **Grabsteine** und **Steinkreuze** aus dem 14. und 16. Jh. sehen.

In der Umgebung des Ortes sind einige Monumente aus der Bronzezeit erhalten, z. B. Grabhügel bei Dunchraigaig, Ri Cruin und Nether Largie oder die Steinkreise von Temple Wood.

Wenige Meilen weiter passiert man die Zufahrt zum **Carnassarie Castle** [**Parkplatz, WP 155 / N56° 8' 52.41" W5° 28' 43.33"**], 5 Min. Fußweg vom Parkplatz. Dieses Schloss aus dem 16. Jh. war einst Sitz des Bischofs John Carswell, der Schriften von John Knox ins Gälische übersetzte und eines der ersten Druckwerke in dieser Sprache herausbrachte.

*ROUTE: Über **Arduaine** (Loch Melfort Hotel ***, £££, 23 Zi., Tel. +44 (0)1852 20 02 33, komfortabel, schöne Lage, Restaurant, Parkplatz; www.loch-*

Der Hafen in Crinan

Oben, Fährhafen zur Insel Mull, im Hintergrund McCaig's Tower

sich der Bankier McCaig ausgangs des 19. Jh. als Familiengedächtnisstätte errichten. Als Nebeneffekt wollte McCaig durch die Bauarbeiten die Arbeitslosigkeit lindern, heißt es. Aussichtsplattform.

melfort.co.uk/) und **Kilninver** *erreicht man auf der A816 schließlich* **Oban.**

Oban (ca. 8.000 Einw.) mit seinem durch die vorgelagerte Insel Kerrera geschützten Hafen, hat zwar eine lange Tradition als Fischereihafen, ist aber heute einer der bedeutendsten Touristenorte an der Küste von Argyllshire. Außerdem ist Oban wichtigster Ausgangshafen der Fährverbindungen zu den Inseln Colonsay, Mull, Tiree, Coll, Barra und South Uist.

Eine etwas kuriose Sehenswürdigkeit, die einzige nennenswerte in der Stadt, liegt oberhalb des Hafens. **McCaig's Tower [Parkplatz, WP 156 / N56° 24' 59.51" W5° 28' 6.73"]** thront fast unübersehbar auf einem Hügel über dem Hafen. Dieses an ein römisches Amphitheater erinnernde Monument ließ

Ausflug zur Insel Mull

Es werden zahlreiche organisierte **Bootsausflüge** zu den vorgelagerten Inseln angeboten. U. a. gibt es eine „3-Insel-Kreuzfahrt" zu den Inseln Mull, Iona und Staffa. Hier sollte man sich nach den neuesten Angeboten, Preisen und Abfahrtszeiten im Touristenbüro oder bei der Reederei Caledonian MacBrayne erkundigen; www.calmac.co.uk.

Die nicht weit vor Oban gelegene **Insel Mull** lässt sich mit regelmäßig zwischen Oban und **Craignure** verkehrenden **Autofähren** erreichen, Fahrzeit 45 Minuten.

Die Insel Mull, drittgrößte der Hebriden Inseln, ist vulkanischen Ursprungs. Der Inselname „Mull" nimmt Bezug auf den bergigen Charakter des Eilands und bedeutet etwa soviel wie „Masse von Hügeln". Die höchste Erhebung ist der 966 m hohe **Ben More**.

PRAKTISCHE HINWEISE – OBAN

Oban Tourist Information Centre [Parkplatz, WP 157 /N56° 24' 54.13" W5° 28' 27.49"], 3 North Pier, Oban PA34 5QD, Tel. +44 (0)1631 56 31 22; www.oban.org.uk. *Geöffnet Juni, Sept. + Okt. Mo - Sa 9 - 18 Uhr; So 10 - 17 Uhr; Juli + Aug. Mo - Sa 9 - 19 Uhr; Nov. - Mai Mo - So 10 - 17 Uhr.*
Caledonian MacBrayne Ltd., The Ferry Terminal, Railway Pier, Oban, Tel. +44 (0)800 066 50 00; www.calmac.co.uk.

Feste, Folklore
Argyllshire Highland Gathering mit Dudelsackspieler-Wettbewerb und Highland Games, gewöhnlich Ende August; www.obangames.com.

HOTEL

Falls of Lora *, ££, 35 Zi., Connel Ferry, Tel. +44 (0)1631 71 04 83; www.fallsoflora.com; komfortables Mittelklassehotel in gediegenem Stil, ca. 6 mls/10 km östlich von Oban gelegen. Restaurant, Bar, Garten, WLAN. Privatparkplatz.

Oban Bay ***, ££££, 84 Zi., Corran Esplanade, Tel. +44 (0)1631 56 43 95; www.crerarhotels.com/oban-bay-hotel; gutes Mittelklassehotel in Gehnähe zum Zentrum, Restaurant, Wellnesscenter. Parkplatz.

CAMPING

Camping Oban Caravan & Camping Park [WP 158 / N56° 23' 20.85" W5° 31' 2.60"], Gallanachmore Farm, Gallanach Road, Tel. +44 (0)1631 56 24 25; www.obancaravanpark.com; 1. Apr. – Ende Okt.; ca. 3 km südl. Oban über die Küstenstraße Richtung Gallanach; ca. 2 ha – 70 Stpl.; Standardsanitärausstattung.

Barcaldine
Camping Oban Camping & Caravanning Club Site [N56° 31' 36.17" W5° 18' 32.61"], Tel. +44 (0)72 03 48; 1. Apr. – Ende Okt.; ca. 11 km nördl. Connel Bridge Abzweig von der A828; Wiesengelände in waldreicher Umgebung; ca. 2 ha – 70 Stpl.; Standardsanitärausstattung. Teilweise WLAN, Interneteecke, Waschmaschine, Trockner. Chemikalausguss. Mindestaufenthalt 2 Nächte! Bis Drucklegung war leider nicht in Erfahrung zu bringen ob dieser Club Site auch weiterhin ausländischen Tourern zur Verfügung stehen wird!

Insel Mull Rundfahrt

Es bietet sich an, ab **Craignure** über die relativ schmale, meist einspurige und dann mit Ausweichstellen versehene A849 zunächst in den südwestlichen Teil der Insel zu fahren.

Knapp 2,5 km südlich von Craignure liegt **Torosay Castle** *(laut Mitteilung jetzt für die Öffentlichkeit nicht mehr zugänglich!)*, ein viktorianischer Herrensitz aus der Mitte des 19. Jh. mit neugotischer Fassade.

Auf einem Landvorsprung weiter östlich (ca. 5 km östlich von Craignure) liegt hoch über dem Meer **Duart Castle [Parkplatz, WP 159 / N56° 27' 20.79" W5° 39' 18.26"]** *(geöffnet Apr. So - Do 11 - 16 Uhr; Mai - Okt. tgl. 10.30 - 17 Uhr; www.duartcastle.com)*. Die Burg, Sitz des Clans MacLean, beherrscht seit dem 13. Jh. die Einfahrt in den Meeresarm Sound of Mull. Als treue Anhänger der Stuartkönige unterstützen die MacLeans die Sache der Jakobiten, was dem Clan nach dem Zusammenbruch der Jakobitenaufstände den Verlust und die Zerstörung von Duart Castle einbrachte. Heute restauriert.

Auf der Weiterfahrt in das Tal **Glen More** und über **Pennyghael** *(Pennyghael Hotel* ***, £££, 6 Zi., Tel. +44 (0)1681 70 42 88; www.pennyghaelhotel.co.uk)* und **Bunessan** kommt man nach 35 mls/56 km nach **Fionnphort** am Westende der Halbinsel **Ross of Mull.**

PRAKTISCHE HINWEISE – CRAIGNURE/MULL

Craignure Information Centre [N56° 28' 14.26" W5° 42' 24.39"], The Pier Head, Craignure, Isle of Mull, PA65 6AY, Tel. +44 (0)1680 81 23 77; www.visitscotland.com/info/services/craignure-information-centre-p332431. *Geöffnet Juli - Aug. Di - Sa 8.30 - 19 Uhr; Sept. - Apr. - So 10 - 17 Uhr; Apr. - Juni Di - Sa 8.30 - 17 Uhr.*

HOTELS

Isle of Mull Hotel & Spa ***, £££, 83 Zi., Craignure, Tel. +44 (0)1680 81 25 44; http://www.crerarhotels.com/isle-of-mull-hotel-spa; komfortables Mittelklassehotel, Meerblick von einigen Zimmern, Restaurant, Bar, WLAN. Parkplatz.

Dervaig
Calgary Farmhouse Hotel ***, ££, 9 Zi., Tel. +44 (0)1688 40 02 56; www.calgarycottages.co.uk; Nähe Calgary Beach Sandstände, Restaurant, Parkplatz.

Tobermory
Western Isles Hotel ***, ££££, 28 Zi., Tel. +44 (0)1688 30 20 12; http://www.westernisleshotel.com/; einladendes, renommiertes, komfortables Mittelklassehotel in ansprechender Lage über dem Ort, Restaurant, Bar, WLAN. Privatparkplatz.

CAMPING
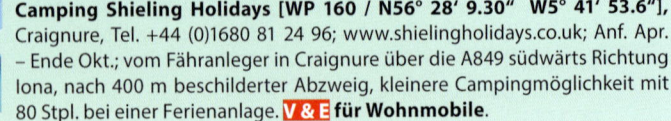
Camping Shieling Holidays [WP 160 / N56° 28' 9.30" W5° 41' 53.6"], Craignure, Tel. +44 (0)1680 81 24 96; www.shielingholidays.co.uk; Anf. Apr. – Ende Okt.; vom Fähranleger in Craignure über die A849 südwärts Richtung Iona, nach 400 m beschilderter Abzweig, kleinere Campingmöglichkeit mit 80 Stpl. bei einer Ferienanlage.  **für Wohnmobile**.

Herrliche Felsküsten findet man westlich von **Carsaig** an der Südküste der Halbinsel Ross of Mull.

Ein ziemlich anstrengender Küstenpfad führt von Carsaig zu den eindrucksvollen Klippen „**Carsaig Arches**".

Auf einer kurzen **Bootsfahrt von Fionnphort [Parkplatz am Bootsanleger, WP 161 / N56° 19' 31.20" W6° 22' 9.64"]** über den Iona Sund gelangt man in rund 5 Minuten auf die **Insel Iona.**

Im Jahre 563 siedelten sich auf der etwas unwirtlich wirkenden Insel Iona der **Heilige Columba** und eine Gruppe irischer Mönche an. Sie gründeten ein **Kloster**, von dem bald ein prägender Einfluss auf die Christianisierung Schottlands ausging.

Lange war das Kloster aber auch eine Stätte der kalligraphischen Künste. Zumindest Teile der weltberühmten Prunkhandschrift „*Book of Kells*", die heute in der Universität in Dublin zu besichtigen ist, entstanden auf Iona.

Vierhundert Jahre lang, in der frühen Zeit der Könige MacAlpine bis Malcolm III., war Iona der Begräbnisplatz der schottischen Könige, der Chiefs der Highland Clans und der Lords of the Isles.

Besonders im 8. und 9. Jh. sah sich das Kloster mehreren Wikingerüberfällen ausgesetzt, wurde aber immer wieder aufgebaut und im 13. Jh. unter dem Schutz der Lords of the Isles von Benediktinermönchen besiedelt, die das monastische Leben bis Anfang des 16. Jh. fortführten.

Seit der Reformation war das Kloster auf Iona dem Verfall preisgegeben. 1968 konnte eine umfassende Restaurierung des Klosterkomplexes von Iona abgeschlossen werden.

Das älteste noch existierende Gebäude von **Iona Abbey [N56° 20' 6.65" 6° 23' 31.06"]** ist die aus dem Jahre 1080 stammende **St. Oran's Chapel,** neben der der Begräbnisplatz *„Reilig Odhrian"* der schottischen Könige liegt.

Auf dem etwas längeren Weg von der Schiffsanlegestelle zur Abteikirche passiert man zunächst das **Nonnenkloster** (Nunnery) und die bescheidene **St. Ronan's Church,** geht dann am links der Wegbiegung liegenden **MacLean's Cross** (15. Jh., Reliefdarstellungen) vorbei zur erwähnten **St. Oran's Chapel [N56° 20' 4.08" W6° 23' 35.66"]** und gelangt schließlich zur restaurierten **Abteikirche**.

Vor der Kirche erhebt sich das aus dem 10. Jh. stammende **St. Martin Hochkreuz**. Zwei weitere Hochkreuze sind Nachbildungen bzw. nicht mehr komplett. An der Nordseite der Kirche ist ein **Museum** eingerichtet.

Sofern es die Wetterverhältnisse zulassen, werden im Sommer ab Fionnphort, Iona und Ulva Ferry **Bootsausflüge zur Insel Staffa** durchgeführt. Das kleine Inselchen liegt nördlich von Fionnphort mitten in der weiten, stark gegliederten Bucht an der Westseite der Insel Mull.

Frappierend ist das Erscheinungsbild der Inselklippen von Staffa, die aus regelmäßig geformten, mehreckigen Basaltsäulen vulkanischen Ursprungs bestehen und zahlreiche Höhlen aufweisen.

Die berühmteste Höhle ist **Fingal's Cave**. Der Komponist *Felix Mendelssohn-Bartholdy* (1809 – 1847) war auf seiner Schottlandreise von der Fingalshöhle und der gigantischen Klippenszenerie offenbar so überwältigt, dass er seine Hebriden-Ouvertüre der Fingalshöhle widmete; www.fingals-cave-staffa.co.uk.

Der weitere Verlauf unserer Rundfahrt um die Insel Mull führt ab Fionnphort mangels Alternativen zwangsläufig zurück.

Am Ostende der Bucht Loch Scridain fährt man entweder auf dem bekannten Weg zurück nach Craignure oder man zweigt auf die schmale Straße B8035 nach Westen ab zu einer Rundfahrt über **Tiroran**, **Knock** an der herrlichen Bucht Loch na Keal, **Calgary Bay** (Sand- und Muschelstrände, nach ihr ist die kanadische Stadt benannt), **Dervaig** und **Tobermory**.

Iona Abbey

Vor Dervaig ist das gut beschilderte **Old Byre Heritage Centre [N56° 34' 33.34" W6° 10' 48.74"]** zu besichtigen *(geöffnet April - Ende Okt. Mo - Fr 10.30 - 18.30 Uhr; www.old-byre.co.uk)*. Interessant ist die stündlich dargebotene audiovisuelle Präsentation über die Geschichte von Mull. Restaurant, Souvenirshop.

Bei Interesse lohnt sicher ein Besuch im Sommertheater **Mull Little Theatre,** mit gerade einmal 43 Sitzplätzen angeblich das kleinste Theater in ganz Großbritannien.

Tobermory, wichtiger Fährhafen und Hauptort auf Mull, liegt 21 mls/34 km nordwestlich von Craignure. Tobermory ist bekannt für seine bunten Häuserfassaden am Hafen. In der Bucht vor dem Hafen liegt die 1588 gesunkene spanische Galeone *„Florida"*, die ehemals mit der spanischen Armada segelte und angeblich kostbare Goldschätze an Bord gehabt haben soll, von denen trotz mehrfacher Versuche erst Bruchteile gehoben wurden.

Man kann ab Tobermory **[Bootsanlager N56° 37' 23.99" W6° 3' 48.63"]** mit den **Autofähren** nach **Kilchean** auf der nördlich gelegenen **Halbinsel Ardnamurchan** gelangen oder von **Fishnish Bay**, weiter südöstlich, nach **Lochaline** auf der **Halbinsel Morvern** übersetzen (15 Minuten).

Von Kilchean oder von Lochaline kann man die Reise auf anfangs recht schmalen Single Track Roads nach Arisaig (siehe nächste Etappe Oban – Arisaig), Mallaig und auf die Isle of Skye fortsetzen. Oder man kehrt mit der Fähre von Craignure zurück nach Oban.

TOUR 14: OBAN – ARISAIG

Länge der Tour:	Rund 145 km /90 mls, plus Fähre nach Corran (8 Minuten).
Die Route:	Über die Straße A85 bis **Connel** – A828 bis **North Ballachulish** – A82 bis **Inchree** – Fähre nach **Corran** – A861 bis **Drumsallie** – A830 bis **Arisaig**.
Reisedauer:	Mindestens ein Tag.
Höhepunkte:	Das **Sea Life Centre** * bei Barcaldine – sehr reizvolle **Fahrt am Westufer des Loch Linnhe** *** mit Blick zum Ben Nevis – der Blick über das **Glenfinnan Monument** zum **Loch Shiel** ** – die **Sandbuchten um Arisaig** *.

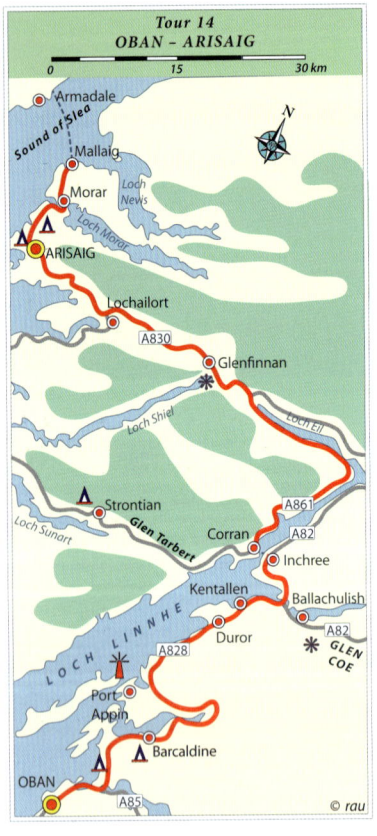

Tour 14
OBAN – ARISAIG

verkehr vor *Bal-lachulish, rund 32 mls/51 km.*

In **Barcaldine** kann das **Sea Life Sanctuary [N56° 31' 2.94" W5° 20' 44.45"]** besichtigt werden (*geöffnet tgl. 10 - 17 Uhr, letzter Einlass 16 Uhr; www.sealsanctuary.co.uk*). In der größten Anlage ihrer Art in Großbritannien, kann in diversen Aquarien die Meeresfauna, wie sie um die Küsten der Britischen Inseln anzutreffen ist, betrachtet werden.

Das Aquarium, dessen Ausstellungen sehr sehenswert und informativ sind, ist auch für seine aufwendigen, aber erfolgreichen Bemühungen bekannt, gestrandete Seehundbabys aufzuziehen.

Die gut ausgebaute Straße führt über eine, die Wegstrecke um den Fjord **Loch Creran** abkürzende, Brücke und erreicht in **Tynribbie** schließlich die nach Westen abzweigende Straße zum Hafen **Port Appin** (*The Airds Hotel ****, ££££*, 12 Zi. Tel. +44 (0)1631 73 02 36; www.airds-hotel.com, teuer, Restaurant) und zur Fähre auf die **Insel Lismore**.

Nach einem kurzen Wegstück passiert man bei Portnacroish das **Castle Stalker View-Cafe** (*geöffnet März - Okt. tgl. 9.30 - 17 Uhr; www.castlestalkerview.co.uk/*). Von hier hat man einen guten Blick auf das malerisch auf einer winzigen Insel in einer Seitenbucht des Loch Linnhe liegende **Castle Stalker**.

ROUTE: Wir verlassen Oban auf der A85 in nordöstlicher Richtung. Nach 7 km zweigen wir bei **Connel** *nach Norden ab, überqueren die Mündung des schmalen Meeresarmes Loch Etive und folgen nun der A828 über* **Benderloch** *und* **Barcaldine** *bis zum großen Kreis-*

Castle Stalker

Das düster wirkende, massive Turmhaus stammt aus dem 15. Jh. und ist seitdem im Besitz der Familie der Stewarts of Appin. Besichtigung nur nach Voranmeldung; www.obanargyll.com/castle-stalker.html; Tel. +44 (0)1631 74 03 15.

*ROUTE: Über **Duror** und nach sehr schöner Fahrt am Loch Linnhe bei **Kentallen**, stößt man bei **North Ballachulish** wieder auf die A82. Man fährt über die Sundbrücke das kurze Stück über **Onich** bis **Inchree** und nimmt – anstatt über Fort William zu fahren – die **Fähre nach Corran** (Überfahrtsdauer 8 Minuten).*

Die Fahrt über die kleine, einspurige, aber mit vielen Ausweichen versehene Uferstraße A861 durch die wenig bewohnte, ruhige Gegend am Westufer des **Loch Linnhe** ist herrlich. Von dieser Seite des Sees hat man einen sehr guten Blick auf das Bergmassiv des **Ben Nevis** und später auch auf Fort William. Die Straße wendet sich nach Westen und folgt nun dem **Loch Eil** bis zur Einmündung in die A830 nach Mallaig.

Es folgt eine überaus lohnende Fahrt durch eine herrliche Landschaft. Nicht umsonst wird diese Strecke bis hinaus zur Küste zu den schönsten im schottischen Hochland gezählt!

Wenn die Straße das Nordende des **Loch Shiel** erreicht, erkennt man links den Denkmalsturm des **Glenfinnan Monuments** und rechts der Straße das dazugehörige **Besucherzentrum** (NTS) **[Parkplatz, WP 162 / N56° 52' 13.67" W5° 26' 8.23"]** *(geöffnet Jan. - Feb. + Nov. - Dez. tgl. 10 - 16 Uhr; März - Mai + Sept. - Okt. tgl. 9 - 18 Uhr; Juni - Aug. tgl. 9 - 19 Uhr; www.nts.org.uk/visit/places/glenfinnan-monument)* mit Ausstellungen zum geschichtlichen Hintergrund des Monuments, mit Snackbar und Souvenirladen.

Der runde Denkmalsturm wurde 1815 von MacDonald of Glendale errichtet. Oben erkennt man die Figur eines Highlanders, die aber nicht Bonnie Prince Charlie darstellt, wie gelegentlich zu hören ist. Der Turm kann bestiegen werden.

Keine 10 Minuten Fußweg sind es hinauf zum **View Point** (Aussichtspunkt) oberhalb des Besucherzentrums. Von dort hat man einen ausgezeichneten Blick auf den herrlich gelegenen, von Bergen gesäumten See Loch Shiel und auf das Denkmal.

Vom Aussichtspunkt sieht man auch den **Glenfinnan Eisenbahnviadukt** weiter nördlich, abseits der Straße. Er wurde ausgangs des 19. Jh. erbaut

Glenfinnan
Ende eines Königshauses

Das **Glenfinnan Monument** erinnert an Prinz Charles Edward Stuart, der hier am 19. August 1745 die Highland Clans, darunter die MacDonalds und Camerons, um sich versammelte, um noch einmal die Restaurierung des schottischen Königshauses unter einem Stuart zu versuchen.

Voller Elan, mit reichlich Mitteln versehen aber ohne Heer, landete der erst 25 Jahre alte Prinz am 25. Juli 1745 in der Bucht Loch nan Uamh südöstlich von Arisaig. Die französische Fregatte „Du Teillay" hatte den in Italien aufgewachsenen, gebildeten und sehr ehrgeizigen Bonnie Prince Charlie, Sohn des abgesetzten und nach Frankreich emigrierten „Old Pretender" dorthin gebracht.

Vier Wochen später wehte die Fahne der Stuarts bei Glenfinnan am Nordende des Loch Shiel, an der Stelle, an der sich heute das Monument erhebt. Mit seiner charmanten Art und seiner Neigung gälisch zu sprechen gewann der Prinz rasch Anhänger.

Mit 2.500 Hochländern marschiert man nach Edinburgh und besetzt die Stadt, allerdings nicht die Burg. Prinz Charles residiert und feiert königlich in Holyroodhouse. Das Heer wächst auf 8.000 Mann an. Man zieht siegreich weiter, offenbar durch nichts aufzuhalten, durch die Borders und bis hinein nach England. Doch je weiter das Heer der Highlander auf London zurückt, umso schwächer wird die Unterstützung der Truppen. Bei Derby, etwa 200 km von Westminster entfernt, beginnt der Prinz seinen Rückzug nach Schottland. Dort siegt man noch einmal bei Falkirk und belagert, zwar unangefochten aber vergebens, Stirling Castle.

Und dann, nur acht Monate nach dem großen Jubel in Glenfinnan, folgt an einem kalten Apriltag 1746 auf dem Schlachtfeld von Culloden die furchtbare Niederlage der katholischen Jakobiten, den königstreuen Anhängern von König James „The Old Pretender" und Prinz Charles Edward Stuart. Der Prinz entkommt dem Massaker. Die folgende Menschenjagd auf ihn ist in der schottischen Geschichte wohl einmalig. Aber trotz eines Kopfgeldes von 30.000 Pfund (heutiger Wert vielleicht 1 Mio. Pfund) wurde Bonnie Prince Charlie nicht verraten und konnte durch die Highlands und über die Inseln und mit Hilfe der legendären Flora MacDonald (siehe auch unter Kilmuir, Insel Skye) schließlich fliehen.

Der Terror und das Blutbad, das die siegreichen protestantischen Truppen des Dukes of Cumberland unter der schottischen Bevölkerung nach der Schlacht von Culloden anrichten, ist grauenhaft. Und die Niederlage hat für die Schotten tiefgreifende Folgen. Sie werden nicht nur ihrer Hoffnung auf ein selbständiges Königreich, sondern durch die Entmachtung der Clans und den Erlass diskriminierender Gesetze auch wichtiger Elemente ihrer Kultur beraubt.

und galt als besondere Ingenieurleistung. Erstmals verwendete man den damals neuen Baustoff Beton. Jedes Jahr im August findet in Glenfinnan ein großes Highland Gathering mit **Highland Games** statt.

In der Nähe findet man das *Glenfinnan House Hotel* **, £££, 17 Zi., Tel.

PRAKTISCHE HINWEISE – ARISAIG

The Land, Sea & Islands Visitor Centre - Arisaig [N56° 54' 32.83" W5° 50' 41.79"], Arisaig, Tel. +44 (0)1687 45 07 71; www.road-to-the-isles.org.uk. Geöffnet im Sommer Mo - Fr 10 - 18 Uhr, Sa 10 - 16 Uhr, So 14 - 17 Uhr; im Winter Sa 10 - 16 Uhr, So 12 - 16 Uhr, Mo 10 - 13 Uhr.

HOTELS

The Arisaig Hotel ***, £££, 13 Zi., Main Road, Tel. +44 (0)1687 45 02 10; www.arisaighotel.co.uk; ordentliches Mittelklassehotel in schöner Lage an der Arisaig Bucht mit moderaten Preisen. Restaurant, Bar, WLAN, Privatparkplatz.

Morar
Morar Hotel **, ££, 28 Zi., Tel. +44 (0)1250 87 78 82; www.morarhotel.co.uk; einfacheres Haus, von einigen Zimmern Meerblick, Restaurant. Parkplatz.

CAMPING

Camping Gorten Sands Caravan Site [WP 163 / N56° 55' 17.32" W5° 52' 43.88"], Keppoch, Tel. +44 (0)1687 45 02 83; Apr. – Ende Sept.; von der neuen A830 (Fort William – Mallaig) Richtung Back of Keppoch (Alternative Coastal Route) abzweigen und noch 1 km; Wiesengelände an einer Sandbucht; ca. 2,5 ha – 40 Stpl.; einfache Standardsanitärausstattung.

Camping Sunnyside Croft Touring & Camping Site [WP 164 / N56° 55' 56.50" W5° 51' 43.05"], Bunacaimbe, Tel. +44 (0)1687 45 06 43; www.sunnysidetouringsite.co.uk; Apr. – Ende Okt.; von der A830 (Fort William – Mallaig) Richtung Back of Keppoch auf die B8008 abzweigen und noch ca. 2,5 km; Wiesenrund mit Hartstandplätzen an schöner Meeresbucht; 2 ha – 40 Stpl.; Standardausstattung. Kiosk, Waschmaschine, Trockner, WLAN, **V & E** **für Wohnmobile**.

Camping Camusdarach Campsite [WP 165 / N56° 57' 19.50" W5° 50' 46.67"], Camusdarach, Tel. +44 (0)1687 45 02 61; www.camusdarach.co.uk; April – 30. Sept.; von der A830 ca. 5 km nördl. Arisaig abzweigen und noch ca. 2 km südwärts; mehrere kleinere, unebene Wiesen; 3 ha – 40 Stpl.; Standardsanitärausstattung. Kiosk, Waschmaschine, Trockner, WLAN.

+44 (0)1397 72 22 35; www.glenfinnanhouse.com, Restaurant, Parkplatz.

Mein Tipp! Auf der Weiterfahrt sollten Eisenbahnfreunde nicht versäumen, den alten **Bahnhof von Glenfinnan [N56° 52' 20.55" W5° 26' 58.60"]** anzuschauen. Sehr scharfe Spitzkehre zur schmalen Zufahrt rechts der Straße! Im alten Stationsgebäude gibt es ein sehenswertes kleines **Museum**. In einem ehemaligen Speisewagen ist ein kleines **Restaurant** eingerichtet. Und unerschrockene Gäste können im Schlafwagen daneben auch übernachten (zumindest noch bei unserem letzten Besuch).

*ROUTEN: Weiterreise nach **Arisaig**.*

Im weiteren Verlauf unseres Reiseweges nach Arisaig steigt die Straße, die auch als „Road to the Isles" (Gälisch „Rathad nan Eilean") bekannt ist, wieder an, passiert den romantischen See **Loch Eilt**, an dessen Südufer die Strecke der im Sommer gelegentlich noch verkehrenden Dampfeisenbahn „The Jacobite" entlangführt, und erreicht am **Lochailort** wieder die Meeresküste. Das Panorama hier ist herrlich!

Die A830 wird nun wieder schmäler.

Die nächste Bucht ist **Loch nan Uamh**. Der historische Ort war im Juli 1745 Schauplatz der Landung des hoffnungsvollen Prince Charles Edward Stuart. Ein gutes Jahr später, am 20. September 1746, sah die Bucht einen geschlagenen, gehetzten Prinzen fliehend das Land auf der französischen Fregatte „L'Heureux" wieder verlassen. „The

Prince's Cairn" etwas abseits der A830 markiert die Stelle des Fluchtpunkts.

Der Weg bis Arisaig ist recht kurvenreich mit teils nur einspuriger Fahrbahn, aber landschaftlich wunderschön.

Vom etwas erhöht gelegenen Dorf **Arisaig** mit seinen verstreut gelegenen Häusern sieht man hinunter auf die Bucht des **Loch nan Ceall** und die vorgelagerten kleinen Inseln, die noch von Robben bevölkert werden.

Nördlich von Arisaig erstrecken sich mehrere sandige Buchten. Bekannt ist vor allem die Bucht **„Silver Sand of Morar".**

Ausflug zu den „Small Isles"

Vom Pier in Arisaig verkehren im Sommer Ausflugsboote und ab Mallaig Personenfähren der Reederei Caledonian MacBrayne zu den weiter draußen gelegenen **Inseln Eigg, Muck, Rhum** und **Canna,** den „Small Isles.

Eigg, mit dem Hafenort **Galmisdale** und dem kuriosen, 393 m hohen Basaltberg **An Sgurr,** wird sich für immer gefallen lassen müssen, im Zusammenhang mit einer Wahnsinnstat genannt zu werden. 1577 suchten 400 (andere Quellen sprechen von 200) Leute des MacDonald-Volkes in der Höhle **Cave of Francis** Zuflucht vor den Raubzügen der MacLeods of Skye. Die MacLeods ließen ein Feuer vor der Höhle entzünden und erstickten so alle in der Höhle befindlichen Flüchtlinge.

Aus Rache zündeten die MacDonalds zwei Jahre später die Kirche der MacLeods bei Dunvegan an. Alle Besucher der Sonntagsmesse, ausschließlich MacLeods, kamen im Feuer um.

Im Norden von Eigg liegen die berühmten **„Singing Sands".**

Muck mit dem Hafen **Port Mór,** die kleinste der „Small Isles", ist nicht einmal ganze 4 km lang, hat einige Sandstrände. Bed-and-Breakfast möglich.

Rhum, die größte Insel dieser Gruppe, ist charakterisiert durch ihre hohen **Berge** (Askival 812 m, Orval 571 m). Heute ist die Insel Naturschutzgebiet mit über 1.500 Stück Rotwild, mit Sturmtauchern, Schneehühnern und den selten gewordenen Goldadlern.

Besuchern ist nur **Kinloch Glen** zugänglich. Übernachtungsmöglichkeiten im **Kinloch Castle.** Sir George Bullough, ein nordenglischer Textilmagnat, ließ sich um die Jahrhundertwende Kinloch Castle als Sommersitz errichten.

Canna, mit einem durch die südöstlich vorgelagerte Insel Sanday geschützten Hafen, wird auch „Garten der Hebriden" genannt. In Seefahrerkreisen ist die Insel wegen ihres **Compass Hill** (Kompasshügel) bekannt. Durch den hohen Eisengehalt seiner Basaltfelsen ist er eine Störquelle für magnetische Schiffskompasse.

Das Glenfinnan Eisenbahnviadukt

TOUR 15: ISLE OF SKYE RUNDFAHRT

Länge der Tour: Rund 345 km / 215 mls.

Die Route: Über die Straße A851 vom Fährhafen Armadale bis **Broaford** – A87 über **Sligachan** bis **Portree** – A855 über **Kilmaluag** bis **Uig** – A87 bis **Kensaleyre** – A850 bis **Dunvegan** – Abstecher nach Borreraig und zum **Leuchtturm Neist** – A863 bis **Sligachan** – A87 bis **Kyle of Lochalsh** und **Balmacara**.

Reisedauer: Mindestens zwei ganze Tage.

Höhepunkte: Die Felsen **Old Man of Storr** – der Ausblick von der Steilküste am **Kilt Rock ** mit Wasserfall – das **Freilichtmuseum * ** bei Kilmuir – **Dunvegan Castle ** – Bergwandern in den **Cuillins **.

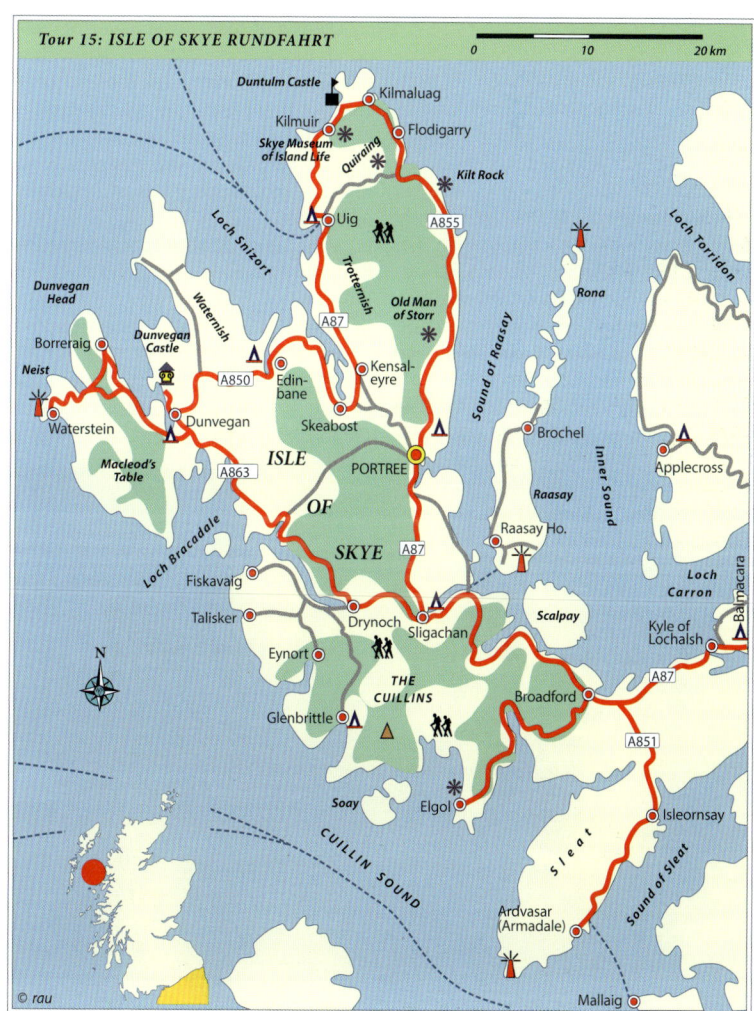

ROUTE: *Weiterreise von* **Arisaig** *auf der A830 nach* **Mallaig**. *Die Straße ist anfangs schmal und sehr kurvenreich, ab* **Morar** *dann gut ausgebaut.*

Auf der Fahrt nach Mallaig findet man entlang der sehr schönen Küste öfters kleine, ruhige, zwischen Felsen eingelagerte **Sandbuchten**, die fast mediterrane Assoziationen aufkommen lassen.

Etwa auf halbem Wege liegt der kleine Ort **Morar** mit schönen **Sandstränden**. Rechts der Straße erstreckt sich **Loch Morar**, Schottlands tiefster See (ca. 350 m). „Morag", ein Ungeheuer ähnlich dem im Loch Ness, ein Vetter von Nessi quasi, soll den See unsicher machen.

In **Mallaig**, einem kleinen, hübsch gelegenen Fischereihafen am Sound of Sleat, ist Endstation sowohl für Bahn-, als auch für Bus- oder Autoreisende. Das recht lebhafte Städtchen war vor einigen Jahren Schauplatz für Dreharbeiten zu dem weltweit viel beachteten Film „Local Hero". Regisseur war der aus Schottland stammende Bill Forsyth, der es sich nicht nehmen ließ, noch weitere schottische Locations, wie z. B. das Städtchen Pennan, für den Film zu finden.

Besichtigen kann man das **Mallaig Heritage Centre [N57° 0' 20.09" W5° 49' 47.21"]** *(geöffnet Apr. - Sept. 10 - 16 Uhr; www.mallaigheritage.org.uk)* in der Station Road. Das Heimatmuseum zeigt die Entwicklung der Stadt von einem kleinen Fischerhafen zu einem der wichtigsten Zentrum des Heringfischfangs.

Ab **Mallaig [Fähranleger-Parkplatz, WP 166 / N57° 0' 24.25" W5° 49' 39.28"]** verkehren **Autofähren nach Armadale** auf der Isle of Skye, sowie Personenfähren zu den Inseln Eigg, Muck, Rhum und Canna, den **Small Isles.** Die Überfahrt dauert rund 30 Minuten; www.calmac.co.uk.

Isle of Skye

Die Isle of Skye (Insel Skye) besticht durch ihre wild zerklüfteten Bergketten, die vielen schönen und romantischen Landschaften und die buchtenreiche Küste. Durch eine Vielzahl von Meeres-Lochs wird Skye in viele Halbinseln geteilt. Die größte von ihnen ist *Trotternish* im Norden.

Skye, die größte Insel der Inneren Hebriden, ist ca. 80 km lang und zwischen 5 und 40 km breit und sie ist die größte Sprachinsel des Gälischen in Schottland.

Eigentlich sollte Skye „Nebelinsel" heißen, denn so könnte man den alten gälischen Inselnamen *An t-Eilean Saitheanach* deuten. Aber auch „Regen-

Mallaig

Die Clans der Highlands
Großfamilien mit politischem Einfluss

Bis in die Mitte des 18. Jh., etwa bis zur verhängnisvollen Schlacht von Culloden 1746, nach der die großen schottischen Clans ihren politischen Einfluss zu verlieren begannen, waren die einzelnen Großfamilien in den relativ abgeschlossenen Glens der Highlands im gälisch geprägten Schottland fest in **„Clans"** verbunden und streng patriarchalisch organisiert. Der Clan ist eine uralte keltische Form eines Großfamilienverbundes.

Zu einem Clan gehörten und gehören alle von gleichen Vorfahren abstammenden Familien. Natürlich wurden aus der weitverzweigten Verwandtschaft im Laufe der Jahrhunderte kleine „Völker", die in aller Regel vom Chief des Clans in einer Art „Monarchie" regiert wurden. Jeder Clan hatte seine ungeschriebenen Gesetze, die oft Gewohnheitsrechte waren. Und jedem clansman war ein ausgeprägtes Gefühl für Ehre und Stolz eigen. Diese hehren Werte wurden mit Kampfeslust verteidigt.

Das Wort „Clan" umfasst etwa die Bedeutung unserer Begriffe wie Stamm, Sippe oder Geschlecht. Es leitet sich von einem gälischen Wort ab, nämlich von „clann", was soviel wie „Kinder" bedeutet.

Erstaunlicherweise weisen die Ursprünge der meisten schottischen Clans nach Irland. Viele führen ihren Stammbaum zurück auf *Loarn*, Sohn von *Erc*. Loarn war einer von drei Brüdern, die im 5. Jh. das „Königreich von Dalriada" in Argyllshire gegründet haben sollen.

Die MacDonalds, die Insel-Lords (Skye, Hebriden), führen ihre Herkunft auf *Colla Uais* aus Irland zurück, während die MacLeods oder die Nicholsons auf normannische Wurzeln verweisen können.

Oberste Autorität eines Clans war der *Chief*. Ihm hatte jeder clansman bedingungslos zu gehorchen. Der Chief war der alleinige Befehlshaber in Kriegszeiten. Ihm alleine gehörte das Land, auf dem der Clan siedelte und nur er teilte Land seinen Clanmitgliedern zu. Es wäre ein Unding gewesen zu wagen, das Wort eines Clan-Chiefs anzuzweifeln oder dagegen zu handeln. Selbst Anweisungen des Königs oder des Grafen wurden ignoriert, wenn sie gegen die Interessen des Clan-Chiefs gerichtet waren.

Die Strukturen eines Clans waren alles andere als demokratischer Natur.

Aber so eng die Bindungen innerhalb eines Clans waren, so lose, schlecht, ja feindlich waren sie oft zwischen den Clans. Fehden, Plünderungen, Überfälle, Raubzüge nach Frauen und Rinderherden und Waffenscharmützel scheinen früher an der Tagesordnung gewesen zu sein.

Mitte des 18. Jh. zerstreuten sich viele Familien, da sie nach dem Aufstand von 1745 als Gesetzesbrecher galten. Eine Aktion, die sich „Clearances" nannte, entvölkerte das Hochland noch mehr. Heute gibt es noch etwa 100 Clans in Schottland, das neben Albanien das einzige europäische Land ist, in dem es noch dies Art der Großfamilien gibt.

insel" würde ihr gut anstehen. So gesehen sind die regenärmeren Frühlingsmonate Mai und Juni die beste Reisezeit. Und wenn man erfährt, dass sich die Insel sehr milder Winter erfreut, bei Januartemperaturen kaum unter +5°C, so ist das für den Sommertouristen, der selten Durchschnittstemperaturen über 15°C erleben wird, auch nur ein schwacher Trost.

Selbst die Bewohner, Kleinbauern, Schafzüchter, Fischer und Handwerker scheinen damit nicht länger einverstanden zu sein, denn die Abwanderung ist beträchtlich, die Einwohnerzahl verringert sich stetig.

Ca. 9.000 Menschen hat es auf der Insel gehalten, nicht zuletzt des Tourismuses wegen, der im bescheidenen wirtschaftlichen Aufkommen von Skye eine ganz beträchtliche Rolle spielt. Der Tourist bekommt das zu spüren, wenn er in den Ferienmonaten Juli oder August reist. Unterkünfte aufs Geratewohl sind dann kaum zu bekommen.

Seit einigen Jahren ist die Isle of Skye durch eine 2,4 km lange **Brücke** mit dem schottischen Festland bei Kyle of Lochalsh verbunden.

Sie werden auf Skye, wie auch auf den Äußeren Hebriden und in abgelegenen Gebieten der Highlands, des Öfteren mit schmalen, höchstens einspurigen, dann aber immer mit vielen Ausweichstellen versehenen Straßen konfrontiert werden. Nutzen Sie die Ausweichstellen nicht nur zum rechtzeitigen Ausweichen bei Gegenverkehr, sondern auch, um ggf. anderen Verkehrsteilnehmern das Überholen zu ermöglichen. Andere Verkehrsteilnehmer sind übrigens sehr dankbar dafür, wenn Sie die Ausweichstellen nicht als Parkplätze missbrauchen.

Isle of Skye Rundfahrt

Mindestens zwei ganze Tage sollten Sie für die Rundfahrt um die Insel Skye schon einplanen.

ROUTE: *Unsere Rundfahrt startet in **Armadale** und endet bei **Kyleakin** an der neuen Sundbrücke nach Kyle of Lochalsh. Ab dem Fährhafen Armadale folgen wir der teilweise einspurigen, aber mit Ausweichstellen versehenen A851 Richtung **Broadford**.*

Nur knapp einen Kilometer außerhalb von Armadale passiert man **Armadale Castle, Gardens & Museum of the Isles [Parkplatz, WP 167 / N57° 4′ 12.88″ W5° 53′ 46.58″]** *(geöffnet Apr. - Okt. tgl. 9.30 - 17.30 Uhr, letzter Einlass 16.30 Uhr; www.clandonald.com).* Hier ist im restaurierten Armadale Castle das **Museum of the Isles** über den Clan Donald und die „Lords of the Isles" untergebracht. Audiovisuelle Präsentation. Das Museum liegt in einem ausgedehnten Waldpark mit Spazierwegen und Naturlehrpfaden.

Nach weiteren 5 km, nahe den Ruinen des **Knock Castle**, einem ehemaligen MacDonald Sitz, hat man eine schönen Blick über die Knock Bay auf das Festland.

Über **Isleornsay** und **Skulamus** erreicht man die Hauptstraße A87 und wenig später **Broadford**.

Abstecher nach Elgol

Wer gerne durch abgeschiedene Landschaft fährt, sollte ab Broadford der

In den Bergen der Cuillin Hills, Isle of Skye

Sligachan Camping, einfach, aber herrlich gelegen

Stichstraße B8083 (einspurig mit Ausweichstellen) bis **Elgol** auf der **Halbinsel Strathaird** folgen.

Außer dass man in Elgol einen **prächtigen Blick** über die Bucht Loch Scavaig zum Bergmassiv der **Cuillins** hat, kann man sich mit Booten der Firma Bella Jane Boat Trips in die Bucht am **Loch Coruisk** bringen lassen; Tel. +44 (0)1471 86 62 44; www.bellajane.co.uk.

Die Landschaft um den von den bizarren, dunklen Gipfeln des Cuillin-Massivs eingerahmten Loch Coruisk ist für ihre raue Schönheit bekannt und zählt zu den schönsten Berglandschaften auf den Britischen Inseln.

Geübten und gut ausgerüsteten Wanderern kann der Küstenweg ab Elgol oder ab Kilmarie zum Loch Coruisk empfohlen werden. Der etwas einfachere Weg führt aber von Sligachan (siehe dort) zum See Coruisk.

HAUPTROUTE

ROUTE: *Weiter auf unserer Hauptroute um die Isle of Skye steigt die Straße A87 ab Broadford nach Nordwesten hin leicht an. Links liegen die kahlen, rötlichen Red Hills, rechts sieht man hinüber zur Insel Scalpay. Man umrundet die Bucht Loch Ainort, erreicht* **Sconser** *und kommt schließlich nach* **Sligachan**.

Ab **Sconser** verkehren tägl. mehrmals Autofähren zur **Insel Raasay**. Sonntags nur zweimal. Überfahrtsdauer 20 Min.

Sligachan, kaum mehr als ein Hotel und Campingplatz an einer Straßengabelung, liegt aus touristischer Sicht „strategisch günstig". In Sligachan gabelt sich nämlich die Straße nach Dunvegan (A863) und nach Portree (A87).

Sligachan, ein kleines Mekka für Angler, Bergsteiger und Geologen, hat sich zu einem vielbesuchten Ausgangspunkt für Wanderungen in den Cuillins oder zum See Loch Coruisk entwickelt.

Portree (ca. 2.000 Einw.), Hauptort der Insel Skye, liegt an einer geschützten Bucht am Südende der Halbinsel Trotternish und ist nicht zuletzt deshalb ein gerne angesteuerter Jachthafen. Der Ortsname leitet sich ab vom Gälischen für „King's Haven".

Dank seiner zentralen Lage eignet sich Portree gut als Ausgangspunkt für Touren auf der Insel. Zu allen wichtigen Ausflugszielen verkehren Busse, bzw. es werden Bustouren dorthin durchgeführt. Außerdem werden Bootstouren entlang der Ostküste der Halbinsel Trotternish angeboten.

In einem Zimmer des altehrwürdigen Hotels Royal soll sich im Juni 1746 Bonnie Prince Charlie von seiner hilfrei-

PRAKTISCHE HINWEISE – SLIGACHAN UND PORTREE

Tourist Information Centre [Parkplatz, WP 170 / N57° 24' 43.22" W6° 11' 35.38"], Bayfield House, Bayfield Road, Portree, IV51 9EL, Tel. +44 (0)1478 61 29 92; https://www.visitscotland.com/info/services/portree-icentre-p333111. *Geöffnet Juni - Aug. Mo - Sa 9 - 18 Uhr, So 10 - 16 Uhr, Sept. - März Mo - Sa 9.30 - 16.30 Uhr.*

RESTAURANT

Einige einladende Restaurants findet man am Ortsrand von **Portree** an der Straße Richtung Staffin wie z. B. das **„Harbour View Seafood Restaurant"**, Tel. +44 (0)1478 61 20 69; www.harbourskye.co.uk oder das **„The Chandlery Seafood Restaurant"**, Tel. +44 (0)61 2846; www.bosvillehotelco.uk.

HOTELS

Portree

The Cuillin Hills ****, ££££, 27 Zi., Tel. +44 (0)1478 61 20 03; www.cuillinhills-hotel-skye.co.uk; gutes Mittelklassehotel, Blick auf die Portree Bucht, gutes Restaurant, Bar „Malt-Embassy" mit reicher Whiskyauswahl, WLAN. Parkplatz.
Rosedale ****, ££, 20 Zi., Beaumont Crescent, Tel. +44 (0)1478 61 31 31; www.rosedalehotelskye.co.uk; aus drei Fischerhäusern formte man das einladende Haus am Hafen, hübsche Zimmermöblierung, Restaurant, limitierte Parkmöglichkeit.

CAMPING

Sligachan

Camping Sligachan Campsite & Hotel [WP 168 / N57° 17' 31.19" W6° 10' 35.98"], Tel. +44 (0)65 02 04; www.sligachan.co.uk/sligachan-campsite.php; Mai - Sept.; unebenes, teils moorig-nasses, baum- und strauchloses, dem Wind ausgesetztes Gelände unterhalb der Straße A87 am Ende der gleichnamigen Bucht, recht ansprechende Lage, befestigtes Stellplatzareal im Eingangsbereich für Wohnmobile; ca. 1,5 ha – 30 Stpl., einfache Standardsanitärausstattung. Sligachan Hotel jenseits der Straße,

Portree

Camping Torvaig Caravan & Camp Site [WP 169 / N57° 25' 33.30" W6° 11' 8.63"], Staffin Road, Tel. +44 (0)1478 61 18 49; www.portreecampsite.co.uk; Anf. Apr. – Ende Okt.; über A855 knapp 2 km nördl. Portree, schlecht beschildert; abfallende, schräge Wiesen, etwas abseits der Straße nach Staffin; ca. 1,5 ha – 90 Stpl. davon 30 befestigte Stellplätze; einfache Standardsanitärausstattung. Waschmaschine, Trockner, WLAN. **V & E für Wohnmobile**.

Staffin

Camping Staffin Camp Site [WP 171 / N57° 37' 19.60" W6° 11' 49.25"], Tel. +44 (0)1470 56 22 13; www.staffincampsite.co.uk; Apr. - Sept.; an der A855, am südöstl. Ortsbeginn von Staffin; teils schräges Wiesengelände in erhöhter Lage; ca. 1 ha – 50 Stpl.; Standardsanitärausstattung; Fahrradverleih.

chen Flora MacDonald vor der geplanten Flucht nach Frankreich verabschiedet haben. Ob Legende oder Tatsache, ist allerdings nicht verbürgt. Viel zu sehr wurde im Lauf der Jahrhunderte das nur 12 Tage während Zusammensein des Stuartprinzen mit seiner jungen Fluchthelferin romantisiert.

Nördlich von Portree erstreckt sich die **Halbinsel Trotternish**. Wir folgen der A855 (teilweise einspurig mit Ausweichstellen) und passieren die rechts der Straße gelegenen Seen Loch Fada und Loch Leathan. In dieser moorigen Landschaft sieht man noch sog. „Peat Bogs", das sind Torffelder, in denen Torf gestochen wird.

Nördlich des Sees Loch Leathan erkennt man das bizarre, rund 720 m hohe **Felsmassiv „The Storr"**. Markant ist die einzeln stehende Felsnadel **„Old Man of Storr"**. Der schwarze Naturobelisk aus Eruptivgestein ist knapp 50 m hoch und wurde erstmals 1955 bestiegen.

Die **Klippenszenerie** an der Küste, besonders südlich von **Staffin** ist aufregend.

Nicht versäumen sollte man den Abzweig zum Aussichtspunkt **„Kilt Rock" [Parkplatz, WP 172 / N57° 36' 39.18" W6° 10' 22.36"]**. Von dort hat man eine sehr schöne Sicht auf die hohen, senkrecht ins Meer stürzenden Klippen mit Wasserfall.

ROUTE: Von Staffin aus kann man entweder ganz um die nördliche Inselspitze über Kilmaluag nach Uig an der Westseite der Trotternish Halbinsel fahren, oder man nimmt die – für große Gespanne etwas beschwerlich zu bewältigende – steile und kurvenreiche Abkürzung westlich von Staffin über einen kleinen Pass über das Bergmassiv Quiraing zur Uig Bucht.

Mein Tipp! Um beide Wege kennen zu lernen, empfiehlt es sich bei ausreichend zur Verfügung stehender Zeit, die eben erwähnte Querverbindung wenigstens bis hinauf zur Passhöhe (260 m) zu fahren und von dort zu den **Quiraing Klippen** zu gehen. Diese chaotisch anmutende Anordnung von steinernen Türmen war in früherer Zeit ein beliebtes, von den MacDonalds gerne benutztes Versteck für gestohlenes Vieh. Prächtige Aussicht. Von der Passhöhe fährt man dann zurück Richtung Staffin und folgt der A855 weiter nach Norden durch eine herrliche Gegend mit schneeweißen, weit verstreuten Höfen.

Und noch ein Tipp! Eine Nacht in Flora MacDonalds ehemaligem Anwesen. Nicht weit nördlich von Staffin kommt

Am Kilt Rock

man am hübschen **The Flodigarry Hotel in the Skye **** [N57° 39' 52.56" W6° 15' 14.40"]** *(18 Zi., Tel. +44 (0)1470 55 22 03, Restaurant, Parkplatz; www.flodigarry.co.uk)* vorbei. Das Haus liegt äußerst ansprechend unterhalb der Straße nahe am Meer. Flora MacDonald soll im 18. Jh. das Anwesen besessen und hier einige Zeit mit ihrem Mann gelebt haben (siehe auch unter Kilmuir).

Auf der teils einspurigen A855 umrunden wir das Nordende der Trotternish-Halbinsel mit herrlichen, felsigen Buchten. Man passiert **Kilmaluag** und die Reste des **Duntulm Castles [Fußweg, N57° 40' 53.93" W6° 20' 43.67"]**, einem früheren Sitz der MacDonalds of Sleat an der Bucht Lùb Score.

Nur wenige Meilen weiter liegt links der Straße das recht sehenswerte **The Skye Museum of Island Life [Parkplatz, WP 173 / N57° 39' 35.93" W6° 22' 7.71"]** das frühere Kilmuir Skye Croft Museum *(geöffnet Ostern - Ende Sept. Mo - Sa 9.30 - 17 Uhr; www.skyemuseum. co.uk)*. Dieses Freilichtmuseum besteht

Kein Lohn der Angst
Flora MacDonald, Schottlands legendäre Fluchthelferin

Erst durch die List und die Unerschrockenheit und mit Hilfe der jungen Flora MacDonald war die Flucht des von seinen englischen Häschern schon fast vollständig eingekreisten und auf North Uist festsitzenden Stuartprinzen Charles Edward möglich. Nur etwa 12 Tage waren der Prinz und Flora, zwei etwa gleichaltrige junge Leute, zusammen. Aber keine Spur einer romantischen Flucht nach dem Motto „einfaches Mädchen vom Lande verhilft königlichem Prinzen zur Flucht und wird dafür fürstlich belohnt".

Nach der endgültigen Emigration des 25-jährigen Prinzen Charles Edward Stuart (siehe auch unter Glenfinnan und Bucht Loch nan Uamh) verbrachte Bonnie Prince Charlie seine restlichen Lebensjahre in Rom. Er heiratete die Prinzessin von Stolberg und starb 1788 in Rom als resignierter, verlebter, dem Alkohol verfallener Mann – nie mehr einen Gedanken oder gar eine Dankeszeile, geschweige denn ein königliches Geschenk an seine Retterin Flora verschwendend.

Der Landvorsprung *Kilbride Port*, südlich Monkstadt bei Uig, ist eng mit der Geschichte Flora MacDonalds verbunden. Hier landete sie mit Prinz Charlie – von Benbecula/Uist jenseits des stürmischen Little Minch kommend – am 29. Juli 1746 nach abenteuerlicher, mehr als vierzehnstündiger Überfahrt in einem offenen Ruderboot! Anschließend brachte sie mit beherzter Umsicht den Prinzen, der seit der verlorenen Schlacht von Culloden im April 1746 auf der Flucht war, kaltblütig durch alle Wachen. Der durch das dauernde Untergrundleben schon arg mitgenommene Kronprätendent musste sich als Floras Dienstmädchen *Betty Burke* verkleiden. Das Vertrauen in seine Sympathisantin und Fluchthelferin muss enorm gewesen sein, denn der Prinz verzichtete darauf, unter seinen vielen Röcken eine Waffe zu verstecken.

Die 24-jährige Flora MacDonald wurde nach der Flucht des Prinzen verhaftet, nach London gebracht, fiel aber glücklicherweise nicht dem Scharfrichter zum Opfer. Ein Amnestiegesetz rettete ihren Kopf. Für kurze Zeit wird die junge Schottin in London als „exotischer" Gast auf den Gesellschaften der High Society herumgereicht, kehrt dann aber zurück nach Skye. Dort heiratet sie, wird Bäuerin, lebt mit Mann und sieben Kindern im Flodigarry Cottage an der Staffin Bay und hat oft genug ihre liebe Mühe, alle Mäuler zu stopfen. Später zieht man nach Kingsburgh (siehe dort).

1774 wandert Flora MacDonald mit Mann und Kindern aus nach North Carolina, kehrt aber fünf Jahre später nach Skye zurück. 1790 stirbt sie, 68-jährig, und wird nach einem großen Leichenbegängnis auf dem Friedhof von Kilmuir beigesetzt – von der Bevölkerung verehrt, von den Stuarts vergessen.

aus sechs strohgedeckten Bauernkaten, die entsprechend ihrer ursprünglichen Verwendung, z. B als Wohnkate eines Kleinbauern, als Webstube, Schmiede etc., noch original ausgestattet sind. In einer der Hütten wird die Story der Flora MacDonald und des Clan MacDonald geschildert.

Auf dem Friedhof von **Kilmuir**, kaum zwei Meilen am Freilichtmuseum vor-

bei landeinwärts, findet man das **Grab der Flora MacDonald [N57° 39' 40.66" W6° 21' 44.96"]**. Ein großes keltisches Kreuz markiert die letzte Ruhestätte dieser mutigen und resoluten Schottin.

Uig an der gleichnamigen Bucht, ist wichtiger **Autofährhafen** mit Verbindungen zu den Inseln der **Äußeren Hebriden** (oder Western Isles) – **North Uist** (Hafen Lochmaddy) und **Lewis/Harris**

The Skye Museum of Island Life

(Hafen Tarbert). Siehe auch unter „Äußere Hebriden" weiter hinten. Am Hafen von Uig findet man die „Isle of Skye Brewery", eine kleine Privatbrauerei, die Bierspezialitäten wie das „Cuillin-Bier" braut.

Weiter südlich, etwa auf halbem Wege zwischen Uig und der Straßenga-

HOTELS

Skeabost
Skeabost Country House ***, ££££, 14 Zi., Skeabost Bridge, Tel. +44 (0)843 17 87 130; www.bespokehotels.com/skeabostcountryhouse; an der Straße A850 (Portree – Dunvegan), komfortables Mittelklassehotel in einem eleganten Landhaus am Loch Snizort, gemütliches Ambiente, Fitnesseinrichtungen, Restaurant, schöner Wintergarten, Gartenterrasse, 9-Loch-Golfplatz, WLAN. Parkplatz.

Uig
Uig Hotel **, £££, 17 Zi., Tel. +44(0)1470 54 20 05; www.uighotel.com, einfaches, traditionsreiches Haus, in früheren Zeiten Postkutschenstation, Restaurant, Parkplatz

CAMPING – EDINBANE

Camping Skye Camping & Caravanning Club Site [WP 174 / N57° 29' 6.09" W6° 26' 6.22"], Greshornish Borve, Arnisort, Tel. +44 (0)1470 58 22 30; www.campingandcaravanningclub.co.uk/campsites/uk/isleofskye/portree/skye; 1. Apr. – Anf. Okt.; an der A850 Richtung Dunvegan; schön an der Bucht Loch Greshornish ansprechend gelegenes, geneigtes Wiesengelände; ca. 2 ha – 100 Stpl., davon einige befestigt; Standardsanitärausstattung. Waschmaschine, Trockner, WLAN. **V & E für Wohnmobile**.

Uig
Camping Uig Bay Caravan & Camping Site [WP 175 / N57° 35' 8.29" W6° 22' 47.15"], 10 Idrigill, Tel. +44 (0)1470 54 27 14; www.uig-camping-skye.co.uk; Jan. – Dez. ebenes, schattenloses Gelände in Nähe des Anlegers der Hebriden-Fähren; 1,5 ha – 60 Stpl., einfache Standardausstattung, Fahrradverleih.

Der Fährhafen Uig auf Skye mit Schiffsverbindungen zu den Äußeren Hebriden

belung A87/A850, liegt **Kingsburgh** an der Bucht Loch Snizort Beag. In Kingsburgh lebte Flora MacDonald mit ihrem Mann Allan und ihren Kindern, nachdem sie Flodigarry verlassen hatten.

In Kingsburgh war es auch, wo der wandernde Schriftsteller *Dr. Samuel Johnson* und sein lebender „Recorder" *Boswell* auf ihrer viel zitierten Schottlandreise 1773 die legendäre Schottin besuchten und am 12. und 13. September jenen Jahres im Hause der MacDonalds bewirtet wurden. Johnson, dem eingefleischten englischen Tory, wurde gar die Ehre zuteil, sein Haupt im nämlichen Bett zur Ruhe zu legen, in dem weiland schon Charlie, der Prinz, auf seiner Flucht 1746 genächtigt hatte. Boswell beschreibt Flora MacDonald so: „She is a little woman, of a genteel appearance, and uncommonly mild and well bred."

Boswell und Johnson unternahmen ihre Expedition durch Schottland zu einer Zeit, als Reisen – zumal für diese beiden Stadtmenschen – ein Wagnis und ein zeitraubendes Unternehmen gewesen sein muss. Alleine die monatliche Postkutsche von London nach Edinburgh brauchte seinerzeit noch zwischen 12 und 16 Tagen!

Dass eine Reise durch die Highlands Ende des 18. Jh. noch ein wirkliches Abenteuer war, lässt sich vielleicht daran ermessen, dass es erst bis Inverness so etwas wie Straßen gab. Weiter nördlich mussten Johnson und Boswell zu Fuß, mit Booten und Pferden reisen. Auch mit der Verpflegung stand es nicht zum Besten. Johnson vermerkt, dass er in einem Gasthaus absolut nichts zu essen fand, weder Brot, noch Milch, noch Eier oder gar Fleisch. Dafür gab es Whisky – und das reichlich.

*ROUTE: Weiter über die A87 südwärts. Man kommt durch **Kensaleyre** und nimmt an der folgenden Straßengabelung bei **Borve** die A850 westwärts über **Skeabost** und **Edinbane** an der schmalen Bucht Loch Greshornish Richtung **Dunvegan**.*

Dunvegan Castle [Parkplatz, WP 176 / N57° 26' 52.15" W6° 35' 11.89"] *(geöffnet 1. Apr. - 5. Okt. tgl. 10 - 17.30 Uhr, letzter Einlass 17 Uhr, Handys sind bei Schlossbesichtigungen auszuschalten; www.dunvegancastle.com),* ein graues, schlicht und etwas abweisend wirkendes Gemäuer, liegt wenige Meilen nördlich des Ortes Dunvegan, unmittelbar am Ufer der geschützten Bucht Loch Dunvegan.

Dunvegan Castle

Die Geschichte des Schlosses weist bis ins 13. Jh. zurück. Seitdem ist Dunvegan Castle Stammsitz der MacLeod of MacLeod, den ehemaligen Erzrivalen der MacDonalds, dem anderen mächtigen Clan der Hebriden.

Dunvegan Castle kann sich rühmen, als einziges der schottischen Schlösser seit nun annähernd 700 Jahren im Besitz derselben Familie zu sein. Oberhaupt der Familie ist heute Hugh MacLeod of MacLeod, 30. Clan-Chief. Große Ehre erfuhr das Haus, als Queen Elizabeth II. höchstselbst Dunvegan Castle besuchte.

Im 19. Jh. hielt sich der Dichterfürst Sir Walter Scott hier auf und nahm von hier maßgebliche Eindrücke für seinen Roman „Lord of the Isles" mit.

Und natürlich machte auch Dr. Johnson seine Bemerkungen über seinen Aufenthalt auf Dunvegan im Jahre 1776. Die Steigerung kulinarischer Genüsse auf seiner nicht immer opulenten Schottlandreise beschreibt Johnson so: „Veal in Edinburgh, roast kid in Inverness, admirable venison and generous wine in the Castle at Dunvegan" (etwa: Kalbsbraten in Edinburgh, gegrilltes Zicklein in Inverness, wunderbares Wildbret und reichlich Wein in Dunvegan).

Auf Johnson machte das Schloss von außen den Eindruck „als wäre es an allen vier Seiten vom Himmel herabgelassen, damit ein Herrscher in ihm wohne". Einesteils vielleicht eine Nettigkeit an seine spendablen Gastgeber, andererseits sicher Ausdruck über die Verwunderung, die den Besucher auch heute noch anwandelt, an dieser menschenleeren, nicht übermäßig einladenden Stelle ohne reiches Hinterland, quasi am „Ende der Welt", vor sich nur ein paar mehr oder minder kahle Inseln und den Atlantik, ein Schloss solchen Ausmaßes vorzufinden.

Früher war Dunvegan Castle nur vom Wasser her auf relativ bequeme Art und Weise zu erreichen. Und tatsächlich versteht man Johnsons Kommentar noch besser, wenn man das Schloss vom Boot aus sieht. Heute kommt der Besucher von der Landseite her über eine Brücke in das Schloss, dessen nordöstlicher Turm aus dem 14. Jh., der Fairy Tower aus dem 16. Jh. und der Westflügel aus dem 17 Jh. stammen.

Vom pinkfarbenen Treppenhaus ausgehend, kann man die interessanten Sehenswürdigkeiten und Kleinodien des Hauses bewundern. Allerdings sind die meisten der Möbelstücke und Wandbehänge (wie übrigens auch mehrere Hebriden Inseln und Ländereien die ehemals zum Besitz der MacLeods gehörten) der mehrmals drohenden Pleite früherer MacLeods zum Opfer gefallen.

Im **Salon** wird das legendäre Schlachtenbanner **Fairy Flag**, einst den Sarazenen auf einem Kreuzzug siegreich entwunden, aufbewahrt. Trotz seines fragmenthaften Zustands soll das Banner seine Zauberkraft nicht verloren haben, die angeblich darin besteht, dass, wenn es in Not geschwenkt wird, Gefahren vom Hause MacLeod abgewendet werden.

Einer der traditionsreichsten Familienschätze dürfte **The Dunvegan Horn** sein. Dieses mit einer schönen Silberfassung versehene Stierhorn stammt aus den frühen Tagen des MacLeod Clans. Malcolm MacLeod, dritter Clanchief (1296 – 1370) tötete einen wütenden Stier, nur mit einem Messer bewaffnet. Ein Horn des Bullen nahm er als Trophäe mit. Es wurde für den Clan zum Symbol für Mut und Kraft und wird als großer Clanschatz gehütet. Im Familienwappen sind ein schwarzer Stierkopf und die Worte „Hold Fast" zu sehen.

Neben den Salons, **Porträts** und einigen wenigen Erinnerungsstücken an Flora MacDonald (ein Nadelkissen) und der Brille des Steuermanns Donald MacLeod of Galtrigrill, der Bonnie Prince Charlie über den Little Minch gerudert haben soll, zählt außerdem der **Dunvegan Cup** zu den Sehenswürdigkeiten des Schlosses. Den Becher erhielt Sir Rory Mór, Chief der MacLeods im 16. Jh., für seine Unterstützung der Sache der O'Neils von Ulster gegen England.

Vom Bootsanleger unterhalb des Schlosses werden im Sommer Ausflüge in offenen Booten zu nahen Seehundkolonien in der Bucht durchgeführt.

Im Ort **Dunvegan** kann das **Giant Angus MacAskill Museum [N57° 26' 7.29" W6° 34' 46.01"]** *(geöffnet April - Ende Okt. tgl. 9.30 - 18 Uhr; www.dunveganmuseums.co.uk/Giant-MacAskill.html)* besichtigt werden. Mac Askill war 2,36 m groß, lebte Mitte des 19. Jh., gilt als „tallest Scotsman who ever lived", starb 1863 in Neu Schottland in Kanada und ging mit seinem Gardemaß in das Guinness Buch der Rekorde ein.

Ganz in der Nähe des kleinen Museums findet man einen **Parkplatz [N57° 26' 4.92" W6° 34' 45.12"].**

Abstecher von Dunvegan

Man kann einen **Abstecher nach Borreraig** machen. Dazu zweigt man südlich von Dunvegan ab auf die B884 Richtung **Glendale**. Auf dem Weg dahin kommt man am kleinen, bescheidenen **Colbost Folk Museum [N57° 26' 35.81" W6° 38' 30.18"]** *(geöffnet Apr. - Sept. Mo - Sa 9 - 17 Uhr, So 10 - 16 Uhr)* vorbei, ca. 4 mls/6,5 km nordwestlich von Dunvegan gelegen.

HOTELS – DUNVEGAN

Dunorin House Hotel ★★★★, £££, 8 Zi., 2 Herebost, Tel. +44(0)1470 52 14 88; www.dunorinhousehotel-skye.com; komfortables Mittelklassehotel rund 3 km südlich von Dunvegan, Restaurant, Parkplatz.
The Tables Guest Hotel ★★, £££, 5 Zi., Tel. +44 (0)1470 52 14 04; https://www.the-tables.co.uk/ einfacheres Haus nahe Dunvegan Castle, WLAN, kein Restaurant, Parkplatz.

CAMPING – DUNVEGAN

Camping Kinloch Camp Site [WP 177 / N57° 25' 53.58" W6° 34' 41.09"], Millburn, Tel. +44 (0)1470 52 12 10; www.kinloch-campsite.co.uk/; 1. Apr. – 31. Okt.; am Ortsrand an der A863 Richtung Sligachan; unebenes, teils gestuftes Gelände mit Hartstandplätzen, schöne Aussicht zu den Bergen „MacLeod's Tables"; ca. 2 ha – 30 Stpl.; einfache Standardsanitärausstattung. Waschmaschine, Trockner, WLAN.

Mein Tipp! Nahe dem Museum liegt das renommierte **Three Chimneys Restaurant** (www.threechimneys.co.uk/], Tel. 44 (0)1470 51 12 58), das mit guter Küche und schottischen Spezialitäten aufwartet.

Nahezu am Ende der einspurigen Straße, die entlang der Westküste der Dunvegan Bucht Richtung Dunvegan Head führt, kommt man in den abgelegenen Weiler **Borreraig**, der lange eine alte Einrichtung beherbergte, wie sie schottischer nicht sein könnte – eine **Dudelsackpfeiferschule**.

Unweit von Borreraig konnte man im Borreraig Park Museum lange das (zwischenzeitlich leider geschlossene) bescheidene MacCrimmon Piping Heritage Centre besichtigen, ein bunt bestücktes Heimatmuseum, das auch Exponate zur Geschichte des Dudelsacks zeigte.

Landschaftlich sehr reizvoll ist ein Abstecher über Glendale hinaus zum einsamen **Kap Neist Point [kleiner Parkplatz, WP 178 / N57° 25' 47.10" W6° 46' 43.91"]**. Vom Parkplatz am Ende der Waterstein Road führt ein Fußweg zum nahen Viewpoint Neist Point und ein anderer schmaler, befestigter und längerer Fuß- und Treppenweg führt hinaus zu einem Leuchtturm.

HAUPTROUTE

ROUTE: Von Dunvegan über die A863 nach Südosten.

Entlang der Westküste mit den vielen grünen Landvorsprüngen, vorbei am Flecken **Struan**, erlebt man eine landschaftlich schöne Fahrt.

In **Drynoch**, an der Ostspitze des Loch Harport, zweigt nach Westen die

Straße B8009 ab, von der wiederum nach rund 3 km die Stichstraße C1237 (einspurig mit Ausweichstellen) – vorbei am **Parkplatz [N57° 15' 1.82" W6° 16' 21.04"]** des Wanderweges zu den kleinen Kaskaden der **Fairy Pools** – ins 8 mls/13 km weiter südlich gelegene Dorf **Glenbrittle [N57° 12' 38.03" W6° 17' 19.31"]** an der Bucht Loch Brittle abzweigt. Am Ende der Straße, unterhalb des Bergmassivs der Cuillins, findet man einen Campingplatz (siehe unten) und einen Parkplatz, Ausgangspunkte für Bergwanderungen.

Das wilde, von Dichtern besungene und von vielen Malern bewunderte Bergmassiv der **Cuillin Hills,** mit seinen dunklen, gezackten Gipfeln die fast 1.000 m *(Sgurr Alasdair 993 m)* erreichen, bietet die besten **Klettertouren** auf den Britischen Inseln. Viele der Touren haben hochalpinen Charakter und können nur geübten Kletterern mit entsprechender Kondition, Ausrüstung und Kenntnis empfohlen werden. Es sind auch einfach Bergwanderungen möglich, die aber ebenfalls nicht unvorbereitet angetreten werden sollten.

*ROUTE: Weiterreise über **Sligachan** zurück nach **Sconser**. Ab Sconser hat man die Möglichkeit, die alte, wenig befahrene und mit „Scenic Road" beschilderte Küstenstraße zum Loch Airnort zu nehmen. Unterwegs sieht man hinüber zur Insel Scalpay. Man stößt dann kurz vor **Luib** wieder auf die Hauptstraße A87 und fährt über **Broadford** zum ehemaligen Fährhafen **Kyleakin**. Von dort gelangt man über die 2,4 km lange Sundbrücke auf das schottische Festland bei **Kyle of Lochalsh**.*

CAMPING – GLENBRITTLE/CARBOST

Camping Glenbrittle Campsite [N57° 12' 10.11" W6° 17' 28.09"], Tel. +44 (0)1478 64 04 04; www.dunvegancastle.com/your-visit/glenbrittle-campsite-cafe/glenbrittle-campsite/; 1. Apr. – 30. Sept.; ca. 9 km westl. von Sligachan von der B863 zur B8009 Richtung Carbost, 3 km später weiter Richtung Glenbrittle und noch ca. 13 km einspurige Straße mit Ausweichstellen; naturbelassene, unebene Wiese unterhalb der Cuillins; schöne, einsame Lage am Meeresarm Loch Brittle, beliebt bei Wanderern; ca. 2 ha – 150 Stpl.; einfache Standardsanitärausstattung. Laden, Imbiss.

Schrille Töne aus den Highlands
Die Geschichte der Sackpfeife

Der MacCrimmon Clan, seit altersher wohlbekannt für seine blasgewaltigen Meister der Sackpfeife, unterhielt in Borreraig auf Skye vom 16. bis ins 18. Jh. eine weit über die Landesgrenzen hinaus bekannte Pfeiferschule. Mit den Einnahmen bestritten die MacCrimmons den Pachtzins für das Land, das den MacLeods gehörte, deren Hauspfeifer sie traditionsgemäß waren.

Piper Bruce Hinch, resident Piper at Blair Castle (mit freundlicher Genehmigung)

Wer ein richtiger Masterpiper werden wollte, musste sieben Jahre lang fleißig den Luftsack quetschen und wurde erst als erfolgreicher MacCrimmon-Schüler entlassen, wenn er nicht weniger als 300 Melodien auswendig intonieren konnte.

Der Dudelsack ist längst zum schottischen Volksinstrument avanciert. Gleichwohl ist er aber keineswegs eine Erfindung der Schotten. Vielmehr stammt die „Bagpipe", wie die Sackpfeife im Englischen heißt, von erfindungsreichen Schafhirten aus dem Nahen Osten. Auch aus den volkstümlichen Melodien der Bretonen oder der sangesfreudigen Iren ist der Dudelsack schon lange nicht mehr wegzudenken.

Der Musikant, der dem Ungetüm aus einem schafsledernen Luftsack, einer melodiegebenden Schalmei und drei Stimmpfeifen diese typischen schrillen, leiernden Töne entlockt, will „Piper" genannt werden. Und „Piper" soll in diesem Zusammenhang nicht einfach als „Pfeifer", sondern schon fast als Titel verstanden werden. Denn die Tradition der Dudelsackpfeifer ist ruhmreich und ehrenvoll.

Kein Kampf der altvorderen Hochländer ohne gehöriges Sackpfeifenkonzert. Die *„Pibrochs",* die kriegerischen Marschmelodien, waren bei den Engländern einst so gefürchtet, dass sie das Instrument lange ganz verboten. Nicht einmal die traurigen *„Laments",* die Totenklagen, durften mehr gespielt werden. Auch im oben erwähnten „Piping College" der MacCrimmons durften die Eleven nicht mehr ins Freie ziehen (in den Gebäuden hat wohl nicht einmal ein geeichtes Schottenohr längere Zeit die Übungstöne ertragen), um die beliebten *„Reels",* die Tänze der Highlands, einzustudieren.

Natürlich konnte dieses Verbot nicht lange währen. Längst begegnet der Tourist Dudelsackbläsern im schicken Schottenkilt, dem knielangen Faltenrock, der Männertracht der Hochländer, an manchen Straßen, Besucherzentren oder Schlössern.

Und bei feierlichen Anlässen kann es dem Touristen im Hochland durchaus passieren, dass er mit rechtschaffen hungrigem Magen nach den Essenszeiten in einem Hotel fragt und hören wird: „First the Piper". Nun ist das keine Aufforderung, erst einmal den so benannten Aperitif des Hauses zu sich zu nehmen. Sondern die geheiligte Tradition lässt erst einmal einen Dudelsackbläser spielend ums Haus gehen. Und erst wenn der letzte Ton verklungen ist, ist Essenszeit.

TOUR 16: ÄUSSERE HEBRIDEN

Länge der Tour: Rund 250 km / 156 mls + Fährstrecken.

Die Route: Autofähre von **Uig/Skye** nach **Tarbert/Harris** – Straße A859 von **Tarbert** bis **Rodel** und zurück bis **Tarbert** – A859 bis **Stornoway/Lewis** – A858 über **Callanish** und **Carloway** bis **Barvas** – A857 bis **Port of Ness** und zurück bis **Stornoway/Lewis** – Autofähre von **Stornoway/Lewis** nach **Ullapool**.

Reisedauer: Mindestens zwei, besser drei Tage.

Höhepunkte: Die **abgeschiedenen Landschaften auf den Western Isles ** ** – die Steinsetzung **Standing Stones of Callanish** ** – das **Lewis Black House** – die Klippenszenerie am **Kap Butt of Lewis**.

Tourenkarte siehe nächste Seite

In die hier beschriebene Rundreise durch Schottland lässt sich ein Abstecher zu den Äußeren Hebriden, oder Western Isles, am einfachsten von Uig/Skye aus einbauen.

Auf dem Rückweg kehrt man entweder zurück nach Uig/Skye oder nimmt die Fähre ab Stornoway (Steornabhagh) nach Ullapool. Dort trifft man wieder auf die hier beschriebene Hauptroute (Tour 17, Kyle of Lochalsh – Durness).

Mein Tipp! Wenn Sie besonders empfindlich auf Mückenstiche reagieren, sollten Sie für Ihren Aufenthalt auf den Hebriden unbedingt ein wirksames Mittel gegen Insektenstiche einpacken. In den kurzen Sommermonaten muss in gewissen Lagen und bei bestimmten Wetterbedingungen mit diesen winzig kleinen, aber nicht minder lästigen Insekten (Stechmücken), den „**midges**", gerechnet werden, die einem ohne Insektenspray den Aufenthalt im Freien schon sehr verleiden können.

Autofähren zu den Äusseren Hebriden

Autofähren der *Caledonian MacBrayne Line* verbinden **Uig** auf Skye mit **Tarbert (An Tairbeart)** auf South Harris/Lewis (Ceann a Deas na Hearadh/Eilean Leodhais) und mit **Lochmaddy (Lochma Madah)** auf North Uist (Uibhist a'Tuath). Montag bis Samstag bestehen zwei Abfahrten nach Tarbert und täglich zwei Abfahrten nach Lochmaddy. Die Überfahrt dauert nach Lochmaddy ebenso wie nach Tarbert 1 Stunde und 45 Minuten; www.calmac.co.uk.

Autofähren zwischen **Berneray/Otternish** (Port nan Long/North Uist) und **Leverburgh** (An-t-Ob/South Harris) und umgekehrt verkehren täglich bis zu vier mal täglich. Natürlich können diese Fahrplanangaben Änderungen unterliegen!

Das Fährbüro der Reederei Caledonian MacBrayne Ltd., findet man in Uig am Hafen, Tel. 014 70-54 22 19; www.calmac.co.uk.

Da die **Hotelsituation** (und noch viel mehr die Campingsituation) auf Harris und Lewis sehr, sehr bescheiden ist, empfiehlt es sich, nur mit einer bestätigten Zimmerreservierung loszufahren.

Wie ein ausgefranster Halbmond vor Schottlands Westküste erstrecken sich die vielen, durch schmale Sunde voneinander getrennten Inseln der Äußeren Hebriden über 210 km in Nord-Süd-Richtung – vom südlichen **Barra Head** bis zum nördlichsten Punkt **Butt of Lewis**.

Vom Standpunkt des Geologen aus gesehen ist die Inselgruppe der Äußeren Hebriden mehr als uralt. Der graurosafarbene Gneis, die hauptsächliche Gesteinsart der Hebriden, ragte schon aus

215

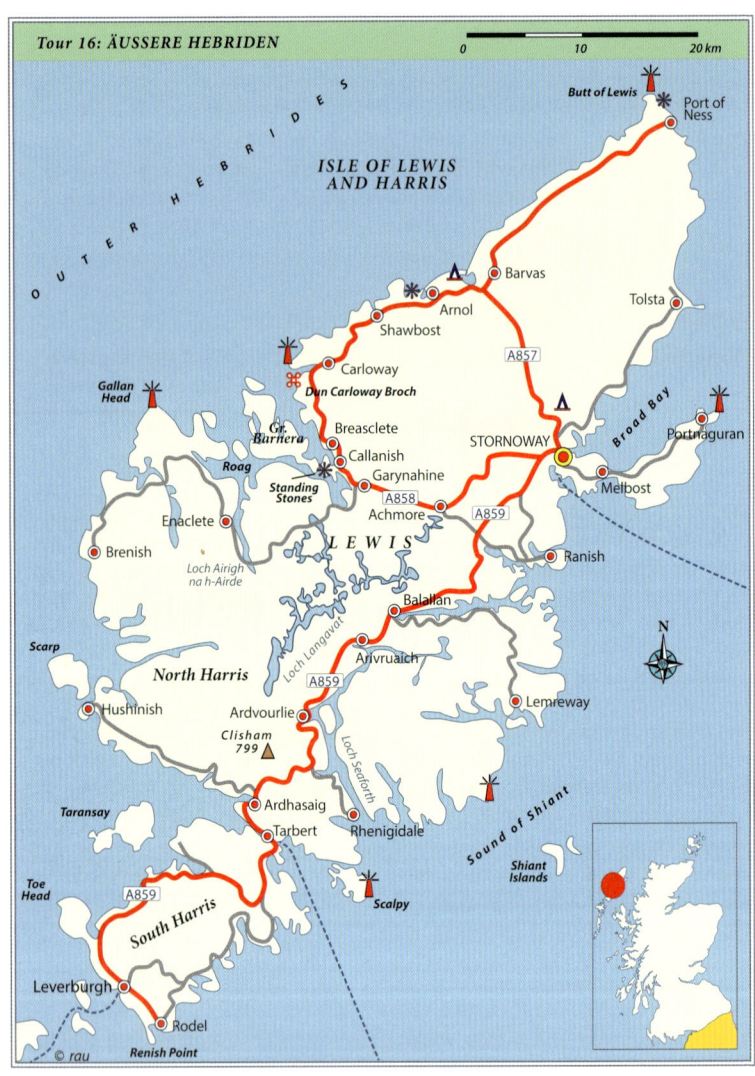

Tour 16: ÄUSSERE HEBRIDEN

0   10   20 km

OUTER HEBRIDES

ISLE OF LEWIS AND HARRIS

Butt of Lewis
Port of Ness
Barvas
Tolsta
Arnol
Shawbost
A857
Carloway
Dun Carloway Broch
Gallan Head
STORNOWAY
Broad Bay
Breasclete
Portnaguran
Gt. Burnera
Callanish
Melbost
Roag
Garynahine
Standing Stones
A858
Achmore
A859
Enaclete
Ranish
Brenish
L E W I S
Loch Airigh na h-Airde
Balallan
N
Scarp
Loch Langavat
Arivruaich
North Harris
A859
Hushinish
Lemreway
Ardvourlie
Clisham 799
Loch Seaforth
Taransay
Ardhasaig
Sound of Shiant
Tarbert
Rhenigidale
Toe Head
A859
Scalpy
Shiant Islands
South Harris
Leverburgh
Rodel
© rau
Renish Point

dem Urmeer, als das Himalajagebirge sich noch lange nicht aus den Fluten zu erheben gedachte.

Jede der Inseln hat ihren eigenen Charakter. Aber außer der gebirgigen Insel Harris sind alle anderen im wesentlichen mit weitem, baumlosen, von zahlreichen größeren und kleineren Seen durchsetzten Moorland bedeckt.

Sehr verbreitet ist auch heute noch das Gewinnen von Torf, wichtiger Faktor in der Brennstoffversorgung der Inselbewohner. Bei nahezu jedem Haus sieht man einen Berg aufgeschichteter Torfziegel. Im Frühjahr, gewöhnlich im März, wird der Torf aus den bis zu 1,5 m mächtigen „Peat Bogs" (Torfschichten) gestochen und in kleinen Viererpyramiden zum Trocknen aufgeschichtet. Im Sommer werden die Torfziegel dann eingebracht.

In vielen der menschenleeren Buchten haben sich herrliche Sandstrände gebildet.

Die Umgangssprache auf den Hebriden, die ja bis 1266 norwegisch war, ist

Gälisch. Selbstverständlich kann sich der Tourist auch auf Englisch verständigen, wenn man dabei auch manchmal (gerade als im Englischen vielleicht nicht ganz so sattelfester Ausländer) seine Schwierigkeiten hat, besonders beim Verstehen der Antworten und Aussprache.

Kleinbauern, die heute gelegentlich noch in einfachen Stein- oder Torfhäusern wohnen, betreiben eine nicht gerade üppige, zudem subventionierte Landwirtschaft. Heringsfang, Seetangverarbeitung, Hummerfang und Tweedweberei sind andere Erwerbszweige. Aber seit jeher sind die Einkommensmöglichkeiten für die Inselbewohner eher bescheiden. Viele mußten sich für die Auswanderung nach Kanada, Australien oder Neuseeland entscheiden.

Nicht sehr viele Urlauber finden den weiten Weg auf die Äußeren Hebriden. Segler sind es oft, oder Angler, oder einfach Leute, die Ruhe und Einsamkeit in der freien Natur noch genießen können.

Viele der englischen Schriftsteller haben die herbromantischen Inseln zum Schauplatz ihrer Romane gewählt.

Über ein Faktum sollte der Besucher unterrichtet sein, um bei einem Aufenthalt auf den Äußeren Hebriden nicht allzusehr irritiert zu werden, wenn er sonntags durch Orte und Gegenden fährt, die dann noch ausgestorbener wirken als sie das an anderen Tagen auch schon tun.

Die meisten Inselbewohner gehören der protestantischen *Free Church* an, die eine eiserne Einhaltung des *Sabbath* fordert. Und diese Sonntagsruhe, die jegliche Arbeit, Betätigung oder Vergnügung – außer den Kirchgang – untersagt, wird fast überall mit einer Konsequenz einge-

halten, die den Touristen in ungewohnte Situationen bringen kann. An Sonntagen ist so gut wie nichts geöffnet. Das Schild „Closed" scheint allgegenwärtig.

Mancherorts sind am Sabbath sogar die Strände tabu. Restaurants, Hotels und Tankstellen sind dann fast überall geschlossen und die Flug- und Fährhäfen bieten nur einen stark eingeschränkten Service. Lediglich auf den katholisch geprägten Inseln Barra und South Uist wird die Sonntagsruhe nicht ganz so rigoros eingehalten.

Mein Tipp! Tankstellen sind nicht sehr verbreitet. Es empfiehlt sich also immer rechtzeitig zu tanken!

Tarbert (An Tairbeart), der Fährhafen mit kaum 500 Einwohnern, liegt an dem kaum 800 m breiten Isthmus, der den Südteil der Insel Lewis (Eilean Leodhais) mit ihrem Anhängsel South Harris verbindet.

Scalpay, die vorgelagerte Insel in der Bucht East Loch Tarbert, war häufiger Zufluchtsort von Prinz Charles Edward Stuart, bevor er von Benbecula mit seiner Helferin Flora MacDonald nach Skye floh.

Die Halbinsel Harris, präziser gesagt South Harris (Ceann a Deas na Hearadh), machte sich einen Namen durch hervorragende Tweedstoffe, die anfangs fast ausschließlich auf Harris gewebt wurden. Angeblich roch man an ihnen noch den Rauch der Torffeuer. Heute wird fast überall auf den Hebriden Tweed gewebt.

Echter **Harris Tweed**, ein überaus wärmender, winddichter und wasserabweisender Stoff aus purer Schafwolle, ist durch ein Markenzeichen, Weltkugel mit Kreuz, zu erkennen. Dieses Gütezeichen

PRAKTISCHE HINWEISE – TARBERT, ISLE OF HARRIS

Tourist Information Centre [N57° 53' 51.90" W6° 47' 54.32"], Pier Road, Tarbert HS3 3DG, Tel. +44 (0)1859 50 20 11; https://www.visitouterhebrides.co.uk/visitor-info/visitscotland-visitor-information-centre-tarbert-seasonal-p532191/. **Fährbüro:** Caledonian MacBrayne Ltd., Tarbert Hafen (Harris), Tel. +44 (0)1859 50 24 44; www.calmac.co.uk.

HOTEL

Harris Hotel **, ££, 24 Zi., Scott Road, Tarbert, Tel. +44 (0)1859 50 21 54; www.harrishotel.com; Haus der einfacheren Kategorie, Restaurant, Parkplatz.

Verkehrsstaus sind auf Lewis nicht zu erwarten

garantiert, dass dieser Tweedstoff tatsächlich aus purer Wolle von Hebriden-Schafen auf den Hebriden in Handarbeit gewoben wurde. Früher wurde außerdem verlangt, dass die Wolle auch noch von Hand gesponnen werden musste.

Tweed wurde bis ins 19. Jh. von den Bauern auf Harris lediglich zum Eigenbedarf hergestellt. Mitte des 19. Jh. begann Lord Dunmore damit, Harris Tweed auch auf dem Festland und in London anzubieten. Bald war der Stoff sogar hoffähig. Die Herstellung von Tweed breitete sich auf andere Hebriden Inseln, vor allem auf Lewis, aus und wurde zu einem eigenständigen Industriezweig.

Der einzige Fahrweg, der den Namen Straße verdient, führt als A859 von Tarbert zum einen nach Nordosten bis Stornoway (53 km/33 mls) und zum anderen nach Südwesten, vorbei an herrlichen Stränden und über Leverburgh nach Rodel (40 km/25 mls).

Leverburgh (An-t-Ob) am Sound of Harris hieß früher auch Obboe, wurde aber zu Ehren von Lord Leverhulme umbenannt. Seine Lordschaft hatte sich in

den Zwanzigerjahren sehr dafür eingesetzt, auf Harris eine florierende Fischereiindustrie in Schwung zu bringen. Leider mit wenig Erfolg.

Personenfähren verbinden **Leverburgh (An-t-Ob)** mit **Berneray/Otternish (Port nan Long)** auf der südlichen Nachbarinsel North Uist (Uibhist a' Tuath).

Rodel (Roghadal) am Südende von South Harris hat eine besuchenswerte **Kirche [N57° 44' 28.86"   W6° 57' 47.24"]**. Das dem hl. Clement geweihte Gotteshaus stammt aus dem späten 15. Jh. Man findet dort drei Gräber der MacLeods of Dunvegan.

*ROUTE: Ab Tarbert führt die Straße A859 nordostwärts über die **Clisham Berge (799 m)** auf die **Insel Lewis (Eilean Leondais)**. Man kommt vorbei an den weit ins Innere der Insel reichenden Meeresarme Loch Seaforth und Loch Erisort und erreicht nach rund 58 km/36 mls **Stornoway** am Zugang zur Halbinsel Eye an der Ostküste von Lewis.*

Stornoway (Steornabhagh) ist mit rund 8.000 Einwohnern die einzige wirkliche Stadt auf den Äußeren Hebriden, wichtiger Fähr- und Fischereihafen und Zentrum der Tweedindustrie. Räucherhering und Matjes aus Stornoway lernt man rasch lieben.

Zu besichtigen gibt es die **An Lanntair Gallery [N58° 12' 28.74" W6° 23' 14.11"]**, eine Kunstgalerie in der South Beach Street, mit wechselnden Ausstellungen und das **Museum Nan Eilean Steornabhagh [Parkplatz, N58° 12' 42.81" W6° 23' 43.02"],** westlich der Innenstadt in der Point Street, das sich schwerpunktmäßig mit der Geschichte, Archäologie und Völkerkunde der Insel Lewis beschäftigt.

Vom Naturhafen der Stadt mit seinen Geschäftshäusern sieht man zum **Lewis Castle** aus dem Jahre 1840, das gleich neben dem Museum liegt. In den Lewis Castle Grounds findet man nette Spazierwege.

Stornoway ist der Geburtsort des Kanadaforschers *Sir Alexander MacKenzie* (1764 – 1820, MacKenzie River), siehe auch unter Avoch, Tour 20, Wick – Grantown-on-Spey.

ROUTE: Die Straße A858 führt von Stornoway zunächst nach Südwesten und weiter hinaus an die Westküste.

Auf dem Weg nach Westen kommt man bei **Callanish (Calanaish)** an der zerklüfteten Küste der tief in die Insel schneidende Bucht East Loch Roag an den **Standing Stones of Callanish** vorbei. Das **Calanaish Visitor Centre [Parkplatz, WP 179 / N58° 11' 44.46" W6° 44' 35.86"]** *(geöffnet Apr. - Mai + Sept. - Okt. Mo - Sa 10 - 18 Uhr; Juni - Aug. Mo - Sa 9.30 - 20 Uhr; Nov. - März Di - Sa 10 - 18 Uhr; http://callanishvisitorcentre. co.uk/)* gibt Informationen über die Entstehung der Steine.

Die rund 4.000 Jahre alte, kreisförmige Steinsetzung aus 13 großen Felsmonolithen, einem kleinen Kammergrab in der Mitte, einer Steinallee mit 19 stehen-

---

PRAKTISCHE HINWEISE – STORNOWAY

 Stornoway Information Centre [N58° 12' 33.62" W6° 23' 19.13"], 26 Cromwell St., Stornoway, Isle of Lewis HS1 2DD, Tel. +44 (0)1861 70 30 88; www.visitscotland.com/info//services/stornoway-information-centre-p333541; www.visithebrides.com. *Geöffnet Mai - Sept. Mo - Sa 9 - 18 Uhr; Nov. - März Mo - Sa 9 - 17 Uhr.* **Fährbüro:** Caledonian MacBrayne Ltd., Stornoway/Lewis, Tel. +44 (0)1851 70 23 61; www.calmac.co.uk.

 HOTELS

Cabarfeidh ****, £££, 46 Zi., Manor Park, Perceval Road South, Tel. +44 (0)1851 70 26 04; www.cabarfeidh-hotel.co.uk; zählt zu den komfortabelsten Häusern auf der Insel, Restaurant, Bar, WLAN. Parkplatz.

Royal Hotel **, £££, 26 Zi., Cromwell St., Tel. +44 (0)1851 70 21 09; www.royalstornoway.co.uk; im Zentrum von Stornoway gelegen, traditionsreiches Mittelklassehotel, Restaurant, Bar, WLAN. Privatparkplatz.

Caladh Inn **, ££, 68 Zi., 11 James St., Tel. +44 (0)1851 70 27 40; www.caladhinn.co.uk. Größtes Hotel auf der Insel nahe Fährstation, zeitgemäß komfortabel, Restaurant, Bar. Parkplatz.

 CAMPING

Laxdale
Camping Laxdale Holiday Park [N58° 13' 38.11" W6° 23' 31.87"], 6 Laxdale Lane, Tel. +44 (0)1851 70 69 66; www.laxdaleholidaypark.com; 1. März – Ende Okt.; ca. 3 km nordwestlich Stornoway, an der Straße A857 nach Laxdale, kleiner, einfacher Platz mit etwa 20 Stellplätzen. WLAN.

North Shawbost
Camping Eilean Fraoich Camp Site [N58° 19' 10.79" W6° 41' 15.82"], Tel. +44 (0)1851 71 05 04; www.eileanfraoich.co.uk; Apr. – Okt., von Stornoway

auf der A857 bis Barvas, hier auf der A858 rund 6 mls/10 km nach Südwesten. Campingmöglichkeit mit 10 Stellplätzen.

den Steinen und Steinreihen, die in die vier Himmelsrichtungen weisen, zählt neben dem gigantischen Steinkreis von Stonehenge in Südengland zu den bedeutendsten Zeugen aus der Stein- und frühen Bronzezeit in Großbritannien. Der Steinkreis soll als Kultstätte und Observatorium gedient haben. Visitor Centre mit Ausstellungen, Teestube.

Weiter nördlich, noch vor dem Ort **Carloway (Carlabagh)**, erhebt sich oberhalb der Küste der **Dun Carloway Broch [Parkplatz, N58° 16' 6.87" W6° 47' 27.58"]**, die Ruine eines kunstvoll aus Steinen errichteten Rundturms aus piktischer Zeit.

Setzt man die Fahrt über die A858 nach Nordosten fort, passiert man **Shawbost (Siabost)** und das **Shawbost School Museum** und kommt wenige Meilen weiter nach **Arnol**.

Interessant ist die Besichtigung des **Arnol/Lewis The Blackhouse** (HS) **[N58° 20' 55.64" W6° 35' 54.34"]** *(geöffnet Apr. - Sept. Mo - Sa 9.30 - 17.30 Uhr; Okt. - März tgl. a. Mi + So 10 - 16 Uhr; www. historicenvironment.scot/visit-a-place/*

places/the-blackhouse-arnol/). In diesem für Lewis typischen, im traditionellen Hebridenstil aus Torfziegeln, Erde und Feldsteinen erbauten, strohgedeckten Bauernhaus ist noch die zentrale Feuerstelle in der Küche ohne Kamin zu sehen. Typische Einrichtungsgegenstände. In diesen geduckten, vom Giebel bis zu den Mauern sturmsicher gemachten Katen befanden sich Stall, Speicher und Wohnraum unter einem Dach.

Ab **Barvas (Barabhas)** kann man (nun auf der A857) direkt nach Stornoway zurückfahren oder noch einen Abstecher über die A857 zum knapp 32 km/20 mls weiter nordöstlich gelegenen **Port of Ness** und zum Kap **Butt of Lewis [Parkplatz, N58° 30' 54.84" W6° 15' 38.17"]** (Leuchtturm) unternehmen, wo die **Klippenszenerie** besonders schön ist.

Autofähren von Stornoway nach Ullapool auf dem schottischen Festland verkehren täglich außer sonntags bis zu zwei mal täglich (Änderungen möglich!). Die Überfahrt dauert 3 Stunden und 30 Minuten.

The Callanish Stones auf der Hebrideninsel Lewis

TOUR 17: KYLE OF LOCHALSH – DURNESS

Länge der Tour: Rund 320 km /200 mls.

Die Route: Über die Straße A87 bis **Dornie** – Land- und Küstenstraßen über **Plockton** bis **Stromeferry** – A890/A896 über **Lochcarron** bis **Tornapress** – Umweg über **Applecross** – weiter ab **Shieldaig** über die A896 und über **Torridon** bis **Kinlochewe** – A832 über **Gairloch** bis zur **Corriesha-loch Gorge** – A835 über **Ullapool** bis **Ledmore** – A837 bis zum See **Loch Assynt** – A894 bis **Laxford Bridge** – A838 bis **Durness**.

Reisedauer: Mindestens ein Tag, besser sind zwei Tage, evtl. mit einem Stop in Ullapool.

Höhepunkte: Die romantische Burg **Eilean Donan Castle **** – der hübsch gelegene Küstenort **Plockton **** – schöne Fahrt über den **Applecross Pass *** – herrliche Landschaftsbilder entlang der **Küste von Wester Ross *****.

Tourenkarte siehe nächste Seite

ROUTE: *Weiterreise von Kyle of Lochalsh zunächst über die A87 nach Osten und über* **Balmacara** *und* **Auchtertyre** *bis* **Dornie**.

Besuchen kann man in **Balmacara** die **Balmacara Estate & Woodland Walks** (NTS), die Parkanlagen von Lochalsh House, mit exotischem Baumbestand *(Woodland Walks ganzjährig tgl. 9 Uhr bis Sonnenuntergang; www.nts.org.uk/Property/Balmacara-Estate-and-Woodland-Walks/).*

Bei **Dornie**, rund 5 km/3 mls östlich der Gabelung der Straßen A830 und A87, findet man **Eilean Donan Castle [Parkplatz, WP 181 / N57° 16′ 26.49″ W5° 30′ 46.92″]**, Schottlands „Bilderbuchschloss" *(geöffnet Feb. - Ende März + Nov. + Dez. tgl. 10 - 16 Uhr; Ende März - Ende Okt. tgl. 10 - 18 Uhr; im Juni + Sept ab 9.30, im Juli + Aug. ab 9 Uhr geöffnet; letzter Einlass 1 Stunde vor Schließung;* Visitor Centre, Shop; www.eileandonan-castle.com).

Diese romantisch gelegene Burg steht auf einer kleinen Insel im Loch Duich und ist durch eine mehrbogige Steinbrücke mit dem Festland verbunden. Rundum erheben sich Höhenzüge, die bis 600 m erreichen.

Die MacKenzies, die späteren Earls of Seaforth, errichteten das etwas düster und verwunschen wirkende Gemäuer schon im 13. Jh. Mitte des 16. Jh. war Eilean Donan Castle nach Auseinandersetzungen zwischen Donald Gorm MacDonald of Sleat, Lord of the Isles, und den MacLeods of Dunvegan, Freunde und Verbündete der Mac-Kenzies, hart umkämpft. Burgvogte waren in jenen Jahren die MacReas. Sie verteidigten Eilean Donan erfolgreich. Duncan MacRea streckte mit seinem letzten Pfeil – so die Überlieferung – den angreifenden Donald Gorm MacDonald nieder und rettete so die Burg vor der Erstürmung.

CAMPING – BALMACARA BEI KYLE OF LOCHALSH
Camping Reraig Caravan Site [WP 180 / N57° 16′ 58.58″ W5° 37′ 34.02″], Tel. +44 (0)1599 56 62 15; www.reraig.com; 1. Mai – 30. Sept.; an der A87 ca. 8 km östl. der Brücke zur Isle of Skye, beschilderte Platzeinfahrt beim Balmacara Hotel; gepflegtes Wiesenrund, einige Hartstandplätze, 1 ha – 40 Stpl.; Standardsanitärausstattung. Teilweise WLAN. **V & E** für Wohnmobile.

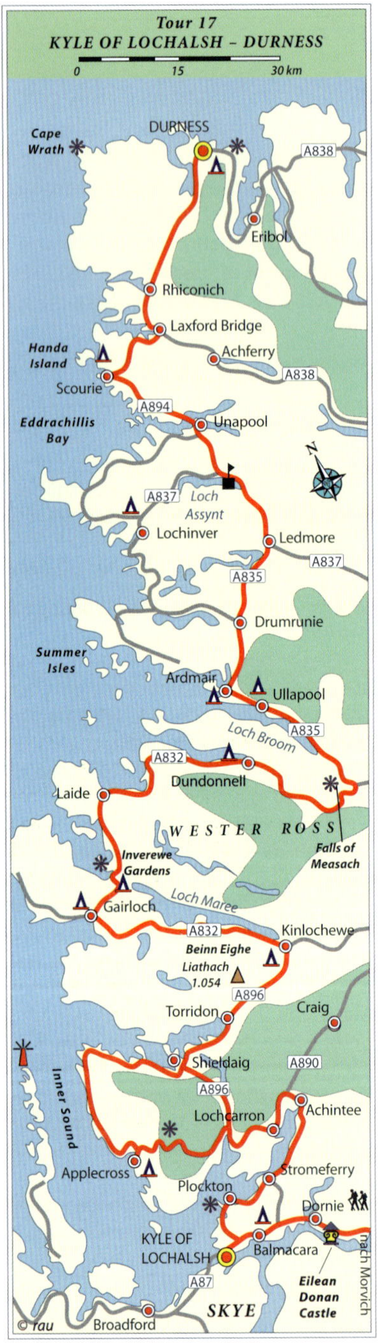

Tour 17
KYLE OF LOCHALSH – DURNESS

0   15   30 km

ten ein, die die schottische Sache unterstützen sollten. Aber am 10. Mai 1719 wurde die Burg von den englischen Fregatten „Flamborough", „Enterprise" und „Worcester", die den Loch Alsh bis herauf zum Loch Duich gesegelt waren, bombardiert und in Trümmer gelegt.

1913 erwarb Lieutenant-Colonel John MacRea-Gilstrap die Ruine, restaurierte sie zwischen 1920 und 1932 komplett und verlieh ihr wieder ihr mittelalterliches Aussehen. Bei diesen Arbeiten wurde auch die Steinbrücke errichtet, über die der Besucher die Burganlage betritt. Eilean Donan Castle dient heute als Gedenkstätte des MacRea Clans. Einige Räume, darunter der große Bankettsaal, können besichtigt werden.

Die romantischen Gemäuer von Eilean Donan Castle dienten als dramatischer Hintergrund in den Filmen „Highlander" mit Sean Connery und Christopher Lambert in den Hauptrollen und „Loch Ness". In der romantischen Filmkomödie „Loch Ness" waren Ted Danson und Joely Richardson in den Hauptrollen zu sehen.

Mein Tipp! Nachmittags ist der Blick auf die Burg (für Fotografen auch wegen der Lichtverhältnisse) vom Parkplatz am Dornie Jetty (Café All the Goodness) westlich der Sundbrücke in Dornie besonders schön.

Ebenfalls sehr lohnend ist ein Abstecher von Dornie bergwärts zum mit **„View Point" [N57° 16' 31.17" W5° 30' 39.78"]** ausgeschilderten Aussichtspunkt auf der Anhöhe nordöstlich der Burg. Von hoch oben hat man einen herrlichen Ausblick auf Eilean Donan Castle, auf den Fjord Loch Duich und die Berge der Highlands im Osten.

Wandermöglichkeiten

Zwei Wanderrouten bieten sich an, die aber nicht ohne gute Ausrüstung und genaues Kartenmaterial angetreten werden sollten!

1719, während der ersten Jakobitenaufstände, quartierte sich in Eilean Donan Castle ein Trupp spanischer Solda-

Eilean Donan Castle

Einmal kann man westlich von Dornie die Nebenstraße nordwärts nach **Killilan** am **Loch Long** nehmen und von dort ostwärts durch das **Glen Elchaig** wandern. Ein Abstecher nach Südosten mit einem steilen Anstieg am Ende führt zu den **Falls of Glomach.** Der ca. 113 m hohe Wasserfall kann, besonders nach Regenfällen, zu den imposantesten in Schottland gezählt werden. Anstrengende Tour. Gehzeit min. 8 Stunden!

Etwas einfacher zu erreichen ist der Wasserfall ab **Dorusduain.** Vom Glen Elchaig kann man bis zum **Loch Monar**, weiter nordöstlich, wandern (Mehrtagestour).

Um zum Ausgangspunkt der oben erwähnten, etwas einfacheren Wandertour zu den Falls of Glomach zu gelangen, fährt man die A87 bis zur Ostbucht des **Loch Duich** und nimmt dort die alte Straße um die Bucht herum nach **Morvich.** In Morvich folgt man dem Fahrweg bis zum Parkplatz [N57° 14' 45.45" W5° 21' 12.78"] von **Dorusduain** und beginnt dort die Wanderung. Entweder geht man zum **Glomach Wasserfall**, Gehzeit hin und zurück rund 5 Stunden, ziemlich anstrengend, oder aber man wandert vorbei am **Loch a' Bhealaich**, der eingebettet zwischen über 1.000 m hohen Bergen liegt, kommt dann in das Tal des Affric Baches und erreicht schließlich, flussabwärts gehend, an der **Affric Lodge** das Westende des **Glen Affric** (siehe auch Tour 12, Inverness – Fort William).

CAMPING – MORWICH / SHIEL BRIDGE

Camping Morvich Caravan Club Site [WP 182 / N57° 14' 6.16" W5° 22' 49.03"], Morvich, Tel. +44 (0)1599 51 13 54; www.caravanclub.co.uk/club-sites/scotland/highlands/morvich-caravan-club-site/; Mitte März – Anf. Nov.; Zufahrt von der A87 ca. 8 mls/13 km südöstlich von Dornie, kleiner Platz am River Croe in schöner Berglandschaft; ca. 2 ha – 80 Stpl.; Standardsanitärausstattung. Waschmaschine, Trockner, Hartstandplätze, WLAN. Guter Ausgangspunkt für Wanderungen zum Wasserfall *Falls of Glomach* und in die Bergkette *Five Sisters of Kintail*. Juli u. August geführte Wandertouren.

HAUPTROUTE

ROUTE: Ab Eilean Donan Castle
fährt man auf der A87 westwärts zurück
bis Kyle of Lochalsh und nimmt dort die
teils recht schmale Küstenstraße über
Duirinish nach Plockton.

Man kann nach weniger als einem
Kilometer von der A87 gleich nach der
Straßenbrücke zum Weiler **Ardelve** ab-
zweigen, um sich bei **Manuela's Wee
Bakery** [N57° 16' 55.33" W5° 31'
26.86"] nach deutscher Art gebackenes
Brot zu besorgen, Tel. +44 (0)1599 55 57
19. Gegenüber liegt der kleine *Camping-
platz Ardelve Caravan and Camping Site*,
Ostern – Nov., Tel. +44 (0)1599 55 52 31.

Das kleine, hübsche Hafenstädtchen
Plockton, kaum mehr als eine Häuserzeile mit winzigen Vorgärtchen an der
Uferstraße, lohnt einen Besuch. Es gibt
einige kleine, aber einladende Hotels
mit Restaurants wie das *Plockton Inn &
Seafood Restaurant* **, ££, 7 Zi., Tel. +44
(0)1599 54 42 22; www.plocktonhotel.
co.uk.

Hübsch auch der kleine **Bahnhof
von Plockton** [N57° 20' 1.44" W5°
39' 57.50"] mit dem Restaurant „Off
the Rails". Wer sich in der Gegend länger aufhalten kann, hat die Möglichkeit

einen Bahnausflug durch das hübsche
Glen Shiel bis nach Inverness zu unternehmen.

Mein Tipp! Die nun folgende **Strecke bis Gairloch** durch die abgeschiedene Grafschaft **Wester Ross** im abgelegenen, äußersten Nordwesten Schottlands gehört wohl zu den schönsten Autotouren, die man im Norden der Britischen Inseln unternehmen kann. Es ist
eine ruhige, abgeschiedene, ernste Gegend, mit zerrissenen Küsten und einem
fast menschenleeren Hinterland, dessen
Farben nach einem Regenschauer besonders leuchtend und intensiv wirken.

Wer aber weder Buchten mit versteckten, silbernen Stränden, Berge und
im Sommer von blühendem Erika über-
zogene Hügel, noch Seen, Täler, Küsten,
Schluchten und Höhlen zu den Sehenswürdigkeiten zählt, wird ausgesproche-
ne Attraktionen in dieser Gegend allerdings vermissen. Aber wenn Sie hier
an einem klaren Sonnentag unterwegs
sind, werden Ihnen die einsamen Landschaften, weiten Hügel und die Ausblicke auf die herrliche Küste noch lange in
Erinnerung bleiben.

Und immer und überall trifft man auf
Schafe. Nicht selten liegen sie mitten auf
den hier oben wenig befahrenen Straßen.

Die Straße über den Rinderpass nach Applecross ist nicht sonderlich breit

Gasthöfe oder gar Hotels werden seltener, liegen weiter auseinander. Dasselbe gilt für Tankstellen! Ein gefüllter Tank und ein voller Reservekanister beruhigen hier ungemein! Berücksichtigen sollte man, dass sich auf den oft einspurigen, teilweise auch kurvenreichen Strecken keine hohen Durchschnittsgeschwindigkeiten erzielen lassen!

Nimmt man den später beschriebenen Umweg über Applecross nicht in Kauf, verringert sich die angegebene Gesamtstrecke dieser Etappe um rund 53 km.

Folgt man dagegen allen erwähnten Abstechern und Umwegen, sollten für diese Etappe besser zwei Tage vorgesehen werden. Zwischenstops könnte man z. B. in Gairloch oder Ullapool einlegen.

ROUTE: Im weiteren Verlauf der Route treffen wir wenige Meilen nordöstlich bei **Stromeferry** *auf die A890. Sie führt in nordöstlicher Richtung am Ostufer des* **Loch Carron** *entlang. Auf teils neuer einspuriger Straße erreicht man* **Strathcarron***.*

3 km weiter zweigen wir nach Südwesten auf die A896 ab. Man kommt nach **Lochcarron** *am Westufer des gleichnamigen Meeresarmes dort westwärts zum Loch Kishorn.*

Ein paar Meilen weiter hat man die Wahl entweder auf der A896 weiter nach Shieldaig zu fahren, oder aber auf die landschaftlich reizvollere, teils recht schmale Bergstraße nach Westen abzuzweigen und einen Umweg über **Applecross** *zu machen.*

Die Straße nach Applecross unterliegt allerdings Einschränkungen, auf die eine Tafel hinweist! Führerscheinneulingen, Caravans und „very large vehicles" ist das Befahren offiziell nicht erlaubt. Man versteht das rasch, wenn man den Pass nach Applecross überquert. Unterliegt man nicht diesen Einschränkungen und steht ausreichend Zeit zur Verfügung, empfiehlt sich der Umweg über Applecross!

Im Nordwesten erhebt sich das Panorama der **Applecross Mountains** mit den Gipfeln (von Südwest nach Nordost) Meal Gorm (710 m), Beinn Bhán (896 m) und Maol Cheandearg (933 m).

Eine wirklich schöne Bergfahrt (Beschränkungen siehe oben) führt unterhalb des gewaltigen Bergmassivs des Meal Gorm auf einspuriger Fahrbahn westwärts hinauf auf die Passhöhe Rich-

Selten, klare Sicht vom „Rinderpass" bei Applecross bis zur Isle of Skye

CAMPING – APPLECROSS

Camping Applecross Campsite [WP 183 / N57° 25' 54.94" W5° 48' 42.52"], Tel. +44 (0)1520 74 42 68; www.applecross.uk.com/campsite/; 1. März – 31. Okt.; von Osten aus Tornapress/Kishorn kommend Zufahrt von der letzten Straßenkehre, Gespanne müssen über Shieldaig und von Norden her anfahren; zwei große, von Wald eingesäumte Wiesen, ruhig und abgelegen; ca. 2,5 ha – 60 Stpl., einige Hartstandplätze; einfache Standardausstattung.

tung Applecross. Unterwegs hat man einen herrlichen Blick auf die Loch Kishorn und auf die Berge der Highlands am Horizont. Etliche scharfe Serpentinen kurz vor der Höhe, mit ganz prächtigem Blick zurück in ein fast rundes, von Gletschern geformtes Tal, führen schließlich hinauf auf die Passhöhe *Bealach-na Bo* (626 m). Der gälische Passname bedeutet soviel wie „Rinderpass".

Von der mit Felsen übersäten und von zahllosen Tümpeln und Seen durchsetzten Hochebene hat man bei klarem Wetter einen phantastischen Blick nach Westen auf die Insel Skye und die Berge der Cuillins.

In weiten, weniger engen und steilen Kehren geht es hinab nach **Applecross.** Der etwas vergessen wirkende Flecken mit kaum 200 Einwohnern liegt hübsch an einer Meeresbucht mit Sandstrand. Es gibt ein Pub mit Fremdenzimmern und einen Campingplatz.

Die von Applecross nach Norden weiterführende Straße wurde erst nach 1970 angelegt. Man passiert das fast verlassene Dorf **Lonbain**. Lange Zeit machen Orte wie Lonbain den Eindruck einer verlassenen Siedlung. Sollten das etwa das Resultat der schon sehr rauen, wilden und unwirtlichen Landschaft und ihrer harten Lebensbedingungen sein? Oder war dieser Landstrich von den berüchtigten Clearances, der Vertreibung der Pächter und Kleinbauern durch die landbesitzenden Lords im 19. Jahrhundert, besonders schwer betroffen? Für den nur durchreisenden Betrachter aber ist die Landschaft einfach prächtig.

Man umfährt fast den ganzen Meeresarm **Loch Torridon** mit dem Hauptort **Shieldaig**. Kurz vor dem Ort stößt man auf die A896 aus Kishorn/Tornapress. Felsübersät, von Schafen bevölkert, moordurchtränkt, so sieht die Gegend hier aus.

Ruhe und Abgeschiedenheit findet man in der Region Wester Ross zur Genüge

In **Torridon** *(Loch Torridon Resort ****, ££££, 20 Zi., Tel. +44 (0)1445 79 12 42; www.thetorridon.com, ehemals eine Jagdvilla, rustikal, komfortabel, obere Preislage, Restaurant, am Ende des gleichnamigen Meeresarmes)* liegt etwas abseits der A896 das **Deer Museum [N57° 32' 28.12" W5° 30' 37.27"].** Unterstützt

durch eine audiovisuelle Präsentation gibt dieses Rotwildmuseum Auskunft über die Berg- und Tierwelt in dieser Region Schottlands.

Die Berge um Torridon, wie der *Liathach* mit seinen sieben Gipfeln oder der *Beinn Allgin*, zählen nicht nur zu den landschaftlich reizvollsten, sondern aus geologischer Sicht auch zu den interessantesten im Lande. Der Liathach z. B. besteht aus 750 Millionen Jahre altem Torridonian Sandstein, die Gipfel zum Teil aus Quarzit, der allerdings „nur" 600 Millionen Jahre alt ist, dafür aber vielfach uralte Fossilien einschließt.

Sehr schön ist die nun folgende Fahrt durch das in Urzeiten von Gletschern geformte, weit gerundete Hochtal **Glen Torridon**, das im Nordwesten vom 1.054 m hohen *Liathach* (bedeutet etwa soviel wie „Der Graue") beherrscht wird. Die Straße hier ist einspurig mit Ausweichstellen. In **Kinlochewe** stößt man auf die Straße A832.

Westlich von Kinlochewe liegt das **Naturschutzgebiet Beinn Eighe**, das erste seiner Art, das in Großbritannien

geschaffen wurde. Es erstreckt sich um das Massiv des gleichnamigen, 1.010 m hohen Berges und bietet gute Gelegenheiten zum Klettern und Bergwandern. Informationen erhält man im **Beinn Eighe Visitor Centre [Parkplatz, N57° 36' 47.27" W5° 18' 59.80"]**, mit einem Reliefmodell des Naturschutzparks. Ausgedehnter Naturlehrpfad.

Abkürzende Alternativroute

Man kann in Kinlochewe nach Osten abzweigen (schöne Fahrt) und die Rundreise erheblich abkürzen, indem man nach dem nur 80 km entfernten Inverness zurückfährt und dort (Tour 20, Wick – Grantown-on-Spey) wieder in die Hauptroute einsteigt.

HAUPTROUTE

ROUTE: *Ab Kinlochewe über die A832 nach Nordwesten bis* **Gairloch**.

Schon wenige Meilen hinter Kinlochewe passiert man ein weiteres Hochland-Juwel, den langgestreckten, inselbestückten, landschaftlich sehr reizvoll gelegenen See **Loch Maree**. Der rund 20 km lange, von Bergen umgebene See soll angeblich niemals zufrieren und ein hervorragendes Forellen- und Lachsgewässer sein.

Beim *Hotel Lochmaree* [N57° 40' 30.20" W5° 29' 55.82"] kann man Boote mieten und zu den bewaldeten, romantisch im See gelegenen Inseln ru-

---

CAMPING – KINLOCHEWE

Camping Kinlochewe Caravan Club Site [WP 184 / N57° 36' 16.88" W5° 18' 16.42"], Tel. +44 (0)1445 76 02 39; www.caravanclub.co.uk/club-sites/scotland/highlands/kinlochewe-caravan-club-site/; Apr. – Anf. Okt.; Einfahrt an der Kreuzung der A832/A896 bei der Kinlochewe Service Station; mehrere durch hohe Hecken unterteilte, ebene Wiesen und befestigte Stellflächen; ca. 2,5 ha – 60 Stpl.; einfache Standardausstattung. Waschmaschine, Trockner.

dern. Einige der Inseln waren im 7. Jh. von christlichen Missionaren des St. Mealrubha besiedelt und wurden bis ins 16. Jh. von Pilgern aufgesucht.

Weiter westlich bietet sich Gelegenheit, vom beschilderten **Parkplatz [N57° 41' 20.29" W5° 32' 39.47"]** an der A832 einen etwa 10-minütigen Spaziergang zu den **Victoria Falls** zu unternehmen. In zwei mächtigen Kaskaden stürzt das Wasser über gewaltige Felsen zu Tal. Aussichtsplattform. Königin Victoria besuchte die Wasserfälle im Jahre 1877. Seitdem tragen sie ihren Namen.

Bei **Charlestown**, einem hübschen Fischerort mit Golfplatz und schöner Sandbucht ist man wieder am Meer und erreicht kurz darauf **Gairloch** an der gleichnamigen Bucht. Gairloch ist ein Ferienort mit Bade-, Bootssport- und Angelmöglichkeiten. Besichtigen kann man

das **Gairloch Heritage Museum [Parkplatz, WP 185 / N57° 43' 42.81" W5° 41' 25.05"]** (geöffnet Apr. - Okt. Mo - Fr 10 - 17 Uhr, Sa 11 - 15 Uhr; www.gairlochheritagemuseum.org), ein Volkskundemuseum, das sich mit fast allen Aspekten der Kultur der West Highlands befasst.

Nach **Poolewe** am Südende der Bucht Loch Ewe, liegen zwischen Straße und Meer die **Inverewe Garden & Estate** (NTS) **[N57° 46' 28.79" W5° 35' 46.53"]** (geöffnet Gärten und Visitor Center: März - Apr. + Sept. - Okt. tgl. 10.30 - 17 Uhr; Mai tgl. 10 - 17 Uhr; Juni - Aug. tgl. 10.30 - 17 Uhr; www.nts.org.uk/Property/Inverewe-Garden-and-Estate/). In dieser knapp 20 ha großen Park- und Gartenanlage gedeihen seltene subtropische Pflanzen. Mitte des 19. Jh. schuf Osgood MacKenzie auf dieser rauen, allerdings vom milden Golfstrom begüns-

HOTELS – GAIRLOCH

Gairloch Highland Lodge *, £££,** 27 Zi., Charleston, Low Road, Tel. +44 (0)1445 71 20 06; www.gairlochhighlandlodge.net; komfortables, ansprechend gelegenes Mittelklassehotel, Parkplatz. Restaurant in 5 Gehminuten Entfernung.

The Old Inn *, £££,** 17 Zi., Flowerdale Glen, Tel. +44 (0)1445 71 20 06; www.theoldinn.net; freundliches Ambiente, gemütliche Bar mit Live Music im Sommer freitags, Restaurant. Privatparkplatz.

CAMPING BEI GAIRLOCH

Gairloch
Camping Sands Holiday Centre [WP 186 / N57° 44' 26.40" W5° 45' 52.03"], Tel. +44 (0)1445 71 21 52; www.sandsholidaycentre.co.uk; Apr. – Ende Okt.; über B8021 Richtung Melvaig, ca. 5 km westl. Gairloch; großes, unübersichtliches Wiesen- und Dünengelände; ca. 22 ha – 230 Stpl. + Dau.; gute Standardsanitärausstattung; Laden, Restaurant, Waschmaschine, Trockner, Bootsslipanlage, Fahrradverleih, Surfschule, WLAN im Rezeptionsbereich. Mietcaravans und -bungalows. **V & E für Wohnmobile.**

Poolewe
Camping Inverewe Gardens Camping & Caravanning Club Site [WP 187 / N57° 46' 5.24" W5° 35' 56.70"], Achnasheen, Tel. +44 (01445 78 12 49; www.campingandcaravanningclub.co.uk/campsites/uk/highlands/achnasheen/inverewegardens; 1. Apr. – Ende Okt.; nördl. des Ortes an der A832 gelegen, beschildert; Wiesen und befestigte Stellflächen am Meeresarm Loch Ewe; ca. 2 ha – 50 Stpl.; Standardausstattung. Waschmaschine, Trockner, WLAN. **V & E für Wohnmobile.**

Laide
Camping Gruinard Bay Caravan Park [N57° 52' 0.51" W5° 32' 12.13"], Tel. +44 (0)1445 73 12 25, www.gruinardbay.co.uk; Anf. Apr. – Ende Okt.; an der A832 Richtung Ullapool am Ortsrand, Wiese an der schönen Gruinard Bucht gelegen; 2 ha – 30 Stpl.; Standardsanitärausstattung. WLAN. Mietcaravans.

tigten Halbinsel, dieses kleine botanische Landschaftsparadies. Souvenirladen. Cafeteria.

ROUTE: Die nach Norden weiterführende Straße A832 wird nun etwas kurvenreicher, bietet aber schöne Ausblicke nach Westen auf die Bucht Loch Ewe und die Isle of Ewe, knickt bei **Laide** (Hotels) nach Osten ab, führt an den Sanddünen der schönen **Gruinard Bay** vorbei und erreicht schließlich die Südküste der Bucht Little Loch Broom.

Man passiert das *Dundonnell Hotel* (28 Zi., Tel. +++ (0)1854 63 32 04; www.dundonnellhotel.com, Restaurant, Parkplatz) am Fuße des 1.062 m hohen An Teallach, bevor es hinauf in das Hochtal des Dundonnell Forest geht.

Rund 7 km südöstlich des Hotels sieht man links der Straße den Dundonnell River in Kaskaden zu Tal stürzen. Die Fahrt geht nun hinein in ein bergiges Hochmoorgebiet.

ROUTE: Bald stößt man auf die A835, der wir Richtung **Ullapool** folgen.

Unweit nördlich der Einmündung in die A835 ist man an der **Corrieshalloch Gorge**. Empfehlenswert ist ein Spaziergang vom **Parkplatz [N57° 45' 26.38" W5° 1' 21.58"]** zu einer schwankenden Hängebrücke (max. 8 Personen) mit Blick zu der etwa 1,6 km langen und rund 70 m tiefen Schlucht mit den **Measach Wasserfällen** (Aussichtsplattform). Eine wildromantische Abwechslung.

ROUTE: Der weitere Verlauf der Straße A835 folgt dem River Broom durch das Tal Strath More hinab nach **Ullapool** an der fjordartigen Bucht Loch Broom.

Ullapool mit seinen weißen Häusern am Hafen, ist nicht nur einer der bedeutendsten Fischereihäfen an der schottischen Westküste, es ist auch wichtiger Fährhafen mit Verbindungen nach Stornoway/Lewis und im Sommer ein vielbesuchter Ferienort.

Einen großen öffentlichen, recht zentral gelegenen **Parkplatz [WP 188 / N57° 53' 49.71" W5° 9' 51.13"]** findet man in Ullapool an der Seaforth Lane gegenüber vom Supermarkt Tesco.

Zu besichtigen gibt es das eher bescheidene Heimat- und Regionalmuseum **Ullapool Museum [Parkplatz, N57° 53' 44.16" W5° 9' 39.37"]** in der West Argyle Street Nr. 7 & 8, gegenüber vom Fährterminal *(geöffnet Anf. Apr. + Okt. Mo - Sa 11 - 16 Uhr; Mai - Sept. Mai - Sa 10 - 17 Uhr; www.ullapoolmuseum.co.uk).*

Ab Ullapool bieten sich verschiedene **Ausflugsmöglichkeiten** in die Highlands oder zur Gruppe der kleinen **Summer Isles** (Infos im Touristenbüro) an.

Autofähren nach Stornoway (Insel Lewis) verkehren im Sommer von montags bis samstags bis zu dreimal täglich (Änderungen möglich!). Fahrzeit 2 Stunden 45 Min.; www.calmac.co.uk.

ROUTE: Auf dem Weg nordwärts (A835) hat man bei **Ardmair** einen

PRAKTISCHE HINWEISE – ULLAPOOL

Ullapool Information Centre [N57° 53' 46.59" W5° 9' 32.03"], Ross & Cromarty Tourist Board, Ullapool, 20 Argyle Street, Tel. +44 (0)1854 61 24 86; www.ullapool.com. *Geöffnet Juli + Aug. Mo - Sa 9 - 18 Uhr, So 9.30 - 16.30 Uhr; Sept. - Apr. Mo - Sa 9.30 - 16.30 Uhr; Mai - Juni Mo - Sa 9 - 18 Uhr.*
Caledonian MacBrayne Ltd., Ullapool Hafen, Tel. +44 (0)1854 61 23 58; www.calmac.co.uk.

HOTELS

Caledonian **, £££, 83 Zi., Quay Street, Tel. +44 (0)843 178 71 07; www.bespokehotels.com/caledonianhotel; traditionelles Mittelklassehotel, von einigen Zimmern Hafenblick, Restaurant, Bar, WLAN. Privatparkplatz.

Das Strath More Tal bei Ullapool

 The Ceilidh Place **, ££, 24 Zi., 12-14 West Argyle St., Tel. +44 (0)1854 61 21 03; www.theceilidhplace.com; Mittelklassehotel mit ganz unterschiedlich ausgestatteten Räumen und ebenso unterschiedlichen Preisen. Restaurant.

CAMPING

 Camping Broomfield Holiday Park [WP 189 / N57° 53' 41.01" W5° 9' 48.37"], West Lane, Tel. +44 (0)1854 61 20 20; http://broomfieldhp.com/; Anf. Apr. – Ende Sept.; in Ullapool, nahe des Hafens, beschildert; ca. 4 ha – 130 Stpl.; Standardsanitärausstattung. Waschmaschine, Trockner, Internetecke. 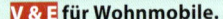**für Wohnmobile.**

 Camping Ardmair Point Holiday Park [WP 190 / N57° 56' 2.17" W5° 11' 47.65"], Ardmair Point, Tel. +44 (0)1854 61 20 54; www.ardmair.com; 1. Apr. – 31. Okt.; über A835 ca. 6 km nach Norden; Wiesen oberhalb des Meeres zwischen der Straße und einer weiten Kiesbucht, ansprechend gelegen; ca. 2,5 ha – 130 Stpl.; Standardsanitärausstattung; Kiosk, Waschmaschine, Trockner, **für Wohnmobile.**

schönen Blick auf die Inseln in der Bucht und auf die Coigach Berge im Norden.

Umweg über Lochinver

Wer schmale Straßen nicht scheut und genügend Zeit mitbringt, kann 16 km nördlich von Ullapool, bei **Drumrunie**, nach Westen abbiegen, unterhalb der Berge Cul Beag (769 m) und dem seltsam geformten Stac Pollaidh (613 m) durch diese seendurchsetzte Urlandschaft zur Küste an der Enard Bay fahren und über **Lochinver** (Visitor Centre, Main Street [**Parkplatz, N58° 8' 59.15"** W5° 14' 24.54"]) zur Hauptstraße zurückkehren.

Abkürzende Alternativroute

In **Ledmore** bietet sich wieder eine Möglichkeit die Rundreise durch die nördlichen Highlands erheblich abzukürzen und über **Bonar Bridge** und die Straßen A837 und A836 an die Ostküste am Dornoch Firth zu fahren.

HAUPTROUTE

Die menschenleere Landschaft entlang der recht guten A835, später der

PRAKTISCHE HINWEISE – LOCHINVER UND SCOURIE

Lochinver Information Center [Parkplatz, N58° 8' 59.15" W5° 14' 24.54"], im Assynt Visitor Centre, Main Street, Lochinver, IV27 4LX, Tel. +44 (0)1571 84 41 94; www.discoverassynt.co.uk. *Geöffnet Ende Mai - Ende Sept. Mo - Sa 10 - 17.30 Uhr, So 10 - 16 Uhr.*

HOTELS

Lochinver
Culag **, ££, 30 Zi., Culag New Pier, Tel. +44 (0)1571 84 42 70; www.culaghotel.co.uk; alteingesessenes Haus aus 1890 am Hafen mit populärer Bar, Restaurant, WLAN, Parkplatz.
Inver Lodge Hotel ****, £££££, 20 Zi., Iolaire Road, Tel. +44 (0)1571 84 44 96; www.inverlodge.com; komfortables, modernes Haus in schöner Lage, teuer, von vielen Zimmern Meerblick, Sauna, preisgekröntes Restaurant, WLAN. Parkplatz. Von November bis März geschlossen.

Scourie
Eddrachilles Hotel ****, £££, 11 Zi., Bayview Badcall Bay, Tel. +44 (0)019 71 50 22 11; www.eddrachilles.com; traditionsreicher, komfortabler Gasthof, mittlere Preislage, Restaurant, Parkplatz. Von Anfang Nov. bis Mitte März geschlossen.

CAMPING

Lochinver / Achmelvich
Camping Shore Caravan Site [WP 191 / N58° 10' 8.20" W5° 18' 25.83"], 106 Achmelvich, Tel. +44 (0)1571 84 43 93; http://shorecaravansite.yolasite.com/; Apr. – Ende Okt.; in Achmelvich, von der A837 ca. 2 km nördl. Lochinver, zur Single Track Road B869 und noch 5 km zum Ort, beschildert; ruhig gelegener Wiesenplatz am Meer; 2 ha – 80 Stpl.; Standardsanitärausstattung. Laden, Waschmaschine, Trockner. Mietcaravans.

Scourie

Camping Scourie Caravan & Camping Park [WP 192 / N58° 21' 5.64" W5° 9' 21.17"], Harbour Road, Tel. +44 (0)1971 50 20 60; www.scourie.co.uk; Apr. – 30. Sept.; im Ort beschildert; weite gestufte Wiesen mit einigen befestigten Stellplätzen, oberhalb der Bucht in sehr ansprechender, ruhiger Lage mit Meerblick; ca. 2 ha – 50 Stpl.; Stan-

dardsanitärausstattung; Laden, Bar/Cafeteria, Waschmaschine, Trockner. **V & E** **für Wohnmobile.**

A837 ab **Ledmore**, bis hinauf nach **Inchnadamph [N58° 8' 56.26" W4° 58' 25.30"]** (*Inchnadamph Hotel **, ££, 24 Zi., Tel. +44 (0)1571 82 22 02; www. inchnadamphhotel.com, Restaurant, geöffnet März - Okt.*) am **Loch Assynt**, hat durch ihre zerklüfteten, kahlen Berge mit den zahllosen dazwischen eingelagerten Seen ein eigenartig anziehendes Gepräge.

Hier ist man in der **Grafschaft Sutherland**, die den größten Teil der nördlichsten Region Schottlands um-

fasst. Der Name stammt von Norwegern oder besser Wikingern, die früher auf den Shetlands und den Orkneys siedelten und denen darum dieses Gebiet eben als „südliches Land" erschien. Auf den Durchreisenden heute macht die Landschaft hier einen ernsten, unwirtlichen Eindruck.

Die Grafschaft ist heute die menschenleerste Region ganz Großbritanniens. Grund dafür war eine beispiellose Vertreibungsaktion im 19. Jahrhundert.

Schafwolle wurde vor allem zu Zeiten Napoleons und später mit der einsetzenden Industrialisierung und der Einführung maschineller Webmethoden ein über die Grenzen des Landes hinaus gefragter Artikel. Schafwolle versprach den Lords nun mehr Gewinn als kleinbäuerliche Landwirtschaft.

Außerdem war die Zeit vorbei, da die Lords ihre Kriegstruppen aus den Reihen der Landpächterfamilien zwangsrekrutierten. Also wurden die bescheidenen Ansätze von Landwirtschaft einer extensiven Schafzucht geopfert, die Landpächter überflüssig machte und den Großgrundbesitzern größere Profite einbrachte.

In einer gnadenlosen und brutalen „Säuberungsaktion", die in die schottische Geschichte als „Clearances" oder „Sutherland Clearances" einging, wurden die Kleinbauern und Landpächter von ihren Höfen vertrieben und an die Küste zwangsumgesiedelt oder sie mussten nach Amerika oder Kanada auswandern und dort versuchen, eine neue Existenz zu gründen. Nova Scotia in Kanada erhielt damals großen Zulauf.

Man passiert **Ardvreck Castle [Parkplatz, WP 193 / N58° 9' 57.17" W4° 59' 19.62"]** am Loch Assynt. Vom Parkplatz an der Hauptstraße führt ein längerer Fußweg zur Burg. Die Burg, von der nur noch Ruinen auf einem Landvorsprung am Meer zu sehen sind, wurde ausgangs des 15. Jh. von einem MacLeod, der in die Gegend eingeheiratet hatte, errichtet. Mitte des 17. Jh. floh der Marquis of Montrose nach seiner Niederlage bei Culrain hierher. Montrose wurde aber von Neil MacLeod verraten, gefangen genommen und nach Edinburgh zur Hinrichtung gebracht.

Nach den Ruinen des Ardvreck Castle zweigt die Straße A837 nach Westen ab und führt hinaus nach **Lochinver**, einem kleinen Fischereihafen der sich im Sommer aber zu recht lebhaften Ferienort mausert.

Noch wilder ist die Landschaft weiter nordwestlich am abgelegenen Kap (Leuchtturm) **Point of Stoer [N58° 14' 16.29" W5° 24' 2.92"].**

*ROUTE: Die restliche Wegstrecke dieser Etappe führt ab dem See Loch Assynt über die A894 nordwärts bis **Laxford Bridge** und dort weiter über die A838 bis **Durness**, das man nach rund 72 km/45 mls endlich erreicht.*

Die A894 überquert bei **Unapool** auf er Kylesku-Sundbrücke **[N58° 15' 19.31" W5° 1' 20.11"]** den Loch a'Chàirn Bàin.

Am Nordende der Brücke liegt **Kylestrome**. Von dort werden im Sommer gewöhnlich dreimal täglich (11, 13, 15 Uhr. Änderungen möglich!) Bootsfahrten auf dem Loch Glencoul zu den **Eas Coul Aulin Falls** angeboten. Es soll sich um die höchsten Wasserfälle (200 m) im Inselreich handeln.

16 km weiter erreicht man **Scourie** (Camping siehe weiter vorne).

Abstecher zum Naturreservat Handa Island

Wer gerne das Leben und Treiben von selten gewordenen Seevögeln beobachten möchte, folgt nördlich von Scourie der kleinen Straße nach Westen bis **Tarbet [N58° 23' 22.06" W5° 8' 34.01"].** Dort kann man Boote mieten, die einen hinüber zur **Insel Handa** bringen. Die ganze Insel ist Naturreservat und Vogelschutzgebiet. Auf den bis zu 100 m hohen Klippen nisten (Mai bis Juli) Kormorane, Eissturmvögel, Lummen, Tordalken, Papageientaucher, Dreizehenmöwen, Meerschwalben u. a.

HAUPTROUTE

Ab **Laxford Bridge** führt die einspurige A838 durch einsame Hochmoore mit zahllosen dunklen Seen und erreicht nach 32 km schließlich **Durness,** einen bescheidenen Ort mit einer herrlichen **Sandbucht** an der meist steilen Nordküste Schottlands.

Sehenswert sind die in der Nähe gelegene **Kirche in Balnakeil** und die **Smoo Cave** (siehe nächste Etappe).

Ausflug zum Cape Wrath

Besonders bei schönem Wetter ist ein Ausflug zum rund 23 km westlich von Durness gelegenen **Cape Wrath**

[N58° 37' 30.72" W4° 59'56.38"] empfehlenswert. Die Klippenlandschaft an Schottlands nordwestlichstem Festlandspunkt und die Einsamkeit dieser gottverlassenen Gegend, in der nur ein Leuchtturm – 1828 von Robert Stevenson erbaut – steht, sind eindrucksvoll. Von Durness fährt man bis **Keoldale [N58° 33' 11.11" W4° 47' 21.36"]**

zur Personenfähre, die knapp 3 km südwestlich von Durness den Kyle of Durness überquert (Fähre verkehrt ab Mitte Apr. bis Mitte Mai und Juni bis Mitte Sept., Tel. +44 (0)1971 51 12 84; www.visitcapewrath.com/). Mit Kleinbussen gelangt man dann in einer rund 40-minütigen Fahrt zum elf Meilen entfernten Kap (Busverkehr nur von Mai bis September).

PRAKTISCHE HINWEISE – DURNESS

 Durness Information Centre [N58° 34' 4.38" W4° 44' 24.17"], Sango, Durness, IV27 4PZ, Tel. +44 (0)1971 51 13 68; www.durness.org. *Geöffnet April – Sept. Mo - Sa 9 - 17 Uhr; übrige Zeit Di + Do 10 - 12.30 Uhr.*

 HOTELS

Mackay's Rooms **,** £££, 7 Zi., Durine, Tel. +44 (0)1971 51 12 02; www.visitmackays.com; in 150 Jahre altem Gebäude, renoviert und modernisiert, B & B, WLAN. Parkplatz.
Wild Orchid Guest House *, £, 6 Zi., Tel. +44 (0)1971 51 12 80; www.wildorchidguesthouse.co.uk/; einfaches Landhotel, Restaurant mit Wintergarten, Parkplatz.

 CAMPING

 **Camping Sango Sands Caravan & Camping Site [WP 194 / N58° 34' 6.98" W4° 44' 36.28"],** Tel. +44 (0)1971 51 17 26; www.sangosands.com; 1. Apr. – Ende Okt.; im Ort an der A838; welliges Gelände in schöner Lage hoch über der herrlichen Sandbucht Sango Bay mit weitem Ausblick; ca. 5 ha – 80 Stpl.; gute Standardsanitärausstattung. Waschmaschine, Trockner, Restaurant „Sango Sands Oasis". Supermarkt nebenan. Mietcaravans und Mietbungalows. **V & E für Wohnmobile**.

Die Küste bei Durness

TOUR 18: DURNESS – WICK

Länge der Tour: Rund 250 km /156 mls.

Die Route: Über die Straße A838 bis **Tongue** – A836 über **Thurso** bis **John o'Groats** – A99 bis **Wick**.

Reisedauer: Mindestens ein Tag.

Höhepunkte: Die **Seehöhle Smoo Cave** * – Schottlands nördlichster Festlandspunkt **Dunnet Head** * – die Vogelfelsen am **Duncansby Head** ** – an einem ruhigen Sommertag ein **Tagesausflug mit dem Schiff zu den Orkneys** **.

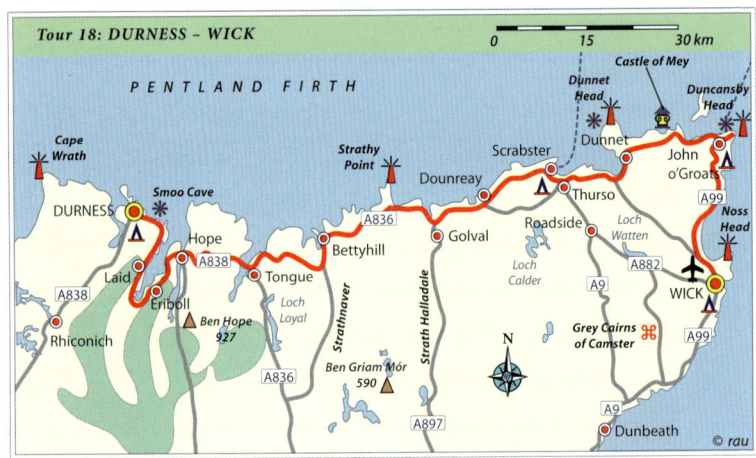

In **Balnakeil**, etwas westlich von Durness, kann man die Ruine der **Durness Old Church** besichtigen. Die Kirche stammt aus den Anfängen des 17. Jh. Auf dem Friedhof steht ein Denkmal an den keltischen Barden Rob Donn.

Recht eindrucksvoll ist ein Besuch der **Smoo Cave [Parkplatz, N58° 33' 48.24" W4° 43' 17.02"]**, die etwa 2,5 km östlich von Durness in unmittelbarer Nähe der Straße A838 liegt. An der steilen Küste hier haben sich in einer Bucht am Fuße der Kalksteinklippen drei riesige Höhlen gebildet; www.smoocave.org.

Vom Parkplatz aus gelangt man über einen Treppenweg hinunter zum Strand und betritt von dort aus durch einen gewaltigen, bogenartigen Höhlenschlund die erste Höhle, die sich zum Meer hin öffnet. Über einen meist sehr nassen Holzsteg gelangt man weiter hinein in die Höhle. Dort ist aber ohne kräftigen Handscheinwerfer vom Höhleninneren wenig zu erkennen.

Ein weiterer Höhlenabschnitt schließlich ist nur per Boot und ebenfalls nur auf einer Führung zugänglich. Änderung der Situation möglich! Infos im Touristenbüro.

Glaubt man der auf den ersten Blick recht schlüssig erscheinenden Theorie des Richters und Buchautors Hans Steuerwald, dann kam doch tatsächlich Odysseus, der listenreiche, bis Schottland. In seinem Buch „Weit war sein Weg nach Ithaka" (Hoffmann und Campe, Hamburg 1978) behauptet Steuerwald, dass Odysseus auf seiner Irrfahrt nach dem Trojanischen Krieg bis an diese nördliche Küste verschlagen wurde! Und eben diese Smoo Höhlen seien es gewesen, die der Held von Troja als den Eingang zum Hades, der Unterwelt, ansah und sich dort „im modrigen Haus des Hades" mit den Seelen seiner gefallenen Gefährten unterhielt.

Die Seehöhle Smoo Cave

Steuerwald geht noch weiter und versucht in seiner Beschreibung zu beweisen, dass die Insel Fair, nordwestlich der Orkneys gelegen, die Insel der Circe und die Shiant Islands, östlich von Tarbert/Harris (Äußere Hebriden), das Reich der lockenden Sirenen gewesen sein müssten.

ROUTE: Im weiteren Verlauf unserer Route umrunden wir auf der A838 die herrliche Sandbucht **Loch Eriboll**, *auf die sich vom Ostufer aus ein prächtiger Blick öffnet, durchqueren die Halbinsel A' Mhòine, einen trostlosen, moorigen Zipfel Erde, und kommen über die Dammstraße, die den Meeresarm Kyle of Tongue überquert, nach* **Tongue**.

Abkürzende Alternativroute

Ab Tongue führt die A836 landeinwärts Richtung **Altnaharra**. Es ist eine schöne Fahrt angesichts des mächtigen Bergmassivs des Ben Loyal (764 m). Die einspurige Straße führt hinauf in Hochmoorgebiete in völlig unbewohnter Landschaft und an den Seen Loch Craggie und Loch Loyal vorbei nach **Altnaharra**.

Ab Altnaharra kann man dann über **Lairg [N58° 1' 24.12" W4° 23' 51.40"]** (*Dunroamin Caravan Park*, Tel. +44 1549 40 24 47; www.lairgcaravanpark.co.uk; Apr. - Okt.) zur Ostküste bei **Golspie** oder nach **Inverness** zu reisen.

Mein Tipp! So reizvoll die Landschaft hier auch sein mag, so abgeschieden ist sie. Und zwischen Tongue und Lairg dürfen Sie nicht mit Tankstellen rechnen!

HAUPTROUTE

ROUTE: Der weitere Verlauf unserer **Hauptroute** *allerdings führt über die A836 weiter entlang der Nordküste ostwärts und über* **Bettyhill** *nach* **Thurso**.

Bettyhill ist eine kleine Gemeinde, die durch Ansiedlung vertriebener Kleinbauern während der Clearances entstanden ist. Das kleine **Strathnaver Museum [N58° 31' 42.24" W4° 12' 30.50"]** (*geöffnet Apr. - Okt. Mo - Sa 10 - 17 Uhr; www.strathnavermuseum.org.uk*) befasst sich mit der Geschichte dieser Region von prähistorischen Zeiten bis in die Neuzeit. Neben dem Museum steht der beeindruckende Farr Stone aus dem 9. Jh.

Herrliche Sandstrände findet man in der **Torrisdale Bay**. Weitere Sandbuchten bei **Farr**.

Rund 10 mls/16 km östlich von Bettyhill führt eine Stichstraße nach Norden zum **Strathy Point**. Auf dem weit ins Meer vorspringenden Felskap befindet sich ein Leuchtturm. Vom Parkplatz **[N58° 35' 21.98" W4° 1' 9.17"]** rund 2 km Fußweg bis zum Leuchtturm. Gehzeit rund 20 Minuten. Herrliche Ausblicke!

An der **Melvich Bay**, einer weiteren schönen Bucht wenige Meilen weiter östlich, kommt man am ehemaligen

In den Highlands bei Tongue

Schnellen Brüter von Dounreay vorbei. Der **Dounreay Fast Reactor** soll der erste Atomreaktor der Welt gewesen sein, der Strom in das öffentliche Netz eingespeist hat. Nach 18-jähriger Betriebszeit ist der Reaktor 1977 stillgelegt worden. Eine Besichtigung ist aus Sicherheitsgründen nicht möglich!

ROUTE: Schließlich erreicht man **Thurso** *und den Abzweig zum* **Fährhafen Scrabster** *(Fährverbindungen nach Stromness auf den Orkney Inseln; siehe nächste Etappe).*

Thurso, um das Jahr 1000 von Wikingerfürsten gegründet, heute von rund 10.000 Menschen bewohnt, ist ein im Sommer gerne aufgesuchter Ferienort an Schottlands Nordküste.

Zu den bescheidenen Sehenswürdigkeiten in und um Thurso zählen die wahrscheinlich aus dem 12. Jh. stam-

mende und nur zu Fuß zu erreichende **St. Mary's Chapel [N58° 36' 27.41" W3° 40' 47.04"]** von **Crosskirk**, ca. 10 km westlich von Thurso, dann die mittelalterliche Ruine der **St. Peter's Kirk** in Thurso, sowie das **Heimat- und Regionalmuseum Cathness Horizons [N58° 35' 44.44" W3° 31' 6.49"]** *(geöffnet Apr. - Sept. Mo - Fr 10 - 18 Uhr, Sa 10 - 17 Uhr; www.caithnesshorizonsmuseum.com/)* in der High Street.

Ab **Dunnet** ist ein Abstecher nordwärts zum **Dunnet Head** möglich, Schottlands nördlichstem Festlandspunkt und Nistplatz für Seevögel.

Etwa auf halbem Wege zwischen Dunnet und John o'Groats liegt zwischen Straße und Meer **Castle of Mey [N58° 38' 50.99" W3° 13' 36.50"]** *(geöffnet Mitte Mai - 30. Sept. tgl. 10 - 16 Uhr; www.castleofmey.org.uk).* Das Schloss wurde 1568 vom 5. Earl of Caithness er-

PRAKTISCHE HINWEISE – THURSO UND JOHN O'GROATS

Thurso Information Centre [N58° 35' 44.50" W3° 31' 6.25"], Caithness Horizons, Old Town Hall, High Street, Thurso, KW14 8AJ, Tel. +44 (0)1847 89 31 55; www.visistscotland.com/info/services/thurso-information-centre-p33314. *Geöffnet Apr. - Okt. tgl. 10 - 16 Uhr.*
John o'Groats Tourist Information Office [N58° 38' 38.56" W3° 4' 10.60"], County Rd., John o'Groats, Wick, Caithness KW1 4YR, Tel. +44 (0)1955 61 13 73; www.visitjohnogroats.com. *Geöffnet Ostern – Oktober.*

John o'Groats Ferries, The Ferry Office, Tel. +44 (0)1955 61 13 53; www.jog-ferry.co.uk.

HOTELS

Thurso
The Park ***, £££, 22 Zi., Oldfield, Tel. +44 (0)1847 89 32 51; www.parkhotel-thurso.co.uk; Restaurant, Bar, WLAN. Parkplatz.
The Royal ***, ££, 103 Zi., Trail St., Tel. +44 (0)843 178 71 37; im Zentrum von Thruso gelegen, Restaurant, Bar, Parkmöglichkeit.

John o'Groats
Castle Arms Hotel ***, £££, 7 Zi., Mey, Tel. +44 (0)1847 85 12 44; www.cast-learmshotel.co.uk; ca. 10 km westlich von John o'Groats, in ehemaliger Kutschenstation aus dem 19. Jh., bescheidenes, kleines Haus, Restaurant, Bar, Gartenterrasse, WLAN. Parkplatz.

CAMPING

Thurso
Camping Thurso Bay Caravan & Camping Park [WP 195 / N58° 35' 52.62" W3° 31' 47.85"], Smith Terrace, Scrabster Road, Tel. +44 (0)1847 89 22 44; www.thursobaycamping.co.uk; 1. Apr. – 30. Sept.; am westl. Stadtrand; schräge Wiese über der Thurso Bay; ca. 2 ha – 80 Stpl. + Dau.; Standardsanitärausstattung; Imbiss; Mietcaravans;  **V & E für Wohnmobile**.

John o'Groats
Camping John o'Groats Caravan & Camping Site [WP 196 / N58° 38' 36.72" W3° 4' 5.82"], Tel. +44 (0)1955 61 13 29; www.johnogroatscampsite.co.uk; 1. Apr. – 30. Sept.; Wiese oberhalb der Felsküste, neben Parkplatz und Souvenirladen des „Last House of Scotland"; ca. 1,5 ha – 90 Stpl.; Standardsanitärausstattung. Waschmaschine, Trockner, WLAN im Rezeptionsbereich. **V & E für Wohnmobile**.

baut. Das Anwesen ist im Besitz der Königlichen Familie und war die Sommerresidenz von Queen Elizabeth, The Queen Mother. Sie erwarb es 1952 nach dem Tod Ihres Gemahls König George VI. und machte es zu Ihrem Lieblingsschloss, wo Sie bis zum Jahr 2001 viele Sommeraufenthalte verbrachte.

Das Schloss ist inzwischen der Öffentlichkeit zugänglich. Eine Besichtigung gibt Einblick in das Ambiente der Royals.

Schließlich erreicht man **John o'Groats,** ein nichtssagendes Fleckchen Erde am Pentland Firth. Einzige Attraktion war „**The Last House of Scotland**" , ein kleines, ständig von zahlreichen Touristen umlagertes Haus voller Souvenirs. Heute ist „The Last House" längst im Gewirr eines **Touristenzentrums [Parkplatz, WP 197 / N58° 38' 36.07" W3° 4' 7.88"]** verschwunden. Neben einem Parkplatz finden Sie heute hier Touristeninformation, Hotel, Souvenirläden, Cafés, Einkaufszentrum, Campingplatz und Fährstation.

John o'Groats hat seinen Namen von dem Holländer *Jan de Groot*, der hier im 16. Jh. eine Fährstation zu den Orkneys eingerichtet hatte. Noch heute verkehren im Sommer (Mai – September) regelmäßig **Personenfähren** von John o'Groats nach Burwick auf der Insel South Ronaldsay, der südlichsten der Orkneys, Fahrtdauer 45 Minuten.

Von dem Holländer Jan de Groot erzählt man sich, dass er angeblich ein achteckiges Zimmer mit acht Türen und achteckigem Tisch bauen ließ, damit sich keiner seiner sieben Söhne, die sich um das Erbe und die Nachfolge im Fährgeschäft stritten, benachteiligt fühlen sollte.

Der Grund für den Umweg über John o'Groats ist weniger der Ort selbst, als vielmehr **Duncansby Head [Park-**

Einst buchstäblich das „Letzte Haus" in John o'Groats

platz, WP 198 / N58° 38' 37.45" W3° 1' 35.66"]. Dieses Felskap liegt gut 3 km östlich von John o'Groats und gilt als nordöstlichster Punkt Schottlands. Die Entfernung von Land's End im südwestlichsten Zipfel Englands bis hierher beträgt immerhin fast 1.500 km.

Um den Leuchtturm herum hat man eine gute Sicht über den immer recht bewegten Pentland Firth hinüber zu den Orkney Inseln, zu den etwas nordöstlich gelegenen Inseln Pentland Skerries und zur Ostküste.

Vom Parkplatz führt ein Fußweg zu einem weiteren Aussichtspunkt an der Küste. Man hat von dort einen herrlichen Blick auf die Ostküste und auf die markanten **Stacks of Duncansby**, drei riesige, spitze Felskegel, die rund 65 m hoch aus den Fluten ragen.

Die Felsküste hier ist zerklüftet. Mehrere schmale, aber lange Meereseinschnitte haben sich gebildet, an deren senkrecht in die Fluten abfallenden Sandsteinklippen verschiedene Seevogelarten brüten. Von einigen Stellen des erwähnten Fußweges kann man die Brutplätze sehr gut einsehen und die Vogelfelsen so auf bequeme Art beobachten.

Rund 19 mls/30 km weiter südlich liegt das Städtchen **Wick**. Der See- und

Fischereihafen an der Mündung des River Wick erhielt seinen Namen nach dem norwegischen Wort *Vik*, was soviel wie Bucht bedeutet.

Im 19. Jh. war Wick größter schottischer Hafen der Heringsfischerei. Über 1.000 Fangboote drängten sich bisweilen zur Saison an den Kais, die überfüllt waren mit Bergen von Fässern voller eingepökelter Fische. Die „Silver darlings", wie Hering damals hier genannt wurde, brachte bis zum ersten Weltkrieg Geld und Wohlstand nach Wick.

Besichtigen kann man das heimatkundliche Museum **Wick Heritage Centre** in der Bank Row [N58° 26' 23.17" W3° 5' 18.60"] *(geöffnet 1. Apr. - Okt. Mo - Sa tgl. 10 - 15.45 Uhr; www.wickheritage.org)*. Das Museum befasst sich mit der großen Zeit der Heringsfischerei und den damit entstandenen Industrien.

Abstecher zum Noss Head

Ab Wick bietet sich ein Ausflug zum **Kap Noss Head [Parkplatz, WP 199 / N58° 28' 33.05" W3° 3' 27.44"]** an der Sinclair's Bay, nördlich von Wick, an. Die Straße dorthin quert die Landebahn des Flugplatzes von Wick. Vom Parkplatz führt ein Fußweg über Wiesen nach Nordwesten zum Meer (ca. 15 Min.).

Heute ist aus dem „Letzten Haus" ein turbulentes Touristenzentrum geworden

Unmittelbar an der Felsküste der Sinclair's Bay findet man die Ruinen der Burgen **Girnigoe and Sinclair Castles [N58° 28' 41.27" W3° 4' 4.83"]**. Die Gemäuer stammen aus dem 15. und 17. Jh. und waren einst Sitz der Sinclairs, Earls of Caithness. Die nur zu Fuß erreichbaren Ruinen sind in sehr baufälligem Zustand. Auf das Betreten, vor allem bei nassem Wetter, sollte verzichtet werden!

HOTEL

Norseman Hotel **, £££, 48 Zi., Riverside, Tel. +44 (0)1955 60 33 44; www.norsemanhotelwick.co.uk; zentral gelegen, Restaurant, Bar, Gartenterrasse, WLAN. Privatparkplatz.

CAMPING

Camping Wick Caravan & Camping Site [WP 200 / N58° 26' 34.37" W3° 6' 23.83"], Riverside Drive, Tel. +44 (0)1955 60 54 20; www.wickcaravansite.co.uk; Mai – Sept.; über A882, Thurso Road, am westlichen Stadtrand. Achtung! Die Hauptzufahrt über Riverside Road führt durch eine Bahnunterführung (max. 2,85 m! Durchfahrtshöhe). Für größere Fahrzeuge gibt es einen Zufahrtsweg von der Rückseite des Platzes her! Gepflegtes Wiesengelände mit 15 Hartstandplätzen, unweit des Wick River; Blick und Fußweg zur Stadt; ca. 3,5 ha – 90 Stpl.; Standardsanitärausstattung. **V & E für Wohnmobile**.

Häufige Begleiter in den Highlands

TOUR 19: ORKNEY INSELN RUNDFAHRT

Länge der Tour: Rund 130 km /81 mls + Autofähren.

Die Route: **Autofähre** von **Scrabster** nach **Stromness** – Straße A965 bis **Stenness** – B9056 bis **Skara Brae** – A956 bis **Birsay** – A966 bis **Georth** – B9057 bis **Dounby** – A986 bis **Finstown** – A965 **Kirkwall** – A961 über **St. Margaret's Hope** bis **Burwick** und zurück bis **Kirkwall** – A965 bis **Stromness** – **Autofähre** von **Stromness** nach **Scrabster**.

Reisedauer: Mindestens zwei Tage.

Höhepunkte: Das Hügelgrab **„Maes Howe"** ** – das Steinzeitdorf **Skara Brae** *** – das Freilichtmuseum **Orkney Farm and Folk Farm Museum** * – die **St. Magnus Kathedrale** *** in Kirwall.

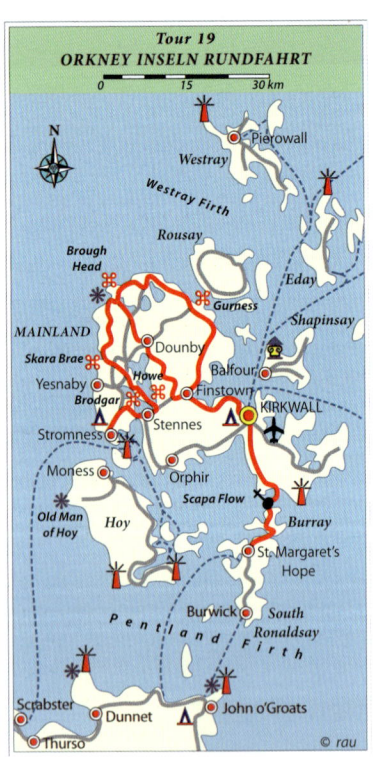

Außerdem unterhält *Loganair* mit kleinerem Gerät (meist 8-Sitzer) Flugverbindungen zwischen Kirkwall auf der Hauptinsel Mainland und sieben kleinere Inseln nördlich davon wie Westray, Papa Westray, North Ronaldsay, Sanday, Eday, Stronsay und nach Hoy; www.loganair.co.uk.

Übrigens: Die kürzeste Flugverbindung weltweit besteht auf den Orkneys und zwar zwischen den Inseln Westray und Papa Westray, Flugzeit ganze zwei Minuten!

Autofähren der **Northlink Ferries** verkehren ganzjährig bis zu 3 mal täglich zwischen **Scrabster** an der schottischen Nordküste und **Stromness** an der Südwestküste von Mainland (Abfahrten ab Scrabster 8.45 Uhr und 19 Uhr, von Juni bis August auch 13 Uhr, Fahrzeit 90 Minuten). Ab Stromness bestehen Busverbindungen nach Kirkwall.

Zudem bestehen zwischen **Aberdeen** und **Kirkwall** Fährverbindungen der **Northlink Ferries** ganzjährig bis zu 6 x wöchentlich, Fahrzeit knapp 5 Stunden.

Info-Tel. +44 (0)845 60 00 449 für UK, Tel. +44 (0)1856 88 55 00 für internationale Anfragen; www.northlinkferries. co.uk.

Orkney Ferries unterhält regelmäßige Fährdienste zwischen den einzelnen

Anreisemöglichkeiten

Flugverbindungen bestehen täglich zwischen Kirkwall, dem Hauptort der Inselgruppe, und Aberdeen, Birmingham, Edinburgh, Glasgow, Inverness und London mit British Airways; www.ba.com.

Inseln der Orkneys. Tel. +44 (0)1856 87 20 44; www.orkneyferries.co.uk.

Pentland Ferries betreiben Personen- und Autofähren zwischen **Gills Bay** unweit westlich von John o'Groats und **St. Margaret's Hope** auf den Orkneys, im Sommer 3x täglich, Überfahrtdauer 1 Stunde. Tel. +44 (0)1856 83 12 26; www.pentlandferries.co.uk.

Schließlich unterhalten **John o'Groats Ferries** einen regelmäßigen Sommerdienst (Mai bis September, ausschließlich Personenbeförderung, keine Autos!) zwischen **John o'Groats** und **Burwick** auf South Ronaldsay/Orkneys. Die Überfahrt dauert 40 Minuten.

Darüber hinaus werden im Sommer **Tagesausflüge** von John o'Groats aus zu den Orkneys angeboten, mit Besuch der wichtigsten Sehenswürdigkeiten wie Skara Brae (s. u.), Abfahrten gewöhnlich täglich um 9 Uhr, Rückfahrt um 19.45 Uhr (Änderungen möglich!).

Informationen über Fährverbindungen und Tagesausflüge gibt es bei: **John o'Groats Ferries**, The Ferry Office, John o'Groats KW1 4YR, Tel. +44 (0)1955 61 13 53; www.jogferry.co.uk.

Landschaft und Geschichte

Die Inselgruppe der Orkneys besteht aus über 70 Inseln und Inselchen von denen weniger als die Hälfte bewohnt sind. Hauptstadt ist das zentral auf der **Insel Mainland** gelegene **Kirkwall.**

Die südlichste der Inseln, South Ronaldsay, ist vom Kap Duncansby Head auf dem Festland nur rund 10 km entfernt. Dazwischen liegt der Pentland Firth, ein oft stürmisches und durch einen starken Tidenhub immer bewegtes Gewässer.

Bewohnt sind die Orkneys nachweislich schon seit annähernd 5.000 Jahren. Aus jener frühgeschichtlichen Zeit, aus dem Neolithikum, der Stein-, Bronze- und Eisenzeit, sind ausgezeichnete Zeugnisse erhalten, die heute zu den großen Sehenswürdigkeiten, vor allem auf Mainland, zählen.

Um das 7. Jh. kamen die ersten christlichen Missionare auf die Inseln und etwa ab dem 8. Jh. begannen die ersten Wikinger auf den bis dahin von Pikten bewohnten Orkneys zu siedeln.

Von den Nordmännern ging eine dominierende Prägung der Sprache und Kultur aus, die bis in die heutige Zeit noch nachvollziehbar ist. Ganz im Gegensatz zum sonst eher martialischen, räuberischen und destruktiven Image der Wikinger prägten sie auf den Orkneys eine prosperierende Geschichtsperiode, die eigentlich erst endete, als die Orkney Inseln 1468 als Absicherung der Mitgift Margaretes von Dänemark, der künftigen Gattin König James III., an die schottische Krone fiel.

Viele der Bewohner der kahlen „Wal-Inseln", so könnte man den altnorwegischen Namen für die Inseln übersetzen, haben norwegische Vorfahren. Und bis weit in die schottische Zeit hinein sprachen die *Orcadians* oder *Orkadier* nicht etwa Gälisch, wie man vermuten könnte, sondern *Norne*, einen altnordischen Dialekt. Spuren dieser alten Sprache findet man heute noch in einigen Namen von Bauernhöfen, in den Namen einiger Inseln und in manchen althergebrachten Redewendungen.

Die Jahre unter den Stuarts werden auf den Orkney Inseln nicht als die erfolgreichsten bezeichnet.

Eine wirtschaftliche Hochzeit erlebte man erst wieder Ende des 18. Jh. mit der Produktion von *Kelp*. Seetang und Seegras wurden verbrannt und die an Soda und Kaliumkarbonat (Pottasche) reichen Rückstände an die Glas- und Seifenindustrie verkauft.

Haupteinnahmequellen der Inselbewohner sind heute Landwirtschaft, Schafzucht und Wollproduktion (Strickwaren) und in geringem Maße die Fischerei. In jüngerer Zeit brachte die Ölindustrie (Insel Flotta) Arbeitsplätze und Erwerbsmöglichkeiten.

Und – nicht zu vergessen – auch auf den Orkney Inseln wird ein ganz vorzüglicher Malt Whisky produziert, der **Highland Park Single-Malt Whisky**; https://www.highlandparkwhisky.com/.

Für den Touristen sind es vor allem die stille, ursprüngliche Landschaft und die seltenen prähistorischen Sehenswürdigkeiten, die die Reise zu den Orkneys lohnen.

Aber auch Hochseeangler, Tiefseetaucher und Vogelbeobachter kommen besonders auf den abgelegeneren Inseln auf ihre Kosten. Über 300 Vogelarten wurden auf den Orkneys schon beobachtet, von denen weit über 100 heimisch sind.

Für Besucher ist der **Orkney Explorer Pass** von **Historic Scotland** interessant. Der kostenpflichtige Pass (zuletzt £ 19,-) gilt zwischen April und September als Eintrittskarte für fast alle Sehenswürdigkeiten; www.historicenvironment.scot/visit-a-place/explorer-passes/orkney-explorer-pass/.

Auf der Anreise nach Stromness passiert die Autofähre die **Insel Hoy.** Am Landvorsprung **Rora Head** kann man an der wilden, steil abfallenden Felsküste den **„Old Man of Hoy"** sehen, eine freistehende Steinsäule von 137 m Höhe. Dahinter erhebt sich der 479 m hohe **Ward Hill,** der höchste Berg auf den Orkneys.

Insel Mainland

Entfernungen sind auf Mainland eigentlich kein Thema. Von Stromness nach Kirkwall z. B. sind es 15 mls/24 km, von Kirkwall nach Birsay nur 18 mls/29 km.

Wer mit dem oft heftig wehenden Wind zurechtkommt, für den bieten sich gute Möglichkeiten, die Landschaften, Buchten und Sehenswürdigkeiten per Fahrrad zu erkunden. Fahrradverleihs gibt es z. B. in Kirkwall.

Stromness, ca. 2.100 Einw., ging aus einem Wikingerhafen hervor und ist heute nicht zuletzt wegen seines wichtigen Fährhafens, nach Kirkwall die größte und bedeutendste Stadt der Orkneys. Im 18. Jh. war der Hafen ein wichtiger Stützpunkt der Hudson Bay Company und später eine Basis für Walfänger.

Sehenswert sind die alten **Giebelhäuser** am Pier, in denen ehemals Lagerhäuser, Kontore, Fischerunterkünfte u. ä. untergebracht waren. Dort in der Victoria Street Nr. 28-36 liegt auch das **Pier Arts Centre [N58° 57' 47.32" W3° 17' 52.77"]** *(geöffnet ganzjährig Di - Sa 10.30 - 15 Uhr; Juni - Sept auch Mo; www.pierartscentre.com)*, ein kleines Kunstmuseum eingerichtet.

Lohnend ist ein Besuch des örtlichen **Stromness Museums [N58° 57' 27.90" W3° 18' 5.20"]** *(geöffnet Apr. - Okt. tgl. 10 - 17 Uhr; Nov. - März Mo - Sa 11 - 15.30 Uhr; www.stromnessmuseum.co.uk/)* in der Alfred Street, das sich mit der Seefahrtgeschichte, der Walfängerei, den Aktivitäten der Hudson Bay Company und mit dem Desaster, das die Kriegsflotte des deutschen Kaiserreichs in der Bucht Scapa Flow erlitt, befasst.

PRAKTISCHE HINWEISE – STROMNESS

Stromness Information Centre [N58° 57' 50.42" W3° 17' 47.15"], Ferry Terminal Building, The Pierhead, Stromness, KW16 3BH, Tel. +44 (0)1856 85 07 16; www.stromnessorkney.com. *Geöffnet Mai - Aug. tgl. 9 - 17 Uhr; Sept. - Apr. Mo - Fr 10 - 16 Uhr, Sa 8.30 - 14.30 Uhr.*
Northlink Ferries Booking Office, Stromness Ferry Terminal, Orkney, Tel. +44 (0)845 600 04 49; www.northlinkferries.co.uk.

HOTEL

Stromness **, ££, 42 Zi., The Pierhead, Tel. +44 (0)1856 85 02 98; www.stromnesshotel.com; am Fischereihafen von Stromness gelegen, Restaurant, Garten. Limitierte Parkmöglichkeit.

CAMPING

Camping Point of Ness Caravan & Camping Site [WP 201 / N58° 57' 9.23" W3° 17' 44.73"], Tel. +44 (0)1856 87 35 35; www.orkney.gov.uk/ServiceDirectory/S/point-of-ness-campsite.htm; Anf. Apr. – Ende Sept.; vom Fähranleger links und über die Hauptstraße zum Platz am Ende der Straße; kleiner, fast ebener Wiesenplatz; ca. 0,5 ha - 27 Stpl.; einfache Standardsanitärausstattung.

ROUTE: *Von Stromness auf der A965 nach Nordosten Richtung Kirkwall.*

Auf dem Weg nach Nordosten zweigen wir am Südufer des **Loch of Stenness** auf einen schmalen Weg zum See ab. Man erreicht ein Farmhaus (Parkgelegenheit, Schlüssel für das Hügelgrab) und geht von dort zu dem steinzeitlichen Hügelgrab **Unstan Chambered Cairn [Fußweg, N58° 59' 9.26" W3° 14' 55.95"]**. Die fast 2 m hohe Grabkammer ist durch Steinplatten unterteilt. Hier wurden seltene Keramikfunde aus dem 4. Jahrtausend v. Chr. gemacht.

Zurück zur Hauptstraße bei **Stenness** (*Standing Stones Hotel ***, ££, 17 Zi., Tel. +44 (0)1856 85 04 49; www. standingstoneshotel.co.uk*, am Ufer des Loch of Stenness, Restaurant, Parkplatz) und vorbei am Abzweig der B9056 (der wir später folgen) bis zu einem etwas abseits der Straße gelegenen Parkplatz. Von dort gelangt man zu **Maes Howe** (HS) **[Parkplatz, Fußweg, N58° 59' 40.02" W3° 11' 13.59"]**, einem gewaltigen Hügelgrab, das seinesgleichen sucht (*geöffnet Apr. - Sept. tgl. 9.30 - 17 Uhr; Okt. - März tgl. 9.30 -16 Uhr, Vorausbuchungspflicht Tel. +44 (0)1856 76 16 06;*

www.orkneyjar.com/history/maeshowe/ solstice.htm). Um 2500 v. Chr. (neuere Forschungen sprechen von 3500 v. Chr.!) wurde hier in meisterlicher Perfektion und ohne besondere technische Hilfsmittel ein Grabhügel aufgeschichtet, der 115 Fuß (34,5 m) im Durchmesser misst und annähernd 8 m hoch ist.

Ein gut 12 m langer Gang führt in eine große Grabkammer mit drei Nischen. Die Strahlen der untergehenden Sonne sollen genau am Mitwintertag in diesen Gang hineinscheinen.

Wikinger versuchten sich hier im 12. Jh. erfolgreich als Schatzgräber und Grabräuber und entwendeten alle wertvollen Grabbeigaben. Schließt man von den gewaltigen Ausmaßen des Grabes auf die Bedeutung und das Ansehen der Beigesetzten, müssen die Grabbeigaben von enormem Wert gewesen sein. Angeblich waren die Räuber drei Nächte damit beschäftigt, den Grabschatz zu plündern. An den Wänden sind Runenzeichen eingraviert.

Wir fahren das kurze Stück zurück bis zum Abzweig der B9056 und folgen ihr nach Nordwesten. Auf dieser schmalen Nebenstraße kommt man auf der Landbrücke zwischen den Seen Loch of Harray (nördlich) und Loch of Stenness (südlich) an den **Standing Stones**

Rätselhaft, die Steine des Ring of Brodgar auf Mainland, Orkneys

Skara Brae, eine der besterhaltenen steinzeitlichen Siedlungen in Europa

of Stenness (HS) [**WP 202 / N58° 59' 35.86" W3° 12' 29.76"**] vorbei. Von einem prähistorischen Steinkreis (ca. 3000 v. Chr.) sind noch vier aufrecht stehende, schlanke Monolithe übriggeblieben. Immer zugänglich; www.orkneyjar.com/history/standingstones/; Eintritt frei.

Ganz in der Nähe liegt der **Ring of Brodgar [Parkplatz, WP 203 / N59° 0' 17.10" W3° 13' 57.14"]**. Vom Parkplatz führt ein Fußweg zu diesem bronzezeitlichen Steinkreis. Von den einstmals 60 Steinpfeilern stehen noch 36. Immer zugänglich. Eintritt frei.

Setzt man die Fahrt nach Nordwesten fort, erreicht man an der Küste über der Bay of Skaill seltene und überaus interessante Zeugen aus der prähistorischen Siedlungsgeschichte der Orkney Inseln, die Reste der steinzeitlichen Siedlung **Skara Brae** (HS) [**Parkplatz, WP 204 / N59° 2' 53.65" W3° 20' 3.12"**]. Ein rund 800 m langer Fußweg führt vom Parkplatz zur Ausgrabungsstätte *(geöffnet Apr. - Sept. tgl. 9.30 -17.30 Uhr; Okt. - März tgl. 9.30 - 16.30 Uhr; www.orkneyjar.com/history/skarabrae/; Café, Ausstellung)*. Dieses erstaunlich gut erhaltene Steinzeitdorf soll nach neuesten Radiokarbondatierungen nicht wie bislang angenommen wurde, aus dem 15. Jh. v.

Chr., sondern aus dem 3. Jahrtausend v. Chr. stammen.

Zu sehen sind acht Einzimmerbehausungen, die in die Erde eingelassen und mit Feuerstellen, Vorratsnischen, Fischbehältern, Kommoden, Anrichten und Bettstellen ausgestattet sind.

Gänge, die ehemals wie die Wohnräume überdeckt waren, führen von Haus zu Haus. In der Mitte liegt ein kleiner gepflasterter Hof, der als Versammlungsplatz diente.

Wahrscheinlich wurde die Siedlung vor rund 4.000 Jahren Hals über Kopf während eines fürchterlichen Sandsturmes oder einer anderen Naturkatastrophe verlassen. Eine Düne begrub die Anlage, bis sie ein Sturm im Jahre 1850 wieder freilegte. Der Ausgrabungsstätte ist ein Museum angegliedert.

Auf der Küstenstraße fährt man weiter nach Norden. Am **Marwick Head** (Natur- und Vogelschutzgebiet, Großbritanniens größte Kolonie von Papageientauchern, beste Zeit Mai bis Juli) steht ein Denkmal zur Erinnerung an *Lord Kitchener* und seine Mannen. Kitcheners Kreuzer „HMS Hampshire" lief auf dem Wege nach Russland 1916 in der Nähe des Kaps auf ein Mine und sank mit Mann und Maus; www.submerged.

Der Innenhof von Skara Brae

co.uk/the-kitchener-memorial-orkney.
php.

Man kommt nach **Birsay**. Zu sehen gibt es dort den **Earl's Palace [Parkplatz, WP 205 / N59° 7' 45.26" W3° 18' 55.72"]**, die eindrucksvollen Ruinen eines Schlosses, das sich die Grafen von Orkney im 16. Jh. als Residenz hatten errichten lassen.

Bei Ebbe (Achtung! An einsetzende Flut denken!) kann man zu Fuß zur vorgelagerten Insel **Brough of Birsay** gelangen. Die Insel war eine alte Siedlungsstätte der Pikten und später der Wikinger. Thorfinn der Mächtige, Jarl von Orkney im 11. Jh., ließ hier eine der ersten Kirchen im romanischen Stil auf den Inseln errichten.

Besichtigen kann man ein **Museum**, in dem Gegenstände, die bei Ausgrabungen hier gefunden wurden, ausgestellt sind, außerdem Reste einer Wikingersiedlung und die Ruinen der erwähnten Kirche.

Bei **Georth** an der Nordostküste von Mainland liegen die ausgedehnten Strände von Evie und der **Gurness Broch,** ein rund 3 m hoher Steinturm aus der Eisenzeit.

ROUTE: Weiterfahrt über die landeinwärts führende B9057 Richtung

Dounby. Bald erkennt man die Windkraftwerke von Burger Hill.

Etwa auf halbem Wege nach Dounby passiert man die **Click Mill**, die einzige noch arbeitende Wassermühle auf den Orkneys.

In **Dounby** (*The Smithfield Hotel ****, ££, 6 Zi., Tel. +44 (0)1856 77 12 15; www.smithfieldhotel.co.uk, Restaurant) stößt man auf die Straße A986. Ihr folgen wir südostwärts.

Nach wenigen Meilen zweigt bei **Harray** nach links die Zufahrt zum **Kirbuster Farm Museum** ab [**WP 206 / N59° 6' 32.38" W3° 15' 12.26"**] *(geöffnet März - Okt. Mo - Sa 10.30 - 13, 14 - 17, So 14 - 17 Uhr. Eintritt frei; www.orkney.gov.uk/Service-Directory/S/kirbuster-museum.htm).* Dieses sehenswerte Freilichtmuseum mit mehreren original restaurierten, mit Steinen und Erdsoden gedeckten Bauernhäusern aus dem 18. und 19. Jh. gibt einen umfassenden Einblick in das Leben und Arbeiten der Landbevölkerung vor rund 200 Jahren.

ROUTE: Über **Finstown** *und die A965 nach* **Kirkwall**.

Knapp 5 km vor Kirkwall liegen beiderseits der Straße prähistorische Se-

Earl's Palace in Kirkwall

henswürdigkeiten (beschildert). Nördlich der Straße findet man hinter dem Farmhaus das **Rennibister Earth House [N58° 59' 46.42" W3° 3' 2.19"],** eine ovale, in die Erde gegrabene Kammer mit mehreren Nischen. Die Behausung war wohl in der Eisenzeit bewohnt.

Südlich der Straße führt ein etwa 1,5 km langer Fußweg [N58° 59' 7.86" W3° 1' 39.33"] landeinwärts zum rund 5.000 Jahre alten Hügelgrab **Wideford Hill Cairn;** *http://orkneyjar.com/history/tombs/wideford/.*

Kirkwall mit und 7.000 Einwohnern ist seit dem 12. Jh., als nach dem Bau der St. Magnus Kathedrale der Bischofssitz von Birsay hierher verlegt wurde, Hauptstadt der Orkney Inseln.

Die Stadt auf der Landenge *Kirkwall-Scapa*, die hier nur knapp 3 km breit ist und die Insel Mainland in einen Ost- und einen Westteil gliedert, wird beherrscht von der Kathedrale und erinnert mit ihren Giebelhäusern ein wenig an norwegische Städte. Immerhin war die 800 Jahre alte Stadt von ihren Anfängen bis ins 15. Jh. ein wichtiges Handelszentrum norwegischer und dänischer Wikingerfürsten.

Einen großen **Parkplatz [WP 207 / N58° 58' 51.72" W2° 57' 52.65"]** findet

man in der Great Western Raod, zwei Straßen westlich der Saint Magnus Kathedral.

Die große Sehenswürdigkeit von Kirkwall ist die **St. Magnus Kathedrale [N58° 58' 53.16" W2° 57' 37.78"]** *(geöffnet Apr. - Sept. Mo - Sa 9 - 18 Uhr, So 13 - 18 Uhr, Okt. - März Mo - Sa 9 - 13 + 14 - 17 Uhr; www.stmagnus.org)* in der Broad Street. Begonnen wurde mit dem Bau, einer Gründung des Jarl Rognvald, Graf von Orkney, im Jahre 1137 im romanischen Stil. Rognvald widmete die Kirche seinem Onkel, dem später heiliggesprochenen *Earl Magnus*.

St. Magnus war 1117 bei einem Streit erschlagen und zunächst in der Kathedrale auf der Insel Brough of Birsay beigesetzt worden. Nach Beendigung der ersten Bauphase und Einweihung der St. Magnus Kathedrale im Jahre 1152, wurden die sterblichen Reste des Heiligen nach Kirkwall überführt.

Spätere Bauabschnitte der in rotem Sandstein errichteten Kirche wurden in gotischen Stil vollendet. Sehenswert ist z. B. die Westfront mit ihren drei, wenn auch schon recht verwitterten, Portalen. Beachtung verdienen die durch Verwendung von rotem und gelbem Sandstein farblich abgesetzten Torbögen.

Das Innere des Kirchenraums beeindruckt durch die mächtigen Rundsäulen im schlank nach oben strebenden Mittelschiff und durch die Rosette und die Spitzbogenfenster in der Altarapsis.

Die Grabmale des Kirchengründers Rognvald und des Kirchenpatrons St. Magnus sind in den massiven, viereckigen Pfeilern zu finden.

An der Südseite der Kathedrale liegt der **Bischofspalast** (HS Historic Scotland; *geöffnet Apr. - Okt. tgl. 9.30 - 17.30 Uhr; www.orkneyjar.com/history/earls. htm*) oder besser das was davon übrigblieb. Nach der verlorenen Schlacht von Largs starb hier im Dezember 1263 der norwegische König Haakon IV. Er wurde in der Kathedrale beigesetzt und später nach Trondheim überführt. Der Rundturm an einer Ecke des Gebäudes stammt aus der Umbauphase, die Bischof Reid im 16. Jh. durchführen ließ.

Die Ruinen des **Earl's Palace** schließen an. Der tyrannische Patrick Stewart, Earl of Orkney, unter der Bevölkerung als „Black Patrick" gefürchtet, ließ sich den Palast um 1605 in gnadenloser Fronarbeit errichten.

Viel Freude hatte der Graf an seinem Bau, der nach wie vor zu den schönsten Renaissancebauten in ganz Schottland zählt, wohl nicht. Denn 1615 – der Grafenpalast war kaum sieben Jahre fertiggestellt – wurde dem Schwarzen Patrick in Edinburgh der Prozess gemacht. Wenig später wurde er hingerichtet, aber nicht bevor ihm genügend Zeit gegeben worden war, das Vaterunser zu lernen.

Besuchenswert ist weiter das in der Broad Street westlich der Kathedrale gelegene **Tankerness House** aus dem Jahre 1574. Dieses Stadthaus mit schönem Hof und Garten gehörte einst einem reichen Kaufmann. Heute ist darin das interessante **Orkney Museum [N58° 58' 52.41" W2° 57' 40.19"]** (*geöffnet Mai - Sept. Mo - Sa 10.30 - 17 Uhr; Okt. - Apr. Mo - Sa 10.30 - 12.30 + 13.30 - 17 Uhr, Eintritt frei; www.orkney.gov.uk/Service-Directory/S/orkney-museum.htm*) eingerichtet.

In der Junction Road kann das **Orkney Wireless Museum [N58° 59' 2.72" W2° 57' 36.17"]** (*geöffnet Apr. - Anf. Okt. Mo - Sa 10 - 16.30 Uhr, So 14.30 - 16.30 Uhr; www.orkneywirelessmuseum.org.uk*) besichtigt werden, dass eine Sammlung von über 100 Transistor Radios aus den Anfängen dieser Technik bis in die 1960 Jahre. Eine andere Abteilung zeigt Erinnerungsstücke des Marinefunks der 1930 Jahre zum Schutze der britischen Flotte in Scapa Flow beschäftigt.

Unweit nördlich von Kirkwall liegt die **Insel Shapinsay**. Man findet dort nahe der Fährstation das **Balfour Castle**, das als nördlichstes Schloss der Welt bezeichnet wird. Schöne Schlossgärten. Das Anwesen ist in Privatbesitz (Hotel) und nur Hausgästen zugänglich; www.balfourcastle.co.uk.

Ab Kirkwall lassen sich Abstecher nach Süden zu den durch Straßen verbundenen **Inseln Burray** und **South Ronaldsay** unternehmen. Die Straße endet in **Burwick** (Personenfähren nach John o'Groats auf dem schottischen Festland). Unterwegs sieht man auf der kleinen Insel **Lamb Holm**, südlich von St. Mary's, die im Jahre 1943 von italienischen Kriegsgefangenen erbaute **Italian Chapel [Parkplatz, N58° 53' 23.36" W2° 53' 24.48"]**.

Nach Westen erstreckt sich die Bucht **Scapa Flow**. Das strategisch wichtige Gewässer liegt geschützt zwischen den Inseln Mainland im Norden, Flotta und Hoy im Südwesten und Burray und South Ronaldsay im Osten. In beiden Weltkriegen war die Bucht ein stark frequentierter Schutzhafen verschiedener Marineverbände.

1919 machte Scapa Flow von sich reden. Die gesamte Kriegsflotte des besiegten deutschen Kaiserreichs hatte sich nach dem Waffenstillstandsabkommen am Ende des Ersten Weltkrieges auf Befehl der Alliierten in der Bucht versammelt. Mehr als 70 Schlachtschiffe, Kreuzer, Zerstörer und Torpedoboote mit Namen wie „Hindenburg" oder „Friedrich der Große" lagen hier zwangsläufig vor Anker und warteten unter Bewachung von November 1918 bis Juli 1919 auf die Unterzeichnung eines Friedensvertrages durch die Siegermächte. Um nicht als Beutegut in die Hände der Alliierten zu fallen versenkte sich schließlich im Juli 1919 die gesamte Armada selbst. Zwar wurden die meisten Wracks zwischenzeitlich gehoben, aber sieben der deutschen Kriegsschiffe liegen immer noch auf dem Grund von Scapa Flow.

Im Zweiten Weltkrieg versenkte das deutsche U-Boot U47 unter Kapitänleutnant Prien mit 6 Torpedos das in der Bucht ankernde britische Schlachtschiff „Royal Oak". 833 Matrosen kamen dabei ums Leben.

Auf der Fahrt von Kirkwall zurück nach Stromness kann man den Weg über die A964 nehmen, die an der Südküste von Mainland entlangführt.

Unterwegs passiert man **Orphir** mit der einzigen **Rundkirche [N58° 55' 21.10" W3° 9' 25.69"]** in Schottland. Die heute in Ruinen mitten in einem Friedhof liegende Kirche stammt aus dem 12. Jh. und war dem Heiligen Nicholas geweiht; www.orkneyjar.com/history/or-church.htm.

Von der Küste blickt man über die Bucht Scapa Flow zur **Insel Flotta**. Dort wurde eines der größten Pipeline- und Tankerterminals Schottlands für die Verschiffung des in der Nordsee geförderten Erdöls gebaut.

PRAKTISCHE HINWEISE – KIRKWALL

Kirkwall Information Centre [N58° 58' 58.09" W2° 57' 42.41"], The Travel Centre, West Castle Street, Kirkwall, Orkney, KW15 1GU, Tel. +44 (0)1856 23 03 00, +44 (1856) 87 28 56; www.visitscotland.com/info/services/kirkwall-information-centre-p333251. *Geöffnet Juni - Aug. tgl. 9 - 18 Uhr; Sept. Mo - Sa 9 - 18 Uhr; Okt. - Mai Mo - Sa 9 - 17 Uhr.*
Northlink Ferries, Hatston Quay, Kirkwall, Tel. +44 (0)8 45-60 00 449. www.northlinkferries.co.uk.
Orkney Islands Shipping Co. Ltd., Shore Street, Kirkwall, Tel. +44 (0)1856 87 20 44; www.orkneyferries.co.uk.

Feste, Folklore
Folk Festival, Ende Mai. **St. Magnus International Festival**, Musikfestival, in Kirkwall, gewöhnlich in der dritten Woche im Juni; http://stmagnusfestival.com/.

HOTELS

The Orkney Hotel *,** £££, 30 Zi., 40-41 Victoria St., Tel. +44 (0)1856 87 34 77; www.orkneyhotel.co.uk; angenehmes Mittelklassehotel mit gediegenem Ambiente, zentral Nähe Kathedrale gelegen, Restaurant. Parkmöglichkeit.
The West End Hotel *,** £££, 37 Zi., 14 Main Street, Tel. +44 (0)1856 87 23 68; www.westendkirkwall.co.uk; gutes Mittelklassehotel, Restaurant, Bar, WLAN. Parkplatz.

CAMPING

Camping Orkney Caravan Park At The Pickaquoy Centre [WP 208 / N58° 59' 2.45" W2° 58' 20.42"], Pickaquoy Road, Tel. +44 (0)1856 87 99 00; http://orkneycaravanpark.co.uk/; Mitte März – Anf. Dez.; zu erreichen über A963 (Pickaquoy Road) am westl. Stadtrand vor dem Pickaquoy Centre, einem Freizeit-, Sport und Konferenzzentrum, u. a. mit dem Kino Pick-Cinema und großem Hallenschwimmbad; ebenes Wiesengelände mit einigen Hartstandplätzen; ca. 2 ha – 80 Stpl.; Standardsanitärausstattung. Waschmaschine, Trockner, WLAN.

TOUR 20: WICK – GRANTOWN-ON-SPEY

Länge der Tour: Rund 250 km /156 mls.

Die Route: Über die Straße A9 bis **Inverness** – A9 und A938 bis **Grantown-on-Spey**.

Reisedauer: Mindestens ein Tag, plus ein Tag Rundfahrt Whisky Trail.

Höhepunkte: Die prähistorischen Hügelgräber **Grey Cairns of Camster **** – **Dunrobin Castle **** – Besuch einer Malt Whisky Destillerie am **Malt Whisky Trail** – Wandern im **Glenmore Forest Park *** – das **Freilichtmuseum *** in Kingussie.

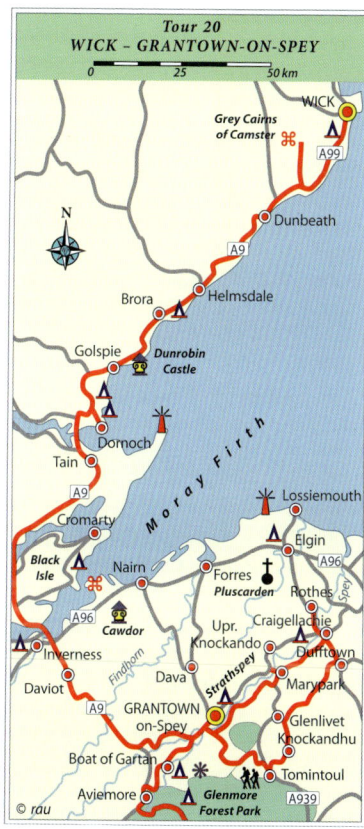

*ROUTE: Von Wick über die A99/A9 nach Südwesten bis **Inverness**.*

Knapp 10 mls/16 km nach Wick kommt man an der Zufahrt zur megalithischen Steinansammlung „**Hill o'Many Stanes"** [N58° 19' 44.57" W3° 12' 16.66"] vorbei, die etwa 200 m von der Straße entfernt liegt. Es ist nicht ge-

klärt, welchen Sinn und Zweck diese bronzezeitlichen Steinsetzungen erfüllten. Allgemein wird aber davon ausgegangen, dass sie astronomischen Beobachtungen dienten, die mit kultischen Riten verbunden waren.

Etwa 5 km weiter sollte man auf den Abzweig der schmalen Landstraße nach Norden achten und ihr etwa 5 mls/8 km landeinwärts folgen. Man erreicht dann die in einsamer Moor- und Heidelandschaft gelegenen **Grey Cairns of Camster [Parkplatz, WP 209 / N58° 22' 44.58" W3° 15' 51.14"],** zwei recht interessante Ganggräber, die zu den wichtigsten ihrer Art im Norden Schottlands zählen.

Von der kleinen Parkbucht an der Straße führen Fußwege über Wiesen zu den kunstvoll aus Bruchsteinen aufgeschichteten, rund fünf- bis sechstausend Jahre alten Hügelgräbern.

Schmale, niedere Gänge (beim etwas kleineren **Round Cairn** ist der Gang rund 7 m lang), die nur auf Händen und Füßen kriechend passiert werden können, führen zu den leeren, schmucklosen Grabkammern, in denen man aufrecht stehen kann. Taschenlampe nicht vergessen!

Im wesentlich größeren **Long Cairn** ist die unterteilte Grabkammer ein wenig besser zu erreichen. Die Gräber sind immer zugänglich. Kein Eintritt.

Die A9 führt durch grünes Weideland mit sanften Hügeln immer in Küstennähe weiter nach Südwesten.

Riesengroß, das frühgeschichtliche Ganggrab Grey Cairns of Camster

Kurz vor **Dunbeath** kann man das **Laidhay Croft Museum [N58° 15' 21.28" W3° 24' 34.61"]** besichtigten *(geöffnet Ostern - Okt. tgl. 10 - 18 Uhr; http://www.scottishmuseums.org.uk/ scottish-museums/laidhay-croft-museum.html)*. Das Gehöft eines Kleinbauern aus der Zeit des 18. Jh., mit strohgedecktem Wohnhaus, Stall und Scheune, ist noch fast komplett eingerichtet und dient heute als Museum.

Der Geschichte des Ortes Dunbeath kann man im alten Schulhaus von Dunbeath im **Dunbeath Heritage Centre [N58° 14' 48.39" W3° 26' 3.52"]** *(geöffnet Apr. - Sept. Mo - Fr 10 - 16 Uhr; www. undiscoveredscotland.co.uk/dunbeath/ heritagecentre/index.html)* auf die Spur kommen.

Die Straße wird bei **Berriedale** und **Helmsdale** etwas kurvenreicher. Die alte Burg in Helmsdale, ein ehemaliger Sitz der Sutherlands, existiert nicht mehr. Sie fiel der neuen Straßenführung zum Opfer.

Aber gerade in jener Burg soll um das Jahr 1500 durch eine heimtückische Tat den zu erwartenden Erbstreitigkeiten zwischen den Sutherlands und den Sinclairs vorgebeugt worden sein. Allerdings ohne den erhofften Erfolg, denn der ruchlose Anschlag raffte auch den Erben in spe hinweg. Bei einem Dinner nämlich wollte eine Dame der Sinclairs den Earl of Sutherland und seine Gemahlin durch vergifteten Wein ins Jen-

seits befördern, was ihr auch gelang. Nur war ihr eigener Sohn, der junge Sinclair, dem durch die Tat das Erbe des Sutherlandbesitzes gesichert werden sollte, wohl nicht genau genug unterrichtet, denn er tat sich ebenfalls am Gifttrank gütlich. Das wiederum beeinflusste die Erbfolge natürlich keineswegs im Sinne der Giftmischerin.

Die Heimatgeschichte der Region, von der Steinzeit bis zum „Goldrausch" von 1869 in der nahe gelegenen Goldstadt **Baile an Or** wird im **Timespan Heritage Centre** dokumentiert **[N58° 6' 59.70" W3° 39'14.88"]** *(geöffnet Apr.- Okt. tgl. 10 - 17 Uhr; Nov. - März Sa + So 10 - 15 Uhr, Di 14 - 16 Uhr; www.timespan. org.uk/)*.

Im großen und ganzen bleibt die Fahrt über die A9 bis Golspie im Vergleich mit anderen schottischen Küstenstrecken landschaftlich eher nichtssagend.

Rund 6 km nach Brora liegt links der Straße der Ringwall **Cairn Liath** aus der Zeit um 2000 v. Chr.

Kurz vor **Golspie** *(Golf Links Hotel* **, ££, 10 Zi., Tel. +44 (0)1408 63 34 08; www.golflinkshotel.co.uk, Restaurant, Parkplatz)* erreicht man die Einfahrt zum **Dunrobin Castle [Parkplatz, WP 210 / N57° 58' 56.22" W3° 56' 44.06"]** *(geöffnet Apr., Mai + Okt. tgl. 10.30 - 16.30 Uhr; Juni - Sept. Mo - So 10 - 17 Uhr, letzter Einlass 30 Minuten vor Schließung; www. dunrobincastle.co.uk)*.

Man ist einigermaßen überrascht, nach dem Besuch der vielen düsteren Burgen und Ruinen in den Highlands, hier ein Schloss vorzufinden, das mit seinen geschmückten Fassaden, Spitztürmchen, kleinen Balkonen, Erkern, Mansarden und Simsen ohne weiteres auch in Frankreich an der Loire stehen könnte. Das Anwesen liegt in einem ausgedehnten Park, der sich zum Meer hin öffnet. Zwischen Schloss und Küste erstreckt sich ein herrlicher Ziergarten.

Ursprünglich, d. h. etwa im 13. oder 14. Jh., war Dunrobin Castle nicht mehr als ein befestigter, viereckiger Wohnturm, den sich der damalige 6. Earl of Sutherland, Robert, hatte erbauen lassen. Ihm verdankt der Besitz auch seinen Namen – *Dun Robin*, Burg des Robin.

Die Stelle für die Errichtung der Burg war gut gewählt. An diesem Küstenstrich, den man von der etwas erhöht gelegenen Burg aus leicht kontrollieren konnte, landeten zu jener Zeit die meisten Schiffe aus den südlicheren Teilen des Landes.

Jahrhundertelang war das Schloss nun Sitz der Earls und Dukes of Sutherland, dem mächtigsten Clan im Nordosten der Highlands. Die Grafschaft der Sutherlands umfasste Ländereien von einem Ausmaß, die ihresgleichen im ganzen Königreich suchten. Und der Reichtum des Grafengeschlechts war im 18. Jh. sogar in London sprichwörtlich.

Die Grafschaft zählt aber, wie der ganze Norden der Highlands, zu den bevölkerungsschwächsten Gebieten des Landes. Der Grund dafür, die berüchtigten „Highland Clearances" oder auch „Sutherland Clearances" im 18. und 19. Jh., ist eines der düstersten Kapitel in der Geschichte der Sutherlands. Wie kaum jemand anders forcierten sie damals die Umsiedlung und Vertreibung ihrer Landpächter und Kleinbauern.

Sein heutiges Erscheinungsbild erhielt Dunrobin Castle erst 1856. Der damalige Earl of Sutherland, Sir Charles Barry, Architekt auch des Londoner Parlamentsgebäudes, veranlasste ausgedehnte und umfassende Erweiterungsbauten. Es entstand ein Palast mit 189! Zimmern, deren Prunk- und Repräsentationsräume auf das Kostbarste möbliert und dekoriert waren. Als Königin Victoria Dunrobin Castle 1872 besuchte, soll sie das Schloss als „Palast", ihre schottische Sommerresidenz Balmoral dagegen nur als „Haus" bezeichnet haben.

Nach einem Brand 1915, das Anwesen diente damals als Marinelazarett, erfolgten unter Sir Robert Lorrimer, weitere Umbauten.

Zur Besichtigung stehen offen: Die **Eingangshalle** und das große **Treppenhaus**, der **Speisesalon**, dann **The Drawing Room**, ein herrlicher Salon mit zwei Canalettos über den Kaminen und kostbaren Mortlake-Gobelins, weiter

Dunrobin Castle

die **Bibliothek,** der **Grün-Goldene Salon**, der **Queen Victoria's Room**, herrliche **Porzellansammlungen**, ein Raum, in dem herzogliche Zeremonienroben, Galauniformen, Orden und Ehrenzeichen der Sutherlands ausgestellt sind und schließlich die herrlichen **Gärten**, bei deren Anlage man versuchte, einen Hauch von Versailles nach Schottland zu bringen. Außerdem gibt es zahlreiche, von namhaften Malern wie Ramsay, Reynolds oder Hoppner gefertigte **Porträts**, ein **Museum** und die Ausrüstung der alten Schlossfeuerwehr zu sehen.

Angeschlossen ist eine **Falknerei (Falconry)**, mit täglichen Vorführungen um 11.30 und um 14 Uhr. Gezeigt werden die Flugkünste von Adlern und Falken.

Abstecher nach Dornoch

ROUTE: 11 mls/18 km weiter südlich von Dunrobin Castle empfiehlt sich bei Evelix von der A9 ein Abstecher nach Dornoch.

Das hübsche, kleine Städtchen **Dornoch,** das ganz in der Nähe herrlicher **Strände** liegt und einen Meisterschaftsgolfkurs aufweist, wird gerne als Sommerferienort aufgesucht.

Sehenswert ist die **Dornoch Cathedral [N57° 52' 50.00" W4° 1' 49.94"]** *(geöffnet Mitte Mai - Mitte Sept. Mo - Fr 10 - 16 Uhr; www.dornoch-cathedral.com).* Sie wurde 1224 unter Gilbert, Erzdiakon von Moray und Bischof von Caithness erbaut und diente lange als Grabeskirche der Herzöge von Sutherland. Brände im 16., 17. und 19. Jh. machten Umbauten notwendig. Beachtenswert ist neben dem Chor das schöne Fenster an der Westfront.

Zwei Straßen weiter südlich kann man in der Straße The Meadows dem Regional- und Heimatmuseum **Historylinks [N57° 52' 45.13" W4° 1' 48.44"]** einen Besuch abstatten *(geöffnet Ostern - Okt. tgl. 10 - 16 Uhr; http://www.historylinks.org.uk/).*

HOTELS – DORNOCH

Dornoch Castle Hotel *,** ££££, 24 Zi., Castle St., Tel. +44 (0)1862 81 02 16; www.dornochcastlehotel.com; komfortables Mittelklassehotel in einem ehemaligen Bischofspalais, stilvolles Ambiente, Restaurant „Garden" mit Originalmauern und Holzböden aus dem 15. Jh., Bar, WLAN. Parkplatz.
Royal Golf Hotel **,** ££££, 22 Zi., The First Tee, Tel. +44 (0)1862 81 02 83; www.royalgolfhoteldornoch.co.uk; schönes Mittelklassehotel mit gediegenem Ambiente, etwas außerhalb der Stadt, neben dem Golfplatz des Royal Dornoch Golf Clubs, Restaurant, Bar mit reichhaltigem Whiskyangebot, Lounge mit Ausblick zum Golfplatz und Meer, WLAN. Parkplatz.

CAMPING

Camping Dornoch Caravan & Camping Park [WP 211 / N57° 52' 34.01" W4° 1' 14.12"], The Links, Tel. +44 (0)1862 81 04 23; www.dornochcaravans. co.uk/; Apr. – Ende Okt.; von der A9 (Wick – Inverness) auf die A949 nach Dornoch abzweigen, weiter Richtung über River Street zum Platz; ausgedehntes Wiesen- und Dünengelände am Golfplatz und am Meer; ca. 5 ha – 100 Stpl. + zahlr. Dau.; gute Standardsanitärausstattung. Laden, Waschmaschine, Trockner, WLAN, Mietcaravans. **V & E für Wohnmobile.**

Embo bei Dornoch
Camping Grannie's Heilan' Hame Holiday Park [WP 212 / N57° 54' 27.07" W3° 59' 48.91"], Tel. +44 (0)1862 81 03 83; www.parkdeanholidays.co.uk/ scotland-holidays/grannies-heilan-hame/grannies-heilan-hame-holiday-park.htm; Ende Mai – Ende Okt.; von der A9 (Wick – Inverness) auf die A949 nach Dornoch abzweigen, weiter 5 km nordwärts nach Embo; weitläufiges Wiesen- und Dünengelände in Strandnähe, vergleichsweise teurer Platz; ca. 12 ha – 160 Stpl. + zahlr. Dau.; Komfortausstattung; Laden, Imbiss, Restaurant, Waschmaschine, Trockner, Sauna, Schwimmbad, Tennis, Fahrradverleih, Minigolf. 83 Mietcaravans. **V & E für Wohnmobile.**

Brora nahe Dornoch
**Camping Brora Caravan Club Site [WP 213 / N58° 1' 42.98" W3° 50'
38.81"]**, Dalchalm, Tel. +44 (0)1408 62 14 79; www.caravanclub.co.uk/club-
sites/scotland/highlands/brora-caravan-club-site/; 1. Apr. – Ende Sept.; ca.
1,5 mls/2,4 km nördlich von Brora Zufahrt von der A9 (Wick – Inverness); ebenes Wiesenrund mit Hartstandplätzen; 1 ha – 63 Stpl.; Standardsanitärausstattung. Waschmaschine, Trockner. **V & E für Wohnmobile**.

HAUPTROUTE

*ROUTE: Man kehrt zurück zur A9,
die südlich von **Clashmore** die weit ins
Land reichende Bucht Dornoch Firth
überquert. Über **Tain** und **Alness** erreicht man nach knapp 15 mls/24 km
bei **Evanton** die Bucht Cromarty Firth.*

Bei **Evanton** trifft man auf das unmittelbar zwischen der A9 und dem Ufer des
Cromarty Firth gelegene **Storehouse
of Foulis [N57° 38' 25.23" W4° 20'
56.16"]** (ehem. Clanland and Sealpoint
mit Visitor Centre, Parkplatz, Cafeteria,
Souvenirladen). Das in einem restaurierten, für die Gegend einst typischen
Renthouse (Lagerhaus) eingerichtete
Besucherzentrum informieren u. a. über
die Geschichte des Munro Clans.

Abstecher auf die Halbinsel Black Isle

Auf der Weiterfahrt bietet sich nach
Überqueren des Cromarty Firth bei **Cul-
bokie** oder bei **Tore** abermals Gelegenheit zu einem Abstecher, diesmal auf die
von den Meeresarmen Cromarty Firth
im Norden und Beauly Firth und Moray Firth im Süden und Osten begrenzte
Halbinsel Black Isle.

Zu den Sehenswürdigkeiten zählen
an der Ostküste von Black Isle in **Fortrose** die **Fortrose Cathedral [N57° 34'
52.34" W4° 7' 52.43"]**, die Ruine eines
gotischen Kirchenschiffs aus dem 14. Jh.,
dann das **Groam House Museum [N57°
35' 26.76" W4° 6' 54.59"]**, High Street,
ein kleines Heimatmuseum in **Rosmar-
kie** oder in **Cromarty** das strohgedeckte
Hugh Miller's Cottage (NTS) **[N57° 40'
48.35" W4° 1' 50.62"]** *(geöffnet Mitte
März - Sept. tgl. 13 - 17 Uhr letzter Einlass
16.30 Uhr; www.nts.org.uk/visit/places/
hugh-millers-birthplace/)*, das Geburtshaus des in Schottland bekannten Stein-
metzen Hugh Miller (1802 – 1856). Multivision über das Leben und Werk des
Meisters.

Auf dem Friedhof von **Avoch** liegt
Sir Alexander MacKenzie (1764 – 1820)
begraben. Er erforschte die Nordwest
Territorien in Kanada und befuhr 1789

CAMPING

Rosemarkie
**Camping Rosemarkie Camping & Caravan Club Site [WP 214 / N57° 34'
54.41" W4° 6' 40.26"]**, Ness Road East, Tel. +44 (0)1381 62 11 17; www.cam-
pingandcaravanningclub.co.uk/campsites/uk/highlands/fortrose/rosemar-
kie; 1. Apr. – Ende Okt.; beschilderter Abzweig von der A832 (Fortrose-Crom-
arty); über Ness Road East; Wiesengelände in schöner Lage am Meeresarm
Moray Firth, am 1 km entfernten Chanonry Point mit Leuchtturm sind See-
hund- und Delphinbeobachtungen möglich; ca. 2 ha – 60 Stpl. + zahlr. Dau.;
Standardsanitärausstattung.

Dingwall
**Camping Dingwall Camping & Caravan Club Site [WP 215 / N57° 35'
49.66" W4° 25' 9.61"]**, Jubilee Park Road, Tel. +44 (0)1349 86 22 36; www.
campingandcaravanningclub.co.uk/campsites/uk/highlands/dingwall/ding-
wall; 1. Apr. – Ende Okt.; von der A9 (Wick – Inverness) zur A862 Richtung
Dingwall abzweigen, noch 12 km zum Ort, hier der Zufahrtbeschilderung folgen; Wiesengelände am Meeresarm Cromarty Firth; ca. 1,5 ha – 83 Stpl.; Standardausstattung. Waschmaschine, Trockner. **V & E für Wohnmobile**.

als erster den nach ihm benannten Ma-cKenzie River in Kanada, den zweitlängs-ten Fluss Nordamerikas.

HAUPTROUTE

*ROUTE: Der weitere Verlauf unse-rer Hauptroute folgt der autobahnäh-lich ausgebaute A9, die **Inverness** (aus-führliche Beschreibung siehe am Ende der Etappe 11, Aberdeen – Inverness) im Nordosten umgeht. Wir folgen der A9 weiter Richtung **Aviemore**, zweigen aber nach 20 mls/32 km ostwärts ab auf die A938 nach **Grantown-on-Spey**.*

Grantown-on-Spey ist eine ansehn-liche Gemeinde, die im 18. Jh. entstan-den ist. *Sir James Grant*, der damalige Chief des einflussreichen Grant Clans, der schon im 15. Jh. hier ein Castle hat-te, gründete die Stadt. Sie entstand ent-lang der fast schnurgeraden, breiten High Street und um den stattlichen Platz The Square in einem festgefügten Stra-ßenraster.

Als Königin Victoria auf einer ihrer Reisen durch Schottland im Jahre 1860 hierher kam, fasste sie ihre Eindrücke zu-sammen in dem Satz „A town very amu-sing and never to be forgotten".

Diese kleine adrette Gemeinde am Spey, eignet sich gut als Ausgangspunkt für Touren ins Spey-Tal oder für Ausflü-ge zum *Malt Whisky Trail*. In den Wäldern östlich der Stadt wurden Spazierwege angelegt.

Touristische Infos sowie einen kur-zen Einblick in die Geschichte der Regi-on erfährt man im **Grantown Museum [Parkplatz, WP 216 / N57° 19' 56.58" W3° 36' 17.56"]** in der Burnfield Ave. Dort ist auch die Touristeninformation untergebracht.

The Malt Whisky Trail

Der sog. **„Malt Whisky Trail"** ist eine markierte Rundfahrtstrecke von annä-hernd 100 km Länge. Sie führt auf ruhi-gen, manchmal etwas schmalen Neben-straßen durch das Spey-Tal und durch einige Nebentäler, etwa von **Bridge of Brown** und **Tomintoul** bis hinauf nach **Keith**. Auf dem Weg werden so gut wie alle namhaften schottischen Whiskyde-stillerien passiert, deren Produktnamen Weltruf genießen.

Einige Brennereien bieten Führun-gen durch ihre Produktionsstätten an. Der Eintritt ist gewöhnlich frei. Und na-türlich wird der Gast fast immer mit ei-ner Whiskyprobe verabschiedet. Viel-leicht sollten Sie jemanden dabeihaben,

---

PRAKTISCHE HINWEISE – GRANTOWN-ON-SPEY

 Grantown-on-Spey Information Point [Parkplatz, WP 216 / N57° 19' 56.58" W3° 36' 17.56"], im Grantown Museum, Burnfield House, Burnfield Ave., Grantown-on-Spey PH26 3HH, Tel. +44 (0)1479 87 04 77; http://www.gran-townmuseum.co.uk/information-point/. *Geöffnet Apr. - Okt. Mo - Sa 10 - 17 Uhr.*

 HOTELS

Culdearn House ***, ££££**, 6 Zi., Woodlands Terrace, Tel. +44 (0)1479 87 21 06; www.culdearn.com; in einem schönen Landhaus aus 1860 eingerichtetes kleines, aber feines Haus der Firstclass, ausgezeichnetes Restaurant, WLAN. Parkplatz.

Seafield Lodge Hotel *, ££**, 14 Zi., Woodside Ave., Tel. +44 (0)1479 87 21 52; www.seafieldlodge.co.uk; gemütliches Ambiente, Restaurant, Bar, Gar-ten, WLAN. Parkplatz.

 CAMPING

Camping Grantown-on-Spey Caravan Park [WP 217 / N57°20' 4.69" W3° 37' 6.56"], Seafield Ave., Tel. +44 (0)1479 87 24 74; www.caravanscotland. com; ganzjährig; im Ort zur Seafield Ave. und noch ca. 1 km, am nördl. Orts-rand; Wiesengelände und Schotter, teils gestuft, teils eben; ca. 9 ha – 120 Stpl. + zahlr. Dau.; gute Standardsanitärausstattung. Waschmaschine, Trock-ner, WLAN, Internetecke; Mietbungalows. **V & E** für Wohnmobile.

der keinen Whisky mag und rechtzeitig das Steuer übernehmen kann.

Ab Grantown-on-Spey geht es auf der A95 Richtung Keith. Die streckenweise gute Straße führt in halber Höhe am Osthang durch das **Strathspey Tal**. Es ist eine sehr schöne Fahrt am dunklen River Spey entlang.

Man passiert den Abzweig zu **Ballindalloch Castle and Estate [N57° 24' 48.87" W3° 22' 16.03"]** *(geöffnet Ostern - 30. Sept. So - Fr 10 - 17 Uhr, letzter Einlass 16 Uhr; www.ballindallochcastle.co.uk)*. Seit 1546 bis heute ist es im Besitz der Familie Macpherson-Grant und zeigt sehr schön

den Wandel vom wehrhaften Turmhaus des 16. Jh. zum eleganten Landschloss im viktorianischen Stil des 19. Jh.

Auf dem Anwesen, mit seinen besuchenswerten Gärten, wurde vom damaligen Schlossherrn Sir George Macpherson-Grant im Jahre 1860 die berühmte Rinderzucht der Aberdeen Angus Rinder gegründet. Sie gilt heute als die älteste Zuchtart überhaupt.

In Marypark überqueren wir den River Spey (B9138 und weiter B9102). In **Knockandhu** kommt man an der Zufahrt zur **Cardhu Distillery [Parkplatz, WP 218 / N57° 28' 13.53" W3° 20' 54.34"]** vorbei *(Führungen gegen Gebühr: Apr. - Juni Mo - Fr 10 - 17 Uhr; Juli - Sept. Mo - Fr 10 - 17 Uhr, Sa 10 - 16 Uhr, So 11 - 16 Uhr; sonst Mo - Fr 11 - 15 Uhr. Letzte Führung 90 Minuten vor Schließung; http://www.scotchwhisky.net/distilleries/cardhu.htm)*. Von Cardhu, dessen gäli-

scher Name soviel wie „black rock", also „schwarzer Felsen", bedeutet, heißt es, dass Helen, die Frau des Firmengründers John Cumming, die Kleinbauern in den umliegenden Hügeln durch eine rote Fahne vor anrückenden Zollfahndern warnte. Denn früher brannte fast jeder Bauer seinen eigenen Whisky – illegal natürlich.

Zurück auf der A95 erreicht man ca. 6 km südwestlich von **Charlestown of Aberlour** den Abzweig zur **Glenfarclas Distillery [N57° 25' 39.51" W3° 19' 1.32"]** *(Führungen gegen Gebühr und mit beschränkter Personenzahl Apr. - Sept. Mo - Fr 10.30, 12, 14 und 15.30 Uhr; Juli - Sept. auch Sa; Okt. - März nur Mo - Fr; https://glenfarclas.com/tours/)*. Die 1836 gegründete Whiskybrennerei bietet neben Führungen durch die Produktionsstätten auch eine Ausstellung über die Whiskyherstellung und eine audiovisuelle Präsentation.

Von Charlestown of Aberlour nach **Craigellachie** sind es nur noch ca. 5 km. Am westlichen Ortsrand in der Nähe der Einmündung der B9012 sieht man ein Meisterwerk der Brückenbaukunst. *Thomas Telford* entwarf und baute zwischen 1812 und 1814 diese gelungene **eiserne Brücke [Parkplatz, N57° 29' 25.72" W3° 11' 29.72"]**, die den Spey in einem gut 50 m weiten Bogen überspannt. An den Zufahrtsseiten stehen jeweils zwei Steintürme. Bis 1973 tat die Brücke ihren Dienst (A941). Dann wurde daneben eine neue Konstruktion errichtet.

CAMPING

Charlestown of Aberlour
Camping Speyside Gardens Caravan & Camping Park [WP 219 / N57° 28' 27.19" W3° 11' 53.68"], Aberlour Gardens, Tel. +44 (0)1340 87 15 86; www.speysidegardens.com/; 1. Apr. – 31. Okt.; beschilderter Abzweig von der A95 (Keith – Boat-of-Garten) ca. 2 km nordöstl. von Aberlour oder Abzweig von der A941 (Dufftown – Craigellachie); von einer hohen Mauer umgebenes, ebenes Wiesengelände unter hohen Nadelbäumen, einige Schotterstellplätze; ca. 5 ha – 48 Stpl. + Dau; Standardsanitärausstattung, Laden, Waschmaschine, Trockner. **V & E** für **Wohnmobile**.

Uisge beatha
Das schottische Lebenswässerchen

Wahrscheinlich wird in Schottland Whisky gebrannt, seit die ersten Scoten aus Irland an der Westküste landeten. So genau weiß das niemand mehr.

Sicher ist, dass Schottland ohne Whisky nicht denkbar ist und sicher ist auch, dass Whisky in Schottland erst seit 1823 legal gebrannt werden darf. Damals kam König George IV. auf einer Visite in Edinburgh 1822 auf den Geschmack des „Lebenswässerchens" und erteilte königliche Lizenzen zur offiziellen Whiskydestillation.

Bis dahin war der Whiskyhandel genauso lukrativ wie gefährlich. Viele der alten Schmuggelwege, über die das schottische Lebenswässerchen früher heimlich, aber in Mengen transportiert wurde, sind heute noch bekannt. Übrigens ist der gälische Name für Whisky *„Uisge beatha"*, was nichts anderes als *„Wasser des Lebens"* bedeutet.

Drei große Whiskysorten haben sich in Schottland etabliert – „Malt Whisky", „Grain Whisky" und der wohl bekannteste und am meisten konsumierte „Blended Whisky".

„Malt Whisky" (auch single malt) wird aus gemälzter Gerste (barley) und Roggen (yeast) gebrannt. **„Grain Whisky"** dagegen wird aus gemälzter Gerste, Mais und Roggen hergestellt, wobei der Anteil des Gerstenmalzes 16 Prozent kaum einmal übersteigt. **„Blended Whisky"** schließlich ist ein sorgfältiger Verschnitt (Mischung) aufeinander abgestimmter Whiskys verschiedener Altersstufen. Zu den feinsten Produkten zählen die Single Malt Whiskys.

Welche der oben genannten Grundsubstanzen auch verarbeitet werden, „Scotch Whisky" darf sich nur nennen, was in Schottland gebrannt wurde und mindestens drei Jahre in Holzfässern lagerte. Gewöhnlich werden zum Lagern und Reifen Eichenfässer verwendet, die ehemals zum Ausbau von Sherry dienten. Aber fast alle Whiskys lagern mindestens fünf oder sechs Jahre.

„Scotch on the rocks", gar mit Soda, oder noch schlimmer, mit Cola gemixt, klingt zwar cool, aber stilecht ist das nicht. Kenner schwören darauf, dass ein echter „single malt" mit nichts gestreckt werden darf und pur am allerbesten schmeckt. Allerhöchstens ein Tropfen reinen Quellwassers ist zum Beimengen erlaubt. Zumindest im traditionsverbundenen Schottland denkt man so. Außerlandes allerdings lassen sich die Verkaufsstrategen alle möglichen Mixturen und Cocktails einfallen, um Scotch Whisky dem breiten Publikum an den Hotel- und Strandbars rund um den Globus schmackhaft zu machen.

Bekannte Marken bei den „single malts" sind Glenfiddich, The Glenlivet, Glen Grant, Glenmorangie, The Cardhu, Macallan, Balvenie, Glen Deveron Glen Moray, u. v. a.

Hier in Kurzform die **Stationen auf dem Herstellungswege** zu feinem Malt Whisky, unter Verwendung von Angaben der Glenfiddich Distillery in Dufftown:

Die Bestandteile von Pure Malt Whisky sind reines Quellwasser, zu Malz verarbeitete Gerste (malted barley) und Brauhefe.

Das Mälzen (malting): Die Gerste wird in Wasser eingeweicht. Dabei beginnt sie zu keimen. Dieser Prozess ist wichtig, weil sich beim Keimen Stärke in
Malzzucker umwandelt. Und Zucker wiederum ist nötig, um in späteren Pro-
zessen daraus durch Gärung Alkohol zu gewinnen.

Nach einer Keimzeit von sechs bis acht Tagen wird das Malz getrocknet. Früher geschah das – und manche Häuser geben an, das heute noch zu tun – in
der Darre über Torffeuer, was dem Whisky später seinen eigenen Geschmack
gibt. Diese Darren befinden sich unter den pagodenartigen Dächern, die typisch für die schottischen Whiskybrennereien sind. Viele Betriebe kaufen heute fertig gekeimtes und getrocknetes Malz, das allerdings nach den ganz indi-
viduellen Wünschen der jeweiligen Brennerei hergestellt wurde.

Das Maischen (mashing): Das Malz wird fein gemahlen und mit heißem
Wasser in großen offenen Maischbottichen vermischt. Dabei löst sich der Zucker aus dem Malzschrot. Die festen Bestandteile werden ausgefiltert. Übrig
bleibt die Maischwürze (engl. wort), eine zuckerhaltige Flüssigkeit. Sie wird auf
die zur Gärung notwendige Temperatur herabgekühlt.

Das Gären (fermentation): Mit 1 % Brauhefe vermischt wird die Maischwürze in riesige Gärtanks aus Lärchen- oder Tannenholz, die bis zu 45.000 Liter fassen, gepumpt. Innerhalb von zwei Tagen sind Zucker und Hefe zu Alkohol ver-
goren. Diese vergorene Maische (engl. wash) enthält nun 6 % Alkohol. Bis hierher ähnelt die Prozedur stark der Bierherstellung.

Das Destillieren (distillation): Die vergorene Maische „wash" wird nun in
die „pot stills", diese typischen, zwiebelförmigen Kupferkessel geleitet und dort
soweit erhitzt (gebrannt), bis der Alkohol verdampft. Das Destillat wird kon-
densiert und läuft in eine zweite Brennblase zur erneuten Destillation.

Durch den ersten Brennvorgang (wash still), der das Destillat von allen
Schwebstoffen reinigt, erhält man niederprozentige „Weine" (low wines) mit
annähernd 25 % Alkoholgehalt. Diese Weine werden erneut gebrannt. Wichtig
für die spätere Qualität des Produkts ist dabei, dass der erste Teil (Vorlauf) und
der letzte Teil (Schwanz) des Destillats sorgfältig vom mittleren Teil, dem „mittleren Abzug" getrennt werden. Denn nur dieses „Herzstück", das nun rund 70
% Alkohol aufweist, wird weiter ausgebaut. Beurteilung und Trennung der einzelnen Abzüge erfordert immense Erfahrung.

Das Reifen (maturation): Das gewonnene 70%ige Destillat wird in Eichenfässer gefüllt und gelagert. In der mindestens dreijährigen Lagerzeit verduns-
ten zwischen 4 % und 6 % des Alkohols durch das Holz, das dem ursprünglich
glasklaren, farblosen Destillat seine Farbe gibt. Die im Laufe der Lagerung ver-
dunstete Menge Whisky wird als „the angels' share", der „Anteil der Engel" bezeichnet. Nach der Mindestlagerzeit darf sich dieses in Schottland hergestell-
te Produkt nun „Scotch Whisky" nennen. Die meisten Brennereien lagern ihre
Whiskys aber wesentlich länger. Acht Jahre sind fast die Regel, zehn und zwölf
Jahre keine Seltenheit.

Vor dem **Abfüllen** (botteling) wird des fertige Destillat mit Wasser (oft wird
gesagt es sei pures Quellwasser aus den Highlands, das für den unverwechsel-
baren Geschmack des Scotch Whisky mitverantwortlich ist) vermischt und auf
Trinkstärke von 40 % bis 43 % Alkohol gebracht.

Dufftowns Clock Tower

Mehr Infos über Keith siehe Tour 11, Aberdeen – Inverness.

Eine Abkürzung ab Craigellachie ist der Weg über die A941 direkt nach Dufftown.

Auf dem Weg nach Dufftown kann man die Großböttcherei **Speyside Cooperage** besichtigen *(geöffnet ganzjährig Mo - Fr 9 - 17 Uhr, halbstündliche Führungen, letzte Tour 5.30 Uhr; www.speysidecooperage. co.uk)*. Hier werden jährlich bis zu 100.000 Eichenfässer repariert. Auf der Besucher-Galerie kann man den Böttchern bei ihrem alten Handwerk zusehen.

Dufftown, eine kleine Stadtgemeinde mit kaum 1.700 Einwohnern, kann als Zentrum der schottischen Maltwhiskyproduktion bezeichnet werden. *James Duff*, 4th Earl of Fife, gründete die Gemeinde im Jahre 1817. Mit dem Bau der Stadt, die damals noch nicht Dufftown sondern *Balvenie* hieß, sollte die große Arbeitslosigkeit im Spey Tal nach den Napoleonischen Kriegen verringert werden.

Fährt man den Malt Whisky Trail ganz aus, liegt auf dem Wege noch **Rothes** (A941) die **Glen Grant Distillery [Parkplatz, WP 220 / N57° 31' 52.05" W3° 12' 33.87"]** *(Führungen Apr. - Okt. tgl. 9.30 - 17 Uhr; Nov. - März Mo - Sa 9.30 - 16.30 Uhr, letzte Tour 1 Std. vor Schließung; www.glengrant.com)*.

In **Keith**, rund 20 km/12 mls weiter östlich, befindet sich die **Strathisla Distillery** der Chivas Brothers Ltd. **[Parkplatz, N57° 32' 49.72" W2° 57' 14.41"]** *(geöffnet Mitte März - Mitte Nov. Mo - Sa ab 10 Uhr, So ab 12 Uhr; Führungen, Dauer 60 Min., sind gebührenpflichtig, letzte Tour 16 Uhr; www.spiritofspeyside.com/ planning_your_visit/speyside_distilleries/257_strathisla_distillery; www.chivas. com/de-de/the-story/strathisla)*. Diese Whiskybrennerei stammt aus dem Jahre 1786 und ist eine der ältesten in ganz Schottland.

Mitten im Ort erhebt sich unübersehbar der viereckige **Clock Tower**. Dieser mächtige Uhrenturm stammt aus dem Jahre 1839 und diente ursprünglich als Stadtgefängnis.

Die Turmuhr, „The clock that hanged MacPherson", kam aus Banff nach Dufftown. Folgende Legende rankt sich um die Uhr: MacPherson, ein Räuber und Tunichtgut, sollte an den Galgen. Nun wollte aber die Bevölkerung, unter der er gerne gelitten war, ein Gnadengesuch einreichen. Um dem zuvorzukommen, stellte Lord Braco, Sheriff in Banff, die Uhr um eine Stunde vor, und gewann so Zeit das Urteil zu verkünden und zu vollstrecken – heißt es.

Dufftowns Gemeindekirche, die **Mortlach Parish Church [N57° 26' 35.00" W3° 7' 36.04"]** am südlichen Stadtrand in der Church Street, zählt zu einer der ältesten der Region. Schon im 6. Jh. soll sie von St. Moluag gegründet worden sein. Ihr heutiges Erscheinungsbild erhielt die Kirche allerdings beim Wiederaufbau 1876. Zu sehen sind schöne Bleiglasfenster, „The Elephant Stone", ein alter piktischer Symbolstein, und auf dem Friedhof ein allerdings schon stark verwittertes, etwa 1,75 m hohes piktisches Kreuz.

Dufftown liegt an einem kurzen Seitenarm des **Wanderweges Speyside Way.** Der Weg ist insgesamt 68 km lang und führt von der Spey Bay am Moray Firth durch das malerischen Tal des Spey River über Craigellachie und später durch das Tal Strath Avon nach Tomintoul, dem Südende des Weges.

Wer sich für die Herstellungsweise des schottischen Nationalgetränks Whisky interessiert, dem empfiehlt sich die Besichtigung der **Glenfiddich Distillery [Parkplatz, WP 221 / N57° 27' 12.31" W3° 7' 42.88"]** *(geöffnet: Ganzjährig gebührenpflichtige Führungen (£ 10,- pro Person, Mindestalter 18 Jahre, Dauer 1,5 Stunden) Mo - Fr 9.30 - 16 Uhr, Tel. +44 (0)1340 82 03 73; www.glenfiddich.com)*, die nur ein kurzes Stück nördlich des Ortes an der Straße A941 liegt.

Die Glenfiddich Distillery, ein weiteres renommiertes Haus langjähriger Maltwhisky Produktion, wurde 1887 von *William Grant* gegründet und ist seitdem im Besitz der Familie. „Glenfiddich" bedeutet übrigens etwa soviel wie „Hirschtal".

Neben dem geführten Rundgang durch den Betrieb von 90 Minuten Dauer, von den riesigen Maischbottichen, über die kupfernen Destillierkessel bis zu den unter Zollverschluss stehenden Lagerhallen, ist es hier vor allem die gekonnt gemachte und präsentierte Multivisionsschau, die den Weg hierher lohnt. In einer interessanten Bildfolge wird der Gast nicht nur über das Unternehmen der Familie Grant informiert, sondern auch mit herrlichen Bildern schottischer Landschaften und Musik aus den Highlands unterhalten. Und natürlich erfährt man dabei – übrigens in nicht weniger als sechs Sprachen – alles über die Herstellung feinen Single Pure Malt Scotch Whiskys. Selbstverständlich wird auch hier der Gast mit einer Whiskyprobe verabschiedet.

Ganz in der Nähe des Parkplatzes der Glenfiddich Distillery liegt **Balvenie Castle** (HS) **[N57° 27' 10.83" W3° 7' 25.63"]** *(geöffnet Apr. - Sept. tgl. 9.30 - 18.30 Uhr; www.historicenvironment.scot/visit-a-place/places/balvenie-castle/).* Man erreicht es zu Fuß in wenigen Minuten vom Parkplatz bei der Glenfiddich Distillery aus.

Die inzwischen zu einer, wenn auch malerischen, Ruine verfallene Burg stammt wahrscheinlich aus dem 13. Jh. und war damals Sitz der Comyns. Edward I. von England hielt sich hier im Jahre 1304 auf. Von 1459 bis ins 17. Jh. war Balvenie Castle im Besitz der Stewarts, Earls of Atholl. 1562 machte Maria, Königin der Schotten, während ihrer Kampagne gegen die Gordons hier Station. Der Marquis of Montrose fand 1644 Zuflucht auf der Burg, die später von königstreuen Jakobiten eingenommen und 1746 schließlich von Regierungstruppen unter Cumberland besetzt wurde.

Man sagt, dass zum Bau von Balvenie Castle Steine verwendet wurden, die vom etwa 2,5 km südöstlich von Dufftown gelegenen **Auchindoun Castle** stammen sollen. Die Burg war von Robert Cochran, einem Gefolgsmann der schottischen Könige, im 15. Jh. errichtet worden. Cochran wurde aber vom schottischen Landadel 1482 gehängt. Das Anwesen fiel danach zunächst an die Ogilvies später an die Gordons.

In der Zeit der Kriege, die Maria Stuart führte, war Auchindoun Castle die Festung des *Edom o'Gordon*, der 1571 Corgarff Castle verwüstete. Nach einer Auseinandersetzung zwischen den Gordons und den MacIntoshs, bei der Lady Gordon Willie MacIntosh mit dem Schwert gekonnt den Kopf abschlug, brannten die MacIntoshs die Burg 1592 nieder.

Die Ruinen von Auchindoun Castle liegen auf den Hügeln im Glen Rinnes und sind von der Straße A941 zu sehen. Das Betreten ist wegen Baufälligkeit nicht ratsam.

*ROUTE: Die Weiterfahrt von Dufftown auf der B9009 nach Südwesten führt durch die sanfte Hügellandschaft des Glen Rinnes. Bald stößt man kurz vor **Tomnavoulin** auf das Flüsschen Livet Water im Glen Livet. Für ein kurzes Stück verlassen wir den eigentlichen Malt Whisky Trail, fahren zunächst nordwärts nach **Glenlivet** und von dort durch das schöne Tal des Avon (B9136) südwärts Richtung **Tomintoul**.*

Bei **Glenlivet** kann **The Glenlivet Distillery** besichtigt werden [**Parkplatz, WP 222 / N57° 20' 37.91" W3° 20' 20,66"**] (Visitor Centre, Shop, geöffnet Mitte März - Anf. Nov. tgl. 9.30 - 18 Uhr; alle 30 Min. gebührenpflichtige Führungen, £ 10.- pro Person, Dauer 75 Min.; https://www.maltwhiskydistilleries.com/theglenlivet/). Die Brennerei wurde 1746 von John Gow, der seinen Namen anglisierte in John Smith, gegründet. Da-

mals war Whiskybrennen zwar illegal, aber niemand nahm das Verbot wirklich ernst oder sah in der Herstellung feiner Lebenswässerchen gar eine Gesetzesübertretung.

George Smith, der Enkel des Firmengründers, erwarb als einer der ersten eine Lizenz, die es ihm erlaubte, Whisky legal zu brennen. Heute gehört das Unternehmen zum kanadischen Spirituosenhersteller Seagram.

Auf einer 30-minütigen Führung sieht der Besucher die Produktionsstätten. 10-minütigen Videofilm zum Thema Whiskyherstellung.

Auf der Weiterfahrt nach Grantown-on-Spey über die A939 hat man von der Anhöhe hinter **Bridge of Brown** einen weiten Blick auf die schöne Hügellandschaft der Grampians.

Ausflug zum Glenmore Forest Park

*ROUTE: Wir verlassen Grantown-on-Spey zunächst auf der A95 Richtung Keith, zweigen aber schon nach kurzer Zeit südwärts ab auf die B970 und gelangen über **Nethy Bridge** nach **Boat of Garten**.*

Der nostalgische Bahnhof von **Boat of Garten** [**Parkplatz, WP 223 / N57°**

Die Glenlivet Distillery

14' 55.52" W3° 45' 6.22"] ist Endstation der historischen **Strathspey Railway**. Die Dampfzüge der Veteranenbahn verkehren zwischen Broomhill, Boat of Garten und Aviemore von Anfang April bis Mitte Oktober bis zu dreimal täglich. Fahrzeit rund 20 Minuten; www.strathspeyrailway.co.uk/(siehe auch unter Aviemore).

In **Carrbridge**, unweit nördlich von Boat of Garten gibt es den **Landmark Forest Heritage and Adventure Park** [N57° 16' 44.43" W3° 48' 43.16"] *(geöffnet Apr. - Mitte Juli + Okt. - März tgl. 10 - 17 Uhr; Mitte Juli - Mitte Aug. tgl. 10 - 19 Uhr; Mitte Aug. - Ende Sept. tgl. 10 - 18 Uhr; www.landmarkpark.co.uk)* zu besichtigen, etwas für die ganze Familie. Geboten wird eine Mischung aus Freilichtmuseum (Filmpräsentation, alte Sägemühle) und Freizeitpark mit Naturlehrpfaden, einem „treetop trail", Feuerwachturm, Abenteuerspielplatz, Restaurant, u. a.

In der Nähe von Boat of Garten liegt im **Loch Garten Natur Reservat** der **Osprey Observation Point [N57° 14' 40.29" W3° 41' 43.59"]**. Der Seeadler (osprey) galt in Schottland lange als ausgestorben. Seit ungefähr 1960 sind hier wieder einige Adlerpaare heimisch und können gewöhnlich zwischen Ende April und August beobachtet werden.

Aviemore [Parkplatz, WP 224 / N57° 11' 22.81" W3° 49' 46.27"] (ca. 2.400 Einw.), eine Stadt mit dem Gesicht eines aufstrebenden Ferienzentrums, kann als touristischer Mittelpunkt in der Grampian Region, zumindest aber von Speyside, bezeichnet werden. Sommer- wie Wintersportmöglichkeiten werden geboten, dazu zählen z. B. Reiten, Segeln, Angeln, Golfen und Skifahren.

Allerlei Zeitvertreib findet man im **Aviemore Centre** mit Kino, Schwimmbad und Sauna, Sommerski- und Gokart-Bahn, Eislaufring und Squashcourts, Restaurant und Abendveranstaltungen.

Aviemore ist der Heimatbahnhof der **Strathspey Railway [Parkplatz, WP 224 / N57° 11' 16.80" W3° 49' 45.42"]**. Die Strecke über Boat of Garten bis Forres wurde 1863 gebaut und war ein Nebenarm der Hauptroute nach Inverness. Seit 1971 stehen die wunderschön restaurierten Dampfloks mit ihren stilechten Waggons nun als Veteranenbahn zwischen Aviemore, Boat of Garten und Broomhill einzig und allein im Dienste der Touristen. Die Bahn verkehrt täglich von Anfang April bis Mitte Oktober bis zu dreimal täglich. Aviemore Station, Dalfaber Road, Tel. +44 (0)1479 81 07 25; www.strathspeyrailway.co.uk.

The Boat Hotel ****, £££, 34 Zi., Deshar Road, Tel. +44 (0)1479 83 12 58; www.boathotel.co.uk; Mittelklassehotel mit Restaurant, Bar, WLAN, Parkplatz.

CAMPING

Coylumbridge bei Aviemore
Camping Rothiemurchus Camping and Caravan Park [WP 225 / N57° 10′ 26.84″ W3° 47′ 47.56″], Tel. +44 (0)1479 81 28 00; www.rothiemurchus.net; Jan. – Okt. und Dez.; bei Coylumbridge, über B970 Richtung Glenmore Forest Park kurz vor Coylumbridge südwärts abzweigen; Wiesen in Waldgelände an einem Flüsschen, ansprechende Lage; ca. 1 ha – 40 Stpl. + Dau.; Standardsanitärausstattung. Waschmaschine, Trockner. **V & E für Wohnmobile.**

Dalraddy bei Aviemore
Camping Dalraddy Holiday Park [N57° 9′ 4.02″ W3° 53′ 22.23″], Dalraddy, Tel. +44 (0)1479 81 03 30; www.alvie-estate.couk/dalraddy-holiday-park; Jan. – Dez.; an der B9152 (alte A9) ca. 6 km südl. Aviemore; Wiesen in waldreicher Umgebung; ca. 10 ha – 50 Stpl.; Standardsanitärausstattung. Laden, Waschmaschine, Trockner. Miethütten und Mietcaravans.

Glenmore Forest Park
Camping Glenmore Camping & Caravaning Site [WP 226 / N57° 10′ 1.98″ W3° 41′ 40.15″], Tel. +44 (0)1479 86 12 71; www.campingintheforest. co.uk/scotland/aviemore/glenmore-campsite; 1. Jan – 31. Dez.; im Glenmore Forest Park, über B970, ca. 9 km östlich von Aviemore; Platz der Forstverwaltung; Wiesengelände am Ostufer des **Lake Morlich** in schöner Lage; wie alle Plätze um Aviemore im Sommer sehr stark frequentiert; ca. 7 ha – 170 Stpl. + Dau.; gute Standardsanitärausstattung. Laden, Imbiss, Waschmaschine, Trockner.

Ein lohnender Abstecher von Aviemore führt hinein in den **Glenmore Forest Park.** Inmitten des herrlichen Waldgebiets liegt der von Bergen umgebene **Loch Morlich**. Windsurfen und Segeln sind hier beliebte Wassersportarten. Kanus können gemietet werden. Am See liegt ein *Campingplatz* (siehe unten). Ganz in der Nähe findet man ein Informationszentrum, Geschäfte und eine Cafeteria. In dem ca. 4.800 ha großen Natur- und Landschaftsschutzgebiet des Glenmore Forest Parks an den Hängen der **Cairngorm Mountains** bieten sich reichlich Gelegenheiten zu Wanderungen.

Die Straße durch den Park führt am See Lake Morlich hinauf zum 1.245 m hohen **Cairn Gorm**. Sie endet unterhalb des Gipfels an einem großen **Parkplatz [WP 227 / N57° 8′ 3.54″ W3° 40′ 15.52″]** an der Base Station (Cairngorm Day Lodge, Snackbar). Bereits von hier bieten sich **schöne Ausblicke**.

Von dort führt die 2 km lange **Funicular Railway**, eine Standseilbahn, hinauf zur Cafeteria auf dem Gipfel. Sie liegt 1.097 m hoch und soll der höchstgelegenen Aussichtspunkt Großbritanniens sein. Bei schönem, klaren Wetter genießt man von dort herrliche Ausblicke über das Strathspeygebiet. Die Bahn verkehrt täglich zwischen 9 und 16.30 Uhr in Betrieb (wetterabhängig); www.cairngormmountain.org; Tel. +44 (0)1479 86 12 61.

Mein Tipp! Vergessen Sie nicht, auch bei schönem Wetter, ein wärmendes Kleidungsstück mit auf die Bergfahrt zu nehmen. Die Bergregion ist eine wetterwendische Gegend und oben kann es ganz schnell empfindlich kalt werden.

Man hat die Möglichkeit sich Wildhütern anzuschließen (Auskünfte darüber im Informationsbüro). In ihrer Begleitung kann man die einzige Rentierherde auf den Britischen Inseln beobachten (Gebühr). Auf Wanderungen können mit etwas Glück auch Adler, Wildkatzen oder Hirsche gesehen werden.

Ein längerer Aufenthalt im Glenmore Forest Park lohnt durchaus.

Rund 10 Meilen weiter südwestlich von Aviemore kann in **Kincraig** der **Highland Wildlife Park [Parkplatz, N57° 6' 27.22" W3° 58' 32.86"]** (diverse Vogelarten, Hochlandrinder, Bisons, Rotwild, Wölfe, Wildkatzen, Murmeltiere u. v. a.) besichtigt werden *(geöffnet Juli - Aug. tgl. 10 - 18 Uhr; Apr. - Okt. 10 - 17 Uhr; Nov. - März 10 - 16 Uhr, letzter Einlass 1 Stunde vor Schließung; www.highland-wildlifepark.org.uk)*

Und ca. 4 km westlich von **Kingussie** (Tourist Information; Hotels), fast schon in Newtonmore, liegt an der A86 das **Highland Folk Museum [Parkplatz, WP 228 / N57° 4' 11.09" W4° 6' 10.67"]** *(geöffnet Apr. - Aug. tgl. 10.30 - 17.30 Uhr; Sept. + Okt. tgl. 11 - 16.30 Uhr, Eintritt frei; www.highlifehighland.com/highlandfolk-museum/)*, ein interessantes Freilichtmuseum, u. a. mit einer alten Mühle und mit aus Torfziegeln erbauten „Black Houses" von den Hebriden, als Sehenswürdigkeit. Im Museum sind Kleidungsstücke, Musikinstrumente, Tartans und diverse andere Gegenstände ausgestellt, die Einblick in die Lebensweise der Highlander in früheren Zeiten bieten.

Außerhalb von Kingussie findet man die Ruinen der **Ruthven Barracks [Parkplatz, N57° 4' 16.12" W4° 2' 20.36"]**. Auf dem Gelände, auf dem einst eine Festung des Wolf of Badenoch stand, wurde zu Beginn des 18. Jh. unter General Wade eine feste Garnison errichtet, um aufständische Highlander in Schach zu halten. Nach der Niederlage von Culloden floh Prince Charles Edward Stuart hierher in der Hoffnung, seine restlichen Truppen erneut zu formieren. Als allerdings die Aussichtslosigkeit seiner Situation erkannt wurde, sprengte man die gesamte Kasernenanlage von Ruthven in die Luft.

Kein Stadtfest und keine Highlandgames ohne Dudelsackband

TOUR 21: GRANTOWN-ON-SPEY – BLAIR ATHOLL

Länge der Tour:	Rund 220 km /137 mls.
Die Route:	Über die Straße A939 und über **Tomintoul** und **Cock Bridge** bis **Crathie** – A93 über **Braemar** bis **Bridge of Cally** – A924 bis **Pitlochry** – A9 bis **Blair Atholl**.
Reisedauer:	Mindestens ein Tag.
Höhepunkte:	Fahrt über die **Grampian Mountains** – die königliche Sommerresidenz **Balmoral Castle *** – **Braemar Castle *** – die **Edradour Distillery **** – **Blair Castle ****.

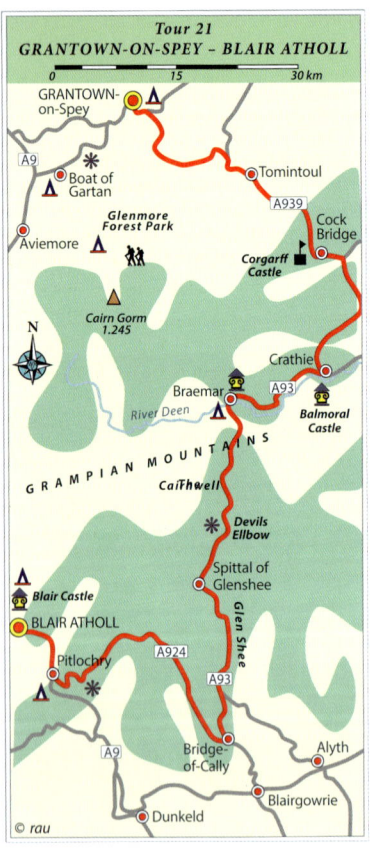

*ROUTE: Von Grantown-on-Spey führt unser Reiseweg südostwärts und über die A939 nach **Tomintoul** und weiter Richtung **Braemar**.*

Die landschaftlich sehr reizvolle Weiterfahrt ab Grantown-on-Spey geht über die **Grampian Mountains** ins Dee-Tal. Zunächst führt die steil ansteigende Straße über den 545 m hohen *Lecht Pass* nach **Cock Bridge**, das sehr idyllisch von Hügeln umgeben am Flüsschen Don liegt. Zuvor hat man aber von der Passhöhe (Parkplatz) einen wunderschönen Blick nach Südosten über die Grampians und hinab ins Don-Tal.

An den sanft geschwungenen, einsamen und menschenleeren Hängen der Südseite des Tales erkennt man das völlig isoliert stehende **Corgarff Castle [Parkplatz, Fußweg, WP 229 / N57° 9' 55.27" W3° 14' 4.85"]** *(geöffnet Apr. - Sept. tgl. 9.30 - 17.30 Uhr, letzter Einlass 30 Minuten vor Schließung; www.historicenvironment. scot/visit-a-place/places/corgarff-castle/).*

1537 wurde die Burg in der von den schottischen Lairds des 16. Jh. beliebten Manier eines Turm-Hauses errichtet. Aber schon 1571 brannte Edom o'Gordon das ganze Anwesen nieder. Die Familie des damaligen Schlossherrn, Alexander Forbes, kam in den Flammen um. 1715 und 1745 spielte Corgarff Castle, zwischenzeitlich restauriert, eine wichtige Rolle während der Jakobitenaufstände und diente später englischen Truppen, den berüchtigten *Redcoats*, als militärischer Stützpunkt. Von hier aus sollte der Whiskyschmuggel kontrolliert und unterbunden werden.

ROUTE: Der Verlauf unserer Route folgt weiter der A939 und führt wieder

Einsamer Wächter in den Grampian Mountains, das Corgarff Castle

hinauf in die baumlose Hügellandschaft. *Abermals genießt man auf diesem sehr schönen Streckenabschnitt weite Ausblicke über Berge und Täler. Auf guter Straße erreicht man* **Gairnshiel**.

In **Gairnshiel** überspannt eine schöne steinerne Bogenbrücke schwungvoll den River Gairn. Gleich nach der Brücke halten wir uns rechts und fahren westwärts, abermals eine Hügelkette überquerend, nun auf der B976 hinab nach **Crathie** und **Balmoral**. Dort findet man ganz in der Nähe der Einmündung in die Hauptstraße A93 gebührenpflichtige **Parkplätze [WP 230 / N57° 2' 24.23" W3° 12' 56.56"]** für Besucher des Balmoral Castle (längerer Fußweg).

Gegenüber von diesen Parkplätzen (Crathie Info-Pavillon) liegt an der Nordseite der A93 etwas erhöht **Crathie Church [N57° 2' 23.16" W3° 12' 45.90"]**. Den Grundstein zu dieser Kirche legte 1893 Königin Victoria persönlich. Seither wohnen die Mitglieder der Königlichen Familie, wenn sie sich auf Balmoral Castle aufhalten, hier gelegentlich Gottesdiensten bei. Ein Gedenkstein auf dem Friedhof erinnert an John Brown, den langjährigen Leibdiener Königin Victorias; www.braemarandcrathieparish.org.uk.

Balmoral Castle (*geöffnet Apr. - Juli tgl. 10 - 17 Uhr, letzter Einlass 16.30 Uhr; www.balmoralcastle.com*) ist die königliche Sommerresidenz in Schottland. Das Anwesen liegt inmitten eines herrlichen Parks im Dee-Tal.

Früher stand hier die Burg der Farquharsons. Bereits 1484 war der Platz unter dem Namen *Bouchmorale* bekannt.

In königlichen Besitz kam die Domäne 1852. Königin Victoria hatte das damalige Rittergut 1848 auf einem Gemälde gesehen und war von dem Anblick so angetan, dass sie, zusammen mit ihrem Gemahl Prince Albert, das Gut für 31.000 Pfund Stirling erwarb. William Smith aus Aberdeen wurde daraufhin mit dem Umbau und der Erweiterung beauftragt. Prince Albert lieferte die Planvorlagen dazu. 1855 konnte das aus weißem Granit erbaute neue Schloss erstmals bezogen werden. Es wurde zu einer der Lieblingsresidenzen von Königin Victoria.

In den Monaten April bis Juli ist der Park mit seinen herrlichen alten und seltenen Bäumen und den Spazierwegen der Öffentlichkeit zugänglich, allerdings nicht, wenn sich Mitglieder der Königlichen Familie in Balmoral aufhalten.

Im Schloss selbst kann nur eine Ausstellung im **Ballsaal** (Aquarelle ver-

Balmoral Castle, königliche Residenz in den Highlands

schiedener Clan Chiefs, ein Schreibtisch Queen Victorias, diverse viktorianische Utensilien u. a.) besichtigt werden. Besuchern stehen außerdem ein Visitor Information Centre mit Cafeteria und Souvenirladen zur Verfügung.

In der Nähe von Balmoral Castle wurden vor einigen Jahren in den Grampian Highlands Szenen zu dem Film „Ihre Majestät Mrs. Brown" gedreht. Der Film er-

zählt die außergewöhnliche Liebesgeschichte zwischen Königin Victoria und ihrem schottischen Diener John Brown, der aus den Highlands stammte.

ROUTE: Weiterfahrt über die A93 in westlicher Richtung. Die Straße führt am River Dee entlang. Bald sieht man die linkerhand gelegene mehrbogige Steinbrücke **Bridge of Dee** *und erreicht we-*

Brücke über den River Dee

nige Meilen weiter **Braemar Castle**.

Braemar Castle [Parkplatz, WP 231 / N57° 0' 48.88" W3° 23' 38.02"] *(geöffnet Apr. - Juni + Sept. - Okt. Mi - So 10 - 17 Uhr; Juli + Aug. tgl. 10 - 17 Uhr; www.braemarcastle.co.uk)*, dieses graue, auf den ersten Blick wenig attraktive Tower-House mit L-förmigem Grundriss, stammt aus den Anfängen des 17. Jh. und war damals Sitz der Earls of Mar. Heute ist das Anwesen im Besitz der Farquharsons of Invercauld.

Zu besichtigen sind der zentrale Rundturm mit einer Wendeltreppe und unterirdischen Verliesen.

Schon vor mehr als tausend Jahren stand an dieser Stelle eine Festung, von der aus Piktenkönige die Furt über den Dee kontrollierten. Auch später hielten sich hier gekrönte Häupter auf. König Angus V.,

Braemar Castle

ums Jahr 1000 Kenneth III. und danach Malcolm III. sollen hier zeitweise residiert haben.

PRAKTISCHE HINWEISE – BRAEMAR

Braemar Information Centre [N57° 0' 20.60" W3° 24' 0.58"], Unit 3, The Mews, Mar Road, Braemar, AB35 5YL, Tel. +44 (0) 1339 74 16 00; www.braemarscotland.co.uk. *Geöffnet Mitte Mai - Ende Juli + Anf. bis Ende Sept. tgl. 9.30 - 17 Uhr; Ende Juli - Anf. Sept. tgl. 9.30 - 18 Uhr; übrige Zeit tgl. 9.30 - 16.30.*

HOTEL

The Invercauld Arms ***, ££, 55 Zi., Main Street, Tel. +44 (0) 1339 74 16 05; http://the-invercauld-arms.hotels-aberdeenshire.com/en/; zentral gelegenes, gutes Mittelklassehotel in einem Gebäude von 1645, angenehmes Restaurant, Bar, „Rebel Lounge" mit Live Music, WLAN, Privatparkplatz.

CAMPING

Camping Braemar Caravan Park [WP 232 / N57° 0' 6.59" W3° 23' 37.87"], Glenshee Road, Tel. +44 (0)1339 74 13 73; www.braemarcaravanpark.co.uk; Anf. Dez. – Ende Okt.; Gelände am südlichen Ortsrand an der A93; ebene Wiesen mit Hartstandplätzen, mit Birken und Büschen; ca. 4 ha – 90 Stpl. + Dau., Standardsanitärausstattung. Laden, Kiosk, Waschmaschine, Trockner, WLAN. Mietcaravans. **V & E** **für Wohnmobile.**

Folkloretanz bei Highland Games

Konkreter wird die Chronik ab 1628. Damals baute John Erskine, 7. Earl of Mar, hier sein *Old Mar Castle*. Man gab zwar vor, nur einen Jagdsitz zu errichten, in Wirklichkeit aber wollte man den benachbarten Farquharsons aus Invercauld auf die Finger sehen, die zielstrebig ihre Macht ausbauten. Es dauerte auch kaum 60 Jahre bis John Farquharson, genannt der Schwarze Colonel von Invercauld, die Burg niederbrannte.

Die Bausubstanz, die der Besucher heute sieht, stammt zumeist aus dem 18. Jh.

Übrigens – in Braemar Castle soll es doch tatsächlich spuken. Es wird von seltsamen Lauten, ähnlich denen von Kampfgeräuschen in den dunklen Treppenaufgängen berichtet. Frühere Bedienstete sollen sich geweigert haben, alleine im Schloss zu bleiben. Für sie galt es als verwunschen. Man war sich einig, dass der Schwarze Colonel, der Brandbube von 1689, in dem Gemäuer als Geist umgeht.

Braemar (ca. 400 Einw.), ein betriebsamer Sommerferienort am River Dee, ist alljährlich Anfang September Schauplatz des weit über die Landesgrenzen hinaus bekannten **Braemar Highland Gathering** mit Highland Games, das gewöhnlich von Mitgliedern der Royal Family mit einem Besuch beehrt wird; www.braemargathering.org.

ROUTE: *Weiter auf der A93 südwärts. Schöne Fahrt durch das Glen Clunie hinauf auf den rund 670 m hohen* **Cairnwell Pass** *und weiter nach* **Bridge of Cally** *und* **Blairgowrie**.

Auf der Passhöhe gibt es ein Skizentrum mit Liften am 933 m hohen Berg The Cairnwell. Die Straße über **Spittal of Glenshee** und hinunter ins Tal Glen Shee war früher wegen einiger gefährlicher Passkehren, die als „Devils Elbow" (Teufelsellbogen) berüchtigt waren, gefürchtet. Heute passiert man die Abfahrt auf gut ausgebauter Straße problemlos.

ROUTE: *Um nach* **Pitlochry** *zu gelangen, nimmt man entweder die Abkürzung über die Nebenstraße B950 oder ab* **Bridge-of-Cally** *die A924 über* **Kirkmichael**.

Achten Sie etwa 3 km östlich vor Pitlochry auf den Abzweig von der A924 zur **Edradour Distillery [Parkplatz, WP 233 / N56° 42' 5.04" W3° 42' 7.28"]** *(geöffnet Mitte Apr. - Mitte Okt. Mo - Sa 10 - 17 Uhr, einstündige Führungen, letz-*

Da fliegen die Kilts - sportliche Paradedisziplin bei allen Highland Games „Tossing the Caber"

te Tour 1 Stunde vor Schließung; www.edradour.com). Der Abstecher zu der nahe gelegenen Whiskybrennerei lohnt schon alleine der bezaubernden Lage des Anwesens wegen, das in einem kleinen, lauschigen Tal liegt. Edradour gilt als kleinste Destillerie im Lande. Ihre edlen Produkte und Single Malts allerdings können sich sehen lassen. Sie werden sogar im Londoner Oberhaus kredenzt.

Pitlochry (ca. 2.500 Einw.) am Nordostufer des Loch Faskally, den der gestaute Tummel River bildet, ist heute einer der bekanntesten Sommerfrischen in den Highlands. Seinen Ruf als Ferienort begründete es in viktorianischer Zeit, als Pitlochry ein vielbesuchter Luftkurort war. Heute platzt das Städtchen mit seinen zahlreichen Hotels, Pensionen, Gaststätten und Geschäften durch die vielen Besucher im Sommer fast aus allen Nähten. Durch die Umgehungsstraße, die vor einigen Jahren angelegt wurde, wird wenigstens der Ortskern vom Durchgangsverkehr entlastet.

Stolz ist die Gemeinde auf ihr modernes **Festival Theatre**, das 1981 von Prince Charles persönlich eingeweiht wurde. Neben regelmäßigen Bühnenaufführungen werden im „Theatre in the Hills" an Sonntagen im Sommer auch Konzerte gegeben. Schöne Aussicht vom Theaterrestaurant.

Ein vielbesuchtes sommerliches Ereignis sind die jährlichen **Pitlochry**

Idyllisch gelegen, die Edradour Distillery, „Quelle" erlesener Malt Whiskys

PRAKTISCHE HINWEISE – PITLOCHRY UND BRIDGE-OF-CALLY

Pitlochry Information Centre [Parkplatz, WP 234 / N56° 42' 7.31" W3° 43' 50.58"], 22 Atholl Rd., Pitlochry PH16 5BX, Tel. +44 (0) 1796 47 22 15. *Geöffnet Juli + Okt. Mo - Sa 9.30 - 17.30 Uhr, So 10 - 16 Uhr; Nov. - Juni Mo - Sa 10 - 16 Uhr, So 11 - 15 Uhr.*

HOTELS

The Green Park **, £££££**, 51 Zi., Clunie Bridge Road, Tel. +44 (0)1796 47 32 48; www.thegreenpark.co.uk; in schöner Lage oberhalb dem Loch Faskally, gutes Restaurant, Bar, Gartenterrasse, WLAN, Privatparkplatz.
Scotland's Hotel & Spa *, £££**, 72 Zi., 32 - 40 Bonnethill Rd., Tel. +44 (0)1796 48 49 00; www.crerarhotels.com/scotlands-hotel-leisure-club; gutes Mittelklassehotel in zentraler Lage in Pitlochry, Schwimmbad, Fitnesseinrichtungen, Sauna, Dampfbad, Restaurant, Bar, WLAN, Parkplatz.

Bridge of Cally bei Blairgowrie
Bridge of Cally *, ££**, 18 Zi., Tel. +44 (0)1250 88 62 31; https://www.inspiredhotels.co.uk/our-hotels/the-bridge-of-cally-hotel/; Landhotel südlich des Ortes, Restaurant, Bar, Parkplatz.

CAMPING

Camping Milton of Fonab Caravan Park [N56° 41' 44.75" W3° 43' 33.32"], Bridge Road, Tel. +44 (0)1796 47 28 82; www.fonab.co.uk; Ende März – Mitte Okt.; ca. 1 km südl. Pitlochry; stark mit Mobilehomes und Dauercampern belegter Platz, Wiesengelände mit einigen Hartstandplätzen; ca. 6 ha – 150 Stpl. + zahlr. Dau.; Standardsanitärausstattung. Laden, Waschmaschine, Trockner, WLAN. Mietbungalows. **V & E für Wohnmobile**. Mindestaufenthalt 2 Nächte!
Camping Faskally Caravan Park [WP 235 / N56° 43' 17.06" W3° 46' 14.03"], Tel. +44 (0)1796 47 20 07; www.faskally.co.uk; März – Ende Okt.; Abzweig von der A9 nördlich von Pitlochry auf die B8079 Richtung Killiecrankie; stark mit Mobilehomes und Dauercampern belegter Platz; Wiesengelände mit Hartstandplätzen; ca. 6 ha – 50 Stpl. + zahlr. Dau.; gute Standardsanitärausstattung; Laden, Waschmaschine, Trockner, Hallenbad, Sauna, Whirlpool, Restaurant, Mietbungalows. Es empfiehlt sich, im Juli und August eine Reservierung vorzunehmen bzw. früh anzukommen!

Bridge of Cally
Camping Corriefodly Holiday Park [N56° 38' 46.06" W3° 24' 42.33"], Tel. +44 (0)1250 87 66 66; www.holiday-parks.co.uk/corriefodly/index.htm; Ende März – Ende Okt.; an der B924 (Bridge of Cally – Pitlochry) westlich des Ortes; für Touristen Wiese bei einem Mobilehome Park; ca. 4 ha – 20 Stpl.; Standardsanitärausstattung.

Highland Games, mit folkloristischen und sportlichen Höhepunkten; www.pitlochryhighlandgames.co.uk.

Bei ausreichend zur Verfügung stehender Zeit lohnt ein Besuch im Wasserkraftwerk **Pitlochry Power Station [Parkplatz, N56° 42' 2.24" W3° 44' 21.07"]**, das am knapp 20 m hohen Damm, der den River Tummel zum Loch Faskally staut, eingerichtet ist (Visitor Centre). Interessant ist die Lachstreppe oder **Lachsleiter.** Zwischen April und Oktober kann man beobachten, wie sich Lachse über 34 kleine Bassins nach oben kämpfen, um zu ihren Laichgründen zu gelangen.

ROUTE: Weiterreise auf der alten A9 nach Norden.

Nach wenigen Meilen nördlich von Pitlochry kommt man zum Besucherzentrum am historischen **Pass of Killiecran-**

kie [Parkplatz, Besucherzentrum, WP 236 / N56° 44' 32.61" W3° 46' 16.89"]. Diese bewaldete Schlucht, durch die sich der Garry Fluss zwängt, war 1689 Schauplatz einer für die schottische Geschichte bedeutsamen Schlacht.

Am 27. Juli 1689 zogen Truppen König William III. of Orange (Wilhelm von Oranien) unter der Führung von General Mackay durch diesen damals fest in Händen der oppositionellen Jakobiten liegenden Landesteil nach Atholl.

Ein Aufgebot von 100 Atholl-Hochländern wartete am Nordausgang der Schlucht auf die Regierungstruppen. Diese hatten den „Pass of Killiecrankie" auch schon sicher passiert, als jakobitische Highlander unter dem Kommando von John Graham of Claverhouse, Viscount Dundee, genannt „der schöne Dundee" (Bonnie Dundee), sie von den Hängen des Craig Eillaich herab attackierten. Die Jakobiten blieben siegreich, verloren aber ihren Anführer Dundee.

Der Viscount war eine der führenden Persönlichkeiten, die den Versuch Jakobs VII./II., ein unabhängiges König-reich Schottland zu schaffen, entscheidend unterstützt hatte. Mit dem Tode Dundees war auch die Sache der Jakobiten, den katholischen Stuart-Anhängern, besiegelt.

Ein Fußweg führt vom Besucherzentrum zum **Soldiers Leap**, einer Stelle in der Schlucht, an der ein fliehender Soldat der Regierungstruppen den Fluss übersprungen haben soll.

Im angeschlossenen **Besucherzentrum** des NTS informiert eine Ausstellung über die Ereignisse von 1689 (geöffnet Apr. - Okt. tgl. 10 - 17 Uhr; www.visit-scotland.com/info/towns-villages/pass-of-killiecrankie-p253951).

ROUTE: *Wenige Meilen weiter nordwestlich vom Pass of Killiecrankie liegt* **Blair Atholl**.

Besichtigen kann man in dem kleinen Ort **Blair Atholl** mit kaum 600 Einwohnern **The Watermill [N56° 45' 56.25" W3° 50' 56.41"]**, eine alte, noch arbeitende Kornmühle aus dem Jahre 1613, die nach einem Brand 1981 wieder restauriert wurde (geöffnet Apr. - Okt.

Blair Castle

Salon in Blair Castle (mit freundlicher Genehmigung)

tgl. 10 - 17.30 Uhr; http://blairathollwater-mill.co.uk/).

Besuchenswert ist auch das **Atholl Country Life Museum [Parkplatz, WP 237 / N56° 46' 1.50" W3° 50' 31.94"]**, Old School, ein interessantes Heimatmuseum mit Ausstellungsstücken und Sammlungen aus den Bereichen Landwirtschaft, Handwerk, Postdienst, Bahnverkehr, u. a. *(geöffnet Mai Sa + So 13.30 - 17 Uhr; Juni tgl. 13.30 - 17 Uhr; Juli + Aug. tgl. 10 - 17 Uhr; Sept. + Okt. tgl. 12 - 16 Uhr; www.athollcountrylifemuseum.co.uk/).*

Nicht versäumen sollte man einen Besuch im **Blair Castle [Parkplatz, WP 238 / N56° 46' 26.44" W3° 51' 19.47"]** *(geöffnet Apr. - Okt. tgl. 9.30 - 17.30 Uhr, letzter Einlass 16.30 Uhr; www.blair-castle.co.uk)*, das westlich außerhalb des Ortes liegt und zu den größten Sehenswürdigkeiten in der Gegend zählt.

Blair Castle im Tal des Garry gelegen war ehemals ein strategisch wichtiger Posten an der Straße durch die Highlands nach Inverness. Ältester Teil des Schlosses ist der Cumming's Tower. John Cumming von Badenoch, Großvater des von Robert Bruce 1306 in Dumfries erstochenen „Red Comyn", erbaute ihn um 1269.

Nachdem die Grafschaft der Atholls eine Zeit lang im Besitz König Robert II.

und dessen Sohn Walter war, erhielt Sir John Stewart of Balvenie, ein Halbbruder König James II., das gräfliche Erbrecht von Atholl und wurde so der Vorfahre der jetzigen Atholl Familie.

1629 kam die Grafschaft an John Murray, dem Sohn von Lady Dorothea Stewart, Erbin des 5. Grafen von Atholl. Seitdem ist Blair Castle Sitz der Grafen und Herzöge von Atholl, den Chiefs des Murray Clans.

Zu den hochherrschaftlichen Besuchern von Blair Castle zählte im 16. Jh. Königin Maria Stuart, die sich hier gelegentlich zur Jagd aufhielt sowie Prince Charles Edward, der 1745 auf seinem Zug von Glenfinnan nach Süden auf Schloss Blair Station machte.

Sein heutiges Aussehen erhielt das Schloss im Jahre 1869. Der 7. Herzog John Bryce ließ damals das Anwesen renovieren.

Hausherr auf Blair Castle ist heute John Murray, 11th Duke of Atholl, der einzige Brite übrigens, dem es heute noch erlaubt ist, eine private Armee zu unterhalten, die *Atholl Highlanders*.

Dieses Recht ist ein Relikt aus den Tagen, als es im Lande noch kein festes stehendes Heer gab. Jeder Clanchief war verpflichtet, auf Verlangen des Königs eine Armee aus den Reihen seiner Untertanen, Landpächter und Kleinbauern zu rekrutieren. Die etwa 80-köpfige „Armee" des Dukes of Atholl hält jedes Jahr Ende Mai eine feierliche Parade ab.

Blair Castle ist im Mai Schauplatz der **Atholl Highlanders' Parade**, sowie im Mai und im Oktober der **Glenfiddich World Piping Championship**, der Weltmeisterschaft im Dudelsackspiel.

In dem strahlend weiß getünchten Schloss können nicht weniger als 32 Räume besichtigt werden.

Schon die **Eingangshalle** mit ihren Waffendekorationen und der **Treppenaufgang** mit der Porträtsammlung und der Stuckdecke sind beeindruckend.

Unter den zahlreichen sehenswerten Zimmern und Salons verdienen die folgenden besondere Erwähnung: Der **Teesalon** (Zimmer 6), mit einem herrlichen Stuckfries und einer erlesenen Sammlung von Sèvres-Porzellan.

Der **Salon** (Zimmer 16), mit prächtiger Stuckdecke, Marmorkamin, erlese-

nen Möbeln und Porträts.

Die **Tapisserie-Zimmer** (Zimmer 18, 19) mit in Brüssel für Charles I. gestickten Gobelins und einem Baldachinbett, das einst in Holyrood House stand.

Das **Porzellanzimmer** (Zimmer 29) mit einer kostbaren Porzellansammlung (Meißen, Sèvres, Wedgwood u. a.).

Der **Ballsaal** (Zimmer 32), von John Bryce, dem 7. Herzog, 1871 erbaut. Man sieht eine Sammlung von Jagdtrophäen, diverse Regimentsfahnen und wertvolle Porträts.

Ausflüge ab Blair Atholl

Falls of Bruar, eine Felsklamm mit Stromschnellen und Kaskaden, liegt rund 5 km westlich von Blair Atholl. Ein Fußweg führt vom Einkaufszentrum mit Restaurant „House of Bruar" [Parkplatz, N56° 46' 13.85" W3° 55' 44.46"; www. houseofbruar.com], unweit nördlich der A9, zu den Kaskaden.

HOTEL – BLAIR ATHOLL

Atholl Arms Hotel **, ££, 31 Zi., Tel. +44 (0)1796 48 12 05; www.athollarmshotel.co.uk; Traditionshotel am westlichen Ortsrand gelegen, ca. 400 m von Blair Castle entfernt, elegantes Restaurant, Parkplatz.

CAMPING – BLAIR ATHOLL

Camping Blair Castle Caravan Park [WP 239 / N56° 46' 3.86" W3° 50' 37.87"], Tel. +44 (0)1796 48 12 63; https://blair-castle.co.uk/caravan-estate/; März – Ende Nov.; über A9, westl. Blair Atholl; gepflegtes, ausgedehntes, ansprechend gelegenes, geneigtes,wellige Wiesengelände im Waldpark von Blair Castle. Viele chräge, gekieste Stellplätze unterschiedlicher Größe.Platznummerierung mit Pfeil in deren Richtung die Campingeinheiten aufzustellen sind! In der Mitte des Geländes große Freifläche. Am Platzrand große Mobilehomesiedlung. In Gehnähe zum Schloss Blair Castle, Campinggäste haben ermäßigten Eintritt ins Schloss. Ca. 13 ha – 150 Stpl. + zahlr. Dau. und Mobilehomes; gute Standardsanitärausstattung, mehrere kleine Sanitärgebäude auf dem Platz; Laden, Kiosk, Waschmaschine, Trockner, Internetecke. 23 Mietbungalows. **V & E** für Wohnmobile.

Bridge of Tilt bei Blair Atholl
Camping River Tilt Caravan Park [N56° 45' 59.87" W3° 50' 19.95"], Invertilt Road, Bridge of Tilt, Tel. +44 (0)1796 48 14 67; www.rivertiltpark.co.uk; März – Nov.; im Ort Zufahrt beim Bridge of Tilt Hotel; einige wenige Stellplätze für Touristen auf teils geneigten Wiesen mit Hartstandplätzen in einem ausgedehnten Mobilehomepark; ca. 5 ha – 35 Stpl. + 100 Dau.; Standardsanitärausstattung; Mietcaravans.

TOUR 22: BLAIR ATHOLL – PEEBLES

Länge der Tour: Rund 215 km /134 mls.

Die Route: Über die Straße B8019 bis **Tummel Bridge** – B846 bis **Aberfeldy** – A827 bis **Ballinluig** – A9 bis **Perth** – M90 bis **South Queensferry** – A90/A729 bis **Loanhead** – A766/B7003 bis **Roslin** – A703 bis **Peebles**.

Reisedauer: Mindestens ein Tag.

Höhepunkte: Der prächtige Blick vom **Queen's View ** ** – **Castle Menzies** * – die Steinmetzarbeiten in der **Rosslyn Chapel** *** – Ruine **Neidpath Castle** * bei Peebles.

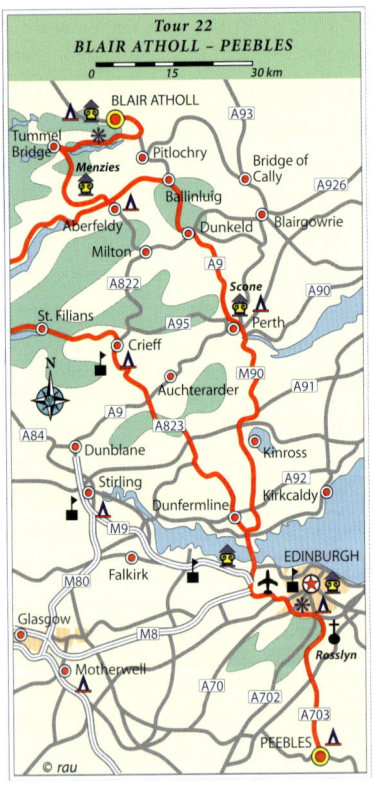

kerhand der wunderschön gelegene See **Loch Tummel** auf. Am Ostende des Sees findet der Besucher einen gebührenpflichtigen Parkplatz, eine Cafeteria und einen Souvenirladen. Von diesem **Besucherzentrum [Parkplatz, WP 240 / N56° 43' 0.36" W3° 51' 25.99"]** *geöffnet tgl. 11 - 15 Uhr; http://scotland.forestry.gov.uk/forest-parks/tay-forest-park/queens-view-visitor-centre)* lohnen die paar Schritte auf einen Felshügel mit Namen **„Queen's View"** sehr. Der Ausblick von dort über den Loch Tummel bis auf den weit im Westen liegenden 1.183 m hohen Berg *Schiehallion* ist wirklich königlich.

Zu Ehren welcher Königin der Aussichtspunkt „Queen's View" genannt wurde, scheint nicht ganz klar zu sein. Gelegentlich liest man, dass Maria Stuart, Königin der Schotten, von dem Ausblick hier so überwältigt gewesen sein soll, dass sie einen Sänger beauftragte, die schöne Landschaft zu besingen.

Auch möglich, dass die Stelle zu Ehren von Isabella, der Gemahlin König Robert the Bruce so benannt wurde.

Andererseits ist aber aus Königin Victorias Reisetagebuch zu entnehmen (eine Kopie der entsprechenden Seite hängt im Besucherzentrum), der Platz wäre nach ihr benannt. Königin Victoria beschreibt ihren Aufenthalt hier und wundert sich, dass der Platz nach ihr be-

*ROUTE: Weiterreise von Blair Atholl zunächst auf der alten A9 zurück Richtung **Pitlochry**. Nach **Killiecrankie** westwärts auf die B8019 Richtung **Kinloch Rannoch**. Die Straße ist oft schmal und kurvenreich.*

Auf dem Weg nach Kinloch Rannoch taucht schon nach ca. 5 mls/8 km lin-

Der See Loch Tummel vom „Queens View" aus gesehen

nannt sei, obwohl sie sich noch nie vorher dort aufgehalten habe.

Ein schwacher Trost geht aus den Zeilen auch für diejenigen hervor, die zum Queen's View an einem Regentag kommen. Offenbar regnete es auch am Besuchstag der Königin im Jahre 1866. Denn die Monarchin bemerkt, dass das Feuer zum Erhitzen des Teewassers vor lauter Regen nicht recht brennen wollte. Ihr treuer Diener John Brown versuchte die Situation zu retten und eilte in ein nahes Cottage, um kochendes Wasser zu holen. Doch bis er zurückkam, war das Wasser natürlich nicht mehr sehr heiß und Königin Victoria bezeichnete den schließlich zubereiteten Tee als ungenießbar.

Rund 1 km westlich des Queen's View findet man unterhalb der Straße den *Loch Tummel Caravan Park Ardgualich Farm* [N56° 43' 1.25" W3° 52'32.19"], Ende März - Ende Okt., Tel. +44 (0)1796 47 28 25, in sehr schöner Lage auf einer Landzunge am See Loch Tummel.

*ROUTE: Wir folgen der B8019 weiter nach Westen bis **Tummel Bridge** und fahren dort südwärts nach **Aberfeldy**.*

Kurz vor Aberfeldy sieht man linkerhand **Castle Menzies [Parkmöglichkeit, WP 241 / N56° 37' 25.35" W3° 53' 48.55"]** *(geöffnet Apr. - Okt. Mo - Sa 10.30 - 17, So 14 - 17 Uhr, letzter Einlass 16.30 Uhr; www.castlemenzies.org)* liegen, das sich mitten aus Wiesen und Feldern erhebt. Das Schloss ist ein typisches Beispiel für ein in Z-Form angelegtes Tower House.

Deutlich erkennt man den zentralen Flügel, dessen diagonal gegenüberliegende Ecken in viereckige Turmbauten übergehen. Die Dächer sind an den Giebelenden mit kurzen hervortretenden Haubentürmchen abgeschlossen und mit schönen Renaissancemansarden versehen.

Castle Menzies entstand im 16. Jh. und sollte den Menzies of Menzies als Stammsitz dienen. Das blieb das Anwesen auch bis zum Tode des Clanchiefs im Jahre 1918.

Der Besitz ging später durch mehrere Hände, verfiel zusehends und so gut wie alle Gegenstände der Inneneinrichtung wurden veräußert. Dank der Initiative der *Menzies Clan Society* kann seit der 70er Jahre die Restaurierung stetig fortgesetzt werden.

Castle Menzies

Der Besucher kann heute ein zwar renoviertes Castle Menzies besichtigen, die vielen Räume in den vier Geschossen sind allerdings bis auf einige wenige Porträts leer. Zu den Besonderheiten zählen die **Stuckdecken** im **Withdrawing Room** neben der **Great Hall** im ersten und dem **Großen Salon** im zweiten Stock, sowie eine bronzene **Totenmaske** von Prince Charles Edward Stuart, die in einer Vitrine zu sehen ist.

Aberfeldy, eine Kleinstadt mit etwas mehr als 1.900 Einwohnern, liegt am River Tay. Noch heute überquert man den Fluss auf einer schönen, fünfbogigen Steinbrücke mit Obelisken an den Brückenköpfen, die General Wade nach Plänen von William Adam im 18. Jh. errichtete.

Ganz in der Nähe der Brücke sieht man am Ufer des Tay das **Black Watch Monument [N56° 37' 14.81" W3° 52' 21.34"]**. Das Denkmal mit einem schottischen Soldaten im Kilt erinnert an das Black Watch Regiment, das General Wade 1739 gegründet hatte.

Zu den bescheidenen Sehenswürdigkeiten im Ort in der Mill Street zählt die **Watermill [N56° 37' 10.19" W3° 52' 2.92"]** *(geöffnet Apr. - Okt. Mo - Sa 10 - 17.30 Uhr, So 11 - 17.30 Uhr; Nov. - März tgl. 10 - 17 Uhr; www. aberfeldywatermill.com)* mit großem Mühlrad.

Alternativer Umweg

Alternativ zu unserer Hauptroute, die direkt ostwärts zur A9 führt, kann man ab Aberfeldy einen Umweg auf der A827 westwärts zum **Scottish Crannog Centre [Parkplatz, WP 243 / N56° 34' 44.23" W4° 0' 13.87"]** *(geöffnet Apr. - Okt. tgl. 10 - 17.30 Uhr, letzter Einlass 1 Std. vor Schließung; www.crannog. co.uk)* bei Kenmare am **Loch Tay** machen. Hier wurde ein **Pfahlbautendorf**

im See nachgebaut, wie es hier in der Eisenzeit gestanden haben könnte. Aufgrund von archäologischen Unterwasserausgrabungen konnte es rekonstruiert werden.

Auf einem Rundgang durch das Dorf sieht man die alten Lebensweisen und Handwerksarbeiten, wobei jeder gerne selbst Hand anlegen darf.

Weiter westwärts passiert man das Ben Lawers Mountain Visitor Centre (Weiterbestand fraglich!), Naturpfad, Ausgangspunkt für Bergwanderungen).

Man kommt nach **Killin** mit den Kaskaden **Falls of Dochart [Tourist Information, N56° 27' 46.82" W4° 19' 15.47"]** am Westende des Sees Loch Tay machen.

Etwas weiter südlich stößt man dann in **Lochearnhead** (siehe auch Tour 8, Stirling – Perth) auf die Straße A84 und kann von dort entweder über Perth oder über Stirling (Tour 7) nach Edinburgh bzw. Roslin weiterreisen.

HAUPTROUTE

ROUTE: Unsere Hauptroute aber führt ab Aberfeldy über die A827 durch das schöne Tay-Tal nordostwärts über **Grandtully** *bis* **Ballinluig** *an der A9. Ihr folgen wir über* **Dunkeld** *südwärts nach* **Perth** *(siehe Tour 8).*

Kurz vor **Grandtully** bietet sich Gelegenheit südwärts zur **St. Mary's Church [N56° 38' 3.50" W3° 48' 59.27"]** abzuzweigen. In der Kirche aus dem 16. Jh., die hinter der Pitcairn Farm liegt, gibt es eine schön bemalte Holzdecke aus dem 17. Jh. zu sehen.

ROUTE: Im weiteren Verlauf der Route Richtung Edinburgh kann man entweder dem ersten Teil der Tour 9 (Perth – St. Andrews) bis **Dunfermline** *folgen oder den direkten und schnelleren Weg über die autobahnähnliche M90 wählen und* **Edinburgh** *auf der südlichen Umgehungsstraße A720 (City By Pass) passieren. Achten Sie südlich von Edinburgh auf den Abzweig der*

A701/703 Richtung **Peebles**. *Wenige Meilen weiter südlich lohnt ein kurzer Umweg über* **Roslin**.

In **Roslin** zweigt man von der scharfen Straßenkurve rechts ab zur berühmten **Rosslyn Chapel [Parkplatz, WP 244 / N55° 51' 21.05" W3° 9' 38.32"]** am Ortsrand *(geöffnet ganzjährig Mo - Sa 9.30 - 17 Uhr, So 12 - 16.45 Uhr, letzter Einlass 30 Minuten vor Schließung; www. rosslynchapel.org.uk)*.

Die gotische Kirche aus der Mitte des 15. Jh. ist eine Stiftung des Grafen von Orkney, William Sinclair. Obwohl unvollendet, gilt der Bau, vor allem der Chor, als herausragendes Beispiel für die fast schon filigrane Steinmetzkunst jenes Jahrhunderts.

Der relativ kleine Bau ist nur etwas mehr als 20 Meter lang. Aber die Dekorationen des Inneren, an den Säulen, den Kapitellen und Bögen suchen ihresgleichen auf den Britischen Inseln. Die Bauarbeiten, viele von spanischen Handwerkern ausgeführt, sollen 34 Jahre gedauert haben.

Prunkstück der Kirche ist die Säule **„Prentice Pilar"**, etwa mit „Säule des Lehrlings" zu übersetzen. Aber die kunstvoll gearbeitete Steinsäule ist ein Meisterstück und nicht das Werk eines mittelalterlichen Azubis.

Sir Walter Scott würde nicht über Roslin geschrieben haben, gäbe es nicht Geschichten über den Ort. Eine rankt sich um „The Prentice Pilar". Während der Abwesenheit seines Meisters schuf ein Steinmetzlehrling mit außergewöhnlicher Kunstfertigkeit die vielbewunderte Steinsäule. Bei seiner Rückkehr soll der Meister auf des gelungene Werk seines Lehrlings so eifersüchtig und neidisch gewesen sein, dass er den Armen aus Rache und Missgunst erschlug.

ROUTE: Über **Penicuik** *mit schönen alten Gebäuden erreicht man – ggf. über einen Umweg über* **West Linton** *mit dem einladenden und recht urigen Gasthaus* **Old Bakehouse [N55° 45' 10.02" W3° 21' 21.37"]**, *Tel. +44 (0) 1968 66*

08 30; www.theoldbakehouserestaurant. com (Montag und Dienstag Ruhetag!) – schließlich **Peebles**.

Peebles, die charmante Kleinstadt mit annähernd 8.000 Einwohnern, liegt am Zusammenfluss des Edieston Water mit dem Tweed River.

Im 19. Jh. galt Peebles als einer der bekanntesten Kur- und Erholungsorte in der Borders Region.

Zu den eher bescheidenen historischen Sehenswürdigkeiten der Stadt zählt die **Cross Church [N55° 39' 14.58" W3° 11' 34.93"]**. Die Ruinen dieses mittelalterlichen Klosters haben ihren Namen von einem Steinkreuz, das hier im 13. Jh. gefunden worden sein soll.

Heimatkundliche Ausstellungen über die Stadt und die Tweed Region sind im **Tweeddale Museum [N55° 39' 5.70" W3° 11' 21.82"]** zu besichtigen *(geöffnet ganzjährig Mo - Fr 10.30 - 12.30 + 13 - 16 Uhr, Sa 9.30 - 12.30 Uhr, Eintritt frei; www.scotborders.gov.uk/directory_ record/10711/tweeddale_museum_and_ gallery).* Das Museum befindet sich in der High Street hinter dem Büro der Touristeninformation. Eingerichtet ist das Museum in der ersten Etage des Chambers Institute, das im 19. Jh. vom Schriftsteller William Chambers der Stadt gestiftet worden ist.

Rund eine Meile westlich von Peebles steht auf einer Anhöhe über den bewaldeten Hängen des Tweedtales **Neidpath Castle [N55° 39' 7.94" W3° 12' 52.35"]**. Die Ruine war einst Sitz der Frasers of Fruid. Der Name des Clans soll sich vom französischen „fraises" (Erdbeeren) ableiten.

Die Festung entstand im frühen 14. Jh. Einige der Mauern sollen vier Meter dick sein. Sie hielten 1650 sogar Cromwells Bombardement stand.

Einer der zu seiner Zeit in Peebles berüchtigten, aber wenig geliebten Burgherren auf Neidpath Castle war im 18. Jh. der vierte Duke of Queensberry, besser bekannt als „Old Q.", „Degenerate Douglas" oder „unworthy Lord". Eine seiner „Großtaten" war die Abholzung ganzer Landstriche im Tweedtal.

TOUR 23: PEEBLES – GRETNA

Länge der Tour: Rund 315 km /197 mls.

Die Route: Über die Straße A72 bis **Galashiels** – A6091/A68 bis **St. Boswells** – A699 bis **Kelso** – A698/A68 bis **Jedburgh** – A68/A698 bis **Hawick** – A 7 bis **Selkirk** – A708 bis **Moffat** – M74 bis **Elvanfoot** – B7040 bis **Leadhills** – B797 über **Wanlockhead** bis **Mennock** – A76 bis **Dumfries** – A75 bis **Gretna**.

Reisedauer: Mindestens zwei Tage.

Höhepunkte: Das historische Schloss **Traquair House **** – Scotts Landsitz **Abbotsford House **** – die romantische Abteiruine **Melrose Abbey **** – **Dryburgh Abbey *** – **Mellerstain Castle **** – **Floors Castle *** – **Jedburghs Innenstadt** und die **Abtei von Jedburgh *** – Wanderung zum Wasserfall **Grey Mare's Tail** – **Drumlanrig Castle ***.

Diese Etappe ist mit einer reinen Fahrstrecke von rund 315 km relativ lang. Falls beabsichtigt ist, alle hier beschriebenen Städte und Sehenswürdigkeiten zu besuchen und evtl. eine Wanderung einzulegen, z. B. zum Wasserfall Grey

Mare's Tail, sollten für die Route von Peebles über Kelso, Jedburgh, Selkirk, Moffat und Dumfries mindestens zwei Reisetage eingeplant werden. Als Etappenziele bieten sich dann Kelso, Jedburgh, Hawick oder Selkirk an.

ROUTE: *Weiterreise von Peebles auf der A72 ostwärts nach **Innerleithen**.*

Der Brunnen von Innerleithen [N55° 37' 24.97" W3° 4' 4.42"], in einem der Romane von Sir Walter Scott als „St. Ronan's Well" erwähnt, machte die Stadt früher zu einem bekannten Badeort. Die Quelle liegt immer noch oberhalb der Stadt und kann besichtigt werden.

Bedient man sich ab Peebles der Landstraße B7062 und nicht der Hauptstraße A72, passiert man 2 mls/3 km östlich von Peebles die **Kailzie Gardens [Parkplatz, N55° 38' 10.03" W3° 8' 37.47"]**, einen der schönsten und gepflegtesten Parks mit botanischem Garten im Tweedtal *(geöffnet Apr. - Ende Okt. tgl. 10 - 17 Uhr; Nov. - März bei Tageslicht; www.kailziegardens.com).*

ROUTE: *Eine Meile südlich von Innerleithen zweigt von der B709 die Zufahrt zum **Schloss Traquair House** ab.*

Traquair House [WP 246 / N55° 36' 27.86" W3° 3' 55.82"] *(geöffnet Apr. - Sept. tgl. 11 - 17 Uhr; Okt. tgl. 11 - 16 Uhr; Nov. Sa + So 11 - 15 Uhr; Dez. - Feb. geschlossen; www.traquair.co.uk).* – Die Geschichte dieses traditionsreichen Anwesens am River Tweed geht zurück bis ins 10. Jh. Es gilt als das älteste, ständig be-

wohnte und vom selben Familiengeschlecht bewirtschaftete Haus in ganz Schottland. Vom 15. Jh. bis heute ist Traquair House Stammsitz der Lairds of Traquair und der Maxwell-Stuarts. Heute ist der Chef des Hauses die 21. Laird Catherine Constable Maxwell-Stuart.

Bis ins 13. Jh. war Traquair königliche Residenz, dann, während der Regentschaft Edwards I., in englischem Besitz und im 14. Jh. kam es wieder an die schottische Krone. Traquair war dem schottischen Königshaus und vor allem den Stuarts immer eng verbunden und es war eine feste katholische Bastion nicht nur während der Wirren der Reformationszeit.

Das Geschlecht der Traquairs ist direkter Abstammung von James Stuart, dem Sohn von James, Earl of Bucchan und Onkel von König James III.

Nicht weniger als 27 schottische und englische Monarchen residierten oder waren zu Gast in Traquair House. Unter ihnen auch Maria Stuart.

John Stuart of Traquair, 4. Laird und oberster Leibwächter der Königin, hatte 1566 ihre Flucht von Holyroodhouse hierher organisiert, nachdem David Rizzio, der Sekretär und wohl auch Günstling Marias, dort ermordet worden war.

Im 18. Jh. war der Herrensitz am Tweed eines der wichtigsten und aktivs-

Traquair House

ten Zentren der Jakobiten. 1745 fand das schottische Königtum hier sein symbolisches Ende. Es heißt, dass der 5. Earl of Traquair nach der Abreise des geschlagenen Bonnie Prince Charlie das legendäre „Bear Gate" hinter dem Prinzen geschlossen habe und dabei die Familie verpflichtete, es erst wieder zu öffnen, wenn wieder ein Stuart auf dem schottischen Thron säße. Diese hübsche Geschichte ist allerdings mehr Legende als historische Wahrheit. Pikanterweise belegt kein Dokument, dass sich der Prinz je in Traquair aufgehalten hat.

Unter dem Klerus war Traquair House einst bekannt wegen seiner geheimen Treppe, durch die man unbemerkt in den sog. *„Priest's Room"* im dritten Stock gelangen konnte. Viele Geschichten ranken sich darum. In einer Zeit, in der das Schloss das einzige katholische Haus von Bedeutung in dieser Region war, wurde es oft von geistlichen Würdenträgern als Zuflucht aufgesucht.

Zu den besonderen Sehenswürdigkeiten im Hause zählen im Raum Nr. 6, dem **„Museum Room"** im ersten Stock, ein Rosenkranz, ein Kruzifix, ein Gebetbuch aus dem 14. Jh. und ein Schuh, die im Besitz Maria Stuarts waren, dann eine kunstvoll geschnitzte Wiege, in der die Königin ihren Sohn James VI./I. wiegte

und schließlich ein Baldachinbett im sog. **„King's Room"**. Außerdem sind zu sehen alte, fein gravierte Gläser aus dem 17. Jh., eine Koberger Bibel, 1479 in Nürnberg gedruckt, eine Chronik, 1493 ebenfalls in Nürnberg gedruckt, alte Stickereien, Porzellan, Gemälde und Möbel.

Besichtigt werden können außerdem der **Dining Room** im Südflügel, im Nordflügel die **Schlosskapelle** und im Untergeschoss dort die kleine **Brauerei** aus dem 18. Jh. in der noch heute das unter Kennern geschätzte „Traquair Bear Ale" gebraut wird.

Wenn Sie einmal exklusiv und hochherrschaftlich auf einem nun wirklich historischen Anwesen nächtigen wollen, in Traquair House können Sie das tun. Man vermietet dort drei Zimmer mit Bad. Allerdings sind die Preise nicht weniger exklusiv, um die £ 190,- müssen Sie schon anlegen, dafür ist das Frühstück inklusive (Tel. 018 96-83 03 23, https://www.traquair.co.uk/bed-breakfast/).

ROUTE: Wir kehren zurück nach Innerleithen und zur A72, passieren Walkerburn und erreichen nach rund 10 mls/16 km Galashiels.

Galashiels, eine der größten Städte in der Borders Region war lange ein

Abbotsford House

bedeutendes Zentrum der Textil- und Strickwarenproduktion.

Zu besichtigen sind ein **Museum** über die Geschichte der Stadt und der Textilindustrie und das **Old Gala House [N55° 36' 48.86" W2° 48' 33.64"]** aus dem 16. Jh., früher Sitz der Lairds of Galashiels und heute Museum und Galerie (geöffnet Apr. - Mai + Sept. Di - Sa 10 - 16 Uhr; Juli + Aug. Mo - Sa 10 - 16 Uhr, So 13 - 16 Uhr; Okt. Di - Fr 13 - 16 Uhr, Sa 10 - 16 Uhr; www.scotborders.gov.uk/directory_record/10708/old_gala_house).

Fast ein „Muss" auf einer Reise durch Schottland ist der Besuch von **Abbotsford House [Parkplatz, WP 247 / N55° 36' 0.73" W2° 46' 38.10"]**, südwestlich von Galashiels nahe der A7 Richtung Hawick gelegen (geöffnet März - Okt. tgl. 10 - 17 Uhr; Nov. tgl. 10 - 16 Uhr, letzter Einlass 1 Stunde vor Schließung; www.scotts-abbotsford.co.uk). Abbotsford House war der Wohnsitz des schottischen Dichterfürsten Sir Walter Scott (1771 – 1832, siehe auch unter „Kunst und Geschichte – in Stichworten").

Scott kaufte das Anwesen am Tweed River im Jahre 1812. Damals hieß es noch Cartley Hall und war nichts weiter als ein Farmhaus.

Zwischen 1818 und 1822 ließ Scott das Anwesen zu einem stattlichen Herrensitz ausbauen, den er anfüllte mit einer 9.000 bändigen Bibliothek, mit Antiquitäten und historischen Sammelstücken. U. a. befinden sich darunter die Pistole von Rob Roy, das Schwert von Montrose, eine Urne, die Scott von Lord Byron geschenkt bekam, diverse Waffen und Rüstungen, ein Abguss des Totenschädels von Robert The Bruce (auf dem

Kamin in der Eingangshalle) u. a. Über dem Kamin im Drawing Room hängt eines der bekanntesten Porträts von Sir Walter Scott, gemalt von Sir Henry Reaburn. Sir Walter Scott starb hier am 21. September 1832 im Alter von 61 Jahren. Er ist beigesetzt in der Dryburgh Abbey von St. Boswells.

ROUTE: *Melrose liegt nur knapp 6 km östlich von Galashiels.*

In **Melrose** verdient die mitten im Ort gelegene **Melrose Abbey** (HS) **[Parkplatz, WP 248 / N55° 35' 54.86" W2° 43' 9.82"]** besondere Beachtung (geöffnet Apr. - Sept. tgl. 9.30 - 17.30 Uhr; Okt. - März tgl. 10 - 16 Uhr, letzter Einlass 30 Min. vor Schließung; www.historicenvironment.scot/visit-a-place/places/melrose-abbey/). Die sehenswerten, recht romantischen Ruinen eines ehemaligen Zisterzienserklosters gelten als ein herausragendes Beispiel gotischer Baukunst in Schottland.

König David I. gründete die Abtei im Jahre 1136 und noch im selben Jahrhundert fügten Mönche aus Riveaux eine Kirche hinzu. Zweihundert Jahre später wurde das Kloster unter Edward II. erstmals geplündert, Richard II. zerstörte es 1385 erneut.

Vor allem im 16. Jh. wurde die Abtei, wie fast alle Klöster in den Borders, von Protestanten und englischen Truppen zerstört. Wind, Wetter und die Nutzung als bequemer Steinbruch ruinierte die Anlage weiter. Aber selbst die Ruinen des teilweise erhaltenen gotischen Kirchenschiffs und des Chors vermitteln noch einen überzeugenden, monumentalen Eindruck vom einstigen Ausmaß des Bauwerks.

Melrose Abbey

Und alle Zerstörungswut und Bilderstürmerei konnte den Säulen, Gewölbefragmenten und dem Maßwerk der Fenster im südlichen Querschiff nichts von ihrer schlichten Schönheit nehmen.

Glaubt man der Überlieferung, dann müsste Robert The Bruce's Herz in der Abteikirche beigesetzt worden sein, vielleicht unter dem mächtigen Ostfenster. Bemerkenswerte Steinmetzarbeiten sind u. a. das als Wasserspeier dienende, dudelsackspielende Schwein an der Südseite, ein lautespielender Engel im südlichen Querschiff und schließlich die Krönung der Jungfrau Maria oberhalb des Ostfensters.

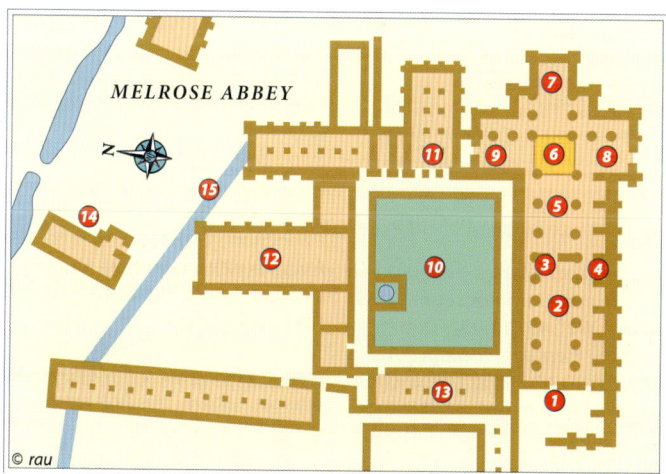

MELROSE ABBEY – 1 Portalrest an der Westfassade – 2 Hauptschiff – 3 Lettner – 4 Seitenkapellen – 5 Chor (Tonnengewölbe) – 6 Vierung – 7 ehem. Hochaltar, darüber das Ostfenster – 8 südl. Querschiff – 9 nördl. Querschiff mit Nachttreppentür – 10 Kreuzgang – 11 Kapitelhaus – 12 Refektorium, Küche, Gemeinschaftsraum – 13 westlicher Trakt – 14 Haus des Titularabts (Commendator), Museum – 15 Abflussgraben

PRAKTISCHE HINWEISE – MELROSE

Melrose Information Centre, Abbey Street, Melrose TD6 9PX, Tel. +44 (0)1896 82 22 83.

HOTELS

Station Hotel and Restaurant ****, ££, 5 Zi., 26 Market Square, Tel. +44 (0)1896 82 31 47; www.stationhotelmelrose.com; gutbürgerliches, familiäres Haus, Restaurant, Bar, WLAN.

St. Boswells
Dryburgh Abbey Hotel ****, ££££, 38 Zi., Dryburgh Village, St. Boswells, Tel. +44 (0)1835 82 22 61; www.dryburgh.co.uk; elegantes Schlosshotel neben Melrose Abbey, preisgekröntes Restaurant, Kaminbar, Innenpool mit Sauna, eigene Fischereirechte am River Tweed. Bar, WLAN. Privatparkplatz.

CAMPING

Camping Melrose Gibson Park Caravan Club Site [WP 249 / N55° 35' 53.06" W2° 43' 26.49"], High Street, Tel. +44 (0)1896 82 29 69; www.caravanclub.co.uk; Jan. – Dez.; am westlichen Ortsrand von Melrose; Wiesengelände mit Hartstandplätzen; ca. 2 ha – 60 Stpl. + zahlr. Dau.; Standardsanitärausstattung. Waschmaschine, Trockner, WLAN. **V & E für Wohnmobile**.

Im ganzen Lande berühmt wurde Melrose Abbey noch einmal im 19. Jh. durch Sir Walter Scotts 1805 geschriebenes Gedicht „The Lay of the Last Minstrel" (Lied des letzten Spielmanns oder Minnesängers). Seit jener Zeit ist die landläufige Ansicht nicht auszurotten, Melrose wäre am schönsten bei Mondschein. Theodor Fontane übersetzte die entsprechende Passage in Scotts romantischem Gedicht wie folgt: „... Willst du des Zaubers sicher sein, / Besuche Melrose bei Mondenschein ...".

Ganz in der Nähe der Abtei findet man die **Priorwood Gardens** des National Trust for Scotland. Hier werden vor allem Blumen und Pflanzen gezüchtet, die sich besonders zum Trocknen eignen.

Am Stadtplatz Market Square kann man im **Trimontium Museum [N55° 35' 49.75" W2° 43' 12.05"]** des Three Hills Roman Heritage *(geöffnet Apr. - Ende Okt. tgl. 10.30 - 16.30 Uhr; www.trimontium.org.uk)* den Spuren der größten Römersiedlung in Schottland nachspüren, die sich ehemals in der Nähe des rund 8 km entfernten Newstead befand.

ROUTE: **St. Boswell** *liegt rund 7 km östlich von Melrose. Das kleine Dorf im Tweedtal ist bekannt für seinen* **Bauernmarkt im Juli***. Nördlich von St. Boswell,* *über die Landstraße B6356 zu erreichen, findet man* **Dryburgh Abbey***.*

Die eindrucksvollen Ruinen der **Dryburgh Abbey** (HS) **[Parkplatz, WP 250 / N55° 34' 42.80" W2° 38' 50.77"]** *(geöffnet Apr. - Sept. tgl. 9.30 m- 17.30 Uhr; Okt. - März tgl. 9.30 - 16.30 Uhr, letzter Einlass 30 Minuten vor Schließung; www.historicenvironment.scot/visit-a-place/places/dryburgh-abbey/)* liegen wunderschön in einer bewaldeten Aue am Flüsschen Tweed. Die Abtei wurde während der Regierungszeit König David I. 1150 von Hugo de Morville gegründet und gehörte zu den vier berühmtesten, wenn auch „jüngsten" Klöstern der im 12. Jh. entstandenen Grenzland-Abteien (Border Abbeys) Kelso, Melrose, Jedburgh und Dryburgh. Auch hier findet man stilreine Hochgotik.

Besonders gut erhalten sind der ehemalige Wohntrakt der Mönche, das Kapitelhaus sowie die Anlage des Kreuzgangs.

Im nördlichen Querschiff der stark zerstörten Abteikirche liegen Sir Walter Scott, seine Frau Margaret Charlotte Charpentier und Earl Haig, Feldmarschall im 1. Weltkrieg, begraben.

Nebenan liegt sehr schön oberhalb des River Tweed das komfortable *Dry-*

burgh Abbey Hotel. Details dazu siehe unter Melrose.

ROUTE: *Über die kleine Landstraße B6356 nordwärts Richtung* **Earlston**.

Ca. 4 km nördlich Dryburgh Abbey passiert man **Scott's View [N55° 36' 0.79" W2° 38' 47.99"]**. Von diesem hoch gelegenen Straßenpunkt genießt man eine wunderbare Aussicht über das Tweedtal und über die hügelige Landschaft bis zu den drei markanten Kuppen der *Eildon Hills* im Westen. Der Aussichtspunkt soll einer der Lieblingsplätze Sir Walter Scotts gewesen sein.

ROUTE: *In Earlston an der A68, dem ehemaligen Ercildoune und Heimat des mittelalterlichen Dichters Thomas Learmonth „The Rhymer", halten wir uns ostwärts und folgen später der Landstraße B6397 nach* **Mellerstain**.

Auf dem Wege nach Mellerstain lässt sich ein Abstecher nach **Smailholm** und zum **Smailholm Tower**, Sandyknowe Farm, (HS) **[Parkplatz, WP 251 / N55° 36' 18.55" W2° 34' 31.72"]** *(geöffnet Apr. - Sept. tgl. 9.30 - 17.30 Uhr, letzter Einlass 30 Min. vor Schließung; www.historicenvironment.scot/visit-a-place/places/*smailholm-tower/)* in die Route einfügen. Smailholm Tower ist ein 20 m hohes Turmhaus aus dem 16. Jh., das als Wach- und Festungsturm im unruhigen Grenzland diente. Man hat von dort einen prächtigen Blick ins Umland, nach Westen bis zu den Eildon Hills und nach Süden bis zu den Cheviot Hills.

Heute beherbergt der restaurierte Smailholm Tower eine Puppensammlung und Gegenstände zu Sir Walter Scotts Geschichten „Minstrelsy of the Scottish Border".

Scotts Großeltern bewirtschafteten einst die nahegelegene Sandyknowe Farm. Als kleiner, kränklicher Junge kam Walter vom verräucherten Edinburgh oft auf den Bauernhof, um hier zu Kräften zu kommen. Damals hörte Scott vermutlich von den vielen Geschichten und Erzählungen aus den Borders, die in ihm sein großes Interesse an seiner Heimat weckten und ihm später Themen für seine Romane und Gedichte lieferten.

Mellerstain House and Gardens [WP 252 / N55° 38' 38.02" W2° 34' 10.00"] *(geöffnet Schloss: Ostern, Mai - Sept. Fr - Mo 12 - 17 Uhr, letzter Einlass 45 Minuten vor Schließung. Gärten: 11 - 17 Uhr; www.mellerstain.com)*, ein sehr sehenswertes Schloss, umgeben von einem ausgedehnten, herrlichen Park, ist

Mellerstain House

Sitz der Familie Bailie-Hamilton, Earl and Countess of Haddington.

Mellerstain gilt als einer der schönsten georgianischen Herrensitze nicht nur in der Borders-Region, sondern in gesamt Schottland. Das Anwesen wurde 1451 erstmals erwähnt und kam 1642 durch königliches Dekret an George Baillie of Jerviswood.

Ein späterer George Baillie veranlasste zusammen mit seiner Frau Lady Grisell Baillie schließlich den Bau des heutigen Schlosses. William Adam begann 1725 mit den Bauarbeiten, die von seinem Sohn Robert zwischen 1770 und 1778 zu Ende geführt wurden.

Mellerstain kann als herausragendes Meisterstück der Innendekoration bezeichnet werden. Vor allem die geschmackvolle Farbgebung der Salons, die **Stuckdecken** und die **Wandreliefs** z. B. im **Music Room**, im **Drawing Room**, vor allem aber in der **Bibliothek** suchen ihresgleichen in ganz Schottland. Erlesene Möbel, kostbare Gemälde und Porträts sind weitere Sehenswürdigkeiten des Hauses. Aber auch die terrassierten Gärten und die Parks lohnen einen Besuch.

*ROUTE: Weiter zur A6089 und südostwärts nach **Kelso**.*

Kelso (ca. 5.300 Einw.), gegenüber der Einmündung des Flüsschens Teviot in den River Tweed gelegen, ist eine hübsche Kleinstadt mit hübschem Stadtkern um den Marktplatz **The Square**. Dank seines fruchtbaren und landwirtschaftlich intensiv genutzten Umlandes, entwickelte sich Kelso bald zu einem lebhaften Handels- und Marktflecken in Roxburghshire. Straßennamen wie Horsemarket oder Woodmarket erinnern daran.

Mit der Gründung von **Kelso Abbey** (HS) [**Parkplatz „The Kowes"** ca. 300 m entfernt, **WP 253 / N55° 35' 52.03" 2° 25' 50.20"**] (*geöffnet Apr. - Sept. tgl. 9.30 - 17.30 Uhr; Okt. - März Mo, Di, Mi, Sa + So; www.historicenvironment.scot/visit-a-place/places/kelso-abbey/*) im Jahre 1128 durch König David I. ging der Ort in die Annalen der Geschichte ein. Die Abtei von „Calchou", so hieß der Ort damals,

war die erste der vier Grenzland-Abteien und dank königlichen Wohlwollens bald auch die reichste in ganz Schottland.

Die Äbte von Kelso übten bis zur Reformation einen erheblichen Einfluss auf die politischen Entwicklungen im Königreich aus. Verständlich, dass Kelso Abbey immer eines der ersten Ziele der englischen Attacken war.

1545, als der Ort selbst schon niedergebrannt war, griff der Earl of Hertford das Kloster erneut an, stieß aber auf erbitterten Widerstand, der seiner Armee von zwölf Mönchen und 90 Laienbrüdern entgegengebracht wurde. Schließlich entschieden die Engländer mit schweren Geschützen die Sache für sich. Die Abtei wurde zerstört und Hertford konnte seinen Befehl ausführen „rase and deface this house of Kelso so as the enemye shal have lytell use of the same".

Die stattlichen Ruinenreste im spätromanischen Stil, besonders die Westfront und der Turm vermitteln nach wie vor denn Eindruck der einstigen Pracht des gewaltigen Bauwerks.

Kelso Abbey liegt an der Hauptstraße am südlichen Stadtrand, kurz vor der **Brücke** über den Tweed. Von dieser alten, fünfbogigen Steinbrücke, die vielen Fluten standhielt, hat man einen sehr schönen Blick auf die Stadt und zum Floors Castle.

Blickt man von der Brücke flussaufwärts, erkennt man links die Einmündung des River Teviot. Dort am linken Ufer des Tweed stand einst *Marchmount* oder **Roxburgh Castle**. Es hieß, wer Marchmont besitzt, beherrscht den Zugang zu Schottland. Entsprechend hart und häufig umkämpft in ihrer 450-jährigen Existenz war die aus dem 12. Jh. stammende Burg. Bei einem der Angriffe im August 1460 wurde König James II. durch den Rohrkrepierer einer neuen Kanone getötet. Der Überlieferung zufolge übernahm James' II. Gemahlin, Marie von Geldern, das Kommando, führte die Schotten zum Sieg und ließ Roxburgh Castle schleifen. Eine Woche nach dem Angriff wurde der junge James III. in Kelso Abbey gekrönt.

Floors Castle [Parkplatz, WP 254 / N55° 36' 12.75" W2° 28' 6.91"] liegt

PRAKTISCHE HINWEISE – KELSO

Kelso Information Centre [N55° 35' 54.34" W2° 26' 0.46"], Town House, The Square, Kelso TD5 7HF, Tel. +44 (0)1573 22 11 19; www.visitkelso.com. *Geöffnet Juli + Aug. Mo - Sa 10 - 17 Uhr, So 10 - 14 Uhr; Sept. - Okt. Mo - Sa 10 - 16 Uhr.*

Feste, Märkte
Border Union Show, Volksfest letztes Wochenende im Juli; www.buas.org/show/. **Kelso Civic Week,** Mitte Juli; http://returntotheridings.co.uk/kelso-civic-week/.

HOTELS

Cross Keys ***, ££, 26 Zi., 36 - 37 The Square, Tel. +44 (0)1573 22 33 03; www.cross-keys-hotel.co.uk; historisches Haus, eine der ältesten, ehemaligen Kutschenstationen Schottlands an der Postlinie Edinburgh – London, Restaurant, Bar, WLAN. Parkplatz.
Ednam House ***, ££££, 30 Zi., Bridge St., Tel. +44 (0)1573 22 41 68; www.ednamhouse.com/; gutes Haus der Mittelklasse, in einem georgianischen Stadthaus aus dem 18. Jh., zentral gelegen Nähe Abtei und Old Market Place, von der verglasten Restaurantterrasse Blick auf den Hotelgarten und den River Tweed. Restaurant, Bar, WLAN. Privatparkplatz.

CAMPING BEI KELSO

Town Yetholm
Camping Kirkfield Caravan Park [N55° 32' 47.57" W2° 17' 8.36"], Grafton Rd., Tel. +44 (0)1573 42 03 46; www.kirkfieldcaravanpark.co.uk; 1. Apr. – 31. Okt.; ca. 11 km südöstlich von Kelso, Zufahrt auf der B 6352 ca. 10 km Richtung Town Yetholm; geneigte Wiesen; ca. 15 Stpl. für Touristen; einfache Standardsanitärausstattung.

rund 3 km nordwestlich von Kelso *(geöffnet Mai - Sept. tgl. 10.30 - 17; Okt. Sa + So 10.30 - 17 Uhr, letzter Einlass 1 Stunde vor Schließung; www.floorscastle.com).* Zufahrt über die A6089.

James VI. vermachte 1592 seinem treuen Gefolgsmann und „Gentleman of the Bedchamber" Sir Robert Ker of Cessford, 1st Earl of Roxburghe, die damals schon in Ruinen liegende Kelso Abbey. Der eigentliche Wert des Vermächtnisses lag allerdings in den weitläufigen und reichen Ländereien, die zur Abtei gehörten. Später beschrieb Walter Scott die ausgedehnten Güter um Floors Castle als „A Kingdom for Oberon and Titania".

Der 5. Earl of Roxburghe, Sir John Ker of Cessford, war ein überzeugter Anhänger und Verfechter der *Act of Union* und wurde für seine Dienste in den Herzogstand (1st Duke of Roxburghe) erhoben. Er beauftragte 1721 William Adam mit dem Bau von Floors Castle.

John, der 3. Herzog von Roxburghe, legte die berühmte Roxburghe Bibliothek an. Er starb unverheiratet und kinderlos, was die Peerswürde und die erblichen Adelstitel der Familie gefährdete. Jahrelange Prozesse zur Klärung der weiteren Erbfolge mussten schließlich mit dem Verkauf der kostbaren Buchsammlung finanziert werden.

1812 entschied sich das Haus für Sir James Innes Ker, der als 5. Herzog den Besitz übernahm.

Allerdings war auch der 5. Herzog bis ins hohe Alter kinderlos. Erst im Alter von über 80 Jahren wurde er Vater. Seine junge Frau schenkte ihm einen Sohn, der schon im Alter von sieben Jahren der 6. Herzog von Roxburghe wurde. Er war es, der 1837, nun 21 Jahre alt und jung verheiratet, dem Architekten Playfair den Auftrag erteilte, Floors Castle zu erweitern. Es entstand das monströse Bauwerk das wir heute sehen. Heute ist das Schloss Sitz des 10. Herzogs von Roxburghe, Sir Guy David Innes Ker.

Floors Castle mit seinen weitläufigen Seitenflügeln, Hunderten von Fenstern

Floors Castle

und den unzählig erscheinenden Türm-chen und Kaminen, macht auf den Besucher zunächst einen verblüffenden Eindruck. So glatt und simpel die Fassaden erscheinen, so verwirrend und verspielt präsentiert sich die „Dachlandschaft" der Bauten. Manche Chronisten wurden beim Anblick von Floors Castle an das Loireschloss Chambord erinnert.

Einige der zig Zimmer können besichtigt werden. Die meisten der gezeigten Räumlichkeiten wurden Ende des 19. Jh. nach Angaben von Mary Goelet, der amerikanischen Frau des 8. Herzogs, umgebaut bzw. restauriert. Unter dem reichen Interieur befinden sich erlesene Möbelstücke, kostbare Gemälde, Porträts, Porzellansammlungen und Antiquitäten.

Im Park von Floors Castle markiert ein Baum die Stelle, an der König James VI. bei der Belagerung von Roxburgh Castle 1460 von einer explodierenden Kanone getötet worden sein soll (siehe auch unter Kelso).

ROUTE: Der weitere Verlauf unserer Route führt von Kelso durch das Teviottal 11 mls/18 km südwärts nach Jedburgh.

Jedburgh, die lebhafte Grafschaftsstadt von Roxburghshire am Flüsschen Jed Water, hat heute rund 4.500 Einwohner. Früher war Jedburgh berüchtigt für seine unnachsichtige Rechtsprechung. „Hänge erst und verhandle dann" war die zweifelhafte Maxime.

Am Stadtrand befindet sich unmittelbar an der Durchgangsstraße ein großer **Besucherparkplatz [WP 255 / N55° 28' 38.73" W2° 33' 11.13"]** mit **Touristeninformation** und Busbahnhof. Von hier aus lassen sich die Sehenswürdigkeiten leicht zu Fuß erreichen. Ein weiterer großer Parkplatz liegt am südlichen Stadtrand jenseits der Flussbrücke.

Gleich neben dem Parkplatz liegt **Jedburgh Abbey** (HS) **[N55° 28' 35.48" W2° 33' 19.88"]** *(geöffnet Apr. - Sept. tgl. 9.30 - 17.30 Uhr; Okt. - März tgl. 9.30 - 16 Uhr, letzter Einlass 30 Min. vor Schließung; www.historicenvironment.scot/visit-a-place/places/jedburgh-abbey/)*, eine der vier großen Grenzland-Abteien, stammt aus dem frühen 12. Jh. und war bis zu ihrer Zerstörung im Winter 1545 durch den Earl of Hertford ein bedeutendes Haus des Augustiner-Ordens. Malcolm IV. (1153 – 1165), Enkel des Klostergründers David I., wurde hier gekrönt. Malcolm starb im nahen Jedburgh Castle. Am Allerheiligentag 1285 ehelichte Alexander III. (1249 – 1286) in der Abteikirche seine zweite Frau Jolanda.

Die eindrucksvollen Ruinen des mächtigen, dreigeschossigen, hoch aufstrebenden Kirchenschiffs mit den zahlreichen Fensternischen, Bögen, einem schön gearbeiteten Portal und einer Fensterrosette an der Westfassade und der teilweise erhaltene Vierungsturm weisen romanische und gotische Stilelemente auf.

Im Eingangsbereich des Klostergeländes befindet sich ein **Besucherzentrum**.

Zu einem kleinen **Stadtrundgang** geht man vom Besucherzentrum des Klosters rechts und über die **Abbey Close** unterhalb der Abtei vorbei stadteinwärts zur Hauptstraße **Castlegate**.

Folgt man der Castlegate stadtauswärts, kommt man zum **Jedburgh Castle Jail and Museum** [N55° 28' 29.33" W2° 33' 30.81"] *(geöffnet Apr. - Okt. Mo - Sa 10 - 16.30 Uhr, So 13 - 16 Uhr; www. scotborders. gov.uk/di- rectory_re- cord/10705/ jedburgh_ castle_jail_ and_muse- um)*. Früher stand dort auf der Anhöhe eine mittelalterliche Festung, die nicht nur militärisch wichtige Funktionen im umstrittenen Grenzland zu England hatte, sondern im 12. Jh. auch als königliche Residenz und als Jagdschloss diente. Im frühen 15. Jh. allerdings wurde die Burg abgerissen, um sie nicht in die Hände der Engländer fallen zu lassen.

Erst 1823 baute man das Jedburgh Castle Jail. Archibald Elliot, der Architekt, berücksichtigte neue Erkenntnisse des Strafrechtsreformers John Howard und schuf einen Gefängnisbau, der seinerzeit als Modell modernen Strafvollzugs galt.

Entlang der Castlegate, eine der ältesten Straßen der Stadt, stehen interessante, teils restaurierte Häuser. Einige stammen noch aus dem 17. Jh., wie z. B. **Haus Nr. 11**, Ecke Castlegate und Blackhill Close. Hier soll Prince Charles Edward Stuart auf seinem Eroberungszug Richtung England 1745 logiert haben.

Man kommt zum **Market Place** [N55° 28' 39.83" W2° 33' 19.28"], dem historischen Zentrum Jedburghs. Eine Platte im Pflaster markiert die Stelle des einstigen Marktkreuzes. Es war Symbol des Handelsrechts, das König Wilhelm der Löwe der Stadt im 12. Jh. verliehen hatte.

Der Brunnen „Jubilee Fountain" stammt aus dem Jahre 1890 und wurde zu Ehren Königin Victorias errichtet.

Jedburgh Abbey

An der Südseite des Platzes findet man das **Newgate**. Dieses Tor aus dem 18. Jh. führt zum Klosterfriedhof. Nebenan liegen die County Buildings, die früher den Gerichtshof beherbergten. Sir Walter Scott verdiente sich hier 1793 seine ersten Sporen als junger Anwalt.

Man kann nun der weiterführenden Hauptgeschäftsstraße **High Street** nach Norden folgen. Das historische **Spread Eagle Hotel** in Nr. 20 gilt als einer der ältesten Gasthöfe in Schottland. Das Haus hält sich zugute, von Maria Stuart aufgesucht worden zu sein. Im Februar ist die High Street Schauplatz des

Ballspiels „Handba' game". Zwei Mannschaften, die „Uppies" und die „Doonies", wetteifern dann darum, wer einen kleinen Lederball am schnellsten vom Castle Jail zum Ende der High Street befördern kann.

Wir biegen in die rechts abzweigenden Gasse Smith's Wynd ein und gelangen so zum **Mary Queen of Scots's House [N55° 28' 43.04" W2° 33' 10.50"]** (geöffnet März - Nov. Mo - Sa 10 - 16.30 Uhr, So 12 - 16.30 Uhr; www.marie-stuart.co.uk/Castles/MaryHouse.htm) in der Queen Street. Das Haus beherbergt heute ein Museum, das sich ausschließlich der tragischen Geschichte der schottischen Königin widmet.

1566 hielt sich Maria Stuart in Justizangelegenheiten in Jedburgh auf und residierte im erwähnten Spread Eagle Hotel. Ein Feuer erzwang den Umzug in dieses befestigte Stadthaus in der heutigen Queen Street.

Als Maria erfuhr, dass ihr Geliebter Bothwell verwundet in Hermitage Castle (bei Newcastleton) lag, unternahm sie einen Gewaltritt dorthin und wieder zurück, insgesamt gut 40 Meilen. Nach der Rückkehr lag sie tagelang mit Fieber todkrank darnieder. Später soll Maria Stuart während ihrer langen Gefangenschaft in England geäußert haben, dass sie lieber damals in Jedburgh gestorben wäre („Would that I had died at Jedworth").

In wenigen Gehminuten gelangt man zurück zur Straße Canongate und zum Parkplatz am Busbahnhof.

Und vergessen Sie nicht *Jehart Snails* zu versuchen, eine Süßigkeit mit Pfefferminzaroma und eine Spezialität Jedburghs.

ROUTE: *Von Jedburgh über die Castlegate und vorbei am Castle Jail westwärts nach* **Hawick***.*

PRAKTISCHE HINWEISE – JEDBURGH

 Jedburgh Information Centre [Parkplatz, WP 255 / N55° 28' 38.73" W2° 33' 11.13"], Abbey Place, Murray's Green, Jedburgh TD8 6BE, Tel. +44 (0)1835 86 31 70; https://www.visitscotland.com/info/services/jedburgh-icentre-p333411. *Geöffnet Juni - Aug. Mo - Sa 9 - 17.30 Uhr, So 10 - 17 Uhr; Sept. + Okt. Mo - Sa 9.15 - 17 Uhr, So 10 - 16 Uhr; Nov. - März Mo - Sa 10 - 16 Uhr.*

Feste, Folklore
Common Riding jedes Jahr 2 Wochen ab Ende Juni; www.returntotheridings.co.uk/jethart-callants-festival/.

HOTEL

Glenbank House ***, ££, 6 Zi., Castle Gate, +44 (0)1835 86 22 58; www.jedburgh-hotel.com; kleines Landhotel mit schönem Garten, freundliches Ambiente, Restaurant, Bar, WLAN, Privatparkplatz.

CAMPING

Camping Jedburgh Camping & Caravanning Club Site [WP 256 / N55° 29' 16.73" W2° 32' 37.61"], Elliot Park, Tel. +44 (0)1835 86 33 93; www.campingandcaravanningclub.co.uk/campsites/uk/borders/jedburgh/jedburgh; Apr. – Okt.; nördl. der Stadt beschilderter Abzweig von der A68; teils geneigtes Wiesengelände, teils mit Hartstandplätzen; ca. 1 ha – 50 Stpl.; Standardsanitärausstattung. Waschmaschine, Trockner, **V & E** **für Wohnmobile**.
Camping Lilliardsedge Holiday Park & Golf Course [WP 257 / N55° 31' 55.36" W2° 36' 6.43"], Jedburgh, Tel. +44 (0)1835 83 02 71; www.lilliardsedgepark.co.uk/; 1. März – 31. Dez.; Zufahrt von Jedburgh ca. 12 km nordwestlich von der A68 (Jedburgh – St. Boswells); leicht geneigtes Gelände mit 38 Hartstandplätzen für Touristen vor einem großen Mobilehomepark; ca. 2 ha – 38 Stpl.; + zahlr. Dau. und Mobilehomes, Standardsanitärausstattung. Waschmaschine, Trockner; Laden, Restaurant.

PRAKTISCHE HINWEISE – HAWICK

Hawick Information Centre [N55° 25' 15.55" W2° 47' 17.09"], 1 Tower Mill, Kirkstile, Hawick TD9 0AE, Tel. +44 (0)1450 37 39 93; www.visitscotland.com/ info/services/hawick-information-centre-p333401. *Geöffnet Mo + Mi 10 - 17.30 Uhr, Di + Do 10 - 18.15 Uhr, Fr + Sa 10 - 19.15 Uhr, So 12 - 14.45 Uhr.*

Feste, Folklore
Common Riding jedes Jahr am ersten Wochenende im Juni; www.hawick-commonriding.com.

HOTEL

Mansfield House ***, ££, 12 Zi., Weensland Rd., Tel. +44 (0)1450 36 04 00; www.themansfieldhousehotel.com; gediegenes Mittelklassehotel, etwas außerhalb von Hawick gelegen, Restaurant, Parkplatz.

CAMPING

Camping Riverside Caravan Park [WP 258 / N55° 26' 35.53" W2° 44' 8.92"], Hornshole Bridge, Tel. +44 (0)1450 37 37 85; www.riversidehawick. co.uk/; Ende Apr. – Okt.; ca. 4 km nordöstl. bei Hornshole Bridge, beschildert; ebene Wiese von Wald umgeben am River Teviot bei einer Mobilehomes-Siedlung; ca. 3 ha – 30 Stpl. + Dau.; Standardsanitärausstattung; Laden, Imbiss. Mietcaravans.

Hawick am River Teviot, die größte Stadt in der Borders Region (ca. 17.000 Einw.), ist ein Zentrum der Strickwarenindustrie. Einige der Fabriken können besichtigt werden. Einzelheiten über Führungen erfährt man im Touristeninformationszentrum.

Zu den Sehenswürdigkeiten zählt das **Hawick Museum [N55° 25' 20.49" W2° 48' 8.17"]** im Wilton Lodge Park *(geöffnet Apr. - Sept. Mo - Fr 10 - 12, 13 - 17, Sa + So 14 - 17 Uhr; Okt. - März Mo - Fr 12 - 15 Uhr, So 13 - 15 Uhr; www.scotborders.gov.uk/directory_record/10704/ hawick_museum).* Das Regionalmuseum dokumentiert die geschichtliche und industrielle Entwicklung in Hawick und im Grenzland der Borders.

ROUTE: Weiterreise von Hawick über die A7 nordwärts ins rund 27 km entfernte Selkirk.

Selkirk, eine Stadt mit kaum 6.000 Einwohnern, liegt auf einer Anhöhe über dem Fluss Ettrick Water und ist bekannt für seine köstlichen Hafermehlkuchen „Selkirk bannocks". Im 18. Jh. war Selkirk eine bekannte Schuhmacherstadt, die Bonnie Prince Charlies Armee 1745 mit 2.000 Paar Stiefel ausstattete.

Zu den großen Söhnen der Stadt zählen *Tom Scott* (1854 – 1927), ein landesweit bekannter Aquarellmaler und *Mungo Park* (1771 – 1805), der die Quellen des Niger in West Afrika entdeckte.

Ein Denkmal auf dem dreieckigen Marktplatz erinnert an *Sir Walter Scott*, der hier 33 Jahre lang das Amt des Sheriffs (oberster Grafschaftsrichter) innehatte. Der Gerichtssaal **Sir Walter Scott's Courtroom**, in dem er amtierte, kann besichtigt werden.

Nur wenige Schritte entfernt steht Besuchern das **Halliwell's House Museum** offen **[N55° 32' 49.50" W2° 50' 29.38"]** *(geöffnet Apr. - Okt. Mo - Sa 11 - 16 Uhr, So 12 - 15 Uhr; www.scotborders.gov.uk/directory_record/10703/halliwells_house_museum).* Das restaurierte Gebäude aus dem 18. Jh. beherbergt heute das Stadtmuseum. Einer der Schwerpunkte der Ausstellungen ist die Geschichte des Eisenwarenhandels, der in Selkirk lange eine bedeutende Rolle spielte. Angeschlossen ist die *Robson Gallery.*

Im **Lochcarron Cashmere and Wool Centre [N55° 33' 11.80" W2° 50' 25.81"]** *(Visitor Centre, geöffnet Mo - Do 9 - 17 Uhr, Fr 9 - 12 Uhr)* in der Waverely Mill, Dunsdale Road, werden Textilien aus der heimischer Produktion angeboten. Auf Führungen kann die Produktion besichtigt werden.

Ein großes Ereignis im Stadtleben ist das jährlich im Juni zelebrierte **Common Riding.** An diesem Gemeinschaftsausritt nehmen bis zu 500 Reiter teil.

Das Fest erinnert an das Jahr 1513 als Selkirker Bürger in die Schlacht von Flodden zogen, um an der Seite König James' IV. gegen die Engländer zu kämpfen. Die Schlacht wurde ein Desaster für die Schotten. Der König fiel. Das schottische Heer ging in einem fürchterlichen Massaker unter. Von den Soldaten aus Selkirk kam nur einer mit Namen Fletcher zurück. Als Beute brachte er eine englische Fahne mit.

Rund drei Meilen, ca. 5 km, westlich von Selkirk liegt an der A708 Richtung Moffat im Tal des River Yarrow **Bowhill House and Country Estate [N55° 32' 36.92" W2° 54' 2.26"]** *(geöffnet Haus: Osterwochenende, Juli tgl. 10 - 15 Uhr; Aug. + Sept. Sa + So 10 - 15 Uhr, Führungen alle 30 Min., letzte Führung 13 Uhr; www.bowhillhouse.co.uk).* Das herrschaftliche Anwesen ist seit Generationen Sitz der Scotts of Buccleuch.

Ein Besuch des Schlosses, das in einem ausgedehnten Park mit Spazierwegen und Abenteuerspielplatz liegt, lohnt. Von außen wenig attraktiv, birgt es im Inneren wahre Schätze. Vor allem die kostbare Gemäldesammlung, zu der Werke von Canaletto, Van Dyck, Gainsborough, Reynolds, Raeburn und anderen Meistern zählen, aber auch die erlesenen französischen Stilmöbel, die Porzellansammlung u. a. sind sehenswert.

ROUTE: Die Weiterreise ist eine wunderschöne Fahrt entlang des Yarrow Rivers und durch das einsame Flusstal auf der A708 nach Südwesten.

Man passiert den herrlich gelegenen, von Bergen umgebenen See **St. Mary's Loch.** Die Straße erklimmt eine Anhöhe (338 m) und erreicht einen **Parkplatz [WP 259 / N55° 25' 3.31" W3° 17' 13.56"]** an einer Bachbrücke, Ausgangspunkt für Wanderungen zum Wasserfall **Grey Mare's Tail** mit einer Fallhöhe von 61 Metern.

Zwei Wege (Übersichtstafel) stehen zur Verfügung. Der linke Pfad ist nicht sehr problematisch und führt bis in Sichtweite des Wasserfalls, ca. 10 Min. pro Weg.

Der rechte Pfad ist steiler, länger und anstrengender. Empfehlenswert nur für trittsichere und höhengewohnte Wanderer, die mit gutem Schuhwerk ausgerüstet sind. Der Weg endet am See Loch Skeen, ca. 45 – 60 Minuten pro Weg.

*ROUTE: Über **Moffat** erreicht man die Fernstraße A74. Ihr folgen wir rund*

14 mls/22 km nordwärts (Richtung Glasgow) bis Elvanfoot. Dort westwärts auf der B797 über Leadhills nach Wanlockhead in den Lower Hills.

Wanlockhead gilt als höchstgelegenes Dorf in Schottland. Bis 1950 wurde hier bleihaltiges Erz abgebaut. Aus den Minen „Glencrieff Mine", „Bay Mine" und „Loch Nell Mine" und aus den Gruben in Leadhills wurden im 18. und 19. Jh. 80 % des in Schottland benötigten Bleis gewonnen.

Ein Visitor Centre mit dem interessanten **Museum of Lead Mining [Parkplatz, WP 261 / N55° 23' 49.52" W3° 46' 50.41"]** *(geöffnet Apr. - Sept. tgl. 11 - 16.30 Uhr; www.leadminingmuseum. co.uk)* zeigt Geräte und Arbeitsweisen des Bergbaus in den vergangenen Jahrhunderten. U. a. erfährt man z. B., dass schon 8- bis 10-jährige Jungen als Gesteinswäscher angeheuert wurden, zum Lohn von 2 Pence am Tag. Verbunden war die Arbeit mit dem Anreiz, mit 12 Jahren in den Untertagebau übernommen zu werden.

Interessant ist ein Rundgang durch das Dorf, das als Freilichtmuseum dient. Führungen werden durch die **Loch Nell Leadmine** angeboten.

Mit der **Leadhills and Wanlockhead Railway [N55° 24' 40.47" W3° 45' 41.57"]**, einer Schmalspurbahn aus 1900, kann man eine nostalgische Rundfahrt durch diese Gegend unternehmen. Verkehrt zwischen Ledhills und Glengonnar von Ostern bis Ende September samstags und sonntags mehrmals täglich zwischen 11 - 17 Uhr; www.leadhillsrailway.co.uk.

ROUTE: Auf der Weiterreise erreicht man südlich von Sanquhar die Hauptstraße A76, der wir Richtung Dumfries folgen.

Drei Meilen (5 km) nördlich von **Thornhill** liegt westlich der Straße **Drumlanrig Castle [Parkplatz, WP 262 / N55° 16' 29.46" W3° 48' 33.58"]** *(geöffnet Castle: Juli - Aug. tgl. 11 - 17 Uhr, Führungen alle 20 Minuten, Dauer ca. 1 Stunde, letzter Einlass 1 Stunde vor Schließung; Park: Apr. - Sept. tgl. 10 - 17 Uhr; www. drumlanrigcastle.co.uk)*. Das Schloss ist die Dumfriesshire-Residenz des Herzogs von Buccleuch und Queensberry.

Drumlanrig ist bekannt für seine **kostbare Gemälde- und Porträtsammlung „Buccleuch Collection"**. Kleinodien wie Rembrandts „Alte lesende Frau", Leonardo da Vincis „Madonna" oder Hans Holbeins des Jüngeren „Porträt von Sir Nicholas Carew" zählen dazu.

Außergewöhnlich, weil in schottischen Schlössern wohl einmalig, ist ein Porträt des Küchenchefs des Hauses. Es hängt im „Serving Room" und stellt Joseph Florence, den Leibkoch der Herzöge Mitte des 19. Jh. dar. Aber irgendwie macht der Küchenmeister auf dem Konterfei eher den Eindruck eines Asketen als den eines Gourmets.

Drumlanrig Caste ist ein Fahrradmuseum angeschlossen.

ROUTE: Weiterreise nach Dumfries (siehe Tour 1, Gretna – Newton Stewart) und über die A75 nach Gretna, dem Ausgangspunkt dieser Schottlandrundreise.

PRAKTISCHE UND NÜTZLICHE INFORMATIONEN

ABKÜRZUNGEN

AM = Ancient Monument
CCP = Caravan & Camping Park
CCS = Caravan & Camping Site
CP = Caravan Park
CS = Camping Site
Dau. = Dauercamper
HS = Historic Scotland
NTS = National Trust for Scotland
Rd. = Road
Sq. = Square
St. = Street
Stpl. = Stellplatz
SU = Sonnenuntergang
TIC = Tourist Information Centre
Zi. = Zimmer

ANSCHRIFTEN

Fremdenverkehrsämter

VisitScotland, Ocean Point One, 94 Ocean Drive, Edinburgh EH6 6JH, Tel. +44 (0)845 85 91 006; www.visitscotland.com/de.

VisitBritain, Dorotheenstr. 54, 10117 Berlin, Tel. 030-31 57 19 17; www.visitbritain.de.

VisitBritain, Badenerstr. 21, CH 8004 - Zürich, Tel. 08 44 - 007 007; www.visitbritain.com/ch.

Britain Visitor Centre, c/o The British Council, Siebensterngasse 21, A-1070 Wien, Tel. 08 00-15 01 70; www.visitbritain.com/at.

Fremdenverkehrsämter innerhalb Schottlands

Scottish Tourist Board, Central Information Department, 23 Ravelston Terrace, Edinburgh EH4 3EU, kein Publikumsverkehr, ausschließlich telefonische Anfragen! Tel. +44 (0)131 47 22 222.

Edinburgh and Lothians Information Centre, 3 Princes Street, Edinburgh EH2 2QP, Tel. +44 (0)8452 25 51 21, 0131 473 3868; *(geöffnet Jan. - Anf. Juni + Mitte Sept. - Ende Dez. Mo - Sa 9 - 17 Uhr, So 10 - 17 Uhr; Juni Mo - Sa 9 - 18 Uhr, So 10 - 18 Uhr; 1. Juli - 8. Sept. Mo - Sa 9 - 19 Uhr, So 10 - 19 Uhr)*; www.visitscotland.com/de/edinburgh/.

Weitere Tourist Information Centres sind bei den jeweiligen Orten angegeben.

Internetadressen
Außer den im Text erwähnten Internetadressen können nachstehend aufgeführte Webseiten von Interesse sein:
www.scotland.org
www.visitscotland.com - die offizielle Seite des Scotland's National Tourism Board, auch in deutscher Sprache!
www.welcometoscotland.com
www.aboutscotland.com

Konsularische Vertretungen
Königlich Britische Botschaft, Wilhelmstr. 70 - 71, 10117 Berlin, Tel. 030-20 45 70, https://www.gov.uk/world/organisations/british-embassy-berlin.de. – Sowie Konsulate in Düsseldorf, München, Bremen, Hamburg, Kiel, Nürnberg, Stuttgart, Hannover.

Königlich Britische Botschaft, Jauresgasse 12, A-1030 Wien, Tel. +43 (1) 71 61 30; www.britishembassy.at.

Königlich Britische Botschaft, Thunstraße 50, CH - 3000 Bern 15, Tel. +41 31 35 97 700, https://www.gov.uk/world/organisations/british-embassy-berne.

Generalkonsulat der Bundesrepublik Deutschland (Consul General of the Federal Republic of Germany), 16 Eglinton Crescent, Edinburgh EH12 5DG, Tel. +44 (0) 131-33 72 323; www.edinburgh.diplo.de. – Sowie Konsulate in Aberdeen, Glasgow, Kirkwall (Orkney Isles), Lerwick (Shetland Isles).

Österreichisches Honorarkonsulat, 9 Howard Place, Edinburgh, EH3 5JZ, Tel. + 44(0)131-55 81 955; www.bmeia.gv.at.

Schweizer Generalkonsulat in Schottland, 255 C Colinton road, Edinburgh EH14 1DW, Tel. +44 (0)131 44 14 044; www.eda.admin.ch.

Rollstuhlfahrer Infos
Advise Service Disability Scotland (ASCS), 11 Ellersly Road, Edinburgh EH12 6HY, Tel. +44 (0)131 34 62 529; www.capability-scotland.org.uk.

Schifffahrtslinien

Caledonian MacBrayne Limited, The Ferry Terminal, Gourock, PA19 1QP, Tel. +44 (0)1475 65 02 26; www.calmac.co.uk.

DFDS Seaways, Högerdamm 41, 20097 Hamburg, Tel. 040 38 90 371; www.dfdsseaways.de.

Serco Northlink Ferries Ltd., Customer Service, Stromness Ferry Terminal, Ferry Road, Stromness, Orkney KW16 3BH, Tel. 0845 60 00 449, International Tel. +44 (0)1856 88 55 00; www.north-linkferries.co.uk.

P&O Ferries Ltd., Channel House, Channel View Road, Dover CT17 9TJ. Reservierung Tel. +44 (0)8716 64 21 21; www.poferries.com.

Stena Line Scandinavia AB, Schwedenkai 1, 24103 Kiel, Tel. 0180 60 20 100; www.stenaline.de.

BESICHTIGUNGEN VON SCHLÖSSERN, BURGEN U.S.W.

Wer vorhat viele Schlösser, Herrenhäuser, Parks, Gärten und andere Sehenswürdigkeiten zu besichtigen, sollte sich über den Erwerb eines der folgenden Pauschaltickets Gedanken machen.

Viele der bedeutendsten Schlösser und Sehenswürdigkeiten des Landes sind im Besitz von Organisationen oder werden von diesen treuhänderisch verwaltet. Diese Organisationen bieten dem Besucher ihrer Sehenswürdigkeiten an, Pauschaltickets zu erwerben, die für eine bestimmte Zeitspanne gültig sind und dann ohne weitere Gebühr Eintritt gewähren. Da die Eintrittspreise in Schlösser, Museen, Ausstellungen oft recht erheblich sind, können sie sich am Ende einer Reise zu ansehnlichen Sümmchen addieren. Wer also viele Besichtigungen plant, vielleicht noch mit einer größeren Familie, wird mit einem Pauschalticket wahrscheinlich besser fahren.

National Trust for Scotland (NTS) – Diese Organisation hat sehr viele Burgen, Schlösser und historische Bauwerke in ihrer Obhut, auch Parks gehören dazu. Der National Trust for Scotland gibt das „National Trust for Scotland Discover Ticket" heraus, das sich für eingefleisch-te Vielbesichtiger rasch rechnen kann.

Der Pass kann als einmaliger Eintritt in den dem NTS angeschlossenen Sehenswürdigkeiten für 3, 7 oder 14 Tage erworben werden. Der Pass kostet für 1 Person € 31,50, € 37,- bzw. € 43,-, Familientickets ermäßigt; https://www.visitbritainshop.com/deutschland/national-trust-for-scotland-discover-ticket/.

Alle Sehenswürdigkeiten, die vom National Trust for Scotland betreut werden, sind im Text mit (NTS) markiert!

Infos über den National Trust Touring Pass etc. bei: *The National Trust for Scotland*, Hermiston Quay, 5 Cultins Road, Edinburgh EH11 4DF, Tel. +44 (0)131 45 80 200; www.nts.org.uk.

Historic Environment Scotland (ehemals Historic Scotland / HS) – Dieser staatlichen Organisation gehören z. B. die Burgen in Edinburgh und Stirling und andere historische Gemäuer. Ihr Pauschalticket heißt „**Historic Scotland Explorer Pass** ", gilt April bis Oktober für 3 Tage innerhalb von 5 Tagen, bzw. 7 Tage innerhalb von 14 Tagen und kostet pro Person £ 31,- bzw. £ 42,-, für Personen über 60 Jahre und für Familien (Familie sind 2 Erwachsene und bis zu 6 Kinder 5 - 15 Jahre) ermäßigte Preise. In der Zeit von November bis März sind die Preise um ca. 20 Prozent günstiger; https://www.historicenvironment.scot/visit-a-place/explorer-passes/.

Alle Sehenswürdigkeiten, die von Historic Environment Scotland betreut werden, sind im Text mit (HS) markiert!

Infos: *Historic Environment Scotland*, Longmore House, Salisbury Place, Edinburgh EH9 1SH, Tel. 0131 668 8095; https://www.historicenvironment.scot/.

CAMPING

Auf den britischen Inseln, dem Geburtsland des Camping, trifft der Tourist, der mit Zelt, Caravan oder Wohnmobil unterwegs ist, kaum einmal auf Engpässe. Alleine in Schottland gibt es weit über 500 Campingplätze. Besonders zahlreich sind sie in den südlichen Regionen und dort wieder an den Küsten von Dumfries and Galloway, Strathclyde, Fife und Central angesiedelt. In den Highlands sind Campinganlagen weit verstreut. Auch die Hebriden (Skye, Harris, Lewis) und die Orkney-Inseln (Mainland) weisen Camps auf.

Die Sanitärausstattung ist auf den allermeisten Campingplätzen recht vollständig. So findet man kaum noch Sanitäranlagen, die in den Waschbecken und Duschen nicht Warmwasser aufweisen würden. Natürlich gibt es WC's und auf fast allen Anlagen Ausgüsse für Chemikaltoiletten.

Langsam verbreiten sich auch Einrichtungen für Wohnmobile zur Ver- und Entsorgung von Frischwasser/Abwasser.

Wäschewasch- und Geschirrspülbecken, teils mit Warmwasser, sind verbreitet, aber nicht überall zu finden. Seltener sind Waschmaschinen, noch seltener Sauna, Schwimmbad oder Tennisplatz.

Fast alle Plätze bieten zwischenzeitlich – zumindest für einige Stellplätze – Stromanschlüsse für Caravans an.

Häufig sind Campingplätze zumindest teilweise auch mit befestigten Stellplätzen ausgestattet.

Eine recht unerfreuliche Einrichtung auf fast allen Campingplätzen in Schottland (übrigens auch in England, Wales und Irland) sind die Druckwasserhähne an den Waschbecken in den Sanitärhäusern. Das Wasser läuft nur, solange man eine Hand auf den Wasserhahn drückt. Lässt man los, stoppt augenblicklich der Wasserstrom. Eine lästige Installation, die einen zwingt, sich im vollgelaufenen Waschbecken zu waschen, was aber angesichts mancher Sanitärräume und den nicht immer hygienisch einwandfreien Becken dort sicher nicht jedermanns Sache ist.

Warmduschen kosten auf vielen Plätzen extra.

Erfreulicher sieht es schon auf dem Verpflegungssektor aus. Fast jeder Platz hat eine **Einkaufsmöglichkeit**, wenn auch oft nur Grundnahrungsmittel oder Konserven angeboten werden.

Nur auf großen Ferienplätzen gibt es auch ein Restaurant oder einen Imbissstand.

Sehr camperfreundlich ist auf fast allen Plätzen das **Verhältnis Größe des Platzgeländes zur Anzahl der maximal erlaubten Stellplätze** geregelt. Wer einmal auf einem vollgestopften Campingplatz am Mittelmeer gecampt hat, wird das zu schätzen wissen.

Viele Campingplätze bieten **Mobilehomes**, große, stationäre Wohnwagen zum mieten an. Sie bieten Schlafgelegenheiten für vier bis acht Personen und kosten je nach Lage, Ausstattung, Mietdauer und Saison zwischen ca. 50 und 200 £.

Campingplätze werden **von den Automobilclubs RAC und AA klassifiziert** und **von den Fremdenverkehrsbehörden bewertet**. Bewertungen und Klassifizierungen sind allerdings nicht vorgeschrieben, sondern sind freiwillig, d. h. der Platzhalter muss damit einverstanden sein, dass sein Platz begutachtet wird.

Allerdings sind die Bewertungskriterien durch den „National Caravan Council", der sie für die Fremdenverkehrsbehörden ausarbeitete, im Lande einheitlich.

Die Qualität der dem Gast zur Verfügung stehenden Einrichtungen wird in fünf Kategorien eingeteilt, die durch Häkchen symbolisiert werden. Fünf Häkchen bedeuten „hervorragend", ein Häkchen „akzeptabel".

Ganz besonders gut geführte und ausgestattete Campinganlagen werden mit dem „Thistle Award" ausgezeichnet.

Campingplätze in Schottland sind gewöhnlich geöffnet zwischen Anfang April und Ende September.

Manche Plätze gewähren bei Vorlage der Campingkarte Camping Key Europe (CKE) eine kleine Ermäßigung.

Der *Camping and Caravanning Club* bietet sehr schöne Campingplätze mit angenehmen Stellplatzdimensionen. CKE-Inhabern können zu Club-Mitgliederpreisen übernachten, ohne die befristete Auslands-Mitgliedschaft zu erwerben, https://www.campingandcaravanningclub.co.uk/.

Eine weiterer Campingclub ist *The Caravan an Motorhome Club*, https://www.caravanclub.co.uk/.

Wildes campen oder auch nur das Übernachten außerhalb offizieller Campingplätze ist nicht erlaubt!

Hinweise über Angaben zu Campingplätzen

Die in den Reiserouten dieses Reiseführers erwähnten Campingplätze wurden – teils mehrfach in verschiedenen Jahren – aufgesucht und besichtigt.

Auf Campinganlagen, die in vertretbarer Reichweite der beschriebenen Routen liegen, wird genauer eingegangen, andere werden nur erwähnt. Campinganlagen, die nicht aufgeführt sind, liegen entweder zu weit abseits der beschriebenen Route oder sie sind für eine Erwähnung in diesem Buch weniger geeignet. Die Erwähnung und Beschreibung von Campingplätzen in diesem Buch wird durch keinerlei Zuwendungen oder Anzeigengelder der Campingplatzhalter beeinflusst!

Bei der **Beschreibung der Campingplätze** in diesem Reiseführer folgt dem **Platznamen** die **GPS-Koordinate**, wenn möglich die Adresse, die **Telefonnummer** und die **Öffnungszeit**, dann Lage oder **Zufahrt** und **Beschaffenheit des Geländes**. Dabei wird die Form angegeben, die überwiegt (z. B. Wiesengelände).

Es folgen **Größe des Platzes** in Hektar (ha) und die Aufnahmekapazität in **Stellplätzen** (Stpl.), aufgeteilt – wenn möglich – in Stellplätze für Touristen und Dauercamper (Dau.)

Es wird versucht, die Platzeinrichtungen, so wie sie beim Besuch vorgefunden wurden, zu charakterisieren, wobei die Übergänge zwischen den geschaffenen **Kategorien Mindestausstattung, Standardausstattung** und **Komfortausstattung** fließend sind.

Mindestausstattung: Einfacher Platz mit bescheidenen, veralteten oder vernachlässigten Einrichtungen, die außer WC's, Kaltwasserwaschbecken und evtl. einige Kaltduschen keine oder völlig unzeitgemäße Einrichtungen für Hygiene und Körperpflege aufweisen.

Standardausstattung: Der Durchschnittscampingplatz mit WC's, Kalt-und Warmwasserwaschbecken und Duschkabinen in den Waschräumen. Geschirr- und Wäschewaschgelegenheiten. Ordentlicher Gesamteindruck. Einige Stromanschlüsse für Caravans.

Komfortausstattung: Außer ausreichend WC's, Waschbecken mit Warmwasser und Warmduschen in ausreichender Zahl in zeitgemäßen, gepflegten Sanitäranlagen, werden auch Geschirr- und Wäschewaschbecken oder Waschmaschinen erwartet, ebenso Stromanschlüsse für Caravans in ausreichender Zahl. Das Terrain soll durch Wege erschlossen sein und im Gelände verteilte Müllbehälter und Wasserzapfstellen, Einkaufsmöglichkeit und/oder Restaurant, Kinderspielplatz und Sport- oder Freizeiteinrichtungen aufweisen.

EINREISEBESTIMMUNGEN

Persönliche Dokumente

Staatsangehörige der Bundesrepublik Deutschland benötigen zur Einreise nach Großbritannien einen gültigen Reisepass oder Personalausweis. Mit ihnen reisende Kinder bis 15 Jahren müssen im Elternpass eingetragen sein. Ab dem 16. Jahr muss das Kind einen eigenen Personalausweis bzw. Reisepass möglichst mit Bild vorweisen.

Einreise mit dem Kfz

Deutscher Führerschein und Fahrzeugschein sind ausreichend. Es empfiehlt sich, auch die Internationale Grüne Versicherungskarte mitzuführen. Das Nationalitätskennzeichen „D", „A", „CH" etc. muss am Auto angebracht sein.

Anhänger (auch Caravans) dürfen nicht breiter als 2,30 m sein und eine Aufbaulänge von 7 m nicht überschreiten!

Empfehlenswert ist eine Kaskoversicherung. Die Kfz-Haftpflichtversicherung der britischen Autofahrer beschränkt sich im Normalfall auf Personenschäden und schließt Sachschäden nur bei einer Zusatzversicherung ein, die Ihr eventueller Unfallgegner aber vielleicht nicht abgeschlossen hat. Vorgeschrieben ist nämlich nur Personenhaftpflicht.

Haustiere

Für die Einfuhr ist die Einhaltung der **Pet Travel Scheme (PETS)** Bedingung. Bedenken Sie auch, dass die Vorbereitungsprozedur mit allen erforderlichen Maßnahmen recht langwierig ist.

Notwendig sind u. a. Mikrochip, Tollwutimpfung, Bandwurmbehandlung nur für Hunde 24 - 120 Stunden vor der Ankunftszeit in Großbritannien – alles vom Tierarzt eingetragen im **Heimtierausweis**, der mitgeführt werden muss. Nach der Tollwutimpfung 21 Tage Wartefrist vor dem Einreisedatum.

Informationen erhält man u. a. bei: *DEFRA - Department for Food and Rural Affairs*, Ground Floor, Redwing House, Colchester Rd., Hedgerown Business Park, Chelmsford, Essex CM2 5PB, Tel. (00 44)-(0)870- 241 17 10, Fax (0044)-(0)1245-39 82 99. Defra Help-line Mo - Fr 8 - 18 Uhr Tel. 08459 33 55 77; www.defra.gov.uk/wildlife-pets/pets/travel/pets/.

Rechtzeitige Erkundigung nach den vollständigen und neuesten Vorschriften ist dringend anzuraten!

Zollbestimmungen

Waren, die in der EU gekauft wurden, können abgabenfrei eingeführt werden, wenn sie zum eigenen Verbrauch bestimmt sind und folgende Höchstmengen nicht überschritten werden:

800 Zigaretten oder 400 Zigarillos, oder 200 Zigarren oder 1 kg Tabak, 10 Liter Spirituosen, 20 Liter Likörwein (Port oder Sherry), 90 Liter Wein (davon max. 60 Liter Schaumwein), 110 Liter Bier. Reisende unter 17 Jahren dürfen keinen Tabak oder Alkohol einführen.

Für Waren, die aus nicht EU-Staaten eingeführt werden, gelten erheblich geringere Höchstmengen.

Die Einfuhr von Waffen und Munition jeder Art (Jagdwaffen z. B., aber auch Reizgassprays), von Funksprechgeräten, Fleisch, Pflanzen, Früchten u. a. und jede Art von Drogen bzw. entsprechenden Medikamenten ist nicht erlaubt bzw. nur mit einer Sondergenehmigung möglich.

Da dies nur ein kleiner Auszug aus den britischen Zollbestimmungen sein kann, erkundigen Sie sich im Zweifelsfall nach dem kompletten und neuesten Stand,.

In bestimmten Fällen wird bei Einkäufen über £ 20,- dem Besucher aus EU-Ländern die Mehrwertsteuer (VAT – Value Added Tax) auf Antrag zurückerstattet (Formular VAT 407).

ESSEN UND TRINKEN

Es gibt böse Zungen die behaupten, das Essen in Schottland sei genauso schlecht wie das Wetter dort.

Nun hat ja die Küche der Briten in der Tat nicht gerade den besten Ruf, und schließlich ist es ein Konzern mit echt schottischem Namen, der versucht, die Welt mit seinem standardisierten Essen an die angelsächsischen (fairerweise muss man sagen amerikanischen) Essmanieren zu gewöhnen.

Aber genau wie beim Wetter ist das auch beim Essen nur halb so schlimm. Und wenn Sie auf das richtige Lokal stoßen, können Sie in Schottland sogar ausgezeichnet essen.

Sollten Sie großen Wert auf kulinarische Besonderheiten, Spezialitäten des Landes oder gute schottische Hausmannskost legen, halten Sie nach Gasthäusern Ausschau, die sich an der Aktion **„Taste of Scotland"**, symbolisiert durch ein rundes, weißes Symbol mit Fisch, beteiligen. Eine Liste mit allen angeschlossenen Lokalen erhalten Sie gegen Gebühr von: *Taste of Scotland Ltd.*, Edinburgh, Tel. 01 368-86 54 44, Fax -86 57 77; www.taste-of-scotland.com.

Darüber hinaus wurde von VisitScotland ein weiteres Bewertungsschema für Essen und Trinken in Schottland eingeführt, das **Food Quality Assurance Scheme**. Alle Unternehmen, die Essen reichen, können sich an diesem System beteiligen, sei es ein Hotel, ein gepflegtes Restaurant, ein Pub oder der einfache Fisch and Chips Laden von nebenan. Versprochen wird, dass Lokale, die dieses Symbol führen, Speisen von guter Qualität anbieten. Vergeben werden, je nach Qualitätsstandard, ein bis fünf Medaillen.

Dass die oben angedeuteten Vorurteile nicht ganz stimmen können, beweist fast schon alleine das englische und natürlich auch das schottische **Frühstück**. Es ist eine komplette Mahlzeit für sich und besteht gewöhnlich mindestens aus Porridge (Haferbrei, schmeckt mit Milch und gesüßt ausgezeichnet), Cornflakes (cereals), Eierspeisen mit Schinken, Speck oder Würstchen, Bohnen, geräucherten kleinen Heringen (Kippers), Fruchtsäften, und natürlich Tee oder Kaffee, Toast und Jam (Marmelade). Wenn Sie *„marmelade"* verlangen, gibt es das auch. Aber englische „marmelade" ist ausschließlich die bittersüße Orangenschalenmarmelade. Alles andere ist „Jam".

Wird ein weniger opulentes Frühstück gewünscht, verlangen Sie ein gewöhnliches *„continental breakfast"*. Mehr als Kaffee oder Tee, Toast, Brötchen, Butter und Marmelade dürfen dann nicht erwartet werden. Dafür kostet es auch kaum mehr als die Hälfte eines englischen Frühstücks.

Wichtige Grundbestandteile schottischer Gerichte sind Lamm, Hammelfleisch und Fisch. Aber auch Rindfleisch oder Wildspezialitäten fehlen nicht.

Entscheiden Sie selbst, ob Sie mal ein saftiges Steak von einem Angus-Rind probieren wollen, es kann ein Gedicht sein.

Oder, schön heiß servierte, gebratene *„mutton chops"* (Hammelrippchen) mit grünen Bohnen schmecken wunderbar.

Außerdem gibt es eine Unmenge von Pfannen- und Eintopfgerichten. Verlangen Sie einmal *„Rumbledethump"*, ein Gericht aus der Borders-Region. Das klingt schlimmer als es schmeckt. Es ist nämlich Kartoffelbrei mit Butter und Kohl vermischt und mit Zwiebeln und Schnittlauch zubereitet. Oder bestellen Sie mal *„Hotch Potch"* (Hammeleintopf mit Gemüse).

Wenn Sie es aussprechen können und man Sie auch noch versteht, versuchen Sie einmal *„Stoved Howtowdie wi' Drappit Eggs"*. Wenn's klappt, erhalten Sie eine Hühnersuppenterrine mit verlorenen Eiern, Kartoffeln, Zwiebeln und Butter.

Versuchenswerte **Fischgerichte** sind *„Cullen Skink"* (Fischsuppe), *„Arbroath Smokies"* (geräucherter Schellfisch) oder *„Finnan Haddock"* (luftgetrockneter und anschließend über dem Torffeuer geräucherter Schellfisch).

Keinesfalls versäumen dürfen Sie den **„Haggis",** das schottische Nationalgericht. Unfreundliche Menschen sagen zwar, der Haggis schmeckt so gut, dass die Schotten damit ein Wettschmeißen veranstalten, was gar nichts heißen will, denn Schotten schmeißen ja auch mit Steinkugeln und Baumstämmen.

Also: Haggis sind die Innereien vom Schaf (manchmal auch Kalb), wie Leber, Herz und Lunge, die erst gekocht, dann kleingehackt und mit Talg (Fett), Hafermehl und vielen Gewürzen vermengt in den Schafsmagen (heute auch Kunsthülle) gefüllt und darin gekocht werden.

Käse gibt es in ausgezeichneter Qualität dank der ausgedehnten Milchwirtschaft auch in Schottland.

Und was an **Süßspeisen** alles serviert wird, erleben Sie am besten beim Afternoon Tea (Nachmittagstee, wird zwischen 16 und 17 Uhr serviert) in einem Hotel. Da gibt es *Selkirk bannock fruit cakes* (flache Hafermehlkuchen), *shortbreads* (Mürbeteigstückchen), *scotch pancakes* (Waffeln), *oat cakes, biscuits, gingerbread* (Ingwergebäck) und, und, und. Spätestens hier stellt man fest, dass in Schottland sehr gerne süß gegessen wird. Und als typisch schottisches Dessert firmiert *„Cranachan"*, eine Mischung aus Sahne, Hafermehl und Himbeeren.

Essenszeit ist mittags gewöhnlich zwischen 12 und 14 Uhr (Lunch). Das Abendessen (Dinner), die Hauptmahlzeit des Tages, wird etwa ab 19 Uhr serviert.

Wer nicht solange warten will, kann beim „High Tea" am späten Nachmittag so zwischen 16.30 und 18.30 (serviert werden warme Gerichte, oft Fisch, mit Tee und nachfolgend Kuchen und Gebäck und natürlich das traditionelle Gurkensandwich) schon sein Abendessen zu sich nehmen.

Essen in Restaurants oder Hotels sind nicht eben billig. Ein Abendmenü wird kaum unter £ 25 zu haben sein. Preiswerter, wenn auch einfacher, sind die sog. „Bar Meals" oder „Bar Snacks", kleine Gerichte, die an der Barthteke serviert werden oder dort in Selbstbedienung zu erhalten sind.

Wesentlich preiswerter isst man in „Tea Shops" oder Cafeterias, und auch der gute alte „Fish and Chips"-Laden hat immer noch seinen festen Platz unter den schottischen Schnellimbissen.

Selbstversorger finden in den Geschäften und Supermärkten ein reiches Angebot an Nahrungsmitteln aller Art.

Die berühmten **„Pubs"** (Public Bars), denen bei uns ein romantisch nostalgisches Image vorauszueilen scheint, müssen nicht immer Orte der Gemütlichkeit sein. Vielen Pubs sieht man heute noch an, dass sie aus ganz gewöhnlichen Trinkstuben hervorgegangen sind. Angenehmer sitzt man meist in den Hotelbars, in „Lounge Bars" oder in „Saloon Bars".

Wenn Sie nun vor oder nach dem Essen in ein gemütliches Pub gehen, werden Sie feststellen, dass die Auswahl an Getränken, auch an nicht alkoholischen, recht groß ist.

Im Vereinigten Königreich gibt es nicht weniger als 145 Brauereien, entsprechend vielfältig ist das Bierangebot.

Man unterscheidet grundsätzlich zwei Biersorten: Ale (light ale, brown ale, werden immer ohne Schaum serviert) ist helles Bier und Stout, ein starkes, dunkles Bier, mit einer weißen Schaumkrone im Glas. Bekannte Marken sind Guinness, Mackeson oder Smithwicks.

Wenn Sie helles Bier mit Limonade gemischt wollen, bestellen Sie einen „Shandy" und wenn Sie einen „Black Velvet" ordern, bekommen Sie Stout gemischt mit Sekt. Weniger gefährlich ist Cider, vergorener Apfelsaft.

FESTE UND FOLKLORE

Hier nur einige der wichtigsten Feste, die vor allem wegen ihres typisch schottischen Brauchtums für den Besucher von Interesse sein können.

Besondere Anziehungspunkte sind immer noch die **Highland-Games**

(Hochlandspiele) und Highland-Gatherings (Zusammenkünfte), bei denen schottische Folklore mit Dudelsackmusik, Hochlandtänzen und besonderen sportlichen Wettkämpfen zu erleben sind.

Zu den bedeutendsten Veranstaltungen dieser Art dürfte das **Royal Highland Gathering** gehören, das jedes Jahr Anfang September in **Braemar** (Grampian) stattfindet; https://www.braemar-gathering.org/.

Highland Games haben ihren Ursprung in grauer Vorzeit. Damals ließen Könige und Clan Chiefs die stärksten Männer und besten Dudelsackpfeifer im Wettbewerb antreten. Die geschicktesten und kräftigsten wurden dann als Kuriere oder Leibwächter rekrutiert, um das Ansehen des Clans zu steigern.

Das erste Highland-Gathering soll im 11. Jh. von König Malcolm Canmore in Braemar abgehalten worden sein. Der König wollte damals angeblich den schnellsten Kurierläufer ermitteln.

Andererseits nimmt die Gemeinde Ceres in Lowland Fife für sich in Anspruch, Urheber der Highland-Games zu sein. Dort behauptet man, man habe 1314 die von der Schlacht von Bannockburn heimkehrenden Bogenschützen mit einem solchen Fest begrüßt.

Zu den wohl ältesten Darbietungen bei Highland-Games dürften die **Hochlandtänze** zählen. Schon die Römer berichteten von Caledoniern, die wild um ihre auf dem Boden liegenden Schwerter tanzten. Andere Quellen wieder wollen die Tänze mit keltischen Kulturelementen in Verbindung bringen und ihren Ursprung in Ritualen eines Sonnenkults sehen.

Nach der Niederlage der Jakobiten bei Culloden 1746 fielen auch die schottischen Hochlandspiele einem Verbot zum Opfer, das erst vierzig Jahre später wieder aufgehoben wurde.

Einen Aufschwung erlebten die Spiele – wie viele andere Aspekte schottischen Brauchtums – als König George IV öffentlich sein Wohlwollen dafür bekundete. Anlässlich seines Besuches in Edinburgh 1822 trat der Monarch gar im

Schottenrock auf und zeigte lebhaftes Interesse an der Geschichte des Tartans.

Schließlich festigte Königin Victoria das Ansehen der Hochlandspiele noch, als sie 1848 die Schirmherrschaft für das Braemar Gathering übernahm. Seitdem ist die Anwesenheit von Mitgliedern des Königshauses bei den Royal Highland Gatherings in Braemar Tradition.

Heute gehören zu den Darbietungen Wettbewerbe der Pipebands, Dudelsackbläser und Highlandtänzer.

Größte Attraktion aller Highland-Games sind aber wie eh und je die **Wettkämpfe der „heavies"**, der Schwergewichte. Sie schleudern Hämmer, dass die Kilts fliegen, stoßen Kugeln und werfen Gewichte in die Höhe. Zum Schluss folgt der Höhepunkt – „tossing the caber" – das Balancieren und Werfen eines mächtigen Baumstammes, der dann nach einem Überschlag genau in 12-Uhr-Position liegen bleiben muss, sonst war die Mühe umsonst. Der in Heavies-Kreisen weltberühmte Braemar-Caber wiegt immerhin rund 70 kg und ist gut 6,6 m lang.

In den Gemeinden der Borders-Region dagegen sind die **Common Riding Festivals** zuhause. Diese festlichen Ausritte und Reiterfeste haben ihren Ursprung in den politisch unsicheren Zeiten des Mittelalters, als anlässlich solcher Ritte die Grenzen der Gemeinden und Grafschaften kontrolliert wurden.

Heute haben die Common Riding Festivals längst den Charakter von Volksfesten mit folkloristischem Einschlag angenommen.

Veranstaltungen

Hier noch einige der wichtigsten, regelmäßig wiederkehrenden Veranstaltungen. Besonders in den Monaten Juni, Juli und August werden Highland-Games zahlreich überall im Lande veranstaltet. Da Datum und Veranstaltungsorte aber wechseln, erkundigen Sie sich am besten an Ort und Stelle beim Verkehrsamt nach aktuellen Daten und lokalen Festen.

Januar – *Burns Night*, oder *Burns Supper*, wird in ganz Schottland gefeiert zu Andenken an den Geburtstag des schottischen Nationaldichters und Poeten Robert Burns. Wichtigster Bestandteil eines zünftigen Burns Supper ist traditionell „Haggis", der nach alter Sitte mit dem lustigen Vers „Address to a Haggis" angekündigt wird.

März – Ende März – *Internationales Folk-Festival* in Edinburgh.

April – Mitte April – *Scottish Grand National*, Pferderennen in Ayr.

Ende April – *Folk-Festival*, Shetland.

Juni – Ende Juni – *Internationales Jazz-Festival* in Glasgow.

Juli – Ende Juli – *Internationales Volkstanz-Festival* in Edinburgh.

Außerdem *Highland-Games*, z. B. in Elgin, Aviemore.

Highland Tattoo in Inverness.

World Highland Games in Callander.

Anfang August – *Highland-Games* in Brodick (Highlands and Islands).

Common Riding in Lauder (Borders).

„Silver Chanter", Dudelsackwettbewerb (veränderliche Daten) in Dunvegan (Insel Skye).

Mitte August – *Military Tattoo* in Edinburgh, abendlicher großer Zapfenstreich bei Flutlicht im Hof der Burg von Edinburgh.

Edinburgh International Filmfestival, *Edinburgh International Festival* (dreiwöchige internationale Musikfestspiele).

Highland-Games in Perth (Tayside) und Glenfinnan (Highlands and Islands).

Ende August – *Internationales Jazz-Festival* in Edinburgh.

Highland-Games in Oban (Highlands and Islands) u. a.

Anfang September – *Royal Highland Gathering* in Braemar (Grampian).

Highland-Games in Peebles (Borders) u. a.

Annual Ceilidh Week in Carrbridge (Highlands and Islands) mit viel schottischer Folklore.

Oktober – *National Gaelic Mod* (gälisches Treffen) in unterschiedlichen Städten.

Halloween, 31. 10. – Die einzige „Zaubernacht" des Jahres, in der Geister wandern, viele alte heidnische Bräuche, z. B. Tauchen nach Äpfeln, Rösten von Nüssen. Besonders junge und verliebte Leute wollen dabei ein Zeichen von Geisterhand über den zukünftigen Partner erfahren.

November – *Hallowmas* (Allerheiligen) am 1. 11.

Martinstag (11. 11.), Sonntag darauf *Remembrance Day* (Veteranentag).

St. Andrews Day (30. 11.), Fest des Hauptheiligen Schottlands; https://www.visitscotland.com/de-de/see-do/events/.

FREIZEITAKTIVITÄTEN

Angeln

Angeln gehört zu der beliebtesten Freizeitbeschäftigung in Schottland, der auch ausländische Besucher besonders gerne nachgehen.

Kenner schätzen schon lange die ausgezeichneten Fischgewässer in den Seen und Flüssen des Landes. Besonders Lachs, Forellen oder Seeforellen, aber auch Aale, Karpfen, Hecht u. a. werden geangelt. Hotels, Angelgeschäfte, Lebensmittelläden und Postämter vor Ort verkaufen die notwendigen Angelscheine.

Einzelheiten über „permits" für die Fischgewässer, die teils öffentlich, oft aber auch Privateigentum sind, über Lizenzen und Gebühren sollten über die örtlichen TIC-Büros, über Hotels oder über das Britische Fremdenverkehrsamt vorher erfragt werden.

Spezialisten schätzen besonders Hochseeangeltörns vor der schottischen Küste. Boote für den eben nicht billigen Spaß kann man auf den Shetlands, in Ullapool, Stonehaven, Arbroath oder Eyemouth chartern.

Das Internetportal **Fish Pal** gibt vielfältige Informationen über das Angeln in Großbritannien; www.fishpal.com, Tel. +44 (0)1573 47 06 12.

Golf

Für Golfer dürfte Schottland, die „Heimat des Golfspiels", ein Eldorado für die Ausübung ihres Sports sein.

Das Spiel mit Schläger und Ball entwickelte sich angeblich in den Küstengegenden der Lowlands und wurde dort schon im 15. Jh. mit Enthusiasmus ausgeführt.

Nicht weniger als annähernd 470 Plätze findet man heute in Schottland zwischen Borders und Highlands. Und ihre Klasse und ihr Ruf reicht vom sakrosankten Meisterschaftskurs „The Old Course" in St. Andrews über die luxuriösen Grüns der weltbekannten Golfhotels Turnberry oder Gleneagles oder Royal Troon (auf denen man nicht so ohne weiteres zu einer Golfrunde kommen wird), bis zu so bekannten Plätzen wie Dornoch, Nairn oder Muirfield bei Gullane.

Um zu den bekannten Plätzen überhaupt Zutritt zu bekommen, müssen Sie Ihre Handicapkarte vorweisen und mitunter eine temporäre Mitgliedschaft erwerben, deren Gebühr je nach Renommee des Clubs erheblich sein kann.

Etwas einfacher geht es, wenn man sich in einem der guten Golfhotels einmietet (von ca. 100 £ pro Übernachtung aufwärts).

Aber auch der Anfänger, der in den bei uns als exklusiv geltenden Sport erst einmal hineinschnuppern will, findet kaum irgendwo anders so günstige Voraussetzungen, den Sport kennenzulernen, Ausrüstung zu leihen und ein paar Trainingsrunden zu nehmen. Erkundigen Sie sich beim örtlichen Touristenbüro nach öffentlichen Golfplätzen.

Radfahren

Nicht nur in Schottland hat sich Radfahren längst zu einer verbreiteten Outdoor-Aktivität entwickelt. Auch wenn Sie Ihr eigenes Mountainbike nicht mitnehmen wollen, brauchen Sie auf eine Radtour nicht verzichten. Und wenn Sie sich von den mitunter recht heftig wehenden Winden und einem gelegentlichen, auch länger anhaltenden Regenschauer nicht abhalten lassen, werden Sie in Schottland sicher schöne Fahrradferien erleben.

Mein Tipp! Neben all der notwendigen Ausrüstung für eine längere Radtour sollten Sie auf keinen Fall ein Insektenschutzmittel vergessen. Vor allem die winzig kleinen *black flies* oder *midges* können einem bei bestimmten Wetterlagen und in bestimmten Gegenden den Aufenthalt im Freien sehr verleiden!

In fast allen Touristenzentren gibt es Fahrradverleihs. Auch Hotels und Campingplätze bieten mitunter Mietfahrräder an. Allerdings ist die Qualität der angebotenen Fahrräder sehr unterschiedlich.

Räder werden tageweise oder für mehrere Tage vermietet, entsprechend variieren die Preise. Aber um die 20 Pfund pro Tag sollten Sie schon einkalkulieren. Üblich ist es, dass Sie beim Anmieten eine Kaution hinterlegen müssen.

Es gibt Veranstalter, die Fahrradreisen mit vorbereiteter Route, Gepäcktransport und vorausgebuchten Unterkünften anbieten.

Sehr empfehlenswert und informativ beim Zusammenstellen und Auswählen einer Radwanderstrecke ist ein Blick in die Homepage des Scottish Tourist Board - https://www.visitscotland.com/de-de/see-do/active/cycling/. Dort lesen Sie etwa, dass Wind und Wetter nicht unterschätzt werden sollten, dass 3.379 km der Routen des National Cycle Network auf Landstraßen und über Fahrradwegen führen oder dass über 804 km verkehrsfreie Wander- und Radwege auf Eisenbahntrassen, Pfade entlang der Kanäle und durch Wälder hindurch genutzt werden.

Außerdem findet man näher beschriebene **Radtouren** durch Schottland.

Allgemeine **Infos** über den Radsport in Schottland erfährt man von *Scottish Cyclists' Union (SCU)*, Sir Chris Hoy Velodrome, Emirates Arena, 1000 London Road, Glasgow G40 3HY; www.britishcycling.org.uk/scotland; www.cyclingscotland.org.

Reiten

Reiterferien in Schottland werden vielfach angeboten. Beliebt ist Ponytrekking, eine Freizeitbeschäftigung, die ja aus Schottland stammt. Reitställe findet man in den Städten ebenso wie auf dem flachen Lande. Es werden Reitstunden für Anfänger und Fortgeschrittene, aber auch begleitete Ausritte angeboten.

Reitställe, die der Trekking and Riding Society of Scotland angeschlossen sind, legen besonderen Wert auf Sicherheit, wie es heißt. Einzelheiten und Infos erfährt man aus dem Internetportal der British Horse Society - www.bhsscotland.org.uk.

Wandern

Passionierten Wanderern bietet Schottland gute Möglichkeiten, ihrer Freizeitbeschäftigung nachzugehen. Es gibt immer mehr markierte **Wanderwegsysteme**, die weiter ausgebaut werden sollen. Man findet Routen für Mehrtagestouren für geübte Wildnis- oder Bergwanderer ebenso wie für Leute, denen eine weniger anstrengende Tagestour oder ein ausgedehnter Spaziergang genügen.

Wer gerne an Seeufern entlang und durch Wälder wandert, kann ausgedehnte Tagestouren z. B. im **Queen Elizabeth Forest Park** am östlichen **Loch Lomond** unternehmen oder im **Abernethy Forest** bei **Loch Garten** mit etwas Glück und zu bestimmten Jahreszeiten Fischadlern beim Nisten beobachten.

Wandermöglichkeiten in Fülle bieten sich auch im **Glenmore Forest Park** bei **Aviemore** oder im **Galloway Forest Park** bei **Newton Stewart** im Süden Schottlands. Hier erlebt man vor allem im Herbst eine prächtig gefärbte Landschaft.

Informationen über Wandermöglichkeiten in den Staatsforsten und Waldparks findet man unter https://www.forestry.gov.uk/visit.

Beachtet man einige Regeln, wie z. B., dass Gatter und Zäune nach dem Passieren grundsätzlich wieder geschlossen und festgemacht werden müssen, beim Überqueren von Farmland die erkennbaren Pfade benutzt werden, Vieh und Schafe ungestört bleiben, Mauern, Zäune und Hecken nur an den vorgesehenen Stellen überstiegen werden und natürlich jegliche Verschmutzung und Zerstörung der Natur vermieden wird und wenn Einschränkungen während der Treib- oder Entenjagdzeiten nicht ignoriert werden – zwischen 12. August und 10. Dezember z. B. ist Jagdsaison auf Moorhühner und Rotwild! – kann man als Wanderer allen erkennbaren Wegen und Pfaden folgen.

Oft sind es alte, historische Wege, die vor der Zeit des Straßenbaus benutzt wurden oder als Schmugglerpfade bekannt waren.

Unerlässlich zum Wandern im Gelände – zumindest in den abgelegenen Regionen der Highlands und Glens – sind Kompass und gutes Kartenmaterial, Übung im Umgang damit, ordentliche Kondition und Ausrüstung.

Unerfahrene Besucher lassen sich oft von den friedlich und sanft wirkenden Hügeln in den Highlands darüber hinwegtäuschen, dass immer und zu jeder Jahreszeit mit überraschenden Wetterwechseln zu rechnen ist. Gut ausgerüstet, sollte das in aller Regel kein Problem sein.

Aber ohne entsprechende, winddichte, wasserfeste, wärmende Kleidung, festes Schuhwerk und ohne gutes Kartenmaterial (das man auch in der Lage sein sollte zu lesen und zu interpretieren), kann in abgelegenen Gegenden ein Problem daraus werden. Auch wenn Sie sich nur zu einer Tagestour aufmachen, holen Sie Erkundigungen über den Weg und das vorhergesagte Wetter ein.

Ausgezeichnetes **Kartenmaterial für Wanderer** sind die „Ordnance Survey Landranger map" im Maßstab 1:25.000. Man erhält sie unter www.ordnancesurvey.co.uk/shop/.

Mit so willkommenen Einrichtungen wie Rasthäuser oder Wanderhütten darf man auf Wandertouren nicht rechnen. Meist sind es Campingplätze, Jugendherbergen, Bed & Breakfasthäuser oder abgelegene Lodges (Reservierung), die Wanderern abseits der Straßen Unterkunft gewähren können.

Infos unter https://www.visitscotland.com/de-de/see-do/active/walking/routes-trails/.

Fernwanderwege

Fünf große, mit einem sechseckigen Distelsymbol markierte **Fernwanderwege** gibt es bislang in Schottland.

Der 341 km lange **Southern Upland Way** führt von Küste zu Küste quer durch den gesamten Süden Schottlands. Er beginnt an der Südwestküste bei **Portpatrick** auf der Halbinsel Rhinns of Galloway, führt durch die Wald-, Hügel- und Seenlandschaft des **Galloway Forest Parks**, über die Lowther Hills ins Tweed Tal und durch die Borders Region, vorbei an Traquair House und durch Melrose schließlich an die Ostküste bei **Cockburnspath**. **Web-Infos** dazu unter www.southernuplandway.gov.uk und www.greatglenway.com.

Einige der schönsten Landschaften in Schottland verbindet der 154 km lange **West Highland Way**. Er startet in **Milngavie** nordwestlich von Glasgow, folgt dem Ostufer des Loch Lomond (Schottlands größtem See), durchquert wunderschöne Glens, darunter das **Glen Coe**, passiert den 1.344 m hohen **Ben Nevis**, Großbritanniens höchsten Berg, an dessen Westseite, um endlich in **Fort William** zu enden. **Web-Infos** dazu unter www.west-highland-way.co.uk.

Der 68 km lange **Speyside Way** beginnt im hoch gelegenen Ort **Tomintoul** am Nordausläufer der Grampian Mountains, führt über das **Glen Livet** hinunter zum Zusammenfluss von Avon und Spey, folgt zeitweise der alten Bahntrasse der Strathspey Railway bis Craigellachie und führt schließlich im **Spey Tal** nordwärts zur Küste an der **Spey Bay**. **Infos** über Einzelheiten gibt es bei: *Moray Council Ranger Service, Elgin*, Tel. +44 (0)1343 55 70 46. **Web-Info:** www.speysideway.org.

Fife Coastal Walk heißt ein 187 km langer Küstenwanderweg, der fast um die ganze Ostküste des County Fife führt. Der Weg beginnt an der Forth Bridge südlich von Dunfermline und endet an der Südseite des Mündungstrichters des River Tay. Der schönste Abschnitt des Weges liegt etwa zwischen **Lower Largo** und **St. Andrews**. **Web-Info:** www.fifecoastalpath.co.uk.

Oder man kann in den südschottischen Borders dem insgesamt 100 km langen **St. Cuthbert's Way** folgen. Der Weg passiert Orte, die mit dem Hl. Cuthbert in Verbindung gebracht werden. Er führt von Melrose über Kirk Yetholm bis zur Küste von Northumberland nach Lindisfarne.

Infos über Einzelheiten gibt es unter www.stcuthbertsway.net.

Weitere Infos über Wandern in Schottland findet man unter www.walk-highlands.co.uk; www.walkscotland.com oder www.hillwalktours.de.

Bergwandern

Für **Bergtouren** gibt es überraschend viele interessante Gebiete. An erster Stelle sind **The Cuillins** auf der Insel Skye zu nennen. Die etwa 1.000 m hohen Gipfel (Sgurr Alasdair 993 m) bieten auch dem versierten Bergsteiger herausfordernde Kletterpartien.

Ungeübte sollten in den Cuillin Mountains keine Touren ohne bergerfahrene Begleitung unternehmen und niemals bei schlechtem Wetter gehen! Wetterwarnungen und plötzliche Wetterumschwünge nicht unterschätzen.

Großbritanniens höchster Berg, der 1.344 m hohe **Ben Nevis**, kann von jedem trittsicheren Wanderer mit Ausdauer und Kondition bestiegen werden, solange man den markierten Weg nicht verlässt. Auf- und Abstieg nehmen rund 7 bis 8 Stunden in Anspruch. Ausgangspunkt ist im Glen Nevis die Achintee Farm. Ordentliche Bergausrüstung (vor allem gute Schuhe) und Schlechtwetterkleidung nicht vergessen!

Auch das Massiv der **Grampian Mountains** um den 1.245 m hohen Cairn Gorm bietet sich zum Bergwandern an. Hier kann der Gipfel aber auch bequem mit dem Sessellift erreicht werden.

Einzelheiten über Bergtouren kann man erfahren beim *Scottish Mountaineering Club*, Willowbank, Tradespark Road, Nairn IV5 5NF, Tel. +44 (0) 1667 45 57 95; www.smc.org.uk.

GÄLISCH FÜR ANFÄNGER

Verwaltungs- und Umgangssprache ist in Schottland heute längst Englisch.

Natürlich haben sich besondere Dialekte gebildet, wie das „Lowland Scots" oder das auf den Shetlands und Orkneys bis zum Ende des 18. Jh. gesprochene „Norse". Beide Mundarten sind stark vom skandinavischen Spracheinfluss geprägt.

Im Hochland dagegen und auf den Hebriden sprach man bis zu Beginn des 19. Jahrhunderts eine völlig eigenständige Sprache, nämlich **Gälisch**. Das schottisch-gälische Idiom stammt aus dem Keltischen.

Diese alte Sprache wird heute noch, wenn auch nur von Minderheiten auf der Isle of Man, in Wales, in Irland und in der Bretagne gesprochen.

Bis in die sechziger Jahre des 20. Jh. war Gälisch in Schottland zwar nicht verboten, aber es war aus der Verwaltung, aus dem öffentlichen Leben und aus dem intellektuellen Bereich verbannt. Erst in den siebziger Jahren konnte wieder ein Anstieg des gälischsprechenden Bevölkerungsanteils verzeichnet werden.

Heute ist Gälisch noch verbreitet Umgangssprache auf den Hebriden und auf dem Festland in den Gebieten um Ardnamurchan, Applecross, Moidart und Shieldaig. Seit 1975 ist die Verwaltungssprache auf den Western Isles (gälisch: Na hEileanan an Iar) bevorzugt Gälisch.

Nun ist Gälisch eine sehr klangvolle Sprache. Es wäre aber aussichtslos, Ihnen hier auch nur Grundkenntnisse zu vermitteln – grammatikalische vielleicht noch am ehesten. Aber die komplizierte Aussprache mit ihren Nasal- und Doppellauten lässt sich nur mit Unterstützung eines Gälisch Sprechenden erlernen.

Warum also dann dieses Kapitel? Die nachstehenden Wort sollen lediglich dazu beitragen, die gälischen Ortsnamen, zweisprachige Straßenschilder oder Landschaftsbezeichnungen im Hochland (z. B. auf Landkarten) zu verstehen. In Klammern stehen die dem

Englischen angeglichenen Namen;
www.omniglot.com/writing/gaelic.htm.

Einige Begriffe aus dem Gälischen

abhainn – Fluss
ascarsaod – Hafen
achadh (ach, Auch) – Feld
àirigh (Aros) – Weide
aiseag – Fähre
Alba – Schottland
àrd – Hügel
bàgh – Bucht
baile (Bal, Bel) – Ort, Stätte
bealach (Balloch) – Pass
beinn (Ben) – Berg
blàr (Blair) – Ebene, Moor
bruach (Brae) – Böschung, Ufer
bun – Flussmündung
caisteal – Burg, Kastell
caol (Kyle, Chulish) – Meerenge
càrn (Cairn) – Felshügel, -haufen
eann (Kin-) – Kopf, Ende
cill (Kill-) – Kirche, Grab
clach – Stein
clachan – Dorf
cnoc (Knock) – Hügel
coire (Vorrie) – Talkessel
comraich – Heiligtum
creag (Craig) – Felsen
cùl (Coul) – Rücken
dearg (derg) – rot
donn – braun
duine – Mann
dùn – Festung
eaglais (Eccle) – Kirche
eilean (Ayle) – Insel
fionn (Fyne) – weiß, heilig
gaidhealtachd – Hochland
Gàidhlig (Gaelic) – Gälisch
geal – weiß
gleann (Glenn) – Tal
inbhir (Inver) – Mündung
innis (Inch) – Insel, Aue
làirig (Larig) – Pass, Abhang
làrach – Ruinenstätte
learg (Larg) – Ebene, Küste
linne (Linnhe) – Bucht
loch – See
lochan – kleiner See
meall (Meal, Mull) – Vorgebirge
mór – groß
muir – Meer, Ozean
ób, óban – Bucht

poll (Pol, Pool,) – Teich
port, portan – Hafen, Fähre
raineach (Rannoch) – Farn
ràth – runde Festung
righ (Ree) – König
rinn (Rhinns) – Vorsprung
ros (Ross) – Vorland, Wald
sean – alt
sgeir (Skerry) – Riff, Klippe
sgùrr (Sgorr, Scuir) – steiler Berg
sliabh (Slieve) – Berg, Moor
srath (Strath) – breites Tal
sruth (Struan) – Bach, Gezeiten
tairbeart (Tarbert) – Hafen
tigh (Ty, Tay) – Haus
tobar (Tober, Aber) – Höhle
uisge (Uisk, Esk) – Wasser, Regen
ùig – Ecke, Biegung

Einige Begriffe aus dem Lowland Scots

Bothy – Hütte, Baracke
Brig – Brücke
Burn – Bach
Closs – Durchgang zu einem Mietshaus
Croft – Kleinlandwirtschaft
Feu – ständiges Pachtgut
Howe – Höhle
Howff – Zuflucht, Kneipe
Knowe – Erdhügel
Land – Mietshaus
Law – konischer Hügel
Links – Sanddünen
Muckle – groß, breit
Quaich – Tasse, Schale
Reck – Rauch
Stour – Staub
Tolbooth – Gefängnis
Usquebaugh – Whisky
Vennel – Allee
Wight, Wicht – stark, kräftig
Wynd – enge Straße

Einige Begriffe aus dem „Norse"

Ay, ey – Insel
Beck – Bach
Bol – Farm
Bray, Brei – breit
Fell – rauher Hügel
Holm – kleine Insel
Muckle – groß, breit
Hope – Buch
Kirk – Kirche
Lax – Lachs

Ler – Torf
Mel – Sandbank
Mull, Mool – Vorgebirge
Ness – Kap, Vorland
Soa, Soay – Schafe
Sleat, slat – Ebene
Sten, Stain – Stein
Ting – Versammlung
Tongue – Landspitze
Way, Wall – Bucht, Bach
Wick – Bucht

GESETZLICHE FEIERTAGE

1. Januar – Neujahr
2. Januar – Zusätzl. Neujahrsfeiertag
Freitag vor Ostern – Karfreitag
1. Mai – Maifeiertag
Letzter Montag im Mai – Spring Bank Holiday
Erster Montag im August – August Bank Holiday
30. November – St. Adrews Day
25. Dezember – Weihnachten
26. Dezember – Boxing Day

Fällt in einem Jahr ein Feiertag auf einen Samstag oder Sonntag, wird er normalerweise auf einen der nächsten Werktage verlegt, meist Montag oder Dienstag.

HOTELS UND ANDERE UNTERKÜNFTE

Seit Königin Victoria Mitte des 19. Jh. ihr Herz für das schottische Hochland entdeckte und viele Sommer auf Balmoral verbrachte, wurde Schottland als Sommerfrische bei den Engländern „salonfähig". Zahlreiche Beherbergungsbetriebe wie Hotels und Guesthouses entstanden. Viele sind fast unverändert aus jener Zeit erhalten geblieben.

In diesen traditionsverbundenen Häusern empfängt den Gast eine gemütliche, nostalgiebeladene, vielleicht auch etwas verstaubte Atmosphäre, die aber unvergesslich und reizvoll ist. Aber natürlich haben sich nicht nur in den großen Städten und Feriengebieten auch moderne und zeitgemäße Hotels etabliert.

Viele Schlösser und Herrensitze wurden zu Hotels umgewandelt. Dort zu nächtigen ist sicher für jeden ein besonderes Erlebnis der es liebt, sein Haupt einmal auf hochherrschaftlichen Kissen zu betten.

Guesthouses, Unterkünfte, die mit unseren Pensionen oder Hotels garni vergleichbar sind, unterscheiden sich von Hotels dadurch, dass sie in aller Regel keine öffentlichen Restaurants und meist keine Schanklizenz haben. Die Zimmer sind nicht unbedingt einfacher als die in Hotels. Ein eigenes Badezimmer oder einen Fernseher wird es aber selten geben. Dafür sind die Preise meist etwas moderater als jene in Hotels.

Wer viel im Lande herumreist, jeden Tag woanders übernachtet, wird, besonders in den dünn besiedelten Highlands, auf eine typisch britische Einrichtung zurückgreifen oder sich aus Kostengründen diese Unterkünfte aussuchen, die Rede ist von **„Bed and Breakfast" (B & B).** Ein Schild mit eben dieser Aufschrift an Privathäusern signalisiert, dass man hier Zimmer vermietet und am Morgen auch noch Willens ist, ein in aller Regel reichhaltiges Frühstück zu kredenzen. Einige Adressen servieren auf Wunsch auch ein Abendessen.

Bei Bed-and-Breakfast-Unterkünfte muss man aber bereit sein, die private und individuelle und naturgemäß sehr verschiedene Behandlung und Betreuung des Gastes zu akzeptieren. Nicht immer darf man in den Zimmern der Guesthouses oder in B&B-Unterkünften Zimmern mit eigenem WC, Bad und/oder Dusche erwarten. Und nur in den seltensten Fällen werden Sie mit Ihrer Kreditkarte bezahlen können.

Ca. 30 privat geführter Hotels in Schottland werden bei **Scotland's Hotels of Distinction** aufgelistet. Diesen Häusern wurde vom Scottish Tourist Board höchster Standard bescheinigt. **Web-Infos:** www.hotels-of-distinction.com.

Als vorzüglich in Service und Leistung, wenn auch teuer, gelten Hotels, die bei **The Historic Accommodation in Scotland** zu finden sind. **Web-Info**: www.historic-uk.com/scotland/. Eine gute Hilfe ist auf jeden Fall die

Homepage **Unterkunft von VisitScotland**, wo sämtliche Arten der Unterkunft zu finden sind von Hotels, B & Bs, Jugendherbergen, Selbstverpflegung, Campings, Feriendörfer etc. **Web-Info:** https://www.visitbritain.com/de/de/consumer-plan-your-trip/unterkuenfte#xXZXTcX7ZrFzOMPF.97.

Unter folgender Webadresse sind Hotels und B&B-Unterkünfte im ganzen Land zu finden: https://www.bedandbreakfastsearcher.co.uk/.

Mein Tipp! Verlegen Sie, wenn möglich, Ihren vorgesehenen Besuch größerer Städte auf das Wochenende. Viele der großen Hotels bieten nämlich zwischen Freitag und Montag erheblich verbilligte Zimmerpreise an!

Zimmerreservierungen sind eigentlich nur in der Hochsaison, während der Ferienzeit, also etwa zwischen Juli und August, oder während der Festspielzeit, z. B. in Edinburgh, wirklich nötig.

Bei der Auflistung von Beherbergungsbetrieben in diesem Reiseführer mussten schon alleine aus Platzgründen Einschränkungen vorgenommen werden. So sind z. B. nur Hotels (keine Guesthouses) aufgelistet.

Bei der Auflistung wird mit Pfund-Zeichen (£, ££, £££, ££££, £££££) eine **Groborientierung über die Preiskategorie** (Preis pro Person im Doppelzimmer) des betreffenden Hotels ermöglich! Bitte betrachten Sie diese Einstufung nur als Anhaltspunkt!

Es bedeutet:
£ = bis 40 Pfund pro Person.
££ = 40 bis 60 Pfund pro Person.
£££ = 60 bis 80 Pfund pro Person.
££££ = 80 bis 110 Pfund pro Person.
£££££ = über 110 Pfund pro Person.

KLIMA UND DURCHSCHNITTSTEMPERATUREN

Wenn Sie der Ansicht sind, dass es gar kein schlechtes Wetter gibt, sondern höchstens schlechte bzw. unpassende Kleidung, dann werden Sie Schottland ganz bestimmt als lohnendes Reiseziel in Erinnerung behalten.

Obwohl in manchen Reisebroschüren beim Vergleich der jährlichen Niederschlagsmenge zwischen Rom und Edinburgh die schottische Hauptstadt recht gut wegkommt, lässt es sich nicht wegargumentieren, dass auf einer Urlaubsreise durch Schottland eben auch mit bedecktem Himmel und gelegentlichen Regenschauern gerechnet werden muss.

Stark vom Golfstrom beeinflusst, ist das Klima ein ausgeprägt ozeanisches, mit kühlen Sommern und milden Wintern. Fast schon typisch sind rasche Wetterwechsel.

Mit ergiebigen Niederschlägen ist während des ganzen Jahres zu rechnen, mit höherer Tendenz an der Westküste.

Zwar sorgt der Golfstrom, der die Westküste Schottlands passiert, für ein relativ mildes Gesamtklima – es gibt herrliche botanische Gärten mit tropischen Pflanzen – aber die im Sommerhalbjahr vorherrschenden Winde aus südwestlicher Richtung bringen Wolken und Niederschlag vom Atlantik her. Diese Luftströmungen sind es aber auch, die dafür sorgen, dass sich eine Schlechtwetterfront nie zu lange hält.

KRANKENVERSICHERUNGS-SCHUTZ

Während einer Schottlandreise besteht im Krankheitsfall das Recht auf kostenlose Behandlung im Falle eines Notfalls in einer vom National Health Service geführten Unfall- und Notaufnahme eines Krankenhauses (Accident and Emergency Departments). Dies gilt sowohl für Reisende aus EU-Mitgliedsländer als auch für Staatsangehörige anderer Länder. Empfohlen wird der Abschluss einer Auslandskrankenversicherung vor Reisebeginn.

Durchschnittstemperaturen						
	April	Mai	Juni	Juli	August	Sept.	Okt.
°C	11,7	14	17	18,6	18	17	13

MASSE UND GEWICHTE

Es wird wohl noch einige Menschenalter dauern, bis sich auch die Briten dazu entschließen, das metrische bzw. Dezimalsystem beim Messen und Wiegen einzuführen. Bis dahin muss sich der Besucher weiter mit feet, inches und Gallonen abmühen.

Erfreuliche Anfänge sind an Tankstellen zu bemerken. Dort wird der Sprit fast durchweg schon in Litern bemessen und berechnet.

Entfernung/Länge:
1 Meile (mi.) = 1,609 km
1 yard (yd.)/3 feet = 01,44 cm
1 foot (ft.)/12 inches = 30,48 cm
1 inch (in.) = 2,54 cm
1 km = 0,621 Meilen
1 m = 1,09 yards / 3,38 feet
1 cm = 0,39 inches

Volumen:
1 Gallone/4 quarts = 4,54 Liter
1 quart (qt.)/2 pt = 1,14 Liter
1 pint (pt.) = 0,57 Liter
1 Liter = 0,22 Gallonen

Gewichte:
1 pound (lb.)/16 oz. = 453,6 g
1 ounce (oz.) = 28,35 g
1 kg = 2,21 pounds

Fläche:
1 acre (Morgen) = 4 qm = 0,4 ha
1 ha = 2,5 acres
1 square mile = 640 acres = 2,6 qkm

Temperaturen
Mitunter werden Temperaturen noch in Grad Fahrenheit angegeben. Mit nachstehender Formel können Sie Grad Celsius in Grad Fahrenheit umrechnen:

$°C \times 2 - 10\% + 32 = °F$,

z. B.: $20°C \times 2 = 40 - 4 (10\%) = 36 + 32 = 68°F$.

MINIWORTSCHATZ
Allgemeines
abbey – Abtei
amount – Betrag
bank – Bank
betting office – Wettbüro
can you change this? – Können Sie das wechseln?
to cash a check – einen Scheck einlösen
castle – Burg, Schloss
church – Kirche
cliff – Klippe
closed – geschlossen
do you have...? – Haben Sie...?
entrance, way in – Eingang, Einfahrt
exchange – Geldwechsel
exit, way out – Ausgang, Ausfahrt
first aid – Erste Hilfe
good bye – Auf Wiedersehen
hello; good morning – Guten Tag
horse race – Pferderennen
how do you do? – Wie geht es Ihnen?
how much is it? – Was kostet es?
I beg your pardon! – Entschuldigen Sie bitte!
I would like... – Ich möchte...
identity card – Ausweis
letter box – Briefkasten
lost and found, lost property – Fundbüro
monastery – Kloster
pitch – Campingstellplatz
public conveniences – öffentliche Toilette
rate of exchange – Wechselkurs
rent – Miete
sorry – Verzeihung
tax free – zollfrei
thank you – danke
toll free – gebührenfrei
tourist office – Fremdenverkehrsamt
travellers check – Reisescheck
(no) trespassing – (kein) Durchgang
you are welcome – bitte (auf Danke)

Auto
accident – Unfall
air – Luft
brakes – Bremsen
bumper – Stoßstange
can – Dose
carburettor – Vergaser
car rental – Autovermietung
clutch – Kupplung
collision waiver – Kaskoversicherung
driving license – Führerschein
drop off charge – Rückführungsgebühr
dynamo – Lichtmaschine
engine – Motor
fan belt – Keilriemen
garage – Werkstatt
gasket – Dichtung
gas (petrol) station – Tankstelle
gear (-box) – Gang (Getriebe)
headlights – Scheinwerfer

insurance – Versicherung
jack – Wagenheber
license plate – Nummernschild
oil (-change, -level) – Öl (-wechsel, -stand)
petrol – Benzin
radiator – Kühler
registration number – Autokennzeichen
repair – Reparatur
roof rack – Dachgepäckträger
safety (seat) belts – Sicherheitsgurte
spare tyre, -parts – Reservereifen, Ersatzteile
spark plug – Zündkerze
shock absorber – Stoßdämpfer
tools – Werkzeug
tow rope – Abschleppseil
trunk, boot – Kofferraum
tyre, -pressure – Reifen, -druck
windshield, -screen – Windschutzscheibe
wiper – Scheibenwischer

Verkehr

bend (dangerous -) – Kurve (gefährliche -)
car park – Parkplatz
cattle, sheep – Vieh, Schafe
caution – Achtung
concealed exit – unübersichtl. Ausfahrt
cul de sac – Sackgasse
curb – Bordstein
dead slow – Schritt fahren
(no) entry – (keine) Einfahrt
fallen rock – Steinschlag
get in lane – einordnen
hairpin – Haarnadelkurve
heavy lorries – Schwerlastverkehr
keep left/right – links/rechts fahren
Lay By – Ausweichstelle, Parkplatz
level crossing (LC) – Eisenbahnübergang
loose chippings – Rollsplitt
low gear – kleinen Gang einlegen
narrow bridge – schmale Brücke
no through road – keine Durchfahrt
parking lot – Parkplatz
pavement – Gehweg
pedestrian – Fußgänger
road blocked – Straße gesperrt
road works – Straßenbauarbeiten
round-about – Kreisverkehr
slippery – Schleudergefahr
slow – langsam fahren
soft mergin – Banquett nicht befahrbar
speed limit – Geschwindigkeitsbegrenzung

traffic light (-sign) – Verkehrsampel (-zeichen)
unleaded – bleifrei
yield – Vorfahrt gewähren

Hotel

air condition – Klimaanlage
bath room – Badezimmer
bell boy – Page
breakfast – Frühstück
cash payment – Barzahlung
check out time – Abreisezeit
couple – (Ehe)-Paar
deposit – Anzahlung
dining room – Speisesaal
double room – Doppelzimmer
dry cleaner – chem. Reinigung
laundrette – Münzwäscherei
luggage – Gepäck
indoor pool – Hallenbad
lavatory – Toilette
lobby – Hotelhalle
lounge – Halle mit Service
maid Service – Zimmermädchen
operator – Telefonvermittlung
pets – Haustiere
plug, socket – Steckdose
porter – Gepäckträger
refrigerator – Kühlschrank
refund – Rückerstattung
room rate – Zimmerpreis
room service – Zimmerkellner
to sign – unterschreiben
signature – Unterschrift
television set – Fernsehapparat
towel – Handtuch
twin bedded – Zweibettzimmer
vacancy – Zimmer frei
valuables – Wertsachen
voltage – Stromspannung

Restaurant/Einkauf

a cup of tea/coffee – eine Tasse Tee/Kaffee
anchovies – Sardellen
bacon – Speck, Frühstücks-
baked potatoe – Folienkartoffel
beef – Rindfleisch
beverage – Getränk
bill, check – Rechnung
bread, slice of- – Brot, Scheibe -
cashier – Kasse, Kassierer
cheese – Käse
chicken – Huhn
cloak room – Garderobe
coffee shop – Cafeteria, Schnellgaststätte

cream – (Kaffee)-Sahne
cross – knusprig
cucumber – Gurke
Departmentstore – Warenhaus
drug store – Supermarkt/Drogerie
eggs (boild - fried -) – Eier (gekochte -, Rühr-)
poached eggs – verlorene Eier
french fries, chips – Pommes frites
food store – Lebensmittelgeschäft
gift shop – Souvenirladen
gravy – Sauce
greasy – fettig
haddock – Schellfisch
ham – Schinken
home fried potatoes – Bratkartoffeln
honey – Honig
ice cream – Speiseeis
jam – Marmelade
juice, fruit- – Fruchtsaft
lettuce – Kopfsalat
lobster – Hummer
mall – Fußgängerzone
mashed potatoes – Kartoffelbrei
medium – Steak halbgar
menue card – Speisekarte
mustard – Senf
mutton – Hammel
onions – Zwiebeln
to order – bestellen
pharmacy – Apotheke
plate – Teller
pork – Schweinefleisch
porridge – Haferbrei
pub – typische Kneipe
rare – Steak kurz angebraten
restroom – Toilette
roll – Brötchen
salad dressing – Salatsauce
salmon – Lachs
salt – Salz
sausages – Würstchen
sea food (fish) – Fisch/Meeresfrüchte
self service – Selbstbedienung
service included – Bedienung inklusive
shrimp, prawn – Garnele
soft drink – alkoholfreies Getränk
soup – Suppe
sour cream – Sauerrahm
sole – Seezunge
sugar – Zucker
tip – Trinkgeld
trout – Forelle

veal – Kalbfleisch
vegetables – Gemüse
waiter/Miss – Ober/Fräulein
well done – Steak durchgebraten
wine (-list) – Wein (-karte)

MIT DEM AUTO DURCH SCHOTTLAND

Achtung Linksverkehr! Anfangs gewöhnungsbedürftig ist die Tatsache, dass man auf der linken Straßenseite fahren muss und rechts überholt. Wenn Sie in ihrem eigenen Fahrzeug mit Linkssteuerung reisen, sitzen Sie als Fahrer nun auf der dem Straßenrand zugewandten und dem Gegenverkehr abgewandten Seite. Besonders beim Überholen sind Sie dadurch in der Sicht behindert und auf den Beifahrer mit angewiesen. Er sollte also auch in der Lage sein abzuschätzen und zu beurteilen, ob ein Überholvorgang gefahrlos vorgenommen werden kann oder nicht. Er sollte also „mitfahren" und an Kreuzungen, Abzweigungen und Einmündungen daran erinnern, links zu fahren. Anfangs sind dies wohl die schwierigsten Stellen und Gefahrenquellen, aus Versehen zum Geisterfahrer zu werden.

Das Straßennetz ist relativ dicht, besonders in den südlichen Counties, und es wird gut instand gehalten. Allerdings findet man in entlegenen Landesteilen, in den Highlands und auf den Inseln mitunter für uns ungewohnt schmale Wegstrecken. Da aber gerade diese Teile Schottlands relativ schwach besiedelt sind, hält sich auf dem Lande auch der Autoverkehr in Grenzen, so dass die einspurigen „single track roads" kein Hindernis sind, zumal es überall Ausweichstellen gibt, in die man bei Gegenverkehr ausschert.

Besonders in den nördlicheren und abgelegeneren Regionen der Highlands ist das Tankstellennetz nicht sonderlich dicht. Es empfiehlt sich, immer rechtzeitig vollzutanken. Noch besser ist es, einen gefüllten Reservekanister mitzuführen.

Die Verkehrsregeln in Großbritannien unterscheiden sich zwar in einigen Punkten von den unsrigen, aber auch in

Großbritannien gilt die Regel „rechts vor links"!

Straßen ohne Vorfahrt sind durch Schilder mit der Aufschrift „Stop" oder „Give Way" oder durch Markierungen auf der Fahrbahn (doppelter Strich bedeutet *Stop*, doppelter unterbrochener Strich bedeutet *langsam heranfahren*) gekennzeichnet.

Im **Kreisverkehr** hat der von rechts Kommende Vorfahrt! Beim Verlassen eines Kreisverkehrs rechtzeitig links einordnen.

Fußgänger haben an Kreuzungen immer Vorrecht vor abbiegenden Fahrzeugen.

Nachts ist das Hupen in geschlossenen Ortschaften verboten.

Park- und Halteverbot wird durch Schilder und mittels gelber und roter Markierungen am Fahrbahnrand angezeigt. Ein doppelter gelber Streifen am Straßenrand bedeutet „absolutes Parkverbot"! Ein gelber Strich am Straßenrand signalisiert ein Parkverbot, das auf Schildern näher definiert ist. Das Parken auf den Zickzack-Markierungen an den Fußgängerüberwegen ist immer verboten.

Mein Tipp! Nehmen Sie Halte- und Parkverbotsbeschilderungen nicht auf die leichte Schulter. Denn wer's übertreibt, findet sein Fahrzeug evtl. mit einer liebevoll angebrachten, gelben „Kralle", einer Wegfahrsperre am Rad, wieder. Und das Entfernenlassen dieser „Clamps" wird ziemlich teuer und kann dauern!

Auf vielen Parkplätzen findet man Parkscheinautomaten. Die gebührenpflichtigen Zeiten und Tarife sind darauf deutlich vermerkt. Der Parkschein muss gut sichtbar hinter der Windschutzscheibe angebracht werden.

Wegen Blendgefahr des Gegenverkehrs und von Fußgängern bei Nacht sind die Streusektoren an unseren auf Rechtsverkehr eingestellten asymmetrischen Scheinwerfergläsern abzudecken. Hierfür können sog. ‚Head Lamp Beam Converter' genutzt werden, die im Autozubehörhandel oder an Tankstellen erhältlich sind.

Bei Autoscheinwerfern moderner Bauart (Klarglas- oder Ellipsoid-Scheinwerfer) ist diese Maßnahme allerdings in der Regel nicht mehr anwendbar. Manchmal hilft ein Blick in die Betriebsanleitung weiter oder Sie müssen sich an Ihre Werkstatt wenden.

Caravans und Autoanhänger dürfen nicht breiter als 2,30 m und nicht länger als 7 m ohne Deichsel (bei Einachsern) sein.

Anschnallpflicht auf Vorder- und auf Rücksitzen. Kleinkinder und Babys müssen besonders gesichert werden, z. B. durch einen Kindersitz.

Helmpflicht für motorisierte Zweiradfahrer und ihre Mitfahrer.

Alkohol Promillegrenze: 0,8 Promille.

Die **Höchstgeschwindigkeiten**: In geschlossenen Ortschaften und bebauten Gebieten 30 mph (miles per hour – Meilen pro Stunde), das entspricht 48 km/h, auf zweispurigen Landstraßen 60 mph / 96 km/h (mit Anhänger (43,4 mph / 70 km/h), auf Motorways (Autobahnen) und vierspurigen Straßen (zwei Fahrbahnen in jeder Richtung) 70 mph / 112 km/h (mit Anhänger 60 mph / 96 km/h).

Die **Kraftstoffpreise** werden in aller Regel in Pence pro Liter (nicht mehr pro Gallone 4,5 Liter) angegeben. Die Preise sind regional etwas verschieden, belaufen sich im Durchschnitt aber etwa auf folgende Werte:

Super (Super unleaded 95 Oktan) – ca. 1,26 £/1,41 EUR pro Liter,

SuperPlus (Unleaded Premium 98 Oktan) – ca. 1,36 £/ 1,52 EUR pro Liter),

Diesel (Gasoil, Derv) – ca. 1,28 £/1,44 EUR pro Liter.

Reifendruck

kg/qcm (atü)	1,0	1,25	1,40	1,70	2,0	2,11	2,4	3,0	4,0
psi*	14	18	20	24	28	30	34	42	56

* = pounds per square inch © rau

Im Norden Schottlands sind die Kraftstoffpreise mitunter höher.

Mein Tipp! Falls Sie mit einem größeren Wohnmobil in Schottland unterwegs sein werden, schreiben Sie sich **die Maße Ihres Fahrzeugs** (Länge, Breite, Höhe) in Metern **und** Feet/Inches auf einen Zettel und kleben Sie diesen ans Armaturenbrett. Denn es ist äußerst lästig, wenn man vor der Hinweistafel steht, die die Durchfahrtshöhe oder Breite durch einen Ort, über eine Brücke oder durch eine Unterführung angibt – und das natürlich in englischen Maßen – und man weiß nicht genau, passt das Auto nun durch oder nicht. Oft muss die Entscheidung ja schnell während des Vorbeifahrens am Schild getroffen werden.

Der britische Automobilclub *AA Automobile Association* unterhält auf allen stark befahrenen Straßenabschnitten einen Streifen- und Pannenhilfsdienst.

Pannenhilfe können Sie gebührenfrei Tag und Nacht anfordern unter folgenden Notrufnummern:

Automobile Association/ AA – Nummer 0800-88 77 66

The Royal Automobile Club/ RAC – 0800-82 82 82.

Entlang der wichtigsten Hauptstraßen und an den Autobahnen sind **Notrufsäulen** aufgestellt, Gelb = AA, Blau = RAC.

Die Büros der Automobilclubs halten für Autotouristen sehr informatives Material bereit, allerdings nur in englischer Sprache. Mitglieder deutscher Automobilclubs (Ausweis) können einen Teil des Serviceangebots von AA und RAC kostenlos in Anspruch nehmen.

In ganz Großbritannien, also auch in Schottland, gilt die einheitliche, kostenfreie **Notrufnummern 999** oder **112**, für Polizei, Krankenwagen und Feuerwehr.

ÖFFNUNGSZEITEN

Banken – Mo - Fr 9 - 17 Uhr. Viele Banken sind auch samstags 9 - 12 Uhr, einige sogar auch sonntags wenige Stunden geöffnet (in Einkaufszentren).

Manche Banken schließen zwischen 12.30 und 13.30 Uhr.

Geschäfte – Mo - Sa 10 - 18.30 Uhr, Malls und Warenhäuser in den Sommermonaten in Städten auch länger.

Der Donnerstag ist vielerorts der Tag fürs „Late-night-shopping" mit Öffnungszeiten bis 22 Uhr.

In Schottland sind viele Geschäfte in den größeren Städten auch sonntags meist von 11 bis 17 Uhr geöffnet.

Postämter – Mo - Fr 9 - 17 Uhr. Sa 9 - 12.30 Uhr. Sonntag geschlossen.

Pubs – Regional verschieden, die Standardöffnungszeit für Pubs aber ist Mo - Sa 11 - 23 Uhr.
So 12.30 - 14.30 Uhr, 18.30 - 23 Uhr. Viele Pubs haben nachmittags aber auch durchgehend geöffnet. Letzte Bestellung um 23 Uhr.

Restaurants – Mittags 12 - 14.30 Uhr und abends 18 - 24 Uhr. Auf dem flachen Lande können Restaurants allerdings schon sehr viel früher, nicht selten schon

Entfernungsübersicht (in Meilen)

Troon	Tongue	Stranraer	Pitlochry	Oban	Nairn	London	Lairg	Inverness	Glasgow	Gairloch	Edinburgh	Aberdeen
312	Tongue											
61	368	Stranraer										
120	197	166	Pitlochry									
125	223	182	90	Oban								
220	124	276	105	131	Nairn							
419	662	417	475	475	580	London						
263	49	319	148	174	75	623	Lairg					
204	108	260	89	115	16	564	59	Inverness				
32	280	93	88	93	188	402	231	172	Glasgow			
204	149	334	163	189	90	638	100	74	246	Gairloch		
77	268	126	71	124	176	405	219	160	45	257	Edinburgh	
175	214	239	100	220	90	535	165	106	143	180	127	Aberdeen

um 20 Uhr schließen! Dagegen sind Restaurants, Pubs, Bistros, Cafeterias in Städten oft durchgehend, also auch zwischen 14.30 Uhr und 18 Uhr, geöffnet.

Tourist Information Centres (TIC oder iCentres)

Regional und saisonal unterschiedliche Öffnungszeiten. Gewöhnlich aber zwischen Ostern und September Mo - Fr 9 - 17 Uhr. In den Sommermonaten vielfach auch abends und am Wochenende.

POST UND TELEFON

Im Zeitalter der Mobiltelefone (Handys, im Englischen cell[ular] phones) werden auch in Schottland die öffentlichen Telefonzellen immer weniger.

Früher fand man wirklich überall im Lande die typisch roten und im Telecom-Zeitalter nun auch andersfarbigen Telefonzellen mit öffentlichen Fernsprechern. Die traditionellen **Münzfernsprecher** werden aber mehr und mehr ersetzt durch **Kartentelefone**.

Kartentelefone können nur mit Telefonkarten der British Telecom betrieben werden. Telefonkarten gibt es bei allen Postämtern und in Läden mit dem Aushang „Phonecards sold here".

Wenn Sie von Schottland über öffentliche Fernsprecher nach Hause telefonieren: Hörer abnehmen und beim Summton gleich wählen, erst die Landesvorwahl (z. B. 0049 für Deutschland), dann die Ortsvorwahl ohne die erste Null (z. B. Stuttgart 711) und dann die Teilnehmernummer. Die Münzen erst dann ganz eindrücken, wenn sich der Teilnehmer meldet. Wenn dann während des Gesprächs kurze Pieptöne zu hören sind, ist es Zeit zum Nachzahlen, sonst wird die Leitung unterbrochen.

Mobiltelefone, „Handys" (cell phones), die sich der gängigen Mobilnetze bedienen, können in Großbritannien problemlos betrieben werden.

Ländervorwahlen

– Großbritannien – +44 (0044)
– Deutschland – +49 (0049)
– Österreich – +43 (0043)
– Schweiz – +44 (0041)

REISEN IM LANDE

Mit dem Schiff

Von den zu Schottland zählenden Inseln sind 130 bewohnt. Autofähren stellen ein ganz wichtiges Transportmittel dar.

Die Reederei *Caledonian MacBrayne* (siehe unter Anschriften) bietet mit ihren modernen Schiffen ganzjährig regelmäßige Dienste vom Festland zu den **Inneren und Äußeren Hebriden** und im Südwesten des Landes zu den Inseln im Firth of Clyde an.

Wichtige Fährhäfen sind **Oban** mit Verbindungen zu den Inseln Mull, Tiree, Coll, Barra und nach South Uist, dann **Mallaig** mit Verbindungen nach Skye und zu den Inneren Hebriden Eigg, Muck, Rhum und Canna, weiter **Uig/Skye**, mit Verbindungen nach Lochmaddy (North Uist) und Tarbert (Lewis), beide Äußere Hebriden, und schließlich **Ullapool**, mit Verbindungen nach Stornoway auf Lewis.

Zu den **Orkney und Shetland Inseln** verkehren Fähren der Reederei *Northlink Ferries* (siehe unter Anschriften). Ausgangshäfen sind **Aberdeen** mit Verbindungen nach Stromness/Orkneys und Lerwick/Shetlands, sowie **Scrabster** mit Verbindungen nach Stromness/Orkneys.

Ab **John o'Groats** verkehren von Mai bis September Fähren nach Burwick/Orkneys. Abfahrten etc. siehe unter Orkney Inseln.

REISEZEIT UND KLEIDUNG

Als beste Reisezeit für Schottland wird man die Monate Mai, Juni und auch noch die erste Hälfte des Juli bezeichnen müssen. Das Wetter ist dann relativ beständig, die Tage schon schön warm, klar und trocken und die Nächte sind kurz.

Die reizvolle schottische Landschaft wird in dieser Zeit vom blühenden rotvioletten Rhododendron und vom hellen Gelb der Ginsterbüsche noch malerischer.

Aber auch der Spätsommer und der Herbst, besonders die Monate September und Oktober sind, wenn auch schon kühl, noch ausgezeichnete Ferienmonate in Schottland. Die Laubfärbung in den Tälern und das Heidekraut im Hochland, das alles wie mit einem roten Teppich überzieht, machen allein schon eine Reise durch das herbstliche Schottland unvergesslich.

Außerdem haben Frühsommer und Herbst als Reisezeit den unschätzbaren Vorteil, dass weder Straßen noch Fähren, weder Campingplätze noch Hotels überfüllt und die Preise außerdem mäßiger sind.

Da neben Sonnentagen auch einige trübe und kalte Tage nicht auszuschließen sind, sollte man sich mit der Urlaubskleidung darauf einstellen.

STROMSPANNUNG, STECKDOSEN

In Schottland ist, wie in ganz Großbritannien, eine Stromspannung von 240 Volt Wechselstrom üblich. Schwierigkeiten beim Anschluss elektrischer Geräte bereiten die anders ausgebildeten Steckdosen mit flachen Kontaktschlitzen mit rechteckigem Querschnitt.

Hier ist ein **Zwischenstecker** notwendig. Gute Hotels und Campingplätze halten diese für ihre Gäste bereit. Besser ist es, schon zu Hause zu versuchen, in einem Elektrofachmarkt einen entsprechenden Adapter zu finden.

WÄHRUNG UND DEVISEN

Die britische Währung ist das *Pfund Sterling (£),* seit Jahren nun auch eine Dezimalwährung. Schottland druckt übrigens seine eigenen Banknoten. Wert und Stückelung sind aber mit dem englischen Pfund identisch. Außerdem wird englisches Geld in Schottland und umgekehrt ohne weiteres angenommen.

Ein Pfund Sterling hat 100 Pence (p).

Banknoten gibt es in Werten zu £ 50, £ 20, £ 10 und £ 5.

Münzen gibt es im Wert von £ 1, 50 p, 20 p, 10 p, 5 p, 2 p und 1 p. Selten sind noch alte Münzen (z. B. ½ p) im Umlauf. Achten Sie auf die etwas klein geratenen 1-Pfund- und 20-Pence-Münzen. Sie sind leicht mit geringeren Münzen zu verwechseln.

£ 1,- = ca. EUR 1,12
EUR 1,- = ca. £ 0,89.

Reiseschecks werden bei Banken, größeren Hotels, in Kaufhäusern und vielen Reisebüros gegen Gebühr eingelöst.

Die wichtigsten **Kreditkarten** werden sehr verbreitet akzeptiert, z. B. an Tankstellen, in den größeren Hotels, in Restaurants und Geschäften. In kleineren Hotels, bei B&B oder in Geschäften auf dem flachen Lande sollten Sie aber nicht damit rechnen, dass Ihre Kreditkarte akzeptiert wird. Ganz ohne Bares sollte man also nicht reisen!

Sehr verbreitet sind **Geldautomaten** (engl. cash machine, automatic teller machine ATM), an denen Sie mit Ihrer Kreditkarte bei Angabe Ihrer Geheimnummer Geld von Ihrem Konto abheben können. Eine überaus praktische Einrichtung für den Reisenden, auch wenn man sich den Komfort, rund um die Uhr an Bares zu kommen, mit oft recht erheblichen Gebühren erkauft.

WICHTIGE RUFNUMMERN

Notruf, Polizei, Unfallrettung, Feuerwehr: **112** oder **999** (gebührenfrei),

AA-Straßenwacht: 0800-88 77 66 (gebührenfrei)

RAC Pannendienst: 0800-82 82 82 (gebührenfrei)

Telefonauskunft (national): 118 500 (gebührenpflichtig)

Telefonauskunft (international): 118 411 (gebührenpflichtig).

Zentraler Sperrnotruf EC- oder Kreditkarten: +49-116 116.

ZEITUNTERSCHIED

In Großbritannien gilt die Greenwich Mean Time (GMT). Seit der Einführung der Sommerzeit in den meisten Ländern auf dem Kontinent besteht nun fast das gesamte Jahr über ein Zeitunterschied von einer Stunde zwischen Großbritannien/Schottland und der Bundesrepublik.

Beispiel: Deutschland 12 Uhr – Schottland 11 Uhr.

Lediglich in den vier Wochen zwischen Ende September und Ende Ok-

ZEICHENERKLÄRUNG

tober besteht Zeitgleichheit in Großbritannien/Schottland und auf dem westeuropäischen Kontinent.

Haftungsausschluss

Alle in diesem Reiseführer gemachten Angaben, sowie Reise- und Sicherheitshinweise sind nach den aktuell erreichbaren und dem Verlag zugänglichen Informationen mit Sorgfalt und nach bestem Wissen zusammengestellt. Eine Gewähr für die Richtigkeit und die Vollständigkeit der Angaben, sowie eine

Haftung für eventuell eintretende oder daraus entstehende Schäden kann nicht übernommen werden. Gesetze, Vorschriften, Öffnungszeiten, Preise, Fahrpläne etc. können sich jederzeit ändern, ohne dass der Verlag davon erfährt. Die Entscheidung über die Durchführung einer Reise liegt in der Verantwortlichkeit des Lesers.

Verlag und Autor empfehlen, sich rechtzeitig vor Antritt der Reise nach den neuesten reiserelevanten Vorschriften zu erkundigen.

ZEICHENERKLÄRUNG

✪	Hauptstadt	⚑	Campingplatz
◉	Etappen-Start-/Endpunkt		Womo-Stellplatz
◎	Orte		V & E Station
✳	Sehenswürdigkeit	⚑ ✝	Kirche, Kathedrale
ⓘ	Touristeninformation		Burg, Kastell
🏛	Museum, Schloss	🥾	Wandermöglichkeit
🏛	Rathaus, öffentl. Gebäude	⌘	archäol. Stätte
🚉	Busbahnhof, Bahnhof	▲	Berg, Gipfel
P	Parkplatz		Rast-, Picknickplatz
🅿	Tiefgarage	✕	Grenzübergang
✈	Flughafen	) (	Pass
✉	Postamt		Strand, Badeküste
⌧	Restaurant	∩	Höhle
🏛	Hotel		

──────── Reiseweg, Route

V & E für Wohnmobile – Einrichtungen für Versorgung mit Trinkwasser sowie Entsorgung für Wohnmobilabwässer sind auf dem Platz vorhanden.

Wichtige, am Anfang zu jeder Tour vermerkte Sehenswürdigkeiten sind ihrer Bedeutung entsprechend mit einem, zwei oder drei Sternchen versehen.

* = sehenswert
** = sehr sehenswert
*** = ein „Muss" auf der Reise

INFORMATIONEN ZU GPS-NAVIGATIONSKOORDINATEN

Ein Wort zu den GPS-Daten

Alle unsere GPS-Koordinaten sind im System WGS 84 („World Geodetic System 1984"), einer der beiden internationalen Standards für Koordinatensysteme (neben UTM), erfasst.

Bitte beachten Sie: Die Genauigkeit der Routenführung durch das Navigationssystem hängt auch von der Genauigkeit und Aktualität des in Ihrem Navigationsgerät vorhandenen Kartenmaterials ab.

Minuten/Sekunden ändern in Dezimalkoordinaten

Alle Navigationsdaten in diesem Buch sind im Format Grad/Minuten/Sekunden angegeben. Falls Sie Navigationskoordinaten in Ihr Navigationsgerät evtl. nur als Dezimalkoordinaten eingeben können, ist das kein größeres Problem.

Koordinaten lassen sich von Grad/Minuten/Sekunden – so wie bei uns dargestellt – relativ einfach „per Hand" in Dezimalkoordinaten umrechnen und müssen dann gewöhnlich auch von Hand in das Navigationsgerät eingegeben werden.

Da das Minuten/Sekunden-System in 60er Schritten geht, darf man die Minuten- und Sekunden-Markierungen nicht einfach ignorieren und daraus Dezimalkoordinaten machen, sondern man muss die Daten durch 60 teilen. Umgekehrt ist das auch von Dezimalwerten in Minuten/Sekunden möglich (multiplizieren).

Beispiel: Grad/Minuten/Sekunden-Format: z. B. N39° 29' 12.6" wird so zum Dezimalformat: 29 : 60 = 0,48, 12.6 : 60 = 0,21. Das wieder zusammengesetzte Format zeigt nun die Dezimalkoordinate: N 39,4821°.

Oder: E 20° 15' 34.2" – entspricht dann E 20,2557° (alle Angaben ohne Gewähr).

Sollten Sie Koordinatenformate konvertieren wollen, können Sie sich eines der **Konvertierungsprogramme** bedienen, die Sie kostenlos aus dem Internet herunterladen können, wie z. B.

GPS Babel http://www.gpsbabel.org (Englisch)
Routeconverter http://www.routeconverter.de (Deutsch)
Garmin POI-Loader http://www.garmin.com/products/poiloader (Englisch)

Im Reiseführer sind die Koordinaten wie folgt dargestellt:

Beispiel: [N70° 10' 40.0" W25° 17' 49.0"] oder **[WP XXX / N70° 10' 40.0" W25° 17' 49.0"].** WP XXX ist die fortlaufende Nummerierung wichtiger Wegpunkte (oder Points of Interest – POI), so wie sie auf der Roadbook-CD abgelegt sind. Für die Verwendung bzw. Übertragung der Koordinaten aus dem Reiseführer durch Eintippen in Ihr Navigationsgerät ist diese Nummerierung ohne Bedeutung!

Koordinaten in diesem Reiseführer, die in Orten/Städten angegeben sind, und nicht mit dem Zusatz [WP XXX / ...] versehen sind, sind als Anhaltspunkte zur Orientierung mit Handnavigationsgeräten bei Stadtrundgängen gedacht. Sie bedeuten NICHT, dass diese Ziele (Wegpunkte) auch immer (Ausnahme Campings oder Wohnmobil-Stellplätze) mit dem Auto zu erreichen sind! Manche Ortskerne alter Städtchen warten mit engen Straßen auf, die für den allgemeinen Autoverkehr wenig geeignet und oft auch gesperrt sind. Mitunter sind die Einfahrten in historische Innenstädte nur für den Anliegerverkehr erlaubt. Sehenswürdigkeiten, Museen, Kirchen etc. sind dort nur zu Fuß zu erreichen!

Gelegentlich steht vor der Wegpunktnummer das Wort „Parkplatz", **z. B. [Parkplatz, WP XXX / N70° 10' 40.0" W25° 17' 49.0"].** Damit wird darauf hingewiesen, dass sich bei oder ganz in der Nähe des Punktes ein Parkplatz befindet. Die Koordinate bezieht sich dann auf den Parkplatz. Vom Parkplatz können es noch ein paar Meter Fußweg bis zum eigentlichen Ziel sein.

Obwohl wir bei der Erfassung von GPS-Koordinaten größte Sorgfalt walten lassen, können wir für die Richtigkeit der in unseren Reiseführern und auf unseren Roadbook-CDs angegebenen GPS-Koordinaten und Wegpunkte sowie für evtl. daraus resultierende Ereignisse durch Missweisungen keine Haftung übernehmen.

GPS-ROADBOOK-CD

Alle mit WP gekennzeichneten Navigationskoordinaten, die in den Touren dieses Reiseführers aufgeführt sind, können Sie als Roadbook-CD beim Verlag erwerben.

Die Navigations-Koordinaten sind im System WGS 84 („World Geodetic System 1984") entsprechend dem Verlauf der in diesem Reiseführer beschriebenen Routen und Touren angelegt. Sie berücksichtigen wichtige Orte, Sehenswürdigkeiten, Campings und andere Points of Interest (POI's).

Übertragen Sie die Koordinaten von der CD mittels PC oder Notebook und entsprechender Software (z. B. MapSource® oder BaseCamp® für Garmingeräte) auf Ihr Navigationsgerät.

Unsere „Roadbook-CD" stellt Ihnen vor Ort erfasste Original-Navigationsdaten im **Garmin-Format *.gdb** (garmin database) zur Verfügung.

Darüber hinaus finden Sie auf der „Roadbook-CD" alternative Dateiformate wie **GPX** (global positioning exchange), **KML 2.2** (Google Earth [Keyhole Markup Language] – *.kml), **TomTom *.ov2 poi files** (Wegpunkte) und **TomTom *.itn files** (Routen).

Sehr hilfreich kann für Sie auch die ebenfalls auf der CD abgelegte MS-Word-Datei **Info-Doc** sein. Dort wird Schritt für Schritt erklärt, wie GPS-Koordinaten von der CD auf ein Garmin-Nüvi gebracht werden können. Es werden Weblinks zu Koordinaten-Konvertierungsprogrammen angegeben und Sie können erfahren, wie Sie Routen vorab in Google Earth™ ansehen können u. v. m.

Die tatsächliche Lage der Wegpunkte (Ziele/Zwischenziele) kann von den angegebenen Koordinaten ggf. bis zu ca. 300 m abweichen!

Mit entsprechender Software „MapSource®, City Select Europe"® oder „BaseCamp"® des Anbieters Garmin® können die Daten im Garmin-Format oder im GPX-Format über einen PC oder über ein Notebook direkt in viele Garmingeräte eingelesen werden.

NEU! Wissen wo's lang geht! Mit den auf der Roadbook-CD abgelegten Dateien im GPX-Format können Sie in Verbindung mit Google Earth® (kostenloser Download) die Reiseroute, sowie alle als Wegpunkt markierten Stationen der Reise schon vorab aus der Vogelperspektive auf Ihrem PC ansehen, oder sich einzelne Abschnitte der Route im Google Earth Routenplaner berechnen lassen. Wie's geht und vieles mehr steht auf der CD.

Für die Richtigkeit der Koordinaten und deren Transformierung in andere Dateiformate kann keine Gewähr übernommen werden!

Unsere Roadbook-CD's können Sie gegen eine Schutzgebühr von EUR 9,90 nur direkt über den Verlag beziehen!

Bestellungen bitte über unseren Webshop:
www.rau-verlag.de/shop.

Oder per Post an: Werner Rau Verlag, Feldbergstr. 54, D-70569 Stuttgart, Tel. +49-(0)711-687 21 43, E-Mail: info@rau-verlag.de.

MOBIL REISEN

NIX WIE RAUS!

Raus Reiseführer – die gelungene Mischung aus kompetentem Reiseführer, Tourenbuch, Camping- und Stellplatzführer.

Erlebnisreiche Reisen mit Auto, Caravan, Van-Camper oder Wohnmobil.

Mobil Reisen: BALTIKUM
Die schönsten Reiserouten, kombiniert zu einer erlebnisreichen Tour durch alle drei baltischen Länder - Litauen, Lettland und Estland. Mit einem Abstecher nach Kaliningrad. Reisetipps in Fülle. Plus Vorschläge zu sechs Radtouren.
Mit Wohnmobil-Stellplätzen u. Campingplätzen.
Von Michael Moll, 288 S., zahlr. Farbfotos, Karten und Stadtpläne.
ISBN 978-3-926145-72-7. € 19,90.
GPS-Roadbook-CD mit Navigationskoordinaten verfügbar!

Mobil Reisen: BRETAGNE
Ein individueller Reiseführer mit Routenvorschlägen, ausgesuchten Touren für eine Reise von Nantes bis ans „Ende der Welt", der Finistère an die bretonische Atlantikküste. Historisches, Amüsantes, Kulinarisches und natürlich viele praktische Reisetipps. Jetzt mit noch mehr Wohnmobil-Stellplätzen.
Mit vor Ort erfassten GPS-Koordinaten.
336 S., zahlr. Farbfotos, Karten, Stadtpläne, Hotels, Campingplätze sowie viele Infos und Reisetipps.
ISBN 978-3-926145-78-9. € 19,90.
GPS-Roadbook-CD mit Navigationskoordinaten verfügbar!

Mobil Reisen: DÄNEMARK – Mit Insel Bornholm
Handlich und praktisch für erlebnisreiches Auto-, Motorrad-, Caravan- oder Wohnmobil-Touring. Auf 15 handverlesenen Urlaubsrouten zu den schönsten Städten und Küsten in Jütland, Fünen, Seeland und Bornholm. Ausführlicher Teil über "wonderful, wonderful Copenhagen".
Mit vor Ort erfassten GPS-Koordinaten.
312 S., zahlr. Farbfotos, Karten, Stadtpläne, Hotels, sowie viele Infos, die schönsten Camping- u. Stellplätze.
ISBN 978-3-926145-54-3. € 19,90.
GPS-Ro

Mobil Reisen: ENGLAND SÜD

Von den weißen Felsen von Dover über lebhafte Seebäder bis hinaus an die abgeschiedene, wilde Küste von Cornwall. Wandern auf den herrlichen Küstenwegen und Klippenpfaden, den Schauplätzen aus Pilcher-Filmen nachspüren, in prächtigen Gärten schwelgen oder lieber gemütlich in einem uralten Pub verweilen, in dem sich schon die Schmuggler früherer Tage die Klinke in die Hand gaben? Dieser Reiseführer sagt Ihnen, wo's lang geht.
Mit vor Ort erfassten GPS-Koordinaten.
348 S., zahlr. Farb-Abb., Karten, Stadtpläne, Hotels, Pubs sowie viele Infos und die schönsten Campingplätze.
ISBN 978-3-926145-68-0. € 22,90.
GPS-Roadbook-CD mit Navigationskoordinaten verfügbar!

Mobil Reisen: FINNLAND – Mit Åland-Inseln

Das „Land der tausend Seen" von Helsinki über das Labyrinth des Saimaa-Seengebiets, weiter über Karelien, die einsamen Weiten Lapplands und zurück über den finnischen Schärengarten auf eigene Faust erleben. Anschließend ein Abstecher an die Åland-Inseln.
Mit einem ausführlich geschilderten **Abstecher zum Nordkap**. Und das Ganze mit vor Ort erfassten GPS-Koordinaten.
264 S., zahlreiche Farbfotos, Karten, Stadtpläne, Hotels, Campingplätze sowie viele praktische Informationen über Land und Leute.
ISBN 978-3-926145-50-5. € 19,90.
GPS-Roadbook-CD mit Navigationskoordinaten verfügbar!

Mobil Reisen: GRIECHENLAND

Aus der Reisepraxis für die Reisepraxis geschrieben. Ein Reisehandbuch mit Routen, Touren und Reisetipps fürs Auto-, Motorrad-, Caravan- oder Reisemobil-Touring. Eine Fülle von Routenvorschlägen führt Sie durch alle Regionen Festlandgriechenlands, von den Badestränden der Chalkidiki-Halbinsel bis in den Süden des Peloponnes und natürlich zu allen archäologischen Stätten.
Mit vor Ort erfassten GPS-Navigationskoordinaten!
264 S., zahlr. Farbfotos; Karten, Stadt- u. Lagepläne, Stadtspaziergänge, Hotels und die schönsten Campingplätze.
ISBN 978-3-926145-36-9. € 18,90.
GPS-Roadbook-CD mit Navigationskoordinaten verfügbar!

Mobil Reisen: IRLAND – Mit Nordirland

Der ideale Urlaubsführer für alle, die den Charme der "Grünen Insel" auf eigene Faust entdecken wollen. Ausgesuchte Routenvorschläge fürs Auto-Touring von den südlichen Counties über die imposante Westküste bis hinauf ins abgeschiedene Donegal und durch Nordirland. Ausführlicher Dublin-Teil mit detaillierten Rundgängen. Kultur, Folklore, Tipps zu Pubs, Wandermöglichkeiten.
Mit vor Ort erfassten GPS-Navigationskoordinaten!
336 S., zahlr. Farbfotos, Karten, Stadtpläne, Hotels, viele Infos und die schönsten Campingplätze.
ISBN 978-3-926145-58-1. € 22,90.
GPS-Roadbook-CD mit Navigationskoordinaten verfügbar!

Mobil Reisen: KORSIKA

Korsika, „Ile de Beauté", die „Insel der Schönheit" besticht
durch ihre wunderbare Berglandschaft und ihre herrliche, oft
atemberaubende Küstenszenerie. Eine Herausforderung für alle
unternehmungslustigen Wohnmobilisten und Caravaner und ein
Eldorado für anspruchsvolle Wandertouren.
Hotels, Restaurants, Campingplätze und jede Menge Tipps und Infos.
Mit vor Ort erfassten GPS-Koordinaten.
228 S., zahlreiche Farbfotos., Karten, Stadtpläne.
ISBN 978-3-926145-41-3. € 18,90.
GPS-Roadbook-CD mit Navigationskoordinaten verfügbar!

Mobil Reisen: KROATIEN

Istrien, die Dalmatinische Küste und Kroatiens herrliche Adriainseln auf
den schönsten Reisewegen erleben. Dieses praktische Reisehandbuch
sagt Ihnen, wo's lang geht. U. a. mit Dubrovnik, Plitvicer Seen, Zagreb
und einer Fülle an Reisetipps, Infos zu Hotels und Campings.
Mit vor Ort erfassten GPS-Koordinaten.
257 S., zahlreiche Farbfotos, Karten, Stadtpläne, Stadtspaziergänge.
ISBN 978-3-926145-61-1. € 18,90.
GPS-Roadbook-CD mit Navigationskoordinaten verfügbar!

Mobil Reisen: LOIRETAL

Komplett überarbeitet, aktualisiert! Noch mehr Womo-Stellplätze!
Die schönsten Reisewege durch das Herz Frankreichs, der Landschaft,
in der es sich leben lässt „wie Gott in Frankreich". Nicht umsonst entstanden hier die prächtigsten Schlösser Frankreichs. Aber auch wer
weniger das Historische als viel mehr kulinarische Erlebnisse sucht,
wird in der Gegend um das Loiretal auf seine Kosten kommen. Und
dieser Reiseführer sagt Ihnen wo's lang geht. Mit vielen Wohnmobil-
Stellplätzen und mit vor Ort erfassten GPS-Navigationskoordinaten!
282 S., zahlr. Farbfotos, Karten, Stadtpläne, Hotels, sowie viele Infos und
die schönsten Campingplätze.
ISBN 978-3-926145-67-3. € 19,90.
GPS-Roadbook-CD mit Navigationskoordinaten verfügbar!

Mobil Reisen: NORWEGEN – Reisewege zum Nordkap

Komplett überarbeitet! Aktualisiert! Noch mehr Womo-Stellplätze!
Neue Touren und zusätzliche Routen! Noch übersichtlicher!
Jetzt mit praktischen „Tourenpaketen" zum Kombinieren, wie z. B. „Süd-
norwegen", „Gletscher, Fjells und Fjorde" oder „Finnmark und Nordkap".
Durchgehend farbig und noch mehr Fotos und Karten!
Verlässliche Kompetenz aus langjähriger Reiseerfahrung.
Mit vor Ort erfassten GPS-Koordinaten.
408 S., Stadtrundgänge, Wandervorschläge, viele Farbfotos, Karten,
Stadtpläne, Hotels, sowie Reise-Infos in Fülle, dazu über 200 Camping-
plätze und zahlr. Stellplätze.
ISBN 978-3-926145-77-2. € 22,90.
GPS-Roadbook-CD mit Navigationskoordinaten verfügbar!

Mobil Reisen: OSTSEE-RUNDE

Auf überlegt ausgesuchten Routen und Touren die schönsten Gegenden Pommerns und Masurens, wunderschöne baltische Städte wie Vilnius, Riga und Tallinn, sowie die russische Perle Sankt Petersburg erleben. Reisen Sie über Finnland, Schweden und die dänische Insel Seeland zurück. Dieser Reiseführer hilft – ob Wohnmobil-Tourer, Caravaner, Autourlauber oder Motorbiker – sowohl bei der Vorbereitung als auch auf der Reise unterwegs. Ein unvergessliches Reiseerlebnis!
396 S., Stadtrundgänge, zahlr. Farbfotos, Karten, Stadtpläne, Hotels, sowie viele Infos und die schönsten Camping- und Wohnmobil-Stellplätze.
ISBN 978-3-926145-75-8. € 22,90.
GPS-Roadbook-CD mit Navigationskoordinaten verfügbar!

Mobil Reisen: POLEN

Polen bequem auf eigene Faust kennen lernen. Über die Sudeten und über Schlesien, weiter durch die Karpaten, Zentral- und Ostpolen mit einem ausführlichen Teil über die Hauptstadt Warschau, durch Ermland, die Masurische Seenplatte, durchs Lebuser Land und über Pommern schließlich bis zur Ostseeküste. Alles in bequem nachvollziehbaren Reiserouten beschrieben.
Von Michael Moll, 240 S., viele Farbfotos; Karten, Stadt- u. Lagepläne, Stadtspaziergänge, Hotels und die schönsten Campingplätze.
ISBN 978-3-926145-73-4. € 19,90.

Mobil Reisen: PORTUGAL

Gesamt Portugal, vom grünen Norden bis zur sonnigen Algarveküste, vom kargen, ursprünglichen Alto Alentejo bis zu den Seebädern am Atlantik beschreibt dieser Band auf leicht nachvollziehbaren Touren, die einen kompletten Eindruck von diesem überaus interessanten Reiseland vermitteln. Besonders ausführlich die Weinstadt Porto und natürlich Lissabon, eine der schönsten Hauptstädte Europas.
Mit vor Ort erfassten GPS-Koordinaten.
300 S., zahlr. Farbfotos, Karten, Stadtpläne, Hotels, sowie viele Infos und die schönsten Campingplätze.
ISBN 978-3-926145-64-2. € 19,90.
GPS-Roadbook-CD mit Navigationskoordinaten verfügbar!

Mobil Reisen: SARDINIEN

Ein Reiseziel mit ganz unerwarteten Attraktionen – zauberhafte Küstenszenerien, das größte Dünengebiet ganz Italiens, wunderschöne Seegrotten, mystische Nuraghen, geisterhafte alte Minenstädte und einer der spektakulärsten Canyons in Europa.
Dieses Tourenbuch, gespickt mit jeder Menge Reisetipps, führt auf den schönsten Routen und Wohnmobil-Touren durch Sardinien. Mit Wohnmobil-Stellplätzen, Tipps zu Hotels und Restaurants, Campingplätzen. Mit vor Ort erfassten GPS-Navigationskoordinaten!
240 S., zahlr. Farbfotos, Karten, Stadtpläne.
ISBN 978-3-926145-62-8. € 18,90.
GPS-Roadbook-CD mit Navigationskoordinaten verfügbar!

Mobil Reisen: SCHWEDEN
Mit Inseln Öland und Gotland

Komplett überarbeitet, aktualisiert! Noch mehr Wohnmobil-Stellplätze! 22 sorgfältig ausgewählte, vor Ort getestete Reise(mobil)routen und Autotouren durch die schönsten Landschaften, Städte und Regionen. Mit vielen Reisetipps und Informationen über Sehenswertes vom südlichen Schonen bis Lappland. Mit ausführlichem Stockholm-Teil, Stadtrundgänge u. a. durch Helsingborg, Göteborg, Uppsala, Kalmar, sowie die Inseln Öland und Gotland. Mit vor Ort erfassten GPS-Koordinaten. 336 S., zahlr. Farbfotos, Karten, Stadtpläne, Hotels, sowie viele Infos und die schönsten Campingplätze. Mit Wohnmobil-Stellplätzen. ISBN 978-3-926145-74-1. € 22,90.
GPS-Roadbook-CD mit Navigationskoordinaten verfügbar!

Mobil Reisen: SIZILIEN

Auch ein klassisches Reiseziel lässt sich immer wieder neu entdecken. Dieses neue Tourenbuch schildert kompetent und ausführlich die schönsten Reisewege durch Sizilien.
Mit Wohnmobil-Stellplätzen und mit vor Ort erfassten GPS-Koordinaten. 252 S., zahlr. s/w.- u. Farb-Abb., Karten, Stadtpläne, Hotels, sowie viele Infos und die schönsten Campingplätze.
ISBN 978-3-926145-55-0. € 18,90.
GPS-Roadbook-CD mit Navigationskoordinaten verfügbar!

Mobil Reisen: SKANDINAVIEN
Reiseziel Nordkap

Die große Tour zum Nordkap in bequem zu kombinierenden Reiserouten. Mit neuen Touren und vielen Streckenvarianten durch alle vier nordischen Länder – Dänemark, Norwegen, Schweden und Finnland. Ausführliche Beschreibung der Hauptstädte. Übersichtlich, informativ, kompetent. Mit vor Ort erfassten GPS-Koordinaten.
408 S., zahlr. Farbfotos, Karten, Stadtpläne, Hotels, sowie viele Infos und die schönsten Campingplätze und viele Wohnmobil-Stellplätze. ISBN 978-3-926145-71-0. € 22,90.
GPS-Roadbook-CD mit Navigationskoordinaten verfügbar!

Mobil Reisen: SPANIEN NORD

Spaniens Norden von den Stränden der Costa Brava über die Pyrenäen, durch das grüne Galicien mit dem Pilgerziel Santiago de Compostela bis ins Herz Kastiliens mit den Hochburgen von Kunst, Kultur und Geschichte wie Salamanca oder Segovia.
Ausführlich: **Der Jakobsweg**. Hotels, Restaurants und die schönsten Campingplätze. Mit vor Ort erfassten GPS-Koordinaten.
283 S., zahlr. Farbfotos; Karten und Stadtpläne.
ISBN 978-3-926145-63-5. € 19,90.
GPS-Roadbook-CD mit Navigationskoordinaten verfügbar!

Mobil Reisen: SPANIEN SÜD

Eine gelungene Mischung aus Kunst, Kultur, Information und Reisetipps. Ein kompletter Reiseführer, der mehr als nur Routen und Touren bietet. Vom Mittelmeer ins Herz Kastiliens, auf den Spuren der Conquistadores, weiße Dörfer, maurische Paläste und der sonnige Süden Andalusiens. PLUS: Madrid City Guide.
Mit vor Ort erfassten GPS-Koordinaten.
312 S., zahlreiche Farbfotos, Karten und Stadtpläne. Stadtspaziergänge, Hotels, Paradores, Campings, Wohnmobil-Stellplätze u. v. m.
ISBN 978-3-926145-69-7. € 22,90.
GPS-Roadbook-CD mit Navigationskoordinaten verfügbar.

Mobil Reisen: TOSKANA
Mit Florenz und Insel Elba

Wiege der Renaissance, altes Zentrum von Kunst, Kultur und Wissenschaft und natürlich Eldorado für Weinliebhaber und ein wahres Paradies für kulinarische Entdecker. Ein Autoführer mit bequem zu kombinierenden Reiserouten durch die gesamte Toskana, mit Elba.
Großer Florenz-Teil sowie alle wichtigen Städte, Landschaften und Sehenswürdigkeiten. Mit vor Ort erfassten GPS-Koordinaten.
300 S., zahlr. Farbfotos, Hotels, Restaurants, Camping- u. Reisemobil-Stellplätze, Kartenskizzen, Stadtpläne und viele Infos.
ISBN 978-3-926145-70-3. € 19,90.
GPS-Roadbook-CD mit Navigationskoordinaten verfügbar.

Mobil Reisen: UMBRIEN, MARKEN
Mit San Marino

Auf den schönsten Reiserouten durch die mittelitalienischen Regionen Umbrien und Marken. Reisen Sie von der sehenswerten Hauptstadt Umbriens Perugia über das prächtig gelegene Orvieto bis an die Ufer des Lago di Bolsena, weiter über die einladenden Höhen der Sibellinischen Berge an die adriatische Küste und in die älteste Republik Europas, San Marino. Mit vor Ort erfassten GPS-Koordinaten.
240 S., zahlr. Farbfotos, Hotels, Restaurants, Camping- u. Reisemobil-Stellplätze, Kartenskizzen, Stadtpläne und viele Infos.
ISBN 978-3-926145-76-5. € 19,90.
GPS-Roadbook-CD mit Navigationskoordinaten verfügbar.

Weitere Titel sind in Vorbereitung!

Fragen Sie im Buchhandel nach unseren aktuellen Neuerscheinungen.

Oder besuchen Sie uns im Internet:

http://www.rau-verlag.de

http://www.mobil-reisen.eu

WERNER RAU VERLAG, Feldbergstraße 54, D - 70569 Stuttgart

www.rau-verlag.de – e-mail: info@rau-verlag.de

Mobil Reisen: SCHOTTLAND

© Werner Rau, Stuttgart, 1991.

Vorliegend: 11. Auflage 2018/2019